U0916105

2017

中国税务稽查年鉴

China Taxation Auditing Yearbook

国家税务总局稽查局　编

中国税务出版社

图书在版编目(CIP)数据

中国税务稽查年鉴. 2017/国家税务总局稽查局编.
--北京:中国税务出版社,2017.12
ISBN 978-7-5678-0631-3

Ⅰ.①中… Ⅱ.①国… Ⅲ.①税务稽查-中国-2017-年鉴
Ⅳ.①F812.423-54

中国版本图书馆 CIP 数据核字(2017)第 307665 号

书　　名:中国税务稽查年鉴·2017
作　　者:国家税务总局稽查局　编
责任编辑:陈金艳　杨　鹤　王　玥　马学刚
责任校对:于　玲
技术设计:刘冬珂
出版发行:中国税务出版社
北京市丰台区广安路9号国投财富广场1号楼11层
邮政编码:100055
http://www.taxation.cn
E-mail:swcb@taxation.cn
发行中心电话:(010)83362087
传真:(010)83362049
经　　销:各地新华书店
印　　刷:北京联兴盛业印刷股份有限公司
规　　格:787毫米×1092毫米　1/16
印　　张:29　　彩插:2
字　　数:1006000字
版　　次:2017年12月第1版　2017年12月第1次印刷
书　　号:ISBN 978-7-5678-0631-3
定　　价:280.00元

《中国税务稽查年鉴（2017）》
编辑委员会

《中国税务稽查年鉴（2017）》
审　稿

（以姓氏笔画为序）

一、国家税务总局稽查局

王　磊　尹　雁　李亚兵　李光辉　汪永标　张达光
陈　杰　全　鑫　徐　平　曾静蓉

二、各省（自治区、直辖市、计划单列市）国家税务局稽查局、地方税务局稽查局

于　波　王　廉　王　毅　王永春　王发升　王君峰
王青山　邓新凤　艾礼贵　石惠明　卢年春　包清泉
司新文　边宏庆　邢汝霖　朱育刚　乔亚平　刘　丽
刘　晨　刘义峰　许国强　孙建东　李　轩　李宁国
李铁成　李维海　李腾蛟　吴　恩　吴　鸿　吴玉琦
余　萍　汪明荣　沈金元　宋春毅　张　目　张　勇
张巧珍　张红梅　张连发　张雅军　陆绍康　陈如军
林建文　林家云　岳克健　周元卫　周铁锋　郑根平
孟来茂　赵　勇　柳柏春　宫　伟　晏懋秋　倪永刚
高　剑　高　敏　郭树安　龚勇兵　梁　兵　梁丽明
屠克威　彭正国　韩述文　曾安辉　谢少华　强宝贵
赖容锦　窦晓军　端木阳

《中国税务稽查年鉴（2017）》

撰稿

（以姓氏笔画为序）

一、国家税务总局稽查局

王文心　王明科　艾　玥　刘　扬　张　涵　张一培
张达光　赵志武　钟美玉　宫　怡　智　行　曾静蓉
廖　超

二、各省（自治区、直辖市、计划单列市）国家税务局稽查局、地方税务局稽查局

刁学权　万　成　王　洋　王伟域　王雪松　方　倩
孔晓飞　石卫斌　史玉婷　史晓泳　白　洁　吕家旺
刘　琪　刘建东　刘彬彬　宇文峰　安　宁　苏志影
李　未　李　平　李　伟　李　铭　李　鸿　李辰钰
李佳懋　李昭婕　李碧晓　杨小红　杨昕颜　杨殿阁
肖　立　何勇飞　邹飞鹏　张　惠　张云峰　张立君
张晓斌　张雯莹　陈　霞　陈小丹　陈艳荣　陈梦颖
范　瑞　呼　和　季晓丽　周妍汐　屈　直　赵　娜
赵翠芳　郝晓芳　荆小迪　胡　萍　胡晓琳　贵飞翔
娄　婷　宫晓云　班　烨　夏　莉　徐　岩　翁旭东
高　楠　曹　蓉　崔伟茹　康　勇　康健全　梁　丁
蒋　攀　鲁晓琳　温　博　雷顺玉　蔡燕青　谭　红
德　吉　魏　兵　魏冠媛

《中国税务稽查年鉴（2017）》

编辑出版人员

总　　编　　辑： 王学东　张铁勋

副　总　编　辑： 李国成　于海春　沈甫明
朱承斌

文　字　编　辑： 曾静蓉　牟悦宁　赵志武
陈金艳　杨　鹤　王　玥
马学刚

彩　页　编　辑： 张　雷

校　　　　　对： 于　玲

监　　　　　制： 刘冬珂

发　　　　　行： 张　雷

编　辑　说　明

一、《中国税务稽查年鉴》由国家税务总局稽查局组织编写，中国税务出版社编辑出版发行，是记录全国税务稽查年度工作的文献资料性工具书。

《中国税务稽查年鉴（2017）》全面记载2016年度中国税务稽查工作的总体情况，收录全国税务稽查工作、重大案件辑要、法规及规范性文件、统计数据及相关信息等内容。

二、本年鉴共分十个篇目：

第一篇　专文。本篇主要反映2016年度重点专项税务稽查工作，包括打击骗取出口退税、虚开增值税专用发票违法犯罪专项行动，建立健全税务稽查随机抽查工作机制，税务稽查改革等六方面内容。

第二篇　重要文献。本篇收录国家税务总局领导、国家税务总局稽查局领导2016年度关于税务稽查工作的重要讲话和其他重要文件。

第三篇　全国税务稽查工作。本篇综述全国税务稽查各项业务工作开展的基本情况。

第四篇　各地税务稽查工作。本篇收录各省（自治区、直辖市、计划单列市）国家税务局、地方税务局稽查工作情况。

第五篇　重大案件辑要。本篇收录2016年度国家税务总局稽查局督办、查处的部分重大案件及各省（自治区、直辖市、计划单列市）国家税务局稽查局、地方税务局稽查局直接查处的大要案件。

第六篇　法规及规范性文件。本篇收录2016年度发布的与税务稽查相关的法律、法规、规章及规范性文件，包括国家税务总局发布的规范性文件及各省（自治区、直辖市、计划单列市）国家税务局、地方税务局根据本地情况制定的规范性文件目录等。

第七篇　统计资料。本篇收录2016年度全国税务稽查机构查处税收违法案件情况、行政强制措施及移送司法机关案件情况、违法举报案件情况、协查工作情况及机构人员、装备情况等统计资料。

第八篇　机构和人员。本篇收录国家税务总局稽查局领导名单、处级机构及副处级以上人员名单，各省（自治区、直辖市、计划单列市）国家税务局、地方税务局稽查局副处级以上人员名单、领导任免情况，税务稽查机构设置和人员基本情况，税务稽查系统表彰情况等。统计时间截至2016年12月31日。

第九篇　大事记。本篇按照时间顺序收录2016年度全国税务稽查工作重大举措、国家税务总局稽查局及税务稽查系统重大事件和税务总局稽查局领导的重要活动等。

第十篇　文选。本篇选录2016年度税务稽查理论研究及调研的重要成果和优秀税务稽查论文。

三、本年鉴收录的资料不包括中国台湾和香港、澳门特别行政区。

四、本年鉴在编辑出版过程中得到各方面的大力支持，在此表示衷心感谢！同时，为进一步提高质量，希望读者提出意见和建议。

《中国税务稽查年鉴》编辑部

2017年11月

目　　录

第一篇　专　　文

第二篇　重要文献

第三篇　全国税务稽查工作

第四篇　各地税务稽查工作

第五篇　重大案件辑要

第六篇　法规及规范性文件

第七篇　统计资料

第八篇　机构和人员

第九篇　大事记

第十篇　文　选

第一篇

专　文

建立健全税务稽查随机抽查工作机制

2016年，税务总局党组高度重视，贯彻落实党中央、国务院进一步推进简政放权、放管结合、优化服务的一系列决策部署，大力推进税务稽查随机抽查工作。税务总局稽查局作为具体落实单位，建章立制，统筹部署，建立了随机抽查检查对象、随机选派执法检查人员的“双随机”抽查机制，不断提高随机抽查在检查工作中的比重，税务稽查随机抽查工作取得了明显成效。

一、税务总局稽查局做好顶层设计和工作推进

（一）建立健全随机抽查工作制度。在《推进税务稽查随机抽查实施方案》（税总发〔2015〕104号）基础上，2016年制定了《税务稽查随机抽查对象名录库管理办法（试行）》（税总发〔2016〕73号）、《税务稽查随机抽查执法检查人员名录库管理办法（试行）》（税总发〔2016〕74号）、《税务稽查案源管理办法（试行）》（税总发〔2016〕71号）、《国家税务局　地方税务局联合稽查工作办法（试行）》（税总发〔2016〕84号）等制度办法，构建了税务稽查随机抽查工作的主体制度框架。

（二）压茬推进重点稽查对象随机抽查工作。先后统筹组织和部署了两批重点稽查对象随机抽查工作。第一批26户企业集团，共查补税款172亿元。第二批40户企业集团，自查阶段查补收入58.83亿元。

（三）建设全国统一“双随机平台”。2016年7月以来，税务总局稽查局与网信办密切配合，由网信办统筹组织实施了“金税三期税务稽查双随机工作平台”的需求编写、应用开发、定版测试、试运行等一系列工作。“双随机平台”在功能上，基本囊括了双随机工作的所有需求，奠定了工作基础；在数据上，畅通了从总局到县局、连接国地税的数据通道；在操作上，充分与金税三期对接，务求操作、部署、推广、应用方便。

（四）建设税务总局随机抽查“两个名录库”。一是确定600户重点稽查对象，建立税务总局随机抽查对象名录库。二是筛选1400名稽查人员，建立了税务总局随机抽查执法检查人员名录库。税务总局“两个名录库”的建立，为推动税务总局层面的“双随机”工作、指导系统开展“双随机”工作奠定了基础。

二、各地税务稽查部门认真开展随机抽查

2016年，各地结合本地工作实际，多措并举，扎实推进税务稽查随机抽查工作，全年共随机抽查纳税人11.65万户，查补收入1096.71亿元。

（一）探索完善随机抽查机制。通过确定税务稽查随机抽查事项清单，制定具体的稽

查随机抽查实施细则，完善机制链条建设和配套措施等方式方法，不断完善工作机制。

（二）认真开展随机抽查工作。在落实税务总局工作部署的同时，分别建立了本地的随机抽查对象名录库、随机抽查执法检查人员名录库，上下联动，整体推进，认真开展了辖区内的随机抽查工作。

（三）丰富信息公开工作形式。创新工作形式，密切同有关部门的配合，通过信用管理平台、门户网站、广播电台、报纸、12366 纳税服务热线、税法宣传活动、微信、微博、手机客户端等多种形式和渠道对外公布随机抽查相关信息。

（四）强化联合稽查工作模式。各地国税局、地税局共同建立联合随机抽查工作机制，协商确定随机抽查方案，从共同管辖纳税人名录库中确定联合进户稽查对象，联合实施稽查。通过执法适度整合，减轻企业负担，优化纳税服务，获得了纳税人的认可，实现了“1 +1 >2”的综合效应。

（五）积极开展平台建设探索。各级先行先试、大胆探索，辽宁、黑龙江、上海、山东、河南、湖北国税，广西地税等单位设计开发了本地的“双随机”软件，为开发统一的软件平台积累了宝贵的经验。

（国家税务总局稽查局稽查六处）

严厉打击骗取出口退税违法犯罪活动

2016 年，国家税务总局稽查局根据全国税务工作会议和税务总局领导的指示精神，继续将打击骗取出口退税作为 2016 年稽查重点工作，提早谋划、多措并举、狠抓落实。依托财政部、公安部等七部委部际联席会议机制，在公安、海关、人民银行等四部门的密切协作配合下，各级税务稽查部门重拳出击，有效查处了一批典型骗税案件，较大程度上挽回了国家税款损失，打击骗取出口退税工作取得了阶段性成果。

2016 年打骗工作是近年来规模最大、层级最高、参与部门最多的跨部门、跨区域集中行动，也是效果最为明显的一次专项行动。截至 2016 年 12 月底，全国税务稽查部门共检查外贸出口及相关企业 4.57 万户，查处骗税和违规退税挽回国家税款损失 177.05 亿元（分别是 2014 年和 2015 年的 4.88 倍和 1.95 倍）。各地加大对重大骗税案件的查处力度，成功查处了深圳“铁锹 1 号”和“铁锹 2 号”、宁波蓝鲸进出口有限公司、上海成涛国际贸易有限公司、河南南阳恒通光电公司等重大骗税案件，有效打击了骗税犯罪分子的嚣张气焰。

一、主要措施

（一）周密组织，系统准备。经国务院批准，财政部等七部委成立了防范和打击出口骗税部际联席会议，税务总局、公安部、海关总署、中国人民银行四部门积极做好部际联席会议制度办公室一系列具体工作。在部际联席会议的统一领导下，四部门成立打击骗税和虚开工作领导小组，统一指挥、协调和督导全国打骗打虚工作的开展。四部门领导小组成立专业团队集中开展选案工作，共筛选下发 1100 户骗税案源，四部门对其中的 100 户骗税案源统一部署，其余案源下达各地组织检查。

（二）分解任务，综合研判。四部门成立重点案源线索综合研判小组，持续为重大案件提供税务、警务、出口报关和资金流等数据支撑。公安部经侦局结合部门特点，从精准打击、确保实效等角度筛选联合侦办案件；海关总署缉私局结合出口报关信息，从打击虚假贸易、不实申报等方面提出研判意见；人民银行反洗钱中心根据大要案优先、重要账户优先的原则，从便于集中查询、提高效率等方面确定研判思路。

（三）抽调骨干，团队作战。2016 年共组建了 20 个打骗工作组分赴 20 个重点地区，直接查处四部门确定的重大骗税案件。同时，为提高协查质效，在税务总局稽查局和深圳成立了两个专项协查组，负责统筹协调、督导考核各地打骗案件协查工作。

（四）深度调查，全面取证。各地税务、公安、海关和人民银行加强部门配合，发挥专业优势，凝聚打击合力，形成了四部门骗税虚开双向联打的良好工作格局。在认真进行案头分析的基础上，各地四部门领导小组联合制定具体行动方案，开展突击调账行动，同步展开上下游企业外调取证工作，联动打击效果显现。检查中，各地和各工作组积极进行协查、外调，针对涉案企业的发票流、货物流和资金流全面梳理取证。

（五）突出重点，重拳出击。加大对重大骗税案件的查处力度，特别是典型的跨区域案件的查处。实施骗税虚开双向联打，重大虚开案件及时向下游出口环节延伸查处，对骗税链条上涉案的票源企业、中间企业、供货企业和出口企业实行全链条、一体化打击。为加大查处力度，针对重大案件召开专项案件协调会，推动案件检查进度。

（六）强化督导，加强考核。从2016年6月开始，四部门领导小组多次召开重点地区和工作组的阶段性工作汇报会，协调解决工作中存在的困难和问题，对打骗工作进行再部署、再推进。8月底至9月初，四部门联合成立10个督导组，赴20个重点地区开展督导，统筹协调重大案件查处和收网行动，督促各地和各工作组进一步加大工作力度。四部门领导小组办公室建立了工作成果十天一报制度，并结合各地和各工作组的工作实绩，定期进行排名和通报，鼓励先进、督促落后。制定了打骗工作组内部工作指引，从组织形式、推进方法、保密责任、考勤管理、工作成效等多个维度科学设定指标和工作标准，全程跟踪管理，引导各工作组切实抓好案件查办工作。

二、取得成效

（一）体制机制建设取得新进展。经国务院批准，2016年税务总局会同财政部、公安部等六部门建立了防范和打击出口骗税部际联席会议制度，并在联合公安部、海关总署的基础上，首次与中国人民银行合作，成立了四部门打击骗税和虚开专项工作领导小组，统一部署、指挥、协调和督导全国专项工作，这都是近年来领导层级最高、参与部门最多的合作机制。税务总局内部也成立了打击骗税专项工作领导小组，提前谋划、精心指导全国打骗打虚工作。

（二）大数据应用取得新突破。在2015年选案的成功经验上，进一步深化税、警、关、银“集中数据、综合研判、统一部署”的数据化选案模式。四部门选案团队将骗税相关联的企业作为重点选案目标，利用各部门数据构建大数据平台，精准筛选有价值的案源线索，匹配发票流、资金流、货物流和涉案人员信息，为案件的有效查处奠定了坚实基础。

（三）案件查办质效得到新提升。各重点地区和工作组迅速分解任务、落实案源，通过案头分析和实地检查，找准案件突破口，开展逐户、逐项、逐票的“拉网式”检查，针对涉案企业的发票流、货物流和资金流开展调查取证，案件查处获得实质突破。在此基础上，各重点地区将打骗工作由个案查办的“点上发力”向行业、地区专项整治的“面上打击”推进，重庆、山东、江西、河南等省（市）分别选取手机、棉纺、服装、医药等重点行业开展专项整治，有效提升了行业和区域企业的纳税遵从，为相关行业、区域的规范健康发展提供了坚实保障。

（四）稽查方法创新取得新成效。针对日益升级换代的骗税手段，必须不断探索新的打击形式，才能更好地破解难题。2016年税务总局以专业化团队作战的方式应对骗税团伙化趋势，锻炼了队伍，培养了人才，为今后大规模开展跨区域打骗工作积累了经验。2016年首次将骗税和虚开专项行动联合部署，统筹开展，通过全链条式打击应对跨区域涉税犯罪，形成覆盖全国、紧密协作的打骗打虚网络。各重点地区和工作组也结合案件查处实际，不断探索创新稽查方法，北京等地利用税控机 IP 地址成功锁定犯罪嫌疑人等做法值得借鉴。

（五）以查促管效用得到新体现。稽查部门开展打骗工作，不仅仅是有力打击各种涉税违法行为，更重要的是发挥以查促管、以查促改的作用，提升纳税遵从，维护税收秩序，为税制改革保驾护航。

三、存在问题

（一）工作开展不平衡。有的重点地区对工作认识不到位，思想不重视，投入力量不足，查处力度不够，工作进展缓慢。部分重点地区由于查处骗税案件取证难、定性难、工作量大，又容易受到当地政府的干预，对打击骗税存在畏难情绪，工作没有取得更大更突出的成效。

（二）案件查处力度不够。突出表现在有的地区对税务总局下发的案源落实不力，部分案源没有立案深入检查；查处重大骗税虚开案件较少，没有起到专项行动应有的打击震慑作用。

（三）部门协作需要不断完善。四部门联合开展打骗打虚专项行动，目的在于发挥各部门优势，提升打击合力。但在实际工作中，有的重点地区和工作组反映四部门协作机制还不够完善，不够顺畅，尚未形成一套行之有效的联合办案制度。

（四）稽查队伍需要充实加强。重点地区和工作组中有的人员知识结构、年龄趋于老化，知识层次和业务能力与打骗工作要求相比存在较大差距，难以适应工作的高强度和素质的高要求。有的重点地区和工作组“等靠”思想严重，试图通过刑事取证达到行政处理的目的，很大程度上影响了工作成效的提升。

（国家税务总局稽查局稽查一处）

开展打击虚开增值税专用发票违法犯罪专项行动

2016年，在税务总局党组的正确领导下，税务总局稽查局稽查四处部署开展打击虚开增值税专用发票违法犯罪专项行动，牢牢把握促进外贸稳定增长和税制改革进程中的风险点，依托系统上下和系统内外多方力量，做到打骗与打虚并举、打击与防范并重、检查与建制并推、总局和地方联动，选取重点地区组建工作组，细化工作方案，明确权责分配，形成了全国上下紧密协作的"一体化"工作格局，打击虚开增值税专用发票违法犯罪工作取得较好成效。

一、工作成效

2016年打击虚开专项行动，是近年来规模最大、层级最高、参与部门最多的跨部门、跨区域集中行动，也是效果最为明显的一次专项行动。截至2016年底，全国税务稽查部门共查处虚开增值税专用发票443.73万份，涉及金额6127.78亿元，涉及税额1024.7亿元（分别是2014年和2015年的6.16倍和3.15倍）；移送公安机关6104户，抓捕犯罪嫌疑人3995人。工作成效具体体现在以下方面：

（一）重拳出击，案件查处精准有力。2016年4月28日，国家税务总局、公安部、海关总署和中国人民银行在武汉联合召开全国打击骗取出口退税和虚开增值税专用发票工作部署会议后，税务总局稽查局分批向各地和各工作组下发必查虚开案源2738户，保证了专项检查的覆盖面。在此基础上，加大对重点案件查处力度，特别是对典型跨区域案件实施骗税虚开双向联打，"查大案、办铁案、强震慑"效果明显，各地成功查处广东"6·26"、厦门"7·08"、武汉"12·08"、福建"11·27"、江苏淮安津旭东工贸等重大虚开案件，有效打击了虚开犯罪分子的嚣张气焰。

（二）以点带面，纳税遵从稳步提升。各地将打击虚开工作由个案查办的"点上发力"向行业、地区专项整治的"面上打击"推进，选取虚开的重点行业、区域开展专项整治，及时治理整顿了医药、棉纺、服装、电子、家具、大宗商品交易等高风险行业税收秩序，化解了部分地区涉税违法案件高发频发的税收风险，有效提升了行业和区域企业的纳税遵从，为相关行业、区域的规范健康发展提供了坚实保障。"7·03"系列案件共检查医药企业1629户，查实涉税违法金额1045亿元，有效打击了医药企业虚开、偷税违法犯罪行为；江西吉安开展专项整治，纺织服装行业企业户数、开票金额、入库税收同比下降58.18%、76.9%和20.9%，行业规模和税收收入出现理性回归态势；江苏昆山开展模具行业专项整治，行业增值税平均税负由原来的2.76%增长到5.19%。

（三）以查促管，有效规范经济秩序。各地通过打击虚开骗税分子，将防范和打击出口骗税涉及的出口监管、税务管理、金融风险防范、涉税违法打击有效结合，形成对出口骗税综合防治的崭新局面，对规范地区税收经济秩序产生积极影响，进一步净化了外贸营商环境，促进了外贸经济秩序的健康发展。2016 年，全国累计出口商品总值 13.84 万亿元人民币，同比下降 2%；同期办理出口退税 8806 亿元，同比下降 2.2%（剔除不可比因素），退税情况与出口形势基本匹配。以厦门市为例，2016 年外贸出口总额同比下降 6.7%，出口退税总额同比下降 13.2%，出口退税总额下降幅度首次超过出口总额下降幅度。

（四）以案宣法，震慑效应持续增强。2016 年以来，税务总局稽查局将曝光典型虚开案件作为一项制度性工作常抓不懈，通过新闻发布会等形式，定期向社会公布重大虚开案件查处情况，震慑违法犯罪分子，教育广大纳税人，形成全社会协税护税、防范打击虚开的良好舆论环境。总局稽查局先后曝光甘肃“7·08”虚开骗税案等 37 起典型案件。同时，各地将虚开和骗税涉案企业和人员按规定纳入“黑名单”管理，推进社会信用体系建设，开展部门联合惩戒。

二、主要做法

按照税务总局领导的指示精神，总局稽查局提升站位、把握重点、注重方法、标本兼治，不断把专项工作引向深入。

（一）构筑“一体化”格局。按照“群策群力、协作共治”的思路，经国务院批复，税务总局会同财政部、公安部等六部门建立防范和打击出口骗税部际联席会议制度，并在部际联席会议领导下，联合公安部、海关总署、中国人民银行成立了四部门打击骗税和虚开专项工作领导小组，统一部署、指挥、协调和督导全国专项工作。税务总局内部成立由稽查局、办公厅、法规司、货物和劳务税司、征管和科技发展司、电子税务管理中心等有关司局组成的打击骗税和虚开专项工作领导小组，提前谋划、精心准备全国打骗打虚工作。各地均相应成立机构，细化工作方案，建立工作责任制，形成全国上下、系统内外“覆盖全国、统一指挥、纵横交织、紧密协作”的一体化工作格局。

（二）实施“团队化”作业。在全国范围内抽调 20 多名具有丰富稽查经验的副处级干部和 500 余名业务骨干组建 20 个工作组，派驻重点地区直接查处重点案件。在税务总局稽查局和深圳市成立两个专项协查组，直接对接重点案件开展协查。派驻工作组成立临时党支部，把“两学一做”学习教育的要求体现在实际行动中，凝心聚力，攻坚克难，出色地完成了工作任务。组建由法规、出口退税、稽查部门骨干和学者专家组成的综合调研组，在充分调研基础上，推动走逃（失联）企业开具增值税专用发票认定处理和涉嫌虚开增值税专用发票检查工作，有效破解了处置走逃失联企业的制度瓶颈。

（三）深化“数据化”模式。在 2015 年“黄金票”专项行动选案的成功经验上，进一步深化税、警、关、银“集中数据、综合研判、统一部署”的数据化选案模式，成立专业团队集中开展选案工作。选案团队将骗税和虚开相关联的企业作为重点选案目标，利用各部门数据构建大数据平台，从海量数据中精准筛选有价值的案源线索，匹配发票流、资金流、货物流和涉案人员信息。选案团队筛选下发重点案源，四部门对其中的 500 户虚开案源统一部署、重点督办，其余案源下达各地组织检查。案源下发后，四部门选案团队迅速转变职能，承担起专项行动工作数据保障和情报分析职责，保障了案件检查中的数据支持，推动了案件深入查处。

（四）推行“链条化”打击。在认真进行案头分析的基础上，各地和各工作组制定具体行动方案，围绕票、货、款等逐户、逐项、逐票地开展“拉网式”检查，全链条完善涉案证据。对涉案金额大、作案手段典型的虚开重点案件，税务总局稽查局会同公安部经侦局加强案件指导协调，集中优势兵力，狠抓协查定性、统一收网等关键环节，成功查处了一大批虚开典型案件，有力打击了犯罪分子的嚣张气焰。

（五）打造“协同化”平台。各地税务、公安、海关和人民银行在四部门部际协调机制的框架下，密切协作，联合打击，开创了部门合作的新局面。天津、山东、湖北、江西、福建等地充分发挥“公安派驻税务联络机制办公室”的职能作用，实现了警税从制定查处预案到具体经营侦办等多环节深度协作；海南、广东、江西等地建立起反洗钱和打击税务犯罪监管合作新平台，快捷查询资金数据，锁定回流证据，有效提高工作效率。

（六）采取“过程化”控制。将打击虚开工作列入绩效考核，通过定标准、细指标、划档次，督促各地保质保量完成任务。从2016年6月开始，多次召开20个重点地区和工作组的阶段性工作汇报会，协调解决工作中存在的困难和问题，对打击虚开工作进行再部署、再推进。8月底至9月初，四部门成立10个联合督导组，赴20个重点地区开展督导，统筹协调重大案件查处和收网行动，督促各地和各工作组进一步加大工作力度。从10月开始，稽查局局领导分别带队赴部分重点地区针对重大案件查办进行专项督办，确保查深查透、查出实效。此外，领导小组还建立了工作成果“十天一报”制度，并结合各地和各工作组的工作实绩，定期进行排名和通报，鼓励先进、督促落后。

（国家税务总局稽查局稽查四处）

集成创新 通力协作 综合整治发票违法犯罪活动

发票作为记录经济活动内容的载体和征收税款的重要依据，发挥着客观反映和管理监控经济活动的重要作用。打击发票违法犯罪活动切实关系到经济税收秩序和行业健康发展，对保护国家财产安全、保障良好的市场经济环境具有重要意义。2016 年以来，全国税务系统将打击发票违法犯罪作为发挥稽查职能、助力经济发展的重要手段，坚持“打防结合、标本兼治”的原则，协调有关部门，扎实推进各项工作，有效遏制了发票违法犯罪活动，营造了良好的税收法治环境。

一、提升站位，持续把打击发票违法犯罪活动纳入政府工作大局

近年来，一些不法企业和个人在牟利冲动的驱使下，把从事发票违法活动作为规避经营困难、偷逃国家税收、牟取非法暴利的重要手段，严重扰乱了正常的税收秩序和经济环境，并为贪污腐败、职务犯罪提供了滋生土壤。为严厉打击发票违法犯罪活动，坚决遏制日益严重的制售、使用虚假发票问题，2008 年 11 月国务院决定成立由国务院副秘书长汪永清担任组长，税务总局、公安部、工信部等 16 个部门参与的全国打击发票违法犯罪活动工作协调小组，统一部署全国打击发票违法犯罪活动工作，保证了工作的高起点、高站位、高层次、高水平。从 2012 年开始，中央综治办将打击发票违法犯罪作为一项重要工作统筹谋划，列入年度综治考评，督促各级政府部门积极参与和支持打击发票违法犯罪专项整治工作，确保工作取得实效。

各地税务机关充分发挥协调小组办公室工作职责，积极协调有关成员单位，主动向各级党政领导汇报打击发票违法犯罪活动工作开展情况，将其作为维护市场秩序、护航地方经济发展的重要支撑，争取地方党委、政府的重视和支持，如安徽、福建、山东、广东等省党政领导多次听取发票整治工作专题汇报，并作出重要批示。同时，各地将发票整治工作纳入政府工作大局，由政府牵头部署全省打击发票违法犯罪活动，如北京、河南、湖北、湖南、重庆等地由政府主导，组织召开全省（市）打击发票违法犯罪活动工作会议，统一部署打击发票违法犯罪专项行动，进一步明确、优化和调整了打击整治的重点领域和主攻方向，实现综合治理、群防群治。

二、突破重点，充分发挥打击发票违法犯罪活动的主力军作用

税务机关是打击发票违法犯罪活动工作的中坚力量。2016 年，全国税务系统责无旁贷，厉行职责，充分发挥主力军作用，严厉打击发票违法犯罪活动，取得了丰硕成果。

（一）持续加大用票情况检查力度。税务部门按照“查税必查票”“查账必查票”“查案必查票”的工作要求，持续加大检查纳税人发票使用情况的力度，重点核查税前列支的真实性、合法性、有效性，着力审查企业接受虚开、代开、伪造发票虚列成本、费用的现象，必要时延伸检查上、下游企业，成效显著。2016 年，各地税务机关共出动执法人员 7.3 万人次，对 18.9 万户受票企业开展检查，共查处违法企业 12.2 万户，较上年增加 31.6%，涉及非法发票 1126.64 万份，较上年增加 11.3%，查补收入 248.82 亿元，较上年增长 38.1%。

一是深入开展重点行业发票使用情况检查。各地税务机关认真落实税务总局统一部署，对房地产、建筑安装、药品与医疗器械、商业批发与零售、电信、交通运输等六个发票问题高发、频发行业发票使用情况开展检查，取得了良好成果。2016 年，共查处重点行业违法企业 6.8 万户，占全部查处违法企业户数的 55.7%；涉及非法发票 752.8 万份，占全部查处非法发票的 66.8%；查补收入 165.2 亿元，占全部查补收入的 66.4%。六个行业查处的违法企业中，房地产行业户数占 6.8%，建筑安装行业户数占 7.8%，药品与医疗器械行业户数占 8.2%，商业批发与零售行业户数占 73.1%，电信行业户数占 1.2%，交通运输行业户数占 2.9%。

二是因地制宜开展区域行业专项整治。各地税务机关会同有关成员单位，结合当地行业特点及区域情况，将打击发票违法犯罪活动工作与区域整治、行业整治有机结合，有效净化了税收经济环境。甘肃、云南、辽宁等地以查办“7·03”案件为突破口，集中开展医药行业区域专项整治，共查实 1150 户企业虚开增值税专用发票 47.36 万份，涉及金额 481.18 亿元，增值税额 65.07 亿元。西南地区税务机关以“雪豹 2016”专项行动为抓手，探索建立区域税务稽查合作模式，会同公安、海关、人民银行开展农副产品区域专项整治，截至 2016 年底，西南各有关税务机关共检查发票 21.69 万份，金额 177.55 亿元，税额 28.83 亿元，定性虚开发票 3.80 万份，涉及金额 63.11 亿元，为国家挽回税收损失 10.61 亿元，有力规范了行业税收秩序。

（二）充分运用增值税发票管理新系统。税务部门不断加大增值税发票管理新系统推行力度，推广应用商品与服务税收分类编码，搭建全国统一的发票真伪查验平台，实时采集、查询、监控和比对发票全要素信息，形成翔实的增值税发票数据库，为打假票、防风险提供数据支撑。税务总局稽查局整合多部门资源构建大数据平台，实行全行业、全链条的风险分析，共筛选出 2000 余户风险特征明显、疑点数据准确的虚开案源，实现精准制导、定向打击。各地税务机关积极运用增值税发票管理新系统，深入分析排查虚开企业，精准打击虚开发票犯罪。浙江国税利用该系统的发票货物品名汉字采集和比对功能，破获 2 起重大虚开增值税专用发票案件，涉案金额高达 22 亿余元，税款超 3 亿元，抓捕犯罪嫌疑人 11 人。上海税务局利用该系统开展风险防控，共排查风险企业 3718 户，发现问题企业 2419 户，其中移交公安部门 8 户，合计补缴增值税 4.04 亿元。

（三）不断完善发票有关制度。2016 年，税务总局紧紧抓住“营改增”全覆盖和增值税发票系统全面升级的重要机遇，积极研究当前发票违法犯罪活动出现的新趋势、新特点，着力解决发票管控制度滞后的突出问题，不断完善制度建设，先后出台了《国家税务总局关于走逃（失联）企业开具增值税专用发票认定处理有关问题的公告》（国家税务总局公告 2016 年第 76 号）、《国家税务总局关于走逃（失联）企业涉嫌虚开增值税专用发票检查问题的通知》（税总发〔2016〕172号）、《国家税务总局关于进一步做好税收违法案件查处有关工作的通知》（税总发〔2017〕30号）等文件，以进一步加强发票管理，有效打击税收违法行为，促进纳税遵从。

三、加强协作，构建各方参与、齐抓共管的大格局

各地税务部门充分发挥协调小组办公室的职能作用，积极落实分工协作的工作机制，联动互动，齐抓共管，形成打击整治合力，加大宣传震慑力度，营造了良好的综治环境。

（一）税警协作。2016年公安部派驻税务总局联络机制办公室正式成立，全国各级国税、地税部门的公安派驻工作全面铺开，税务、公安协作层级不断提升，在打击发票违法犯罪活动各项工作中发挥了巨大的作用。各地税务、公安部门依托公安派驻税务联络机制办公室，统一步调，采取有效措施打源头、端窝点，联合查办了一批发票违法犯罪大要案件，严厉打击了不法分子的嚣张气焰。2016年，各地税务机关会同公安机关共捣毁制售假发票窝点439个，打掉作案团伙580个，收缴作案机器1473台，缴获非法发票1522.54万份。其中，缴获各类非法发票数量在100万份以上的地区依次是湖北、山东、河南、重庆、广西。捣毁制售窝点、打掉作案团伙在20个以上的地区依次是重庆、江苏、深圳、北京、广东、云南、河南、四川、湖北、湖南、广西、安徽。2016年5月，湖南国税联合公安机关成功侦办"2·2"特大非法制售发票案，共抓获犯罪嫌疑人4名，捣毁窝点1个，缴获各类假发票数万份，可开具金额高达100亿元。

（二）部门配合。各相关部门开拓工作思路，积极搭建合作平台，联合打击发票违法犯罪活动。税务、通信管理、公安等部门对发票违法信息实施源头治理，及时监控和阻断利用手机、网络等传播发票违法信息行为，摧毁违法信息传播渠道，有效遏制了发票违法信息的蔓延、扩散。2016年全国各地共治理发票类违法短信息1644.62万条，关停手机号码13.85万个，治理短信群发器2187台，关停整顿登载发票违法信息网站389个。上海税务和通信管理部门集中开展涉税类有害短信息监测、封堵工作，利用技术平台对48组关键词采取了不间断实时监控，有效拦截59.8万余条违法短信息。公安、检察院、法院等部门高度重视依法打击发票犯罪，不断加强对重大发票犯罪案件办理的指导、督办和协调力度，确保发票犯罪案件的依法及时立案、批捕、起诉和审判。2016年，全国公安机关共对发票类犯罪案件立案5016起，抓获犯罪嫌疑人4815人，向检察院移送起诉2018起；检察机关提起公诉案件1478起，涉及1914人；法院审判案件1059起，判决1449人。各级税务机关积极配合当地综治部门做好打击发票违法犯罪活动综治考评工作，与公安、工信等部门科学合理制定考核指标，并结合税务系统内部绩效考核制度，充分发挥考核"指挥棒"作用，督任务、督进度、督成效，不断提升发票综合整治工作效能。

（三）强化宣传。各成员单位充分发挥舆论监督的重要作用，以税法宣传月、"5·15打击和防范经济犯罪宣传日"等为契机，广泛利用办税服务厅、电视、网络、微信公众号等平台普及发票使用知识，揭露使用非法发票的社会危害，并结合税收违法"黑名单"制度和联合惩戒办法，曝光发票犯罪典型案例，做到查处一起、曝光一起、震慑一片，形成全社会共同抵制虚假发票的良好氛围。2016年，全国共开展发票宣传教育活动5.8万次，曝光案例1363件。广西壮族自治区由政府搭台，国税、地税、公安、检察院、法院五部门

联合召开新闻发布会，全面展示发票整治工作成果，并曝光13起重大发票犯罪典型案件，以案释法，震慑不法分子，教育广大社会公众。

四、问题导向，将打击发票违法犯罪活动推向深入

发票违法犯罪的原因是多方面的，不法分子受非法利益驱动是根本诱因，政策制度不完善、部门信息共享不充分导致监管受制约、不到位是重要原因。在导致发票违法犯罪的根源性、体制性问题目前还没有完全解决的情况下，防范和打击发票违法犯罪是一项长期艰巨的工作。

当前，我国工商登记制度改革进一步放松对市场主体准入的管制，激发市场活力的同时也对税收征管工作带来新的挑战。纳税人注册更加随意，“一址多照”“一照多址”“一人多照”等情况增多，使得税务、公安部门无法根据注册地址进行有效监管。随着税务行政审批制度改革的深入推进，新办一般纳税人不再需要实地核查，领购发票也无须审批，再加上后续管理不到位等原因，导致犯罪分子能够在短期内注册空壳公司集中大量开票，一旦获利便注销或走逃，这些都给税务部门带来了新任务新挑战。在护航经济秩序新的征程中，打击发票违法犯罪不但要从思想上高度重视，更要深入分析新情况新问题，研究探索新思路新方法，确保打击发票违法犯罪活动工作适应新常态，固根本，抓长远，努力实现打防结合、标本兼治。

（国家税务总局稽查局系统工作处）

税收违法“黑名单”及联合惩戒制度不断完善

为贯彻落实党的十八大和十八届三中、四中、五中全会提出的加快推进社会信用体系建设，依法依规运用信用激励和约束手段，构建政府、社会共同参与的跨地区、跨部门、跨领域的守信联合激励和失信联合惩戒机制的总体要求，依据国务院《社会信用体系建设规划纲要（2014—2020年）》，中央文明委《关于推进诚信建设制度化的意见》精神，国务院《关于建立完善守信联合激励和失信联合惩戒制度 加快推进社会诚信建设的指导意见》（国发〔2016〕33号）要求，税务总局加强税收违法“黑名单”制度创新，取得良好工作效果。

一、定期公布，曝光重大涉税违法行为

2016年4月，税务总局修订并发布《重大税收违法案件信息公布办法（试行）》（国家税务总局公告2016年第24号，以下简称新《办法》）。新《办法》统一了公布标准，体现了税收执法的公平合理；调整了公布方式，税务总局链接各省局门户网站公布内容，便于公众查询和提高“黑名单”制度的社会影响力；增加了信用修复机制，满足条件的当事人可以撤出公布、停止惩戒，促进当事人积极补缴税款，降低当事人的负面影响，体现出税收执法的刚柔并济。“黑名单”制度实现了纳税信用与社会信用体系其他组成部分的融合联动，是推动整个社会信用体系建设的重要举措。

截至2016年底，各级税务机关除在相关媒体曝光典型税收违法案件外，按季度向社会公布税收“黑名单”案件信息2974件（其中2016年公布1411件），公布的内容既包括这些案件的违法事实、法律依据、处理处罚情况，也包括违法当事人的名称、代码等基本信息。案件公布体现了税收信用体系建设中对失信惩戒的主要内容，是税法刚性特征的集中体现。同时全国已公布的税收违法“黑名单”案件中，共有735户“黑名单”当事人主动缴清了税款、滞纳金和罚款，撤出公布；因修复信用入库税款27.6亿元，滞纳金7.94亿元，罚款12.83亿元，合计达48.37亿元，为失信纳税人提供了亡羊补牢、改过自新的机会，也大大提高了纳税人的税法遵从度，减小了税收行政成本，实现了征纳双赢。

二、联合惩戒，发挥协同监管威力

2016年12月税务总局起草的《关于对重大税收违法案件当事人实施联合惩戒措施的合作备忘录（2016版）》（以下简称《合作备忘录（2016版）》）由发展改革委牵头颁布（发改财金〔2016〕2798号），将联合惩戒部门、联合惩戒内容进行了拓展，实现联合惩戒

“双扩围”和提档升级。《合作备忘录（2016 版）》将联合惩戒措施由 18 项增加到 28 项，参与联合惩戒的部门由 21 个增加到 34 个，并且在年内完成了备忘录的签署，在全国社会信用体系建设中起到了积极的推动和引领作用。

截至 2016 年底，各级税务机关按照备忘录规定将全部税收违法“黑名单”案件当事人全部列入纳税信用 D 级范围，依法采取更严格的发票管理、出口退税审核和高频次税收检查等措施，同时共将 2974 件重大税收违法案件当事人信息提供给参与联合惩戒的 20 个部门，由相关部门对税收违法案件当事人依法实施联合惩戒。公安部门配合税务机关办理阻止欠税人出境边控信息 879 人次，实际阻止出境 60 人次；工商部门、市场监督管理部门限制 1390 名“黑名单”当事人担任企业法定代表人、董事、监事及经理职务；金融机构对 1796 户“黑名单”当事人采取了削减授信额度、提前收回贷款、停止授信业务等措施；国土资源部门限制 1634 户“黑名单”当事人取得政府供应土地；质检部门对 1429 户“黑名单”当事人采取了列为出入境检验检疫信用 D 级等限制性管理措施；财政部门限制 1794 户“黑名单”当事人取得政府性资金支持、1731 户“黑名单”当事人参与政府采购；海关部门对 1587 户“黑名单”当事人不予适用海关认证企业管理；证监会、保监会分别对 1399 户、1274 户“黑名单”当事人在证券期货市场和保险市场部分经营行为进行限制；交通运输部门禁止 1523 户“黑名单”当事人受让收费公路权益；发展改革部门限制 1355 户“黑名单”当事人发行企业债券；商务部门、发展改革部门限制 1395 户“黑名单”当事人有关商品进口关税配额分配。对不法分子形成了强大的威慑，显现了政府监管的效力，促进了市场公平竞争，培育了社会诚信风尚。对税收违法行为起到了强有力的震慑作用，令涉税行为当事人面临“一处失信，处处受限”的局面，推动形成“褒扬诚信，惩戒失信”的合力，促进了纳税诚信和社会信用体系建设。

三、加强管理，营造诚信社会氛围

2016 年，各级税务机关不断强化“黑名单”工作管理，不断提高信息化水平，抓好工作督导落实，有针对性地开展“黑名单”公布督导检查，做到依法依规公布。同时积极宣传，持续推动社会信用体系建设向纵深发展。从典型案例入手，通过报纸、网络、电视等媒介，在央视《新闻联播》栏目、《经济日报》等重磅媒体以及国内 200 余家主流网站，采用微电影、动漫画、软新闻等多种方式，重点宣传联合惩戒给失信当事人带来的影响和限制，体现出联合惩戒的巨大震慑力，推动了诚信守法光荣、失信违法可耻的社会风尚形成，营造了诚信守信的社会氛围，产生了深刻的社会影响。

（国家税务总局稽查局举报中心）

税务稽查改革持续推进

2016年，税务总局稽查局深入贯彻落实《深化国税、地税征管体制改革方案》（以下简称《方案》）部署要求，在税务总局党组的坚强领导和相关司局的大力支持下，举全系统之力，结合实际，适度前瞻，狠抓落地，持续推进深化税务稽查改革工作，取得了积极进展。

一、改革成果

（一）提出稽查体制改革建议。根据《方案》提出的“改革属地稽查方式”“探索建立跨区域稽查机构”“实现国税地税联合进户执法”的稽查体制改革总体要求，税务总局稽查局坚持问题导向，积极配合人事司，研究提出了稽查体制改革建议方案：一是调整优化稽查职责，理顺稽查部门与其他部门的关系；二是强化总局、省局稽查力量，探索建立跨区域稽查机构，增强稽查执法独立性和威慑力；三是推进国税地税联合稽查，减轻纳税人负担；四是健全稽查运行机制，确保稽查工作内控有力、考评有据、运转高效。上述建议方案，多次向总局领导汇报，并经人事司统筹研究细化，作为总局优化税务组织体系整体方案的重要内容，上报中编办审批。

（二）“双随机一公开”监管工作扎实推进。为深入贯彻国务院关于加强事中事后监管、全面推行“双随机一公开”监管的决策部署，切实落实《方案》提出的“建立健全随机抽查制度”的要求，2015年8月以来，税务总局采取多种措施，扎实推进税务系统“双随机一公开”监管工作。一是建立了以《推进税务稽查随机抽查实施方案》和随机抽查“两个名录库”管理办法为主体的制度体系。二是推动各地税务机关建立随机抽查对象名录库和执法检查人员名录库，落实“双随机”抽查机制，体现执法公平，提升执法效能。税务总局先后分两批压茬部署了66户重点检查对象的随机抽查，统筹组织各地税务机关实施检查。三是开发建设“金税三期工程税务稽查双随机工作平台”，实现全国一个平台、一个标准、一个流程，利于执法监控和统计分析。四是通过多种媒体，主动向社会公开、解读税务稽查随机抽查实施方案和各项配套制度，扩大社会影响，营造良好氛围。国务院副秘书长孟扬对税务系统“双随机一公开”工作予以了充分肯定，税务总局工作经验两次被国务院推进职能转变协调小组办公室简报采用推介。

（三）税警协作联络机制顺畅运行。根据《方案》提出的“健全公安部派驻国家税务总局联络机制”要求，会同公安部制发了《公安部派驻国家税务总局联络机制运行暂行办法》；2016年5月24日，公安部派驻国家税务总局联络机制办公室正式挂牌成立，标志着税警协作联络机制进入实体化运行新阶段。截至2016年底，全国共建立公安派驻税务联络机制办公室540个，有力推动税警协作向纵深发展。

（四）“黑名单”制度和联合惩戒措施威力凸显。根据《方案》提出的“健全税收违法‘黑名单’制度和联合惩戒措施”要求，修订发布了《国家税务总局关于修订〈重大税收违法案件信息公布办法（试行）〉的公告》（国家税务总局公告2016年第24号），在进一步规范流程、统一标准的基础上，首次确立实行信用修复机制；与33个部委联合签署《关于对重大税收违法案件当事人实施联合惩戒措施的合作备忘录（2016版）》，相较《合作备忘录（2014版）》，参与联合惩戒的单位由21个增加到34个，联合惩戒措施由18项增加到28项，实现了对税收违法“黑名单”联合惩戒的提档升级，加大了对失信纳税人惩戒力度与范围，进一步释放了税收违法“黑名单”制度威力。

（五）税务稽查制度体系不断健全。根据《方案》要求，税务总局稽查局积极研究制定出台相关制度办法，不断健全稽查制度体系、岗责体系和内控体系。一是制发《税务稽查案源管理办法》，通过明确案源信息来源、类型、处理、分配及结果应用，规范流程，理顺衔接，实现税收高风险定向稽查。二是制发《国家税务局　地方税务局联合稽查工作办法》，整合国税、地税稽查资源，在共享信息、联合检查、协同审理执行、结果利用等多方面开展合作，增强执法效能，避免多头重复检查，减轻纳税人负担。三是制发《全国税务稽查规范（1.0版）》，全面体现深化稽查改革各项工作成果，全流程嵌入内部监控和质效考核机制，实现稽查计划、实施、跟踪、考评全过程透明化。

二、工作措施

在推进深化税务稽查改革过程中，税务总局稽查局坚持“制度先行、任务落地、系统配套”的工作思路，有力确保了各项改革举措顺利推进、落地见效。

（一）制度先行。落实《方案》部署的改革举措，税务总局稽查局始终坚持制度办法先行、顶层设计先行，集合系统上下之力，广泛征求各方意见，按时保质出台制度办法，确保改革举措的落实有章可循、有序推进。

（二）任务落地。2016年，税务总局稽查局以绩效管理为抓手，持续公布税收违法“黑名单”，深入推动全系统建立税警协作联络机制，全面强化国税地税联合稽查，充分发挥税务总局数据优势、系统人才优势、部际协调优势，统一选取案源，统一组织案件检查，不仅提高了稽查精准度和威慑力，更展现了增强税务总局稽查力量、提升管理层级的必要性和重要性。确保了各项稽查改革举措落地见效。

（三）系统配套。税务总局稽查局牢牢把握金税三期工程全国推广上线的有利契机，与总局网信办、征管科技司、电税中心等部门密切配合，持续推进金税三期稽查业务流程优化，开发建设“金税三期工程税务稽查双随机工作平台”，探索稽查大数据管理和应用，切实为各项稽查改革举措提供信息化支撑。

2016年深化稽查改革工作取得的成果和经验，为进一步落实《方案》要求、推进税务稽查现代化建设奠定了良好基础。税务总局稽查局将按照总局党组的统一部署和要求，做好统筹，注重集成，加大力度，有序推进，确保深化稽查改革取得更大成效。

（国家税务总局稽查局稽查六处）

第二篇

重要文献

深化改革 砥砺奋进
努力开创税务稽查现代化建设新局面

——在全国税务稽查工作会议上的讲话

孙瑞标

（2016 年 4 月 13 日）

这次全国税务稽查工作会议的主要任务是，认真贯彻党的十八大和十八届三中、四中、五中全会及中央经济工作会议精神，全面落实《深化国税、地税征管体制改革方案》要求和全国税务工作会议部署，总结 2015 年及“十二五”时期税务稽查工作，明确“十三五”时期稽查工作改革发展思路，部署 2016 年税务稽查工作任务。下面，我讲三点意见，供大家讨论参考。

一、2015 年及“十二五”时期工作回顾

过去的一年，全国各级税务稽查部门坚决贯彻落实税务总局党组的部署和要求，以改革推动发展，在发展中创新，开创了稽查工作新局面。

（一）稽查堵漏增收连创佳绩。全年共组织检查各类纳税人 39.8 万户，查补入库收入 1867 亿元，同比增长 3.4%，占同期税务部门组织税收收入的 1.51%，为完成全年税收收入任务做出了积极贡献。北京、江苏、上海、广东、辽宁、深圳、山东、海南、河南、湖南、青海国税局和北京、江苏、天津、黑龙江、内蒙古、湖北、山东、安徽、大连、深圳地税局等单位，对重点税源企业的检查组织到位，措施得力，成效明显。

（二）打击涉税违法再建新功。2015 年，总局依托部际协作机制，与公安部、海关总署、人民银行、工信部等部委通力合作，联合开展打击虚开增值税专用发票、打击骗取出口退税、打击发票违法犯罪活动等三个“专项行动”，取得丰硕战果。

打击虚开方面，以虚开黄金票为打击重点，首次利用公安经侦部门的情报分析和导侦平台研判线索，首次由人民银行反洗钱部门提供资金流信息，打击力度和成效明显增强。全系统共立案检查违法企业 1.56 万户，涉案金额 1059.3 亿元，税额 180 亿元，查补收入 46 亿元，查处案值超亿元大要案件 144 起，成功查办了徐州“9·22”、深圳“海浪 3 号”、海南“5·18”、厦门“11·17”等一系列重大案件。江苏、江西、海南、湖南、厦门、湖北、云南、重庆、四川、安徽等国税局工作成绩突出。

打击骗税方面，会同公安部和海关总署联合部署、统一选案、集中收网，总局组建专门团队进驻重点地区开展集中打骗，成效明显。全年共立案检查出口企业 0.51 万户，挽回

税款损失91.4亿元，移送公安机关案件244起，抓捕犯罪嫌疑人310人，成功查办了深圳“海浪”系列、上海斐讯通信公司等一批骗税大案。上海、江苏、浙江、宁波、厦门、广东、深圳、甘肃、重庆、黑龙江等国税局打骗工作成绩突出。

打击非法发票方面，全年共查处违法企业9.27万户，涉及非法发票1012.1万份，查补收入170.2亿元。河南、山东、广东、湖北、云南、深圳、江苏、安徽、青岛、湖南国税局和山东、重庆、北京、湖北、广西、青岛、湖南、河南、江苏、浙江地税局等单位，在打击发票违法犯罪活动工作考核中名列前茅。此外，各级税务稽查部门聚焦重大税收违法案件，共查处偷逃税百万元以上案件6540起，查补收入562亿元。江苏、云南、浙江国税局和河北、浙江、北京地税局等单位查处重大税收违法案件数量位居全国前列。

（三）稽查执法保障更加有力。贯彻落实国务院简政放权要求，制定和落实《推进税务稽查随机抽查实施方案》，实现了稽查执法理念和执法方式的新跨越。落实税收违法“黑名单”制度，做好“建机制、抓惩戒、扩影响”三篇文章，全年对外公布案件1556件，推送相关部门实施联合惩戒。天津、辽宁、黑龙江、山东、湖南、宁波、厦门国税局和北京、辽宁、上海、浙江、山东、广东、重庆地税局等单位在落实税收违法“黑名单”工作中成绩突出。组织编写《全国税务稽查规范（1.0版）》，研究起草税务稽查案源管理办法、税务稽查随机抽查对象名录库和执法检查人员名录库管理办法、国地税联合稽查管理办法，以及公安部派驻税务总局联络机制暂行办法，启动涉税刑事司法解释修订工作，与最高检、最高法和公安部联合调研，初步形成涉税刑事司法解释征求意见稿，为提高稽查工作法治化、规范化水平发挥了积极作用。

（四）体制机制改革逐步深化。按照深化征管体制改革方案要求，总局稽查局认真开展稽查体制改革有关工作。各地也积极探索稽查体制改革。广西地税设立的8个跨区域直属稽查局正式运转，山西国税局优化省、市、县三级执法力量，河南国税局采取“一局查总部、各市查分支”联动机制，都为稽查体制改革积累了宝贵经验。重庆国税局、地税局也在跨区域设置稽查机构、调整稽查职责等方面进行了积极探索，成效明显。各地积极探索构建国地税联合稽查制度框架，拓展合作渠道，实现资源共享，协调执法标准，取得了初步成效。京津冀三地国税局、地税局联合签署了稽查协作备忘录，河南、陕西、天津、湖北、重庆、吉林、宁夏等国税局、地税局联合稽查先行先试，实现了优势互补。总局稽查局选派6名处级领导干部组建工作组开展打骗工作，四川、湖南、青海、青岛国税局和江苏、浙江、贵州地税局等单位积极探索组建专业化团队，实施项目制管理，开展跨区域交叉检查，提高了办案质效。

（五）信息化建设取得重大进展。总局稽查局制定了稽查信息化建设规划，为稽查信息化的整体和长远发展定好基调、打好基础。充分吸收以海南国税局、深圳地税局为主的各地稽查信息化建设经验和成果，优化了金税三期稽查模块功能，随金税三期同步推行。制定了稽查选案、检查、审理、分析等应用系统的规划和框架需求，开展了稽查选案和随机抽查的数据保障、支撑系统建设的论证规划。上海、湖北、河北、广东、贵州国税局和山西、大连、青岛地税局等单位积极探索、勇于创新，有力推进了稽查信息化建设。

（六）稽查队伍建设进一步加强。全系统更加注重提高稽查干部队伍素质，发挥骨干引领作用，加强内控机制建设。总局稽查局全年共开展6期专题培训，抽调部分稽查领军人才和精英骨干承担总局重点课题、制度办法的研究工作和重大专项行动。河北国税局和天津、江苏、福建、青海地税局等单位探索分层培养和能级管理办法，有效激发了干部队伍活力。各级稽查部门领导班子严格落实“一岗双责”，注重党风廉政建设，认真开展绩效管理，着力健全内控机制，切实加强作风建设。河南、重庆国税局和重庆、陕西、大连地税局等单位在强化绩效管理工作中，安徽、西藏、青岛国税局和山东、江苏、湖北、湖南地税局等单位在健全内控机制工作中，取得较好成效。

2015 年各项工作任务的圆满完成，标志着“十二五”时期税务稽查工作的顺利收官。回顾“十二五”，在总局党组和各级税务局党组的坚强领导下，全国税务稽查工作结下了累累硕果。

五年来，我们坚持服务大局，稽查工作站位不断提升。全面落实总局党组决策部署，将稽查工作提到税收现代化建设的全局中去认识、去谋划，牢固树立稽查服务税收中心工作、稽查服务税收改革发展的理念和意识，在促收、促管、促查、促改、促廉的职能作用有效发挥上做文章，放大稽查成果效应，提升稽查工作站位，从而取得了打击涉税不法、维护税收秩序、促进纳税遵从的连续胜利，获得了夯实法治基础、完善体制机制、健全执法保障的丰硕成果。

五年来，我们坚持彰显职能，稽查执法威力不断增强。共组织检查纳税人 234 万户，入库查补收入 7044 亿元。对 20 多个行业和领域开展重点检查，实现查补收入 3552 亿元。查处百万元以上案件 2. 97 万起，查补收入 1590 亿元。受理检举案件 19. 5 万起，查补收入 243 亿元。2014 年以来，各级税务机关共对外公布重大税收违法案件信息 2092 件，及时推送相关部门实施联合惩戒，有力震慑了涉税违法犯罪。

五年来，我们坚持法治引领，稽查法制体系不断健全。相继制定了覆盖随机抽查、发票协查、重大税收违法案件信息公布、检举管理、文书式样和案卷管理等方面的规章制度，研究制定稽查工作规范，积极参与《税收征收管理法》的修订进程，深度融入深化税收征管体制改革的研究，积极推动涉税刑事司法解释的完善工作，提升了稽查工作依法行政的能力和水平，引领着稽查工作始终沿着法治轨道阔步前行。

五年来，我们坚持改革创新，稽查体制机制不断完善。总局开展“四省一市”稽查管理方式改革试点，市级一级稽查模式全面推开，部分地区探索建立省级跨区域稽查机构，稽查组织体系集约化、扁平化和稽查资源配置科学化实践收到实效。全面推行电子查账，大数据稽查、移动稽查等适应“互联网 +”时代的稽查信息化探索不断深入。积极实施人才兴税战略，稽查领军人才、人才库成员、专业化团队人才梯队培养、各显其能、各尽其责的良好局面初步形成。落实绩效管理，强化内控机制，党风廉政建设和作风建设不断迈上新台阶。

“十二五”时期税务稽查工作取得显著成绩，是各级税务机关党组高度重视支持，各有关部门大力支持帮助的结果，更是各级税务稽查部门和广大稽查干部倾注智慧、汗水和心血，辛勤浇灌、辛勤耕耘的结果。在这里，我代表总局党组，向大家并通过你们向全体税务稽查干部，向所有关心和支持税务稽查工作的领导和同志们，表示崇高的敬意和衷心的感谢！

在肯定成绩的同时，我们也清醒地认识到，税务稽查工作仍然存在着一些突出的问题和不足。一是依法行政理念不够牢固，依法行政水平有待提高，个别单位执法不规范、执法随意性问题比较突出。二是执行力不够强，部分单位落实任务不到位，工作标准低，创新不足，工作质效差。三是稽查信息化短板依然突出，数据应用的能力和水平不高，难以适应“互联网+”时代的要求。四是稽查队伍不能适应工作要求的状况未得到根本扭转，高素质稽查人才欠缺，有的稽查干部精神不振、能力不足、消极懈怠，个别的甚至为税不廉。此外，稽查体制机制不完善也制约了稽查职能作用的有效发挥。我们一定要高度重视上述问题，采取有效措施，切实加以解决。

二、努力开创“十三五”时期稽查现代化建设新局面

全国十二届人大四次会议审议批准的“十三五”规划纲要，对未来五年我国经济社会发展做出了总体部署和统筹安排。中央发布的《深化国税、地税征管体制改革方案》，是指导和推进税收现代化的纲领性文件。在今年初召开的全国税务工作会议上，王军局长对税收现代化进行了再论述、再深化，对加快推进税收现代化建设进行了再动员、再部署。这些都为我们进一步统一思想、提高认识、理清思路，努力开创“十三五”时期稽查现代化建设新局面指明了方向。

认真分析新时期稽查工作面临的新形势新任务，是开创稽查现代化建设新局面的基础和前提。我们应当重点把握以下四个方面：

一是要适应供给侧结构性改革。“十三五”时期是我国经济爬坡过坎、转型升级、跨越中等收入陷阱的关键时期。党中央、国务院有针对性地提出了以供给侧结构性改革为主线，推动经济发展由工业主导向服务业主导转变，由要素驱动、投资驱动向创新驱动转变。可以预见，在这个发展进程中，跨行业、跨区域的各种所有制形式的企业将不断涌现，新行业和新业态将不断产生，以服务业为主的第三产业将不断提高在经济总量和税收总量中的份额。面对新形势下经济发展的新任务新特点，稽查工作要充分适应供给侧结构性改革的要求，找准稽查执法发力点，整顿规范税收秩序，促进引导纳税遵从，防止税收流失，为营造公平的税收环境，保护和培育新的经济增长点，促进供给侧结构性改革做出应有贡献。

二是要为税制改革保驾护航。中国经济告别高速增长，改革着力点从刺激需求转向供给侧结构性改革，结构性减税成为税制改革的重要选项。随着“营改增”试点全面推开，建筑业、房地产业、金融业、生活服务业纳入试点范围，并将不动产纳入抵扣范围。资源税改革已经箭在弦上，环境保护税和烟叶税立法已列入日程，个人所得税改革正在积极推进，等等。这一系列税制改革举措都将对稽查执法提出新的要求。各级税务稽查部门不仅要密切关注改革后相关行业涉税违法新动向，严厉打击有碍税制改革顺利实施的涉税违法犯罪，为税制改革顺利推进、落实到位保驾护航，同时还要主动研究和适应税制改革对国税、地税稽查对象和稽查重点发生的重大影响，及时调整工作定位和着力点，有效整合稽查资源，确保稽查职能作用不打折扣、充分发挥。

三是要有效应对涉税违法新动态。今后一段时间，各类严重涉税违法行为仍将多发、高发。从改革层面看，税制改革既有新建立的税种，又有修订完善的税种，在新税种实施和新老税制衔接转换的过程中，往往是涉税违法犯罪活动多发的时节。从政策层面看，经济新常态要求及时调整完善税收政策，如国家将继续加大支持外贸出口的政策扶持力度，

要求出口退税更加方便快捷，这对打击虚开和出口骗税提出了更高要求，实现防范和打击骗取出口退税的标本兼治任务更加艰巨。从管理层面看，偷逃骗税与反偷逃骗税是一对永恒的矛盾。目前税收管理的体制机制和手段方法都存在一定缺陷，加之一些税务干部责任意识不强，甚至有个别人内外勾连谋取不当利益，都给偷逃骗税造成可乘之机。与此同时，偷逃骗税行为日益呈现出更加专业、隐蔽、复杂的特点，新行业、新业态、新产品不断涌现，这些都对税收管理和执法能力提出了新的更高要求。各级税务稽查部门要始终牢记使命，担起责任，发挥作用，认真研究新形势下涉税违法犯罪的新动态、新特点、新手段，有针对性地采取应对措施，坚决打击各类涉税违法犯罪行为。

四是要以深化稽查改革为引领。贯彻落实《深化国税、地税征管体制改革方案》，是当前和今后一个时期税收工作的重要任务。方案要求深化税务稽查体制机制改革，建立健全随机抽查和案源管理制度，全面推行国地税联合稽查，强化税警协作，完善税收违法“黑名单”联合惩戒；改革属地稽查方式，强化税务系统稽查职责和工作力量，探索建立跨区域稽查机构，提升稽查管理层级，增强稽查执法独立性，避免执法干扰。方案提出的这些改革举措系统全面，针对性强，是引领税务稽查实现现代化的纲领。我们必须充分认识深化稽查体制机制改革的重要意义，坚定信心，统筹协调，落实好、完成好方案提出的各项改革任务，为实现稽查现代化奠定坚实基础。

正确认识形势是为了更好地把握前进方向。“十三五”时期稽查工作的基本思路是：以《深化国税、地税征管体制改革方案》为指引，按照总局党组的统一部署和要求，以深化稽查体制改革为核心优化稽查资源配置，以健全稽查运行机制为手段强化稽查内部管理，以完善稽查组织方式为关键提高稽查办案质效，以加强稽查大数据应用为支撑改进稽查手段方法，以提升稽查队伍能力为抓手夯实稽查执法基础，不断完善稽查治理体系，不断提升稽查治理能力，有序推进税务稽查现代化建设。这个基本思路的核心要义可以用十个字概括，即改革、机制、质效、数据和能力。

（一）深化体制改革。要适当调整各级稽查部门职责定位，厘清稽查部门与其他管理部门间的业务边界，避免职责交叉重叠。稽查部门的职责定位，现在初步设想，选案和审理要适当集中、提升层级，由更高层级的稽查机构和部门来实施。稽查部门和其他部门的边界，也需要认真研究、划分清楚。要把增强总局和省局稽查力量、提升总局和省局稽查执法效能作为稽查体制改革的重点加以突破，要直接查处一些重大案件或者是重大税源企业的案件。要改革属地稽查模式，按照行业和区域相结合的原则，探索建立跨区域稽查机构，提升稽查执法层级，使稽查资源与税源分布特点相匹配，避免和减少执法干扰，增强稽查执法的质效和威慑力。要继续推进分类分级稽查，使稽查任务与稽查资源分布情况相匹配。要加强稽查体制改革与其他征管体制改革的衔接配套，积极稳妥地协调推进。

（二）健全运行机制。通过进一步完善稽查运行机制，确保稽查工作运转高效、内控有力、考评有据。要积极探索风险管理导向下的稽查运行机制，使稽查与其他部门的风控管理无缝衔接，顺畅沟通。要积极探索和落实王军局长提出的“体制打骗、机制打骗、大数据打骗”的方法，并将这三种方法延伸运用到打虚开、打发票违法犯罪活动、打击其他偷逃税行为。要建立健全“双随机”抽查制度和案源管理制度，使案源分配与各级稽查机构的设置和职责相吻合，实现稽查工作计划性管理和集约化管理，增强稽查质效。要全面推行国税、地税联合稽查，实现稽查执法适度整合，增强稽查执法效能，切实减轻纳税人负担。要实施查办案件团队制、项目制管理，整合优化人力资源，增强岗位责任。要健全稽查岗责体系和权力制约机制，强化层级稽查机构监督和外部门监督，不断强化和完善税务稽查内控机制。要加强与公安、海关、人民银行等有关部门的协作配合，形成执法合力，发挥各自优势，共同打击涉税违法犯罪，推动建立税务稽查共治格局。要在规范引导的基础上，探索在检查环节利用第三方中介机构提供专业服务的做法，以弥补稽查能力不足。

（三）提高工作质效。要运用绩效管理的理念和方法，建立科学完整的稽查工作质效考核指标和评价体系，实施稽查质效考核，作为稽查绩效管理的延伸和拓展。要着重对稽查体制机制改革任务落实、大要案件查处、专项行动、交叉检查、异地协查、落实“黑名单”制度、创新应用信息化手段等重点工作，开展质效考核和评价，以此推动稽查现代化建设和各项重点工作任务的落实。要优化稽查办案组织方式，实施团队制、项目制管理，健全工作机制，强化组织协调，提升执法层级，防范执法干扰，提高办案质效。与此同时，要努力发挥稽查促收、促管、促查、促改和促廉的作用，特别是要通过对稽查案件的剖析，总结归纳日常征管漏洞并及时反馈给管理部门，通过“一案双查”发现和揪出税务干部队伍中的害群之马，在以查促管、以查促廉方面发挥更加积极的作用。

（四）加强数据应用。树立“互联网+”和大数据理念思维，遵循税收信息化建设统一要求，加强稽查大数据管理和应用，加快推进稽查信息化建设。要多方采集数据，集合核心征管系统、增值税发票管理系统升级版、出口退税审核等系统的数据，以及稽查案件信息、第三方数据和互联网信息，为稽查选案、随机抽查提供保障和支撑。要以金税三期系统为主干，持续优化稽查模块功能，健全完善稽查信息化工具，丰富稽查信息化手段，深度开发运用数据，提高对海量数据挖掘、分析和利用的能力，不断提高稽查精准度和稽查办案质效。

（五）提升队伍能力。2014 年的全国税务稽查工作会议上提出，为更好服务税收工作大局，稽查队伍应着力提升四个能力，即为全面深化税制改革保驾护航的能力、保证税收职能作用充分发挥的能力、促收促管促改促廉的能力、改革创新不断迈向稽查现代化的能力。现在看，这个要求仍然适用，我们要采取更有针对性的措施加以落实。要建设学习型的稽查干部队伍，通过多种途径和方法促使稽查干部自觉学习，坚定理想信念，培育“工匠精神”，随着时代进步、科技创新和稽查工作需要不断补充更新必须掌握的知识。要实施人才战略，重视稽查领军人才和各类专业人才的选拔、培养和使用，强化业务培训和实战锻炼，努力打造高素质、能攻坚的稽查人才队伍。要健全奖惩机制，激发稽查队伍干事创业的积极性、主动性和荣誉感，吸引更多优秀人才进入稽查干部队伍。要加强党风廉政建设，正确引领稽查人员的价值取向，坚定理想信念，筑牢思想防线，有效防范执法风险和廉政风险，树立稽查干部队伍的良好形象。

展望“十三五”时期税务稽查发展前景，我们充满信心。在总局党组的正确领导下，在全国各级税务机关和稽查干部队伍的共同努力下，税务稽查现代化道路一定会越走越宽广，税务稽查现代化目标一定能够实现！

三、全面完成 2016 年稽查工作任务

2016 年是“十三五”开局之年，是落实《深化国税、地税征管体制改革方案》的关键

之年，做好今年工作对今后几年意义重大。根据全国税务工作会议精神，总局已经下发了今年的全国税务稽查工作要点，希望各级税务机关切实抓好落实。在这里，我再强调几点：

第一，要坚决完成稽查体制机制改革阶段性任务。根据总局的统一部署和要求，落实国税、地税征管体制改革方案共涉及稽查七项任务。为了配合稽查组织体系的改革，总局稽查局研究提出需制定十三项完善管理机制的制度、办法或意见。关于稽查体制机制改革，总局会统筹协调，制订下发改革方案，各地要按照总局的统一部署和要求抓好落实。对于总局出台的完善稽查管理机制的制度、办法、意见等改革举措，各地要抓紧学习领会，抓紧部署落实，确保抓出实效。总局确定的稽查体制机制改革试点单位要先行先试，尽快形成可复制、可推广的经验做法，非试点地区也要按照总局提出的改革路径，大胆探索，积累经验，为总局深入研究稽查体制机制改革提供参考和借鉴。这里我要强调，国税系统的稽查机构设置调整，必须按照总局的统一要求部署来推进，不允许各地自行其是，在总局做出决定之前自行改革。但是其他不需要经过总局审核批准的改革项目，大家都可以大胆地试。各级税务机关要切实加强对稽查体制机制改革的组织领导，坚决按照总局统一部署，统筹协调、稳步推进，保证完成今年各项改革任务，并在改革过程中确保干部队伍思想稳定、做好全年各项稽查工作。最近我听到一些反映，国税地税征管体制改革方案推出之后，有个别地方的稽查部门已经不太开展工作了，等着稽查体制机制改革。这种现象绝不能容忍，必须尽快坚决扭转过来。

第二，要确保完成稽查堵漏增收任务。针对今年组织税收收入工作面临的复杂严峻形势，总局党组明确要求今年稽查查补收入要再增加。这是总局党组对稽查干部队伍的高度信任，我们要不折不扣地完成好。要重点关注金融保险、投资管理、物流、电力、大型连锁商业零售、房地产和建筑安装等行业以及高收入个人，做好稽查选案，强化重点稽查。要深入开展重点税源企业检查，在做好 2015 年总局下达的第二批 26 户重点税源企业重点检查工作的基础上，总局今年将继续压茬部署对重点税源企业开展抽查。与此同时，各地税务机关要落实随机抽查制度的要求，对本地重点税源企业的抽查比例不低于 20%，也就是五年对重点税源企业要轮查一遍。要通过有效开展重点行业、重点企业的税收检查，促进税收秩序不断规范和好转，促进纳税遵从度不断提高，不仅直接增加稽查查补收入，而且间接促进整体税收收入。

第三，要进一步打击涉税违法犯罪。今年的全国税务工作会议明确提出，“要落实李克强总理重要批示精神，稳、准、狠地打击出口骗税，坚决遏制骗税猖獗势头。”我们要认真落实，把打击虚开和打击骗取出口退税结合起来联动，进一步加大打击骗取出口退税和虚开黄金票专项行动的力度。根据防范和打击出口骗税部际联席会议的要求，今年总局将进一步加强与公安部、海关总署、人民银行等有关部门的协作配合，会同这些部门组建打骗工作组，直接查处出口骗税重点案件。同时将选取部分重点骗税、虚开等案源下达省级国税局组织查处，并选取若干行业或地区开展专项整治。要进一步加大打击发票违法犯罪活动和偷逃税行为，积极采取有效措施，围绕重点线索，集中人力和时间重点突破，争取更加明显的成效。要通过“出铁拳、亮利剑”，坚决查处一批重大案件及违法犯罪分子，坚决遏制骗税、虚开及其他涉税违法犯罪活动猖獗的势头。

第四，要深入开展稽查规范化建设。总局正在制定税务稽查工作规范，这是落实《深化国税、地税征管体制改革方案》和税收现代化建设要求的具体举措。规范下发后，各地要迅速组织学习，认真抓好落实。要加强稽查工作计划性管理，强化对下级稽查局的业务领导、组织协调、统筹指挥力度。要清晰合理划分各级稽查机构的工作范围，推行分类分级稽查。要加强税务稽查案源管理，实现与风控等部门的顺畅衔接，规范案源处理流程。要明晰岗责，规范执法，强化监督制约，着力解决稽查工作中存在深层次突出问题，不断提高稽查工作的法治化、科学化、规范化水平。

第五，要全面推行国地税联合稽查。总局正在抓紧制定国税、地税联合稽查工作办法，要求进一步规范联合进户稽查，全面实施稽查执法合作，切实减轻纳税人负担，原则上，凡是共管户都要实施联合稽查。各级国税、地税局要加强双方稽查工作的协调性和计划性，将合作要求贯穿于选案、检查、审理、执行等稽查执法办案的各环节。要共建稽查协调机制，共享涉税信息，联合进户检查，协同审理和执行，稽查结果双方利用，形成联合稽查工作闭环管理。要建立和完善联合稽查工作信息管理平台，提升联合稽查工作的信息化水平。要加强督导和考核，推动联合稽查成为稽查执法办案的日常组织形式，实现常态化。要总结和推广各地联合稽查工作的实践经验，优化合作机制，提高工作实效，丰富纳税人体验。

第六，要加强改进内部监督制约。坚持稽查选案、检查、审理、执行四环节相互分离、相互制约，不断健全职责明晰、分权制约的稽查业务管理制度体系、岗责体系和权力监督制约机制，规范执法行为。要落实集体决策制度，防止稽查案件由个人说了算和稽查权力滥用。要强化层级稽查机构的监督管理，实施跨区域稽查机构管辖不定期轮换，组织开展异地交叉检查、案件复查、案件督办，避免执法干扰和执法不廉。要强化外部门监督，将各级稽查机构纳入上级税务机关巡视和督查范围，认真接受督察内审部门的执法检查，积极配合纪检监察部门开展“一案双查”，坚决挖出税务干部队伍中以税谋私的蛀虫。要加强党风廉政建设，指定专人负责纪检工作，在各类稽查团队中成立临时党支部，及时发现和严肃处理违反廉政纪律的苗头性问题。

第七，要加速推进稽查信息化。经过优化的金税三期稽查模块要确保随金税三期工程的推广同步到位，各级稽查人员要尽快熟练运用稽查信息系统。要加快开发稽查应用信息管理系统，统一稽查信息化业务需求、技术标准和接口标准，重点开发应用稽查选案分析、电子工具、管理监控、成果应用等稽查应用管理信息系统。要尽快实现核心征管、增值税发票管理系统升级版、出口退税审核等系统涉税信息的有效整合和利用，建立稽查数据信息的专门平台，为提高稽查案件质量创造必要条件。要建立重大案件涉案人员信息库，将虚开和骗税涉案企业及人员、重大偷逃税案件当事人信息录入其中，及时推送税务机关内部管理部门和外部相关部门，实现以查促管职能，发挥联合惩戒威力。要进一步完善协查系统，优化系统操作，强化监控分析，充分利用增值税发票管理系统升级版数据，建立协查工作快速反应机制。

第八，要进一步加强干部队伍建设。全体稽查干部要深刻认识承担的使命，振奋精神，顽强拼搏。共产党员要自觉投身“两学一做”学习教育，切实起到先锋模范作用，带头坚定理想信念，带头勤政为民，带头清正廉洁。要大力培养、选树和宣传先进典型，对稽查干部队伍中的先进人物、有功人员、优秀人才实施重点培养，放到重大艰巨的稽查工作实践中去磨炼，如放到案源管理和分析、打击虚开、打击骗税、打击发票违法行为等专业团队中去挑大梁。要认真落实《全国税务系统2016年“岗位大练兵、业务大比武”活动实施方案》要求，着力提升稽查人员业务素质和履职能力，选拔一批稽查“专业骨干”和“岗位能手”。要强化教育培训，加强理想信念和职业精神教育，开展以提高稽查业务技能为目的的专业化、差别化培训。要大力加强党风廉政建设，把纪律挺在前面，坚持纪严于法、纪在法前，对党纪政纪心存敬畏，自觉接受纪检部门监督，对为税不廉、跑风漏气泄密的必须依法依规严肃处理，绝不姑息。

同志们，全国税务工作会议为我们勾画了未来五年税收改革发展的美好蓝图。让我们在总局党组的领导下，继续发扬开拓创新、敢于亮剑、克难奋进、勇于担当的优良传统和作风，推进稽查体制机制改革，充分发挥稽查职能作用，服务税收工作大局，为实现税务稽查现代化建设目标奋勇前行，为全面完成税收工作任务做出新的贡献！

在国家税务总局稽查局　公安部经济犯罪侦查局　海关总署缉私局　中国人民银行反洗钱监测分析中心打击虚开和骗税工作领导小组会议上的讲话

王学东

（2016年4月25日）

首先非常感谢海关、公安及人民银行各位领导的大力支持。今天我们四部门联合领导小组召开首次联席会议，既是碰头会、通气会，也是动员会、研讨会。在这里，我首先向大家汇报一下总局稽查局在近阶段打骗工作的开展情况。

一、协助成立部际联席会议制度

年初按照国务院领导指示，我们积极配合协助财政部等有关部门草拟了防范和打击骗税部际联席会议制度的相关文件，在会签七部门后上报国务院。目前，七部门防范和打击骗税部际联席会议制度明确由财政部牵头组织，强调全国打击出口骗税工作要在部际打骗协调体制下统一开展。前日，我们专门与部际联席会议制度办公室有关方面进行了沟通，就如何开展打骗工作及如何处理好“大机制”和我们“小机制”关系等问题进行了磋商，初步明确的意见是：七部门部际联席会议制度主要负责建立防范和打击骗税标本兼治长效机制方面的工作，我们四部门将继续承担和负责以打击骗税为主方面的工作。

二、精心制定工作方案

税务总局于2015年底就开始着手起草《2016年打击骗取出口退（免）税违法犯罪活动工作方案》，目前等待部际联席会议制度批准下发。各部门提早安排部署今年相关打骗打虚工作，为了不影响整体工作开展进度，我们在请示部际联席会议制度办公室后，于今年的4月18日以“暂行安排”正式下发全国。

三、科学选案，精准打击

今年选案工作主要采取了指标分析方法综合评估，最终筛选出了1100户重点涉骗企业。从地域上看，案源主要集中在广东、福建、深圳和厦门4地，案源数量约占50%，这与中国外向型经济集中在东部地区相吻合。从产品上看，主要涉及产品是纺织服装等传统轻工产品、手机等电子产品、钢铁及其制品和农产品。同时，我局建议将广东、福建、深圳和厦门作为重点地区，派驻骨干力量重点打击，净化该地的税收秩序。将纺织产品、电子产品、钢铁制品和农产品列为重点治理领域，将报关行等出口配套行业作为重点治理行业。

四、充实力量，筹建领导小组办公室和工作组

为加强打骗办公室综合协调、组织指挥力量，今年总局抽调了部分业务骨干成立了打骗工作办公室。目前，办公室人员、场所都相对固定，就在总局稽查局集中办公。办公室的主要职能就是负责全国打骗工作的综合协调、督查督办、集中选案、报告材料等工作。希望其他成员单位也能选派固定人员充实打骗工作办公室力量。同时，结合2015年选派打骗工作组取得的成效和积累的经验，2016年总局拟组建20个打骗工作组分赴上海、厦门、广东、深圳等重点地区开展专项打骗工作。届时，希望公安、海关和人民银行部门能够从不同角度支持打骗工作组工作，尤其是重点小组工作，如深圳、广东等地区工作组，希望各成员单位深度介入。

五、四部门打骗工作部署会准备情况

4月28日，四部门将在湖北武汉召开全国打骗打虚工作部署会议，目前会议的相关议程和相关材料已基本准备完毕。这次会议的主要目标就是持续贯彻落实国务院领导重要指示精神，2016年继续开展跨部门、跨区域专项打击出口骗税工作，总结过去的打骗工作经验，全面部署今年四部门打骗工作任务。希望四部门能够协同作战，攻坚克难，继续发扬敢打硬仗和善打胜仗的优良传统和作风，圆满完成2016年的打骗工作任务。

2016 年全国税务稽查工作要点

2016 年全国税务稽查工作的指导思想是：认真学习贯彻党的十八大和十八届三中、四中、五中全会及中央经济工作会议、全国税务工作会议精神，按照税务总局党组总体要求和工作部署，充分发挥税务稽查职能作用，严厉打击税收违法行为，遏制税收违法猖獗势头。认真落实《深化国税、地税征管体制改革方案》，以稽查体制机制改革为核心，以稽查信息化建设为手段，以稽查制度建设为支撑，以稽查干部队伍建设为保障，完善稽查治理体系，提升稽查治理能力，推动稽查现代化建设。

一、严厉打击涉税违法行为

（一）严厉打击骗税违法犯罪活动。将打击骗取出口退税工作作为 2016 年稽查工作的重中之重，在统一指挥部署下开展专项行动，震慑不法犯罪分子，遏制骗税活动猖獗的势头。税务总局会同公安部、海关总署等有关部门直接组织查处 100 个骗税重点案源，并选取 1000 个骗税案源下达省级国税局组织查处。各地国税局在此基础上，也要主动选取骗税案源进行查处。

（二）有效遏制虚开违法犯罪行为。税务总局与公安部、人民银行等部门联合开展专项行动，重点打击利用海关完税凭证虚抵进项虚开增值税专用发票行为。继续做好打击虚开黄金票专项行动。税务总局稽查局直接部署查处 500 个重点案源，选取 2500 个案源下达省级国税局组织查处。

（三）开展行业和区域专项整治。按照打击骗税与打击虚开紧密结合的工作原则，将两项打击行动合并进行，打出气势，打出威慑。税务总局稽查局选取 3 ~ 5 个行业和地区开展专项整治。各省国税局根据本地打骗和打虚工作情况确定重点区域开展专项整治工作。

（四）严厉惩治偷逃税行为。认真落实随机抽查制度和案源管理制度，强化重点稽查，做好稽查选案，筛选涉嫌偷逃税的疑点企业开展检查。重点查处金融保险、投资管理、物流、电力、大型连锁商业零售、房地产和建筑安装等行业以及高收入个人，并通过检查发现行业性、区域性、趋势性的偷逃税违法行为，以点带面进行惩治，促进税收秩序不断规范和好转。税务总局稽查局组织抽查 30 个重点税源企业或集团，各地税务机关对本地重点税源企业抽查比例不低于 20%。

（五）推动发票违法犯罪标本兼治。会同公安部门加大对制售非法发票违法犯罪活动的打击力度，以重点地区为突破口，通过打源头、端窝点、摧网络，带动非法发票“卖方市场”专项整治行动全面开展。各省级税务机关要选择 1 ~ 2 个地区开展重点整治。开展对发票使用情况的检查，重点选择房地产、建筑安装、药品与医疗器械、商业批发与零售、电信、交通运输等行业查处违法受票企业。充分利用增值税发票系统升级版，加强风险防控和数据比对应用，努力实现对发票违法犯罪标本兼治。

二、扎实推进稽查改革

（六）扎实推进稽查体制改革。认真落实《深化国税、地税征管体制改革方案》，按照稽查组织体系与企业集团化、税源集中化的趋势相匹配，与税收违法大要案件跨区域的新动向相匹配，与区域产业特征和新兴业态发展相匹配的原则，探索建立跨区域税务稽查机构，增强工作力量，明确工作职责。进一步完善省级以下稽查体制，改革属地稽查方式，提升稽查管理层级，增强稽查执法独立性。要按照“先在点上试，再在面上推”的思路落实完善省级以下税务稽查体制改革工作，综合改革试点单位和专项改革试点单位先行先试、积累经验，其他单位按照税务总局统一部署有序推进改革措施落实。

（七）建立随机抽查和案源管理制度。按照《推进税务稽查随机抽查实施方案》的规定，税务总局制定税务稽查对象分类名录库、税务稽查异常对象名录库和税务稽查执法检查人员分类名录库的管理办法。税务总局、省局和市局建立稽查对象分类名录库，实施动态管理；根据涉税案件、高风险疑点、纳税信用等级、联合惩戒等信息建立异常对象名录库；建立各级稽查执法人员分类名录库，实现执法检查人员随机选派。加强税务稽查案源管理，税务总局制定实施《税务稽查案源管理办法》，理顺稽查工作机制，提高稽查工作质效。

（八）实现国地税联合进户稽查。2016 年 3 月底前，税务总局出台管理办法，按照服务深度融合、执法适度整合、信息高度聚合的原则，统一规范国税、地税稽查部门开展联合进户执法和相关执法合作。2016 年 7 月 1 日起，全面推行国税、地税联合进户稽查，增强稽查执法合作效能，防止多头重复检查，减轻纳税人负担。

（九）完善“黑名单”及联合惩戒制度。积极落实和完善《重大税收违法案件公告及联合惩戒办法》，探索建立企业信用修复机制，发挥“黑名单”制度的积极作用。积极参与国家级社会信用体系信息交换平台建设。

（十）健全公安派驻税务联络机制。协同制定公安部派驻税务总局联络机制暂行办法，研究建立联络机构，推进省以下公安派驻税务联络机制工作。改进完善警税协作制度，沟通协调、指导督促、落实执行警税协作事项。

三、加速稽查信息化建设

（十一）继续完善金税三期稽查模块。根据统一部署，税务总局稽查局配合相关部门进一步完善金税三期稽查模块，做好测试和运行的业务保障工作，确保随金税三期工程推广规划同步到位。

（十二）开发稽查应用信息管理系统。按照税务总局稽查信息化建设总体部署，统一稽查信息化业务需求、技术标准和接口标准，重点开发应用稽查选案分析、电子工具、管理监控、成果应用等稽查应用管理信息系统。完善协查信息管理系统，设立协查疑点信息提示，拓展协查系统应用模块，提升协查管理效能。

（十三）建立稽查数据信息库。立足“互联网 + 税务”和大数据应用，建立和使用由核心征管、专用发票升级版、出口退税预警系统及公安和银行等第三方的涉税信息数据为来源的稽查数据库，为随机抽查和选案提供基础保障，对重大涉税案件进行综合分析和信息研判，提高稽查案件的质效。

（十四）建立重大案件涉案人信息库。在稽查部门建立重大案件涉案人信息库，将虚开和骗税涉案企业和人员、重大偷逃税案件当事人信息录入其中，及时向税务机关内部管理部门和外部相关部门推送，实现以查促管职能和充分发挥联合惩戒措施的威力，为稽查部门开展重大涉税案件检查提供参考和指导。

四、切实提高稽查工作质量

（十五）推进税务稽查规范化建设。全面推进税务稽查工作科学化、规范化、标准化，制发并在全国试行《全国税务稽查规范（1.0 版）》，在全国范围内实现稽查执法一个标准、一个流程、一把尺子。规范税务稽查，坚持公正执法，提高执法效率，有效防范执法风险，维护纳税人合法权益。

（十六）完善稽查法律法规。广泛开展摸排调研，修改完善税务稽查相关制度，解决涉税案件具体适用法律疑难问题。研究建立重大税收违法案件会商机制，对案件定性处理的政策法律疑难问题以及查处相关重要事项进行会商解决。继续参与《中华人民共和国税收征收管理法》及其实施细则修订工作，配合修改完善涉税刑事司法解释工作。推动完善金融机构及管理部门保障制度，积极探索反逃骗税、反洗钱行政执法合作方式。

（十七）提高案件协查质效。充分利用增值税发票系统升级版数据，建立健全协查工作快速反应机制。加强协查系统监控，加大对有“执法风险”提示单位的监控、督导和工作改进力度，提高协查回复质量。深化协查系统数据的整合应用，开展协查数据分析，为发现案源线索和掌握区域涉税违法案件发展趋势提供可靠依据。

（十八）提升税务检举案件管理水平。认真贯彻落实《税收违法行为检举管理办法》和《税收违法行为检举案件管理考核办法》，与税务总局办公厅、机关服务中心等部门加强配合，耐心细致地处理好税收违法行为检举缠诉缠访事件，提高危机处理能力。开展与本地 12366 举报工作的对接、培训和业务指导工作。

（十九）完善内部监控机制。提高执法风险意识，坚持稽查选案、检查、审理、执行四环节分离机制，强化重点环节、重点岗位、关键人员的监督制约，构建职责明晰、分权制约的业务管理制度体系。省级稽查局要切实加强对下级稽查局的业务管理、监督检查和考核考评等工作，通过实行管辖范围不定期轮换、异地交叉检查、案件复查、案件督办等方式，不断完善内控机制。

（二十）重视稽查宣传工作。通过多种形式多层次地宣传税务稽查成果，扩大税务稽查影响力、震慑力。收集典型案例，定期通过新闻媒体曝光，充分发挥震慑作用，引导和促进纳税遵从。

五、打造高效廉洁的稽查队伍

（二十一）强化稽查技能培训。以提高稽查业务技能为目的，开展专业化、差别化干部培训。根据工作需要及人员结构、知识结构状况，建立分级分类培训机制。优化培训内容，重点开展选案分析、电子查账、重大案件查处、重点税源企业检查、资本交易和电子商务等领域检查培训。

（二十二）重视领军人才培养使用。配合做好选拔稽查专业方向税务领军人才工作。选调与稽查相关专业的领军人才进入稽查队伍。安排稽查领军人才承担稽查重点课题研究、参加重大案件查处、参与重点工作任务，增强实战能力，遴选领军人才进入稽查专业团队。

（二十三）组建稽查专业团队。选拔专业能力突出的各类稽查专业人才，在税务总局稽查局和省级稽查局分别组建案源管理和分析、打击虚开、打击骗税、打击发票违法行为等专业团队。

（二十四）加强党风廉政建设。严格落实《税收违法案件一案双查办法》，对检查中发现的涉及内部人员违法违纪线索及时报告，并积极配合纪检监察审计等部门开展工作，不断加强稽查系统的党风廉政建设。

（二十五）完善稽查绩效考核评价。建立健全稽查工作绩效考核评价体系，科学设定考核指标和评分办法，覆盖稽查执法和系统管理。将稽查重点工作纳入绩效考核，确保各项工作任务落到实处，取得实效。充分运用绩效考评结果，增强稽查干部的事业心和荣誉感，切实激发队伍活力。

第三篇

全国税务稽查工作

全国税务稽查工作综述

【概述】　2016年，在税务总局党组的正确领导下，税务总局稽查局全体人员凝心聚力，奋力拼搏，深入贯彻落实总局党组各项工作部署，圆满地完成了各项工作任务。牢牢抓住打击偷逃税、虚开发票、骗取出口退税和制售假发票违法行为这“四条主线”，以落实随机抽查制度为抓手，以税收风险管理为导向，切实整顿规范行业和地区税收秩序。截至2016年12月底，全国各级税务稽查部门共查补入库收入1892亿元，稽查查补入库收入达到历史同期最高水平。

【打击涉税违法行为】　一是建立“打骗”工作七部委协调机制和四部委部际协作机制，大数据选案、统一组织、坐实考核，将打击虚开和打击骗税紧密结合，截至2016年12月底，共查处涉案企业4.57万户，移送公安机关6104户，打骗工作挽回税收损失177.05亿元，打虚工作已认定虚开税额1024.70亿元。二是开展随机抽查，惩治偷逃税行为。2016年，除线索明显涉嫌偷逃骗抗税和虚开发票等税收违法行为直接立案查处的以外，各级税务机关全面实施“双随机”的方式开展税务稽查。2015年税务总局统一随机抽取26户企业集团检查已收尾，共查补税款172亿元，并压茬部署2016年40户企业集团的随机抽查工作。三是严厉查处涉税违法大要案，税务总局稽查局在2016年共督办全国大要案件192起，狠抓进度、要求实效、注重考评，切实做好重大税收违法案件督办工作，彰显税务稽查的威慑力。四是凝聚合力，开创打击发票违法新局面。2016年，全国共查处各类发票违法犯罪案件12.39万起，缴获非法发票1522.54万份，税务机关查补收入248.82亿元。五是开展地方石化企业专项检查。2016年，地方石油炼化企业税收专项检查企业2661户，查补税款39.04亿元。六是充分发挥稽查为税改保驾护航作用。2016年，全国“营改增”高风险企业专项稽查工作共检查企业10165户，查补税款50.72亿元；为更好了解“营改增”后金融租赁行业增值税税负情况及存在的涉税风险，税务总局稽查局组织开展了对5家金融租赁企业的调研性检查，向总局领导报送了较高质量的分析报告，提出风险防控的工作建议。七是以“7·03”案件为龙头，开展医药行业专项检查。共检查企业1629户，查实涉税违法金额1045.75亿元，发票98.38万份，涉及税款、罚款197.11亿元。

【稽查改革】　税务总局稽查局认真贯彻落实《深化国税、地税征管体制改革方案》要求，七项改革举措均已形成改革方案或出台了制度办法。一是集中研究提出了关于完善稽查机构设置、强化稽查职责的体制改革建议方案；二是形成了进一步建立完善税务稽查运行机制的改革方案；三是制发《国家税务局　地方税务局联合稽查工作办法（试行）》；四是健立健全了公安部派驻税务总局联络机制，协同制定《公安部派驻税务总局机制暂行办法》等制度；五是修订《重大税收违法案件信息公布办法（试行）》，建立了企业信用修复机制；发挥联合惩戒作用，积极促成了《关于对重大税收违法案件当事人实施联合惩戒措施的合作备忘录（2016版）》的修订和签发；六是全面推行“双随机一公开”监管，制发《税务稽查案源管理办法（试行）》《税务稽查执法检查人员分类名录库管理办法（试行）》和《税务稽查随机抽查对象名录库管理办法》。

【稽查法规建设】　制发《全国税务稽查规范（1.0版）》，做到业务全覆盖、管理全方位、机制全贯通、风险全防范；积极促成《国家税务总局关于走逃（失联）企业开具增值税专用发票认定处理有关问题的公告》（国家税务总局公告2016年第76号）发文并制发《国家税务总局关于走逃（失联）企业涉嫌虚开增值税专用发票检查问题的通知》（税总发〔2016〕172号）；继续参与《中华人民共和国税收征收管理法》及其实施细则修订工作；继续配合修改完善涉税刑事司法解释工作；推动完善金融机构及管理部门保障制度，积极探索反逃骗税、反洗钱行政执法合作方式；继续修订《税收违法行为检举管理办法》；七是着手建立稽查法律制度建设框架体系，已启动《全国税务稽查规范》的修订工作。

【稽查管理规范】 着力加强自身管理，建立科学的内控运行机制和质效考核办法，使稽查工作内控有力、考评有据、高效运转；加强稽查经费管理，组织开展了国税系统的经费管理自查整改，会同税务总局财务管理司起草了规范经费使用的补充规定；全力配合做好中央巡视要求的各项工作，并细列整改措施，制定时间表，按时保质地完成整改要求；继续稳妥做好涉税检举日常工作、协查系统运行工作、典型案例曝光和“黑名单”等新闻宣传工作。

【稽查信息化建设】 形成《大力推进稽查信息化建设的指导意见》；组织编写税务稽查案源信息库、税务稽查随机抽查对象名录库、执法检查人员名录库业务需求及税务总局稽查数据集市业务需求、优化金税三期稽查模块的业务需求、税务云平台稽查应用业务需求；加强运用大数据和信息情报分析开展选案；不断完善协查系统功能。

【稽查队伍建设】 将基础性培训和重点业务培训相结合，开展6个有针对性的干部教育培训；全力配合做好税务稽查大比武工作；安排稽查领军人才做好重点课题研究、参与重大案件查处等重要工作，组建稽查专业团队开展集中选案和打骗打虚工作，更新稽查人才库；加强党风廉政建设，严格落实《税收违法案件一案双查办法》；完善稽查绩效考核评价，以绩效为抓手推动稽查各项重点工作取得实效。

（赵志武）

税务稽查制度管理

【概述】 2016年，税务总局稽查局根据《深化国税、地税征管体制改革方案》以及推进税收立法和制度建设的总体安排，参与修订《税收征收管理法》；在深入调研，广泛征求各方面意见的基础上，制发了《全国税务稽查规范（1.0版）》，形成完整的执法规范；研究完善税务稽查随机抽查机制；开展相关法律、法规及政策研究；编制权责清单；会同公安部联合印发了《公安部派驻国家税务总局联络机制运行暂行办法》；加强与中国人民银行、公安部、国家外汇管理局、银监会等部门的工作联系和协调配合。

【稽查规章制度】 2016年，税务总局稽查局不断加强税务稽查执法制度建设，积极参与《税收征收管理法》修订，研究制定《全国税务稽查工作规范（1.0版）》，深入推进随机抽查机制，积极推动涉税刑事司法解释修订，编制权责清单，在深入调研论证、广泛征求意见的基础上，起草税务稽查规章制度，提升了稽查工作依法行政的能力和水平。

参与《税收征收管理法》修订工作。在2015年11月建议稿的基础上，对《税收征收管理法（修订草案稿）》骗取出口退税、虚开发票法律责任条款修改内容进行了完善。10月，就国务院法制办修改后的《税收征收管理法（修订草案稿）》相关强制检查、虚开发票和骗取出口退税条款提出意见建议；同时针对被查对象逃避、拒绝或者以其他方式阻挠税务机关检查相关情况开展调研，收集相关案例，统计相关数据。11月，就强制检查权问题，草拟了《关于建议〈税收征收管理法〉增设强制检查权条款相关情况的汇报》，提供税务总局征管科技司供国务院法制办研究修改。

制发《全国税务稽查规范（1.0版）》。以“突出改革精神，贯穿质效意识”为主线，以“依法合规、全面覆盖、适度前瞻、实用管用”为原则，组织编写《全国税务稽查规范（1.0版）》，经过7次集中讨论，3次向税务总局相关司局，2次向各地国税局、地税局征求意见，充分吸收专家学者建议。规范的编写工作得到了税务总局领导的高度重视，税务总局局长王军多次作出重要指示，对编写的原则和整体要求提出明确意见，为编写工作指明了方向；税务总局领导4次主持召开专题会议听取编写情况汇报，进行评估审议。2016年12月，印发了《全国税务稽查规范（1.0版）》，整部稽查规范以风险管理为导向，以税收大数据为支撑，以税务稽查案件查处流程为主线，以各流程岗位职责为基准，以各环节事项办理流程为支线，详细规范了各业务事项的办理内容、依据、操作岗位、办理标准等，涵盖13大类730项稽查事项，涉及370条风险点，援引119件各类法律法规和规范性文件，形成完整的税务稽查执法和业务管理的规范与标准，构建起税务稽查执法闭环式风险管理的新格局。

研究完善税务稽查随机抽查机制。收集、研究、整理税务系统税务稽查随机抽查相关情况，总结工作经验，宣传随机抽查工作成果。根据《国务院办公厅关于请报送全面推行“双随机一公开”工作情况的通知》（国办函〔2016〕65号）要求，起草《国家税务总局关于报送全面推行“双随机一公开”工作情况的函》向国务院推进职能转变协调小组办公室报送税务总局推行“双随机一公开”监管工作情况。草拟《关于推行“双随机一公开”监管工作进展情况的汇报（送审稿）》，作为国务院专题会议汇报材料。根据国务院推进职能转变协调小组办公室《关于报送贯彻落实全国推行“双随机一公开”监管工作电视电话会议工作情况的通知》要求，报送国家税务总局贯彻落实全国推行“双随机一公开”监管工作电视电话会议工作情况。

启动涉税刑事司法解释修订工作。会同最高法、最高检、公安部多次进行联合调研，了解涉税刑事司法适用法律政策存在的问题及解决意见，起草了《关于办理危害税收征管刑事案件适用法律若干问题的解释（稿）》，争取解决逃骗抗税和虚开发票等涉税犯罪定性处理疑难问题，力争使涉税刑事案件的移送工作更加合理、规范。

编制权责清单。根据《国家税务总局关于印发权力和责任清单编制试点实施方案的通知》要求，围绕清单编制的工作目标、主要任务、实施步骤、工作要求，按照方案确定的“三上三下”工作机制，按时向该项工作领导小组提交了总局稽查局权力和责任清单。在编制工作中，紧紧把握权责清单的编制目的，深入研究中央编办的指导性意见，全面梳理总局稽查局的工作事项，最终将“制定税务检查工作规程”“规定重大税收违法案件信息公布的标准和程序”“规定随机抽查的程序、比例、频次”“制定检举管理规则”四个事项编入清单，并得到领导小组的认可。

对需要完善的现行税务稽查基本制度和需要解决的税务稽查执法相关问题进行深入研究，争取解决当前税务稽查执法难题。

【政策法律研究】　对全国人大常委会法工委、国务院法制办公室、公安部、国家发展和改革委员会、国家工商行政管理总局以及国家税务总局相关部门起草的数十份文稿认真研究提出具体意见；会同中央相关部门研究涉税案件政策法律疑难问题，对涉税案件行政执法与刑事司法衔接协调问题提出具体意见；会同相关部门认真研究，统筹考虑将税收犯罪纳入洗钱犯罪的上游犯罪相关问题，积极探索研究在现行法律框架内反洗钱部门与税务稽查部门的合作方式、合作内容等事项。

【部门协调与合作】　加强与中国人民银行、公安部、国家外汇管理局、银监会等部门的沟通和协作。一是向中国人民银行办公厅提供“完善反洗钱、反恐怖融资、反逃税监管措施，完善风险防范体制机制”涉及税务总局的相关事项；向人民银行反洗钱局提供2016年改革任务的分月计划；会同人民银行反洗钱局起草《关于完善反洗钱、反恐怖融资、反逃税监管体制机制的意见（征求意见稿）》，推进完善反洗钱、反恐怖融资、反逃税监管体制机制建设。二是会同公安部制定并印发《公安部派驻国家税务总局机制暂行办法》，推动省市两级建立健全公安派驻税务联络机制。会同公安部经侦局草拟了《案件会商工作规范（试行）》《协助调取案件信息工作规范（试行）》等派驻联络机制配套制度，保障联络机制常态化、制度化、规范化运作。三是对国家外汇管理局异常外汇资金流动监管协调机制办公室起草的《中国人民银行关于异常外汇资金流动监管协调机制工作的报告（会签稿）》征集汇总各司局意见，签报税务总局领导建议会签《中国人民银行关于异常外汇资金流动监管协调机制工作的报告（会签稿）》。参与联席会议相关工作，落实相关工作事项。四是回复处置非法集资部际联席会议办公室《非法集资举报奖励办法（征求意见稿）》意见。函复处置非法集资部际联席会议办公室《国家税务总局办公厅关于回复〈非法集资举报奖励办法〉意见的函》（税总办函〔2016〕442号）。参与“昆明泛亚”和“e租宝”非法集资事件研究，签报税务总局领导《稽查局关于参加贯彻落实中央领导同志重要批示专题会议有关情况的报告》。

（王文心）

税务稽查系统管理

【概述】 2016年，全国税务稽查部门切实发挥稽查的职能作用，严厉查处各类涉税违法犯罪行为，整顿规范税收秩序，大力抓好堵漏增收工作，深入推进稽查改革，实施国税、地税联合稽查，修订完善稽查制度机制，做好专题调查研究，有针对性地开展教育培训，不断加强干部队伍建设，努力提高稽查工作质效，圆满完成了工作任务。

【稽查查补收入及分析】 2016年，全国各级税务稽查部门共立案检查和督导纳税人自查36.35万户，查补入库收入1892.2亿元，比上年同期增加25.22亿元，增幅为1.35%，完成了稽查堵漏增收目标。全年查补入库收入总额占全国税收收入比重为1.35%。主要呈现以下特点：

查补入库收入再创历史新高。2016年，稽查查补入库收入比上年同期增加25.2亿元，增幅为1.35%，再创历史新高。其中，国税系统稽查查补入库收入1008.5亿元，占全部稽查查补入库收入的53.3%，比上年同期增加14.2亿元，增幅为1.4%；地税系统稽查查补入库收入883.7亿元，占全部稽查查补入库收入的46.7%，比上年同期增加11.1亿元，增幅为1.3%。稽查查补入库收入占税收收入比例排名前十位的是：黑龙江、青海、河南、河北、陕西、内蒙古、重庆、吉林、海南、广东国税稽查局和四川、吉林、河北、山西、云南、宁夏、辽宁、重庆、海南、陕西地税稽查局。

查补入库率进一步提高。2016年，稽查查补收入平均入库率为98.9%，同比增长1.4%。其中，各级稽查部门立案检查查补入库率为97.1%，同比提高1.8个百分点；随机抽查和高风险企业自查查补入库率达到99.8%，同比提高0.5个百分点。稽查查补入库收入排名前十位的是：上海、广东、北京、江苏、山东、河南、河北、湖北、浙江、四川国税稽查局和广东、江苏、四川、山东、河北、北京、河南、湖北、重庆、云南地税稽查局。稽查查补入库收入增幅排名前十位的是：西藏、深圳、河南、湖南、浙江、宁波、云南、重庆、吉林、厦门国税稽查局和广东、宁夏、厦门、北京、内蒙古、广西、青海、四川、辽宁、重庆地税稽查局。

主体税种查补收入占比高。2016年，企业所得税、增值税、营业税、土地增值税、个人所得税、消费税、其他各税分别占立案检查查补收入的比重为42.1%、22.7%、9.3%、6.4%、5.0%、1.3%、13.2%。其中增值税占比与上年同期13.6%相比上升了9.1个百分点，与“营改增”改革效应预期基本相符。

大要案件查处成效显著。2016年，全国税务稽查部门共查处税额百万元以上案件5691件，其中百万元案件4926件，千万元案件737件，亿元以上案件28件。从查处性质看，2016年全国税务稽查部门共立案检查纳税人11.8万户，其中查处偷逃税案件中检查纳税人2.62万户，查补税款107.65亿元。在打击骗税虚开专项行动中检查纳税人4.57万户，打击骗税挽回国家税款损失177.05亿元，是2015年的1.85倍；查处虚开增值税专用发票443.73万份，涉及金额6127.78亿元，涉及税额1024.7亿元，是2015年的3.16倍，严厉惩治偷逃税、严打骗税虚开专项行动取得了良好成果。立案查补入库收入排名前十位的是北京、河南、湖南、广东、上海、湖北、江苏、陕西、浙江、河北国税稽查局和江苏、北京、天津、吉林、广东、河北、黑龙江、湖南、四川、浙江地税稽查局。查处百万元以上案件数量排名前十位的是河南、湖南、广东、上海、浙江、江苏、辽宁、北京、湖北、四川国税稽查局和江苏、河北、北京、湖北、四川、重庆、江西、新疆、浙江、天津地税稽查局。

【国税地税联合稽查】 2016年，着眼于便民减负、提质增效工作目标，税务总局稽查局制发了《国家税务局 地方税务局联合稽查工作办法（试行）》（税总发〔2016〕84号，以下简称《联合稽查工作办法（试行）》），全面实施稽查执法合作，包括共建协调机制、共享涉税信息、共同下达任务、联合实施检查、协同案件审理、协同案件执行、稽查结果利用等方面，进一步整合稽查执法资源，增强稽查执法效能，规范联合进户稽查，避免国税、地税多头重复检查，切实减轻纳税人负担。

根据《联合稽查工作办法（试行）》要求，各地国税、地税稽查部门树立合作共赢理念，扎实开展联合进户稽查，大力推进相关制度机制建设，取得了一些好的经验和做法。联合稽查有效整合了稽查资源，降低税务稽查成本，开创了国税、地税稽查运作的新模式。2016 年，全国各级税务机关开展联合稽查 2.06 万户次，查补税款 190.83 亿元。联合稽查实现了国税、地税各税统查，帮助企业全面防范税收风险，也提供了更加优质的纳税辅导，赢得了纳税人的理解、信任和赞扬。

【稽查业务培训】　2016 年，税务总局稽查局紧抓干部教育培训，以实务技能培训为重点，突出稽查特色，发挥了高层级培训以点带面的效果。先后举办了打击虚开骗税违法行为培训班、首批全国税务领军人才稽查实务培训班、第二批全国税务领军人才稽查实务培训班、总局人才库资本交易案件查办培训班、处级干部稽查业务培训班、OECD 打击税收犯罪培训班等 6 期总局培训班，培训 399 人次，培训针对性强、覆盖面广，提高了稽查执法整体水平，推动了重点工作不断深入。同时，为扩大培训增值效果，组织首批领军人才稽查专业学员组成了三个课题组，对增值税发票风险防控、信息化建设等三个专题进行了细致研究，相关研究成果受到税务总局主要领导肯定。

【稽查调研】　2016 年，税务总局稽查局按照税务总局税收现代化的总体要求，深入推进税务稽查现代化建设，多次组织开展稽查内控制度、办案专项经费管理使用情况专项工作调研，总结工作经验，听取各省（区、市）基层单位意见，起草了制度办法，提出了修订相关制度办法的意见和建议。

组织稽查内控制度起草调研。2015 年底，税务总局稽查局组织起草了《关于进一步加强税务稽查内控机制建设的指导意见》，于 2016 年 4 月在全国税务稽查工作会议上听取各地意见。2016 年 8 月，根据税务总局统一安排，总局稽查局组织人员参加总局督察内审司组织的内控制度建设工作，着手建立稽查内控制度和操作指引。2016 年 11 月，总局稽查局三要领导带队进行专题调研，进一步研究税务稽查内控的控制目标、应对思路和防控措施。根据《全国税务稽查规范（1.0 版）》，起草了《全国税务系统税务稽查内部控制专项制度（征求意见稿）》（以下简称《专项制度》）和《全国税务系统税务稽查内部控制操作指引（征求意见稿）》（以下简称《操作指引》）并征求各地意见。2016 年 12 月，税务总局稽查局领导主持召开 12 省（市）稽查座谈会，邀请相关部分省市分管稽查工作的局领导、稽查局长、吉林省国税局、地税局督察内审部门负责人、一线稽查人员等参加座谈会，再次听取意见建议。最终，形成了《专项制度》和《操作指引》修改稿。

组织稽查办案专项经费管理使用情况调研。为加强和规范稽查办案专项经费管理使用，税务总局稽查局与财务管理司于 2016 年 5 月、7 月分两次听取了部分省（市）稽查部门和财务部门关于稽查办案经费使用的基本情况，掌握了各单位在执行《税务稽查办案经费管理暂行办法》（财行〔2009〕557 号）中集中存在的问题，了解了各单位对经费使用的需求，初步形成加强和规范对办案经费使用进行补充规定的基本思路，针对各地集中关注的办案经费使用的典型问题，对照经费管理办法相关条文，起草了《国家税务总局关于税务稽查办案专项经费使用的补充规定（征求意见稿）》。

（廖　超）

税收违法案件检举

【概述】　2016 年，全国各级税务机关共受理税收违法检举案件 32429 件，查处 19540 件，查补税款 30.40 亿元，罚款 6.58 亿元，加收滞纳金 5.02 亿元，合计 42.00 亿元。2016 年各级国税、地税机关共支付检举奖金 109.58 万元。

【检举受理】　2016 年，全国各级国税、地税机关共受理税收违法检举案件 32429 件，与 2015 年的 39742 件相比减少 18.40%，其中税务总局稽查局举报中心直接受理 855 件，较 2015 年的 839 件相比增长 1.91%。

【检举案件查处】 2015年受理的32429件涉税违法检举案件中，查处19540件，查补税款30.40亿元，罚款6.58亿元，加收滞纳金5.02亿元，合计42.00亿元，比2015年的51.27亿元减少18.08%。

【检举案件特点分析】 从案发地看，受理的检举案件主要集中在地（市）级税务机关，其次是省级税务机关。2016年全国共受理检举案件32429件，其中地（市）级机关受理13986件，占总数的43.13%；省级机关受理10952件，占总数的33.77%。

从被检举企业的所有制性质看，以有限责任公司、其他企业和个体经营居多。在全国受理的各种类型企业的检举案件中，有限责任公司检举案件12041件，占受理总数的37.13%；其次为其他企业户9227件、个体经营5134件，分别占受理总数的28.45%、15.83%。具体情况如图1所示。

从行业上看，受理的案件最多为批发和零售贸易、餐饮业，共有8829件，占总数的27.23%；其次为制造业和社会服务业检举案件，分别有3376件和3222件，占总数的10.41%和9.94%。具体情况如图2所示。

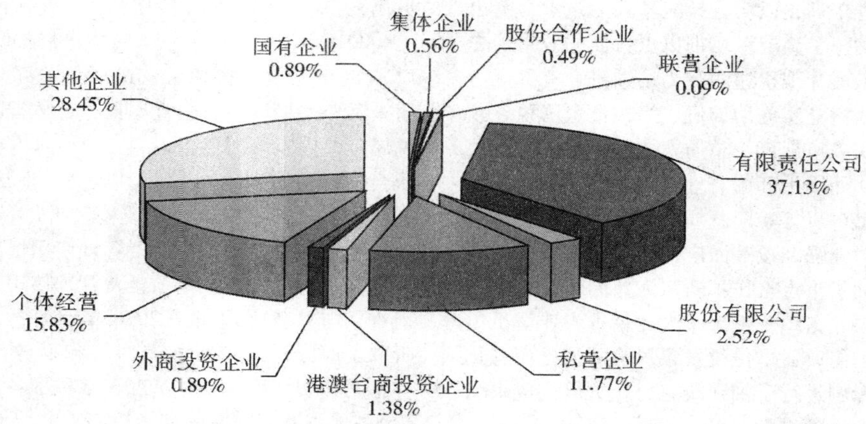

图1 受理税收违法检举案件企业类型结构（2016年）

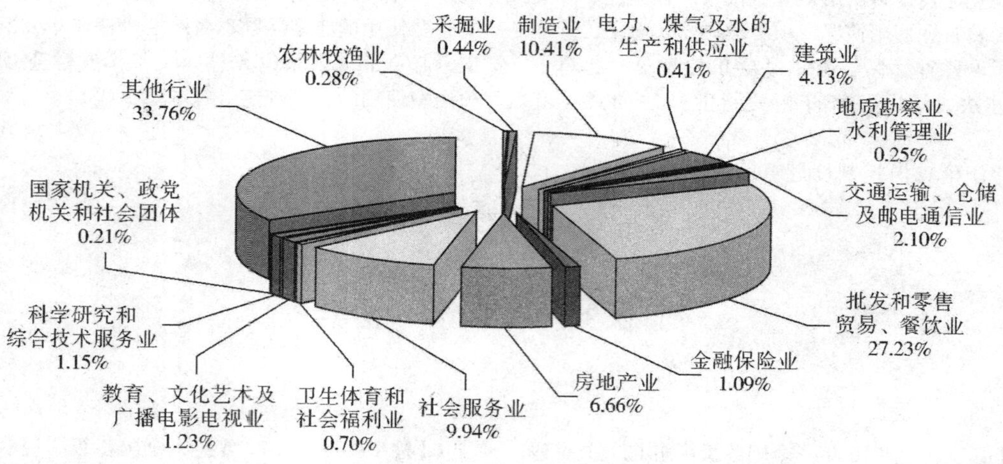

图2 受理税收违法检举案件企业行业结构（2016年）

从税种上看，主要以增值税、营业税为主。全国共查处检举案件19540件，有问题案件18303件，其中以增值税违法问题为主的案件4696件，占总查处案件数的25.66%；其次是以营业税违法问题为主的案件4219件，占总查处案件数的23.05%。

从违法类型看，被检举人涉及发票违法和偷税所占比重最多，分别为7528件和3813件，占查处案件总数的41.13%、20.83%。

从检举人类型看，检举人是被检举单位内部人员的仍占有较大比重。2016年，共受理此类举报案件2697件，占举报案件受理总数的12.02%。

【检举奖励】　2016年，全国查处的检举案件中，应计奖案件1142件，占检举案件查处件数总数的5.84%；应计奖案件入库税款金额为5.20亿元，入库罚款金额为0.56亿元。全国各级税务机关共支付检举奖金109.58万元。

（张一培）

税务稽查案件查处

稽查一处

【概述】　2016年，税务总局稽查局稽查一处突出抓好打击骗取出口退税违法活动工作，加大对区域税收专项整治、打击发票违法犯罪等重点工作的督导力度，重视对总局督办案件积案的清理和督办。

【案件查办情况】　2016年，稽查一处共督办案件36起，其中以前年度结转18起，新增18起，结案案件11起，在查案件24起。其中深圳“铁锹一号”、海南“5·18”虚开黄金票案、海南“5·30”骗取出口退税案、“海浪三号”涉税案、河南信阳珑鑫出口骗税案、山东“1·29”骗取出口退税案是税务总局与公安部联合督办案件。

【案件特点分析】　案件来源分布情况：36起案件中，公安部、审计署等其他部委转办6起，占案件总数16.67%；税务总局领导批办的举报案件2起，占案件总数5.55%；稽查局领导批办的举报案件4起及总局稽查局下发的案件2起，占案件总数的16.67%；各地上报申请督办案22起，占案件总数的61.11%。

案件类型分布情况：36起案件中，偷税案件7起，占案件总数的19.44%；虚开、接受虚开增值税专用发票案件14起，占案件总数的38.89%；骗税案件8起，占案件总数的22.22%；少缴税款案件7起，占案件总数的19.44%。

【区域税收专项整治】　2016年，稽查一处继续加强督导中南区国家税务局、地方税务局稽查局对虚开和骗税等税收违法行为易发、多发的地区与涉农等高风险行业，以及“营改增”企业集中的地区开展区域税收专项整治。中南区（六省一市）高度重视此项工作，均开展了有针对性的区域专项整治，例如湖南省国税局将区域整治作为推进稽查现代化的重要手段，借力地方政府，利用信息手段形成部门合作，以打击虚开虚抵和骗取出口退税作为重点开展整治，对长沙、岳阳、益阳、郴州、永州进行区域整治，共检查企业1432户，挽回税款损失3.15亿元，冻结各类资金1.74亿元，促进区域税收环境好转。河南省鹤壁市国税局为解决增值税一般纳税人后续管理中出现的新情况，有效防范行业性、区域性虚开案件高发多发态势的形成，2016年在全市开展增值税一般纳税人管理专项整治活动，以对“瑕疵纳税人”实行“零容忍”的态度，采取严格管控措施，打好了“淇河税基保卫战”，达到遏制增值税专用发票虚开虚抵案件的目的。

【打击骗取出口退税违法活动】　2016年，为贯彻落实国务院领导关于严厉打击骗取出口退税的重要指示精神，进一步加大打骗工作力度，税务总局会同财政部、公安部、海关总署、人民银行、外汇管理局、商务部等六部门成立防范和打击出口骗税部际联席会议，协调各有关部门，深入开展打骗工作。在税务总局党组的正确领导下，总局稽查局紧紧围绕“体制打骗、机制打骗、方法（大数据）打骗”的总体思路，创新方法手段，切实加大工作力度，在案源筛选、数据分析、团队组建、外调取证、集中收网、定性审理等各项工作扎实推进，成效显著。2016 年全国共立案检查出口企业 4.57 万户，挽回税款损失 177.05 亿元，同比增幅 93.67%。采取的主要措施有以下七个方面：

精心部署打骗工作。在部际联席会议统一领导下，总局稽查局联合公安、海关和人民银行成立了四部门打击骗税和虚开工作领导小组，并会同办公厅、法规、货劳、征科、电税中心等司局组建了打骗工作领导小组。制定并下发专项工作实施方案，提早谋划、周密部署、明确分工、强化协作，统筹推进防范和打击骗取出口退税专项工作。

运用大数据分析精准选案。总局稽查局组建专业团队集中开展选案工作，构建一套包含 39 项骗税高风险指标的选案数据分析系统，以骗税和虚开相关联的目标企业作为重点选案目标，筛选出 1100 户重点骗税案源，并选取其中 100 户重点骗税案源作为四部门重点案件统一部署查处，其余案源下达各地组织查处。

成立专业打击团队。总局稽查局抽调 550 余人组建 20 个工作组分赴 20 个重点地区，直接查处重大骗税案件。同时，为提高各地案件协查质效，抽调业务骨干成立了两个专项协查组，负责统筹协调、督导考核各地重点骗税案件协查工作。向深圳增派协查组，协调解决深圳协查工作量较大的问题。

重点推进大要案查处力度。总局稽查局对跨区域重点案件，及时协调多地加大协查力度。重大案件及时组织涉案地区召开案情研讨会，凝聚打骗合力，力求集中突破。实施骗税虚开双向联打，对重大虚开案件及时向下游出口环节延伸查处，对骗税链条上涉案的票源企业、中间企业、供货企业和出口企业实行全链条、一体化打击。

强化督导严格考核。8 月底，四部门成立 10 个督导组赴 20 个重点地区开展督导，督促各地和各工作组加大工作力度。10 月中下旬，总局稽查局再次赴广东、深圳等地对重大案件进行实地督导，推进案件查办进程。将部分重点案件列为督办，明确督办处室，强调查办要求和结案时间，确保查出成效、打出威慑。同时，将打骗工作情况列入绩效考核，及时通报 20 个工作组打骗情况，鼓励先进，带动后进。

研判新兴业态涉税风险。总局稽查局积极研判外贸综合服务平台等新兴业态涉税风险，为完善管理、堵塞漏洞提供参考。一是组织部分地区召开研讨会，结合各地稽查情况，研究综合服务企业的业务流程、运行特点和涉税风险；二是召开税企座谈会，听取综合服务企业的发展情况、风险控制和相关诉求；三是赴企业实地调研，详细了解综合服务企业的涉税问题和具体建议。

深层研究打骗工作问题。2016 年，稽查一处根据税务总局领导的重要指示精神，研究撰写了《关于落实王军局长“体制打骗、机制打骗、方法打骗”指示有关情况的报告》，报王军局长阅示。同时，组织专门人员对南向贸易、免税店贸易等行业展开专题调研，研究撰写了《大数据透露我国虚假贸易升温》《当前我国打击骗取出口退税的形势及难题》《关于海南国际旅游岛境外旅客购物离境退税和离岛旅客免税购物政策执行情况的调研报告》等调研材料，深层次地研究了打骗工作问题。

取得的成效主要有以下六个方面：

一是案源查处全面铺开。自全国打击骗取出口退税和虚开增值税专用发票工作部署会议在武汉召开后，总局稽查局分批向各地下发必查的重点骗税案源 1174 户，已立案检查 815 户，以其他方式开展检查 359 户，案源检查率 100%。为加快案源任务分解落实进度，深圳、广东、厦门等案源集中地区实施案源分类管理方法，如重大案源由省级稽查部门直接查处；跨区域、团伙重点案件，稽查部门联合公安、海关、人行等部门重点经营；其他案源下达各级部门查处，省级稽查部门把握检查进度和深度。

二是专项整治力度提升。总局稽查局要求各地要选取 3 ~ 5 个行业或区域集中开展专项整治，严厉打击敏感商品、敏感行业等高风险骗税领域。重庆、山东、江西、河南等部分省市选择手机、棉纺、医药、汽车等重点行业开展专项整治，累计查处涉案企业近 500 户，涉案金额 200 余亿元，有效促进了各级税务区域综合治理水平，相关行业入库税收明显提升，发票使用逐步规范，查管互动工作机制逐步健全，有力促进了重点行业的健康发展。

三是查处一批重大案件。各地税务稽查部门在公安、海关和人民银行的配合下，有效查处了深圳“铁锹一号”、江苏“5·27”、宁波蓝鲸进出口有限公司、上海成涛国际贸易有限公司骗税案件等一批骗税重大案件，有力打击了骗税违法犯罪行为。其中深圳“铁锹 1 号”一举摧毁了 5 个犯罪团伙，成功抓获犯罪嫌疑人 32 名，捣毁犯罪窝点 15 个，该案涉案企业达 260 多户，价税合计金额超过 200 亿元，税额 27 亿元。

四是部门协作有效加强。各地税务、公安、海关、人民银行积极探索建立联席会议制度、联合办案制度、信息交换制度等，努力实现部门间优势互补、资源共享、打击联动，切实提高打骗工作的整体能力。不少地区建立了四部门信息交流机制，保证了信息交流工作更加顺畅和有序。对重要线索和重大案件，四部门联合专案组坚持“共同经营、联合取证、同步办案”的工作模式，摸索出“顺查法＋逆查法”的检查方法，逐步实现打骗工作的协作配合紧密化、查办案件一体化。

五是创新案件查处方法。各地认真贯彻落实四部门工作要求，结合本地实际积极探索创新检查方法，大幅提升了工作效率。如江苏、四川、河南国税立足依法办案、敢于定性的基础上，分别制定虚开发票检查指引、注销和非正常企业检查指南和骗税虚开案件检查指南，为解决案件查处过程中定性、取证难的问题起到推动作用；江西国地税与省公安厅出台《江西省涉嫌犯罪税收案件及线索移送的规定》，提升案件移送效率。

六是形成了有力震慑。总局稽查局建立了定期公布重大骗税案件制度，通过新闻发布会等形式，先后曝光深圳“海浪2号”和“海浪3号”等20多起典型骗税案件，营造打击骗税违法犯罪活动的强大舆论声势。结合曝光税收“黑名单”等工作，加大对骗税违法犯罪联合惩戒力度，震慑不法分子。同时，积极编写工作简报和工作动态，及时总结提炼各地在案件查办过程中好的经验和做法等，供各地参考借鉴。

【打击发票违法犯罪活动】　按照《2016年打击发票违法犯罪活动工作实施方案》（税总发〔2016〕26号）的工作部署，2016年，总局稽查局稽查一处督导中南区国家税务局稽查局、地方税务局稽查局继续从以下四方面深入开展打击发票违法犯罪活动工作：一是加大发票使用情况检查工作力度，在做好重点行业发票检查工作的同时，确保完成违法用票企业指令性检查户数任务，例如海南省国税局稽查局上半年检查企业115户，查处违法企业109户，涉及问题发票份数2112份，涉及金额15770.27万元，查补税额2229万元；二是紧密配合有关部门开展发票整治工作，例如深圳国税局和公安局成功开展“2016金税2号”案件收网行动中，深圳国税局和公安局联合行动，出动税警合计282名，在全市范围内分成23个行动组，成功捣毁制售假发票窝点28个，抓获犯罪嫌疑人46名，查获假发票20700多份；三是充分利用增值税发票系统全面升级的重要契机，积极运用增值税发票系统升级版数据资源，以信息比对为抓手，探索建立信息数据分析系统；四是在加大打击的同时积极开展舆论宣传，广泛发动群众参与打击发票违法犯罪活动。

（刘　扬）

稽查二处

【概述】　税务总局稽查局稽查二处结合2016年稽查工作要点和绩效考核相关要求，立足本职、砥砺前行，坚持依法行政，创新稽查工作，提升稽查案件督办整体效能，深入整顿和规范税务秩序，积极开展以下工作：组织协调和指导东北、西北地区开展税收稽查工作；加大对重大税收违法案件的督办力度；组织查处“7·03”“7·04”“8·25”等多起央批医药企业涉税违法案件，并组织相关省对上述涉案企业的上下游企业一并进行查处，同时，对医药行业虚开源头地（甘肃、辽宁、云南）开展区域税收专项整治，“链条式”打击虚开增值税发票行为。

【案件查办情况】　2016年，稽查二处重点组织对医药企业虚开增值税发票系列案件进行查处（案件代号“7·03”）。“7·03”案件是一起由审计署移送的涉及全国22个省（区、市）53起75户医药企业涉嫌虚开、虚抵增值税专用发票的重大案件。稽查二处在接到审计移送线索后会同公安部门，第一时间利用信息化手段对53起案件涉及的75户企业及上下游924户相关企业的基础信息、230余万条发票信息、120余万条资金信息进行了分析研判，并将相关数据下发涉案地，使检查工作更有针对性。通过一年对案件的查处，截至2016年12月31日，案件已基本查结，税务机关已查实72户企业存在涉税违法事实，已确定涉税违法金额456.90亿元，涉及发票44.21万份，应补缴税款79.63亿元、罚款14.04亿元。

经查，“7·03”专案中涉案企业的违法行为具体分为三类：一是部分涉案企业在无真实货物交易情况下，为自己虚开农产品收购发票或非法取得增值税专用发票抵扣进项税款后，向下游企业虚开增值税专用发票赚取开票费，下游企业取得虚开的增值税专用发票非法进行抵扣，造成国家税款损失，此类行为共查实虚开发票金额393.88亿元，涉及发票36.40万份，应补缴税款69.89亿元、罚款11.88亿元。二是部分涉案企业在销售货物时，通过开具“大头小尾”发票少申报收入或账外经营不申报收入等手段，偷逃国家税款，此类行为共查实隐匿销售收入金额40.90亿元，涉及发票5.44万份，应补缴税款6.88亿元、罚款2.16亿元。三是部分涉案企业在跨省收购中草药业务时，因无法从中草药供应商处取得合法票据，而违规自行开具以本地农户为被收购人的农产品收购发票抵扣税款，此类行为共查实违规开具发票金额22.12亿元，涉及发票2.37万份，应补缴税款2.86亿元。

在案件查办过程中，针对近年来虚开企业走逃现象严重、各地对虚开定性、取证标准不统一等问题，稽查二处结合"7·03"案件的特点拟定了相关违法事实认定标准的指导意见，统一了案件定性标准，提高基层稽查局办案质效。

【案件特点分析】 根据"7·03"案件查处情况，医药企业虚开发票案件主要有以下特点：一是以收购销售"中草药"为掩护，大肆虚开农产品收购发票和增值税专用发票为下游企业抵扣进项，虚抵成本。发票主要来源于甘肃定西市、辽宁铁岭市和云南文山州等中草药集散地，"中草药"收购成为虚开增值税专用发票源头。二是有些地方政府为招商引资制定超常规财政返还政策，通过在有财政返还的地区设立"加肥公司"（加肥的方式有两种：抬高底价和虚增数量）将药品进行加价，虚构购销行为，使药品高价流向最终消费市场。根据目前掌握的线索西藏地区成立"加肥公司"的现象比较突出。三是涉案企业利用自己成立的咨询公司、服务公司给自己虚开服务费、咨询费等发票，虚列成本虚抵进项，冲减"加肥"后的利润。四是开具大头小尾发票或使用假发票隐瞒收入。五是取得非医药产品（化妆品、白糖等生活用品）增值税专用发票，虚抵进项。

【重大案件查处和督办】 2016年度稽查二处共督办案件41件，其中以前年度结转17件，2016年度新增24件。除"7·03"案件以外，针对医药行业虚开发票严重的问题，稽查二处还组织查处了"7·04""8·25"等一批重大案件，同时，对"7·03"案件进行深挖，组织查处其上下游有重大涉税违法嫌疑的企业。具体查处情况如下："7·04"案件共查处企业3户，截至2016年12月31日，已全部查实涉案企业的涉税违法事实，已确定涉税违法金额8.12亿元，涉及发票7938份，应补缴税款2.64亿元。"8·25"案件共查处企业20户，截至2016年12月31日，已查实8户涉案企业的涉税违法事实，已确定涉税违法金额15.45亿元，涉及发票1.70万份，应补缴税款1.83亿元。"7·03"案件延伸检查共查处企业99户，截至2016年12月31日，已查实79户涉案企业的涉税违法事实，已确定涉税违法金额118.05亿元，涉及发票7.92万份，应补缴税款9.33亿元、罚款0.22亿元。

【区域税收专项整治】 结合2016年度医药检查发现的问题，稽查二处组织甘肃、辽宁、云南国税局稽查局在甘肃定西市、辽宁铁岭市和云南文山州三地开展医药行业区域税收专项整治工作，从虚开发票的源头打击虚开发票行为，共计检查1455户企业。截至2016年12月31日，三省区域整治工作已基本查结，共查实1150户企业虚开增值税专用发票47.36万份，金额481.18亿元，税额65.07亿元，已向受票方国税局稽查局发出《已证实虚开通知单》。

（智　行）

稽查三处

【概述】 2016年，税务总局稽查局稽查三处共督办、组织查处办中央有关部门批办的以及案发地在华北地区的各类涉税案件52件，查补入库税款3亿余元。华北五省（市、区）国税局、地税局稽查局全年组织检查纳税户共计1.34万户，查补税款274.33亿元。其中，组织对重点税源企业的自查、检查工作，自查、查补税款67.48亿元；打击发票违法犯罪工作，查处非法发票33.45万份，查补税款24.90亿元。

【案件查办情况】 2016年，华北片区税务稽查部门按照税务总局的工作部署和要求，努力开展对重大税收违法专案的查处工作。各地税务稽查部门干部以大局为重，克服工作难度大、任务要求高、办案时间紧、协调各方多的困难，积极主动与公安、银监等多部门紧密协作，加大查处力度，为国家挽回重大税收损失，对涉税违法犯罪进行了严厉打击。

北京国税局承办的"11·01"专案。北京市国税局稽查局和北京市公安局经侦部门，精准研判，联合出动，打掉一个特大虚开增值税专用发票犯罪团伙。涉及京津两地的3户涉案企业虚开增值税专用发票2.2万份，涉案金额43.27亿元，涉案税额7.36万元。捣毁5处窝点，犯罪团伙主要成员均被抓获。案件具有犯罪年轻化、网络化、跨地域，作案手段隐蔽性强，个人消费者索要发票意识弱带来管理风险等特点。查办过程中，税务部门从税务总局下发线索中逐户逐个项目进行排查，经过大数据分析，充分运用信息手段，迅速追查到犯罪窝点，为税警联合快速破获此案，打下良好基础。

天津国税局承办的“7·19”专案，是税务总局、公安部联合督办案件。根据有关部门转来的涉嫌盗用其他企业海关进口增值税专用缴款书的相关信息抵扣增值税款的线索，天津市国税局、天津市公安局和税务总局打击虚开打击骗税工作组联合对该虚开增值税发票专案进行查办。经过前期税务部门开展的大量调查和协查工作，确定了涉案企业和涉案人员。税警双方共同研究制定了案件集中抓捕行动工作方案。经过缜密安排，成功抓捕主犯在内的犯罪嫌疑人共 15 名；摧毁犯罪团伙 2 个，虚开增值税专用发票窝点 5 个；查扣税控机 3 台，企业公章、财务专用章 30 余枚；查获伪造、变造的增值税专用发票 250 份，涉案企业财务资料、凭证、账册 5 箱。通过税警联手、税关合作、税银配合，突破企业走逃、久查不结的难题，取得了实效。

【案件特点分析】　一是案件分布不均衡，仍以京津地区为主，山西、内蒙古地区涉税案件数量明显增加。其中，北京 20 件，天津 12 件，共占案件总数 62%；河北 3 件，山西 7 件，内蒙古 6 件，其他省市 4 件。二是案件来源渠道较多。其中，财政部、审计署、公安部等部门转办案件及各省区上报案件为税务总局督办案件主要来源；央批案件、公民举报案件数量有所降低。三是案件类型集中，以虚开增值税专用发票案件和偷税案件为主。案件呈现团伙化、跨地域化、网络化、年轻化的特点。

【重大案件查处和督办】　2016 年，稽查三处进一步加大督办力度，督办、组织查办华北片区重大涉税案件，多次到各省市办案地对督办案件进行现场指导、协调，了解案件查处进展情况，指导案件查处方式方法；并组织、协调各地税务稽查部门对涉及所得税和其他税种的重大涉税违法案件进行深入检查。同时加强各地税务稽查部门的信息沟通交流，积极与公安机关、海关、金融等部门沟通和配合，查处了一批大案要案，特别是央批案件及审计署、公安部等部门交办和转办的大要案件。2016 年共督办案件 52 件，其中上年结转 32 件，2016 年新交办 20 件，已查结 19 件。

【重点税源企业检查】　为深入贯彻落实《国务院办公厅关于推广随机抽查规范事中事后监管的通知》精神，国家税务总局部署完成了首批 26 户重点税源企业随机抽查工作，共查补税款 168.06 亿元。工作中认真执行“双随机”机制，一方面，随机选取检查对象。从税务总局重点税源名录库中选取 26 户大型企业集团。这些集团从企业经营规模、行业分布和企业经济性质看，抽取结果体现了样本代表性和分布公平性。另一方面，随机选派执法检查人员，同时兼顾检查人员专业特长和考虑回避原则等因素，既避免人为因素干扰，又保证了工作质量。针对因企业集团经营管理高度集中和成员单位数量众多等特点大多采用总分架构、层级较多的情况，税务检查采用了团队化、项目化的工作组织方式，充分运用大数据分析并整合全国的稽查力量，同时加强服务意识和国地税稽查部门协作。通过这次随机抽查工作，提高了纳税人遵从税法和防范税收风险的意识，规范了纳税行为；同时也督促税务稽查部门进一步加强阳光执法，通过解决征纳双方争议税收问题，促进税收政策的完善和税收管理工作的改进。

【税收专项检查、区域税收专项整治】　2016 年，华北片区税务稽查部门落实税务总局工作部署，以整顿和规范税收秩序为主线，结合本地实际情况，联合开展税收专项检查和区域税收专项整治工作。

河北国税局、河北地税局联合将增值税发票清查、重点区域和行业专项整治、“营改增”专项稽查和地方石油炼化企业专项整治统一纳入全省稽查专项整治工作，全年查补税款 28 亿元，进一步规范了全省经济税收秩序。一是国税局开展全省增值税发票风险专项清查工作，清查纳税人 4369 户，核查疑点发票 24.2 万份，入库税款 1 亿元，调减增值税留抵税金 1.3 亿元。二是将 254 户企业作为区域和行业专项整治重点，针对行业特点等数据进行综合分析，又选定 97 户企业列入区域整治重点，做到纵向有重点检查行业、横向有重点检查企业。查补税款入库 6925 万元，不予退税 9315 万元，涉及违规发票近 9000 份，移送司法机关 39 户。三是联合开展“营改增”高风险企业专项稽查，下发了必查和选查企业名单，以及必查企业存在的疑点信息。查补税款 1150 万元。四是在对河北省地方石油炼化产业全面分析的基础上，采取企业自查和重点检查相结合的检查方式，查补税款 1554 万元。联合对省内化工行业 4 户重点企业联合检查，查补税款 1338 万元，其中消费税 599 万元。

【打击发票违法犯罪活动】　2016 年，华北片区税务稽查部门根据税务总局工作要求，各省（区、市）国税局、地税局联合制定实施方案，共同成立了打击发票违法犯罪活动工作小组，并积极完善公安、银监等外部门的工作协作机制，开辟信息交流通道，实现案件信息共享，联合深入开展打击发票违法犯罪活动工作。

天津国税局、天津地税局与市打击发票违法犯罪活动工作协调小组各成员单位紧密配合，认真研究新常态下发票违法犯罪活动的新趋势、新特点，积极把握“营改增”后打击发票工作的新机遇、新挑战。一是国税、地税稽查部门共同制定工作方案，确定2016年发票检查的重点，强化对发票使用情况的检查力度。全年共查处违法受票企业1100余户，查处非法发票6.2万份，涉及金额87亿元，没收违法所得339万元，查补收入1亿余元，向公安机关移送案件53起，协助通信部门拦截治理发票违法短信息11.8万条。二是积极配合公安机关，加大对制假、售假、虚开发票犯罪分子的打击力度。配合公安机关破获29起发票犯罪案件，打掉作案团伙23个，缴获作案机器31台，抓获犯罪嫌疑人29人。三是加大宣传力度，与公安等部门联合举办打击和防范经济犯罪宣传日活动，央视《新闻联播》栏目对此进行了报道。同时将打击发票违法犯罪活动与落实“黑名单”工作有机结合，在北方网及《天津日报》等媒体上曝光涉税违法案例16例。

山西国税局、山西地税局充分发挥税务稽查“以查促收，以查促管”职能作用，积极与公安、检察院、法院、通信等部门沟通协调，遵循“打击与建设相结合、治标与治本相结合”原则、在大力推行增值税发票系统升级版、切实强化发票使用监控管理的基础上，重点对房地产、建筑安装、药品与医疗器械、商业批发与零售、电信、交通运输等发票违法问题高发、频发行业发票使用情况开展打击发票违法犯罪活动整治工作。全年共检查企业2028户，查处涉票违法企业2100余户，查处非法发票4.9万份，查补税款7.59亿元；捣毁窝点2个，当场收缴空白假发票14万份，移送公安机关案件44起，公安机关立案42起，抓获犯罪嫌疑人40名，移送检察机关起诉1起；联合通信管理局治理发票违法短信息1516515条，网站登载信息3条，关停手机号码60个，治理短信群发器4台。国税、地税、公安、人行等部门分别4次联合召开省级联席会议，发挥部门工作优势，及时掌握相关涉案企业的资金流向，提升调查取证工作效率，确保各部门打击发票违法犯罪工作无缝对接，更有效地发挥联合打击力量。同时通过各种媒体曝光发票违法案件，开展发票知识宣传教育活动，进一步提升宣传效果，营造良好的税收宣传氛围。

【稽查体制、机制优化探索】 2016年，华北片区税务稽查部门结合中央深化财税体制改革精神，顺应构建现代化稽查体制趋势，以健全国税地税合作和税警联动机制为重点，进一步推进理论探索与实践创新。

北京国税局、北京地税局通过建立健全体制机制，不断探索国地税联合稽查的新方法、新途径。联合制发《北京市国家税务局　北京市地方税务局联合稽查工作办法（试行）》，明确了共建协调机制、共享涉税信息等8个方面合作事项，为北京国地税联合稽查工作向纵深推进奠定基础。强化横向沟通，2016年召开2次联席会、2次专题会和多次工作协调会，联合开展重点税源集团企业随机抽查、重大税收违法案件案源推送、高风险纳税人定向稽查等工作。两局全年共同开展联合稽查294件，互相推送涉税信息207条，入库合计12.45亿元，合力发挥稽查震慑职能，促进社会纳税遵从。

内蒙古国税局、内蒙古地税局共同制定了全区《联合稽查工作办法实施方案》。按照方案的要求，兼顾区内税收征管现状，两局联合开展重点税源企业随机抽查工作、“营改增”高风险企业专项稽查工作和旅游市场税收整治工作等。国地税成立联合检查组，共对386户企业实施联合进户检查，查补税款2.16亿元。解决了政策解释“多口径”，下户执法“多头查”的问题，提高了工作效率。

天津国税局参照公安部派驻税务总局联络机制，成立“天津市公安局派驻天津市国税局联络机制办公室”，并在全市设立19个相应工作机构，在信息共享、联合办案、调查取证等方面开启警税深度合作新格局，为打击涉税犯罪提供了强力保障。

（艾　玥）

稽查四处

【概述】 2016年，税务总局稽查局稽查四处组织开展打击虚开增值税专用发票违法犯罪专项行动，扎实推进地方石油炼化企业税收专项检查，认真部署“营改增”高风险行业专项稽查工作；同时做好对重大案件的督办工作，查办审计署移送重要案件5起，两次承办对全国人大代表建议的回复。

【案件查办情况】 2016年，稽查四处共督办案件103起。其中，上年度转本年度18起，新增85起；已结案74起，查补收入101.14亿元。此外，稽查四处分别承办了对十二届全国人大三次会议2728号建议和十二届全国人大四次会议第6351号建议的答复；完成了20余项税务总局督办工作任务。

【打击虚开增值税专用发票违法犯罪专项行动】 根据国务院领导、税务总局领导相关批示精神，2016年稽查四处部署开展打击虚开增值税专用发票违法犯罪专项行动，选取重点地区，组建工作组，细化工作方案，明确全责分配，形成了全国上下紧密协作的“一体化”工作格局，专项行动取得显著成效。截至2016年底，全国税务稽查部门和各工作组共计查处虚开增值税专用发票370万份，涉及金额4860亿元、税额781亿元（分别是2014年和2015年的4.7倍和2.4倍）；移送公安机关4683户，抓捕犯罪嫌疑人2846人。

工作措施主要有以下五个方面：

创新机制，组建团队。根据全国税务工作会议精神，为做好2016年打击虚开增值税专用发票违法犯罪工作，税务总局2016年2月25日下发了《国家税务总局关于印发〈2016年打击虚开增值税专用发票违法犯罪活动工作方案〉的通知》（税总函〔2016〕89号），成立领导机构，制定工作目标，提出工作要求，明确工作步骤。按照打击虚开和打击骗取出口退税“一盘棋”的原则，协助相关处室会同公安部、海关总署、中国人民银行有关部门成立了四部门打击骗税和虚开工作领导小组办公室，并从全国税务系统抽调业务骨干充实打骗打虚办公室；组建各地工作组和综合调研组，督促各地及时成立相应机构，召开专项落实会议，细化工作方案，将打骗和打虚工作有效融合，专项工作迅速在全国范围内展开。

科学选案，精准定位。为高效精准地完成选案工作，稽查四处抽调专业选案人员成立打骗打虚选案团队，充分利用各部门的大数据平台集中开展统一选案工作。从虚开案源中选取500户案源作为四部门打虚打骗重点案件统一部署查处，选取2000户案源下达各省组织查处。2016年4月上旬，选案工作基本结束，案源全部顺利下发至各重点地区和工作组；同时组织开展重点案源线索研判工作，陆续筛选重点案源及可疑资金交易线索，分批下达各地深入查处，助推专项行动取得实质性突破。

全面检查，重点督导。稽查四处将打骗打虚工作列入绩效考核，通过定标准、细指标、划档次，督促各地保质保量完成任务。2016年8月底至9月初，稽查四处协助各处室会同四部门领导小组成立10个督导组，赴20个重点地区开展督导，统筹协调重大案件查处和收网行动，督促各地和各工作组进一步加大工作力度，确保查深查透、查出实效。同时，协助打骗打虚办公室建立了工作成果十天一报制度，结合各地和各工作组的工作实绩定期进行排名和通报，鼓励先进、督促落后。

强化协查，提升质效。为提高案件协查效率，稽查四处协助成立两个税务总局专项协查组，负责统筹协调、督导考核各地打骗打虚案件协查工作。同时，稽查四处主动选派处内干部赴深圳地区增设协查组，组织专门力量，加大协查力度，解决深圳地区协查工作量较大的问题。截至2016年底，专项协查中已发现走逃企业612户，涉及发票4.6万份，开票金额64亿元。

查办要案，成效凸显。重点地区和各工作组有效查处了一系列重大虚开案件，摧毁了一批职业化犯罪团伙和网络，严惩了一批违法犯罪企业和人员。其中，江苏“2·26”、福建“11·27”、湖北“12·08”、广东“6·26”等重大虚开案件成效显著，有力地打击了涉税违法犯罪行为。此外，江西、山东、重庆等省（市）选择部分地区和行业开展专项整治，严格整顿重点地区的税收征管秩序，促进了纺织、手机等行业的健康发展。

【地方石油炼化企业税收专项检查】 2016年，根据国务院领导和税务总局领导的指示精神，为严厉打击地方石油炼化企业涉税违法行为，维护正常的税收征管秩序，稽查四处先后部署山东等12个省市对地方石油炼化企业开展税收专项检查工作。检查分动员部署、企业自查、重点检查和总结整改四个阶段进行。截至2016年底，专项检查工作全面完成，共计查补税款32.43亿元，冲减增值税留抵税金和已纳消费税留抵税金共计5.12亿元，调减亏损企业所得额5.96亿元。

工作措施主要有以下四个方面：

精心制定工作方案。2016年初，根据国务院领导的指示精神，稽查四处部署山东省国税局对本省地炼情况进行调查摸底并制定专项检查工作方案。在听取中石化、中石油、中海油三大企业和石油石化行业协会检查意见和建议的基础上，经请示税务总局领导，批准了山东省成品油行业专项检查工作方案，正式拉开地方石油炼化企业税收专项检查的序幕。为进一步加大对地炼企业涉税违法行为的查处力度，2016年6月，通过对各地原油加工量数据的综合分析，选取了地炼规模较大的河北、辽宁、江苏、浙江、福建、广东、新疆、陕西、宁波、山西和宁夏等11省（区、市）部署开展地炼企业税收专项检查工作。8月23日，稽查四处拟定了《成品油消费税抵扣事项绩效考评指标（稽查局个性部分)》，将该检查工作列入税务总局绩效考核事项。

全面部署企业自查。根据整体工作安排，要求各地成立专项检查工作小组，对企业开展全面分析和自查辅导。为加快检查进度，稽查四处下发了《国家税务总局稽查局关于地方炼化企业专项检查有关事项的通知》，要求开展检查工作的省市每15日上报一次工作进展情况。截至8月底，各省市动员部署和企业自查阶段工作基本结束，共组织检查企业2642户，查补税款20.6亿元，其中消费税16.49亿元，增值税、企业所得税及其他各税合计4.11亿元。

深入推进重点检查。在总结分析前期地炼企业自查工作成果的基础上，要求各省市对企业自查情况进行科学评估，将自查不彻底的企业作为重点检查对象。根据各地上报的检查情况，选取19户企业作为重点检查对象，要求各地实施重点检查。期间，从辽宁、江苏、宁波等地抽调部分经验丰富的检查人员，对山东3户重点企业的检查情况进行重点督导。截至2016年11月，12个省市重点检查阶段工作基本完成，共查补税款11.83亿元，其中消费税10.06亿元，增值税、企业所得税及其他各税1.77亿元。

强化落实总结整改。2016年底，地炼企业专项检查工作全面完成。根据专项检查发现的问题，继续督促各地做好总结整改工作，纠正被查企业存在的涉税问题，加大对地炼企业的监管力度，完善税收管理机制，增强税务机关的风险管控能力。同时，针对成品油企业消费税抵扣相关问题开展分析工作，研究分析成品油企业消费税实际税负现状，深入查找企业消费税管理问题成因，提出完善消费税相关政策、从源头上堵塞管理漏洞的建议，于2016年12月6日上报《稽查局关于成品油消费税抵扣有关问题和建议的报告》，获得税务总局副局长孙瑞标肯定性批示。

【“营改增”高风险企业专项稽查】 在全面推开“营改增”工作中，稽查四处是稽查局“营改增”工作联络单位，负责组织部署“营改增”专项稽查工作。为深入做好全面推开“营改增”试点后涉税风险防范工作，切实发挥税务稽查为“营改增”保驾护航的作用，稽查四处坚持服务税收中心工作、服务税收改革发展的理念，找准稽查执法发力点，积极部署开展“营改增”高风险企业专项稽查工作。在认真组织专项稽查工作的同时，全面梳理建筑业、房地产业、金融业和生活服务业等四大行业涉税违法新动向，并有针对性地提出堵漏增收的措施建议。

工作措施主要有以下三个方面：

深度调研，风险选案。2016年6月，稽查四处向15个专项稽查重点省市下达了分行业重点调研任务，从“营改增”后的征收范围、进项税额、销售额、纳税义务发生时间四个方面，逐环节分析可能存在的涉税问题。在此基础上，稽查四处制定并下发了《2016年营改增高风险企业专项稽查工作方案》，明确了工作目标和要求，将代开发票规模异常企业等九类企业作为检查重点。随后，各地国税部门充分利用金税三期、增值税发票管理新系统等开展风险选案，参照2016年虚开增值税专用发票选案成果，认真分析全面推开“营改增”试点企业2016年5月1日以后发票流情况，结合“营改增”企业税务登记、申领发票、代开发票等情况，比对“营改增”时间节点前后的企业税收数据，及时发现疑点企业和违法线索。

联合检查，严格督导。通过周密部署，要求各地国税、地税部门各司其职、分工协作，联合开展“营改增”专项稽查工作。部分地区的国税、地税部门采取分别立案、同步调查取证、分别处理的税务检查方式，确保工作取得实效。同时，实时加强“营改增”专项稽查工作督导，多次听取重点地区工作汇报，及时掌握工作动态，共同研究解决专项稽查工作中遇到的问题和困难，结合工作实际提出具体目标和要求，有力推动了“营改增”专项稽查工作的开展。

分析成果，全面总结。结合“营改增”专项稽查发现的问题，针对“营改增”高风险企业在政策执行、日常征管、发票管理和虚开虚抵等四大方面的涉税风险进行分析梳理，提出了加强管理、完善政策的建议；并利用多种媒体适时宣传“营改增”专项稽查工作，扩大稽查成效。2016年底，“营改增”高风险企业专项稽查工作全面结束，全国税务部门共检查“营改增”高风险企业10165户，查补税款50.72亿元。其中建筑业1502户、房地产业1961户、金融业495户、生活服务业2644户，查补税款40.23亿元；交通运输等其他“营改增”行业3563户，查补税款10.49亿元。

（张　涵）

稽查五处

【概述】 2016年，税务总局稽查局稽查五处紧紧围绕总局稽查局全年工作要点及各项工作要求，结合西南地区工作实际，按照职责分工，对西南地区稽查工作加强督导、沟通和协调，强化工作措施，狠抓工作落实，较圆满地完成了全年稽查工作任务。

【重大案件查处和督办】 2016年，稽查五处共督办案件66起。其中，2015年结转21起，占全部督办案件的31.82%；2016年新列督办案件45起，占全部督办案件的68.18%。已获批结案处理23起，在查案件有43件。经统计，稽查五处具体督办并已查结的案件共计查补收入7565.18万元；定性虚开的案件发出《已证实虚开通知单》，共涉及增值税专用发票42251份，税额89638.70万元。其中查处较好的案件有重庆船舶贸易有限公司涉税案、贵州龙里县“1·14”涉嫌虚开增值税发票案、云南楚雄州“12·17”虚开发票案等。

【“双随机”开展】 2016年，稽查五处根据工作要求，认真组织，积极督促西南地区各省落实重点税源随机抽查工作，部分省市随机抽查名录库建设基本完成，其中贵州国税已建立“税务稽查双随机抽查系统”、《税务稽查对象分类名录库》《总局和省局重点税源企业名录库》和《税务稽查异常对象名录库》。西南各省积极组织重点税源随机抽查，共计检查1147户企业。其中重庆国地税稽查局检查677户企业，四川国税、地税稽查局联合检查40户企业，贵州国地税稽查局检查248户企业，云南国税、地税稽查局联合检查152户企业，西藏国税稽查局检查30户企业。

【西南地区税务稽查合作机制】 2016年初，按照深化征管体制改革的总要求，税务总局稽查局从机制、制度和方法等方面入手，安排专人着手研究和积极探索区域税务稽查合作模式。2016年4月，税务总局副局长孙瑞标和稽查局局长王学东出席并见证了西南地区税务稽查合作备忘录签字仪式暨专项行动布置会，孙瑞标对西南合作机制提出了“敢于担当、勇于亮剑，顾全大局、精心合作，尽职履责、落到实处，及时交流、快速反应”的希望和要求；王学东以“雪豹2016”专项行动为主线，就如何落实好西南合作机制做了具体部署。作为区域税务稽查合作的“试验田”，西南地区合作机制为稽查改革闯出了一条新路，构建出了“一条主线、两个平台、三项制度”的区域稽查合作模式。“一条主线”是指西南地区国税、地税局稽查局以完成税务总局稽查局提出的工作任务、工作目标和工作要求为主线，“两个平台”是指在系统内上下左右共同搭建数据交换平台和信息共享平台，“三项制度”是指西南地区国税、地税局稽查局的内部联席会议制度、联动反应制度以及与其他行政部门的联络沟通制度。

作为西南地区税务稽查合作机制的主要内容，在“雪豹2016”农产品发票虚开专项行动中，重庆、四川、贵州、云南国地税局和西藏国税局采取纵横结合、内外并举的多维联动方式，团结协作，层层推进，深挖扩线，检查企业365户，查补收入14.71亿元，成功查处了重庆“4·28”案、四川攀枝花案、贵州龙里“1·14”案、云南大理永建案和西藏益德案等一大批案件。一年来，西南地区税务稽查合作机制运行顺利平稳，税务总局稽查局和西南地区国税、地税局稽查局一起，初步织就了上下相通、左右相连、内外相互配合和一地案发、五省联打的打击涉税违法犯罪“网络”，具有威慑力大、合作紧密、统一规范、时效性强、精准度高等特点，取得了重大成果，受到了税务总局局长王军的肯定和表扬。

【区域税收专项整治】 除“雪豹2016”专项行动外，西南各省还对家具批发与零售、药品批发与零售、手机生产、房地产及建筑安装业、资本交易项目、信用担保及小额贷款公司、中介服务机构、营利性教育培训机构、医疗服务机构和科研机构、电子、钢材、广元房地产及建筑安装行业、高收入者个人所得税、高污染企业、粮油、服装、汽车4S店、“黄金票”、贵阳地区物业管理、毕节市公立医院和教育机构、股权交易、矿产品经销、旅游、木材、珠宝玉石、“长江经济带”、那区“黄金票”、拉萨骗税等28个行业或区域进行了专项整治。

（宫 怡）

协查情况

【概述】 发票协查工作是税务稽查案件的重要一环，2016年，全国各级税务局稽查局坚持问题导向，不断强化措施，常抓不懈，促进协查工作提质增效，充分发挥了协查工作服务案件、服务稽查的重要作用。

【协查系统运行】 委托发出情况。各地国税机关稽查局通过协查系统发起委托协查的发票268.86万份，涉及企业9.19万户（次），金额3885.69亿元，税额627.95亿元；移送司法机关案件292起。委托协查发票量前六位的依次是江苏、甘肃、辽宁、大连、广东、云南国税局稽查局，共占全国总量的62.86%。通过协查系统体现的查补收入入库前六位的依次是江苏、宁波、浙江、山东、宁夏、厦门国税局稽查局，共占全国总量的65.55%。

受托收到情况。各地国税机关稽查局通过协查系统收到受托协查的发票265.25万份，涉及企业13.79万户（次），金额3862.33亿元，税额624.62亿元；累计回复发票242.61万份，移送司法机关案件450起。受托协查发票量前六位的依次是河南、广东、安徽、江苏、河北、深圳国税局稽查局，共占全国总量的44.99%。通过协查系统体现的受托协查查补收入入库前六位的依次是河南、广东、北京、山西、新疆、河北国税局稽查局，共占全国总量的43.09%。

受托回复情况。（1）全国平均受托协查回复“有问题”发票的占比为90.94%，大连、北京、河南、山西、安徽、青岛、湖南、河北、天津、上海、山东、重庆等24个单位的占比高于全国平均值。其中，在协查问题类型为“确定虚开”的受托协查中，全国平均受托协查回复“有问题”发票的占比为99.86%，有24个单位的占比高于全国平均值，占比为100%的有内蒙古、广西、海南、四川、云南、陕西、青海、宁夏、宁波、厦门国税局稽查局。在协查问题类型为“有疑问”的受托协查中，全国平均受托协查回复“有问题”发票的占比为65.83%，有18个单位的占比高于全国平均值，占比前六位的依次是甘肃、吉林、宁夏、广西、新疆、江西国税局稽查局。（2）全国平均受托协查回复“正常”发票的占比为7.64%，新疆、山西、河南、湖南、贵州、青岛、天津、陕西、河北、山东、上海、辽宁、黑龙江等25个单位的占比高于全国平均值。其中，在协查问题类型为“有疑问”的受托协查中，全国平均受托协查回复“正常”发票的占比为23.24%，有22个单位的占比高于全国平均值，前六位的依次是甘肃、吉林、宁夏、大连、广西、北京国税局稽查局。（3）全国平均受托协查回复“无法核实”发票的占比为15.64%，河南、安徽、重庆、内蒙古、河北、山西、宁波、浙江、湖南、陕西等20个单位的占比高于全国平均值。其中，在协查问题类型为“确定虚开”的受托协查中，全国平均受托协查回复“无法核实”发票的占比为7.78%，有20个单位的占比高于全国平均值，前六位的依次是青海、四川、云南、广西、青岛、吉林国税局稽查局。在协查问题类型为“有疑问”的受托协查中，全国平均受托协查回复“无法核实”发票的占比为31.98%，有23个单位的占比高于全国平均值，前六位的依次是青海、甘肃、新疆、吉林、云南、江西国税局稽查局。

【绩效考核指标统计】 绩效考核指标的统计情况为：（1）发票协查选票准确率。各地国税局稽查局通过协查系统委托协查收到回复的发票237.06万份，已确定协查结果的发票185.56万份，其中有问题发票178.18万份，全国平均发票协查选票准确率为96.02%。排名前六位的依次是宁夏、甘肃、新疆、大连、吉林、北京国税局稽查局。（2）受托协查质量回复“正常”率。在协查问题类型为“确定虚开”的受托协查中，全国平均受托协查质量回复“正常”率为0.13%，远低于上年2.98%的水平，协查质量明显提高。内蒙古、宁波、安徽、厦门、江西、河南、湖北、广西、海南、重庆、四川、云南、陕西等25个单位的占比高于全国平均值。（3）协查函按期回复率。全国协查函按期回复率为100%，表明各地国税局稽查局受托协查都能够按期回复协查结果。（4）纸质协查情况。全年未接到以纸质发起协查代替协查系统发起协查的报告。

【基层协查】 基层协查节点工作开展情况为：（1）委托发出情况。在协查问题类型为“确定虚开”的委托协查中，发出委托协查发票份数前六位的国税局稽查局协查节点依次是甘肃定西、辽宁、陕西西安、江苏南京、大连市第二稽查局、江苏连云港。（2）受托收到情况。在协查问题类型为“确定虚开”的受托协查中，受托回复协查发票份数前六位的国税局稽查局协查节点依次是安徽合肥、河南郑州、广东普宁、河北大城、河南开封、上海浦东新区。

【协查工作管理】 完善制度强化考核，实现质效多点提升。2016年，全国国税局稽查局通过协查系统发起委托协查起数、委托协查发票份数和涉及企业户（次）数同比分别增长90.90%、344.28%和113.72%，收到受托协查数、受托协查发票份数和涉及企业户（次）数同比分别增长107.08%、421.09%和145.41%，全国平均发票协查选票准确率同比增长26.68%，受托协查回复

"有问题率"同比增长 31.54%；通过协查系统体现的查补收入同比增长 125.13%。表明在全国协查工作任务数倍增长的情况下，各级国税局通过采取完善协查制度、优化工作流程、合理调配力量、加强数据分析和强化绩效考核等一系列措施，极大地提高了协查工作质效。

认真开展自查工作，回函质量持续提高。各地国税局根据《受托协查质量自查工作指南》，结合工作实际，认真开展了回复结果为"正常""无法核实"发票的复核复查工作，重点对协查问题类型为"确定虚开"的受托协查，以及专项协查中的回函质量开展自查。通过查找自身不足，细化改进措施，加大问责力度，全国共有 14 个单位通过自查，将回复结果由原来的"正常""无法核实"修订为"有问题"，涉及发票共 37135 份。在协查问题类型为"确定虚开"的受托协查中，全国平均受托协查回复"有问题"率同比提高 4.13 个百分点，增幅为 4.31%；回复"正常"率同比下降了 2.85 个百分点，降幅达 95.59%；回复"无法核实"率同比下降了 22.47 个百分点，降幅达 74.29%。

集中开展专项协查，促进"双打"取得实效。为确保 2016 年度打击骗税和打击虚开工作取得实效，税务总局成立了专项协查工作组，专司打击骗税和打击虚开的协查工作，并发文对专项协查的委托发起、受托回复、资料寄送和走逃（失联）企业协查提出具体要求。通过明确协查工作准则、统一协查发函标准、引入协查互评机制和严格审核协查质量，专项协查工作组共对 613 件重点案件进行了统一协查，确保了打击骗税和打击虚开工作取得实效。

首次实施要素协查，打通协查工作堵点。对走逃（失联）企业协查工作质量不高的问题是协查工作的堵点。税务总局通过积极探索和认真研究，首次提出了对走逃（失联）企业的受托协查要素，要求受托方对走逃（失联）企业资金流向、发票流向、生产能力等协查要素进行逐一核实，并提供相关情况和证据，为骗税、虚开案件的行政定性提供了有力证据。协查要素明确了委托发函、受托回函的条件和标准，强调了委托发函的必要性，进一步提高了受托回函的真实性合法性，为在全国范围内普遍推行要素协查积累了有益经验。

坚持管理创新并重，各地工作亮点纷呈。江西国税局稽查局在制度层面严格要求、固化标准、提升协查各个环节工作质量的做法，得到税务总局领导的肯定；陕西国税局稽查局严格要求，以十个"全部"推动协查工作，促进案件查深查透；吉林国税局稽查局注重培训辅导，实现协查岗位全覆盖，保证协查工作规范、合法；江苏国税局稽查局着眼督办案件，采取"五日提前催办提醒"和"两日布置、两级联动、两天提前、两方沟通"的工作机制，出色地完成了税务总局督办案件的协查工作；广东国税局稽查局积极研究探索对失踪走逃企业特别是对具有职业犯罪团伙特征的不法企业开展案件协查的方法，着力解决以"无法核实"简单回复的问题，走出了提升受托协查质量的新路；贵州国税局稽查局加强协查数据分析，扩大了协查数据增值运用效果；北京、河南、湖北、四川、甘肃国税局稽查局认真落实自查工作，梳理存在的问题，并依据现行政策法规制定整改措施，取得了明显成效。

（宫 怡）

税务稽查信息化建设

【概述】 2016 年，税务总局稽查局稽查六处以开创税务稽查现代化新局面为目标，抢抓机遇、迎接挑战，大力推进稽查信息化建设，调整处室职责，实现稽查信息化归口管理；着手平台建设，打通稽查部门上下级通道；深化数据应用，提升稽查工作质效；优化金税三期工程系统功能，促进稽查工作规范，取得了显著效果。

【稽查信息化顶层设计】 为适应金税三期工程全面推广、稽查信息化需求日益旺盛的新形势、新任务，税务总局稽查局调整内部工作职责，指定专门处室负责信息化工作，注重统筹推进，强化顶层设计。遵循税收信息化建设总体规划，深入开展调查，广泛征求意见，起草《国家税务总局关于加强税务稽查信息化应用管理的指导意见（征求意见稿)》，力求明确工作方向、勾画发展蓝图，为稽查信息化应用管理工作提供规范指引。及时归纳整理各地稽查信息化成果和经验，积极向全系统推介。

【“双随机”工作平台】 为落实国务院全面推行“双随机一公开”监管决策部署，税务总局稽查局与网信办密切配合，组织开发了“金税三期工程税务稽查双随机工作平台”。该平台采取在总局和省局两级平台部署金税三期工程决策支持系统、业务覆盖从总局到县局四级税务机关的应用架构，完整实现了建立两个“名录库”、执法对象和执法人员两个“随机”、任务推送、统计查询等功能，有效支撑税务系统“双随机一公开”工作。

【稽查大数据选案】 在税收大数据应用探索中，税务总局稽查局与征管科技司共同认识到良好的数据应用合作在优势结合、提升质效方面的重大促进作用，联合开展2017年稽查大数据集中选案工作。两司局建立协作机制，成立联合工作组，充分发挥稽查团队业务优势和云平台项目组技术优势，通力合作，无缝衔接；充分利用总局税收大数据，探索利用机器学习等人工智能算法在大数据中挖掘高风险案源，在利用数据挖掘算法确定初筛案源的基础上通过人工逐户分析实现精准选案，取得了较好效果。下一步，两司局将继续加强稽查大数据应用合作，健全协作机制，固化应用成果，探索案件查办工作的数据保障机制。

【稽查大数据应用】 按照税务总局税收数据治理工作规划，税务总局稽查局编写并提交了《税务云平台稽查应用系统要求》，拟借助云平台强大的数据获取、存储和计算能力，开发应用稽查统计分析、质效管理、案情研判、成果应用等功能，从而实现服务领导决策、畅通指挥调度、深化案件分析、强化业务支撑、促进信息交互等目标。初步开发了金税三期工程决策支持系统税务总局平台中的全国稽查工作总体监控原型，并正在进一步优化完善。

【稽查业务流程和功能】 为有效支撑《全国税务稽查规范（1.0版)》等相关制度办法落地，税务总局稽查局与网信办密切配合，持续优化金税三期工程稽查业务域相关流程和功能。2016年11月，税务稽查随机抽查纳税人自行补税相关流程开发完成并正式启用。下一步，税务总局稽查局将以《全国稽查规范（1.0版)》为依据，全面启动优化金税三期工程稽查业务域流程和功能需求的编写工作。

（王明科）

北京市地方税务局稽查处

2016年，北京市地方税务局稽查系统坚持以办案为中心，推进体制改革，夯实工作基础，清理未结案件，深化部门协作，强化监督考核，有效发挥税务稽查职能作用，确保全市任务的有效完成。全年共组织检查2986户，查补合计45.27亿元，入库合计46.04亿元，同比增长52.45%。

2016年7月4日，北京市公安局派驻税警联合办公室工作启动，标志着税警联络机制建设进入实体化运作新阶段。图为北京地税局领导与公安派驻人员合影

聚焦重点，提升稽查质效。2016年，全市地税稽查系统依法开展重大案件的查办工作，受理各级部门督办（交办）案件78件。全年提请重审会审定案件17件，涉税金额7.5亿元。各稽查局共上报查补收入百万元以上案件211件，查补收入20.5亿元，户均查补971.56万元，比上年大幅提升。落实巡视工作要求，积极完成未结案件清理，累计入库19.46亿元。

制定税务稽查随机抽查制度，分批开展“双随机”工作。认真开展2015年税务总局重点税源随机抽查工作，通过辅导企业自查，了解企业组织架构、经营特点和税收风险，其中第二稽查局自查补税8.8亿元。从8大集团的944户成员单位中，定向抽取143户重点检查对象实施国地税联合稽查，查补入库税费合计5亿元。与北京国税局分别设定指标模型进行风险排序，采取人机结合形式进一步筛选确定待查对象，确定50户随机抽查对象并分批次开展联合进户检查

承担税务总局高风险纳税人定向稽查试点工作任务，与中国人民大学成立“高风险纳税人定向稽查”调研团队，利用“互联网+”和税收大数据建立健全高风险案源指标模型，加强与风控部门、税务情报部门的有序衔接，扎实有序推进专项改革试点。开展影视、房地产中介等行业的专项检查，纠正行业性涉税违法问题，查补合计3亿元。

2016年2月25日—26日，组织召开2016年全市地税系统税务稽查工作会

加强协作，发挥稽查震慑职能。与市国税局联合制发《北京市国家税务局 北京市地方税务局联合稽查工作办法（试行）》，明确共建协调机制、共享涉税信息等8个方面合作事项。研究探索《北京市国家税务局 北京市地方税务局联合稽查工作

办法实施细则（试行）》。联合开展重点税源集团企业随机抽查、重大税收违法案件案源推送、高风险纳税人定向稽查、中心城区有形市场的税收专项整治等工作。各稽查局以联合查办案件为依托，在合作机制、资源共享、共同检查等方面进行有益的尝试和探索。

措施，联合惩戒取得了新突破。与市国税局联合举办“推进联合惩戒　助力诚信纳税”新闻发布会。加大对案例和涉税违法行为的宣传力度，配合录制6期《税案追踪》。

加强稽查信息化和制度建设。抽调业务骨干组成金税三期稽查业务组，查找与现行制度的差异、

2016年5月27日，北京国税局、地税局联合召开“推进联合惩戒　助力诚信纳税”新闻发布会

2016年10月9日，北京国税局、地税局联合召开税务总局重点稽查对象随机抽查工作动员会

深化与公检法司法机关合作，税警联合办公室进入实体化运作阶段。利用税警联合办公室平台，强化对移送案件的管理和业务指导工作，全年查办定性偷税案件同比增长31%，移送案件是上年同期的7.5倍。研究制定《涉税犯罪行刑衔接取证指引》，统一涉税犯罪案件取证标准和要求，在全国尚属首例。与检察院联合下发《关于检察机关、税务机关在打击危害税收征管秩序犯罪中加强行政执法与刑事司法衔接工作的通知》，规范基层执法。全年支持配合纪检监察部门查办案件、协助取证等共计30余件次，按规定启动“一案双查”程序6次。配合市人力社保部门开展“疏非控人”专项工作，推进了首都业态疏解转型和有序调控人口。

在全国率先采取阻止欠税人出入境措施。联合法院实施了首例对欠税法定代表人限制部分高消费行为措施，实施了全市首例对外籍个人阻止出境

梳理岗责体系、配置业务流程、进行系统测试、开展教员培训工作，为金税三期系统稽查模块的成功上线提供技术保障，解决金税三期工程上线后问题124个，协助解决操作问题300余次。落实税务总局新下发的《税务稽查工作规范》，梳理制度性差异340余处，分批组织全员培训，确保规范落实到位。第四稽查局编制《税务行政处罚裁量标准变化表》，形成统一执法依据。

2016年3月11日，组织召开2016年直属稽查局党风廉政建设工作会

河北省国家税务局稽查局

河北国税局局长王满平（主席台左二）出席2016年全省稽查工作会议

2016年，在税务总局稽查局和河北省国家税务局党组的正确领导下，河北省国税稽查系统扎实落实各项工作部署，主动将稽查工作提到税收现代化建设的全局中去认识、去谋划，牢固树立稽查服务税收中心工作、稽查服务税收改革发展的理念和意识，以优化税收环境、规范税收秩序为目标，以提升稽查质效为主线，以深化体制机制改革为动力，以提高能力素质为保障，深入推进稽查现代化建设，严厉打击各类涉税违法犯罪行为，进一步彰显稽查职能，增强执法威力，力促社会经济秩序持续向好。全年检查纳税人1.1万户，同比增长0.2%；查补税款39.8亿元，同比增长8.4%；入库税款39.7亿元，同比增长9.3%。税务总局对河北省国税稽查工作成绩高度认可。税务总局副局长孙瑞标三次批示表扬河北省稽查工作；税务总局稽查局全年各类形式通报表扬河北省稽查工作14次；在2016年全年绩效考评中，河北省国税局荣获国税系统全国第2名的优秀名次，创造了新的历史成绩！

服务大局，推进征管体制机制改革各项要求落地。一是稽查信息化建设取得新成绩。自主研发“河北国税稽查综合软件应用系统”，并在2016年进行全省推广使用。该软件将科学选案、电子查账、统计分析、实时监控统一纳入系统模块，实现税局端、企业端等多项数据增值运用。二是全面加强“双随机、一公开”监管工作。在河北国税综合软件中建立“河北省税务稽查对象名录库”和“税务稽查执法检查人员名录库”，赋予“双随机”工作以科学抓手。将省、市两级981户重点税源企业纳入事后税收“双随机”监管软件中，监控税源占全省总量86%。三是国地税联合稽查取得实在效果。国地税联合检查企业411户，查补税款2.2亿元。四是推进税警协作进入实体化运行。全年警税联合查办案件223件，打掉犯罪团伙11个，抓获犯罪嫌疑人154人，涉案金额53.4亿元，挽回国家税款损失5.2亿元，曝光警税联合办案典型案例1起。五是扎实落实“黑名单”公告及联合惩戒工作措施。向省发改委等20个省级部门逐一推送国税系统税收“黑名单”信息39起，主动配合河北省公安边防总队办理8个法定代表人阻止出境手续、7个法定代表人办理了续控手续，成功阻止出境2人。

四部委联合督导组到河北省督导打击骗税虚开工作

彰显职能，力促稽查重点工作取得实效。一是全力推进打击虚开骗税工作。

全年检查虚开案源1574户，查实问题企业1111户，定性虚开（含接受虚开）增值税专用发票3.7万份，涉案金额44亿元，涉案税额7.3亿元；向公安机关移送案件89户；公安机关立案侦查78户，抓捕犯罪嫌疑人70人；税警联合查办案件2起，涉案金额5.2亿元。检查骗税案源104户，查实问题企业91户，通过定性骗税或违规退税挽回税款损失2.5亿元，向公安机关移送案件3起。二是推进案件协查管理取得实效。全省2016年受托协查质量大幅提升。回复“有问题”发票所占比率12月为93.2%，比年初提高10个百分点；回复“无法核实”发票所占比率12月为10%，比年初降低24.8个百分点；回复“正常”发票所占比率12月为6.2%，比年初降低4.9个百分点。三是重点税源企业随机抽查更加规范。联合地税局辅导228户企业自查，自查税款、滞纳金812万元，调减亏损额3517万元。对15个集团企业的125户企业开展重点检查，查补税款1.2亿元。全年省、市两级重点税源企业查补税款4.3亿元。四是区域和行业专项整治效果良好。主动将增值税发票清查、重点区域和行业专项整治、“营改增”专项稽查和地方石油炼化企业专项整治统一纳入全省稽查专项整治工作，全年查补税款6亿元。五是落实税务总局督办案件工作质效双提升。查补税款1.5亿元，罚款1.1亿元。全年督办案件结案率82%，检查企业户数结案率94%，比2015年有大幅度提升。六是打击发票违法犯罪活动持续加力。全年检查企业3187户，查处违法企业3027户，查处非法发票7.7万份，涉及金额81.6亿元，查补税款5.5亿元，加收滞纳金4023.9万元，罚款等2078万元，向公安机关移送案件73件。

谋求创新，稽查干部队伍素质稳步提升。一是利用信息化手段提升素质。利用综合软件将全省1822名税务干部纳入稽查执法人员名录库中，实现组建专业检查团队和检查人员随机分配，促进稽查干部不断更新知识。通过对案件数据信息的分析，促进稽查办案人员达成对办案方式方法的指引，使检查效果更加明显。二是理顺体制机制提升稽查素质。在省局层面坚持“做强省局”，发挥省局稽查局组织部署、指挥调度、督办督查、直接查处、系统管理职能和第一稽查局“尖刀班”和“撒手锏”的作用。在市、县局层面统筹推进市局稽查整体工作。三是依托培训手段提升素质。开展全省稽查工作（局长）培训、全省稽查业务培训和《全国税务稽查规范（1.0版）》培训等3个大型培训。四是健全制度提升素质。通过阳光稽查、审理提前介入和案源封闭式管理的制度措施，对稽查过程采取跟踪管理、内部制约、外部监督等手段，加强对稽查执法全过程的监督制约；探索实行异地交叉检查、案件复查、案件督办等方式，不断完善内控机制，降低执法风险。同时结合“两学一做”专题教育活动，以学党章、学系列讲话、学先进典型、学监督条例、学准则，做合格共产党员为主题，开讲党课；以党的建设上水平，推动稽查干部拒腐防变能力提升，自觉维护好稽查干部清正廉洁的良好形象。

河北省第一期警税协作培训现场

河北国税局稽查局党支部开展“两学一做”学习教育专题

山西省地方税务局稽查局

召开全省地税稽查工作会议，安排部署全年稽查工作

2016年，山西省地方税务局稽查局认真贯彻落实国家税务总局稽查局一系列工作部署，紧紧围绕省局工作思路和"统筹抓好三项重点，服务山西六大发展"总体要求，坚持以服务税收工作大局为中心，充分发挥以查促收、以查促管的稽查职能作用，严厉打击各类税收违法行为，大力整顿和规范税收秩序，较好地完成了各项稽查工作任务。

攻坚克难，各项稽查工作砥砺前行。全省地税稽查部门在省局党组的坚强领导下，凝心聚力、攻坚克难，紧抓重点、狠抓质效，稽查工作取得了积极成效。全年共检查纳税人3723户，实现稽查查补收入23.61亿元。全年共立案查处百万元以上案件33件，查补收入2.86亿元。对19起税收违法典型案件进行了公开曝光，对2起达到重大税收违法案件公布标准的案件进行了公布，并向实施联合惩戒措施备忘录的22个单位进行了推送，有力地打击和震慑了涉税违法犯罪行为。

开拓创新，稽查信息化建设成效显著。进一步深化金税三期系统和电子查账软件应用，稽查信息化建设工作取得新进展。作为全国第一批金税三期试点单位，省局稽查局高度重视、积极参与，集中抽调10余名省市稽查业务骨干全程参与换版工作，优化版稽查业务部分于2016年10月8日在全省成功单轨运行。山西地税局历经五年时间实现了电子查账软件省、市、县三级全覆盖，2016年进一步将深化软件应用、提升使用效果作为重点，通过业务比武、集中培训、以查代训、绩效考核等多种方式推进软件应用水平提升，各级使用软件查案数量稳步增长，电子查账软件应用效果明显显现。

强化监管，"双随机、一公开"工作全面推进。积极落实"一单、两库、一细则、一公开"工作，大力推行"双随机"检查模式，进一步规范执法行为，减轻纳税人负担，2016年随机抽查比例达到了80.31%。圆满完成税务总局安排的重点税源企业随机抽查工作，26户企业集团874户分支机构随机抽查工作自查阶段共实现查补收入6051.78万元。与国税部门联合开展全省重点税源企业随机抽查工作，共随机抽选1283户企业开展自查，直接检查122户，实现查补收入10158.54万元。

山西地税局与22家单位召开联合惩戒会议，营造公平竞争市场环境

辽宁省国家税务局稽查局

辽宁省政府召开新闻发布会，曝光税收违法“黑名单”

自税收违法“黑名单”及联合惩戒工作开展以来，辽宁省国家税务局稽查局严格遵循税务总局工作部署，迅速筑牢基础，持续深化合作，大力开展宣传，积极开拓创新，推动该项工作高效运行，得到税务总局及省委、省政府的充分肯定。截至2017年10月，辽宁国税局公布“黑名单”案件153件。其中，虚开发票案件97件，案值合计150亿元；偷税案件55件，偷税合计8亿元，骗税案件1件，骗税合计0.1亿元。实施联合惩戒134件，采取惩戒措施31项。因信用修复机制撤出公布或未公布案件共35件，占已公布案件的22.88%，“黑名单”当事人主动缴清涉税款项2亿元。

以两个“全国率先”，奠定工作坚实基础。率先制定规程，实现联合惩戒工作规范化。4部门联合印发全国第一个省级《对重大税收违法案件当事人实施联合惩戒工作规程》，明确省内信用体系建设成员单位的工作责任、操作流程。该规程的出台，大大促进了本省社会信用体系建设水平的整体提升。

率先上线系统，实现联合惩戒工作信息化。“信用辽宁”网站专门建立全国首个重大税收违法案件联合惩戒实时报送系统，实现了重大税收违法案件信息推送、提取、结果反馈、总结报送等全流程的信息化操作，动态反映联合惩戒工作进展情况。进一步拓展了惩戒结果的利用范围，对于形成惩戒失信的社会氛围具有重要意义。

以创新工作举措，提升惩戒扩围质效。在税收违法“黑名单”及联合惩戒工作“双扩围”后，积极探索适应本省实际的特色措施，工作取得明显成效。成立以省局主要领导为组长的领导小组，印发联合惩戒实施方案，明确各成员单位的责任，内部惩戒措施的落实有了制度保障。针对辽宁国税“黑名单”企业中药品生产和经销企业占比较大的实际情况，着重和省食药监局及省卫计委联系，点对点落实联合惩戒措施，收到了好的惩戒效果。

拓展宣传渠道，扩大惩戒效应。工作开展以来，省政府新闻办两次召开联合新闻发布会，发布税务部门对全省税收违法“黑名单”及联合惩戒工作制度及开展情况。多次召开多部门联席会议，研究解决惩戒措施落实机制问题。采取在办税服务厅滚动播放《税收违法“黑名单”里的罪与罚》专题片、组织纳税人召开座谈会等多种形式和举措，进行常态化宣传，使纳税人受到震撼和教育，有效推动纳税遵从度的不断提升。

辽宁国税局稽查局局长李维海通过辽宁电视台向观众介绍税收违法“黑名单”情况

通过几年的探索实践，辽宁国税局已经建立起规范化、信息化、常态化的“黑名单”及联合惩戒工作体系，并不断推进该项工作向纵深发展。今后，辽宁国税局将在税务总局正确领导下，努力推动“黑名单”及联合惩戒工作新发展，为深化征管体制改革、推进纳税诚信体系建设、促进经济社会持续健康发展做出新的更大贡献。

辽宁省地方税务局稽查管理处

2016年，辽宁省各级地税稽查机构全面落实辽宁省地方税务局党组决策部署，充分发挥稽查堵漏增收和以查促管的职能作用，稳步提高稽查工作质效，实现稽查收入23.75亿元，组织入库22.97亿元。

召开全省税务稽查工作会议

完成稽查改革阶段性任务。完善对税收违法“黑名单”当事人实施联合惩戒措施。与省信用办、发改委和国税局共同印发对重大税收违法案件当事人实施联合惩戒工作规程。全面推行“双随机、一公开”工作。普遍推行先案头风险分析评估查找高风险纳税人再定向稽查的模式。实现国地税联合进户稽查。与省公安厅、省国税局共同下发《派驻联络机制运行暂行办法》。

开展税收稽查，发挥稽查堵漏增收作用。完成对军品生产企业的地方税收检查工作，共查补收入3795万元；完成对税务总局随机抽取的26户重点税源企业检查工作，查补收入4279万元；完成对国地税共选的12户重点税源企业检查工作，查补收入173万元；完成9户地方石油炼化企业税收专项检查工作，查补收入4546万元；随机抽取311户省级重点税源企业开展税收检查；选取121户省级异常企业开展定向检查；完成242户旅游行业纳税人专项整治，查补收入497万元；对沈阳等市的重点区域和行业开展税收区域专项整治，查补收入2.42亿元；查处发票违法企业672户，非法发票4996份，查补收入1263万元；对187件纳税人举报、上级转办、交办案件进行查处落实，查补收入1790万元。

发挥稽查职能作用。发挥透视征管的职能作用，通过“稽查建议书”和“征管建议书”向征收局进行推送，充分发挥以查促管的作用；做好“黑名单”和联合惩戒相关工作，全省共公布7件“黑名单”案件，对16户违法企业进行曝光；发挥稽查管理职能作用，由市局统一对市级及以下随机抽查案源进行选案。

邀请社会监督员参加2016年辽宁地税局随机抽查活动

扎实提高稽查工作质效。做好绩效考核工作，按照税务总局考核要求按时完成各项考核指标；加强稽查质效管理，案件选案准确率93.32%和稽查查补入库率96.7%，审结案件3128户，增加981户；规范进户执法行为，履行规范进户执法协调小组办公室职责。

推进稽查信息化建设。正式启用稽查报表系统，保证了数据的完整性和一致性；起草了稽查信息化可行性报告及实施方案，积极推进稽查信息化建设。

吉林省地方税务局稽查局

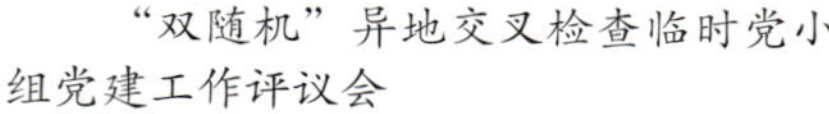

“双随机”异地交叉检查临时党小组党建工作评议会

创建税警协作平台

“双随机”异地交叉检查抽选仪式

2016年，吉林省地方税务局稽查局以落实好《深化国税、地税征管体制改革方案》为引领，主动顺应经济环境新形势，有效应对涉税违法新动态，及时调整工作定位和着力点，充分发挥稽查职能作用，全省各级稽查部门共查补收入24.77亿元，其中，组织企业自查补税7.8亿元，立案检查查补收入16.97亿元。查处非法发票2169份，查补收入1.84亿元。

强化组织指挥协调，提升系统稽查效能。传达贯彻上级精神，总结、部署工作，对系统稽查工作实施统一组织、统一指挥、统一安排、统一管理。充分发挥系统管理职能，召开系统稽查专题会议，组织、督导系统稽查工作开展，实现全省地税稽查工作“一盘棋”。强化稽查业务的管理指导、考核监督，确保系统稽查工作政令畅通、指挥有力、协调有序、高效运转，稽查效能不断提高。

推进稽查管理方式创新，推行“双随机”异地交叉检查。在全省推行“双随机”异地交叉检查，用稽查管理方式的转变，深化稽查改革，推进税务稽查现代化建设。全省稽查系统抽选104名干部，优化编成8个工作组，分别由5名副局长带队，深入长春、吉林、延边、松原、白山等地区，检查企业60户，查补收入4.2亿元。通过稽查管理方式改革，打破了属地稽查，提升了稽查管理层级，增强执法独立性，减少阻力和干扰，化解了管查矛盾，发现了征管问题，促进了稽查效能的提升。

建立临时党小组，创新基层党建工作。加强基层党建，在“双随机”异地交叉检查办案组中成立8个临时党小组，通过基层党建工作形式和载体创新，加强了基层党建，实现了党风廉政建设全覆盖，充分发挥出一线党组织战斗堡垒作用。在办案组建立临时党小组的党建工作经验，被列为全国税务系统“两学一做”学习教育特色项目，被国家税务总局列为党建特色项目。在《税务党建》第100期刊发、在全国推介。

实行国地税联合稽查，推进税收执法整合创新。率先实行国地税联合稽查。吉林省国税局、地税局共同签署《联合稽查工作备忘录》，双方共同确立了联合稽查的工作目标、原则，共同构建了联合稽查工作架构和工作机制。国地税共同抽选全省各地区稽查骨干55人，组成联合检查组，对8户大型国有企业进行联合检查，查补收入2.63亿元。有效解决了让纳税人头疼的“多头执法”“重复检查”“标准不一”等诸多实际问题，得到了纳税人由衷的“点赞”和真诚的欢迎。

深化警税协作，推进警税联络机制创新。为进一步深化警税协作，发挥各自优势，形成打防涉税违法犯罪活动工作新局面，营造良好的税收征管秩序，吉林省公安、税务部门根据税务总局部署，经吉林省政府批准同意，省公安厅、省国税局、省地税局共同成立了吉林省警税联络机制办公室，承担联络沟通、组织协调、分析研究、情报研判、督导指挥等工作任务，建立健全了公安派驻税务联络新机制，创新推动税警协作开展。

安徽省地方税务局稽查局

2016年，安徽省地税稽查部门深入贯彻落实税务总局、安徽省地税局工作要求和相关部署，创新方法，强化管理，认真抓好各项重点工作任务的落实。全年共立案检查和督导纳税人自查5465户，查补入库收入20.99亿元。在大要案上攻坚克难，查处千万元以上案件11件，查补税款3.19亿元；百万元以上案件94件，查补税款3.47亿元。

2016年3月14日，召开安徽省地方税务稽查工作会议

认真开展随机抽查。积极开展税务总局重点税源企业随机抽查。共辅导纳税人自查312户，查补收入7007.10万元；检查287户，查补收入2.3亿元。创新开展重点税源企业随机抽查。从全省重点税源企业名录库中，随机抽选出 227户企业，作为待查对象，由省局统一组织部署，实现“三随机”抽查，即“随机”选户、“随机”选派检查人员和异地“随机”交叉稽查，查补收入2.2亿元。

2016年10月27日，安徽省公安厅派驻省国地税局联络机制办公室揭牌仪式

严厉打击发票违法。会同公安、国税部门加大对制售非法发票违法犯罪活动打击力度，每个市选择1～2个区域开展“卖方市场”重点整治；对房地产、建筑安装、电信、交通运输等行业发票使用情况进行检查。共检查企业6196户，查处违法企业1580户，查处非法发票2.1万份，涉及金额32.7亿元，查补收入9673.39万元。

实现联合稽查。建立健全国地税稽查合作机制，研究确定国税、地税合作规范有关稽查合作事项任务落实具体措施，制定任务清单，按照服务深度融合、执法适度整合、信息高度聚合原则，规范工作流程、明确合作内容。在重点税源企业随机抽查、打击发票违法活动等税收检查中，共对216户纳税人实施联合稽查，查补收入1.69亿元。

加大惩戒力度。2016年全省共有52户纳税人被列入“黑名单”。上报税务总局税收违法案件信息19条，其中符合条件对外公布13条；向有关部门推送重大税收违法案件信息27条，积极配合有关部门实施联合惩戒措施，有力推动社会信用体系建设。

加强税警协作。和省国税、省公安厅联合印发《2016年打击虚开发票和出口骗税违法犯罪活动专项行动实施方案》，部署各市开展专项工作；主动与省公安厅以及省国税局联系，联合出台相关办法，成立派驻机构；和省公安厅有关处室就信息交换工作进行商讨，达成合作意向。

2016年9月13日，“岗位大练兵　业务大比武”实战演练时，党员们缅怀革命先烈，重温入党誓词

广东省国家税务局稽查局

2016年，广东省国家税务局稽查局全面贯彻落实上级工作要求，坚定不移推进稽查专项试点改革，发挥稽查职能作用，对各类涉税违法行为亮利剑、出重拳，全年共查补入库114.08亿元，稽查工作成效显著提升。

广东国税局稽查局召开体系建设专题研讨会

稳步推进稽查改革试点。全面贯彻落实深化国税、地税征管体制改革，高度聚焦“开展税务稽查专项改革试点”工作，与广东省地税局稽查局联合制定《广东省国地税开展税务稽查专项改革试点实施方案》，把稽查专项改革试点任务分为7大类22项具体措施，出台了6项制度，形成8项机制。

税警双方共同开展案情分析

基层稽查人员查看体系建设台账

不断提高稽查质效。依靠选案分析支持系统、大数据仓库、查账系统等信息化手段，运用定向稽查、案头风险评估等方法，提高稽查选案精确度和办案质量；通过推进征稽互动、国地税合作、税警协作、第三方智库，进一步理顺内外机制，凝聚打击合力；率先开发应用与《税务稽查规范》配套的信息化系统，全面实行重大案件集体审议制度、推进重大涉税案件会商会审制度、引进法律顾问团制度；充分发挥省局稽查局“指挥部”作用，做实市局稽查局，调整优化县局稽查局职能，整合全省稽查资源。

充分发挥稽查职能作用。扎实推进重点税源随机抽查，共检查243户重点税源企业，合计查补26.86亿元；认真开展行业和区域税收整治，区域和行业整治共检查1.6万户，查补税款62.33亿元，发票专项整治共查处发票违法企业3950户，查处非法发票9.11万份，查补税款、罚款、滞纳金合计11.02亿元，移送司法机关涉嫌犯罪案件47宗，与公安部门联合打掉49处制售假发票窝点。全面落实税收“黑名单”公布制度，累计报告41户税收“黑名单”企业；联合惩戒成员单位根据备忘录精神实施联合惩戒68户次。全面加强案件宣传曝光力度，累计在各级媒体曝光涉税案件49宗，有效引导提升企业税收遵从。

广东省地方税务局稽查局

全省地方税务稽查工作会议

2016年，广东省地税各级稽查部门深入贯彻落实全国稽查工作会议精神，充分发挥稽查职能作用，积极服务经济社会发展大局。全年共立案检查1090户，督导自查13831户，查补收入总额83.47亿元，同比增长47.13%，查补入库收入和增幅在全国地税系统排名第1位。

扎实履行稽查职能，税收秩序持续规范整治。依法履行稽查职能，全省各级地税稽查部门共审结案件1057宗，有问题983宗，选案准确率为93%。集中力量查办了一批有影响力的重大涉税违法案件，查结百万元案件58宗，千万元案件9宗，亿元案件1宗，全年立案查补金额14.39亿元。落实税务总局关于重点稽查对象随机抽查工作部署，积极开展39户重点企业及其分支机构的辅导自查和重点检查工作，自查阶段辅导和协助抽查对象自查补缴金额9450万元。积极推进税收专项稽查和区域专项整治工作，落实“营改增”高风险企业专项检查，组织企业自查338户，查补税款1013.27万元，立案检查92户；开展美容医疗行业、旅游业、石油炼化企业税收专项检查，立案检查200多户，查补收入超800万元；做好流转税附加、普通高等教育行业、民营医院、灯具行业和汽车销售行业

广东警税协作信息快查系统开通仪式

等区域税收专项整治工作，辅导企业自查近千户，立案检查36户，查补收入3357万元。通过征稽联动机制向征收部门推送专项稽查和区域整治过程中发现的中低风险纳税人800多户，查补金额超1.2亿元，有效助推税收征管质量提升。

深化稽查改革，稽查现代化加速推进。全省各地积极落实中央《深化国税、地税征管体制改革方案》精神，扎实推进改革试点。试点地区实施集约化

广东省公安厅派驻省地税局联络机制办公室揭牌仪式

管理，稽查业务实现全市统筹，达到跨区域、增效能、提层级、排干扰的效果。

深化国地税稽查合作，对共管户做到联合进户、同步进场、共同取证、统一询问、协同审理。全年联合进户检查1654户，查补收入总额29.5亿元，联合开展了120次打击发票犯罪活动，互相推送1142条税收违法线索，联合开展行业和区域专项检查901户次，共互认证据3001页。

稽查局党建共建学习会

率先在全国省级地税部门挂牌成立“公安厅派驻省地税局联络机制办公室”，启用“广东警税协作信息快查系统”、涉税违法犯罪案件情报中枢和信息交换平台，推动全省税警协作联络机制实现实体化运作。全省公安、国地税部门共出动联合执法人员1.1万人次，联合查办案件96个，公安部门立案114宗，捣毁涉税犯罪窝点49个，打掉各类涉税犯罪团伙40个，查获违法发票57万多份，查获犯罪嫌疑人185人，移送起诉48人。其中，广州税警联合成功破获一宗全国最大虚开普通发票案，查实虚开发票金额15.23亿元。

失信惩戒与教育引导相结合，纳税遵从不断提升。落实“黑名单”和联合惩戒制度，与22个成员单位一道将联合惩戒推向纵深。与相关金融机构建立合作框架，对惩戒当事人融资授信进行必要限制。对接政府公共信用信息平台，曝光典型案例，扩大税务稽查影响力和威慑力。“黑名单”企业及相关当事人信息移送公安录入警钟系统作为重点关注对象。

强化《全国税务稽查规范（1.0版）》全员培训并严格推进落实，扎实规范稽查执法行为，减少执法随意性。推行说理式税务稽查文书，要求文书内容充分阐明案件涉及的事理、法理和情理，提高稽查执法的说服力和公信力，凸显惩治与教育相结合的原则。

加强稽查能力建设，执法手段适应形势改变。查账软件、电子取证工具和数据分析平台在全省普遍推广使用，建设了移动稽查专线网络，开发了移动稽查APP系统，实现办案现场企业涉税信息实时采集、查询、共享等功能，提高办案能力和快速反应能力。建设地税稽查指挥中心，在多宗大要案中发挥了远程指挥、多地同步协调、执法全程记录等重要作用。完善征稽联动工作平台，着力解决地区间联动水平不均衡，推进征管、稽查信息标准交互、数据实时传递、线索分类处理、反馈无缝对接。突出加强电子稽查、互联网、大数据等技术应用和股权交易、新生业态的涉税问题处理等内容的培训，全年共组织591次培训，培训人数达9102人次。建设统一规范的稽查资格考试题库，开发全省稽查考试系统，实施稽查人员上岗资格考试和人才遴选机制。

与重庆地税局稽查局开展业务交流

广西壮族自治区国家税务局稽查局

广西公安厅厅长胡焯（左）和广西国税局局长汤志水（右）为广西公安厅派驻广西国税局联络办公室揭牌

2016年，广西壮族自治区国家税务局稽查局按照税务总局稽查局和自治区国税局党组的总体要求，紧紧围绕稽查核心主业，重拳打击税收违法行为，查补收入大幅增长，全年查补总额174244万元，同比增长18%。

严执法，办大案。检查虚开、骗税等大案要案313件，查补总额28041.6万元，入库总额17367.38万元。重点查处了广西DHDD糖业有限公司偷税案（查补总额6601.27万元）、广西TQSY石油化工有限公司虚开增值税专用发票案（涉及税额2771.92万元）、广西玉林LEA化工有限公司偷税案等大案要案（查补总额623.91万元）。

打虚开，查骗税。重拳打击虚开发票行为，立案检查企业355户，涉及发票66805份，金额839667.24万元，税额143455.49万元；认定虚开发票11332份，金额150206万元，税额25429.1万元；认定取得虚开发票7449份，金额211014.58万元，税额25429.1万元；查补总额13928万元，已入库9679.3万元，移送公安机关案件110起。严厉查处骗取退税行为，共立案检查出口企业39户，公安机关立案6户，挽回国家税款损失5908.7万元；非立案检查出口企业68户，挽回国家税款损失2722.89万元。

广西国税局稽查局干部向纳税人介绍发票打假知识

融大局，提站位。全面贯彻落实深化国税、地税征管体制改革，主动融入税收发展大局，不断提升稽查站位。实施国地税联合稽查，联合查补税款53529.35万元。实施双随机检查户数1455户，查补总额80462.74万元。落实“黑名单”公布和联合惩戒制度，联合推送22户税收违法“黑名单”信息，联合做好案件跟踪与撤出公布工作。联合自治区地税局稽查局对136户“营改增”高风险企业开展专项稽查工作，查补总额22824.28万元。

召开2016年广西“打虚”工作部署会议

抓管理，增质效。以加强日常工作为根本点，抓实抓好各项工作，稽查质效不断提高。各级国家税务局稽查局发起委托协查401起，涉及发票3858份；委托协查收到回复发票4824份（含上年发出委托协查），其中有问题发票4437份，选票准确率95.83%；收到受托协查1896起，涉及发票33018份，累计回复发票31421份，累计按期回复率为100%。抓举报管理，共受理各类涉税违法检举案件127件，查处130件（含税务总局稽查局交办案件），查结87件，查补收入960.3万元，入库922.42万元。

广西壮族自治区地方税务局稽查局

2016年，广西地税稽查现代化建设稳步推进，稽查工作提质增效，全年共组织检查企业2267户，稽查查补总额达19.09亿元，充分体现了稽查体制改革的成效和稽查新机制的旺盛生命力。

执法规范逐步健全，稽查执法水平持续提高。强化稽查案源管理，制定广西地税《关于加强稽查案源管理工作的若干规定》，加强案源信息的分类处理和结果应用；开展稽查案件复查，制定广西地税《稽查案件复查暂行办法》，强化税务稽查执法监督和制约；建立公安派驻地税联络机制，开创全区打击和防范涉税违法犯罪工作新局面；规范国地税稽查联合执法，增强稽查联合执法效能；修订完善并正式下发广西地税《税收征管与稽查业务衔接协作办法》，构建良好的征管查互动机制。

举办打击发票违法犯罪新闻发布会

信息技术应用全面铺开，稽查现代化工作水平持续提高。率先在全国税务系统开发应用广西地方税务稽查随机抽查系统，并逐步优化完善系统功能，升级为广西地税稽查选案管理系统，实现随机抽查全程透明、全面公开、监督有力、责任可追。全面应用税务稽查辅助查账软件，实现全区一线检查人员查账软件配备率100%、稽查人员查账应用培训覆盖率100%。加强应用金税三期系统稽查模块，完成对全区地税稽查干部全员应用轮训。创新应用远程政策咨询和案件讨论室，构建覆盖全区所有稽查局的远程视频系统，根据办案需要实时开展稽查涉税疑难问题研究、远程案件集中会审、大案要案合议。

人才教育培养不断加强，稽查队伍素质持续提高。着力加强稽查队伍党风廉政建设和思想政治工作，增强稽查干部的大局意识和责任意识；加快配齐配强稽查干部队伍，对300多名稽查人员开展科级非领导职务的晋升，面向社会公开招录195名新公务员补充到稽查队伍，在全区地税系统对片区稽查局9个副处级领导职位开展竞争上岗；加强片区稽查领导班子规范建设，对片区稽查局领导干部开展素质提升培训，开展税务稽查法律知识专题讲座；加强稽查岗位全员练兵，2016年7月、9月在全区地税系统组织开展稽查业务考试和知识竞赛。

组织广西地税系统稽查业务擂台赛

现场查账

海南省国家税务局稽查局

2016年，海南省国家税务局稽查局狠抓稽查管理基础，充分发扬能战斗、肯吃苦、甘奉献的精神，攻坚克难，以实际行动和突出成效圆满完成了各项目标任务，取得了丰硕成果。全年共检查纳税人462户，立案查处152户，结案146户，结案率96.1%，选案准确率96.4%；实现查补入库8.2亿元。

海南国税局副局长林明在全省稽查工作会议上讲话

打击涉税违法实现新突破。共对涉嫌虚开骗税企业立案60起，查补税款1442万元，罚款1054万元，暂缓退税款9200万元，挽回国家税收1.15亿元，移送公安部门13户，按规定停止11户涉案企业的出口退税权，有力打击了犯罪分子的嚣张气焰，维护了国家税收秩序。

联合协作开创新局面。依托全省一级稽查体制，进一步深化国税、地税稽查执法合作，在完善科学领导机制，健全联合办案管理制度，共建信息交换常态，联合落实税收“黑名单”制度，联合组织各项专项稽查，联合业务培训等多个方面进行积极的探索，构建起了规范有序、科学高效的国地税稽查合作新机制。

基础管理工作再上新台阶。抓住绩效考评结果运用这一关键环节，与年度考核、评先评优相结合，以正向激励促进绩效工作改进，充分激发广大稽查干部绩效管事干事的热情，先后推行了《海南国税税务稽查工作规范》等六大稽查工作制度，为海南国税稽查规范化管理提供了坚实的制度保障。

信息化建设实现新跨越。深入开展“双随机一公开”工作，开发使用税务稽查双随机抽查平台，建立健全全省税务稽查案源管理办法、稽查对象名录库、异常稽查对象名录库和检查人员名录库管理办法，构建起税务稽查双随机抽查机制。

海南国税稽查系统副处级以上领导干部廉政谈话

稽查干部队伍展现新面貌。进一步夯实党建工作基础，干部队伍“四个意识”明显增强，党性修养和履职能力明显提升。同时，结合省局“岗位大练兵、业务大比武”活动，强化教育培训，重点培养信息化条件下的核心业务能力，着力打造善打硬仗、能打胜仗的专业化稽查干部队伍。

重庆市国家税务局稽查局

《西南地区税务稽查合作备忘录》签字仪式

2016年，重庆市国税稽查部门全面落实全国税务稽查工作会议和全市国税工作会议精神，聚焦主业促发展，凝心聚力提质效，坚持依法稽查，充分发挥税务稽查“尖刀”作用，全年共计查补税收收入26.82亿元，立案检查案件1199件，案件查补税收收入9.26亿元。在税务总局2016年上、下半年绩效考评中，重庆国税“税务稽查质量”均被评为“优秀”等次。

彰显稽查职能，执法威力不断增强。以重点税源企业随机抽查为重点，以行业整治为契机，税收秩序进一步规范。完成税务总局重点税源企业检查202户次，查补税收收入2.79亿元，弥补亏损3.46亿元。完成市局重点税源企业随机抽查457户，查补税收收入15.26亿元。积极配合四部委来渝打骗打虚检查组的工作，同时，开展打骗打虚专项整治，检查企业226户，认定虚开增值税专用发票3.8万份，金额55.95亿元，税额9.17亿元。选派11名精干力量组成打骗打虚河南工作组，查处10户企业，确定虚开金额37亿元。

2016年6月7日，重庆公安局驻重庆国税局、地税局联络机制办公室揭牌仪式举行

积极改革创新，税收共治不断完善。以《西南地区税务稽查合作备忘录》为指引，以四部门打骗打虚、“雪豹2016”专项行动为切入点，探索完善联席会议、信息共享、联动查处、执法互助、争议协调、联合审理“六个机制”。同云贵川藏等省市税务、公安部门密切协作，破获“7·03”“2·01”“永保达”涉税案等一批大要案件。持续深化国地税稽查合作，联合确定稽查对象、联合进户检查220户次，查补入库税收收入3.89亿元，实现国地税进户执法事项的协同管理。成立市税警联络机制办公室，制定《联络机制暂行办法》，组建41个基层公安派驻国地税局联络机制办公室，连续查处一系列大案要案。

运用科技引领，精准打击不断加大。创新整合以金税三期系统为基础，以增值税发票管理新系统、电子底账数据分析系统、稽查业务管理平台为支撑的“1+3”大数据平台，全面扫描企业涉税异常风险，实现案件“自动抓取、自动归集、自动关联、自动匹配”。相继与工商、国土、审计、公安、海关等部门分别建立涉税信息共享机制，获取企业用电信息、土地交易信息等涉案线索25000余条，通过第三方涉税信息“精确制导”，推进数据共享，切实提升运用大数据打击涉税违法的综合能力。

四川省国家税务局稽查局

2016年，四川省国家税务局稽查部门紧紧围绕税收中心工作，勇于担当，主动作为，圆满完成打虚打骗、高风险企业应对、重点税源企业检查、打击发票违法犯罪活动等各项工作任务。全年立案检查企业3154户，查补收入34.74亿元，同比增长10.8%。

完善制度，执法基础不断夯实。结合税务总局下发的各项工作制度，四川国税按照管用有效原则落实并配套制定了16个制度办法，涵盖了税务稽查全过程、各环节。以问题为导向，加强对稽查风险的防范、控制和监督，集中业务骨干分析查找风险点286个，提出11种风险控制方法，制定稽查内控管理办法和管理手册，初步建立了内控功能信息化、痕迹化管理和可追溯责任机制。

健全机制，稽查工作有效运转。建立统筹联动机制，集中配置省、市、县三级稽查资源，联合公安部门发起打虚打骗集群战役，取得明显成效。全省立案检查虚开骗税企业1031户，实现查补总额5.01亿元，挽回税款损失8亿元。建立警税协作机制，成立警税协作办公室。建立国地税联合办案机制，制订并实施联合检查计划，同步开展案头分析、进户检查、调查取证。建立“黑名单”制度和联合惩戒机制，有效发挥案件查处的警示震慑作用。

四川国税局副局长张兵（中）在全省国税稽查工作会议上讲话

创新方法，工作质效不断提升。运用大数据分析方法，强化部门和区域协作，集中优势兵力实施精准打击。组建专业化团队，解决人员配置与税源结构不匹配问题。采取集体会商处理办法，指导案件查处，破解执法难题。利用互联网设备和技术为现场执法提供实时支持。运用信息技术手段查办案件的比例达到90%以上，多地建立数据分析中心和电子查账室。

四川税警协作案件研讨会

加强党建，队伍素质整体提升。扎实开展“两学一做”学习教育，严格落实中央八项规定等纪律要求，不断增强稽查干部“四个意识”和担当精神。充分发挥基层党支部的战斗堡垒作用和党员干部先锋模范作用。举办稽查局长培训班和稽查业务骨干培训班，积极参与“岗位大练兵　业务大比武”，促进稽查干部业务技能整体提升。认真落实全面从严治党的各项要求，建立和完善内控机制，确保全省稽查系统廉洁安全。

贵州省国家税务局稽查局

2016年贵州国税局稽查工作会议

2016年，贵州省国家税务局稽查局认真贯彻落实全国税务稽查工作会议和全省国税工作会议精神，紧紧围绕服务税收工作大局，充分发挥稽查职能作用。共组织检查纳税人1208户，查补入库收入10.1亿元，同比增长17%。

突出主业，狠抓重点落实。查办税务总局督办案件29件，查办省局督办案件44件。检查和组织自查重点税源企业及分支机构1224户，发现问题涉及金额5.98亿元。组织开展打击虚开骗税专项行动，检查案件503件，认定虚开发票6.02万份，查补收入5.93亿元。“雪豹2016”专项行动检查企业166户，查实虚开发票2.74万份，挽损1.15亿元，抓捕犯罪嫌疑人6人。打击“黄金票”专项行动，立案检查196户，捣毁“开票窝点”8个，挽损1.19亿元，移送公安机关41户，抓捕犯罪嫌疑人12人。

征管改革，稳步深入推进。推进国地税联合稽查。在确定稽查对象、进户检查等六个方面联合地税局共同推进。推进“黑名单”和联合惩戒工作。共对外公布15件重大税收违法案件信息；联合22家单位对失信企业实施联合惩戒措施。推进“双随机”抽查工作。建立涵盖70余万户纳税人的税务稽查对象分类名录库、涉税风险较高的稽查异常对象名录库和涵盖600名稽查人员的税务稽查执法人员分类名录库。通过摇号随机抽选确定2016—2019年17户重点税源企业稽查待查对象并对外公布；通过摇号方式随机选取335户检查对象开展检查，随机选择执法人员146人（次）实施检查工作。推进公安派驻税务联络机制的建立，实现了市（州）级公安派驻联络机制的全覆盖，在联络办的协调配合下，共联合查办案件120件，挽回国家税款损失37714万元。

队伍建设不断强化。以巡视整改为契机，全面开展稽查部门党建工作。结合“两学一做”学习教育活动，组织稽查干部重温党章，重新学习稽查工作规程，将党建工作与稽查工作全面融合。以“岗位大练兵、业务大比武”为抓手，全面提升稽查干部素质。开展了电子税务稽查等培训，共组织开展培训43期，培训稽查干部2107人次。整合金税三期、增值税发票管理新系统等七大系统数据建立稽查综合数据库，培养了一批数据分析等专业人才。

2016年9月13日，贵州公安厅派驻国税局、地税局联络机制办公室揭牌仪式在贵阳举行

西藏自治区国家税务局稽查局

税务公安案情交流会

2016年是“十三五”规划的开局之年，是近年来税收改革发展任务最艰巨、最繁重的一年。西藏国税稽查部门以服务税收工作大局为中心，进一步整顿规范税收秩序，严厉打击各类税收违法行为，以提升队伍素质和强化作风建设为保障，努力推进税务稽查现代化建设，充分发挥税务稽查职能作用，为全区税收事业发展做出了新的贡献。

稽查案件查处工作实现新跨越。2016年，西藏国税稽查部门为国家挽回税款损失突破两亿元，实现历史性突破，稽查案件查处工作取得显著成效。全区稽查部门共立案检查76户，查出存在问题72户，审结73户，结案73户；组织企业自查30户，全区稽查查补收入总额2.96亿元，其中：立案查补收入1.5亿元，加收滞纳金2229万元，罚款1592万元；稽查机构组织企业督导自查收入1.1亿元。全区共实现入库2.96亿元，入库率100%。

稽查管理水平跃上新台阶。2016年，西藏国税部门以推进绩效考核工作为契机，加强稽查系统内部管理，查找管理间隙与漏洞，明确岗位职责，督促严格履职，并密切上下级稽查机构之间的信息沟通、工作支持及监控，做到令行禁止、执行有力、沟通及时、协作顺畅。认真学习并贯彻落实了“黑名单”公布办法，及时收集重大税收违法案件信息，严格执行联合惩戒合作备忘录的规定，与相关部门加强沟通协调，落实联合惩戒措施，并将实施联合惩戒作为税收宣传月的重要内容进行宣传。

落实廉洁自律精神得到新提升。西藏国税稽查部门认真落实中央八项规定精神、自治区党委“约法十章”和“九项要求”，时刻保持清醒头脑，从思想深处恪守中央八项规定这条不可逾越的“高压线”，使稽查干部以高度的思想自觉和行动，深入持久反对“四风”；同时全区各级税务稽查部门以深入开展“两学一做”学习教育活动为契机，严格落实“一岗双责”，注重党风廉政建设，在稽查执法过程中，全区税务稽查干部始终保持廉洁自律的心态秉公执法，把廉政建设与稽查检查工作紧密结合起来，坚决抵御了吃、拿、卡、要等不良风气的侵蚀；广泛推行“阳光稽查”和执法责任制，主动接受社会监督。强化对稽查干部的用权行为和执法责任的监控，切实保障纳税人的知情权和监督权。在提高稽查执法透明度的同时，要求全体稽查干部，尤其是领导干部，不断提高自身的思想政治素质，加强党性修养，牢固树立“忠于职守、刻苦钻研、不畏艰险、廉洁自律、严守秘密”的稽查职业道德精神，使之成为税务稽查人员的行为准则和稽查队伍的宝贵财富。

陕西省国家税务局稽查局

全省国税稽查工作会议

2016年，陕西省国家税务局稽查局坚持在创新稽查方式中推陈出新，在规范税收秩序中行稳致远，顺利实现了上级各部门确定的阶段目标。

党建引领，提升素质，夯实队伍基础。在“纵合横通”强党建中，积极推进“两学一做”学习教育常态化、制度化，开展了以“干好税务、带好队伍、积极落实‘六个一’发展思路”为主题的学习活动，严格落实深化巡视整改和全面自查自纠，用作风建设新成效，集聚起推动陕西国税稽查事业现代化发展的正能量。局党支部与陕西省浙江商会党支部共同开展“双建双促”活动，掀起了税务机关与社会团体、管理者“税务人”与被管理者“纳税人”党建工作“携手共建，相互促进”的高潮。党组成员多次走上讲台，为局机关党员和共建商会党员讲党课，在构建“亲、清”新型政商关系，促进民营经济健康发展中，当好生力军。在省局“双建双促”工作会上，稽查局党支部作经验交流。在“七一”表彰会上，稽查局党支部荣获“先进党支部”光荣称号。

规范落地，强化宣传，夯实社会基础。新税务稽查规范颁布后，及时编写《稽查规范800问》，安排部署师资培训，举办国地税知识竞赛，调动和发挥全体稽查干部学规范、用规范的积极性。进一步加强税务稽查精品典型案例、工作成果和经验交流的总结、宣传力度，健全和加强信息宣传工作机制。中央电视台、《中国税务报》等新闻宣传部门专题报道陕西国税稽查工作，全面系统地反映了陕西税务稽查部门在联合稽查、系统管理、专项检查、大要案查办、联合惩戒等方面的工作成绩和先进典型成果。

创新思路，提升站位，打响“陕西国税稽查”品牌。以中央深化税收征管体制改革为契机，主动提升站位，围绕“依法打击、全面改革、规范提升、公开监管、联合惩戒、数据提速，打造铁军”七大类43项工作，集成系统内外资源，强化协同共治，打造国地税联合稽查、“黑名单”联合惩戒、稽查体制改革三大亮点工作，树立了“稽查铁军”的执法标杆，国地税联合稽查示范全国。国地税干部在工作上“三分三合”，以“三统一、三共同、三交互、三联合”为抓手，实现了国地税联合稽查

陕西国税、地税、公安、海关等五部门联合举办打击涉税违法犯罪活动表彰会

的“三个全”，即检查流程全统一、制度单书全规范、国地税共管户全覆盖。同时，实现了税警联络无缝链接，税警执法实时互助互动，打造陕西国地税联合稽查升级版，大案要案查处、打虚打骗等业务工作均取得了骄人的成绩。

总结提升，相互学习，开创国税稽查工作新局面。陕西国地税合作工作被税务总局确定为全国深化征管体制改革专项试点示范项目，先后三次获得税务总局副局长孙瑞标，陕西省委常委、政法委书记杜航伟的表扬性批示，全国税务稽查工作会议推介了“陕西经验”。在税务总局举办的国地税合作视频培训会上，陕西国地税联合稽查工作又被选为全国9家示范项目之一，进行实证讲解，取得各界的广泛好评。

陕西国税局、地税局联合稽查联席会议

陕西国税局稽查局全体党员聆听革命先辈故事

勇于担当，开拓进取，“黑名单”联合惩戒威力凸显。积极利用《中国税务报》、中国税网、省国税门户网、三秦网、腾讯网、搜狐网、华商网等新闻媒体，广泛宣传税收“黑名单”联合惩戒制度，推送近800户“黑名单”企业，有力震慑了犯罪。组织全省稽查系统及纳税人观看《税收违法“黑名单”里的罪与罚》专题片，刻制光盘1000余张，在有影响力的场合滚动播放，使惩戒效果持续发酵。在全国发起《税收违法“黑名单”里的罪与罚》观后感征文评选活动，除摘要在《中国税务报》刊登宣传外，汇编成获奖作品集，面向全社会发行。

陕西国税局稽查局组织全体党员赴照金开展“边区税票回边区”双建双促党员活动日

青海省国家税务局稽查局

2016年，青海省国家税务局稽查局围绕税收中心工作任务，把握税务稽查现代化发展新要求，坚持依法行政、落实改革任务、夯实管理基础、加强队伍建设，全面提升稽查执法整体效能，严厉打击各类涉税违法行为，有效整顿和规范税收秩序，累计查补税收3.35亿元，查补率实现2.1%，为青海国税事业做出了积极贡献。

税警联合召开案情分析会

税务稽查随机抽查工作成果显著。充分利用信息资源优势，确定以金融保险、电力、大型连锁商业零售等行业为重点范围，按照分级分类工作制度，落实随机抽查工作要求，随机抽取332户纳税人为重点检查对象开展税务检查，并以西宁、海东为重点地区，对23户水泥制造经营户和小酒厂组织开展行业整治工作。累计查补税收1.68亿元。

打虚打骗专项整治行动效果明显。联合公安、人民银行、海关等部门，以农副产品收购、煤炭经销、水泥经销、黄金票、成品油等为重点，成立税收数据分析团队，选定102起高风险案源查处，下派税警工作组对全省专项行动进行实地督导。全年排查各类风险企业230户，查实虚开企业38户，认定虚开专票1.27万份，涉及金额12.96亿元，查补税收2568万元，冻结银行账户18户，移送公安机关38户，抓获犯罪嫌疑人15名。

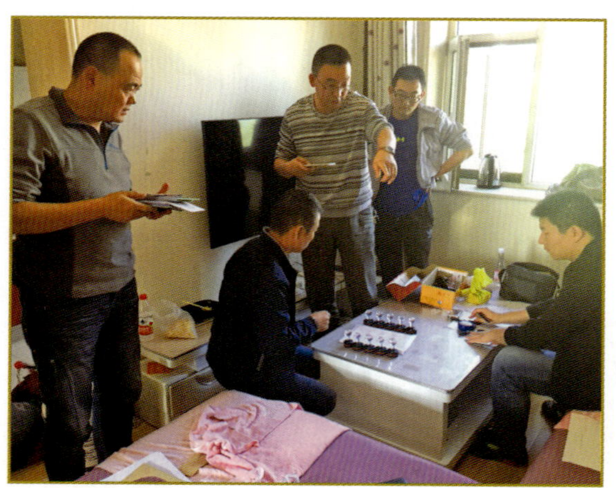

税警联合打击制售假发票及虚开增值税发票窝点

打击发票违法犯罪活动捷报频传。严格按照“打击窝点、整治买方、专项治理”的工作思路和“查税必查票”“查票必查税”工作要求，会同公安、地税等部门，以西宁、海东为重点地区，以药品与医疗器械销售、商业、通讯、交通运输等15个行业为重点对象，着力打击和整治发票违法“卖方”和“买方”市场。累计查处违法企业949户，捣毁制售假发票窝点6个，收缴假发票3万份，查处非法发票1.54万份，挽回国家税收损失4325万元，检察院提起公诉35人，有力打击了不法分子的嚣张气焰。

重点税源随机检查工作务实有效。认真落实随机抽查制度和案源管理制度，对包括中国移动、华润集团、中国银行、银河证券等全国重点税源企业在内的92户在青分支机构，采取以自查为先导、抽查与重点检查相结合的方式组织随机抽查工作。累计查补税收9067.35万元。

新疆维吾尔自治区国家税务局稽查局

新疆国税局副局长徐岩（中）参加稽查局局内会议

新疆国税局党组成员、副局长徐岩（左排中）给稽查局支部讲党课

2016年，新疆国税稽查部门紧紧围绕组织收入中心任务，充分发挥税务稽查职能作用，严厉打击涉税违法行为，深化国地税合作，抓好税收专项检查、重点税源企业检查，各项稽查工作取得较好成效。全年共立案检查企业1152户，督导企业自查499户，选案准确率99.2%，累计查补收入9.44亿元。

突出主业，加强专项重点检查。会同公安、海关等部门成立打击骗税工作领导小组及办公室，共同制定全区打骗工作方案，检查出口退税企业48户，查补收入1786万元，实际入库1108万元。全年检查涉嫌虚开专票企业1132户，确定虚开6.43万份，查补收入1.57亿元。对纺织产品、电子产品、农产品等行业开展打击虚开专用发票整治活动，重点对房地产、建筑安装、药品与医疗器械、电信、交通运输等行业开展发票使用情况检查。全年查处发票违法企业1090户，向公安机关移送发票案件99起，抓获犯罪嫌疑人56人，查处非法发票7.48万份，涉及金额159.27亿元，查补入库收入2.33亿元。对税务总局部署的26户重点税源企业及其成员单位开展重点检查，共检查成员企业186户，查补收入3827万元，已入库2973万元，调减亏损额2453万元。开展地方石油炼化企业税收检查。牵头成立国地税联合检查领导小组，双方共同筛选16户石油炼化企业，组织企业自查查补税款1035万元。开展旅游业税收专项整治。联合旅游主管部门严厉查处旅游经营人税收违法行为，共检查旅游经营人21户，查补稽查收入167万元。

新疆国税局副局长徐岩（左）与稽查局局长孙建东（右）签订责任书

相互协作，联合检查成效突出。成立国地税联合工作领导小组和办公室，统筹协调、组织落实联合稽查工作。定期召开国地税稽查工作联席会议，加强沟通协调，总结梳理合作经验。确定乌鲁木齐市、昌吉州国税局稽查局为全区联合稽查试点单位。全年发起联合稽查36批次，联合进户检查344户，查补收入9280万元。联合自治区地税局分别与自治区公安厅、兵团公安局召开落实公安派驻税务联络机制联席会议，联合印发《新疆公安机关派驻税务机关联络机制运行暂行办法》。全年警税联合

办案101起，抓获犯罪嫌疑人61人，打掉团伙20个，挽回国家税款损失2.03亿元。全年委托协查查补收入522万元，受托协查查补收入1.65亿元，已入库1.05亿元。在税务总局逐月通报中，新疆国税稽查部门受托协查入库额一直排名全国第1位。

新疆国税局稽查局慰问三民工作组

加强信息化管理，不断提升检查效率。以信息技术为依托，加强对稽查工作的信息化管理，强化稽查信息化手段运用和稽查信息化人才培养。升级完善稽查选案信息系统，增加双随机抽查模块，为开展双随机工作提供技术平台。对有条件实施电子稽查的企业全部使用电子查账软件，提高检查效率。移交审理前将所有检查环节资料形成完整电子案卷，2016年共录入稽查案卷765卷。在金税三期稽查选案基础上，自主研发“双随机”选案管理子模块，实现数据集中共享。结合实际，在稽查对象名录库下设税务总局、省、市三级重点税源企业名录库，使随机选案工作更具针对性、指向性。与新疆地税局稽查局共同制定《自治区国税局、地税局税务稽查联合随机抽查工作办法》，建立国地税随机抽查共管户，定期共享数据信息。全年双随机检查企业177户，查补总额4213万元，已入库4110万元。

打击涉税违法行为，发挥稽查震慑作用。认真落实举报工作管理要求，注重做好举报案件的矛盾化解、疏导和说服，妥善处理缠诉缠访事件。全年通过举报系统受理检举案件107件，查补收入4329万元，发放举报奖金案件8件，兑付举报奖金5万元。各级举报中心处理电话举报200余次，接收外网举报、外部门转办等检举线索70余起。全年公布重大税收违法案件39起，其中偷税案件7起、骗税案件3起、虚开增值税专用发票案件21起、虚开普通发票案件3起、逃避追缴欠税案件5起。对外向合作备忘录成员单位推送信息实施联合惩戒，对内向纳税服务、征管部门传递信息严格税源管理。通过媒体向社会公布案例41次，曝光典型案例14起，有效发挥了“黑名单”的警示震慑作用。

稽查局干部参加2016年新疆国税系统业务大比武

新疆维吾尔自治区地方税务局稽查局

2016年，新疆维吾尔自治区地方税务局稽查局积极投身税收征管体制改革，深刻认识、主动适应、积极引领税务稽查新常态，重拳打击涉税违法行为，充分发挥地税稽查“尖刀”作用，多项稽查指标位居全国前列。全年共检查纳税户1500户，查补收入13.35亿元，入库收入16.61亿元，被新疆自治区地税局授予“税收执法先进单位”荣誉称号。

2016年新疆地税系统稽查工作会议

找准发力点，重点工作质效全面提升。做好后“营改增”时期地税稽查工作规划，将稽查重点逐步转移至高收入群体的个人所得税以及房产税、城镇土地使用税、土地增值税、契税等税源上，确保工作成果。健全和完善税务稽查随机抽查各类名录库，运用风险识别办法，优化选案指标体系，不断增强选案的科学性、准确性，提高稽查打击精准能力。2016年，共检查全疆重点税源抽查对象217户，查补收入2.85亿元。对税收秩序相对混乱的23个县、市、区和兵团团场开展区域专项整治，查补收入1.54亿元。以打击劳务费发票为突破口，查处违法受票企业660户，查补收入0.64亿元。严格实施检举案件分级分类处理办法，提高互联网第三方信息、协查信息、检举信息的综合分析利用能力，共查处检举事项52件，查补税款1.05亿元。针对案件执行难的问题，分类采取措施，即做好稽查查补预缴税款入库工作，大力运用警税联合约谈、联合惩戒、强制执行等方式，解决税款陈欠的“顽症”，共清欠以前年度遗留案件53件，入库总额4.63亿元。

加强系统管理，稽查队伍专业技能持续优化。将绩效管理与税务稽查工作紧密结合，制定下发针对各部门的组织绩效和个人绩效管理制度，实施“双轮驱动”，过程控制与结果运用“动真碰硬”，按季实施考核奖惩，有效激发干部工作热情。认真组织稽查岗位“大练兵　大比武”活动，并以此为契机，开展了稽查实务巡回培训、稽查业务骨干赴湖北培训等培训班和多次业务考试，大幅提高稽查干部依法稽查能力和现代化稽查技能。按照“随机调卷、地域回避、案卷复审、实地复查”的原则，对6个地、州、市地税局稽查局以往年度查结的38个案件开展复查，降低稽查执法风险，增强干部责任心。制定《跨区域联合税务稽查工作办

新疆地税稽查绩效管理工作视频会

法》，在吐鲁番、哈密两市地税局稽查局试点跨区域联合稽查，将优势资源进行有效整合，实现行业检查人才互补，着力解决由于行政区域过大，地域间经济水平差异明显等困难造成的改革瓶颈，努力提升稽查执法层级。实行稽查业务联系点制度，新疆地税局稽查局每位班子成员定期到联系点督导重点工作，对发现的苗头性、倾向性问题早提醒、早纠正，促进新疆地税稽查工作水平整体提高。

警税协作交流会

新疆地税局稽查局业务大比武考前动员

全面从严，党的建设和党风廉政建设扎实有效。深入推进系统“两学一做”学习教育，领导干部带头履职尽责，带头查摆解决问题，带头讲党课、谈体会，带头参加学习讨论、组织生活会和民主评议，带动全局形成了上行下效、整体联动的群体效应。严格履行“两个责任”，不断强化自治区地税局稽查局党组对党建工作的领导和指导，制定党建工作责任清单，及时将党内政治生活新要求贯彻落实到民主议事、“三会一课”等具体制度中，切实规范党内政治生活规则和民主监督秩序。深入开展作风建设和纪律教育年活动，通过警示教育、案例分析、述职述廉、落实稽查回访制度等，提高干部廉洁从税意识，修订完善党组议事规则、接待管理办法等11项工作制度，对“四风”及隐形变异“四风”、机关干部不作为、慢作为以及损害纳税人切身利益等行为进行专项治理，促进干部工作作风持续转变。

密切合作，税收共治合力不断增进。推进国地税联合稽查，通过建立重点税源企业共管户随机抽查案源库，共享案件线索和证据资料；通过统一取证标准、统一定案处理，确保对纳税人同一违法事实定性准确、处理处罚尺度一致；通过避免“多头检查”“重复检查”，减轻纳税人负担。分别与自治区公安厅、兵团公安局联合成立联络机制办公室，不断丰富协作方式和内容，联合公安、国税部门查处发票违法案件45起，捣毁贩卖假发票窝点1处，抓获犯罪嫌疑人34人。

新疆国地税局稽查局党支部联合开展“不忘初心　牢记使命”活动

厦门市国家税务局稽查局

2016年5月，税务总局稽查局打骗打虚督导组到厦门指导工作

2016年，厦门市国家税务局稽查局依法履职，紧紧围绕税收中心工作，严厉查处重大税收违法案件，统筹部署税收专项检查，分级开展重点税源企业税收检查，全年共查处税收违法案件295件，组织查补收入5.9亿元，入库收入3.89亿元，追缴历年欠税1.45亿元。

狠抓重大案件查处。全市稽查部门积极落实税务总局稽查局打骗打虚工作部署，全年共开展出口企业检查164户、虚开发票企业检查77户，共收回出口退税1.27亿元，不予退税2.72亿元，认定虚开税额2761万元，查补收入总额2551万元，协助公安机关抓捕犯罪嫌疑人29人。

提升重点税源企业税收遵从。联合地税稽查部门认真组织开展对57户重点税源企业的立案检查，包括税务总局稽查局抽取的35户集团及其成员单位和厦门市国税局、地税局稽查部门联合筛选的22户企业。全年共查补收入5054万元。

开展区域性税收专项整治。对敏感区域和行业开展税收专项整治工作，共筛选下达153户重点检查案源开展整治，发现问题企业68户，共计查补总收入1998万元，将53户企业列为风险纳税人。

打击发票违法犯罪活动。加强与公安经侦等部门的协同配合，形成打击合力。全市稽查部门共查处发票违法企业701户，同比增长4.63%；查处非法发票27235份，涉及发票金额24.35亿元，查补入库税款、滞纳金及罚没合计1亿元。

推进稽查信息化建设。由厦门市国税局稽查局牵头开发的“税务稽查大数据平台”建设项目如期完成一期开发建设，有力提升了稽查信息化水平。

深化稽查体制机制改革。厦门市国税局与地税局联合印发《推进税务稽查联合随机抽查工作实施方案》，建立起风险导向的随机抽查机制，完成税务稽查随机抽查“三库”建设。同时成立国地税税警联络机制办公室，做实税警联络机制。

扩大“黑名单”和联合惩戒制度影响力。全年共将13家重大税收违法案件企业信息录入“黑名单”，及时将信息推送至参与实施联合惩戒的相关部门。加大对联合惩戒案例的宣传力度，公告重大税收违法案件11起，通过微信公众号、报纸媒体专栏、外部网站等发布案例解读宣传稿件15篇。

厦门国税局稽查局组织开展理论学习活动

青岛市国家税务局稽查局

"公安派驻国地税办公室"揭牌仪式

2016年，青岛市国家税务局稽查局积极落实国地税征管体制改革方案，认真履行稽查工作职能。全年共检查纳税人1700余户，入库总额7.8亿元。

稽查堵漏增收取得新成效。严格落实税务总局部署的在青重点企业集团的自查和检查工作，实现入库税款2.4亿元；布局"营改增"重点领域检查，先后查处了"青岛JM科技"等偷税案、"青岛HT"等虚开案件，查处的"某通信集团青岛分公司"入库税款5000余万元。

积极开展打击虚开发票专项行动，相继破获了"济宁帮""SJ能源""KN贸易""BR国际"等8起虚开系列大案，涉及企业户数963户，涉及增值税专用发票1.8万余份，涉及票面金额10.35亿元，共抓捕嫌疑人61名，网上追逃15人。"SJ能源"一案成为山东省内查处的案值最大的一起"黄金票"虚开案。

深入开展惩治骗取出口退税工作。与公安、海关、人民银行开展四部门密切合作，对"HM国际""YD工业""某集装箱有限公司"等重点企业联合取证，入库涉及骗税及违规退税的税款7226万元。从全市国税系统选派37人次参与税务总局派驻的江西、浙江打击虚开、打击骗税工作组，工作成绩得到税务总局肯定。

税警深度合作获得新进展。建立全国首个"公安派驻国地税工作办公室"，成立市、县两级税警合作办公室13个。实现市、县两级税警联动，联合查办多起系列骗税案，抓捕犯罪嫌疑人76名，涉案金额累计达85亿元，挽回税收损失4.8亿元。税警合作的工作成效在税务总局《深化国税、地税征管体制改革工作简报》专题刊发。

积极促进社会诚信体系建设。税收违法"黑名单"和联合惩戒工作稳步推进。2016年，共发布"黑名单"案件11起，涉及相关责任人12人，案件信息全部推送至23个联合惩戒成员单位，有力地促进了青岛市社会诚信体系建设。2016年8月，青岛市国税局稽查局查处的有关案例入选税务总局首批发布的"黑名单"典型案例。

青岛国税局稽查局组织全体稽查干部参观青岛市廉政教育基地

深圳市地方税务局稽查局

2016年，深圳市地方税务局稽查局积极探索稽查数据化管事模式改革创新实践，充分发挥稽查职能作用，严厉打击涉税违法行为，深入开展重点税源企业随机抽查，继续加快深圳市国地税局联合稽查步伐，积极落实税收违法“黑名单”制度，强化税警协作机制，不断加强队伍建设，各项工作取得新成绩。全年组织各类检查119户，共计查补收入3253.27万元；向各稽查局推送重点税源高风险任务125户次，查补收入5.4亿元。

深圳公安局派驻深圳地税局联络机制办公室揭牌仪式

开启稽查数据化管事模式改革。以管查联动为切入点，以数据化风险选案作为突破口，以构建管查联动大闭环、稽查系统风险选案传导反馈中闭环以及各稽查局内部小闭环“三个闭环”的总体框架，依托金税三期系统和深圳地税特色软件建设实现稽查风险选案、稽查实施项目管理、稽查审理清单化管理、稽查执行标准化管理以及稽查业务绩效考核管理等系统，形成覆盖稽查业务全链条、全过程的信息化支撑。

开展重点税源企业随机抽查。将省级重点税源企业725户、异常企业183户、执法检查人员117人纳入“三库”实施动态管理。按照税务总局要求统筹稽查系列完成全国重点税源企业抽查167户，其中立案63户，结案10户，合计查补966.78万元；统筹稽查系统开展省级重点税源企业定向随机抽查125户，查补金额共计约4.97亿元，延伸重点检查45户。

国地税联合稽查进一步加强。联合深圳市国税局制定《联合稽查工作办法》和《行政处罚裁量权实施办法》，实现与国税联合实施检查、协同案件审理、协同案件执行、共建协调机制、共享涉税信息为合作重点的多元化合作模式。与深圳国税召开多次联席会议，共同制定2016年重点税源企业联合稽查选案计划，共同选取31户重点税源企业开展联合稽查。

深圳地税稽查系统组织召开稽查改革座谈会

稽查队伍建设再上新台阶。加强党风廉政建设，完善党风廉政责任制工作台账。组织党员干部重温入党誓词，开展弘扬绿色环保理念的宣传活动，组织开展“两学一做”学习教育主题演讲比赛。大力开展培训工作。先后选派稽查系统230人次参加赴美、赴港等62个培训班，组织开展稽查系列“岗位大练兵　业务大比武”。

上海市国家（地方）税务局第一稽查局

上海市国家（地方）税务局第一稽查局局长杨富勇（左二）参加“局长在线”微访谈

2016年，上海市国家（地方）税务局第一稽查局结合税务稽查实际，聚焦专业领域抓牢中心工作，紧扣重点项目深化依法行政，加强基础管理扩大人才队伍，开展绩效管理发挥群团联动，取得了优异的工作成绩。

突出稽查主业，狠抓案件查处。顺利完成检查任务，有效发挥以查促管、以查促查作用。抓好督办和保密案件，狠抓重点税源企业、专项和发票检查，全年共计查补收入2.18亿元，实际入库税额2.14亿元，查补入库率达98.35%。

开展信息化稽查，拓展广度深度。启用网络版查账软件，购置信息化稽查设备，改进信息化数据采集方式，开展多层次的信息化稽查培训，不断提升信息稽查水平。

完善管理制度，规范内部流程。制定《稽查一局发票检查实施意见（试行）》《稽查一局集体审理办法》；注重分析总结，加强风险应对。

建立和完善大型连锁超市行业选案模型，组建企业所得税重点税源和高风险应对事项专家团队，发挥专家集合优势。

加大案件披露，树品牌强震慑。落实重大税收违法案件信息公开制度，曝光95户典型案例。

精准规范发力，优化工作环境。深入贯彻落实《深化国税、地税征管体制改革方案》，积极试行“清单式”管理，探索创新随机抽查制度，有效助力“营改增”相关工作，确保金税三期系统平稳上线。

法制建设有效提升，明确主要职责，完善工作机制，确保依法行政工作稳步推进。加强基础管理，注重学法讲法，创新工作方法，首次启动涉税争议前置处理程序，首次进行公告送达。

工作落实有保障，抓重点督办贯彻好决策决议，抓调查研究运用好理论成果，抓政务管理维护好机关运转，抓应急管理管控好风险隐患，抓财务管理提供好经费保障。

队伍建设有提高，注重人才多层级培养，积极开展“岗位大练兵　业务大比武”活动，推行数字人事，实现了所有部门、所有人员、所有岗位的全面覆盖。按照税务总局“一年试运行、两年见成效、三年创品牌”的战略规划，稳扎稳打，推进绩效管理工作。

文化建设有自信，党团生活更加活跃，工会活动丰富多彩。

上海市国家（地方）税务局第一稽查局在虹口体育馆举行趣味运动会

深圳市国家税务局第一稽查局

2016年，深圳市国家税务局第一稽查局重点围绕国家税务总局打骗打虚要求，从严落实好深圳国税局的工作部署，抓好、抓实、抓准稽查业务工作。全年查补总额2401.10万元，实现入库2222.53万元。

第一稽查局召开国税工作暨党风廉政建设工作会议

全力开展专项专案工作。认真开展好规范外贸出口秩序专项整治工作。共暂停暂扣异常外贸出口企业8户，涉及税款超过4000万元；新立案查处外贸出口企业16户，查结16户。配合市局“525打骗打虚”专项行动部署，积极承办打虚企业3户，打骗企业2户。与公安经侦部门密切配合、严密部署，共移送案件6户，通报案情并移交线索资料1户。与地税稽查局成立重点税源企业联合稽查专项工作小组，联合开展进户稽查，协同开展案件审理，共对6户企业进行立案检查。

深入清理在执行案件。通过分批查询系统、逐户核实档案，摸清专项行动基本情况、开展具体追缴工作等措施，清理机构改革时承接的以及改革后新增的在执行案件共307起，追缴税款163万元，有效排除执法风险隐患。

认真做好协查工作。合理安排人员，创新协查模式，办理金税受托协查170起，涉及企业197户，发票3220份，金额8977.82万元；来人协查41起，涉及企业户数102户，接收书面来函26起。

主动开展企业轮查。经过精心分析，选择10户重点税源企业，通过企业自查与重点检查相结合的方式，加强案头分析和政策宣讲，共组织税款、滞纳金入库182.14万元，堵漏增收作用明显。

切实落实痕迹化管理。为防范稽查执法风险，在积案清理工作中采取措施，在案件查办中启用《案件流转记录卡》和《案件检查工作日志暨进度表》，通过梳理现有检查流程查漏补缺，加大督办督查工作力度，充分发挥监察部门的职能，让痕迹化管理落到实处。

与深圳罗湖区工商联、地税局第一稽查局联合举办罗湖区企税“税制改革”专题论坛

不断提升宣传力度。与罗湖区工商联、深圳地税局第一稽查局联合举办“罗湖区企税‘税制改革’专题论坛”活动，并同步在《深圳商报》《晶报》等媒体上进行报道，提升宣传力度。积极归纳总结代表性稽查案例，获《中国税务报》“法治视点”栏目整版报道。

铜川市地方税务局稽查局

开展集体廉政约谈，落实党风廉政建设主体责任

2016年，陕西省铜川市地方税务局稽查局紧紧围绕税收中心工作，秉承“法治、公正、高效、精准”的稽查理念，不断在稽查质效上实现追赶超越，为全市地税事业持续健康发展做出积极贡献。

深化改革　强化职能。坚持抓班子、带队伍，以全面加强党建为抓手，推进“两学一做”学习教育常态化制度化，强化绩效管理，推进以“法治文化、廉洁文化、价值文化、传统文化”为重点的地税文化建设。坚持“以上率下、纠查惩戒”以及“从细节入手，向惯例亮剑”的路径方法，认真落实“两个责任”“一岗双责”和“一案双查”、案件复核，积极构建具有鲜明税务稽查特色的预防和惩治腐败体系。

以学兴业　人才强税。深入开展“全员大学习、岗位大练兵、业务大比武、质效大提升”活动，创新搭建“互联网+学习”平台，建立“稽查微信学习群”，拓宽岗位练兵渠道，以《税务干部业务能力测试达标标准》为要求，科学制定年度学习培训计划，开展“周五业务课堂”，采取业务讲座、模拟操作、案例评析、测试考评、专题调研、业务分析会、以师带徒等多种方式，强化税务稽查相关知识学习，不断提升全员综合业务能力。

科学管理　成效显著。以市局《深化征管改革实施方案》精神为引领，深入推进稽查改革，持续开展“稽查质效提升”活动，贯彻落实《全国税务稽查规范》、“双随机一公开”要求，创新推行“插件式”稽查管理，充分利用征管评查互动机制、国地税联合稽查、税警合作机制、“黑名单”联合惩戒等，强化信息共享、管理互助，共同打击涉税违法犯罪，推动建立税务稽查合作共治格局。

创先争优　激发活力。探索建立符合本局特征的绩效文化，建立并不断完善组织绩效和个人绩效管理机制，采取平时考核与年度考核、定量考核与定性考核、领导考核与民主评议考核相结合等方法，让“人人讲绩效、个个重绩效”成为一种自觉和习惯，确保各项任务落地见效，激发干部队伍活力，营造创先争优良好氛围。

开设“周五业务课堂”加强岗位练兵

第四篇

各地税务稽查工作

北京市

北京市国家税务局稽查局

【概述】　2016年，北京国税局稽查局在税务总局稽查局和北京国税局党组的正确领导下，以《深化国税、地税征管体制改革方案》为引领，以打击涉税违法犯罪、促进堵漏增收为重点，深化稽查体制机制改革，创新工作方式方法，优化资源配置，充分发挥稽查职能作用，稽查工作质效再上新台阶。

【稽查现代化建设】　一是实现稽查办案现代化。继续完善“项目化管理、团队化作业”模式，处级领导带队办案，直接指挥和参与案件查办工作。构建专业化检查团队，专攻金融、房地产等行业性检查或打虚、打骗等特定事项检查，培养一批具有专业水平的专家型稽查骨干力量。完善团队管理考核方法，合理设定指标，对团队成员工作业绩形成综合评价。二是实现稽查组织体系现代化。在市局稽查局、直属稽查局、区局稽查局“三个层面”形成合力，打造“以上率下，上下一心”的良性互动工作局面。市局稽查局充分发挥“司令部”作用，直属稽查局发挥专业优势，做好市局下派案源的检查工作，区局稽查局把握市局工作重点，结合地区实际，主动落实稽查工作。

【稽查体制机制改革】　一是扩大京津冀合作广度深度。落实《京津冀国地税三地六局税务稽查协作备忘录》，建立协作工作领导小组，推进执法协作，实现信息共享，联合查办大案要案。二是探索税警检协同合作。深入落实《关于建立打击涉税违法犯罪联合工作机制的意见》（京地税发〔2015〕87号），联合检察部门签发《关于在打击危害税收征管秩序犯罪中加强行政执法与刑事司法衔接工作的通知》（京检发〔2016〕269号），建立税警检案件联席会议和联合业务培训机制，搭建“国税+公安+检察院”三方合作架构。三是深化与地税局稽查局协作。会同北京地税局研究制定《联合稽查工作办法（试行）》（京国税发〔2016〕216号），统一指导全市税务部门联合稽查事项落地。

【“营改增”专项稽查工作】　2016年，北京国税局、北京地税局联合对9户企业开展“营改增”专项稽查，按照“查深查透”的思路对增值税、营业税、企业所得税等税种进行全面检查，初步发现有问题税款1473.03万元。

【稽查查补收入及分析】　2016年，全市国税稽查系统查补入库52.19亿元，占全市国税系统组织收入的2.19%。主要呈现两大特点：一是查补入库率较上年同期有所增长，稽查查补入库率100.19%，同比增长0.48%；二是企业所得税组收占比较大，企业所得税查补入库28.64亿元，增值税3.02亿元，消费税0.014亿元，企业所得税占比90.43%。

【案件查办情况】　2016年，全市立案检查1206件，查补总额亿元以上案件10件，查补总额千万元以上案件34件。从市级重点税源名录中选取100户轮查案源和8户抽查案源，其中国地税联合检查50户。税务总局布置的8户集团重点税源企业检查143户。

【案件特点分析】　一是按所属行业统计，主要集中在批发零售业、制造业，分别占已结案件的49.01%、18.18%；二是按违法性质统计，主要集中在发票违法案件、偷税案件，分别占违法案件户次的23.22%、19.1%；三是定性发票违法案件数量增幅较大，2016年发票违法案件248件，比上年同期增加27.18%；四是行政强制及移送司法案件有所增加，冻结存款户数比上年同期增长463.33%，强制执行户数比上年同期增长346.15%，移送司法机关案件比上年同期增长108.11%。

【重大案件查处】　2016年，承办税务总局督办案件2件，其中：审计署移交案件1件，涉税检举案件1件，均已结案。涉案企业2户，查补企业所得税5943.64万元，加收滞纳金434.01万元，罚款596.73万元。

【随机抽查】 依托"北京国税数据仓库应用平台"建立稽查对象和检查人员名录库，分类确定抽查比例和抽查频次，完善随机抽取稽查对象、随机选派检查人员功能，随机抽查案源703户，抽查覆盖率达58.29%。

【区域性税收专项整治】 在各区车站、商场周围、城乡结合部等售卖非法发票的重点区域开展发票专项整治，查处违法企业215户，发票6924份，涉及金额3.8亿元，查补税款、滞纳金、罚款5651万元。

【重点税源企业检查】 2016年，对8户集团143户重点税源企业开展国地税联合检查，查补入库5.91亿元。承接税务总局部署的18个集团企业随机抽查工作，按照"项目式管理、团队化作业"模式组织检查。从市级重点税源名录中选取100户轮查案源和8户抽查案源，其中国地税联合检查50户，查补税款33.57亿元。

【打击发票违法犯罪活动】 2016年，对3734户企业发票使用情况开展检查，查处违法企业3179户，查处违法发票41910份，查补税款、滞纳金、罚款7.84亿元。发出委托协查4986户次，涉及发票49240份，接到受托协查9878户次，涉及发票152386份，查补税款、滞纳金、罚款共计1.26亿元。

【打击虚开增值税专用发票】 接受四部委交办的虚开重点案源123户，认定虚开及接受虚开金额53.80亿元，入库合计2.27亿元。自主查处涉嫌虚开企业12579户次（含配合外地打虚打骗工作组协查企业），认定虚开及接受虚开金额184.29亿元，入库税款1.07亿元。

【打击骗取出口退税】 对7户出口退税企业进行专项核查，对重点案源4户开展立案检查，检查备案单证375份，检查银行账户6个，冻结银行存款2904万元，暂停、暂缓退税1145万元。

【税收"黑名单"制度】 分5批次对32名欠税人员采取布控措施，涉及新布控和已布控企业30户，续控10批次，成功阻止出境4人，因阻止其出境促使4户企业补缴税款1331.52万元。向22个外部联合惩戒成员单位推送案件信息14条。

【涉税违法案件检举】 统一受理全市各类检举案件8526件次，其中接收信函检举897件，涉税检举邮箱1827件次，局长信箱187件次，666-12366检举专线接听电话5189人次，接待来访检举426人次，形成有效检举1635件次。

【案件协查】 2016年，北京国税局稽查局网络协查量达到历年最高水平，委托发函涉及发票49240份；受托协查涉及发票152386份，累计按期回复率100%，协查合规率100%，涉及金额273.30亿元，税额44.60亿元，查补税款1.04亿元，滞纳金2090.02万元，罚款149.34万元，合计查补1.26亿元。

【稽查制度建设】 坚持完善制度建设，先后研究制定《打击发票违法犯罪活动工作实施方案》（京国税发〔2016〕85号）、《北京市国家税务局税务稽查与税收管理互动暂行办法》（京国税发〔2016〕270号）等工作制度，不断优化、规范稽查工作方式方法。

【稽查系统建设】 北京国税稽查系统共设置机构22个，其中省级3个，地市级19个，全市稽查干部1082人，平均年龄45岁，其中40岁以上占76%。全市取得"三师"资格证书121人次，其中具有注册会计师资格28人次，注册税务师资格73人次，律师资格20人次。

【稽查队伍建设】 一是强化政治教育。带领党员全面践行"两学一做"，发挥党支部战斗堡垒和党员先锋模范作用。二是加强党风廉政建设。认真落实廉政相关制度，坚持逢会必讲廉政，筑牢拒腐防变的思想防线。三是壮大直属稽查局队伍。在系统内遴选30名信息化、统计分析等专业人才充实直属稽查局，提升稽查队伍力量。

【稽查人才库建设】 高度重视稽查干部培养，层层选拔出业务精湛、特长突出的稽查人才，列为稽查专业的北京市优秀中青年业务骨干，截至2016年底，全市稽查专业领军人才和优秀中青年业务骨干共38名。

【稽查业务培训】 不断加大培训力度，增强培训的针对性和操作性，组织全市业务骨干进行稽查规范等专门培训4期，累计参训人员380余人次，为高质效完成稽查工作奠定基础。

【稽查信息化建设】 稳步推进信息化建设，设置金税三期工程稽查岗位50个，配置功能模块531个和基础参数583个，编写业务流程163个，清分迁移数据71646条，确保了金税三期工程系统上线顺畅运行。在全市稽查系统大力推广查账软件、选案软件的使用，提高选案的精准度。

【稽查宣传】 充分利用报刊、图书、广播、电视、网络等新闻媒体，主动宣传税务稽查工作，及时曝光查处的重大税收违法案件，扩大税务稽查成果影响力，提高全社会纳税遵从度。一是在公开场合或向社会媒体曝光发票违法案件12件；二是通过北京电视台《税收天地》栏目播放7期重大税收违法案件。2016年5月，与北京地税局联合召开“推进联合惩戒　助力诚信纳税”新闻发布会，有效推动褒奖诚信、惩戒失信社会氛围的形成。

【稽查调研】　深入调研，积极探索，形成《关于电信业营改增实施增值税统一税率的可行性分析报告》《关于北京市资产损失专项检查调研报告》《关于北京市2016年内新登记注册且走逃企业存在的虚开增值税发票风险的分析报告》《合法性与关联性并重　深化稽查执法取证——关于完善税务稽查取证工作的探讨》等多项调研报告。

【稽查工作会议】　2016年4月26日—27日，北京国税局召开全市2016年稽查工作会议。市局局长李亚民、总审计师雷彤，市局稽查局和直属稽查局领导、区局主管领导及稽查局主要负责人参加会议。会议全面总结2015年稽查工作的成绩和经验，分析目前稽查工作面临的形势和挑战，对2016年重点工作任务进行全面部署。会议期间，李亚民就开创首都国税稽查现代化建设提出要求，强调按照首善标准抓好稽查工作。雷彤指出，要深刻认清形势、查补短板，并针对稽查打击震慑作用需要加强、市局稽查局司令部作用发挥不充分、信息化建设滞后等六项突出问题，要求稽查干部坚持问题导向，主动作为、直面挑战，把握好发展机遇。从加强国地税稽查合作，抓好稽查组收工作，推行税务稽查随机抽查，深化稽查体制改革，提升稽查信息化应用水平，强化干部队伍建设，加强党风廉政建设七个方面做好稽查工作。

【工作建议】　一是强化依法稽查。严格按照《税务稽查工作规程》和《全国税务稽查规范（1.0版）》开展稽查工作，加强内部监督。二是强化与征管部门间协作。建立健全相关协助机制，将稽查工作发现的问题及时有效反馈到征管部门。三是提升信息化稽查水平，增强工作协同性。加强稽查软件运用，有效利用网络资源，增强与地税、工商以及公检法等部门的信息交流共享，建立税警检间稳定、紧密的合作机制。

（娄　婷）

北京市地方税务局稽查处

【概述】　2016年，北京地税稽查系统在市局党组和税务总局稽查局的正确领导下，坚持以办案为中心，推进体制改革，夯实工作基础，清理未结案件，深化部门协作，强化监督考核，有效发挥税务稽查职能作用，全面落实《加强稽查工作20条措施》，确保全市任务有效完成。

【稽查查补收入及分析】　2016年，组织检查2986户，查补45.27亿元，入库46.04亿元，同比增长52.45%。案件有问题率99.5%，案件结案率92%。领导带队办案270件，查办定性偷税案件47件，同比增长31%，查补4.13亿元，移送15件，是上年同期的7.5倍，稽查质量显著提升。

【稽查体制机制改革】　按照深化征管体制改革方案要求，全面深入推进稽查市级全覆盖，坚持法治引领，统一对外执法主体，落实分级审理制度，规范检查工作职责，强化过程管控，案件查办质效得到提升。在完善市级全覆盖的基础上，对稽查机制体制、队伍现状等存在的问题进行深入调研，制定下发《北京市地方税务局关于全面推进税务稽查市级全覆盖工作的通知》，明确工作职责，统筹案源管理，加强执行管理，全面实现税务稽查选案、立案、检查、定案、执行的市级全覆盖。按照稽查体制改革方案整体部署，联合起草《北京地税系统稽查体制改革实施方案》，稳步推进体制改革，制定稽查体制改革实施方案和业务衔接方案。初步实现2013年以来“五年三步走”的改革目标，改革效应逐渐显现。

【重大案件查处】　按照中纪委、北京市委、市政府、税务总局等上级机关部署和要求，依法开展重大案件查办二作。2016年受理各级部门督办（交办）案件78件。各稽查局上报查补收入百万元以上案件211件，查补收入20.5亿元，户均查补971.56万元。

【重点税源企业检查】　按照税务总局工作部署，围绕市局中心工作，落实“双随机、一公开”，加强事中事后监管要求，制定税务稽查随机抽查制度，分批开展“双随机”工作。一是税务总局重点税源随机抽查方面。开展2015年税务总局重点税源随机抽查工作，通过辅导企业自查，了解企业组织架构、经营特点和税收风险，从8大集团的944户成员单位中，定向抽取143户重点检查对象实施国地税联合稽查，查补入库税费5亿元。2016年11月，按照税务总局部署，开展2016年重点稽查对象随机抽查工作，与北京国税局稽查部门共同组建检查团队，对总部在京集团开展检查工作。二是市级重点税源随机抽查方面。在北京地税局、北京国税局分别设定指标模型进行风险排序，采取人机结合形式进一步筛选确定待查对象，经过多次案源沟通，最终确定50户随机抽查对象并分批次开展联合进户检查。

【高风险定向稽查】 承担税务总局高风险纳税人定向稽查试点工作任务，与中国人民大学成立“高风险纳税人定向稽查”调研团队，利用“互联网+”和税收大数据建立健全高风险案源指标模型，加强与风控部门的有序衔接，先后安排对“三定三限”安置房项目、已完成土地增值税清算房地产项目、高风险房地产开发企业定向稽查，扎实有序推进专项改革试点。利用税务情报支撑稽查工作，对情报件推送的各项涉税疑点逐一取证核实。开展影视行业专项检查，挑选案源，摸清行业运作模式，探索对高收入人群个人所得税检查方法。全面开展对房地产中介行业的检查，纠正行业性涉税违法问题，查补3亿元。落实巡视工作要求，完成未结案件清理，累计入库19.46亿元。

【国地税联合稽查】 联合制发《北京市国家税务局 北京市地方税务局联合稽查工作办法(试行)》，明确共建协调机制、共享涉税信息等8个方面合作事项。研究探索《北京市国家税务局 北京市地方税务局联合稽查工作办法实施细则(试行)》。2016年，召开2次联席会、2次专题会和多次工作协调会，联合开展重点税源集团企业随机抽查、重大税收违法案件案源推送、高风险纳税人定向稽查、中心城区有形市场税收专项整治等工作。2016年，与北京国税局开展联合稽查294件，互相推送涉税信息207条，入库12.45亿元。各稽查局以联合查办案件为依托，在合作机制、资源共享、共同检查等方面进行有益尝试和探索，部分稽查局已查办过亿元的联合案件，为国地税联合稽查提供了实践素材。

【案件协查】 深化与公检法司法机关合作，税警联合办公室进入实体化运作阶段，利用税警联合办公室平台，强化对移送案件的管理和业务指导工作，全年查办定性偷税案件同比增长31%，移送案件是上年同期的7.5倍，偷税、移送案件数量大幅上升，联合查办案件效率显著提升。研究制定逃避缴纳税款罪、逃避追缴欠税罪的《涉税犯罪行刑衔接取证指引》，统一涉税犯罪案件取证标准和要求，有效解决行刑衔接不畅问题，在全国尚属首例。与市检察院联合下发《关于检察机关、税务机关在打击危害税收征管秩序犯罪中加强行政执法与刑事司法衔接工作的通知》，规范基层执法。全年支持配合纪检监察部门查办案件、协助取证等共计30余件次，按规定启动“一案双查”程序6次。配合市打非办、市维稳办、市商务委等相关部门开展专项整治工作，及时报送相关问题分析及建议。配合市人力社保部门开展“疏非控人”专项工作，完善税收征管基础工作，推进首都业态疏解转型和有序调控人口。全年妥善处理400余次缠诉、闹访、群访等检举案件，有力推进和谐征纳关系构建。

【打击发票违法犯罪活动】 深入贯彻落实全国打击发票违法犯罪活动工作精神，转变思想观念、创新方式方法、提高工作绩效，全面开展虚假发票“卖方市场”和“买方市场”整治工作，检查一批重点行业，整治一批重点区域，查办一批典型案件。截至2016年12月底，全年查处发票违法企业857户，查补6.34亿元，超额完成税务总局下发的600户打击发票工作任务。接收受托协查421户，受托协查发票1940份，开展委托协查159户，协查发票1670份，均已按期回复。受理涉税检举案件3025件，立案检查81件、转征管部门处理1028件，查办百万元以上案件23件，检举案源查补2.99亿元。

【税收“黑名单”制度】 在全国率先采取阻止欠税人出入境措施，与公安部门合作分16批次对企业法定代表人进行续控237次，对30户欠税企业法定代表人采取阻止出境措施，成功拦截出境7人次，涉及北京、上海、广州、广西、河南等地区，补缴合计1.08亿元，提供2.1亿元房产抵押担保。联合法院实施首例对欠税法定代表人限制部分高消费行为措施，实施全市首例对外籍个人阻止出境措施，联合惩戒取得新突破。开展与京津冀三省市国税局、地税局税务稽查部门的协作，通过信息交换，与天津国税局联合查办案件，为京津冀稽查协作提供有益经验。与市国税局联合举办“推进联合惩戒、助力诚信纳税”新闻发布会，合力发挥稽查震慑职能，促进社会纳税遵从，加大对案例和涉税违法行为的宣传力度，配合录制6期《税案追踪》。

【稽查信息化建设】 抽调业务骨干组成金税三期工程稽查业务组，查找与现行制度的差异，梳理岗责体系、配置业务流程、进行系统测试、开展教员培训工作，为金税三期工程系统稽查模块的上线提供技术保障，解决金税三期工程上线后问题124个，协助解决操作问题300余次。落实税务总局新下发的《税务稽查工作规范》，梳理制度性差异340余处，分批组织全员培训，确保规范落实到位。修订《北京市地方税务局重大税务案件审理办法》，明确审理机构职责、审理范围和审理程序，规范重大案件审理工作，提请重审会审定案件17件，涉税金额7.5亿元。

【稽查结果增值利用】　落实《北京市地方税务局关于进一步加强税务稽查结果反馈工作的通知》要求，通过正确分析税务稽查结果，梳理出政策制定、执行及征管工作缺位等问题，提供税收政策、征收管理等方面的建议和决策依据，全年反馈2500条/次，确保“以查促管、以查促政”职能作用有效发挥，更好地服务税收中心工作。加强工作分析、总结，及时上报稽查季度分析、重点案件进展情况和重点工作开展情况，服务领导决策。全年编辑《税务稽查专报》34期，刊发信息27条，被国务院办公厅，北京市委、市政府，税务总局采用7条。完成12篇调研。

（白　洁）

天津市

天津市国家税务局稽查局

【概述】　2016年，天津国税局稽查局紧跟中央提出的国税、地税征管体制改革发展思路，坚决贯彻税务总局稽查局部署要求，以稽查体制机制改革为核心，以稽查信息化建设为手段，以稽查制度建设为支撑，以稽查干部队伍建设为保障，进一步强化稽查手段，提高稽查办案质效，提升稽查治理能力，推动稽查现代化建设。

【稽查现代化建设】　开发“选查一体化管理系统”“稽查信息管理系统主题框架”和“任务执行系统”。“选查一体化管理系统”包括稽查选案、网络查账等功能，稽查选案速度快、效率高，选案准确率一直保持在90%以上。同时选查一体化管理系统对检查人员的检查内容、疑点确认等操作有痕迹记载，为案件考评、复查、责任追究等提供依据，促使办案过程阳光透明、依法依规和公正公平。“任务执行系统”即报表管理系统，通过多次克服税务总局报表口径不断变化以及金税三期工程上线后稽查数据抽取不便的困难，实现稽查报表数据多样化、统一数据口径、自动化提取，确保报表报送及时准确。

【稽查体制机制改革】　结合中央深化财税体制改革精神，顺应构建现代化稽查体制趋势，以健全国地税合作和税警联动机制为重点，进一步推进理论探索与实践创新。一方面，主动对接《深化国税地税征管体制改革方案》，从制度设计、组织架构、岗责体系、业务流程、联合稽查等方面多次与天津地税局沟通协商，联合制发《天津市国地税联合进户稽查管理办法（试行）》，逐步完善联席会议、信息交换、联合办案管理等制度。另一方面，参照公安部派驻税务总局联络机制，成立“天津市公安局派驻天津市国税局联络机制办公室”，并在全市设立19个相应工作机构，在信息共享、联合办案、调查取证等方面开启警税深度合作新格局，为打击涉税犯罪提供强力保障。

【“营改增”专项稽查工作】　从生活服务、交通运输、金融服务、房地产、建筑安装等“营改增”高风险行业分析筛选出210户企业开展重点检查工作，查补税款、滞纳金、罚款3567.63万元，冲减增值税留抵税金7.37万元。

【稽查查补收入及分析】　开展稽查2865户，查补收入22.3亿元，完成2016年初收入指标的111.5%，查补入库20.88亿元，查补入库率93.6%，选案准确率100%。

【案件查办情况】　进一步加大涉税案件查办力度，查办虚开、骗税案件209件，其中达到市级备案标准案件109件，达到税务总局备案标准40件；完成税务总局督办案件5件；组织有关单位完成市级督办案件2件；完成公安、审计、海关等部门12批次移交线索查处回复工作。

【案件特点分析】　一是企业进销项货物品名不一致；二是企业存续时间短，实施检查时，企业均已走逃、非正常，查处难度大；三是企业注册信息虚假，注册地址及生产经营地址均无法查找到企业，按照留存的相关人员信息及联系方式也无法联系到企业；四是交易资金信息不真实，涉案企业或利用银行账户回流资金，或交易未付款，或虚假现金支付，或利用银行承兑汇票虚假结算。

【重大案件查处】 查办天津市“7·13”虚开案件、天津市盛川化工技术开发有限公司虚开案件、天津市岐黄医药批发有限公司虚开案件、天津市跃康医药批发有限公司虚开案件、天津琦茂金属材料销售有限公司虚开案件共5户税务总局督办的重大案件。

【随机抽查】 制发《推进税务稽查随机抽查实施方案》。按照分级分类原则，建立“税务稽查对象分类名录库”“税务稽查异常对象名录库”和“执法检查人员名录库”，开发摇号程序，责成各单位设专人实时动态更新“三库”建设数据，确保涵盖所有市、区级重点税源企业和非企业纳税人。会同天津市市场监管委开展“双随机、一公开”行动，适时将随机抽查工作职责、程序、事项、结果向社会公布。与天津地税局开展两批次税务总局重点稽查对象和市级重点税源企业随机抽查工作。全年开展随机抽查848户，查补收入2.8亿元。

【重点税源企业检查】 与天津地税局稽查处共同开展税务总局重点稽查对象随机抽查工作和2016年度市级重点税源企业随机抽查工作。税务总局重点稽查对象随机抽查工作组织纳税人自查152户，自查查补税款、滞纳金9270.80万元，冲减增值税留抵税金305.60万元，调减亏损9684万元；自查查补收入入库率99.53%。开展检查95户，检查查补税款、滞纳金、罚款4964.42万元，冲减增值税留抵税金4162.26万元，调减亏损额19.57万元；检查查补收入入库率100%。市级重点税源企业随机抽查工作涉及444户，自查查补税款、滞纳金3530.03万元；检查查补税款、滞纳金、罚款1.02亿元，冲减增值税留抵税金345.16万元，调减亏损额197.54万元。

【打击发票违法犯罪活动】 与天津地税局联合下发打击发票违法犯罪活动工作方案，组织全市各级稽查部门查处违法使用发票企业836户，查处非法发票6.23万份，涉及金额86.81亿元，没收违法所得339.22万元，查补税款、罚款、加收滞纳金共计8932.4万元，向公安机关移送案件53起。协助通信部门有效遏制发票违法信息传播，拦截治理发票违法短信息11.77万条。

【打击虚开增值税专用发票】 与地税、公安、海关、人民银行等部门联合开展“双打”百日集中行动。检查涉嫌虚开增值税专用发票企业342户，查结定性虚开196户，涉及发票57084份，涉及金额114.31亿元，涉及税额18.83亿元。其中金额超十亿元大要案3件，超亿元案件11件，超千万元案件117件，抓捕犯罪嫌疑人34名。此项工作得到税务总局副局长孙瑞标、天津市市长王东峰、副市长赵飞的肯定批示。

【打击骗取出口退税】 检查涉嫌骗取出口退税企业13户，查实存在涉税问题案源企业9户，查实“假自营、真代理”“备案单证不符”等违规退税企业6户，查实其他涉税问题企业3户，共涉及税款2072.28万元。

【税收“黑名单”制度】 天津国税系统录入重大税收违法案件信息19件，通过天津国税局门户网站对外公布重大税收违法案件信息14件。通过《天津市市场主体信用信息公示系统》推送重大税收违法案件信息14件。将11户失信企业纳税信用等级评定为D级。对已缴清税款、滞纳金和罚款，以及公布时间到期的21件偷税和逃避追缴欠税案件从公告栏中撤出。参与天津市《跨部门协同监管和联合惩戒措施实施程序》和《跨部门协同监管和联合惩戒措施目录》的制定，对外公布重大税收违法案件信息依托“天津市市场主体联合监管系统”实现运行，使部门、业务之间有机统一，形成监管合力，从而实现重大税收违法案件录入、公布、惩戒三大环节的信息化。

【涉税违法案件检举】 天津国税局市、区两级举报中心采取“一清理、两加强、三落实、四加大”措施，受理各类检举件483件，查结345件，查补税款、滞纳金及罚款1.28亿元。

【案件协查】 通过协查系统委托协查发票4.71万份，涉及企业2434户次，金额99.35亿元，税额16.42亿元，移送司法机关案件17起。通过协查系统稽查查补收入239.08万元，入库171.52万元，发票协查选票准确率62.11%。通过协查系统受托收到协查发票11.03万份，涉及企业4616户次，金额182.13亿元，税额30.52亿元；累计回复发票10.20万份，按期回复率100%，受托协查查补收入7835.99万元，入库5127.89万元。税务总局组织的协查工作方面，收到协查发票5559份，涉及企业153户次，涉及金额8.45亿元，税额1.43亿元。完成税务总局组织的协查案件11件。

【稽查制度建设】 2016年5月20日，天津国税局稽查局制发《天津市国地税联合进户稽查管理办法（试行）》，逐步完善天津市国地税联合稽查联席会议、信息交换、联合办案管理等制度。2016年9月14日，制发《推进税务稽查随机抽查实施方案》，完善税务稽查随机抽查制度。

【稽查队伍建设】　通过抓好基层党建工作、领导班子建设、干部素质提升、绩效管理工作、数字人事工作、干部交流工作，把“两学一做”学习教育与学习贯彻党的十八届六中全会精神相结合，规范健全党内组织生活、抓好支部建设和党员管理，促进稽查工作的提质增效，充分发挥干部自身优势，调动干部工作积极性。

【稽查人才库建设】　按照税务总局及天津国税局相关工作要求，对税务总局及市局稽查人才库进行更新调整，并向税务总局稽查局申报相应调整材料，确保稽查人才库的科学化、精细化管理。

【稽查业务培训】　坚持抓业务学习培训、稽查技能提高、反腐倡廉建设。深入开展“岗位大练兵、业务大比武”活动，通过组织不同层次不同类型的业务培训、考试、竞赛，进一步强素质、补短板、提能力、促工作。全年开展培训9批次，选派干部参加税务总局、市局培训1472人次，专业机构培训646人次。

【稽查宣传】　编发“双打”百日集中行动工作动态11期，悬挂宣传标语40余个，张贴“双打”公告600余份，向纳税人发放宣传资料6万余份。通过天津国税局门户网站对外公布重大税收违法案件信息14件。在天津日报等主流媒体报刊上曝光查处涉税违法案例16例。

【稽查调研】　组织相关人员撰写《从稽查视角看完善增值税发票违法治理》调研报告，对增值税发票违法案件查处情况、虚开增值税发票违法犯罪案件主要特点进行了分析，并提出完善增值税发票治理的建议。

【稽查工作会议】　2016年5月13日，天津国税局召开2016年稽查工作会议，天津国税局党组成员、总会计师窦伟出席会议并讲话，评价了2015年国税稽查工作，全面分析了新常态下稽查工作思路，要求全市国税稽查干部埋头苦干、攻坚克难，不断提高执行力和战斗力，为组织收入尽力，为服务促进经济社会持续健康发展做出更大贡献。

（屈　直）

天津市地方税务局稽查处

【概述】　2016年，天津地税局各级稽查部门认真贯彻落实全国税务稽查工作会议和市财政工作会议精神，围绕全年税务稽查工作要点，主动适应稽查现代化改革要求，紧紧围绕《深化国税、地税征管体制改革方案》，在深入推进国地税联合稽查、重点税源企业随机抽查、税收违法“黑名单”联合惩戒，以及强化稽查执法规范等方面，不断创新思路，创新举措，充分发挥税务稽查对外打击各类涉税违法行为、整顿规范税收秩序，对内以查促管、以查促收、以查促廉的职能，有力推动全市各项稽查工作深入开展。

【稽查查补收入及分析】　检查纳税人3838户，查补收入26.6亿元。其中，立案检查829户，查补入库15.7亿元；纳税人自查3009户，查补收入10.9亿元。全面完成税务总局绩效考核指标，稽查职能作用得到进一步发挥。

【国地税联合稽查】　制定《天津市国地税联合进户稽查管理办法（试行）》，对确定稽查对象、联合进户检查、协同审理及移送案件、协同税收保全和税款执行、协同发布税收违法“黑名单”等工作内容进行细化，推动稽查合作领域全覆盖。召开3次国地税联合进户执法联席会议，通报税务检查计划及实施情况，随时沟通税收违法行为新情况、新动向及作案手段，商讨相应对策，交流办案经验。向国税稽查部门主动提供企业涉税信息20余万条，供其开展选案分析，锁定涉税疑点。在税务总局的统一部署下，开展对100户重点税源企业的联合检查，以及联合打击侵犯知识产权和制售假冒伪劣商品等相关税收违法行为。检查中，两部门发挥各自优势，实施全方位检查，有效避免检查死角与漏洞，稽查绩效显著提升。

【案件查办】　查结税收违法案件829起。其中，百万元以上大要案件76起，查补税款3亿元，千万元以上大要案件31起，查补税款9.3亿元。办案中，加强与市国税局、公安局等有关单位的沟通配合、信息共享、协调办案，增强税务稽查工作整体合力，达到打击涉税违法行为，净化税收秩序的目的。重大案件督办制度、报告制度以及集体审议制度的实施，在程序性、规范性上保证了案件查处的法制性。

【税收专项检查】　组织开展对全市房地产、建筑安装、服务业、大型工商企业、高等院校、营利性医疗机构的专项检查，针对重点地区、重点行业集中开展专项整治。针对滨海新区房地产业、建筑安装业开展税收专项整治，集中清理区内注册、异地经营的企业。按照先自查、再重点检查的步骤，组织98户异地注册企业开展自查，对其中15户企业进行立案检查，查补入库收入1.8亿元。在房地产专项检查中，发现企业首先偿还前期融资贷款及利息、建筑工程款等债务，或由于销售代理与财务核算滞后，导致的延迟纳税，以及部分企业恶意隐瞒未开票收入，少缴税款等涉税问题。共检查企业331户，查补收入7.5亿元。对高等院校的调研式检查中，发现教职工取得的各类补贴少缴个人所得税300余万元，以及28亿元土地转让收入未足额纳税等问题。

【随机抽查】 按照管理层级、稽查资源配置与纳税规模等标准，建立稽查对象分类名录库，实施动态管理。将税收风险等级为高风险、纳税信用等级评为D级、被相关部门列为违法失信联合惩戒的企业纳入异常对象名录库。采集全市检查人员基本信息，建立执法检查人员分类名录库。按照国家税务总局重点税源企业随机抽查要求，与国税稽查部门分工协作、密切配合，对税务总局下发的26户重点企业集团中，涉及天津市的15个集团的138户企业开展检查。对存在漏缴或少缴营业税、个人所得税、房产税等问题的企业进行处理，查补入库收入1475.4万元。全年开展随机抽查702户，其中定向抽查164户，不定向抽查538户。向征管、评估、税政、风控部门反馈稽查结果4次，涉及纳税人100余户。

【打击发票违法犯罪活动】 按照税务总局工作部署，与市打击发票违法犯罪活动工作协调小组各成员单位紧密配合，研究新常态下发票违法犯罪活动的新趋势、新特点，把握“营改增”后打票工作的新机遇、新挑战。2016年，查处违法受票企业365户，缴获违法发票2219份，查补入库收入3622万元。配合公安机关，加大对制假、售假、虚开发票犯罪分子的打击力度，配合公安机关破获29起发票犯罪案件，打掉作案团伙23个，缴获作案机器31台，抓获犯罪嫌疑人29人。加大宣传力度，与公安等部门联合举办打击和防范经济犯罪宣传日活动，天津市副市长、市公安局局长赵飞，以及各有关单位的领导出席活动，央视《新闻联播》节目对此进行了报道。

【公安派驻税务部门联络机制】 按照公安部、国家税务总局有关要求，市公安、国税、地税三部门联合制定并印发《天津市公安局派驻天津市国家税务局、天津市地方税务局联络机制运行暂行办法》，并挂牌成立天津市公安局派驻天津市国家税务局、地方税务局联络机制办公室，具体负责三方联合办案联络机制的运作实施。国地税稽查部门以实战需要为导向，以联络机制为平台，与公安机关进一步商定共同选案、相互协助办案、联合执法查案的具体形式、适用情形和相关要求，逐渐形成精准识别目标、快速实现突破、有效固定证据、准确适用法律、及时追赃挽损的税警融合式办案模式。

【税收“黑名单”制度】 利用各种媒体和途径，宣传税务稽查工作开展情况，曝光查处的税收违法案件。在市场监管委的组织下，与相关部门联合起草制定《关于开展协同监管和联合惩戒工作方案》《跨部门协同监管和联合惩戒措施实施程序》以及《跨部门协同监管和联合惩戒措施目录》，将税收违法“黑名单”联合惩戒工作，纳入天津市市场主体信用信息公示系统。与国税稽查部门积极协调，通过相互提供企业涉税违规信息，加大相互监管力度，联合稽查、停售发票等措施，将天津国税局转来的51个虚开增值税发票单位，信用等级降为D级，并纳入稽查异常名录库管理，形成“一处违法、处处受限”的严管局面。

【稽查制度建设】 与法制部门联合制定《税务行政处罚自由裁量权实施办法》及《税务行政处罚自由裁量权实施标准》，作为规范稽查人员自由裁量权的标准。通过完善税务稽查工作各环节的协调、配合、衔接和反馈机制，有效防止自由裁量权的滥用。主动加强与司法部门的沟通联动，在多起执行难案的税款追缴中开展协作，从积极主张税收优先权、申请司法协助执行等方面入手，不断创新手段和做法，确保难案硬案的顺利执行。通过在稽查案件审理环节建立听证制度，加大对相关内容的宣传教育力度，改进告知方式，打通稽查执法对外主动公开的窗口，既实现了对稽查人员执法行为的监督制约，又维护了纳税人的基本权利。

【稽查业务培训】 以建设高素质的专业化税务稽查干部队伍为目标，针对不同岗位特点，搞好集中培训和个别调训。将培训与工作相结合，组织全市开展调查取证、电子查账、基金行业检查等专题培训。按照税务总局稽查局“增强执法能力，组建专业团队”有关要求，在全市范围组织开展岗位轮训活动。按照各稽查局推荐和市局选用相结合的原则，采取集中到市局或在原单位参与专项工作的方式，在全市范围分期、分批选调稽查人员开展实训，为稽查人员提供实训平台，从而全方位、多渠道、深层次地提高全市稽查干部岗位技能和业务素质。以“大比武、大练兵”工作为契机，对稽查人员的综合素质、专业知识、实战能力进行全方位培训演练。

【稽查工作会议】　2016年4月，天津地税局召开税务稽查工作视频会议，传达全国税务稽查工作会议精神，市局副局长高秋丰参加会议并讲话，各单位主管稽查工作的局长及各稽查局有关人员参加会议。会议传达了税务总局副局长孙瑞标所作的工作报告和税务总局稽查局局长王学东在会议结束时的讲话，并对如何贯彻落实好税务总局会议精神和全年工作要点提出了明确要求。会议主导思想是以堵漏洞、促增收为重点，选准用力方向，发挥威慑作用，加强横向互动，充分发挥补短板、强规范、以查促管的作用。主要任务是结合“营改增”全面推开，将2015年上半年的税务稽查重点放在建筑安装、房地产等扩围行业，加大所得税等欠税清理力度。对异地注册经营企业开展专项整治，清理异地经营行为，规范属地管理。对历史积案进行全面清理，坚决避免在查案件久拖不结。在新的形势和艰巨任务面前，特别强调要处理好四个方面的关系：正确把握一级专业稽查与区县属地稽查的关系；正确把握重点检查与企业自查的关系；正确把握稽查与征管、评估的关系；正确把握规范执法与风险防范的关系。

（魏冠媛）

河北省

河北省国家税务局稽查局

【概述】　2016年，河北省国税局稽查局扎实落实税务总局各项工作部署，主动将稽查工作放到税收现代化建设全局中认识、谋划，牢固树立稽查服务税收中心工作、稽查服务税收改革发展的理念和意识，严厉打击各类涉税违法犯罪行为，进一步彰显稽查职能，增强执法威力，力促经济税收秩序持续向好。全省国税稽查机构检查纳税人1.1万户，查补总额39.8亿元，入库总额39.7亿元，顺利完成全年稽查工作目标。

【稽查现代化建设】　加强“互联网+”思维和大数据应用，自主研发河北国税稽查综合软件应用系统，在全省推广使用。该软件将精准选案、电子查账、统计分析、实时监控统一纳入系统模块，实现税局端、企业端等多项数据增值运用。在科学化选案、打击虚开骗税、重点税源企业随机抽查、区域和行业性专项整治工作中发挥巨大作用，展现良好前景。

【稽查体制机制改革】　坚持以“全省一盘棋”为内涵的“大稽查”理念，进一步理顺稽查体制。在省局层面坚持“做强省局”，以“优化配置、理顺体制、提升质效”为改革目标，调整完善省局稽查局内部科室职责，将原有科室调整为综合科、检查管理科、督办管理科、协查管理科、审理科、执行科，各科室分工更加合理，职责更加明确，指挥管理全省各项稽查工作科学合理、规范运行。在市、县局层面统筹推进市局稽查整体工作。国地税联合稽查取得实在效果。和地税稽查部门在工作标准制定、案源管理、随机抽查、联合惩戒、打击违法发票、税警协作等工作中开展全方位合作。推进税警协作进入实体化运行，省级联络机制办公室成立。

【“营改增”专项稽查工作】　扎实开展“营改增”高风险企业专项稽查。河北国税局、河北地税局联合印发《2016年营改增高风险企业专项稽查工作方案》（冀国税函〔2016〕283号），部署“营改增”高风险行业专项稽查工作。省局下发26户必查和29户选查企业名单，同时下发必查企业存在的疑点信息。查补税款1150万元。

【稽查查补收入及分析】　检查纳税人1.1万户，同比增长0.2%；查补税款39.8亿元，同比增长8.4%；入库税款39.7亿元，同比增长9.3%。

【案件查办情况】　不断加大案件查办力度，依法履行稽查职能，检查纳税人1.1万户，打击骗税和虚开工作、重点税源企业检查、重点区域和行业专项整治、“营改增”专项稽查和地方石油炼化企业专项整治等各类检查工作效果明显，依法查办一批大案要案，对涉税违法犯罪行为起到较强震慑作用，进一步维护税法尊严。

【案件特点分析】 重点税源企业违法特点以政策理解不到位、内部交易不规范为主要特征；重大案件查处以虚开、骗税为主，呈现出金额大、手法翻新、犯罪智能化、网络化、查办难度大的特点；专项检查违法特点呈现出明显的行业共性特征。

【重大案件查处】 检查骗税、虚开案源1574户，查处骗税和违规退税，挽回国家损失2.4亿元；查处虚开增值税专用发票3.78万份，虚开金额44亿元，虚开税额7.4亿元；移送公安机关89户，公安机关抓捕犯罪嫌疑人70人，挽损1.8亿元。3起案件被公安部列为部督案件，通过公安部经侦局向全国涉案省份发起集群战役。

【随机抽查】 建立“河北省税务稽查对象名录库”和“税务稽查执法检查人员名录库”，将534户省级重点税源企业和2794户市级重点税源企业列入随机抽查重点稽查对象名录库，1822名稽查执法人员按专业专长和专业化团队等分类存贮于执法人员名录库中。对省、市两级重点企业中的152户进行“双随机”检查，查补税款4.3亿元。

【区域性税收专项整治】 将增值税发票清查、重点区域和行业专项整治、“营改增”专项稽查和地方石油炼化企业专项整治统一纳入全省稽查专项整治工作，查补税款6亿元，取得良好整治效果，进一步规范全省经济税收秩序。

【重点税源企业检查】 持续做好税务总局和省、市重点税源检查工作，对717户纳税人开展随机抽查，查补收入6亿元。

【打击发票违法犯罪活动】 遵循“打击与建设相结合、治标与治本相结合”的原则，以进一步遏制发票违法犯罪为出发点，以有效维护税收征管秩序为落脚点，开展打击发票违法犯罪工作。检查企业3187户，查处违法企业3027户，查处非法发票7.7万份，涉及金额81.6亿元，查补税款5.5亿元，加收滞纳金4024万元，罚款等2078万元，向公安机关移送案件73件。

【打击虚开增值税专用发票】 检查虚开案源1574户，查实问题企业1111户，定性虚开（含接受虚开）增值税专用发票3.7万份，涉案金额44亿元，涉案税额7.3亿元；向公安机关移送案件89户；公安机关立案侦查78户，抓捕犯罪嫌疑人70人；税警联合查办案件2起，涉案金额5.2亿元。

【打击骗取出口退税】 按照税务总局、公安部、海关总署、人民银行等四部门部署和要求，开展打击骗税专项行动，检查骗税案源104户，查实问题企业91户，通过定性骗税或违规退税挽回税款2.5亿元，向公安机关移送案件3起。

【税收“黑名单”制度】 向社会公布重大税收违法案件39条，向省局内设部门推送信息52条、向20个省级部门推送税收“黑名单”信息39条，共同实施联合惩戒。主动配合河北省公安边防总队办理8个法定代表人阻止出境手续、7个法定代表人续控手续，成功阻止出境2人。

【涉税违法案件检举】 受理涉税违法案件检举411件，立案查处386件，结案276件，结案率72%，查补税款1亿元，入库0.8亿元，向公安机关移交案件6起。

【案件协查】 受托协查8161户，发票份数19万份，金额280.9亿元，税额46.1亿元；委托协查1826户，发票份数3.2万份，金额46.8亿元，税额7.9亿元。经过对有问题的发票处理，入库税款1亿元。

【稽查制度建设】 印发《河北省国家税务局税务稽查案源管理暂行规定》《河北省国家税务局税务稽查随机抽查对象名录库暂行规定》和《河北省国家税务局税务稽查随机抽查执法检查人员名录库暂行规定》，进一步细化和明确案源管理工作要求。出台《关于基层稽查部门案件定性有关问题的通知》，着重解决定性不准、处理不当等问题；完善重大税收违法案件会商机制，对案件定性处理的政策法律疑难问题，以及相关重要事项进行会商解决；实施集体审理、分级审理和重大案件审理等制度。

【稽查系统建设】 深化发挥绩效管理“指挥棒”作用，对税务总局考核的系统指标（推行“黑名单”、推行联合惩戒、选案准确率、查补入库率和协查质量）明确专人负责，建立与税务总局的定期报告制度和信息专报制度。强化稽查干部廉政教育，结合稽查工作特点，以“两学一做”专题教育活动为契机，深入学习，不断增强稽查干部的廉洁自律意识。谋求内控机制建设创新，进一步落实上级领导要求，加强在稽查机构中配备纪检监察机构和专职人员的呼吁力度，为完善稽查部门内控机制、加强反腐倡廉建设提供组织保障。

【稽查队伍建设】 倾听基层稽查干部呼声，结合稽查综合软件、数字人事系统、绩效管理系统等多种信息化手段，强化实战和专业培训，分三次组织490名干部参加大型培训。经过一年的努力，具备独自查账能力的稽查人员占稽查人员总数的45%，较2015年提高4个百分点。

【稽查人才库建设】　加强稽查人才库建设，完成省级稽查人才库建设，115名稽查人员进入省级稽查人才库，8名人员进入全国稽查人才库；通过稽查人才库选拔，把全省最优秀的人才选进人才库，为查办重大涉税违法案件储备坚实力量。各地市结合实际选拔调整充实本级稽查人才库，以人才库建设为先导，构建高素质稽查队伍，逐步形成全省税务稽查骨干人才的梯次结构。

【稽查业务培训】　在培训方面提出“牢固根基”的思路，组织督办案件、综合业务、审理业务、“营改增”、报表数据分析、“黑名单”及联合惩戒等内容的3次大型培训，累计人次490人次，邀请税务总局稽查局各业务处室的处长授课，既加强上下级沟通又使稽查干部学到实在的业务知识。

【稽查信息化建设】　积极探索“互联网+”在稽查信息化方面的应用，用大数据思维分析和实践信息化路径，提升数据抓取和增值应用水平，集结精干力量研发河北国税稽查综合软件。经过不断研讨、论证、开发、测试，软件主体模块稽查综合选案系统研发成功并取得预期效果，实现稽查选案“人无我有，人有我优”“全省选，选全省”的创新工作目标。

【稽查宣传】　主动拓展信息宣传渠道，建立《稽查动态》《稽查要情专报》，进一步宣传稽查干部和稽查成果。全年向税务总局上报《稽查动态》、专项信息和各类工作报告100余篇。配合税务总局和中央电视台新闻频道拍摄税收“黑名单”和联合惩戒宣传片，2016年8月13日、8月30日分别在中央电视台《新闻联播》和《新闻直播间》播出。

【稽查调研】　深入开展稽查工作调研，进行“营改增”专题调研，部署房地产行业专项调研。在《河北国税调研》上连续刊发《全面推开“营改增”后税务稽查风险点的研究与应对》《关于营改增后房地产企业稽查工作的调研报告》《新形势下虚开增值税专用发票的特点、成因与风险应对》等文章。配合税务总局完成《全面“营改增”背景下的增值税发票风险防控研究》，得到税务总局局长王军的高度肯定。

【稽查工作会议】　2016年5月12日—13日，河北省国税稽查工作会议在石家庄召开，主要任务是，贯彻落实全国税务稽查工作会议和全省国税工作会议精神，总结2015年稽查工作，分析当前稽查形势，部署2016年稽查任务。进一步振奋精神、鼓舞士气、锐意进取、改革创新，持续推动河北国税稽查工作新发展。

【工作建议】　省级稽查部门应组建技术科，负责对企业经济信息和财务数据的跟踪分析，特别是进入企业突击调账检查时，发挥技术手段的先进作用，快速提取企业管理系统、财务信息等相关数据，有效获取不法纳税人偷骗税证据信息。

（杨殿阁）

河北省地方税务局稽查局

【概述】　2016年，河北地税稽查系统围绕税收中心工作，充分发挥稽查职能作用，严厉查处各类税收违法行为，落实稽查体制机制改革任务，加强稽查系统管理和干部队伍建设，稽查工作质效有了新提高。税务总局稽查局2016年度全国稽查工作通报中，河北地税局稽查工作受到表扬的内容有：稽查查补入库收入全国地税排名第5，稽查查补入库收入占税收收入比例全国地税排名第3，查处百万元以上案件数量全国地税排名第2，落实“双随机”工作机制成效显著。

【稽查现代化建设】　落实税务总局“互联网+税务”行动计划，以金税三期工程建设为契机，利用互联网技术，探索和创新稽查工作新机制、新方法和新领域；利用空余办公用房，建立集中封闭的调账检查办案场所，建设稽查办案中心并投入使用，通过日常办公与调账检查场所的分离，实现“一站式”稽查，提升案件查处质效。

【稽查体制机制改革】　改革属地稽查方式，提升税务稽查管理层级，增强税务稽查执法的独立性、刚性、统一性。充实省局稽查局人员力量，进一步加强省局稽查工作，充分发挥省局直查在全省的主导、引领作用；进一步巩固落实“将县级局选案权上收到市局”“县级稽查局检查人员由市稽查局统一调度使用，以市局名义进户检查”等组织管理模式；市局试行在征管改革试点设区市一级稽查体制。

【稽查查补收入及分析】　全省检查纳税人2269户，查补入库49.9亿元，选案准确率99.1%，其中四环节稽查收入14亿元，四环节查补入库率99.6%，人均查补金额47.36万元，同比增长9.28%，户均查补金额61.5万元，同比增长21.95%，查处百万元以上大要案件235件，百万元以上案件查处率同比增长1.77%。

【案件查办情况】　省、市两级稽查部门以直查工作为抓手，立足大案要案查处，完善检查组织管理模式，创新办案手段方法，完成各项检查工作。其中省局全年直查46户，实现查补收入5.1亿元（大口径），入库税滞罚1.6亿元；落实税务总局部署的两批53户全国重点企业集团检查工作，省、市、县均成立国地税联合检查领导小组，加强对本地区检查工作的组织、协调、督导，联合安排部署检查工作，联合进户检查，增强执法效能，减轻纳税人负担。全省对2124户企业组织自查，对218家企业进行重点检查，查补收入4965.3万元。

【案件特点分析】 稽查案件检查中经常发现，同一纳税人存在土地增值税和企业所得税征收方式不一致问题，为提高纳税人税法遵从度，规避执法风险，应该要求同一纳税人土地增值税清算时，征收方式原则上与企业所得税征收方式保持一致。

【重大案件查处】 全省各级稽查部门把大案要案查处作为衡量稽查工作成效的重要指标，将大案要案查处率列入全省绩效考核，大力提高大案要案占稽查案件数量的比重。把大案要案查处工作与税收专项检查、区域税收专项整治、重点税源企业检查等工作紧密结合，严厉查处各类大案要案，进一步强化稽查执法刚性，加大对税收违法行为的打击力度，大案要案查处工作取得实效。2016年全省稽查系统查处百万元以上大要案235件，查补9.79亿元，其中千万元以上案件8件。

【随机抽查】 按照税务总局关于《推进税务稽查随机抽查实施方案》的通知（税总发〔2015〕104号）要求，推进稽查随机抽查工作，组织选案骨干人员自行设计开发“税务稽查随机抽查平台”，建立税务稽查对象分类名录库、税务稽查异常对象名录库和税务稽查执法检查人员分类名录库，做到税务稽查“双随机一公开”工作从无到有，稽查对象和稽查执法人员“双随机”抽取，初步实现公平、公开、透明的“双随机”目标，开创案源管理新局面。2016年，全省地税系统通过随机抽取立案检查2022户，占比89.11%；省局稽查局使用该平台选取直查案源12户进行检查，查补收入1.5亿元，大要案率近80%，成效初显。

【重点税源企业检查】 一是对税务总局部署的2015年涉及河北的26个企业集团481户次重点税源企业进行检查，查补收入4965.27万元，按要求完成工作总结、数据汇总统计，典型案例2件上报税务总局。二是明确2016年重点税源检查的指导思想、工作目标、工作安排和要求，并将安排部署情况上报税务总局。国地税稽查局联合对涉及河北省的27户企业集团中的1700余户纳税人开展辅导自查工作。三是对河北省2006—2014年重点税源企业检查情况资料进行汇总，及时反馈税务总局。

【区域性税收专项整治】 在区域税收专项检查与整治工作中，配合“营改增”工作，对房地产等5个重点行业开展专项检查，要求各市至少选择一个税收秩序相对混乱、税收违法行为比较集中的行业或区域组织开展区域税收专项整治，全省检查纳税人1136户，实现查补收入22.5亿元，有效整顿、规范了行业和区域税收秩序。

【打击发票违法犯罪活动】 对发票违法问题高发、频发行业开展重点检查，查处发票违法企业1171户，占税务总局下达任务的195.2%，查处非法发票1.9万份，票面金额2.8亿元。与公安、国税等部门联合开展发票违法专项整治行动，查办案件2066起，出动税务执法人员688人，缴获发票35215份，保持了打击发票违法犯罪活动的高压态势。

【税收“黑名单”制度】 省、市两级对达到标准的案件，积极审核、推送及公布，2016年全省地税系统共公布“黑名单”案件17件，涉税金额3317.68万元，罚款932.34万元；按照税务总局关于进一步加强“黑名单”公布及联合惩戒工作通知要求，对全省符合撤出条件的案件进行梳理，撤出案件信息19件；联合省国税局，将“黑名单”案件信息推送给相关部门，共同实施严格监管和跨部门联合惩戒，进一步提高纳税人依法纳税意识和纳税遵从度。

【涉税违法案件检举】 严格执行《税收违法行为检举管理办法》和《重大税收违法案件督办管理办法》的各项规定，加强检举案件管理，规范工作流程，认真负责，文明服务，提高检举案件管理工作质效，为营造公平公正的税收环境、建立公平有序的税收秩序起到了积极作用。2016年河北省各级税务违法案件举报中心受理税收违法举报案件176件，立案查处案件106件，查补税款4963.58万元，加收滞纳金520.63万元，罚款1307.15万元，合计6791.36万元。

【案件协查】 充分利用现代信息技术处理涉税信息，强化税务案件协查工作，深入分析协查数据信息，把协查信息作为新的案件线索来源，做到立案必深查、一查必到底，不放过任何可疑线索，全方位提高协查工作质效。加强协查管理，指定专人负责受理协查工作，建立协查台账，及时登记协查信息，开展调查取证和资料对比工作，确保调查资料的准确性和完整性。加强税务机关之间的合作，牢固树立“协查地就是案发地”的思想，有效查处跨行政区域的税务违法活动。2016 年，全省受理协查案件 7 件，涉及发票 2634 份，涉票金额 13417.46 万元。

【稽查制度建设】 以落实、规范和创新为抓手，推进制度和方法创新，谋划制定长远规划，加快实施步伐，推进全系统加强稽查工作制度建设，进一步建立健全稽查工作制度体系。制定《全省地税系统税务稽查案件取证规范（试行）》，结合已印发的《税务稽查文书使用样本》，进一步规范全省稽查文书制作和取证标准，不断提高全系统稽查工作整体质效、稽查执法能力和工作管理水平。

【稽查系统建设】 深入落实稽查“1 + 7”工作机制，增强执法统一性和规范性。提高执法风险意识，坚持稽查选案、检查、审理、执行四环节分离机制，强化重点环节、重点岗位、关键人员的监督制约，构建职责明晰、分权制约的业务管理制度体系。强化省局对下级稽查局的业务管理、监督检查和考核考评等工作，通过案件复查、案件督办、工作通报、软件监控等方式，不断完善内控机制。

【稽查队伍建设】 全面落实从严治党要求，深入学习党章党规党纪、习近平总书记等中央领导系列重要讲话精神，落实各项廉政规定；各级稽查部门领导班子认真落实“一岗双责”，强化执纪监督，坚持“一案双查”，对各种违法违纪行为绝不姑息；加强内控机制建设，对内部重点环节、重点岗位、关键人员实施有效管理及监督制约；大力提升税务稽查规范化水平，努力实现稽查执法一个标准、一个流程、一把尺子，充分维护纳税人合法权益。

【稽查人才库建设】 一是按照税务总局要求，择优推荐 3 人补充调整到税务总局稽查局人才库，分别是综合调研 1 人，检查类 1 人，审理类 1 人。二是根据省局人教处安排，将“全省稽查系统岗位大比武”个人综合成绩排名前 11 名且未列入省局人才库的 4 名稽查人员直接补充到省局人才库。

【稽查业务培训】 认真落实税务总局关于岗位练兵比武活动的要求，围绕“全员参与、立足岗位、注重实效、学以致用”的原则，开展多种形式的学习培训，提升稽查干部队伍整体素质。全省组织稽查干部培训 116 期，参训人数达 6895 人次。省局组织了由省、市局 67 名稽查业务骨干参加的稽查岗位业务大比武考试，对成绩突出的单位和人员进行了表彰。举办由 120 名全省稽查业务骨干参加的《全国税务稽查规范（1.0）版》培训班和 150 名业务骨干参加的全省地税系统稽查业务培训班，取得良好培训效果。

【稽查信息化建设】 河北地税稽查系统高度重视稽查信息化建设，各地积极探索，开发适合自身工作实际的信息化软件、管理平台等，承德市局稽查局抓住“互联网 + 稽查”主线，开发运行稽查质效管理系统，通过对稽查四环节工作的自动监控和考核，在全省率先实现稽查四环节人员绩效工作机考目标，有效解决选案不规范、检查不深入、审理不严谨、执行不到位等问题；廊坊市局稽查局建立数字化管理新模式，通过全程数字化控管将稽查过程显性化、数字化，规范了稽查执法行为；邯郸市局稽查局全面实施模板化检查软件推广应用工作，不断丰富模板化检查软件功能，与金税三期工程系统、电子查账软件全面衔接，有效实现“账内检查智能化、账外检查痕迹化、文书生成自动化、稽查工作模板化”四项目标。

【稽查宣传】 将稽查工作做法、经验等形成的信息、简报、典型案例等资料上报税务总局，全面反映河北地税稽查工作亮点和精神风貌；利用内网广泛宣传全省稽查动态，及时发布领导讲话、图片新闻、信息简报、调研报告等各类信息，加强各地经验交流，保持全省步调一致，促进地税稽查工作提质提效。

【稽查调研】 各级稽查部门领导增加深入基层调查研究的次数和时间，与基层干部座谈研讨、谈心谈话、听取意见建议，了解掌握第一手资料，切实帮助基层解决实际问题和困难。

【稽查工作会议】 2016 年 4 月 21 日，全省地税稽查工作会议在衡水召开，省局稽查局中层以上干部、各区市局和省直管县局稽查局局长参加会议。会上，各单位汇报了 2015 年主要工作完成情况及 2016 年重点工作安排，沧州市、衡水市进行了典型经验介绍。省局党组成员、稽查局局长崔玉清作了题为《锐意进取　开拓创新　全力推进税务稽查工作现代化建设》的主题讲话，并结合贯彻落实全国税务稽查工作会议和全省地税工作会议精神，全面安排部署了 2016 年稽查工作。

【工作建议】 一是加强高层次稽查骨干培养，突出人才引领作用；二是加强国地税稽查人员交流，以增进了解，加强合作。

（宇文峰　刘彬彬　赵翠芳）

山西省

山西省国家税务局稽查局

【概述】 2016年，山西国税局以《深化国税、地税征管体制改革方案》为指导，以全面提升稽查工作质效，严厉打击涉税违法行为，整顿和规范税收秩序为主线，稳步推进稽查体制机制改革，探索创新稽查方式方法，充分发挥稽查职能作用，努力构建新常态下稽查工作新格局。全省检查企业3293户，查补收入148607万元。

【稽查体制机制改革】 2016年，山西国税局在全省“市级一级稽查”和“全市稽查一体化”稽查体制改革的基础上，以落实中央《深化国税、地税征管体制改革方案》为契机，贯彻执行税务总局关于稽查改革的战略部署，深化税务稽查改革，全面推行“全省稽查一体化”新机制，建立“集中选案，统筹检查，主体审理，属地执行”的集约化稽查业务模式，实现税务稽查资源整合，集中执法，跨区稽查，突出打击，彰显威慑，充分发挥税务稽查职能作用，整体推进税务稽查现代化建设。

【“营改增”专项稽查工作】 针对税务总局下发的风险点提取部分企业的发票流，结合全省实际情况综合分析“营改增”企业税负、开票量变化等情况，筛选29户重点风险企业，联合山西地税局开展全省“营改增”专项稽查工作，研究制定专项检查工作方案，成立专项检查工作组，实行共同进户执法，实现优势互补，提高检查工作效率。查补收入156.56万元。

【稽查查补收入及分析】 2016年，全省检查企业3293户，查补收入148607万元。其中：通过开展打击骗取出口退税和虚开增值税专用发票违法犯罪活动，查实47户涉嫌虚开企业，认定接受虚开发票57383份，涉及虚抵税款78608.25万元，认定对外虚开发票42677份，涉及税款68637.08万元，移送公安机关41户，公安机关抓捕犯罪嫌疑人9人。初步查实2户涉嫌骗税企业，查明骗取出口退税额113.14万元，违规出口退税额3.41万元，移送公安机关企业2户；开展重点税源企业随机抽查工作，查补收入20559.85万元；开展打击发票违法犯罪活动整治工作，全省检查企业2028户，查处涉票违法企业1842户，查处非法发票48558份，查补收入75114.26万元；受理税收违法检举案件105件，查补收入1441.63万元。

【案件查办情况】 2016年，全省各级国税稽查部门共立案检查企业1031户，查补收入64612万元，督导自查户数2262户，查补收入83995万元。其中千万元以上案件8起，查补收入22739万元，百万元以上案件40起，查补收入14296万元。全省各级税务机关以接受虚开及涉嫌虚开发票案件为突破口，一是利用集中整治、区域整顿等形式，重点对房地产、建筑安装、药品与医疗器械、商业批发与零售、电信、交通运输等发票违法问题高发、频发行业开展检查。二是针对不同的行业特点、企业类型、经营规模，组织查前培训，制作行业检查模板，提高发票检查人员业务能力和检查技巧。三是实行跨区域检查，抽调全省稽查部门200余名检查人员，组成4个工作组，由省局稽查局局领导担任组长，负责在全省开展打击发票违法犯罪活动工作，实行跨区域检查，提升稽查工作质效，避免执法干扰，增强执法刚性。

【重大案件查处】 针对税务总局巡视发现吕梁市兴县涉嫌虚开增值税专用发票的问题，对涉嫌虚开增值税专用发票的企业依法立案检查，基本确认26户涉嫌虚开增值税专用发票及其他抵扣凭证，涉嫌取得虚开增值税专用发票及其他抵扣凭证22768份，涉及金额276342万元、税额44038万元，价税合计320380万元，涉及全国21个省（直辖市、自治区）、295户上游销售企业、1128个身份证号码；对外开具增值税专用发票26780份，涉及金额269980万元、税额44258万元，价税合计314238万元，涉及全国22个省（直辖市、自治区）、356户下游购货企业。

【重点税源企业检查】 认真贯彻落实税务总

局加强国税、地税合作的工作要求，与地税部门积极探索实践“共建协调机制、共享涉税信息、联合确定稽查对象、联合实施检查、协同案件审理、协同案件执行、稽查结果利用”联合税务稽查机制，共同确定275户重点税源企业，开展随机抽查工作，充分发挥国地税稽查协同作战优势，对根据自查结果确定的170户重点检查企业实行联合进户执法，资源共享、各税统查、分别入库，避免多头重复检查和税款流失。对中国银行股份有限公司、华润集团、中国铁路总公司等六大集团山西省分支机构开展重点检查。查补税款20559.85万元。

【区域性税收专项整治】　2016年，按照税务总局和省局对专项整治的工作要求，结合山西实际，在科学研判、综合分析的基础上，确定“阳泉市耐火材料行业、晋城市医药行业、忻州市煤炭销售行业、吕梁市商贸企业、运城市农副产品收购加工行业、土炼油行业”等六个行业为区域专项整治重点行业。检查企业406户，查补收入14361.77万元，取缔土炼油企业45户，移送公安机关27起。

【打击发票违法犯罪活动】　充分发挥税务稽查“以查促收，以查促管”职能作用，一手抓“买方市场”，一手抓“卖方市场”，在大力推行增值税发票系统升级版、切实强化发票使用监控管理的基础上，开展打击发票违法犯罪活动整治工作。全省检查企业2028户，查处涉票违法企业1842户，查处非法发票48558份，查补税款75114.26万元；移送公安机关案件42起，公安机关立案42起，抓获犯罪嫌疑人40名，移送检察机关起诉1起；联合通信管理局治理发票违法短信息1516515条，网站登载信息3条，关停手机号码60个，治理短信群发器4台。

【打击虚开增值税专用发票】　在税务总局的统一部署下，借助“全省稽查一体化”机制的优势，首次采取跨区域稽查方式，统筹调配全省稽查力量，成立4个检查组，抽调200余名骨干，与公安、海关、人民银行等部门联合开展2016年打击骗税和虚开工作专项行动。在检查过程中，注重加强部门协作，打造“流管理”，对人民银行等部门提供的证据资料，通过“货物流”“资金流”与“发票流”相互印证，与货劳、征管等部门共同分析研判，开展调查取证。与公安部门联合开展外围调查，统一突击调账，及时移送案件，实现精准发力，提升取证效率。通过内查外调，多管齐下，全省立案查处虚开案源企业58户，移送公安机关47户，公安机关抓捕犯罪嫌疑人15人，初步认定接受虚开发票63303份，涉及虚抵税款133505.53万元；认定对外虚开发票46274份，涉及税款121922.13万元；查补收入135267.32万元。

【打击骗取出口退税】　国税、公安、海关、人民银行四部门紧密协作，在“全省稽查一体化”新机制下，主动作为，创新方法，对税务总局下发的4户骗税案源企业立案查处，查明骗取出口退税额113.14万元，违规出口退税额3.41万元；查补税款141.64万元；移送公安机关企业2户。

【税收“黑名单”制度】　严格落实税务总局税收违法“黑名单”制度和对重大税收违法案件当事人实施联合惩戒措施要求，按时做好案件公布及惩戒工作，2016年对外公布税收违法“黑名单”信息9件，与联合惩戒相关责任单位交换信息21件次；联合惩戒成员单位对“黑名单”当事人在相关领域开展惩戒21件次，“黑名单”信息通过公告栏、报纸、广播、电视等网络媒体宣传210余次，形成褒扬诚信、惩戒失信的强大合力，对激发、引导纳税人纳税遵从，提高纳税人依法纳税意识发挥积极作用。

【涉税违法案件检举】　制定下发《税收违法行为检举工作规范》，为全省国税系统履行税收违法行为检举管理职责、落实工作责任，提供规范统一、操作性强的执行标准。全省受理税收违法检举案件105件，查补收入1441.63万元。

【案件协查】　2016年，山西省各级稽查部门全面加强协查工作管理，服务查办骗税和虚开案件工作，通过协查系统发出委托协查848起，协查发票4725份，涉及金额264195.68万元，税额44473.30万元。通过协查系统收到受托协查1719起，协查发票60359份，涉及金额860736.52万元，税额141201.53万元。委托协查选票准确率82.46%，受托协查累计按期回复率100%，通过协查系统实现查补收入13058.66万元。

【稽查制度建设】　印发《山西省国家税务局关于进一步完善稽查管理机制的意见》，以及与之相配套的《山西省国家税务局税务稽查工作绩效考评办法（试行）》等系列制度，为稽查体制机制改革的推进提供施工图和时间表；围绕部门合作，与地税部门联合下发《山西省国家税务局　山西省地方税务局联合稽查工作实施办法》，探索建立“共建协调机制、共享涉税信息、联合确定稽查对象、联合实施检查、协同案件审理、协同案件执行、稽查结果利用”联合税务稽查机制；制定《税收违法行为检举工作规范》，为稽查工作法治化、规范化的有序开展提供规范统一、操作性强的执行标准。

【稽查队伍建设】 2016年，按照税务总局稽查体制机制改革的总体要求和党建工作新要求，持续加强稽查队伍建设并取得新进展。一是按照集约化稽查改革要求，健全稽查干部队伍管理机制，采取遴选等方式，选拔一批业务能力强、综合素质高的年轻干部充实稽查队伍。二是坚持骨干引领作用，山西国税局稽查局开展3期骨干培训，抽调各市稽查精兵强将200多人承担重大专项行动，通过实战锻炼，提升干部队伍专业化水平。三是坚持党风廉政建设与稽查业务工作同部署、同落实，扎实开展“两学一做”学习教育活动，提升稽查党员干部拒腐防变和抵御风险的能力。

【稽查工作会议】 2016年4月26日，全省国税稽查工作（视频）会议在太原召开。会议传达了全国税务稽查工作会议精神，总结回顾了2015年全省国税稽查工作，明确今后一个时期稽查改革方向，部署2016年全省稽查工作任务。省局党组成员、副局长范扎根作了题为《把握机遇 深化改革 奋力开创全省国税稽查工作新局面》的工作报告。会议提出，做好2016年全省工作要着力提升五个“意识”：一是强化责任意识，扎实推进稽查体制机制改革；二是强化大局意识，确保完成稽查堵漏增收任务；三是强化担当意识，狠抓大要案件查处；四是强化规范意识，着力夯实稽查基础；五是强化人本意识，提高干部队伍素质。

【工作建议】 继续深化稽查体制机制改革，进一步优化全省稽查资源配置，改变属地稽查方式，全面提升稽查管理层级，增强执法刚性和统一性，提升稽查工作质效。加强稽查干部队伍建设，在保障稽查队伍稳定的基础上，逐步提高稽查人员占税务人员的比例。

（范　瑞）

山西省地方税务局稽查局

【概述】 2016年，山西地税局稽查局认真贯彻落实税务总局稽查局一系列工作部署，严厉打击各类税收违法行为，完成各项稽查工作任务。充分发挥“以查促收、以查促管”的稽查职能作用，稽查堵漏增收成效明显。落实“一单、两库、一细则、一公开”工作，大力强化监管。紧抓大要案查处，稽查打击威慑效应不断彰显。夯实税收信用体系，税收“黑名单”及联合惩戒工作成效初显。金税三期工程优化版稽查业务模块成功上线并平稳运行，稽查现代化建设工作取得新进展。

【稽查现代化建设】 一是金税三期工程优化版成功上线。2016年，山西金税三期工程优化版换版工作启动，完成差异分析、初始化、全量全业务测试、双轨试点等各项工作，调整修改设置30余处，提交功能性问题和优化建议60余条，稽查业务部分于2016年10月8日在全省成功运行。12月，系统新增随机抽查、自查补税功能。二是电子查账软件应用继续深化。在电子查账软件覆盖省、市、县三级稽查局的基础上进一步加强软件应用，通过业务比武、以查代训、案例分析、绩效考核等多种方式不断提升软件应用水平，软件查案数量稳步提升，重点税源企业使用软件检查比例达到100%，电子查账软件应用效果明显。三是稽查现代化装备建设不断加强。建立查账室、询问室、案卷制作室等，为全省一线稽查人员配置执法记录仪、便携式扫描仪等现代化装备全部落实到位。

【稽查体制机制改革】 针对“营改增”及稽查系统管理日益重要等实际情况，2016年8月30日山西地税局党组会议研究决定，将山西地税局稽查局发票管理科恢复为系统管理科，撤销各市、县发票检查机构，全省稽查机构更加合理完善。2016年10月，对山西地税局各科室职责进行重新梳理修订，对科室人员进行调整，在紧抓稽查工作的同时进一步加强系统管理，各项基础工作日趋规范化、精细化。

【稽查查补收入及分析】 2016年，山西省各级地税稽查部门认真落实工作任务，抓好各项重点工作，全面加大案件查处力度。全省检查纳税人3723户，其中：组织2792户纳税人开展自查，直接检查纳税人931户；全年各项查补收入23.61亿元（自查收入19.85亿元，直接查补入库收入3.76亿元），列全国地税查补收入第12位；稽查查补收入占同期税收收入的3.18%，比上年同期提升0.39个百分点，列全国地税第4位。稽查选案准确率96.67%，稽查查补收入入库率99.24%，均超过税务总局的绩效考核目标要求。

【重大案件查处】 山西各级地税稽查部门进一步加大大要案件查处力度，突出重点行业和重点问题，集中稽查力量，实施联动机制。2016年立案查处百万元以上案件33件，查补收入2.86亿元，比上年同期增长66.69%。其中：立案查处税款在100万~1000万元的重大违法案件28件，查补收入1.25亿元；立案查处税款在1000万~1亿元的案件5件，查补收入1.61亿元，充分发挥了稽查执法的震慑作用。

【随机抽查】　按照国务院关于“双随机、一公开”监管工作的一系列决策部署，根据税务总局及省政府工作安排，山西地税局稽查局认真调查研究，落实“一单、两库、一细则、一公开”工作，推行“双随机”检查模式，规范执法行为，减轻纳税人负担，营造公平竞争的发展环境，2016年随机抽查比例达到80.31%。

【重点税源企业检查】　一是2015年11月税务总局安排的重点税源企业随机抽查工作，对涉及山西的9户重点税源企业546户分支机构随机抽查，查补收入8383.75万元；二是与国税部门联合开展2016年全省重点税源企业随机抽查工作，根据重点税源企业风险监控预警情况，随机抽选1283户企业开展自查，直接检查122户，查补收入1.02亿元；三是做好2016年税务总局安排的重点税源企业随机抽查工作，按照税务总局安排，对涉及山西省的26户企业集团874户分支机构开展随机抽查，自查阶段取得查补收入5620.92万元；四是探索新的“双随机”检查模式，2016年11月采取“以查代训”和异地检查相结合的方式，从各市随机选取33名检查人员和11户企业开展“双随机”检查，初步查补收入2000余万元。

【打击发票违法犯罪活动】　会同山西国税局联合制定实施方案，共同成立打击发票违法犯罪活动工作小组，完善与国税部门、公安部门的工作协作机制，开辟信息交流通道，实现案件信息共享，联合深入开展山西打击发票违法犯罪活动工作。对房地产、建筑安装、药品与医疗器械、商业批发与零售、电信、交通运输等发票违法问题高发、频发行业开展重点检查工作。2016年查处违法受票企业381户，完成税务总局计划任务的127%，查处非法发票1677份，涉及金额1.43亿元，查补税款626.66万元，加收滞纳金117.01万元，罚款274.2万元，移送发票违法案件2起，全省发票使用环境得到进一步净化。

【税收“黑名单”制度】　严格贯彻落实税务总局税收“黑名单”工作要求，严格筛选各类税收违法案件信息，准确定性、严格把关，对2起达到重大税收违法案件公布标准的案件，按规定录入重大税收违法案件公布信息系统，在山西地税局门户网站进行公布，并推送省局纳税服务处实施相应惩戒措施。向实施联合惩戒措施备忘录的22个单位进行推送，使违法纳税人“一处失信，处处受限”，最大限度发挥税收“黑名单”制度的震慑力，促进纳税遵从度提高。

【涉税违法案件检举】　进一步加大对税收违法举报案件的查处力度，山西省各级地税举报中心受理举报案件355起，其中：省局直接受理82起（税务总局稽查局交办8起，督办1起），各市局直接受理260起，县局受理13起。查处314起，查补税款631.79万元，加收滞纳金187.93万元，罚款438.43万元，查补合计1258.15万元，全部入库。

【案件协查】　开展国地税联合稽查工作，与国税部门联合下发《山西省国家税务局　山西省地方税务局联合稽查工作实施办法》，联合开展税务总局重点税源企业随机抽查、全省重点税源企业随机抽查、打击发票违法犯罪活动及旅游市场税收整治等多项工作。

【稽查制度建设】　实行选案计划制度、主查负责制度、集体审理制度等，规范稽查执法，保证执法公正性。实行稽查工作联动机制管理办法，进一步集约稽查力量，优化资源配置，提升办案能力，逐渐形成全省地税稽查一盘棋的新局面。实行稽查人员廉政管理制度、绩效管理考核办法等各项制度，进一步夯实系统和内部管理，工作质效不断提升，稽查执法风险得到有效防范。

【稽查系统建设】　加强内控机制建设，以金税三期工程系统为依托，强化稽查“四环节”监督制约，在注重环节、部门协调配合的同时突出各环节的监督制约。

【稽查队伍建设】　通过组织绩效与个人绩效“双轮驱动”，进一步激发干部队伍活力，有效推进干部队伍建设。建设学习型稽查干部队伍，通过个人自学、集中学习、业务培训、岗位练兵等多种途径提高干部队伍整体素质，着力培养一批拉得出、打得响、懂政策、善执法的稽查干部群体。落实党风廉政建设“两个责任”，坚持将党风廉政建设与稽查工作同部署、同落实，按照省局党风廉政建设相关工作要求，安排好省局部署的各项工作及活动，确保圆满完成党风廉政建设工作任务。落实《山西省地方税务局稽查局关于贯彻落实党风廉政建设两个责任的实施意见》和《山西省地方税务局稽查局落实党风廉政建设主体责任清单》，将党风廉政建设主体责任和监督责任分解细化并落实到岗到人。狠抓干部队伍作风建设，开展党风廉政建设约谈，并加强对党员干部工作八小时以外的监督管理，2016年未出现一例违规违纪行为。

【稽查业务培训】　以“岗位大练兵，业务大比武”活动为契机，全面提升干部队伍整体业务素质，10名稽查专业骨干入选税务总局“115”人才工程，并培养了一批岗位业务能手。加大稽查现代化培训力度，先后举办全省地税系统金税三期工程优化版稽查业务师资培训班和两期全省地税系统稽查现代化业务暨全国税务稽查规范（1.0版）培训班，组织200余名稽查骨干（师资）参加。

【稽查宣传】 2016年，山西地税局稽查局选择19起社会关注度高、违法行为较为典型的案件，通过《山西日报》进行公开曝光，有力震慑税收违法犯罪行为。

【稽查工作会议】 2016年4月召开全省地税稽查工作会议，根据税务总局工作思路和山西省政府工作精神，明确“十三五”时期稽查工作思路，针对组织收入工作面临的复杂严峻形势，要求全省地税稽查部门进一步增强执行力和落实力，着力抓好完成稽查堵漏增收任务、打击涉税违法犯罪、国地税联合稽查、干部队伍建设等各项重点工作，用实际行动服务税收工作。

（张 惠）

内蒙古自治区

内蒙古自治区国家税务局稽查局

【概述】 2016年，内蒙古国税局稽查局认真贯彻落实全国税务稽查工作会议和全区国税工作会议精神，围绕税收中心工作，以打击涉税违法犯罪和查补收入为重点，以查处大要案为工作抓手，积极推进稽查体制机制改革，巩固稽查改革工作模式，加强稽查队伍建设，全面提升稽查质量。全区国税稽查部门对内抓规范执法，对外重点打击违法，圆满完成全年各项工作任务。

【稽查现代化建设】 一是进一步充实稽查力量。选拔一批年富力强、勇于开拓、德才兼备的优秀人员充实到稽查队伍中。二是提升稽查队伍整体素质。进一步提高一线检查人员占全体稽查人员的比例，提高具备独立查账能力人员和电子查账能力人员占一线检查人员的比例。加强对稽查人才库人员的管理，建立科学的稽查人才培养长效机制，重点培养复合型和专业型税务稽查人才。广泛开展岗位练兵和争创稽查能手活动，使稽查队伍整体素质不断提高。三是通过建立学习型稽查团队，努力打造一支政治坚定、业务熟练、公正廉明、作风优良、敢打硬仗、能打胜仗的专业化稽查队伍。四是提高稽查装备现代化水平。内蒙古国税局稽查局加大对稽查现代化的投入，稽查经费进一步向基层倾斜，积极推广应用稽查电子查账软件，更新和配备笔记本电脑、录音、录像、数据采集等硬件设备，实现稽查装备的现代化。

【稽查体制机制改革】 转变方式，创新发展，提高稽查检查质量。一是继续深入推进稽查管理模式改革。根据全区地域广阔，稽查人员相对较少，税源分布不均衡，税源结构差异明显等特点，继续在市级稽查局全面推行“统筹人员、统一选案、区域稽查、集中审理、属地执行”的新型稽查工作模式。积极探索推行区局一级稽查模式，统一部署、发挥优势、整体联动、集中力量查办大案、要案。2016年，全区抽调30名业务骨干，组成4个检查组，分别对重点税源、打虚打骗等工作开展检查，最大限度地发挥一级稽查的职能作用。二是创新稽查检查方法。不断探索和转变稽查检查思路和手段，在全系统全面推行“延伸稽查”“关联稽查”“阳光稽查”“调研式检查”和“审计型检查工作底稿模式”等多种稽查检查方式方法，建立税务稽查案例分析制度，形成行业、税种税收检查指南，不断改进和创新稽查手段，为稽查工作提供新动力。三是大力推进分级分类检查。进一步完善分级分类稽查管理制度，对各级稽查部门的检查权限进行明确，打破各地各自为战的检查格局，进一步调动各级稽查部门的工作积极性和主动性，创新性地开展稽查工作。

【“营改增”专项稽查工作】 根据税务总局工作要求，切实做好2016年内蒙古自治区国税系统“营改增”高风险企业专项稽查工作，内蒙古国税局制定并印发《2016年“营改增”高风险企业专项稽查工作方案》。根据该方案的部署，全区各级国税局稽查局对“营改增”后代开、自开发票异常企业、收入成本配比异常房地产企业、住宿餐饮比率明显超同期或入住率明显异常企业开展专项检查。重点检查这些企业“营该增”之后的增值税发票取得和开具情况。2016年查补税款、罚款及税收滞纳金1300多万元。

【稽查查补收入及分析】　2016年，全区国税系统稽查部门立案检查纳税人930户，其中有问题户数912户，选案准确率98.06%。结案户数926户，查处案件结案率99.56%。稽查收入18.11亿元，入库18.1亿元，入库率99.94%。其中，稽查查补收入2.41亿元，查补税款1.66亿元，加收滞纳金5459万元，罚款1982万元；稽查机构组织企业自查收入15.7亿元。

【案件查办情况】　不断深化税警协作联络机制，各级国税局稽查局依托公安部门，重拳出击，查处各类涉税违法犯罪行为。内蒙古国税局与内蒙古公安厅、内蒙古地税局联合成立税警联络机制办公室，负责统筹指挥、协调税警日常案件查办协作事项。2016年，内蒙古国税局稽查部门向公安部门移送涉嫌犯罪企业49户，联合公安经侦部门侦办46户。公安立案检查29户，抓捕犯罪嫌疑人24人。内蒙古国税局稽查部门核查发票33439份，认定虚开发票4272份，虚开发票金额7.04亿元，查补收入821.52万元。

【案件特点分析】　新形势下，涉税违法犯罪活动对税务稽查部门受理案件的快速性、打击违法犯罪案件的精准性、查处案件的规范性等提出了极高的要求。促使税务稽查部门不断提升工作能力。税务部门应探索建立防范和打击虚开增值税专用发票、骗取出口退（免）税违法犯罪行为的长效机制。

【税收专项检查】　2016年，内蒙古国税局稽查部门与海关、公安、人民银行等部门联合开展打击虚开增值税专用发票和骗取出口退（免）等涉税违法犯罪行为的专项行动。重点对阿拉善盟惠农、良友虚开增值税专用发票案等104户涉嫌虚开增值税专用发票企业进行检查，其中49户企业移交公安立案侦查。

【区域性税收专项整治】　进一步加大打击虚开发票、骗取出口退税、制售以及购买假发票等涉税违法活动的工作力度，配合税制改革推行，结合自治区国税工作实际，在呼和浩特市、包头市两个地区开展区域性税收专项整治，对上述区域涉及煤炭、铁精粉、稀土等的商贸企业，以绒毛等农畜产品为原料的加工经销企业进行重点检查，打击各类涉税违法犯罪活动，规范税收秩序。

【重点税源企业检查】　按照“以企业自查为先导、以税务机关重点检查为保障、以组织稽查税收收入及时足额入库为抓手”的工作模式，在全区范围内组织开展重点税源企业检查工作。2016年，按照税务总局下发的重点税源企业抽查名单，结合本地区税源实际情况，对全区1524户重点税源企业开展税收核查。组织上述企业对其2014年度和2015年度税收申报缴纳情况进行认真自查。经企业自查，涉及各项税款1.59亿元，加收滞纳金1336.71万元，入库2607.87万元。

【打击发票违法犯罪活动】　进一步加强虚假发票“买方市场”整治工作，将发票整治工作与税收各类检查工作有机结合，坚持查案必查票、查税必查票、查账必查票，稽查报告中必须将企业发票违法行为单独叙述。对房地产、建筑安装、药品与医疗器械、商业批发与零售、电信、交通运输等行业开展发票使用情况重点检查。将“办公用品”“餐费”发票等列入税务稽查的重点检查内容，逢票必查，查真假，辨虚实，加大查处力度。2016年，全区国税系统稽查部门查处有问题企业897户，查处违法发票21344份，涉及金额6.87亿元，查补税款5186.44万元，加收滞纳金275.83万元，罚款1351.19万元、没收违法所得0.01万元，6起发票违法案件移送公安机关。

【打击虚开增值税专用发票】　对税务总局、公安部门指定以及自选17户企业开展打击虚开增值税专用发票专项检查。经查证，有12户企业涉嫌虚开增值税专用发票犯罪，向公安部门移交，进行刑事犯罪侦查。其余企业经检查，发现购进业务不真实，不适用实行按销售额投入产出法核定进项税额抵扣，应将其进项税额转出，认定为偷税。

【税收“黑名单”制度】　为将税收违法“黑名单”信息推送工作落到实处，内蒙古国税局稽查局积极与自治区发改委社会诚信管理部门沟通协调，取得社会信用信息管理平台的子系统“联合奖惩系统”的维护权限，可以直接将税收违法“黑名单”信息传递至内蒙古社会信用信息管理平台，对推送有误或需要更改的信息及符合撤出条件的税收违法“黑名单”信息均可直接操作，确保了信息的及时性、准确性、时效性。2016年，全区各级国税局稽查局录入重大税收违法案件信息系统税收违法“黑名单”企业46户，向社会公布税收违法“黑名单”企业43户，撤出23户。录入信息系统的企业信息全部推送至各级国税机关纳税服务及相关管理部门，纳税信用级别全部判定为D级，采取严格限量供应发票，从严审核出口退税，缩短纳税评估周期等管理措施；公布的税收违法“黑名单”企业信息也通过内蒙古自治区社会信用信息管理平台推送至发改委、公安、法院、银行、工商、交通运输、海关等相关部门；对已撤出的税收违法“黑名单”信息向实施联合惩戒的有关部门推送。

【涉税违法案件检举】 全区各级国税局稽查局认真落实税收违法案件举报的各项管理制度，严格执行案件受理程序，提高案件受理水平，依法查处举报案件，优化举报案件管理工作，修订《单纯索要发票举报事项快捷处理办法》。全区各级国税局稽查局举报工作人员努力做到受理一件，解决一件，矛盾不上交，问题不下推，把问题解决在基层、解决在当地。2016年，受理举报案件62件，检查检举案件61件；查补税款、罚款、加收滞纳金540.20万元；入库485.55万元，入库率89.88%。接受税务总局稽查局举报中心交办案件10件。已结案4件；根据被检举企业实际情况，暂存待查1件；正在实施检查案件5件。

【案件协查工作】 全区国税系统稽查部门牢固树立全国协查“一盘棋”的思想，强化“协查地就是案发地”的观念，推行协查工作绩效考核，协查信息管理系统运行平稳。2016年，全区国税系统稽查部门通过协查系统发出协查函176起，涉及企业177户次，各类发票3522份，金额10.10亿元，税额1.69亿元；收到全国各地受托协查函670起，涉及企业768户次，各类发票13143份，金额24.75亿元，税额4.10亿元。

【稽查制度建设】 加强与内蒙古地税局、公安等部门的协作配合，制定《内蒙古自治区公安厅派驻自治区国家税务局、地方税务局联络机制运行暂行办法》，成立税警联络机制办公室，负责统筹指挥、协调税警日常协作事项。根据国地税合作关于联合稽查的相关要求，内蒙古国税局联合内蒙古地税局制定《内蒙古自治区国家税务局 地方税务局联合稽查工作办法实施方案》，建立全区国地税联合稽查检查工作制度，规范双方税收稽查活动。

【稽查队伍建设】 全区国税稽查部门按照全区国税系统党风廉政建设工作会议的要求，围绕保证权力正确行使，促进廉政建设目标实现，加强对税务稽查内部工作环节的监督制约，提高稽查干部廉洁自律意识，完善案件查办中的制约措施，实现科学分权、相互制约，强化流程监督。深入开展廉政教育，提高稽查干部的政治敏锐性，警示稽查干部筑牢反腐倡廉的思想防线。引导稽查人员爱岗敬业，转变作风，增强执法风险意识和廉洁自律自觉性。

【稽查人才库建设】 进一步完善《稽查人才库管理办法》，对政治素质过硬、廉洁律己、业务精湛、专长突出的稽查干部，重点培养，及时入库，大胆使用。实行人才库的动态管理，优化人才专业、年龄结构，2016年，全区稽查人才库有50多人，逐步形成多行业、多门类、多元化的专家型稽查人才库格局。

【稽查业务培训】 坚持提高综合素质与岗位练兵相结合，积极开展全员岗位练兵活动，狠抓办案业务建设。内蒙古国税局稽查局组织全区国税系统稽查骨干业务培训班；各盟市级国税局稽查局通过汇编稽查案例、开展优秀案例评选和案例讲评、组织稽查人员脱产培训、举办查账技能专题培训班等方式，开展形式多样、内容丰富的业务培训和岗位练兵活动。

【稽查信息化建设】 利用推行增值税发票新系统的契机，利用金税三期工程等税收数据平台，整合现有稽查信息系统，真正实现人机结合，提高选案的准确率、相关数据统计质量和分析水平，提高运用信息化手段的检查能力。推进稽查电子数据采集系统与电子查账软件的应用，有效应对企业利用电子账簿虚假记账、转移、隐匿或销毁电子账簿的行为，提高运用信息化手段进行涉税违法行为检查的能力。建立稽查信息共享机制。对内与征管、大企业管理、税政等部门建立信息共享平台；对外与地税、工商、银行、财政、海关、审计、外贸、外汇、国土、房管等部门探索建立信息共享机制，搭建信息共享平台。

（康健全）

内蒙古自治区地方税务局稽查局

【概述】 2016年，全区地税稽查部门认真贯彻落实税务总局和内蒙古地税局的各项工作部署，紧紧围绕中心工作，不断创新稽查工作思路，切实加大稽查力度，发挥稽查职能作用，扎实工作，务求实效，较好地完成全年各项工作任务，截至2016年12月31日，查补收入18.23亿元，组织入库18.96亿元，为全区地方税收收入的稳步增长做出贡献。

【稽查体制机制改革】　2016 年，全区地税稽查系统建立健全规章制度，推进稽查各项改革。一是在全区地税系统实施稽查体制改革，根据经济和地域特点，因地制宜实行自治区级稽查和盟市级稽查“双重”管理体制，针对全区稽查力量薄弱、国地税稽查人员严重不配比、难以开展联合检查的现状，调整充实稽查人员，加强稽查力量。二是创新稽查模式和管理方式，采取抽调全区稽查业务骨干、区局集中力量统一组织开展盟市间异地交叉互查、区局直属三个稽查局重点抽查、区局稽查局督导检查等多种形式，改革属地稽查方式，提升稽查管理层级，增强稽查执法独立性，做到上下联动、政策统一、异地交叉、查深查透，发现和纠正纳税人存在的涉税问题，有效避免税收流失，提升稽查工作质效。三是建立随机抽查和案源管理制度。制定《全区地税稽查随机抽查实施方案》，编写随机抽查业务需求，开发全区地税随机抽查子系统，建立税务稽查对象分类名录库、税务稽查异常对象名录库和税务稽查执法检查人员分类名录库。四是与内蒙古国税局联合制定《内蒙古自治区国、地税联合稽查工作实施办法》，全面推行国地税联合进户稽查，增强稽查执法合作效能。五是建立健全公安派驻税务联络机制。制定《公安派驻国、地税联络机制运行暂行办法》，设立“内蒙古自治区公安厅派驻自治区国家税务局、地方税务局联络机制办公室”，进一步推进公安派驻税务联络机制工作，改进和完善警税协作制度。

【“营改增”专项稽查工作】　2016 年，为配合全区“营改增”试点工作，掌握重点行业以前年度税收缴纳情况，在全区范围内部署开展房地产、建筑安装业专项检查工作。在全面部署自查核查的基础上，从金税三期工程系统中随机抽取 149 户房地产、建筑安装企业，从各地抽调业务骨干组成 24 个检查组，开展盟市间异地交叉互查。区局直属三个稽查局分别组成 9 个检查组，对各盟市重点房地产、建筑安装企业，以及检查中阻力大、不认真开展自查、不配合核查的房地产、建筑安装企业开展重点抽查检查，区局稽查局组成督导组深入各地督导检查，取得较好成效。全区组织自查及检查房地产、建筑安装企业 22498 户次，查补收入 38.2 亿元，组织入库 21.8 亿元。

【稽查查补收入及分析】　2016 年，全区各级地税稽查机关检查和督导企业自查 2979 户，查补收入 18.23 亿元，入库收入 18.96 亿元，同比增长 28%。稽查部门直接检查 290 户，查补收入 1.09 亿元，入库收入 1.48 亿元。查补收入中查补税款 6023 万元，加收滞纳金 3297 万元，罚款 1605 万元。组织纳税人开展自查 2689 户，自查查补收入 17.14 亿元，自查入库收入 17.47 亿元。

【案件查办情况】　一是坚持把查办案件作为推进稽查工作的着力点，不断加大对各类税收违法案件的查处力度。二是突出做好“营改增”税收专项检查、重点税源企业检查和税收专项整治工作，集中力量查办涉税举报案件、协查案件和督办案件，严厉打击各类税收违法行为。2016 年，全区各级地税稽查机关共检查和督导企业自查 2979 户，其中稽查部门直接检查各类纳税人 290 户，审结户数 272 户，有问题 249 户，选案准确率 92%；立案 290 户，结案户数 248 户，结案率 86%。全区受理税收违法检举案件 71 件，查处 52 件，查补收入 3423.21 万元，入库收入 2837.27 万元。

【案件特点分析】　一是财务核算不健全、不规范，不能如实反映企业运作、销售的过程，无从核实业务真实性。资金结算上以现金结算较多，难以判定其资金流和货物流是否一致。二是部分企业因其企业所得税采取核定征收的方式，不重视成本核算工作，会计凭证不规范，成本核算不实、白条入账的现象时有发生。三是依然存在设置“两套账”，利用账外经营的手段隐匿经营收入，逃避缴纳税款。四是房地产企业的成本核算混乱，收入与费用支出的比例不匹配，没有按相应的核算项目归集成本费用。

【重大案件查处】　针对全区地税稽查大要案件查处重点、难点问题，由区局统筹调配稽查力量，集中统一组织查处，在查办大要案件中发挥引领示范作用，取得较好效果，在全区产生较大震慑，有力打击涉税违法犯罪活动，彰显稽查威慑力。2016 年全区地税稽查查处百万元以上案件 13 件，查补总额 5735 万元，入库总额 7230 万元。对随机抽取的 149 户房地产、建筑安装企业开展为期三个月的自查辅导、重点抽查及稽查检查。从全区各级稽查局抽调 47 名业务骨干组成 14 个检查组，对中建国际发展有限公司承建的内蒙古地区的项目和内蒙古维多利集团及下属企业实施重点稽查。配合自治区纪检委、检察院对内蒙古巨华房地产开发有限公司等 2 起涉税案件进行核查，对“4·25”案件地方税查处结果进行处理。完成自治区检察院交办的 2015 年度 2 起涉税案件的复函。

【随机抽查】　2016 年，全区地税稽查随机抽查户数1707户（包括自查），查补1.33亿元，入库1.35亿元。其中对随机抽取的149户房地产、建筑安装企业，开展盟市间异地交叉互查及重点检查，查补收入4.4亿元，组织入库3.5亿元。

【重点税源企业抽查】 按照税务总局要求部署开展重点税源检查工作。一是按照“以企业自查为先导、以税务机关重点检查为保障”的工作模式，开展对税务总局随机抽取的26户重点税源企业，涉及内蒙古自治区的368家成员单位，全区国地税联合抽取的12户重点税源企业及其成员单位自查工作。组织召开自查辅导会，明确检查对象、检查年度和时间安排，要求纳税人对照提纲，结合实际，认真自查，积极主动防范和化解税收风险，并积极配合下一步检查工作。自查阶段查补总额8510万元，其中查补税款3204万元、滞纳金348万元、其他税费4958万元；自查查补入库8259万元。二是与内蒙古国税局共同组织对292户重点税源企业开展随机抽查工作，查补收入3635万元，入库收入3546万元。三是与内蒙古国税局联合组织开展对40户重点稽查对象，涉及内蒙古自治区的企业及其成员单位，共计1300余户纳税人的督导自查工作，联合召开自查阶段税企见面会，部署自查工作。

【打击发票违法犯罪活动】 会同公安部门加大对制售非法发票违法犯罪活动的打击力度，以重点地区为突破口，通过打源头、端窝点、摧网络，全面开展非法发票“卖方市场”专项整治行动。重点对房地产、建筑安装、餐饮娱乐、旅游住宿、金融保险和代开发票等发票违法问题高发、频发行业开展发票使用情况检查，截至2016年11月底，全区检查发票违法企业10009户，查处发票违法企业2586户，查处非法发票5177份，涉及金额7017.52万元，查补收入402.96万元。

【涉税违法案件检举】 2016年，全区受理税收违法检举案件71件，查处52件，查补3423.21万元，入库2837.27万元。没有税务总局督办的税收违法检举案件，有税务总局交办税收违法检举案件3件，查结2件，1件正在查办中。

【案件协查】 2016年，收到北京、黑龙江等地寄来的委托协查函2份，均按要求进行检查核实并及时进行了反馈。向河北地税局稽查局发出协查函2份，涉及发票真伪查验以及业务真实性核实，河北地税局稽查局已反馈结果，为案件的查处起到积极作用。

【稽查制度建设】 一是建立随机抽查和案源管理制度。制定《全区地税稽查随机抽查实施方案》，编写随机抽查业务需求，开发全区地税随机抽查子系统，建立税务稽查对象分类名录库、税务稽查异常对象名录库和税务稽查执法检查人员分类名录库。二是与内蒙古国税局联合制定《内蒙古自治区国、地税联合稽查工作实施办法》，全面推行国地税联合进户稽查，增强稽查执法合作效能。三是建立健全公安派驻税务联络机制。制定《公安派驻国、地税联络机制运行暂行办法》，设立“内蒙古自治区公安厅派驻自治区国家税务局、地方税务局联络机制办公室”，进一步推进公安派驻税务联络机制工作，改进和完善警税协作制度。

【稽查系统建设】 一是积极探索和推进稽查系统体制建设。根据经济和地域特点，因地制宜实行自治区级稽查和盟市级稽查“双重”管理体制，针对全区稽查力量薄弱、国地税稽查人员严重不配比、难以开展联合检查的现状，调整充实稽查人员，加强稽查力量。二是积极推进稽查管理层级提升。经过努力，2016年底，经自治区编委会审议通过，内蒙古自治区地方税务系统14个盟市级稽查局升格为准处级单位，进一步提升了稽查管理层级。三是创新稽查模式和管理方式。重视发挥稽查系统整体合力作用，根据稽查工作需要科学合理调配稽查资源，充分发挥自治区级稽查的作用，由区局统筹调配稽查力量，集中统一组织查处，采取三级联动，上下合力，以老带新，以点带面，重点突破，执法独立，政策统一，异地交叉，查深查透，取得较好效果和震动效应。四是开展工作通报制度，区局稽查局定期对各项工作，如稽查查补入库、稽查选案、案件查处、打击制售假发票、稽查案件审理管理、稽查案件执行及涉税案件检举、协查等工作的开展情况进行通报，提出工作要求，促进质量提高。五是加强稽查工作督导，通过实地督导、会议培训、案件督办等形式，及时了解掌握稽查工作及案件查办进展情况。六是加大对稽查系统的绩效考核力度，下达绩效考核指标，明确考核要求，严格绩效管理考核。

【稽查队伍建设】 一是通过“两学一做”学习教育活动，认真开展职业道德教育，树立爱岗敬业、奉献、服务的意识，在干部思想上贯彻稽查执法与服务并重的理念，尝试查前约谈的方法，把“纳税人的满意、地税人的追求”理念落实到稽查工作中。二是鼓励干部自学为主、自觉深造，通过在职学历教育、考“三师”资格、进行集体研讨、以案说法、案例剖析等多种形式，锻炼和提高每位稽查干部的业务水平和办案能力。三是加大稽查人才培养力度和深度，通过举办各类稽查实用型业务培训，鼓励稽查人员上挂锻炼或深入工作一线进行岗位锻炼等方式，提升稽查骨干专业技能。四是采取有效措施，加强廉政建设。加强内外监督，把廉政建设的有关规定落实到稽查各个环节，布置、检查、考核稽查工作的同时，把廉政建设和纠风工作作为一项重要内容长期来抓。

【稽查业务培训】　2016年1月，举办全区地税稽查协查系统维护与操作培训班，全区地税稽查系统近40人参加培训。2016年10月举办全区地税系统稽查业务和电子查账培训班，对全区80多名稽查业务骨干进行培训。2016年11月举办全区《全国税务稽查规范（1.0版）》及案件查办程序师资和内蒙古地税稽查随机抽查系统操作培训班，对全区80多名稽查业务骨干进行培训。

【稽查信息化建设】　进一步提升稽查信息化水平。一是根据区局统一部署，配合相关部门进一步完善金税三期工程稽查模块，做好测试和运行的业务保障工作，确保随金税三期工程推广规划同步到位。二是全面上线运行内控机制防御和管理评价系统。作为全区地税系统内控机制信息化建设的重要组成部门，从准备、试点到全面上线各阶段全程参与内控系统的推广上线，在区局的统一安排下，攻坚克难、全力以赴，先试先行，确保稽查风险点在内控系统中顺利运行。三是为各级稽查局购置和发放电子查账软件100套，进一步增强稽查查账手段，提升稽查信息化水平。

【稽查宣传】　一是坚持日常宣传。强化宣传意识，针对稽查工作特点，捕捉、挖掘日常工作中的宣传亮点，利用现代媒体、报纸等宣传工具多角度、多方位地宣传稽查各项工作。二是突出特色宣传。结合工作特点，深入挖掘宣传素材，在做好专项检查、重点检查、查处涉税检举等工作的同时，开展税收宣传，进一步丰富宣传内容，增强税收宣传的吸引力和针对性。三是主抓重点宣传。突出新法规、新政策、新举措；突出税务总局和内蒙古地税局的重点工作；突出纳税人最关心、最现实、最直接的涉税问题。坚持把工作重点融入到每一次宣传活动中去，贯穿于全年的各项宣传工作，使宣传工作的主旋律更加鲜明，税收宣传的服务保障作用得以充分发挥。

【稽查调研】　一是撰写行业税收征管建议。通过认真剖析近两年对银行业及电力行业检查中发现的涉税及税收征管问题，撰写《关于电力集团企业税收征管建议》和《关于银行业税收征管建议》，刊发在《内蒙古地税》上，供学习借鉴。二是编写行业检查指南。根据近年来对银行业的税收检查结果以及商业银行业务范围、经营特点和税务稽查检查的法定程序、要求，编写《银行业税收检查指南》一书，供全区地税税收管理及检查人员参考借鉴，促进稽查职能作用的充分发挥。

【稽查工作会议】　2016年4月，全国税务稽查工作会议结束后，在4月底前将此次会议精神向内蒙古地税局党组进行专题汇报，分别召开盟市及旗县地税局座谈会传达会议精神，形成具体贯彻落实意见上报税务总局。2016年9月召开全区地税稽查工作经验交流暨案件会审座谈会，通报前8个月全区地税稽查工作情况，部署下一步稽查工作任务，听取各盟市局重点工作情况汇报，对重点稽查案件集中会审、座谈交流，并进行案卷观摩和实地观摩。

【工作建议】　一是建议通过调整核定全区各盟市稽查人员编制、专门为稽查部门招录公务员等方式尽快充实稽查人员，加大稽查业务培训力度。二是建议适当调整税务局内部各部门职责定位，厘清稽查部门与其他管理部门间的业务边界，避免职责交叉重叠。三是建议加强稽查系统现代化、信息化建设，尽快提升稽查系统人员的现代化、信息化水平。

（呼　和）

辽宁省

辽宁省国家税务局稽查局

【概述】 2016年，辽宁国税局稽查局以党的十八大和党的十八届三中、四中、五中、六中全会精神为指导，全面贯彻税务总局稽查局和省局工作部署，认真落实《深化国税、地税征管体制改革方案》，以稽查体制机制改革为动力，以稽查信息化建设为手段，以维护税法尊严、提高纳税遵从为目标，以三项主要任务和数字稽查为重点，充分发挥税务稽查职能作用，推动稽查现代化建设加快发展。

【稽查现代化建设】 推行“归口+集中”的方法，全面实施稽查案源归口闭环管理，全面推行省局、市局稽查局集中选案。探索稽查案卷分析制度，提高分析模型的实效性，不断提高案源管理水平。建立“发函有据、回函及时、结果明晰、取证规范、监控严密、考核科学”的协查系统运行考核机制，优化流程，提高质效。联合公安部门召开全省警税协作暨2016年打击涉税违法犯罪重点工作部署会议，签署《警税信息资源合作共享协议》。

【稽查体制机制改革】 各级稽查局均按照要求建立三个名录库，除对线索明显的涉嫌偷逃骗抗和虚开发票等税收违法行为直接立案检查外，均采取随机抽查方式确定案源。进一步完善原有案头风险分析评估指标体系，开展定向稽查。定期推送“黑名单”，联合省发展改革委、省地税局在全国率先出台《对重大税收违法案件当事人实施联合惩戒工作规程》，实施联合惩戒。国地税稽查部门密切协作，成立联合检查工作领导小组，联合印发部署工作通知，联合抽取检查对象，联合组织召开检查会议，深入推进重点税源企业随机抽查工作。省市两级警税联络机制办公室全部挂牌成立并正式运行。

【“营改增”专项稽查工作】 2016年，辽宁国税局按照税务总局要求，结合实际，开展金融业、建筑安装业、房地产业、旅游娱乐服务业、餐饮住宿服务业等行业“营改增”专项检查工作，查补税款2182万元，入库税款2021万元。

【稽查查补收入及分析】 2016年，全省检查纳税人3958户次，审结3225户次，审理有问题3154户次，选案准确率97.8%；稽查查补26.4亿元，入库24.1亿元。

【案件查办情况】 通过税警协作，借助公安机关刑事侦查权和治安管理权，强化有限的税务检查权，全力查处虚开、骗税案件，有效遏制虚开、骗税严重违法行为。2016年，全省组织查处重大税收违法案件434宗，查补总额16.6亿元。通过税警协作查处案件139宗，打掉犯罪团伙51个，移送司法机关案件48宗，抓获犯罪嫌疑人78人，查处非法发票11.8万份。

【案件特点分析】 税警协作对查处大案要案起到关键作用；通过及时新闻发布和“黑名单”推送，有效震慑不法分子，对维护税收秩序发挥重要作用。

【重大案件查处】 2016年，组织查办“4·14”“7·03”“4·17”王庆团伙系列案件、鼎达案件和春蒙案件等案件，总案值约247亿元，其中“7·03”案涉案企业虚开增值税专用发票案值达127亿元，查结确定虚开333户企业、发票114598组。

按照税务总局统一工作部署，省局稽查局抽调80多名业务骨干，组建5个工作组和3个督导组，负责组织、管理、督导各地各工作组打虚打骗和专项检查工作，督促各项工作方案落实到位。为加强对大案要案查处工作的引导、激励，省局在承接好税务总局各项稽查绩效考评指标的基础上，细化稽查绩效考评规则，加大对大案要案查处工作的考评力度，充分调动各市局稽查部门查处大案要案的积极性，对全省大案要案查处质效的明显提升起到有力的推动作用。

【随机抽查】 以个性化信息为重点，完善税务稽查对象分类名录库、税务稽查异常对象名录库、税务稽查执法检查人员分类名录库；以制度限制自由裁量权为宗旨，实行两个随机，即通过摇号等方式，随机抽取稽查对象，随机确定检查人员；以提升税收监管的规范性、有效性为原则，确定一个适用范围。“双随机”制度的深入实施，杜绝了选择执法、检查任性等问题，彰显了稽查执法的公平公正。2016年，全省稽查纳税人3958户，随机抽查案源2416件，占比61%。

【区域性税收专项整治】　开展158户地方石油炼化企业专项整治，查补入库43114万元。开展旅游市场税收专项整治，查补40万元。

【重点税源企业检查】　按照税务总局统一部署，开展12个集团共171户成员单位检查，查补16405万元。国地税联合选取63户企业开展重点检查，查补5347万元。

【出口退（免）税企业检查】　开展46户出口退税企业检查，结案31户，有问题企业26户，移送公安机关1户，联合查办4户，抓捕8人，查补税款1411万元，罚款67万元，不予退税485万元。

【打击发票违法犯罪活动】　对3117户企业开展检查，查处违法企业2455户，查处非法发票11.8万组，涉及金额1087650万元，查补税款12429万元，罚款4844万元，滞纳金1325万元，没收违法所得4.6万元，移送案件36件，查补入库税款18604万元。

【打击虚开增值税专用发票】　组织查处47户打虚案源，有问题企业45户，确定虚开增值税专用发票企业41户，涉及发票21430组，查补8772万元。

【打击骗取出口退税】　开展与省公安厅、沈阳海关、大连海关等部门联合打击出口骗税违法犯罪专项行动，立案检查46户，查实有问题企业26户，查补1478万元，不予退税485万元。

【税收“黑名单”制度】　截至2016年底，录入重大税收违法案件公布信息系统32件，对外公布29件。2016年4月，召开新闻发布会，对全省税收违法“黑名单”及联合惩戒工作制度开展情况向社会进行发布，现场回答媒体普遍关注的相关问题，同时对4起重大税收违法案件进行曝光，引起社会的广泛关注，央广网、《辽宁日报》、中国新闻网等19家新闻媒体进行了报道，对税收违法“黑名单”涉及的当事人产生深远影响，有效推动褒扬诚信、惩戒失信的社会氛围的形成。

【涉税违法案件检举】　2016年，全省受理税收违法检举案件339件，其中，税务总局交办16件，省局稽查局受理67件，市局稽查局及县局稽查局受理256件。查补涉案金额3406万元，税款2119万元，滞纳金707万元，罚款580万元。税收违法检举案件的动态变化及特点：一是检举案件受理数量呈上升态势。2016年受理数量比上年上升25.19%。主要原因是2016年5月1日实行“营改增”后，饭店、宾馆、房地产等行业归国税管辖，举报数量随之大幅增加。另外，在网站上公布了检举电话，重新编写了外网举报信箱软件，更方便检举人举报。二是省级案件的受理量呈下降态势。2016年省局举报中心受理案件（含税务总局交办）占全省受理案件的24.48%，比上年下降7.52%，主要原因是索要发票问题检举案件大幅增加，此类案件各市建立了快速解决通道，直接受理，省局不再受理索要发票问题案件。三是检举买票卖票及虚开发票案件仍呈上升趋势。一直以来，检举企业偷漏税案件是涉税检举的主体。但近些年，反映虚开发票的检举案件占检举案件比重越来越大，这类案件的查处难度更大，落实更困难，往往需公安的配合，查处期限更长。四是案件在行业、税种、违法类型、检举人结构方面与往年相比变化不大。在结案件数中，行业分布方面，批发零售业和制造业仍占主要份额，分别为39.3%和23.9%；税种方面以增值税和企业所得税为主，增值税案件占64.15%，企业所得税案件占15.09%；违法类型方面，偷税案件占49.06%，发票违法案件占16.98%；检举人结构方面，以企业间往来对象或企业内部员工为主。尚有大量举报案件不能判定检举人类别。

【案件协查】　委托发出协查发票6336份，选票准确率94%，查补入库税款1169万元；收到受托协查发票10858份，按期回复率100%，查补入库税款1863万元。移送司法机关案件3起。

【稽查制度建设】　2016年，联合省发展改革委、省地税局等部门在全国率先出台《对重大税收违法案件当事人实施联合惩戒工作规程》，对重大税收违法案件信息的推送、提取、反馈、利用等诸环节予以任务化设置、流程化操作，确保重大税收违法案件当事人及时受到联合惩戒。

【稽查队伍建设】　2016年，全省各级稽查部门领导班子高度重视基层党组织建设，以开展“两学一做”学习教育为抓手，以规范廉洁执法为重点，努力提高稽查队伍“四自”能力。一是认真履行“一岗双责”，教育、引领党员干部坚定理想信念，强化宗旨意识，深入对照整改，为完成稽查重点任务、推进稽查改革提供保障。二是突出廉洁要求，认真落实经费管理、集中办案、进户执法等各方面具体规定，严格按照程序全程跟踪规范执法行为，确保每一名干部不触碰红线和底线。三是以抓作风建设为着力点，严明工作纪律，强化干部日常管理，切实转变个别干部存在的庸懒散慢等作风问题。

【稽查人才库建设】 2016年，按照《辽宁省国家税务局税务稽查人才库2015年入库人员选拔方案》标准，更新了管理、综合、选案、检查、审理、执行6个稽查人才库子库的相关人员。

【稽查业务培训】 2016年，在全省国税稽查系统开展对业务骨干的资本交易专项检查，提升稽查干部的专业素质，为推进税务稽查现代化建设打下坚实基础。

【稽查信息化建设】 2016年，全省牢牢把握金税三期工程数据大集中、业务全覆盖的新机遇，加快推进稽查信息化应用管理，推动稽查制度体系、执法活力和稽查信息化深度融合。为确保双轨运行的平稳开展，省局组织督导组开展督导，检验系统运行能力和稽查各业务流的顺畅度，帮助基层局解决、反馈问题382个，促进被督导单位各项工作落到实处。

【稽查宣传】 2016年，辽宁国税局召开新闻发布会，对4起重大税收违法案件进行曝光，加大案件曝光力度，引起了社会的广泛关注。

【稽查调研】 2016年，围绕集中选案、金税三期工程运维、联合惩戒、强化执行等方面开展广泛调研，为建立或修改完善相关制度办法提供依据。

【稽查工作会议】 2016年4月26日，全省国税稽查工作会议在沈阳召开。省局分管稽查工作领导、省局稽查局领导班子及中层干部、各市局分管稽查工作的局领导、各市局稽查局局长参加会议。会议传达贯彻全国税务稽查工作会议和全省国税工作会议精神，总结2015年全省国税稽查工作，研究新形势下推动税务稽查工作发展的基本思路，部署2016年税务稽查工作任务。

【工作建议】 建议税务总局稽查局进一步加强税务稽查现代化建设和稽查改革顶层设计，以便更好地指导各省稽查现代化建设和稽查改革。

（徐　岩）

辽宁省地方税务局稽查管理处

【概述】 2016年，辽宁省各级地税机关稽查机构，全面落实辽宁地税局党组决策部署，圆满完成稽查改革阶段性任务，充分发挥稽查堵漏增收和以查促管的职能作用，稳步提高稽查工作质效，有序推进稽查信息化建设，为全面完成税收中心工作任务做出贡献。

【稽查查补收入及分析】 2016年，全省各级稽查部门实现稽查收入（含税款滞纳金、罚款，下同）23.75亿元，组织入库22.97亿元。其中稽查查补收入2.56亿元，组织入库2.7亿元；自查查补收入21.19亿元，组织入库20.27亿元，圆满完成税务总局下达的收入增长17%的目标任务。

【案件查办情况】 全省各级稽查部门2016年检查22037户，其中：稽查检查2216户，审结3128户，有问题户数2919户，结案户数3092户；企业自查19821户。

【重大案件查处】 2016年，全省各级稽查部门查处稽查案件千万元案件2件，百万元案件32件。查处偷税案件41户次，查实收入1499万元。

【随机抽查】 全面推行“双随机、一公开”工作。制定《推进税务稽查随机抽查工作实施方案》和税务稽查随机抽查事项清单，建立税务稽查对象名录库和税务稽查执法人员名录库，制定《全省地税系统“双随机、一公开”工作细则》。沈阳、朝阳等市局通过软件程序，在社会监督员的全程见证下，率先实施随机抽查。

【区域性税收专项整治】 在全省范围内开展税收区域专项整治，查补收入2.42亿元。其中沈阳、本溪、丹东、锦州、营口、阜新、辽阳市局组织得力、成效明显。

【重点税源企业检查】 对税务总局2015年26户重点税源企业查补收入4279万元，对国地税共选的12户重点税源企业查补收入173万元，对311户省级重点税源企业开展税收检查；对9户地方石油炼化企业查补收入4546万元；对23家电力供应及电力生产企业查补8200万元。

【打击发票违法犯罪活动】 查补发票违法企业672户，非法发票4996份，查补收入1263万元，沈阳、抚顺、本溪、营口、朝阳市地税局措施得力，查处了一批发票违法典型案件。

【税收“黑名单”制度】 实施联合惩戒是对税收违法“黑名单”当事人采取的一种必要措施。辽宁地税局牵头起草，并与辽宁信用办、辽宁发展和改革委员会及辽宁国税局联合下发《对重大税收违法案件当事人实施联合惩戒的工作规程》，《中国税务报》《税务总局工作动态》分别介绍了相关情况。全省公布7件“黑名单”案件，在辽宁地税局官方网站（群）对16户违法企业进行曝光。

【涉税违法案件检举】 全省各级举报中心始终坚持“涉税检举无小事”原则，认真做好举报案件的受理工作，特别是对重复举报、多头举报的案件，及时与举报人沟通，耐心讲解相关税务知识和处理流程，得到举报人的理解。对重大案件及时进行督办，特别是对上级交办的案件，协调相关处室多次实地调研并向上级及时报告工作进展情况。将其他单位移送的涉税线索及时进行交办，查结后及时进行反馈。2016年对187件纳税人举报案件进行了查处落实，查补收入1790万元。

【案件协查】 配合6个省市开展案件及发票协查工作。

【稽查制度建设】 一是完善对税收违法“黑名单”当事人实施联合惩戒的措施。牵头起草并与省信用办、发改委和国税局联合下发《对重大税收违法案件当事人实施联合惩戒的工作规程》；二是全面推行“双随机、一公开”工作。制定《推进税务稽查随机抽查工作实施方案》和《全省地税系统“双随机、一公开”工作细则》，转发税务总局随机抽查对象名录库和随机抽查执法人员名录库管理办法，建立税务稽查对象名录库和税务稽查执法人员名录库；三是推行案头风险分析评估查找高风险纳税人再定向稽查的模式，下发《推行风险评估分析开展定向稽查工作的通知》；四是健全公安部门派驻税务部门联络机制。与省公安厅、省国税局共同下发《辽宁省公安厅派驻辽宁省国家税务局 辽宁省地方税务局联络机制运行暂行办法》。

【稽查队伍建设】 一是开展专业化、差别化培训，强化稽查技能学习，重点开展电子查账、资本交易等领域检查培训，金税三期工程优化版业务及操作师资培训，以及协查信息管理系统师资培训；二是认真落实大练兵、大比武活动要求，组织编写4套模拟试题，选拔了9名专业骨干和45名岗位能手；三是结合“两学一做”学习教育，加强党风廉政建设，坚决落实税务人员“十五不准”等廉洁自律规定，严格落实《税收违法案件一案双查办法》，全省对43个案件开展了“一案双查”。

【稽查人才库建设】 按照税务总局要求，并结合辽宁省稽查人才现状，调整税务总局稽查人才库人员。因工作变动和年龄的原因，将2人调整出税务总局稽查人才库，同时新增4人进入税务总局稽查人才库，并按专业类别进行分区，最终确定税务总局稽查人才库7人，其中综合调研类2人、检查类3人、审理类1人、信息化类1人。

【稽查信息化建设】 在工作中采用多学科并用的方式展开电子稽查，提升电子查账技能。一是顺利完成金税三期工程优化版稽查模块的初始化、测试、上线应用等工作。按照税务总局要求，并结合辽宁省实际，在金税三期工程软件中明确辽宁省稽查机构岗责。为确保新老系统的无缝衔接，将老系统中未结案件全部重新录入新系统；二是正式启用稽查报表系统，保证数据的完整性和一致性，提高稽查工作效率；三是广泛应用电子查账软件对企业开展检查。

【稽查宣传】 通过《中国税务报》《辽宁日报》和其他新闻媒体，多形式、多层次、多批次地宣传税务稽查成果，扩大税务稽查影响力和震慑力。

（安 宁）

吉林省

吉林省国家税务局稽查局

【概述】 2016年，吉林国税局各级稽查部门全面贯彻落实全国税务稽查工作会议和全省国税工作会议精神，抓好绩效管理和堵漏增收工作，大力整顿和规范税收秩序，以打击发票违法犯罪、查处税收违法案件、开展“双随机”抽查，及深化国地税联合稽查、警税联合办案、部门联合惩戒为重点，发挥税务稽查职能作用，完成全年各项稽查工作任务。

【稽查现代化建设】 吉林国税局稽查局依托信息化建设，与海关、公安、银行等多部门探索深度合作，共享公用信息，利用各方信息痕迹，提高稽查工作质效，适应大数据时代变革。

【稽查体制机制改革】 为进一步规范税务稽查选案，做到案源管理规范化、制度化，吉林国税局稽查局组织制定《吉林省国家税务局重点税源企业选案管理办法》，对选案程序、权限、工作时限等进行了规范，提高对重点税源企业实施稽查的质量和效率，避免对重点税源企业的重复稽查和遗漏稽查。

【稽查查补收入及分析】 2016 年，吉林国税局稽查局直接检查和组织企业自查合计查补收入 21.3 亿元，入库 21.3 亿元。其中直接检查企业 1218 户，查补收入 4.1 亿元，入库 4.1 亿元；组织企业自查 588 户，查补收入 17.2 亿元，入库 17.2 亿元。

【案件查办情况】 吉林国税局稽查局认真组织开展打击虚开增值税专用发票和偷、逃、骗税违法犯罪工作。2016 年，吉林国税局稽查局从吉林省各个地区抽调稽查人员，按照“双随机”原则全面开展跨区域稽查。

【重大案件查处】 吉林国税局稽查局加大大案要案督办力度，各地集中力量查处大案要案，注重提高稽查质量，查深查透大案要案。全年查处百万元以上案件 58 件。

【区域性税收专项整治】 2016 年，吉林国税局稽查局精选部分金融行业（主要是农村信用社和农村商业银行）作为全省专项检查的重点，并将长春市房地产企业、通化市医药企业等作为区域专项整治的突破口，全力推进行业专项检查和区域专项整治工作，制作检查提纲，实时剖析共性问题，取得较好成效。组织检查企业 119 户，查补入库收入 4.42 亿元。

【重点税源企业检查】 2016 年，按照税务总局“双随机”的要求，随机抽取 100 户省级重点税源企业、155 户市级重点税源企业，立案检查 195 户，结案 101 户，入库金额 29334 万元。

【打击发票违法犯罪活动】 2016 年，吉林国税局稽查局按照“查账必查票、查案必查票、查税必查票”工作要求，全面提升发票整治工作效能，严厉查处发票违法犯罪案件，努力遏制发票违法犯罪活动高发态势。

【打击虚开增值税专用发票】 2016 年，全省立案稽查涉嫌虚开增值税专用发票企业 94 户，涉案金额 8.68 亿元，税额 1.28 亿元；移送公安机关 58 户，抓捕犯罪嫌疑人 38 人，提起公诉 5 件。

【打击骗取出口退税】 2016 年，吉林国税局稽查局按照税务总局打击骗取出口退税工作部署，全省范围内大力开展打击骗取出口退（免）税违法犯罪活动工作，全省检查出口退税企业 104 户，查结有问题企业 71 户，查补合计 2099 万元，查补收入比上年同期增长一倍。

【税收“黑名单”制度】 2016 年，吉林省金融工作办公室、吉林省国家税务局、吉林省地方税务局等 10 个部门联合签订《关于对重大税收违法案件当事人实施联合惩戒措施的合作备忘录》，实现税收“黑名单”联合惩戒的“双扩围”。131 户“黑名单”纳税人经全国企业信用信息公示系统对外公布，105 户企业被取消财政资金支持资格，33 个自然人被吉林省公安厅限制出境，41 个自然人被吉林省工商局限制担任法定代表人、董事、监事及经理，10 户企业主动修复纳税信用，补缴税款 2 亿多元。

【涉税违法案件检举】 2016 年，各级国税稽查税务违法案件举报中心受理税收违法举报案件 57 件，经过筛选立案查处案件 37 件，查结案件 43 件（含上年立案本年查结数），查补税款 177 万元，课征滞纳金 9 万元，罚款 137 万元，查补收入 323 万元，截至 2016 年底入库 111 万元。

【案件协查】 2016 年发票协查选票准确率 99%，协查函按期回复率 100%，受托协查回复“正常”率 0.18%，涉案发票协查合规率 100%，各项指标均超过税务总局绩效考核最高标准。尤其是在查办由国务院领导批办的“7·03”案件中表现突出，涉及吉林省的 190 户企业基本查结，入库税款、滞纳金 1.25 亿元。

【稽查制度建设】 2016 年，吉林国税局稽查局先后两次召集省国地税稽查部门及公安经侦部门召开三方联席工作会议。在达成共识的基础上，主持起草《吉林省公安厅　吉林省国家税务局　吉林省地方税务局联络机制办公室实施细则》。经三方充分交换意见后，联合吉林地税局稽查局与吉林省公安厅经侦总队，成立“吉林省公安厅　吉林省国家税务局　吉林省地方税务局联络机制办公室”，开启吉林省公安经侦部门与国地税稽查部门合署办公新模式。

【稽查系统建设】 一是稽查绩效管理考核不断细化。按照税务总局的考核指标，吉林国税局稽查局结合工作重点和目标任务，重新调整系统的考核指标，合理设置分值，不断细化考核内容，强化监督，各地稽查工作质效明显提高。二是稽查依法行政意识不断强化。吉林国税局稽查局积极协调配合巡视、监察、督查内审等部门，与吉林国税局各级稽查部门仔细查找各环节的风险点，认真进行整改，稽查干部依法行政意识不断增强。

【稽查队伍建设】　2016 年 3 月 11 日，吉林国税局下发《吉林省国家税务局关于充实优化稽查干部队伍的意见》（吉国税发〔2016〕25 号），选调一批政治立场坚定、遵纪守法、品行作风端正、业务能力突出的干部充实到稽查干部队伍。确保 2016 年 6 月底前稽查干部数量达到本地区税务干部总人数的 12% 以上；进一步优化税务稽查部门人力资源配置，确保从事具体稽查业务的人员不得低于总人数的 65%；从近年招录的税务干部中选调一批年轻人，在年龄上形成合理的梯次结构。利用一到两年的时间，使稽查干部队伍的平均年龄达到比较合理的水平。

【稽查人才库建设】　为进一步推进人才库建设，吉林国税局稽查局采取检查中历练人、培训中选对人的人才培养方式，对吉林省范围内的稽查骨干进行摸底和细致筛选，以确定人才库范围，制定统一科学的考核标准，实施动态化的进出库管理机制。

【稽查业务培训】　2016 年吉林省各级稽查部门切实加大培训力度，共举办各类培训班 217 期，累计培训学员 4356 人次。吉林国税局稽查局通过查前培训、以查代训等形式开展学查互促，不断提高稽查人员业务能力。

【稽查信息化建设】　2016 年，吉林国税局稽查局在吉林省范围内全面推广电子查账软件的应用，同时安排专项经费为各地区配置办案设备，其中笔记本电脑 13 台、一体机 68 台，台式计算机 25 台，打印机 12 台，执法记录仪 14 台，研发外购吉林国税稽查选案系统，并成功试运行，吉林省稽查信息化建设迈出重要步伐。

【稽查宣传】　2016 年吉林国税局各级稽查部门进一步加大稽查宣传力度。通过在报纸、杂志上刊发稿件，在广播、电视上做宣传节目等多种宣传方式，大力宣传税收法律知识。吉林国税局各级稽查部门在省级媒体上发稿 3 篇，市级媒体上发稿 2 篇，通过互联网和新闻媒体曝光涉税违法案件 9 件。

【稽查工作会议】　2016 年 3 月 15 日，全省国税稽查工作会议在长春召开。会议的主要任务是，认真贯彻落实中央《深化国税地税征管体制改革方案》精神和全省国税工作会议要求，部署 2016 年全省国税稽查工作。省局党组成员、总经济师刘峰，省局稽查局全体成员以及各市（州）、公主岭市、梅河口市、九台区、延吉市、伊通县稽查局局长参加会议。会上就 2016 年工作部署进行深入广泛的讨论。刘峰对 2015 年税务稽查工作做出充分肯定，指出当前工作中存在的问题，并对 2016 年全省国税稽查工作提出明确要求。一是加大执法力度，做好重点工作。要加大打击税收违法行为的力度；着重开展重点税源企业抽查工作；充分利用信息技术手段提高选案的精准水平；建立健全国地税联合稽查机制。二是强化系统管理，抓好基础工作。要进一步优化充实稽查干部队伍；大力完善部门协作机制；严格办案经费管理。三是狠抓作风建设，提高队伍素质。要大力改进工作作风；加大教育培训力度；坚持不懈地抓好党风廉政建设。刘峰在会议总结时指出："今年全省国税稽查工作任务艰巨、责任重大。我们要深入贯彻落实党的十八大精神和中央深改方案的具体部署，切实改进工作作风，统一思想，振奋精神，开拓进取，扎实工作，全面开创我省国税稽查工作的新局面，为全省税收收入持续稳定增长做出积极的贡献。"

【工作建议】　一是大力推进电子信息化稽查，按照打虚、打骗、打票三位一体的思路开展工作。二是全面落实要素协查，紧紧依托六大协查要素开展互补性检查工作，切实做到"全国协查一盘棋"。三是加快稽查体制机制改革步伐，逐步理顺关系，增强稽查独立性，提高稽查工作质效。

（魏　兵）

吉林省地方税务局稽查局

【概述】　2016 年，吉林地税局各级稽查部门面对严峻的经济税收形势，立足本职，承载整顿规范税收秩序、保障税收收入的责任和使命，认真贯彻落实上级部署，主动适应供给侧结构性改革、"营改增"全面推开、稽查新形势新任务，有效应对涉税违法新动态，及时调整工作定位和着力点，秉持公平公正、文明执法的理念，担当作为，服务大局，较好地完成工作任务。稽查改革持续推进，稽查执法更为规范，队伍建设得到全面加强，稽查服务形成鲜明特色，稽查绩效明显提升，综合整治取得明显成效，全省督导纳税人自查 3649 户，自查补税8.3亿元；立案检查企业1504户，查补收入15.2亿元，同比增长9.4%。为维护税法尊严，整顿规范税收秩序，增加地税收入做出突出贡献。

【稽查现代化建设】 在省局主导下，系统各级稽查部门坚持以全面深化税收改革为目标，以稽查体制机制改革为核心，以稽查信息化建设为手段，以稽查制度建设为支撑，以稽查干部队伍建设为保障，调整职能定位，优化资源配置，重构业务流程，整合稽查要素，做实做强省市稽查，完善稽查治理体系，提升稽查治理能力，有力推动稽查现代化建设。一是理顺机构设置，构建稽查体制。持续做实做强省级稽查，提升执法和管理能力。完善“市一级稽查”体制，提升机构层级和执法刚性。二是强化系统管理职责，推进检查方式改革。省市两级稽查局强化对系统稽查业务管理、指导、考核和监督，以及对系统稽查执法办案的指挥协调，确保政令畅通、指挥有序、运转协调、步调一致、信息共享、组织高效。提高信息化水平，在全省推进数字化稽查，推动省内集约检查。优化资源配置，在全省推行“双随机”异地交叉检查、随机抽查和高风险纳税人定向稽查，推进稽查管理方式创新。率先探索实现国地税联合检查，推进税收执法整合创新。深化税警合作，推进税警联络机制创新；加强各省稽查协作，推进省际联合稽查创新。三是强化信息手段，完善金税三期工程系统稽查模块。提出稽查综合管理系统与金税三期工程系统稽查模块的衔接需求，统一技术标准和接口标准，重点开发应用选案分析、电子工具、管理监控、成果应用等稽查应用管理信息系统，形成覆盖稽查管理和执法工作的综合信息化平台。建立重大案件涉案人信息库，及时向相关部门推送信息，发挥以查促管职能和联合惩戒威力。立足“互联网+税务”和大数据应用，建立使用稽查数据库，为选案分析、随机抽查、重大案件综合分析等提供支持。逐步探索建立稽查案源管理信息系统、预警模型分析系统。应用协查信息管理系统，提升协查案件管理效能。四是加强队伍建设，提高依法行政能力。坚持以人为本，推动落实税务总局、省局总体要求和相关文件精神，稽查人员配置与税源结构、案件查处匹配度不断提高。坚持人才强税，落实稽查人才培养战略规划，注重培养稽查领军人才、高素质人才，打造和组建稽查选案、检查、审理等专业化团队。强化业务实战培训，增强干部发现、检查和处理涉税违法行为的核心业务能力，为履行职责提供保障。

【稽查体制机制改革】 按照《深化国税、地税征管体制改革方案》部署和上级要求，围绕稽查现代化建设，各级部门扎实推动稽查管理机制、管理方式、税收监管模式创新。一是改革稽查管理方式，实施跨地区、跨县区的“双随机”交叉检查。全省市两级稽查部门，按照“省市主导、资源整合、交叉回避、异地稽查”的原则，打破属地稽查界限，转变稽查管理方式，深化稽查改革。二是改革税收监管模式，实行“双随机一公开”。落实简政放权、放管结合、优化服务要求，在全省率先实施“双随机”抽查。全省多家主要媒体公开报道，省政府编发简报全省推广。三是适度整合稽查执法，率先实施国地税联合稽查。各级国地税部门共同签署《国地税联合稽查备忘录》，制发相关文件制度，对共同管辖的纳税人实施联合稽查。四是强化刚性执法，落实警税联络协作机制。公安、国税、地税部门协调配合，建立警税联络办公室，承担联络沟通、组织协调、分析研究、情报研判、督导指挥等工作任务，发挥各自优势，联合打击涉税违法犯罪。

【“营改增”专项稽查工作】 根据税务总局部署，按照“三个阶段、两个级次，整体督导、上下联动、同步推进”的工作思路，开展“营改增”专项稽查工作。专项稽查和组织自查查补税款194562.99万元。稽查部门对1569户企业的缴纳税款和发票使用情况进行重点检查，检查查补收入118875.48万元，其中查补税款106511.90万元，加收滞纳金10919.09万元，罚款1444.49万元，自查查补各项税款合计75687.51万元。

【稽查查补收入及分析】 稽查部门组织稽查收入23.55亿元，同比增长4%。督导纳税人自查3649户，自查补税8.3亿元；立案检查企业1504户，查补收入15.2亿元，户均查补额120.13万元，同比增长9.4%。其中查补百万元以上案件69件，查补26040万元，户均查补377.39万元。全省稽查选案准确率98.6%、结案率99.6%、入库率100%、查补贡献率3.66%。

【案件查办情况】 全省受理群众检举案件77件，应立案查处61件，检查率100%，挽回税收损失0.6亿元；组织开展税务总局部署的两批重点税源企业自查1079户，随机抽查172户，稽查收入2.8亿元，有效整顿税收秩序；重点对地方商业行业、资本交易、金融保险、投资管理、物流、电力、大型连锁商业零售、房地产和建筑安装等行业以及高收入个人开展行业性检查，促进税法遵从，防范税收风险；开展“营改增”及高风险企业专项稽查，督导纳税人自查3073户，实施专项稽查1569户，实现稽查收入19.4亿元。

【案件特点分析】　主要涉税违法特点：一是房地产企业成本结转、费用支出随意性大，不及时按配比原则进行会计核算；二是建筑安装行业存在发票使用不规范，违规开具虚假发票，开具大头小尾发票等现象，发票开具、接受的不规范直接导致税收流失；三是服务行业仍然存在不按税法规定的纳税义务发生时间和合同签订的结算方式确认收入，造成少缴税款或税款滞后缴纳；四是违规发票入账，为多列成本披上“合法外衣”。

【重大案件查处】　重点查处房地产、建筑安装、资本交易、服务业等行业发生的一批重大税收违法案件，其中查处千万元以上的案件30件，查补税款78900万元，入库78900万元；税务总局督办案件7户，央批案件1户，部际案件1户，查补10850.46万元。

【随机抽查】　推进税务稽查随机抽查，结合工作实际，在细化税务总局推进税务稽查随机抽查实施方案的基础上，进一步规范全省税务稽查随机抽查工作。督导企业自查3649户，查补税款83419万元，入库83419万元。全省检查1373户，查结1498户，有问题企业1483户，查补收入合计235502万元。其中查补税款134311万元，加收滞纳金14260万元，罚款3512万元；入库235502万元。

【区域性税收专项整治】　组织开展全省异地交叉检查工作，抽调全省104名稽查业务骨干，其中地区54人、省局稽查局50人，对吉林、延边、松原、白山和长春净月区等5个区域60户企业开展异地交叉检查，有问题户100%，查补超过千万元的9户，查补收入42469.30万元。其中查补税款33455.12万元，加收滞纳金7521.94万元，罚款1492.24万元。发现企业存在的各类涉税违法问题260余项，平均每户至少有4项问题，查补额度较高的税种为营业税和企业所得税。其中查补营业税9805.03万元，发现23个问题；查补企业所得税8046.24万元，发现59个问题；土地增值税3698.06万元；契税3800.51万元；个人所得税427.99万元。

【重点税源企业检查】　全面贯彻落实国务院“双随机”抽查机制，采取“省局牵头、上下联动、国地税合作、随机抽选检查人员”的集约检查方式，对税务总局部署的323户重点税源企业组织自查，随机抽查172户企业，累计查补收入27660.68万元，其中自查查补收入812.76万元，重点抽查查补21847.92万元。

【打击发票违法犯罪活动】　履行省协调小组办公室的职能，发挥牵头、组织、协调作用，联合全省16个部门查处发票违法案件562起。其中税务、公安联合办案61起，捣毁窝点8个，打掉团伙12个，缴获发票13913份。全省立案65起，移送起诉12起，审判10起。治理违法短信155302条。教育宣传曝光案例19件，教育宣传182次。全省地税稽查部门结合税收违法案件查处，对1381户企业的发票使用情况进行重点检查，查处违法企业643户，完成全年查处300户任务的214%；查处非法发票2169份，涉及金额2.57亿元，查补收入1.84亿元，有力打击涉票违法犯罪，维护全省经济社会健康发展。

【税收“黑名单”制度】　与吉林省金融办公室等10家单位联合下发《关于对重大税收违法案件当事人实施联合惩戒措施的合作备忘录》（吉金办联字〔2016〕15号）。扩大联合惩戒成员单位，增加新的惩戒领域和内容，加强对失信主体和行为的行政性、市场性、行业性、社会性约束和惩戒。与纳税服务、征管等部门共同落实税务机关内部惩戒措施，将吉林地税局11户“黑名单”企业按照《纳税信用管理办法（试行）》的有关规定，直接判为D级纳税信用级别，并严格对应实施税务机关内部惩戒措施。落实联合签署合作备忘录和部门联席会议等工作机制，即时交换信息数据，向省信用信息数据交换平台提供重大税收违法案件信息。协助落实对税收违法“黑名单”当事人的联合惩戒措施。与吉林国税局紧密沟通，形成合力，与省金融办协调，将落实《吉林省关于对重大税收违法案件当事人进行联合惩戒措施的实施细则》和《合作备忘录》作为本地区社会信用体系建设的重要工作内容，大力推进。加大宣传力度，9篇相关报道刊登在新华网、光明网、凤凰网、今日头条等媒体网站，在地方主要报纸、网站、电视台新闻宣传42篇（次），在各办税服务厅播放宣传标语1000余次、悬挂条幅70余次。

【涉税违法案件检举】　全省地税稽查系统认真贯彻落实《税收违法行为检举管理办法》和《检举纳税人税收违法行为奖励暂行办法》相关规定，坚持“规范税收秩序、保证公平税赋、服务于纳税人、促进经济发展”的工作方针，按照分类处理检举案件的原则，依法受理、督办、交办、查办各类涉税检举案件。全年受理各类检举案件77件，立案查处61件，检查率100%，为国家挽回经济损失6884.23万元。其中查补税款5916.86万元，征收滞纳金456.90万元，罚款510.47万元。

【案件协查】 受理大连、深圳、北京、天津等协查案件4起，受理纪委协查案件4起。按照税务总局要求，对涉及吉林省的涉案企业，进行立案检查，制定工作方案，组织抽调人员，召开案件分析会议，对涉案企业依法进行处理处罚，并及时回复。

【稽查制度建设】 强化制度建设，规范执法行为，促进依法行政。一是各地积极落实《全国税务稽查规范（1.0）版》，规范业务流程和标准。二是系统上下着力内控机制建设，完善稽查岗责体系，开展制度立改废工作，梳理执法风险点，制定权力事项清单，强化过程监督和绩效管控，形成全面覆盖、衔接紧密、多维监管的内控体系。三是落实省局《行政处罚裁量基准》，缩小自由裁量空间，促进合理行政，规范自由裁量权行使，维护纳税人合法权益。四是强化执法质量检查、卷宗评查和绩效考核，促进执法规范和稽查效能的提升。五是按照《推进税务稽查随机抽查实施方案》的规定，建立随机抽查和案源管理制度，建立稽查对象分类名录库，实施动态管理；根据涉税案件、高风险疑点、纳税信用等级、联合惩戒等信息，建立异常对象名录库；建立各级稽查执法人员分类名录库，实现执法检查人员随机选派。落实《税务稽查案源管理办法》，理顺稽查工作机制，强化案源基础工作。六是建立健全管理和执法各项规章制度，实现用制度管人、管事、管权。制定《吉林省地方税务局稽查执法质量监督管理办法（试行）》，落实执法责任，促进公平正义，为全省稽查现代化建设提供动力和保障。

【稽查系统建设】 落实稽查业务管理职责，坚持全省稽查系列业务工作整体抓、“一盘棋”，提升系统稽查效能。一是召开全省地税稽查工作会议、各类专业会议，传达贯彻上级精神，总结部署工作任务，强化管理指导，指挥协调。二是推行“双随机”交叉检查、国地税联合稽查、警税联络协作机制，整体推动系统稽查改革；巩固完善“市一级稽查”和分级分类稽查，推进稽查现代化建设。三是制定落实稽查计划，统一组织实施。领导带队、相关科室参与，深入市县稽查局开展工作调研督导、案件督办、业务巡讲，及时解决实际问题，推进整体工作开展。四是开展绩效、质效“两个维度”考核，强化稽查业务考核监督，确保系统稽查高效运转。五是举办系统稽查干部培训工作，提高系统稽查干部整体业务能力和水平。

【稽查队伍建设】 各级稽查部门认真落实主体责任，强化“一岗双责”，不断加强党风廉政建设、干部队伍建设。一是扎实开展“两学一做”学习教育。稽查党员、干部认真学习党章、党规，学习习近平总书记系列重要讲话，不断增强“四个意识”，持续改进工作作风，为完成全年稽查工作任务提供有力保障。省局稽查局在办案组中成立临时党小组，同步开展学习教育的做法被税务总局评为党建特色项目。二是扎实开展业务培训。省局组织全省稽查干部集中培训班5期，各地采取“大课堂”学习、在线学习、以老带新、以师带徒、请进来教、走出去学等办法和措施，提升干部核心业务能力；通过案件查处、交叉检查、联合稽查等实战载体，推进“岗位大练兵、业务大比武”，增强干部办精案、办铁案的实战技能。三是扎实推进人才培养。各级稽查部门以“两个建设”为目标，以“双提高”主题实践活动为主线，着力培养稽查领军人才、高素质人才。截至2016年末，全系统稽查干部博士、硕士研究生、“三师”等高素质人才占比达到17%。四是扎实开展文化、文明建设。各地稽查部门通过打造“岗位建功”“志愿服务”“结队共建”等平台，构建文体活动、读书励志、“一四四”党建品牌等载体，推进精神文明建设，培育稽查文化，凝聚队伍，提振精神。

【稽查人才库建设】 高度注重人才培养，致力打造高素质人才、领军人才。对人才库人才实行动态管理，适时掌握变动情况，通过定期系统选拔考试，调整充实人才库。注重发挥入库人才作用。一是在全省“双随机”异地交叉检查中发挥人才库作用，选取人才库人员参加检查工作，实现对全省稽查资源的整合，在实践中检验、锻炼、提高、带动稽查人才队伍建设；二是使用人才库人员担任兼职教师，在全省“大课堂”与局内“小课堂”中系统传授会计基础知识、稽查实务等课程，以及查前辅导等检查业务知识，带动年青干部迅速成长。三是通过人才库建设，提升系统管理水平和稽查工作质效。

【稽查业务培训】 制定《吉林省地方税务局稽查局关于加强稽查业务培训的通知》，明确指导思想、工作目标和原则，确定实行分级分类培训。规定省局稽查局和市（州）局稽查局业务培训工作权责和时效要求。建立长效培训机制，开展系统稽查业务培训。以封闭培训的形式先后举办全省地税系统稽查业务骨干培训班、全省稽查“大练兵、大比武”培训班、《全国税务稽查规范（1.0版）》培训班、备战省局“大练兵、大比武”培训班、省稽查局业务培训班等5期培训班，培训800余人次。系统培训工作有序、规范开展，提高各级、各类稽查干部的业务素质和综合能力，促进稽查质效的全面提升。坚持与吉林大学等高校联合办学，开设软件工程专业课程，重点培训运用现代信息技术，提高电子税务稽查能力，2016年又有十余人取得硕士毕业证。

【稽查信息化建设】　立足“互联网+税务”和大数据应用，建立、使用稽查数据库，为选案分析、随机抽查、重大案件综合分析等提供数据支持。结合稽查工作实际，向税务总局提出相关业务需求，为完善金税三期工程系统稽查模块奠定基础。开发选案分析、电子工具、管理监控、成果应用等稽查应用管理信息系统，取得阶段成效。应用协查信息管理系统，提升协查案件管理效能。

【稽查宣传】　全省各级稽查部门积极开展税法宣传活动，普及税法知识，宣传“营改增”、供给侧结构性改革、国地税联合稽查、“黑名单”制度和联合惩戒措施，曝光典型案件，营造良好舆论氛围，提高纳税人的税法遵从度，促进全民社会信用体系建设，不断扩大稽查执法工作的社会影响力。利用广播、电视、报纸、网络等新闻媒体和散发宣传单、宣传册等形式，大力宣传、报道税收专项检查、案件查处、打击发票违法犯罪和“黑名单”及联合惩戒措施等方面的工作情况。通过短信、微信、省局公众号等灵活便捷的方式，向纳税人宣传税收政策、传播税收知识，解答税收难题。各级稽查局利用信息简报、机关网站、《稽查园》杂志、稽查工作宣传短视频等宣传稽查成果、反映工作动态，加强对全省稽查系统的组织管理。

【稽查调研】　按照税务总局和省局部署，组成调研组，深入到市县稽查局，围绕税收违法行为举报工作开展调研。调研组分别对12366纳税服务热线接受涉税违法举报有关工作和检举管理工作中存在的疑点难点问题开展深入调研，形成调研报告，为税务总局对《税收违法行为检举管理办法》的修订完善提出建设性的意见和建议，为全省地税收税违法行为举报工作制订培训计划，为管理考核标准提供依据。就“互联网+稽查机制研究”、大数据与税务稽查研究、异地交叉检查方式改革研究等研究课题开展研究。上报优秀论文12篇，其中1篇刊发在国家级刊物上，4篇获省国际税收研究会年度优秀论文奖。

【稽查工作会议】　2016年4月8日，全省地税稽查工作会议召开。会议总结2015年工作，部署2016年任务。省局巡视员、分管稽查工作局领导傅圣方莅临会议，并做工作报告。他强调，2016年要重点抓好四个方面工作：一是强化全局意识，充分发挥稽查职能作用。二是强化改革意识，创新推进稽查现代化。推行异地交叉检查方式，推动稽查改革；构建运行体系和相关机制，强化系统管理；建立随机抽查和案源管理制度，实现联合稽查；开发稽查应用信息管理系统，推进管理信息化。三是强化法治意识，全面规范稽查执法。四是强化人才意识，全面加强稽查队伍建设。扎实开展稽查系统“两学一做”学习教育，以“两个建设”为目标，深入拓展“双提高”主题实践活动；注重培养专业人才，组建稽查专业团队，提升稽查队伍中高素质、领军人才比例；加强业务实战培训，着力提升干部核心业务能力；加强党风廉政建设，促进稽查干部公平公正执法，文明廉洁办案。会议由省局稽查局局长睢立军主持，各市（州）地方税务局分管稽查工作领导、稽查局局长和选案科长，梅河口市、公主岭市地方税务局分管稽查工作领导、稽查局局长和选案科长，其他各县（市、区）地方税务局稽查局局长，省局稽查局班子成员、各科科长参加。2016年11月16日，省局召开全省地税稽查“双随机”交叉检查总结大会，省局巡视员傅圣方宣读省局党组书记、局长王克成对全省地税稽查“双随机”交叉检查工作的重要批示，省局稽查局党组书记、局长睢立军作《吉林省地方税务局稽查局2016年“双随机”交叉检查工作总结报告》，对取得的成果，从稽查党建和稽查改革两大方面进行实事求是的总结。大会由省局稽查局副局长郭景志主持，各市（州）地方税务局稽查局局长，梅河口市、公主岭市地方税务局稽查局局长，省局稽查局全体干部在主场参加会议，各市（州）地方税务局稽查局、各县（市、区）地方税务局稽查局全体人员在各自分会场参加会议。

（张立君）

黑龙江省

黑龙江省国家税务局稽查局

【概述】 2016年，在税务总局稽查局的科学领导下，在省局党组和分管局领导的正确领导下，黑龙江国税局稽查局围绕中心，服务大局，全面贯彻落实全国稽查工作会议和全省国税工作会议精神。面对严峻经济形势，多措并举、逆势而上，坚持“三个注重”，狠抓“五个重点”，把握“六个立足”，加强“三个建设”，全省国税稽查工作再上新台阶。

【稽查现代化建设】 一是在全国率先搭建税务稽查随机抽查管理平台，通过建立《税务稽查随机抽查对象名录库》和《税务稽查随机抽查执法检查人员名录库》，实现执法信息动态管理。2016年省局随机抽查对象名录库采集重点税源企业1073户，随机抽查执法检查人员名录库建档120人；市（地）级采集抽查对象60余万户，建档人员名录库832人。二是认真贯彻落实《国家税务局 地方税务局合作工作规范》工作要求，成立由国地税分管稽查工作的局领导轮流担任组长的联合检查工作领导小组，共同召开联席会议，拟定会议制度，商议合作计划，部署合作事项。联合下发和转发《黑龙江省国家税务局 黑龙江省地方税务局关于印发推行〈国家税务局 地方税务局合作工作规范（2.0）〉工作方案》等多个部署性文件，联合部署检查工作，将国地税合作落到实处。

【稽查查补收入及分析】 2016年，国税稽查部门承接税务总局指标任务253600万元。截至12月全省国税稽查部门组织检查企业7436户，查补总额27.2亿元，实际入库27.6亿元，超出税务总局任务2.3亿元，增收5.8亿元，同比增长26.31%，占全省国税税收收入的3.03%，连续四年实现大幅增长。税务总局绩效考核指标完成情况：全省国税稽查机构入库率101.7%、选案准确率99.7%、发票协查选票准确率93.38%（税务总局要求17%），协查函按期回复率100%，受托协查质量回复“正常”率0.35%（税务总局要求3%以下），涉案发票协查合规率100%，全部达到并超过税务总局考核指标要求。

【重大案件查处】 2016年，黑龙江国税局稽查部门通过采取挂牌督办、异地稽查、联合检查等多种方法，积极争取税警联合，加强内部配合，多方联动，形成强大合力，成功查处哈尔滨“11·03”、佳木斯桦川酒业等重大虚开发票案件12件，涉及金额近40亿元，税额6亿元，挽回税款损失近3亿元。税务机关依法向公安机关移送案件156起，联合办案41户，检察机关起诉案件255起，涉及419人，审判机关审判案件237起，被判处有期徒刑356人，无期徒刑1人。

【随机抽查】 一方面，按照税务总局稽查局统一部署，在全省范围内全面开展对中国移动、中国银行、哈尔滨铁路局等26户重点税源企业集团的随机抽查工作。结合黑龙江省税源实际，确定225户企业为重点抽查对象，另外与省地税局稽查局联合选取18户省级重点税源企业共同开展检查，实际检查面达到55%，超过税务总局提出的不低于30%检查面的工作要求，此项工作查补税款3235.47万元。另一方面，自行开展对机场管理集团有限公司、国网黑龙江省电力有限公司、黑龙江烟草工业有限责任公司等11户企业集团，共计140户企业的税收抽查工作。全省查补金额合计8188.67万元，入库4119.12万元，企业查补亏损73.2万元，增值税进项税转出1282.59万元。各市地按照“双随机”原则，根据省局抽查文件要求以不低于20%的抽查比例，自行确定开展检查企业295户。2011—2016年度查补1562.38万元，入库1941.48万元。

【区域性税收专项整治】 一方面，在充分结合工作实际基础上，在全省范围内创新开展农产品抵扣凭证虚开发票专项整治行动。对2015年度销售额激增，以及存在外地法人、大量发票上限开具等疑点，从事农产品收购的存续企业等共计199户高风险企业进行检查。查结141户，有问题企业62户，涉及金额24.3亿元。挽回省内税款损失1152.02万元，移送公安机关13户。另一方面，按照上级部署继续在全省范围内开展打击利用黄金交易虚开增值税专用发票违法犯罪专项行动。通过税警双方密切配合，全省20余个税警联合工作组群策群力，埋头奋战，切实把此项工作落到实处。查实涉嫌对外虚开增值税专用发票企业13户，涉及金额合计29亿元，抓捕犯罪嫌疑人8人。

【重点税源企业检查】 按照“督导自查与重点税源企业检查相结合，案头风险分析评估与定向稽查相结合”的双结合工作原则，筛选确定税负明显偏低、多年亏而不倒和规模较大且三年以上未开展检查的重点税源企业为对象开展税收自查。为保证自查效果，一是加强组织领导力度。省局主管领导亲自主持召开协调会，分析税收形势，统筹安排部署，为顺利开展自查工作奠定基础。二是省、市稽查局两级联动，分工督导。省局稽查局直接负责约谈省农村信用社等61户企业集团，各市地稽查局负责对其下设分、子公司进行辅导自查。三是明确要求，内外联动。“对内”详细制定工作方案，明确自查范围、抽查比例、检查方法，“对外”积极调动企业自查积极性，全面做好自查动员辅导工作。2016年全省共督导纳税人自查6498户，查补入库税款24.8亿元，增收6.2亿元，同比增长33%。

【打击发票违法犯罪活动】 继续将发票检查纳入税收检查总体工作，结合工作实际，确定全年计划查处900户（税务总局下达任务为600户）违法受票企业的总体目标。重点对房地产、建筑安装、药品等发票违法问题频发行业以及“办公用品”发票问题进行检查，同时要求各地对自行开具收购业发票的农产品（包括粮食、皮毛、药材）企业等，以及物流行业开展发票使用情况检查。全省检查企业1196户，查处违法企业959户，超出税务总局计划任务359户，超额59.8%。查处非法发票份数2.1万余份，查补收入8701万元，增收886.98万元，同比增长11.35%。

【打骗打虚工作】 按照税务总局要求，积极与省公安厅、省地税局、哈尔滨海关、人民银行等部门密切联系，共同研究思路、联合实施检查。坚持扬长避短、各尽所能、相互协作、互相支持，努力做到人力资源的合理搭配、物力资源的合理调用、信息资源的有效整合。税务总局下发打骗、打虚案源线索各8户。在打虚方面，查实涉嫌虚开企业6户，基本确定存在重大虚开嫌疑企业2户，涉及发票270份，金额2660万元，税额452万元；在打骗方面，查实涉嫌骗税企业5户，存在骗税疑点企业1户。追回退税2.86万元，不予退税8.4万元，预计追回退税税款1126万元。

【税收“黑名单”制度】 一是加强制度建设。通过建立多部门密切配合的联合惩戒工作领导小组，面向社会公布《黑龙江省国家税务局重大税收违法案件信息公布办法（试行）》，强化绩效考核等多种有效措施，规范工作流程，提升工作效率。二是密切沟通协作。与省发改委、省诚信办等23个部门成立联合惩戒工作领导小组，同步传递重大税收违法案件信息。三是加大宣传力度。对“克山县宏利粮食有限公司”“齐齐哈尔德坤矿石产品销售有限公司”等7户达到公布标准的重大税收违法案件在税务总局网站、黑龙江省“诚信龙江”网站和各大媒体网站分标准进行统一公布。四是实施内外联合惩戒。税务部门将上述7户企业纳税信用直接判为D级并采取限量供应发票、缩短纳税评估周期、出口退税从严审核等惩戒措施。银监、海关等部门相应采取限制融资贷款、不可享受通关便利等惩戒措施，并通过“信用黑龙江”官方网站对税收违法“黑名单”当事人失信行为进行公示。

【涉税违法案件检举】 严格按照《举报案件管理办法》及《检举纳税人税收违法行为奖励暂行办法》的工作要求，严格相关工作流程，加大督办反馈力度，强化举报服务意识，提高检举服务质量。同时积极与纳税人共建和谐征纳关系，特别是在进户执法和受理涉税举报工作中，提出“一个坚持，三个严禁”和“五应当，四不准”工作要求，狠抓作风建设，树立国税部门的良好形象。

【案件协查】 始终将案件协查作为不容忽视的重点工作之一，多措并举提升协查管理质效。一是连续下发两期协查信息管理系统运行情况通报，并印发《关于进一步加强和改进全省税收违法案件发票协查工作的意见》，总结工作，明确责任，确保协查工作抓出实效。二是在全省布置开展受托协查自查工作，对2016年1月1日—9月20日期间受托协查回复结果为“正常”“无法核实”的发票，尤其是“确定虚开”的受托协查质量开展自查。截至2016年12月，全省通过协查系统发起委托协查972起，委托方户次979户，发票23312份，金额46.27亿元，税额6.92亿元，选票准确率93.38%，远高于税务总局绩效考核指标。收到受托协查701起，受托方户次857户，发票20582份，金额24.31亿元，税额3.7亿元，累计回复发票19619份，累计按期回复率100%，全省平均受托协查质量回复“正常”率（确定虚开类型）0.35%，达到税务总局考核要求。

【稽查制度建设】 全面贯彻落实《公安部派驻国家税务总局联络机制运行暂行办法》（公经〔2016〕245号）有关要求，与省公安厅、省地税局先后召开4次联席会议，共同研究下发《黑龙江省公安厅派驻黑龙江省国家税局、黑龙江省地方税务局联络机制运行暂行办法》，并于2016年6月30日，省公安厅派驻省局联络机制举行挂牌仪式，全省13个市（地）级单位相继全部建立联络机制并正式挂牌运行，标志税警协作步入新阶段。2016年全省共建立县级派驻联络机制38个，两部门联合查办案件35件，打掉犯罪团伙6个，抓捕犯罪嫌疑人27人，挽回国家税款损失2000余万元。

【稽查队伍建设】 一是定期组织全体干部集体学习，在认真学习习近平总书记系列重要讲话和中央、税务总局、省委省政府重要会议精神基础上，创办特色业务讲堂，由各科室牵头主讲税收业务知识，加强交流互动，努力将学习工作化、工作学习化。全年组织学习20余次，学习资料近百份。二是建立“三落实”任务分解责任制，本着落实任务目标、落实工作时限、落实责任人的原则，广泛倾听和采纳干部职工意见，制定重点工作任务分解落实表，确保2016年稽查工作有计划、分步骤地予以推进。

【稽查业务培训】 按照“以人为本，注重实际”的培训原则。2016年3月组织全省重点税源企业查前培训，针对2016年重点税源企业行业特点、相关政策法规以及虚开专用发票检查方法等进行深入梳理与讲解，为全省重点税源企业检查的顺利开展奠定扎实理论基础。2016年7月组织全省稽查业务骨干培训班，培训紧紧围绕规范税收执法行为、稽查办案与信息化建设、党风廉政建设、化解执法风险等内容展开，有效提高全省稽查干部核心业务能力。2016年12月举办《全国税务稽查规范（1.0版）》师资培训班。培训内容在解读税务总局下发的《全国税务稽查规范（1.0版）》基础上，对稽查工作中案件案源管理、检查管理、审理管理、执行管理等工作规范要求进行明确，并要求30名参训学员发挥“传帮带”作用，确保全省国税稽查干部将其熟练应用于工作实际。

【稽查信息化建设】 一是不断拓展稽查信息化建设的深度和广度，积极响应税务总局“互联网+税务”行动计划工作部署，全面加强稽查大数据的管理和应用，通过多方采集稽查案件信息、第三方数据和互联网数据，将信息化技术应用从检查环节，逐步向选案、审理环节推进，更好地适应新形势下信息化稽查工作需要。二是进一步加大对稽查执法装备和稽查软件开发的投入力度，从不断改善装备水平，提高经费使用效益入手，进一步提升稽查信息化水平。在铁通检查、移动检查、银行检查等具体检查工作中，积极运用网络版查账软件进行查账，提升检查工作质效。

【稽查宣传】 2016年，黑龙江省省长陆昊在黑龙江国税局呈报的《黑龙江省国家税务局关于2016年开展税收检查工作情况的报告》上做出表扬性批示：“工作有成效。还要继续加大工作力度。税收管理涉及政府与企业的最基本关系，涉及政府管理水平，涉及社会公平、公正，涉及一区域最基本的市场经济法则和制度环境。要广泛宣传、加强征管，构建公平、公正、法治的经济环境。”税务总局局长王军就《黑龙江省省委副书记、省长陆昊批示肯定国税工作》专报也做出表扬性批示。为进一步发挥震慑警示教育作用，全面加大打击发票违法犯罪的宣传曝光力度，2016年8月22日，中央电视台新闻频道《新闻直播间》、中央电视台财经频道《第一时间》分别以《篡改票面信息，虚开增值税发票》为题，对黑龙江省鹤岗市查处某虚开案件情况进行报道；《中国税务报》《纳税向导》等媒体刊载黑龙江省打击发票工作的典型案例以及调研报告3篇；开展不同形式的发票教育活动43次，曝光典型案例39件。

【稽查工作会议】 2016年5月6日，黑龙江国税局召开2016年全省国税稽查工作会议。参加会议的有：各市、地及试点县（市）国税局分管稽查工作的局领导、稽查局局长以及省局稽查局相关人员。会议全面贯彻落实全省国税工作会议和全国税务稽查工作会议精神，总结2015年及“十二五”时期税务稽查工作开展情况，明确“十三五”时期稽查工作改革发展思路，部署2016年税务稽查工作任务。

（高　楠）

黑龙江省地方税务局稽查局

【概述】 2016年，黑龙江地税局稽查部门认真贯彻落实税务总局和黑龙江地税局的工作部署，以组织收入为中心，以整顿和规范税收秩序为目标，认真开展重点税源企业随机抽查、打击发票违法犯罪活动等工作，落实“双随机一公开”机制和税收违法“黑名单”制度，严厉打击涉税违法行为和发票违法犯罪，较好地发挥稽查部门以查促收、以查促管、以查促查的职能作用。

【稽查体制机制改革】　按照税务总局的要求，为认真贯彻《深化国税、地税征管体制改革方案》，适应全面“营改增”后新的税收征管工作需要，在对全省地税稽查工作现状进行认真调研分析的基础上，制定《稽查工作管理办法》，对机构人员、管辖、工作职能、稽查实施、监督考核等五个方面进行明确，市（地）稽查局实行统一调配稽查力量、统一选案、统一组织实施、统一集中审理的“四统一”工作模式，在加强稽查管理、提高稽查质效、保障稽查工作顺畅运行等方面发挥重要作用。

【“营改增”专项稽查工作】　为防范和打击“营改增”行业涉税违法行为，防止苗头性问题演变成系统性风险，与黑龙江国税局稽查部门联合组织开展“营改增”高风险企业专项稽查工作，从四个风险点对联合确定的重点企业进行检查。检查136户，其中有问题户数21户，查补收入202万元。

【稽查查补收入及分析】　2016年，黑龙江省地税稽查部门查补入库收入16.1亿元，查补入库总额占全省地方税收收入的2.35%，超过全国平均水平0.45个百分点，在全国地税稽查系统排名第12位。

【案件查办情况】　2016年，黑龙江稽查部门检查企业1858户，有问题企业1783户，平均选案准确率96%。

【重大案件查处】　黑龙江地税局全面加强对重大税收违法案件的查处力度，多方联动、加强配合，有力保证大要案件的查办质量和效率。2016年，认真查处税务总局督办的黑龙江省第五地质勘察院、黑龙江省黑建一建筑工程有限责任公司等大要案件。

【随机抽查】　按照《国务院办公厅关于推广随机抽查规范事中事后监管的通知》要求和税务总局工作部署，黑龙江地税稽查部门认真落实“双随机一公开”机制，制定《双随机工作实施方案》《随机抽查事项清单》《随机抽查实施细则》。开发《黑龙江省地方税务局稽查局税务稽查随机抽查对象名录库》和《黑龙江省地方税务局稽查局税务稽查随机抽查执法检查人员名录库》两库软件。根据税务总局《推进税务稽查随机抽查实施方案》，确定随机抽查比例和频次。

【区域性税收专项整治】　针对“营改增”后出现的涉税违法新动向，以金税三期工程为依托，结合工作调研、风险推送应对和相关信息进行数据分析，发现税收征管工作薄弱环节，组织力量对税收秩序相对混乱的行业、企业和税收征管漏洞较大的地区开展专项整治。组织开展旅游市场税收专项整治工作，选取税源较大的318户纳税人进行定向随机抽查，查补收入210万元。

【重点税源企业检查】　2016年，黑龙江地税稽查部门对税务总局部署的中国移动通信集团公司等12个企业集团240户成员企业重点检查，查补收入2383万元；组织中国工商银行股份有限公司等40户重点稽查对象745户企业进行自查，查补收入2516万元。

【打击发票违法犯罪活动】　按照税务总局部署，将房地产、建筑安装等社会关注、违法问题高发的行业列为检查重点。注意加强部门协作，进一步完善税务、公安部门打击发票违法犯罪活动工作协作机制，增强整治合力。全年检查企业892户，查处违法受票企业367户，完成税务总局指令性任务的122%，查处非法发票份数1566份，涉及金额3307万元，查补收入214万元，移送案件1件。全省共有一个单位和两名个人受到税务总局的通报表彰。

【税收“黑名单”制度】　为保障税收“黑名单”制度成为推动纳税信用与其他社会信用联动管理的重要手段，与黑龙江省诚信办等23个部门联合签署《黑龙江省关于对重大违法税收案件当事人实施联合惩戒措施的合作备忘录》，明确联合惩戒对象、惩戒措施和操作程序。在黑龙江地税局门户网站和信用黑龙江网站公布11起重大税收违法案件，并通过黑龙江省信用信息共享交换平台向有关部门进行推送，惩戒税收失信违法行为，增强执法震慑力。

【涉税违法案件检举】　认真贯彻落实税务总局《税收违法行为检举管理办法》和《重大税收违法案件督办管理暂行办法》，进一步加大举报案件查处力度，将重大税收违法检举案件列为督办案件，限期查办。工作中注意化解矛盾，加强疏导，及时兑付举报奖励，避免越级举报和缠诉案件发生，举报案件数量逐年减少。受理举报案件375件，查处283件，查补收入2858万元，入库收入

1445万元。

【案件协查】 坚持"协查地就是案发地"的指导思想，强化对协查案件进展情况的跟踪、监控力度，对收到的协查函及时进行调查和回复。收到协查函100件，涉及企业251户，涉及发票140份，全部按照规定程序进行了处理。

【稽查制度建设】 按照《深化国税、地税征管体制改革方案》要求，建立健全公安机关派驻税务机关联络机制，与黑龙江公安厅、黑龙江国税局联合制定《黑龙江省公安厅派驻黑龙江省国家税务局、黑龙江省地方税务局联络机制运行暂行办法》，对联络机制办公室职责以及运转机制等方面做制度性规定，成立黑龙江公安厅派驻黑龙江地税局联络机制办公室，为进一步加强税警协作，严厉打击涉税违法行为奠定基础。

【稽查系统建设】 为加强系统管理，确保各项工作任务落到实处，取得好成效，从完善机制、提高工作水平上下功夫。一是严格绩效管理。按照稽查重点工作设定绩效考评指标，加强对黑龙江各市（地）稽查局重点工作完成情况的考评。二是加强国地税稽查合作。建立稽查联席会议制度，成立国地税联合稽查工作领导小组，领导小组组长由国地税分管稽查工作的局领导轮流担任。密切国地税稽查局的联系，联合开展重点税源随机抽查重点检查、"营改增"高风险企业检查、旅游市场税收专项整治等工作。三是创新稽查工作方法。实行"四统一"工作模式，通过统一调配稽查力量、统一选案、统一组织实施、统一集中审理，提高稽查工作质量。

【稽查队伍建设】 一是加强稽查队伍廉政建设。结合"两学一做"学习教育，加强党风廉政教育和执法风险教育。通过金税三期工程管理系统，加强对稽查案件的流程监控和痕迹管理，有效规范和纠正执法不严、为税不廉行为。二是提高稽查队伍业务素质。结合稽查重点工作，有针对性、分层次地开展培训，为规范执法、依法稽查提供有力保证。

【稽查人才库建设】 结合"岗位大练兵，业务大比武"活动，通过考试成绩、综合考评和组织审查，选拔稽查人才，建立省、市级稽查人才库，为稽查工作提供人才储备。2016年向税务总局稽查人才库推荐了6名稽查业务骨干。

【稽查业务培训】 为提高黑龙江省稽查干部素质，举办黑龙江地税系统稽查电子查账软件培训班、《全国税务稽查规范（1.0版）》培训班。各市（地）局结合稽查重点工作，开展有针对性的培训，进一步提高全省稽查人员的业务能力和执法水平，为完成年度稽查重点工作提供保障。

【稽查宣传】 利用多种渠道和形式宣传税务稽查成果，扩大税务稽查影响力、震慑力。严格执行税务总局规定，加大案件曝光力度，通过黑龙江地税局门户网站和信用黑龙江网站曝光税收"黑名单"案件，充分发挥震慑作用，引导纳税遵从。

【稽查调研】 结合稽查重点工作，对黑龙江地税稽查部门的人员、机构、重点工作完成情况进行调研，针对"营改增"后如何更好发挥地税稽查部门职能，制定《稽查工作管理办法》，提高稽查工作质效。开展部分市（地）地税局税收征管质量调研工作，针对征收管理和税务稽查方面存在的问题，提出工作建议，为进一步提高税收征管质量提供依据。

【稽查工作会议】 2016年4月，召开黑龙江省地方税务稽查工作会议，传达全国税务稽查工作会议精神，总结回顾2015年黑龙江地税稽查工作，安排部署2016年稽查工作任务，讨论研究稽查重点工作及推进措施，为做好全年稽查工作奠定基础。2016年11月，召开黑龙江地方税务稽查工作推进会议，研究解决稽查工作中存在的突出问题，推动稽查工作深入开展。

（康　勇）

上海市

上海市国家（地方）税务局稽查处

【概述】　2016年，上海市税务稽查部门认真学习贯彻税务工作会议和全国税务稽查工作会议精神，以依法行政、以查促管为目标，以规范化、标准化为主线，以信息化建设和制度建设为支撑，认真落实稽查改革各项工作任务，严厉打击税收违法行为，充分发挥税务稽查职能作用，推动稽查现代化建设。各级税务稽查部门检查纳税人4400多户，组织企业自查3.7万户，稽查查补收入185.4亿元。

【随机抽查】　以实施“双随机、一公开”为抓手，持续推进稽查的公平、公正、公开，确保税务总局《推进税务稽查随机抽查实施方案》的各项要求得到全面执行。结合工作实际，制发《落实〈推进税务稽查随机抽查实施方案〉的操作规范（1.0版）》。按照统筹建立、集中采录、分类管理、分级使用的建库模式，初步完成上海检查对象和检查人员名录库建库的阶段性工作。开发“税务稽查随机抽查业务模块”，实现税务稽查双随机选案功能，2016年随机抽查比例接近三成。加强对随机抽查发现的税收违法行为者的联合惩戒，将相关处罚信息予以公布，纳入社会信用记录。

【重点税源企业检查】　市局组建案源分析团队，开展分析研判和联合督导，按照“专业化+随机抽查”相结合的方式，科学确定检查部门和抽查名单，组织税务总局统一部署及上海市安排的2批重点税源企业的自查和检查工作，纠正一批以企业内部规定替代税法的违法行为，查补各类税款6.2亿元。

【打击发票违法犯罪活动】　在机制建设、协同治理、强化监管等方面狠下功夫，拓展工作思路，创新工作方法。2016年，查处发票违法案件4300多件，抓获犯罪嫌疑人800多名，捣毁发票犯罪窝点16个，打掉发票犯罪团伙9个，缴获作案机器49台，查获各类非法发票24.6万份。在对发票使用情况检查中，检查近6700户，查补各类税收收入逾7.5亿元。对67.7万条违法短信息实施有效封堵，进一步遏制发票违法交易行为。

【打击虚开增值税专用发票】　组织部分骨干成立选案团队，运用疑点指标，开展集中选案工作，重点进行数据分析比对，发现疑点线索，开展案头分析，快速排查重点查处对象。立案检查虚开案源604件，查实有问题户数331户，移送公安机关户数172户，抓捕犯罪嫌疑人217名，确认虚开及接受虚开发票6.2万份，金额74.4亿元，税额12.4亿元。其中重点破获的4起案件抓获犯罪嫌疑人83名，涉及金额23.6亿元、税额3.8亿元。

【打击骗取出口退税】　在全国打击骗税工作领导小组的统一部署下，充分发挥公安经侦、税务稽查、海关缉私、人民银行反洗钱的各自优势，通力合作，迅速展开组织部署、分析排摸、实施侦查、统一行动等工作，探索高效组织领导方式，合理调配稽查资源，形成以资金流检查为核心，以货物流、发票流检查为辅助，以人员流、信息流为抓手的查处模式，连续破获2起骗取出口退税系列案件，抓获犯罪嫌疑人18名，捣毁6家骗取退税外贸出口企业，惩处3家违规退税的外贸代理平台，涉案金额7.2亿元，查实应追回已退税款1.2亿元，震慑骗税不法分子，对存在违规行为的出口企业起到警示作用。

【税收“黑名单”制度】　利用办税大厅、税务网站、微博、微信公众号等，广泛宣传税务总局新修订的《重大税收违法案件信息公布办法（试行）》中的公布标准、救济措施、联合惩戒等关键内容。严格审批程序、严把公布质量，公布31起重大税收违法案件，启动对4户欠税企业法定代表人的阻止出境程序，撤出30起缴清相关税款的案件。工作中注重加强与各联合惩戒成员单位的沟通和联系，确保联合惩戒措施起到实效。2016年11月25日，与市经信委、商务委等多家单位组织召开联合惩戒成员单位会议，介绍税收“黑名单”公布情况，商讨建立税收“黑名单”联合惩戒工作日常沟通机制。

【涉税违法案件检举】 理顺检举工作处理流程，自觉规范行政执法行为，对各类检举事项进行分类并转发承办单位，各承办单位在规定时限内调查核实，并按规定答复检举人。市、区两级税务稽查部门受理税收违法检举案件500多件，查定应补缴税款、滞纳金、罚款2亿元。

【案件协查】 按照委托协查和受托协查各环节的工作标准和要求，统一规范审批文书，优化工作流程，确保协查案件发起、实施和结果回复标准化、规范化、痕迹化。深入分析协查案件，及时发现案件线索，拓展稽查案源，对回复“正常”和“无法核实”的确定虚开的委托协查案件，组织开展逐户、逐票分析，有的放矢，积极建议，加强管理，动态监控并定期通报协查信息管理系统运行情况。委托发出协查涉及发票2.8万份，增值税税额6.5亿元；收到回复结果2.6万份，有问题发票1.5万份。受托收到协查发票16.1万份，增值税税额304.5亿元，受托累计回复14.7万份，其中回复结果有问题的发票11.4万份。协查函按期回复率100%，受托协查均按期回复协查结果。

【稽查制度建设】 认真落实《全国税务稽查规范（1.0版）》各项要求，组织稽查各环节骨干组成工作团队，对照《稽查规范》的149项业务事项和实际操作，逐条梳理分析差异，提出落实解决方案。组织全员培训，将《稽查规范》的内涵和要求传达到每一位稽查干部，并专门发文落实《稽查规范》，从提高认识、把握特点、改进优化、绩效考核等方面提出具体要求。

【稽查信息化建设】 运用增值税发票电子底账、所得税汇算清缴、出口退税数据、发票协查系统数据以及第三方数据信息，进行案源分析，深挖违法涉税案源。大力推动电子查账软件和数字化检查工具的使用，重点拓展信息化稽查在查处骗税、虚开、偷税等重大案件中的实战能力，2016年信息化稽查户数占三成，查补收入9.5亿元，户均查补82万元。

【稽查宣传】 借助各类媒体、网络信息平台和“税收宣传月”活动，广泛普及发票使用知识，会同相关部门大力宣传打击发票违法犯罪活动工作成果。2016年3月2日，上海市国家（地方）税务局在市政府新闻发布中心召开新闻通气会，通报试点运用增值税发票管理新系统情况及4起典型案件。2016年9月19日，市局局长过剑飞在市政府召开的上海深化国税、地税征管体制改革新闻发布会上，重点介绍自2014年以来开展税收“黑名单”公布及联合惩戒工作以来，公布的案件、联合惩戒的举措和取得的成效，以及撤出公告栏的情况。结合“双打”开展情况，市税务稽查部门与市公安经侦通过上海第一财经广播《有财者说》节目，以“联合打击骗取出口退税”“联合打击虚开增值税专用发票”为专题开展联合宣传，教育规范纳税人，积极营造共同打击防范发票违法犯罪的良好氛围，促进社会信用体系建设。

【稽查调研】 从上海稽查工作实际出发，以建立完善稽查案源管理制度为目标，组织稽查五局、六局、宝山、金山等稽查局，对《关于完善上海税务稽查案源管理相关制度的研究》进行调研，调研报告从上海税务稽查案源管理的现状出发，运用理论研究和实证研究相结合的方法，对税务稽查案源以及其管理的基本要义进行梳理归纳，同时将税务稽查案源管理纳入税收征管体制改革的大背景中，对上海税务稽查案源管理在案源信息收集、案源信息处理、案源信息确认和退出标准，以及案头分析流程等制度建设方面存在的问题进行探讨。通过学习借鉴部分省市的创新经验，探索上海税务稽查案源管理的发展方向，并为加强上海税务稽查案源管理提出对策建议，建立健全上海税务稽查案源管理制度，深化落实国税、地税征管体制改革要求。组织稽查一局、四局、嘉定、奉贤等稽查局，围绕《税务稽查随机抽查若干问题研究》这一主题，从责任主体、工作机制、团队支撑、信息技术等方面开展讨论，提出建议，形成两万余字的调研报告，为后续完善随机抽查工作提供素材。

（梁　丁）

江苏省

江苏省国家税务局稽查局

【概述】 2016年，江苏省稽查机构87个，其中省级1个，市（地）级15个，县（市、区）级71个；稽查人员2081人，占全省税务机关人员总数的10.99%。2016年全省各级稽查部门坚持依法稽查，贯彻落实《深化国税、地税征管体制改革方案》，推进稽查现代化建设，以“两个打击”为重点，严厉打击税收违法行为。立案检查企业7023户，检查查补收入16.29亿元，入库15.58亿元。

【“营改增”专项稽查工作】 2016年，“营改增”高风险企业专项稽查工作综合采取团队化检查、项目化检查、交叉检查等多种组织形式，检查企业135户，查补增值税1082.77万元，所得税41.45万元，查补罚合计1128.88万元，调减亏损企业申报亏损额2035万元。

【重大案件查处】 2016年，全省各级稽查部门强化重点稽查，加强重大税收违法案件查处力度，查处一批南京“11·24”专案、苏州“5·18”专案、泰州“11·23”专案等案值大、影响面广的重大税收违法案件。查处千万元以上案件16件，百万元以上案件118件，查处案值超亿元以上虚开案件73起。

【区域性税收专项整治】 2016年，江苏国税局稽查局聚焦全省行业经济特点和发票违法犯罪现实，结合各地提出的本地区行业（区域）专项整治项目，确定纺织业专项整治、非金属矿物制品业专项整治、中药材行业专项整治等9个行业（区域）专项整治项目。立案检查企业796户，定性虚开发票和接受虚开发票（含普通发票）9.91万份，金额178.89亿元，查补收入2.86亿元；公安机关破获虚开犯罪团伙17个，抓捕犯罪嫌疑人154人。

【重点税源企业检查】 根据税务总局2015年全国重点税源企业随机抽查工作安排，组织26户企业集团以及江苏自选企业集团成员单位开展自查，自查查补税款、滞纳金3177.26万元，冲减增值税留抵税金89.45万元，调减亏损额1291.62万元。根据自查情况和以往年度风险应对记录，选取322户成员单位实施检查。成立联合领导小组，开展国地税联合稽查；统筹稽查资源，采取总分式、解剖式、集中办案式等检查方式提高大型企业集团检查质效。检查查补收入7.03亿元，入库6.34亿元，调减亏损7024.32万元，冲减留抵9.17万元。

【打击发票违法犯罪活动】 按照“标本兼治、查买打卖、整防管控、长效治理”指导方针，开展打击发票违法犯罪活动工作，全省各级稽查部门查处违法企业4699户（含自查），非法发票61.83万份，金额903.81亿元。其中定性虚开和非法接受发票（含普票）61.68万份，金额902.33亿元；查补税款6.18亿元，滞纳金0.69亿元，罚款1.21亿元；移送公安案件1054件，公安机关破获犯罪团伙84个，抓捕犯罪嫌疑人1102名。2016年2月，江苏国税局稽查局集中设计“利用黄金交易套取增值税专用发票申报抵扣进项税额虚抵虚开”“利用‘未开具发票销项’为负数冲减销项虚开”“未完成票表稽核比对（开专票、零申报异常数据）虚开”等7类虚开选案模型，提高打击精准度。根据7类虚开选案模型，精选1000户虚开案源进行立案查处，除少数有正常经营的实体企业外，全部定性虚开。

【打击虚开增值税专用发票】 2016年，全省各级稽查部门立案检查涉嫌虚开企业3342户，定性虚开和接受虚开发票（含普通发票）58.12万份，金额888.69亿元，税额145.81亿元；查补收入5.57亿元；公安机关破获虚开犯罪团伙71个，抓捕犯罪嫌疑人732名。针对虚开企业大量走逃的现状，江苏国税局稽查局制定下发《关于走逃企业涉嫌虚开发票案件行政定性及调查取证的指导意见》，推动全省范围内对走逃企业涉嫌虚开案件依法大胆定性。

【打击骗取出口退税】 2016年，全省各级稽查部门立案检查涉嫌骗税企业107户，确定有问题企业63户，查补收入3.2亿元，追回已退税款2.7亿元。其中江苏省国税局稽查局自主分析筛选52户打骗案源，并依据案源指标关联性开展团伙作案分析，归集三个打骗专案进行集中查处。三个专案确定有问题企业16户，查补收入2.71亿元。

【国地税联合稽查】 2016年，江苏国税局与江苏地税局紧密配合、资源共享、全面协作，深入开展国地税联合稽查工作。一是共同拟定联合实施办法。省国税局与省地税局共同拟定《江苏省国家税务局 江苏省地方税务局联合稽查工作实施办法（试行）》。二是全方位实施联合稽查。针对各类检查事项联合分析、联合选案、联合部署，先后共同部署开展重点税源企业、地方石油炼化企业、“营改增”专项检查、打击发票违法等联合稽查具体工作。对2646户纳税人开展联合稽查工作，其中联合进户检查1085户、联合部署自查1561户。总计查补11.14亿元（国税9.67亿元、地税1.47亿元），入库9.65亿元（国税8.44亿元、地税1.21亿元）。三是强化失信联合惩戒。实现国地税共管户违法结果互认、纳税信用等级调整结果互认，并共同推动其他部门对重大税收违法案件当事人采取惩戒措施。

【税收“黑名单”制度】 2016年，全省共生成重大税收违法案件“黑名单”98户，对49户税收违法“黑名单”纳税人开展联合惩戒。按照《关于修订〈重大税收违法案件信息公布办法（试行）〉的公告》要求，贯彻落实税务总局救济措施，将主动缴清税款、滞纳金和罚款，弥补税收失信过错的139户纳税人撤出公告栏，并将情况通知实施联合惩戒的部门进行信用修复。

【涉税违法案件检举】 2016年，全省受理税务违法举报案件2649件，查处1972件，查处率74.44%，查结1564件，结案率79.31%，查补税款2.61亿元，滞纳金0.87亿元，罚款1.11亿元，入库税款2亿元，滞纳金0.79亿元，罚款0.71亿元，移送公安部门30件。

【案件协查】 2016年，全省各级稽查部门通过协查系统发起委托协查发票49.77万份，发票协查选票准确率98.78%，高于全国平均水平与绩效指标值，委托协查查补入库1.39亿元，移送司法机关128起。随着全国打骗打虚专项工作深入开展，受托协查发票数量大幅增长，收到增值税抵扣凭证受托协查发票19.94万份，与2015年相比增长363.91%，其中确定虚开发票协查增长728.04%。全省各级稽查部门在规定时间内保质保量完成协查任务，累计按期回复率为100%，受托协查查补入库0.69亿元，移交司法机关205起。

【稽查业务培训】 2016年，江苏国税局稽查局强化稽查人员业务素质和岗位技能培训，组织举办三期共450人的全省国税系统稽查人员风险应对全员培训，重点培训征管改革整体框架、金税三期工程稽查模块构架、查账软件运用、虚开发票企业与骗取出口退税企业的风险分析及稽查应对等内容。

【稽查信息化建设】 2016年10月，金税三期工程税收征管系统正式在江苏上线运行。全省各级稽查部门按时高质量完成金税三期工程稽查模块上线前的各项准备工作，包括稽查条线流程、岗责、系统参数等配置的定版，业务操作手册的编制，历史稽查数据迁移范围、时限、对照关系表的终审定版及准确性验证确认，以及稽查初始化数据投放等工作，完成84318户案件历史稽查数据迁移以及5024户案件初次补录。

【稽查宣传】 2016年，全省各级稽查部门进一步加大案件宣传曝光力度，提高重大税收违法案件在省级以上媒体曝光率。《一封匿名信揭开300亿“黄金税票”》（徐州“9·22”专案）被央视东方时空报道；《江苏泰州侦破特大虚开增值税专用发票案》（泰州“11·23”专案）被央视新闻直播间报道；《从一封协查函入手 昆山国税查获一起虚开发票大案》在《中国税务报》深度报道，受到税务总局局长王军批示表扬。

【部门协作】 2016年10月，江苏省公安厅派驻江苏国税局、地税局税务联络机制办公室成立。按照“信息互通、优势互补、紧密配合、高效务实”的合作原则，全省各级国税部门与公安部门结合本地实际情况，分层次、多方式，各自建立完善公安与税务执法合作机制，省、市、县级三级立体化公安派驻税务联络机构基本形成，全方位联络机制逐步完善。到2016年底，全省省市两级挂牌成立派驻机构13个，其中省级1个、地市级12个，国地税联合派驻机构4个。

【工作建议】 虚开发票违法犯罪地域分布广，层级多，多呈团伙化、职业化，虚开链条上空壳虚开企业通常多达四五层。江苏国税局稽查局根据工作实践，建议打击虚开发票违法犯罪应从第一层虚开企业至最终实体用票单位进行穿透式、全链条选案，统一组织所有涉案地域进行贯穿式打击，直达用票单位，最大限度挽回国家税款损失。

（季晓丽）

江苏省地方税务局稽查局

【概述】　2016年，江苏省地税系统稽查部门积极适应“深化国税、地税征管体制改革”新形势，紧紧围绕税务总局“互联网+”行动计划和江苏地税局“两大工程”新要求，聚焦主业，创新发展，切实加强统筹组织和业务指导，充分发挥稽查双重职能，严厉打击税收违法行为，不断深化稽查管理改革，全力提升稽查工作质效，各项工作取得新成效，实现新突破，在全国地税稽查条线绩效考评中位居前列。

【稽查现代化建设】　2016年，江苏地税局稽查局按照税务总局局长王军提出的“积极推进税务稽查现代化建设”要求，继续探索以风险管理为导向，以分类分级稽查为核心，统筹全省稽查人力资源，合理划分各级稽查职责，统一执法程序，加强信息化支撑、人才支撑和装备支撑，创新绩效考评机制，构建资源共享、应对高效、打击有力的稽查新格局。

【稽查体制机制改革】　2016年，江苏地税局稽查局开展重点课题《跨区域稽查体制机制研究》，组织召开4次集中研讨会，赴吉林进行实地考察调研，形成近万字课题成果，该成果获江苏地税局科研成果评比三等奖。

【“营改增”专项稽查工作】　2016年，根据《国家税务总局关于印发〈2016年营改增高风险企业专项稽查工作方案〉的通知》（税总函〔2016〕385号）和《国家税务总局关于加强全面推开营改增试点后涉税风险防范和稽查工作的通知》（税总函〔2016〕256号）要求，江苏地税局稽查局制发《2016年营改增高风险企业专项稽查工作方案》（苏地税稽便函〔2016〕47号），联合江苏国税局稽查局开展集中行动。全年组织自查79户，自查收入143.98万元，实施重点检查46户，查补收入1184万元。

【稽查查补收入及分析】　2016年查补税款72.82亿元，入库收入80.15亿元，同比增长6.98%，查补入库额占全省地税收入的比重是1.61%，较好地发挥了堵漏增收的职能作用。

【案件查办情况】　2016年直接立案查处各类税收违法案件4144件，入库收入47.88亿元，同比增长17.42%；督导高风险企业开展自查9733户，查补收入32.2亿元，同比减少5.83%。

【案件特点分析】　2016年立案检查企业4144户，制造业、房地产业和建筑业分别检查1292户、927户和439户，占检查总户数的64.14%；稽查入库收入47.88亿元，其中房地产业入库25.55亿元，占全部入库收入的53.36%；全省案均入库收入104.83万元。

【重大案件查处】　坚持把大要案查处作为发挥稽查职能作用和提升部门影响力的重要抓手，集中力量查处并曝光一批大案要案，充分彰显威慑力。2016年查处百万元以上案件334件，其中千万元以上案件115件，查处税务总局督办案件12件。

【随机抽查】　2016年，按照税务总局随机抽查实施方案和案源管理办法要求，江苏地税局稽查局及时贯彻落实意见，完善选案机制，并建立涵盖省、市、县三级共399万户稽查对象的分类名录库和1140人的稽查执法人员名录库。全省随机抽取3405户稽查待查对象，其中省级重点税源企业1086户，查补税款17.73亿元。

【区域性税收专项整治】　选取虚开网络版普通发票受票方、房地产、苗木、纺织、建筑、租赁商贸服务、金融、药品与医疗器械8个行业（区域）开展专项整治。全年立案检查纳税人488户，查实打击接受虚开发票企业405户，接受虚开普票5324份，涉案金额17.62亿元，查补收入7234.03万元。

【重点税源企业检查】　对税务总局随机抽取的26个集团企业共366户企业开展重点检查，查补收入7781.04万元；督导市级以上重点税源企业自查1938户，自查收入13.41亿元，重点检查1672户，查补收入11.75亿元。

【打击发票违法犯罪活动】　2016年，江苏地税系统稽查部门按照“查税必查票、查票必查税”的工作要求，结合实际，将企业发票使用情况作为必查项目，依法严惩取得并使用虚假发票的违法行为。全年检查纳税人3879户，发现违法使用发票纳税人2305户，查获非法使用发票40467份，涉案金额9.93亿元，查补收入2.35亿元。

【税收“黑名单”制度】　根据江苏省政府《关于对重大税收违法案件当事人实施联合惩戒措施的实施意见》，江苏地税局稽查局联合省信用办等21个部门共同推进联合惩戒工作，按季将符合“黑名单”公告标准的企业（包括法人代表、直接责任人）信息传递到省、市两级公共信息平台。对35个涉税违法案件进行公告，对符合撤出“黑名单”条件的25个案件及时审核撤出，进一步发挥税收违法“黑名单”制度的作用。

【涉税违法案件检举】 2016年各级举报中心共受理举报案件3270件，查处案件2500件，查处率76.45%，共查补收入3.02亿元。

【案件协查】 2016年收到外省（市）协查函20余份，涉及北京、天津、上海等直辖市和浙江、安徽、广东、江苏（国税）等10余个省级税务稽查部门，转发至各省辖市地税稽查部门协查函近百份。

【稽查制度建设】 2016年，江苏地税局稽查局坚持以制度建设为基础，大力推进稽查内控机制建设，进一步规范税务稽查管理，着力防范和化解稽查执法风险，全面提高税务稽查工作效能。以《税务稽查工作规程》（国税发〔2009〕157号）为遵循，制定并严格执行部门《内部控制制度（试行）》，对案件确定、检查、审理、执行、重大税收违法案件的督办等11个领域可能涉及的风险点及管控措施进行明确，对税务稽查工作进行全面规范，打造稽查规范化管理的长效机制。

【稽查系统建设】 按照税务总局金税三期工程上线运行要求，积极推进金税三期工程稽查功能模块的完善，确保稽查信息化系统的顺利运行。

【稽查队伍建设】 坚持以党建工作为引领，以干部“能力素质提升工程”为抓手，严明作风纪律，加强干部培养，打造一支作风硬、业务精的稽查执法队伍。省局3个“虚拟机构、实体运作”的区域稽查分局均成立临时党支部，积极开展“两学一做”主题教育活动，做到案件检查与党建工作两不误、两促进、两提高。各地坚持将从严治党与稽查工作同部署、同落实，创新基层党建工作新思路。按照人才专业化培养目标，重点开展税收业务、法律知识、查账技能等多项专题培训班，提高干部素质，注册会计师、税务师、律师等“五师”占比为30.34%，高出全省地税“五师”比例近10个百分点，一名干部被授予“全国优秀税务工作者”称号。

【稽查人才库建设】 注重加强稽查人才库建设，通过业务竞赛、岗位技能大比拼等活动，遴选稽查业务骨干，一批“查案高手”“审理专家”入选省、市两级稽查人才库，4名干部入选税务总局稽查人才库。

【稽查业务培训】 按照分层分类培训的原则，组织开展区域分局检查、金税三期工程、双随机工作等年度培训3次，提高稽查干部素质，规范稽查执法行为，为稽查工作的有效开展奠定业务基础。

【稽查信息化建设】 积极运用现代化稽查装备，部分单位购置税务稽查办案箱等硬件设备和网络版查账软件，强化执法手段，提高检查效率，不断加强稽查信息化建设。

【稽查宣传】 继续加大稽查宣传工作力度，全年编发《稽查动态》5期。向税务总局《稽查工作动态》报送信息10余篇，其中，《攻坚克难 长效管控 江苏地税稽查积案清理成效显著》的汇报材料受到税务总局副局长孙瑞标的表扬性批示。向各大主流报刊媒体报送宣传材料10余篇，其中双随机抽查工作被《中国税务报》多次报道。

【稽查调研】 按照江苏省省级机关“三解三促”工作要求，江苏省地方税务局分管稽查局副局长陈筠带队深入张家港市开展调研活动，现场考察并组织座谈会多次，听取企业及地税干部意见建议，并提出相关工作要求。

【稽查工作会议】 2016年3月16日，江苏省地税系统稽查工作会议召开。会议传达了全国税务稽查工作会议精神，总结“十二五”期间江苏地税稽查工作，展望“十三五”期间稽查工作思路，部署2016年稽查工作任务。江苏地税局副局长陈筠在会上作了题为《满载收获 砥砺前行 努力开启江苏地税稽查工作新征程》的工作报告。报告充分肯定“十二五”期间全省地税稽查工作取得的成绩，同时也指出工作中存在的问题与不足，并要求认真重视，采取有效措施，切实研究解决。报告要求，全省地税稽查系统要站在新起点上，客观分析形势，准确把握方向，明确“十三五”期间稽查工作新要求。报告提出，2016年全省地税稽查工作的总体要求是：积极适应国税、地税征管体制改革新形势，紧紧围绕税务总局“互联网+”行动计划和江苏地税局“两大工程”要求，以信息化为支撑，以提升干部能力素质为基石，以推动发展、打造品牌、提升绩效为出发点和落脚点，依法查处税收违法行为，增强稽查的精准性、威慑力，充分发挥稽查以查促收、以查促管，引导税收遵从的职能作用，努力提高稽查的贡献度。最后，报告对做好2016年稽查工作强调了五点意见：一是抓住重点，全力打击税收违法行为；二是完善机制，着力提高稽查管理水平；三是强化规范，不断提升稽查工作效能；四是宣传引导，构建良好稽查执法环境；五是人本管理，大力加强稽查队伍建设。

（万　成）

浙江省

浙江省国家税务局稽查局

【概述】 2016年，浙江国税局稽查局认真贯彻落实税务总局稽查局和浙江国税局各项工作部署，以维护税法尊严、提高纳税遵从为目标，围绕行业性税收专项检查、重点稽查对象检查和打击虚开增值税专用发票、打击骗取出口退税违法行为等重点工作，依法行政，锐意进取，充分发挥税务稽查职能作用。

【稽查现代化建设】 继续深入稽查现代化建设工作。一是继续加大对全省稽查系统信息化装备的配置，提升现代化装备水平。二是加大对电子查账软件的培训和推广力度，通过举办专门的查账软件培训班，将电子查账培训与实战锻炼相结合，开展对真实案件的电子查账竞赛，提升稽查干部信息化稽查能力和水平。

【稽查体制机制改革】 按照税务总局"做实省局、做强市局、优化县局"的指导思想，2016年浙江国税稽查部门首次采用县（市）局稽查局长带队开展稽查的方式，从全省55个县（市）中抽调12位县局稽查局长，按照行业专业化检查团队建设和"风险推送、定向稽查"模式的要求，组队对12户重点税源企业开展异地检查工作，查补收入6315.69万元，发挥利用县级稽查力量，缓解省、市、县三级稽查力量和稽查工作任务的倒三角状况。

【"营改增"专项稽查工作】 开展针对"营改增"高风险企业专项稽查工作，涉及房地产业、金融业、建筑业、部分现代服务业等多个行业，涉及浙江分支机构及相关企业316家，查补收入3915.56万元。

【稽查查补收入及分析】 2016年，浙江国税稽查部门检查企业10359户，累计查补收入38.11亿元，实际入库34.88亿元。其中稽查部门直接立案检查企业户数4296户，审结户数3378户，有问题户数3172户，选案准确率94%，查补收入15.38亿元。其中税款11.27亿元，占检查收入的73.28%；滞纳金1.65亿元，占检查收入的10.72%；罚款2.44亿元，占检查收入的15.86%；实际入库12.15亿元。

【案件查办情况】 2016年，浙江国税稽查部门开展整顿和规范税收秩序工作，大力查办涉税违法案件。为加强案件管理，确保案件查办质效，浙江国税局稽查局于2016年切实加强案件督办工作，一是加强指导协调力度，及时解决困难和问题，不断推动案件查办工作进展；二是强化上报管理，严格案件延期制度；三是对久拖不结的督办案件进行限期清理，提高案件查办效率。

【案件特点分析】 虚开骗税案件个案案值呈现迅速增大的趋势，单个案件牵涉几十家，甚至上百家虚开企业，单户开票金额动辄过亿元。虚开骗税犯罪分子面对高压严打态势，作案手段不断更新，呈现出周期短、数额大、犯罪链条长、隐蔽性强、集团化、专业化、智能化等多重特征，跨区域作案趋势明显，给税务稽查部门查处涉税违法案件带来一定困难。

【重大案件查处】 浙江国税稽查部门以查处虚开发票、骗取出口退税案件为重点，继续加大涉税违法打击力度。全年查处税款在千万元以上案件19件，查补收入4.19亿元；查补税款在百万元以上大要案150件，查补收入8.97亿元，大要案个均查补收入大幅增长。查处嵊州市意昂贸易有限公司虚开骗税案、建德市平升物资贸易有限公司案、嘉兴"3·7"虚开增值税专用发票案、义乌市"5·12"虚开增值税专用发票案等多起重大案件。

【区域性税收专项整治】 组织开展对部分地方石油炼化企业专项税收检查，对70户企业进行自查，同时抽取一定比例企业进行重点检查，发现11户企业存在购销货物品名不一致、涉嫌变票的情况，涉及进项发票8544份，金额68.57亿元，税额11.66亿元。全省各地国税稽查部门依法严厉查处旅游市场经营纳税人的税收违法行为，配合旅游行政主管部门抓好旅游市场综合监管工作。绍兴地区自行安排开展农产品行业、快递行业、利用出口平台骗税等3个项目的区域专项整治工作。

【重点税源企业检查】 浙江重点税源检查工作主要包含两大部分，分别是税务总局部署的重点稽查对象随机抽查工作和省局开展的重点稽查对象随机抽查工作。其中，承接税务总局2015年重点稽查对象“双随机”检查涉及浙江省的集团企业及其成员单位865户，查补收入5.78亿元；承接2016年度税务总局40个集团重点稽查对象随机抽查工作，检查涉及浙江省成员企业1600多户，自查补税8929万元，重点检查逐步进行。承担2016年度省局重点稽查对象随机抽查工作，对160户省局重点稽查对象实施检查，查补收入2.83亿元。

【打击发票违法犯罪活动】 浙江国税稽查部门会同地税、公安继续加大对制售非法发票违法犯罪活动的打击力度，开展对企业发票使用情况的检查。以重点地区和行业为突破口，大力整治非法发票“买方市场”和“卖方市场”，破获、查处发票违法案件1677件，捣毁制售假发票窝点、团伙18个，抓获犯罪嫌疑人192人，缴获各类发票21250份。

【打击虚开增值税专用发票】 浙江国税局、浙江地税局协同公安、海关等部门紧密合作，通过联合分析研判、联合制发工作方案、联合督导，全面部署、协调推进打击虚开增值税专用发票工作。查处一批涉嫌虚开企业，查实虚开发票27.98亿元、虚受发票43.33亿元，查补税款57217.48万元，涉及发票份数138080份；移送公安255户，公安机关抓捕犯罪嫌疑人252人。

【打击骗取出口退税】 浙江各级国税稽查部门深化与公安、海关等部门的合作，联合督导，协同作战，全年检查出口退税企业183户，开展重点检查且查实有问题户数101户，挽回损失6.11亿元，查办嵊州市意昂贸易有限公司虚开骗税案、建德市平升物资贸易有限公司案等一批骗税大要案。

【税收“黑名单”制度】 通过门户网站向社会公布76件重大税收违法案件信息，并推送至省信用中心，在“信用浙江”网站上予以公布。将“黑名单”企业列入随机抽查对象异常名录库，提高监督检查频次。联合相关惩戒单位在职权范围内对浙江国税稽查部门推送的税收“黑名单”企业实施实质性惩戒措施，确保“黑名单”真正发挥警示震慑作用。

【涉税违法案件检举】 全省各级国税稽查部门认真贯彻落实《税收违法行为检举管理办法》和《检举纳税人税收违法行为奖励暂行办法》，提高检举案件管理水平，减少缠诉案件，维护和谐稽查。浙江省全年受理税收违法检举线索2081件，立案查处1071件，查补收入2.34亿元，其中省局举报中心接听举报电话600余次，接待举报人50余次，正式受理检举案件374起。

【案件协查】 浙江国税稽查部门牢固树立“全国一盘棋”的思想，与全国各地税务机关密切合作，推动协查工作做实做深。全省全年委托发起协查3140起，涉及各类发票27132份，选票准确率88.74%；受托协查4428起，涉及各类发票87506份。

【稽查制度建设】 2016年，浙江国税局稽查局下发《浙江省国家税务局稽查局关于进一步明确案件督办工作分工及流程的通知》（浙国税稽便函〔2016〕13号），进一步完善检举案件的督办工作流程，加强督办案件管理，确保案件督办工作绩效考核责任落实到位。浙江国税局、浙江地税局印发《联合审理和执行案件工作指引》（浙国税发〔2016〕185号），进一步推进国地税联合稽查工作。为应对日益复杂的举报形式，浙江国税局下发《浙江省国家税务局关于进一步做好涉税检举案件处理的意见》，为各市地优化税务违法行为检举工作提供参考。继续推进公安派驻税务联络机制工作，健全完善税警协作制度，全省公安、国税部门联合查办涉税违法犯罪案件133个，打掉犯罪团伙21个，抓捕犯罪嫌疑人103人，挽回国家税款损失24108万元。

【稽查系统建设】 浙江国税系统继续加强对稽查工作的领导，统筹安排好稽查工作必需的各类保障，主要领导经常听取稽查工作及重大案件查处情况的汇报，协调解决出现的问题和矛盾，为稽查工作提供坚强后盾。上级稽查局继续加强对下级稽查局的业务指导和工作考核，完善稽查体制机制建设，提升稽查系统各项工作质量。

【稽查队伍建设】 扎实落实队伍建设工作要求，以“两学一做”学习教育为契机，开展“万名党员进万企”专项活动；定期开展“三会一课”，丰富集中学习内容和形式，进一步加强稽查队伍作风建设和党风廉政建设。

【稽查人才库建设】 为进一步优化税务系统专业化人才队伍建设，响应全国税务系统开展“岗位大练兵、业务大比武”活动，浙江国税稽查部门将岗位练兵、业务比武作为贯穿稽查工作的

"强基"举措之一，充分运用互联网平台，发挥领军人才和各级专业人才的"领头羊"作用，以考促学、以赛促训，营造赶、学、比、超的良好氛围，推动浙江省稽查专业化人才的选拔与培养。

【稽查业务培训】 浙江国税局高度重视稽查人才培养，继续大力推动稽查队伍素质提升。省局举办2期稽查局长培训班、5期稽查干部培训班和2期电子查账培训班，开展《全国税务稽查规范（1.0版）》师资培训工作，进一步提高稽查队伍整体业务水平。各市地组织稽查干部到知名高等院校开展专业培训，借力优秀平台和资源，开拓干部视野。

【稽查信息化建设】 浙江国税稽查部门强化涉税信息分析和应用。立足"互联网+税务"和大数据应用，加强信息化建设，促进"互联网+"和税务稽查的融合，进一步探索"大数据"稽查方法，并延伸运用到打击虚开、打击发票违法犯罪活动、打击其他偷逃税行为中。省局专门组织开展2期电子查账培训班，学习领先经验，提升稽查人员信息化手段在稽查业务中的运用能力；组织开展税务稽查电子查账大比武活动，培养储备更多信息化专业人才。各市地在信息化稽查建设上做了更多尝试，金华市国税局稽查局组建电子查账专业团队，组织制订《电子税务稽查操作规范1.0（试行）版》，在实战运用中积累经验，取得了不错的成效。

【稽查宣传】 浙江国税稽查部门继续加大力度开展税收宣传工作。全省稽查系统大力开展"黑名单"宣传工作，通过召开新闻发布会、接受新闻采访、印制宣传册等合力营造舆论氛围，扩大联合惩戒的社会影响力和威慑力。通过"万名党员进万企"专项活动，联合浙江公安侦防协会开展"营改增"企业政策宣讲会，有针对性地开展宣讲，进一步扩大政策知晓面。全省税务部门以"税收宣传月"为契机，联合公安、地税等相关部门开展以"防范风险 护航发展 守护平安共创和谐"为主题的大型宣传活动，增强宣传效果。充分利用《浙江日报》《中国税务报》等媒体平台，进行政策解读、宣扬纳税先进典型，曝光偷、逃、抗税的各类案件。

【稽查调研】 为进一步提升浙江国税稽查系统工作质效，2016年浙江国税局稽查局就打击发票违法犯罪活动、打击骗取出口退税、"风险推送、定向稽查"检查模式、外贸综合服务体骗税风险应对、"营改增"后房地产等四大行业涉税风险防范等重要工作在多地开展实地调研，学习各方先进经验，并形成调研报告。重视落实调研成果，学以致用，结合浙江实际，对省局稽查局职能进行适当调整，促进其更好地发挥管理职能。

【稽查工作会议】 2016年1月，浙江国税局稽查局、浙江地税局稽查局召开2016年第一次联席会议，就新形势下国地税进一步合作进行深入探讨。2016年5月，浙江国税稽查工作会议在金华召开，参加会议的有各市地分管稽查工作的局领导和稽查局长。会议全面总结和回顾了2015年全省国税稽查工作开展情况，对全面落实2016年稽查工作重点和各项任务提出具体要求。会上，各参会代表就稽查工作开展效率和质量的问题进行了讨论，交流稽查工作经验和做法。会后各地及时召开会议，将上级精神贯彻落实到位。2016年8月，浙江国税局、浙江公安厅、杭州海关联合召开第二次打骗打虚工作联合领导小组会议，对深入推进浙江打击骗取出口退税、打击虚开增值税专用发票工作做进一步部署。2016年12月，全省国税系统稽查局长培训班暨稽查队伍建设会议在杭州举办。会议传达了党的十八届六中全会精神，并提出稽查队伍建设的方向和具体部署。浙江国税局稽查局多次组织召开稽查工作例会及座谈会，及时了解各地稽查工作情况，解决存在的问题，改进和完善稽查工作。

【工作建议】 稽查队伍一线稽查人员正面临着老龄化严重的问题，且研究生以上学历和"三师"等专业人员数量少，队伍的老化和专业人才的不足带来的问题是干部知识、技能的更新程度相对较慢，复合型年轻干部十分稀缺，制约了稽查工作质效。希望从税务总局层面考虑出台相应政策，尽可能加强稽查业务中坚力量。针对税款入库问题，税务总局在2016年下发的国税系统绩效指标考评标准细则中，对查补入库率有具体数值（90%）的要求，而近几年，在打击虚开增值税专用发票案件的检查过程中，出现了大批走逃（失联）企业，这类案件往往案情严重，所涉税款金额巨大，在当地稽查查补收入中所占的比值也较大，耗费了稽查人员大量的时间精力，也确实起到震慑税收违法犯罪行为的社会作用，但此类案件查补税款的入库执行工作却几乎无法开展，直接影响到当期稽查查补入库率。希望税务总局能对此类案件的查补入库率进行单独考评，或综合其他因素进行考核，以便更好地评价和衡量税务稽查部门在查处税收违法案件、净化社会经济环境和税收秩序上的积极作用。

（方　倩　陈梦颖）

浙江省地方税务局稽查局

【概述】　2016年，浙江地税局稽查局认真贯彻全省地税工作会议和全国税务稽查工作会议的精神和要求，服务“营改增”“放管服”、金税三期工程上线等一系列中心工作，合理把控税务稽查工作力度与进度，不断强化稽查职能作用，圆满完成年度工作目标任务。

【稽查体制机制改革】　贯彻落实《深化国税、地税征管体制改革方案》部署和要求，会同人教部门开展稽查管理体制改革调研，提出稽查管理体制及内设机构改革建议。台州市一级稽查体制取得实质性突破，撤销椒江、路桥区级稽查机构，由市局稽查局统一负责两区税务稽查工作。制定《浙江省地税系统稽查案源分类分级管理实施办法（试行）》，规范各类案源处理流程，理顺部门之间职责衔接，明确省、市、县三级地税局稽查部门税务稽查案源的管理职责和操作规范。不断加大直接下达案源力度，上级税务局直接选案率59.1%。贯彻《国家税务局　地方税务局联合稽查工作办法》，与省国税局稽查局成立联合稽查工作领导小组，确定6大类29项稽查信息共享清单，印发《联合审理和执行案件工作指引》，将国地税联合稽查从检查环节深入至审理与执行环节。

【稽查查补收入及分析】　2016年，浙江地税稽查部门（不含宁波，下同）对5756户纳税人组织开展检查，占企业正常纳税总户数的0.39%，查补收入23.30亿元，实际入库22.28亿元，占地税组织税收收入的比重为0.78%。其中由各级稽查局直接实施立案检查的有2729户纳税人，查补收入13.15亿元，立案检查查补收入占全部查补收入的56.43%。稽查案件查结率114.7%，稽查选案准确率92.3%，查补收入入库率95.6%。人均检查4户（含责成自查10.5户）、查补收入194万元（含责成自查344万元）。

【案件查办情况】　坚持采用责成自查和重点检查相结合的检查模式，深化应用随机抽查，持续开展省市联合检查，稳步实施国地税联合稽查，“以点带面”推进行业集团检查。2016年查处大要案278件，查补8.18亿元，占稽查局立案检查查补收入总额的62.2%。其中，单个案件查补金额在500万元以上的案件35件，创历年新高。移送涉嫌税收违法案件20件，追究刑事责任4人；公布税收违法“黑名单”案件13件。稽查听证案件7件，复议和诉讼案件各3件。

【随机抽查】　在税务稽查常规检查中大力推广“双随机”方式，出台《浙江省地税系统税务稽查随机抽查管理实施办法（试行）》，明确税务稽查随机抽查事项的抽查依据、抽查主体、检查内容、抽查比例和频次、抽查方式等内容。通过省局网站公告发布《浙江省地方税务局税务稽查随机抽查事项清单》，并在官网、微信公众号、《浙江税务》等渠道提供解读。全省各级地税稽查部门将稽查随机抽查方式应用到各类税收专项检查、专项整治、重点税源企业检查的选案工作之中，把随机抽查作为稽查局选案的重要方法之一。全省用随机抽查方式确定立案检查对象1787户，占全部立案检查户数的65.5%。

【区域性税收专项整治】　落实税务总局布置的重点行业专项整治，对金融保险、投资管理、物流、电力、大型连锁商业零售、房地产和建筑安装等行业以及高收入个人组织专项检查。省局直接在投资与管理、房地产、建筑安装三个行业随机抽取238户企业，下发布置各地开展检查。按税务总局要求配合国税稽查部门联合开展部分地方石油炼化企业专项税收检查，对“营改增”高风险企业开展专项稽查。根据国务院有关要求，配合旅游行政主管部门抓好旅游市场综合监管工作，开展旅游市场税收整治工作。

【重点税源企业检查】　组织实施2016年省局重点税源随机抽查工作，进一步扩大上级抽查范围，由省局直接抽取429户案源下达各地，并对其中40户企业组织省市联合检查，已结案件查补收入4.25亿元，尚余49户未查结。完成2015年税务总局重点税源企业（26家集团734户企业）随机抽查工作，查补收入3.01亿元。组织开展2016年税务总局重点稽查对象（40家集团1600户企业）随机抽查工作、自查工作，自查查补1.73亿元。

【打击发票违法犯罪活动】　对房地产、建筑安装、药品与医疗器械、商业批发与零售、电信、交通运输等行业开展发票使用情况重点检查，对劳务派遣行业开展发票专项整治，将“办公用品”发票、“劳务费”发票等作为税务稽查的重点内容之一，并对有重大虚开发票行业的上下游企业加大查处力度，严厉打击发票违法活动。全省地税稽查部门查处发票违法企业767户，查处非法发票份数

1.6 万份，涉及金额 8.64 亿元，查补收入 1.95 亿元；自查有问题 1026 户，补税 1.89 亿元。2016 年 6 月，台州市公安局、国税局、地税局在椒江、临海、三门三地开展假发票犯罪集中捣点行动，对前期查实的 40 个假发票犯罪嫌疑窝点开展抓捕，捣毁假发票加工点 18 个，抓获犯罪嫌疑人 13 名，缴获各类假发票 41540 余份及大量制售假发票物资，有力打击发票违法犯罪。认真抓好经验总结和成果宣传，撰写专报《“营改增”后劳务发票虚开风险分析与防范——浙江地税的经历与建议》，通过省级媒体曝光 23 起发票违法案件。

【税收“黑名单”制度】　及时调整落实重大税收违法案件信息公布新标准，全省依法公布 13 件“黑名单”案件，相关纳税人的纳税信用等级被直接判定为 D 级，同时将信息推送“信用浙江”公共信用信息服务平台和 25 个省级联合惩戒实施单位，实施联合惩戒。落实信用修复机制，发挥“黑名单”机制的正效应，1 户“黑名单”企业在缴清税款、罚款后依法予以撤出“黑名单”公告栏。多渠道做好税收违法“黑名单”的宣传：参加省政府新闻办举行的“浙江省失信‘黑名单’”新闻发布会，联合浙江经视拍摄《信为先、行更远》宣传片，实行“黑名单”制度查前告知，印制发放《告纳税人的一封信》和《告联合惩戒单位的一封信》，积极配合税务总局完成税收违法“黑名单”专题片脚本修改工作。

【涉税违法案件检举】　全面调研通报全省涉税举报管理及奖励发放情况，结合 12366 纳税服务热线流程研究进一步规范举报受理工作，做好对重点举报人的疏导。全省各级税务违法案件举报中心受理举报案件 821 件，查处有效举报案件 277 件，查补税费、滞纳金、罚款 2.47 亿元，移送司法机关案件 4 件。为 64 件实名举报案件的举报人发放举报奖励，奖励金额 13.97 万元，比 2015 年增长 143.8%。

【稽查制度建设】　为规范各级地税机关定向稽查工作，制定《税务定向稽查试行办法》，并编写《税务稽查业务指引——定向稽查》及相关文书样式。编写《税务稽查业务指引——劳务派遣行业检查》，指导劳务派遣行业专项整治。与相关处室会商，对金税三期工程系统过渡期间查补税款缴纳方式和滞纳金计算变化作妥善安排。继续落实稽查案件管理区域联系制度和疑难问题会商制度，加强对各市县稽查案件的业务指导，对专项检查集中疑难问题发布政策解答，供各地参照。

【稽查系统建设】　建立完善以绩效考核为统领的稽查工作考核办法，将稽查综合考核整合到地税局系统绩效管理考核中，科学分解税务总局绩效管理考核和省政府目标责任制考核要求，发挥绩效考核“指挥棒”作用。研究建立稽查质效评价指标体系，为全方位衡量稽查工作水平提供参考。

【稽查队伍建设】　全省 69 家稽查机构有稽查人员 1628 人，占全体税务干部人数的 14.3%，其中从事一线检查 678 人。全省 35 岁以下、35～45 岁以及 45 岁以上的稽查干部分别有 231 人、356 人、1041 人，占比分别为 14.2%、21.9% 和 63.9%。全省 4 个稽查局和 12 位稽查干部获地税系统先进单位和先进工作者称号，5 位稽查干部在金税三期工程推广上线中贡献突出，被授予个人三等功。在全国稽查业务大比武中取得地税第 10 名的好成绩。

【稽查业务培训】　在苏州大学举办全省稽查人才库业务培训，组织《全国税务稽查规范（1.0 版）》师资培训，开展全国税务稽查协查系统操作实训，配合做好业务大比武选拔和集训工作。按要求对税务总局税务稽查人才库成员重新进行选拔并推荐上报。抽调稽查业务骨干参与税务总局打虚打骗、“营改增”行业检查指南编写和风险行业分析、金税三期工程业务操作指南编写、“双随机”平台模块测试、积案清理标准讨论等专项工作，发挥稽查人才业务引领作用。

【稽查信息化建设】　组建金税三期工程优化版稽查模块上线工作小组，梳理金税三期工程优化版稽查模块的业务流程，编写《稽查业务“金三”操作指引（试行）》。派员参加税务总局金税三期工程稽查双随机工作平台测试。不断推进查账软件在电算化企业检查中的应用程度，各级稽查部门采集企业电子财务数据 638 套，占立案检查户数的 23.4%，实施疑点分析 220 户，发现疑点 1152 条。在省局重点税源抽查工作中组织分析团队集中开展数据疑点分析，提高检查针对性。组织修改完善查账软件相关功能，做好与金税三期工程系统衔接，提高稽查信息化应用能力。

【稽查工作会议】　2016 年 4 月 27 日，全省地税稽查工作视频会议在杭州召开。会议总结回顾了“十二五”期间全省地税稽查工作，围绕贯彻《深化国税、地税征管体制改革方案》，明确今后一段时期全省地税稽查工作方向，并对 2016 年稽查重点工作作了部署。省局副局长王平作了题为《坚定信心　深化创新　不断提升稽查在地税征管新体制中的站位》的讲话。讲话指出新的历史阶段下，税务稽查工作应置身于现代税收征管体制架构之中，寻找新定位、新方式、新手段、新机制：一是要从为新的地方税制保驾护航角度把握全省地税稽查改革方向，提升工作站位。二是要认真学习领会“深改”方案精神，加速推进全省地税稽查工作机制的改革创新。进一步提高稽查的管理层级，加大下查一级和交叉检查力度，深入应用随机抽查机制，尽快研究建立税务稽查分级分类管理办法，建立完善税务稽查内外监督新机制。三是要积极开展调研，进一步调整优化全省地税稽查组织体系。

（翁旭东）

安徽省

安徽省国家税务局稽查局

【概述】 2016年，全省各级国税稽查部门按照税务总局、省局关于稽查工作的总体部署，统筹推进“双打”专项行动、重点税源企业随机抽查、重大税收违法案件查处、打击发票违法犯罪活动等各项重点工作，全面履行稽查职能。

【稽查体制机制改革】 全省国地税稽查部门进一步深化稽查合作内容和方式，建立联席会议制度，成立专项工作小组，联合立案检查企业216户，入库收入1.68亿元。健全公安派驻税务联络机制，各级国税稽查部门均设立了税警联络机制办公室。

【“营改增”专项稽查】 全省国地税稽查部门通过联合选案，分别从建筑安装业、房地产业、金融业、生活服务业四个“营改增”行业中各选取不少于2户开展检查，全省检查“营改增”纳税人135户，其中100户由国地税实施联合检查。查补税款5740.74万元，其中增值税325.25万元、企业所得税3271.92万元、营业税950.6万元、土地增值税141.16万元、其他各税1051.81万元，处以罚款57.22万元。

【稽查查补收入及分析】 立案检查2518户，审结1865户，有问题1816户，选案准确率97.4%；查补收入11.83亿元，入库收入11.75亿元，查补入库率99.3%。

【案件查办情况】 重视督办案件的查处和管理，实行督办案件项目化管理，安徽国税局稽查局逐案下发督办文件，逐一提出规范要求。建立重大税收违法案件台账制度，确立专岗、专人跟踪管理。

【重大案件查处】 完成央批“7·03”和“8·25”案件检查、协查、审理、移送工作。全省督办省级重大税收违法案件26起，向税务总局提请督办案件16起，税务总局已列为督办案件7起，结案5起。

【随机抽查】 市、县级稽查局均已建立稽查对象名录库、稽查异常对象名录库和稽查检查人员名录库，安徽国税局稽查局会同征管科技、信息中心等部门开展随机抽查软件研制开发工作。全省各级稽查部门已初步具备检查对象和检查人员随机抽取、检查结果及时公开的实施条件。

【区域性税收专项整治】 依托增值税发票管理系统升级版筛选高风险新登记增值税一般纳税人开展稽查工作，2016年5月开始，截至2016年7月底，检查阶段完成。查结456户，一般违法301户，涉嫌犯罪155户。取得虚开专用发票7885份，金额21.72亿元，税额3.68亿元；对外虚开专用发票21785份，金额30.95亿元，税额5.23亿元。查补收入179.23万元。

【重点税源企业检查】 全省各级稽查部门成立国地税联合工作组，全面实施国地税联合稽查。实行团队化、项目化检查，对税务总局随机抽取的26户重点税源企业和全省随机选定的10户重点税源企业及其成员单位共计319户开展重点检查，查补收入4.66亿元，入库收入3.01亿元。

【打击发票违法犯罪活动】 查处各类发票违法案件3262起，查获虚开发票、非法取得发票、其他违法发票17.56万份，查补收入1.68亿元。与公安部门强化合作，捣毁窝点4个，打掉团伙5个，抓获犯罪嫌疑人98人，判处刑罚32人。

【打击虚开增值税专用发票】　检查企业957户，查实有问题522户，移送公安机关235户，抓捕犯罪嫌疑人136人，查补收入2.28亿元，打虚工作成绩被税务总局以工作动态形式通报表扬。

【打击骗取出口退税】　检查出口退税企业99户，查实有问题户66户，移送公安17户，抓捕犯罪嫌疑人6人，查实骗税和违规退税1.39亿元，挽回国家税款损失4.26亿元，打击骗取出口退税成绩在非重点省份名列前茅，受到税务总局通报表扬。省局第一稽查局成立专业团队，强化数据分析和部门协作，查处案件涉案税额5.63亿元。

【税收"黑名单"制度】　2016年，全省国税稽查部门落实税收违法"黑名单"制度，公布重大税收违法案件信息44件，促进形成"一处失信、处处受限"的社会氛围。宣城、安庆、马鞍山等市采用微电影、动漫画、软新闻、宣传册等多种形式营造工作氛围；淮北、六安、宿州等市工作措施得力，较好地落实各项制度规定。

【涉税违法案件检举】　受理税务违法检举案件154起，查处70起。全省2016年查补收入191.29万元，其中税款142.72万元，滞纳金18.64万元，罚款29.93万元。全年入库税款411.27万元，其中税款361.42万元，滞纳金22.7万元，罚款27.16万元。

【案件协查】　紧密依托协查系统对案件发函、回函情况实时监控，在做好基础性工作的同时，承担了"7·03""8·25"、丹阳、辽甘滇等一大批专案、专项行动的协查任务，委托协查发票5.4万份，选票准确率97.67%，同比增长12.95%。受托协查发票20.4万份，按期回复率100%。

【稽查制度建设】　按照《深化国税、地税征管体制改革方案》和税务总局落实税改方案各项要求，全省国地税稽查部门进一步深化稽查合作内容和方式，建立国地税联合稽查联席会议制度。"双随机一公开"制度初步建立，市、县级稽查局均已建立稽查对象名录库、稽查异常对象名录库和稽查检查人员名录库。健全公安派驻税务联络机制，各级国税稽查部门主动作为，设立税警联络机制办公室。

【稽查系统建设】　采取分片督导措施，实现全域覆盖，不留督导死角。实施项目台账管理。对各项重点工作分别建立工作台账，分项目列明工作目标和进度，全程跟踪问效。开展集中办公。对急难险重任务采取集中办公方式，统一部署任务，集体讨论方案，相互查找问题，保障工作质效。

【稽查队伍建设】　全省各级稽查部门积极参加岗位练兵比武活动，注重岗位技能和实践能力，树立爱岗敬业的工作氛围，以练促学、以比促练，不断提升业务素质和执法能力。黄山、蚌埠、阜阳等市在练兵比武活动中取得较好成绩。

【稽查人才库建设】　实施人才战略，重视稽查领军人才和各类专业人才的培养和使用。强化业务培训和实战锻炼，打造高素质、能攻坚的稽查人才队伍。培养稽查骨干人才108人，在重点税源企业检查、重大涉税违法案件查处、专项整治等工作中发挥突出作用。

【稽查业务培训】　采取形式多样的方式开展稽查业务培训，省局第一批税务稽查类骨干人才递进式培训班完成了三期学习与实践课程，全省新进稽查系统人员完成全员培训，通过协查、金税三期工程、专项稽查、规范执法等各项具体业务培训班，全省稽查干部业务素质得到较大提升。全省举办培训班165个（次），参训稽查干部2824人（次）。

【稽查信息化建设】　结合金税三期工程上线运行，梳理稽查岗责，编制业务流程，按部门职责分工负责归口业务的运维管理工作。以金税三期工程系统为主干，加强稽查大数据管理和应用，加快推进稽查信息化建设。采集、整理和分析金税三期工程核心征管、增值税防伪税控、出口退税审核、第三方数据和互联网数据，不断提高信息化建设的硬件水平。

【稽查宣传】　继续开展形式多样的宣传教育活动，认真做好系统内稽查要情、报表、工作信息、宣传报道、典型案例等材料的报送工作，畅通业务和信息交流渠道。2016年，安徽国税局稽查局上报稽查要情12期，安徽国税稽查信息简报24篇。

【稽查调研】　安徽国税局稽查局深入基层，围绕稽查业务需求进行多次调研，对工作中存在的问题逐项整改。鼓励广大稽查干部结合工作实际进行调研，促进稽查工作的有效开展，形成一批较高质量的调研文章。

【稽查工作会议】　2016年5月4日—5日，全省国税稽查工作会议在合肥召开。会议传达了全国税务稽查工作会议精神、省局局长张德志对全省国税稽查工作的重要指示，省局总会计师张宝江作了题为《明确思路　狠抓落实　奋力开创安徽国税稽查现代化建设新局面》的工作报告。报告总结了2015年全省国税稽查工作，明确2016年全省国税稽查工作总体思路，部署年内稽查工作任务。报告要求全省国税稽查部门以健全稽查运行机制为手段，强化内部管理，以提高稽查办案质效为关键，完善组织方式，以加强稽查大数据应用为支撑，改进方式方法，以提升稽查队伍能力为抓手，夯实执法基础，不断完善稽查治理体系，不断提升稽查治理能力，有序推进全省国税稽查现代化建设。

【工作建议】 安徽国税局稽查部门积极建言献策，提出工作建议30余条，内容涵盖重大案件查处、重点税源企业检查、打击虚开发票和出口骗税违法犯罪活动专项行动、“黑名单”制度等多方面。

（夏 莉）

安徽省地方税务局稽查局

【概述】 2016年，安徽地税局稽查部门深入贯彻落实税务总局工作要求和相关部署，创新方法，强化管理，认真抓好各项重点工作任务的落实。立案检查和督导纳税人自查5465户，查补入库收入20.99亿元，占税收收入的1.42%，比2015年减少7.61亿元，下降28%。其中，辅导企业自查收入10.05亿元，比2015年减少7.03亿元，下降43%；立案检查收入10.94亿元，比2015年减少0.58亿元，下降4%。省局稽查局直接立案检查22户，查补收入8233万元，以异地随机交叉稽查方式对49户重点税源企业进行检查，查补收入1.11亿元。

【稽查体制机制改革】 建立健全国地税稽查合作机制，研究确定国地税合作规范及有关稽查合作事项任务落实具体措施，制定任务清单，按照服务深度融合、执法适度整合、信息高度聚合原则，规范工作流程、明确合作内容。对各地国地税在稽查案件处罚口径和标准不一致情况开展调研，提出统一国地税税务行政处罚裁量基准建议。在重点税源企业随机抽查、打击发票违法活动等税收检查中，对216户纳税人实施联合稽查，查补收入1.69亿元。

【重大案件查处】 继续保持对税收违法犯罪活动的高压态势，集中力量查办一批有影响力、威慑力的重大案件，充分发挥税务稽查“拳头”和“尖刀”作用。在打击逃避缴纳税款、虚开发票等方面，特别在大要案攻坚克难上，取得明显成效。查处千万元以上案件11件，查补税款3.19亿元；百万元以上案件94件，查补税款3.47亿元。

【随机抽查】 认真落实税务总局案源管理办法，规范稽查案源管理。省局稽查局建立税务稽查随机抽查对象名录库和执法检查人员名录库，研发重点税源企业和执法检查人员随机抽取系统，实现重点税源企业“双随机”抽查。从全省重点税源企业名录库中，随机抽选227户企业作为待查对象，由省局统一组织部署，先辅导企业开展自查，然后从执法检查人员名录库中随机抽取执法检查人员，以异地随机交叉稽查形式进行重点检查，实现“三随机”抽查，即“随机”选户、“随机”选派检查人员和异地“随机”交叉稽查，查补收入2.2亿元。各市按照税务总局、省局要求，开展重点税源企业随机抽查工作，对3094户企业进行随机抽查，占检查总户数的57%，查补税款7.09亿元，进一步提高稽查工作的公正性，切实维护纳税人的合法权益。

【重点税源企业检查】 认真完成税务总局2015年度部署的重点税源企业随机抽查工作，按照“双随机”抽查要求，与省国税局共同选取61户进行联合检查，切实减轻纳税人负担，增强执法效能。辅导纳税人自查312户，查补收入7007.10万元；检查287户，查补收入2.3亿元。部署税务总局2016年度40户重点稽查对象随机抽查的自查工作，涉及29户企业集团、1080户企业。自查有问题432户，自查收入3509.01万元，入库2489.43万元。

【打击发票违法犯罪活动】 会同公安、国税部门加大对制售非法发票违法犯罪活动打击力度，每个市选择1～2个区域开展“卖方市场”重点整治；对房地产、建筑安装、电信、交通运输等行业发票使用情况进行检查。检查企业6196户，查处违法企业1580户，查处非法发票2.1万份，涉及金额32.7亿元，查补收入9673.39万元。

【税收“黑名单”制度】 按照新《重大税收违法案件信息公布办法》，严格落实税收违法“黑名单”制度和联合惩戒措施。截至2016年底，全省52户纳税人被列入“黑名单”。2016年上报税务总局税收违法案件信息19条，其中符合对外公布条件13条；向有关部门推送重大税收违法案件信息27条，其中撤出税收违法案件信息14条，配合有关部门实施联合惩戒措施，推动社会信用体系建设。加强税警协作。和省国税、省公安厅联合印发《2016年打击虚开发票和出口骗税违法犯罪活动专项行动实施方案》，部署各市开展专项工作；主动与省公安厅、省国税局联系，联合出台相关办法，成立派驻机构；和省公安厅有关处室就信息交换工作进行商讨，达成合作意向。

【稽查队伍建设】　全省地税稽查部门结合中心工作，在异地交叉稽查检查组和业务培训班设立临时党组织，以党章党规为准则，守住稽查工作基准和底线，进一步规范稽查执法行为。深入开展"两学一做"学习教育活动、"讲看齐、见行动""管党治党宽松软专项治理"学习教育、"业务管理规范年"等活动，切实加强党的建设，增强政治、大局、核心、看齐意识，坚持两手抓、两手硬、两促进、两提升，更好地发挥稽查的职能作用。认真落实一案双查有关规定，转交违法违纪线索20条，实施一案双查案件24件，进一步加强对地税机关和地税人员税收征收管理、执法行为的监督检查，防控税收执法风险和廉政风险。

【稽查人才库建设】　以"岗位大练兵、业务大比武"为契机，助力稽查人员业务能力提升。制定练兵比武方案；组织人员编印《全省地税系统稽查岗位练兵知识指引》和题库，梳理稽查工作规程、税务稽查方法、稽查相关法律制度、稽查信息化和深化国地税征管体制改革等稽查业务的重难点，供全省地税系统稽查人员学习参考；开展实战演练，组织业务比武，通过业务大比武，选拔42名稽查能手，7名专业骨干，1人在全国业务大比武中取得第5名的好成绩。

【稽查业务培训】　开展专业化、差别化干部培训，提高稽查人员业务技能。省局稽查局举办基层稽查税干素质能力提升培训班、协查信息管理系统操作人员培训班、全省地税系统稽查业务骨干培训班和稽查业务技能提升培训班，累计培训29天，累计培训300多人次，编发《培训简报》宣传培训做法，交流培训心得，践行"两学一做"学习教育活动。结合不同岗位职责和人员层次开展分类教学，增强培训针对性和实效性，提高稽查人员综合素质。

【稽查信息化建设】　做好金税三期工程应用工作。做好省级金税三期工程应用工作，与业务科室一同确认、反馈、解决省局相关岗责、文书及应用问题10个。做好系统内的金税三期工程应用指导，主动发文对稽查模块应用问题进行明确，协助基层解决应用问题数十个。全力筑造稽查信息化建设的"牢固地基"。一是为有效应对税源信息化程度不断提高给税务稽查工作带来的挑战，打破传统查账方式，利用江苏税软等先进电子查账技术和手段，提高工作质效。二是运用现代化信息技术手段，依托金税三期工程信息系统，整合采集税收征管数据、企业财务数据及第三方数据，有效利用数据资源，使稽查数据分析成为重点检查中重要的工作方法。三是联合国税、工商、财政、金融等多个部门搭建信息交换平台，拓展第三方信息的获取渠道，注重第三方信息的利用，发挥第三方信息在税务稽查中的重要作用。

【稽查宣传】　一是编发《安徽地税稽查信息》30期，在原有深改专刊、金税三期工程应用专刊基础上，创办"两学一做"专刊。一年来，《安徽地税稽查信息》共刊发调研报告、信息130余篇，发稿文字8万多字，各项工作多次获得省局巡视员洪晓建的肯定性批示。作为宣传全省地税稽查工作的载体，在交流工作经验、宣传工作成效和指导业务开展上发挥积极作用。二是在安徽地税《以案说法》专栏刊发24篇优秀案例，调研文章11篇，提升以查促管、以查促查工作水平。三是就税务总局省局领导调研稽查工作、各项重点工作落实情况等撰写并向省局办公室报送信息14条，向《安徽地税》报送信息11条。被《中国税务报》采用4条，为省局加0.8分；被《安徽地税信息》采用5条，作为情况专报向省政府及省局报送信息8条。四是向《中国税务稽查——厉风》杂志供稿，宣传稽查工作开展情况。五是为税务总局《中国税务稽查年鉴2015》组稿。完成《安徽省地税年鉴》稽查部分组稿、校对工作。向省直文明单位展示台上传材料123篇。向安徽省"两学一做"学习教育纪实评价系统报送材料108篇。六是联合安徽国税局稽查局创办《安徽省国地税联合稽查工作动态》，编发信息7期。

【稽查调研】　参与湖南、湖北、北京，以及黄山、宣城、宿州等市稽查工作调研，撰写相关材料。深入挖掘案例价值，完成《小税种查出大名堂　车船税税收征管亟待完善》送阅材料，获得税务总局副局长孙瑞标、省局局长胡春武及洪晓建、倪三立等多位局领导的肯定性批示，为省局绩效考核加2.5分。总结近年稽查培训做法及经验，完成调研文章《"精准滴灌"培训法》；结合当前税务稽查执法工作实际，分析新体制下地税稽查执法面临问题，撰写《"营改增"后地税稽查工作面临的形势和规范稽查执法建议》调研报告，提出规范稽查执法行为建议，促进稽查执法水平提高；调研分析互联网技术对税收稽查工作影响，提出信息化稽查建议，撰写《互联网+稽查》调研报告。依托数据分析，提出信息化稽查建议，完成金税三期工程稽查数据的初步分析工作。

【稽查工作会议】 2016年年初召开2016年度全省地税稽查工作会议，贯彻落实全国税务稽查工作会议和全省地税工作会议精神和要求，安排部署2016年度全省稽查工作，会上分组对全年重点工作进行讨论，并在会后以文件的形式对各市进行反馈。2016年年中召开南北片区稽查工作座谈会，从上半年工作开展情况入手，分析全省地税稽查工作存在的问题，积极谋划下半年全省地税稽查工作。

【工作建议】 一是在思想认识上，向积极主动作为转变。摒弃地税稽查部门无税可查、无案可查、无能为力、无所作为的思想，将自然人检查作为工作重点，积极主动作为。以提高综合素质为核心，以提升实战技能为目的，大力培养稽查专业人才，补足稽查专业化人才不足短板，充分发挥稽查职能作用，深入挖掘自然人税收管理潜力，规范和整顿税收秩序。二是在稽查职能上，向执法型稽查转变。准确定位稽查职能，改变主要以查补收入衡量稽查工作水平的倾向，树立执法型税务稽查指导思想，利用"营改增"后流转税和企业所得税改由国税征管、能够腾出更多时间和力量的有利形势，集中精力，搞好以往征管和稽查的薄弱环节，增强稽查打击的精准性和威慑力。三是在稽查管理上，向集约化管理转变。改变现有的稽查管理模式，实现集约化的稽查管理模式，提高稽查执法效率。马鞍山市地税局先试先行，优化市县稽查机构配置，撤销所辖三县稽查局，保留市局稽查局，增设市局稽查局检查科，实现稽查资源向上级稽查部门集中，向重点税源地区集中，提高执法层级，减少办案干扰，降低稽查成本，为全省稽查改革提供先进经验。四是在稽查方式上，向构建执法协作体系转变。加强国地税联合稽查。通过细化联合执法实施办法、拓展国地税稽查合作范围、建立信息共享机制、深化联合执法等方式方法，沟通双方在检查中发现的税收违法新动向、新手段和新特点，充分发挥国地税联合办案合力。发挥税警联合办案优势。充分发挥公安派驻税务机构作用，拓宽公安提前介入税务案件的渠道和方式，借助公安侦查和强制措施的优势，提高对自然人纳税人检查的效率。加强第三方信息利用。建立由政府主导，整合财政、银行、土地、民政、社保等部门涉税信息的大数据交换平台和信息共享机制，加强信息交换和比对，解决征纳双方信息不对称问题，实现科学选案、高效稽查。

（石卫斌　苏志影）

福建省

福建省国家税务局稽查局

【概述】 2016年，福建国税局稽查局依法履职尽责，积极服务大局，勇于担当，有力作为，通过重点税源企业检查、大要案查处、打击虚开增值税专用发票和骗税出口退税专项行动等工作，加大税收违法行为查处力度，增强稽查的精准性、威慑力，各项重点工作取得较好成绩，为完成税收任务、规范税收秩序做出积极贡献。税务总局党组成员、副局长孙瑞标3次给予表扬性批示，福建省人民政府副省长王惠敏2次给予表扬性批示。

【稽查现代化建设】 按照《深化国税、地税征管体制改革方案》要求，优化稽查资源配置、改进稽查手段方法、夯实稽查执法基础、提高稽查办案质效，有序推进稽查现代化建设。在推进国地税联合执法方面，制发联合稽查工作办法，规范和推进国地税稽查执法合作，有效减轻纳税人的检查负担。全年减少、合并进户执法29项，联合进户稽查463户，入库收入1.64亿元。

【稽查查补收入及分析】 福建国税稽查部门查补收入13.27亿元，入库12.97亿元。其中，稽查机构直接查补收入8.05亿元，入库7.75亿元，占入库总额的59.75%；组织企业自查收入5.22亿元，入库5.22亿元，占入库总额的40.25%。立案查补收入中，税款6.53亿元，占检查收入的

81.12%；罚款4595万元，占检查收入的5.71%；滞纳金1.06亿元，占检查收入的13.17%。

【案件查办情况】 福建国税稽查部门立案检查企业1302户，审结企业977户，发现有问题企业959户，选案准确率98.16%。按违法性质统计，发票违法296户，偷税134户，不进行纳税申报17户，编制虚假计税依据3户，骗取出口退税1户，其他508户。

【案件特点分析】 骗税案件特点分析：一是总体趋势不容乐观。骗税行为还未从根本上得到遏制，特别是简政放权和商事制度改革后，有关部门后续管理还未及时跟上，部门之间缺乏有效衔接和配合，事中监管弱化，骗税总体形势不容乐观。二是分布构成相对集中。从区域看，地方政府招商引资较多的内陆县乡和税源与税收征管人员数量不配比的沿海发达地区，骗税较为集中。从领域看，涉农行业产生的“农产品票”、大宗商品及日用消费品批发行业产生的“富余票”等成为骗税票源。从平台看，不法分子实施骗税主要“借用”外贸公司作为主要平台，实施虚开主要“操纵”招商引资企业和沿海商贸企业作为虚开主体。三是作案手法专业隐蔽。在作案主体上，实施团伙作案，伪造、冒用、借用他人身份注册法人代表，犯罪主谋隐身幕后遥控指挥，逃避打击。在作案时间上，虚开企业一般2~3个月即注销走逃。

【重大案件查处】 福建国税局稽查局加强对重大案件的宏观指导和案件督办力度，重点地区集中优势力量、改进工作方法、加大执法力度，全省查处百万元以上案件59件，查补收入4.56亿元。“11·27”虚开增值税专用发票案件、“3·09”涉税案件等一批有影响力、威慑力的重大案件得到有力查处，起到较好震慑和警示作用。

【随机抽查】 认真落实国务院关于推广随机抽查、规范事中事后监管的要求，贯彻执行《税务稽查随机抽查对象名录库管理办法（试行）》《税务稽查随机抽查执法检查人员名录库管理办法（试行）》等文件，进一步完善随机抽查制度体系，提升执法效能，体现执法公平。全年随机抽查纳税人255户，查补收入2.4亿元。

【区域性税收专项整治】 2016年度，福建国税稽查部门开展房地产行业、虚开发票、农副产品虚假抵扣、利用海关完税凭证进行偷骗税、打击虚假发票买方市场、失控专用发票检查等6个区域税收专项整治工作，发挥稽查“以查促管”职能作用，实现整顿和规范行业、地区税收秩序的目的。

【重点税源企业检查】 根据税务总局工作部署，对税务总局2015年部署的26户重点税源企业和2016年部署的40户重点稽查企业开展自查自纠和重点检查，查补收入8772万元。在此基础上，会同福建地税局通过摇号的方式随机抽取19户重点税源企业及其成员单位和13户房地产企业开展检查，查补收入1.5亿元。

【打击发票违法犯罪活动】 按照全国打击发票违法犯罪活动工作协调小组和税务总局的统一部署，继续牵头协调地税、公安等部门加大对制售非法发票违法犯罪活动的打击力度，着力组织查处房地产、建筑安装、药品与医疗器械、商业批发与零售、电信、交通运输等社会公众关注且发票违法问题多发的行业。全年查处发票违法企业931户，超额完成税务总局下达的查处违法企业600户任务；查处非法发票2.68万份、金额31.44亿元，查补收入1.86亿元。

【打击虚开增值税专用发票】 在打击虚开增值税专用发票专项行动中，福建国税稽查部门检查企业643户。其中，税务总局下发、督办、移交和各地自选扩展的293户企业立案检查，采取辅导自查、纳税评估等方式检查350户企业，涉及发票份数9.18万份，涉及金额129.32亿元；受托协查企业799户，涉及发票份数1.8万份，涉及金额34.73亿元。追缴税款1.08亿元，认定虚开（含接受虚开）发票3.5万份，价税合计58.17亿元。

【打击骗取出口退税】 继续加强与公安、海关部门协作，保持对骗税违法行为的高压态势。在打击骗取出口退税专项行动中，福建国税稽查部门检查出口企业325户。其中，税务总局下达案源111户，自行选案27户，非立案检查187户，追缴税款13.21亿元。配合公安部门控制犯罪嫌疑人10人。其中抓捕犯罪嫌疑人4人，取保候审5人，网上追逃1人。

【税收“黑名单”制度】 积极落实和完善重大税收违法案件公告及联合惩戒办法，探索建立企业信用修复机制。全年对外公布案件9件，修复企业信用4户，联合惩戒交换信息9条。其中，7户“黑名单”企业纳税信用等级被评为D级，8名“黑名单”当事人被布控阻止出境。2016年8月2日，《福建日报》要闻版2版刊登“福建省国家税务局公布重大税收违法案件‘黑名单’”。

【涉税违法案件检举】 福建国税局各级举报中心受理税收违法检举案件518件，立案查处案件390件，查结案件234件，查补收入3655万元，入库3214万元，移送公安机关案件1件。制发《关于12366纳税服务热线统一接受涉税举报有关工作的通知》等文件，规范工作流程，确保12366纳税服务热线接受举报电话后及时受理、办理和反馈。

【案件协查】 福建国税局各级稽查部门通过协查信息管理系统发起委托协查的发票4万份，涉及企业1982户（次），金额61.52亿元，税额10.43亿元，移送司法机关案件7起，选票准确率90.02%；收到受托协查的发票4.6万份，涉及企业3068户（次），金额57.70亿元，税额9.50亿元；累计回复发票4.3万份，移送司法机关案件4起，按期回复率100%。认真组织税务总局打击虚开骗税专项协查工作，收到4批次154份“有疑问”的受托专项协查，涉及增值税专用发票5299份。

【稽查系统建设】 强化考核，严格考评标准，落实工作责任，提升稽查工作绩效管理水平。完善经费保障，严格遵守中央八项规定，提高经费使用效率。健全公安派驻税务联络机制，联合福建公安厅、福建地税局签署《合作备忘录》和制定《福建省公安厅派驻税务联络机制暂行办法》，福建国税局和福建8个设区市国税局、平潭综合实验区国税局挂牌成立公安派驻联络办公室，承担联络沟通、联合办案、共享信息、联合宣传、协调培训和督导指挥等职能任务。

【稽查队伍建设】 强化党风廉政建设，积极投身“两学一做”学习教育活动，严明纪律规矩，狠抓作风建设，强化风险意识，内控机制建设不断完善，党性教育不断加强。提升队伍整体素质，组织开展稽查系统“业务大练兵、岗位大比武”活动和“2016年度十佳稽查案例”创新项目活动，加大培训力度，努力打造一支能战斗、能吃苦、能忍耐的稽查干部队伍。

【稽查业务培训】 加强稽查人才库管理和培养，强化稽查人员的业务素质和岗位技能，福建国税局稽查局组织开展2期专题培训、参训学员162人。在此基础上，福建各设区市国税局、平潭综合实验区国税局因地制宜，开展稽查人员全员培训与轮训114班（次），参训学员1403人。

【稽查调研】 探索治理虚开骗税的新途径。调研总结的《福建省国家税务局外贸出口企业检查方法》被税务总局稽查工作动态第13期采纳，下发各省参考借鉴。

【稽查工作会议】 2016年5月，召开福建国税系统稽查工作会议。会议总结了2015年全省国税稽查工作，确定2016年工作思路，部署稽查工作任务。福建国税系统2016年稽查工作总体要求是：认真贯彻全国稽查工作会议精神和全省国税工作会议精神，落实《2016年全国税务稽查工作要点》，充分发挥税务稽查职能作用，严厉打击税收违法行为，遏制税收违法猖獗势头；认真落实《深化国税、地税征管体制改革方案》，以稽查体制机制改革为核心，以稽查信息化建设为手段，以稽查制度建设为支撑，以稽查干部队伍建设为保障，完善稽查治理体系，提升稽查治理能力，推动稽查现代化建设。

【工作建议】 总结2016年打击虚开骗税工作中的经验及教训，建议：一是加强对出口货物的监管；二是尽快明确虚开骗税的定性标准；三是加强对资金、出口单证的审核力度；四是梳理完善出口退税政策。

（蔡燕青）

福建省地方税务局稽查局

【概述】 2016年，福建地税局稽查部门坚决贯彻落实国家税务总局、福建地税局党组的部署和要求，以强化稽查堵漏增收职能和打造高素质稽查队伍为抓手，依法查处税收违法案件，持续打击发票违法犯罪行为，认真开展重点税源随机抽查，切实落实税收违法“黑名单”制度，不断加强稽查信息化应用，深入推进稽查机制建设、队伍建设，向实现税务稽查现代化稳步前进。

【稽查体制机制改革】 全面落实《深化国税、地税征管体制改革方案》要求，实施税务稽查随机抽查，分层级、建好库、抓重点、求实效；探索“案头分析—风险评估—定向稽查”新模式，开展非金融企业转让金融商品定向稽查；推行“跨区域稽查”，适度整合稽查资源，采取跨区交叉检查、集中审理的组织模式；加强部门执法协作，开展国地税联合进户稽查，建立公安派驻税务工作联络机制，实行税收违法“黑名单”推送联合惩戒，逐步推进体制机制改革，开创稽查工作新局面。

【稽查查补收入及分析】 2016年，福建地税稽查部门立案检查纳税户736户，结案867户（含前期检查认定有问题本期结案）。全年组织稽查收入12.89亿元。其中，稽查案件查补税款8.74亿元，罚款7492万元，加收滞纳金7990万元；督导自查收入2.60亿元。全省稽查收入累计入库12.13亿元。其中，稽查案件查补入库9.29亿元，督导自查入库2.84亿元。选案准确率95.38%，结案率117.80%，稽查收入入库率94.13%，稽查查补收入占同期税收收入的0.90%。

【案件查办情况】 2016年，福建地税稽查部门立案检查736件，审结866户，发现有问题户数826户，本期结案867件，已结案件查补10.29亿元，入库9.29亿元。移送公安机关处理10户。

【案件特点分析】 在已结案的867件案件中，涉及采矿业14户，占已结案件总数1.61%；制造业161户，占已结案件总数18.57%；电力、热力、燃气及水生产和供应业53户，占已结案件总数6.11%；建筑业148户，占已结案件总数17.07%；批发和零售业40户，占已结案件总数4.61%；交通运输、仓储和邮政业33户，占已结案件总数3.81%；住宿和餐饮业24户，占已结案件总数2.77%；信息传输、软件和信息技术服务业39户，占已结案件总数4.50%；金融业32户，占已结案件总数3.69%；房地产业151户，占已结案件总数17.42%；租赁和商务服务业52户，占已结案件总数6%；文化、体育和娱乐业7户，占已结案件总数0.81%；其他113户，占已结案件总数13.03%。在已结案件中，存在偷税行为62户次，查补收入1397万元；存在编制虚假计税依据行为4户次，查补收入2万元；存在不进行纳税申报行为295户次，查补收入1.26亿元；存在发票违法行为138户次，查补收入754万元；存在其他违法行为430户次，查补收入8.82亿元。

【重大案件查处】 福建地税稽查部门以大要案查处为突破，严格执行重大税收违法案件报告制度及督办管理规定，注重提高受理案件的反应力、查处案件的打击力、督办案件的结案率和案件曝光的影响力，有力打击税收违法行为。2016年，查处百万元以上案件98件，较上年同期相当，查补9.08亿元。千万元以上案件21件，较上年同期增加11件，查补6亿元。

【随机抽查】 落实《国家税务总局关于推进税务稽查随机抽查实施方案》（税总发〔2015〕104号）要求开展随机抽查工作：一是建好库。建立重点税源企业稽查对象名录库。以省、市、县为主体，以纳税人的行业地位、纳税规模、纳税信用为关键指标，分级建立重点税源企业稽查对象名录库。省级重点税源企业稽查对象名录库101户，涵盖全省十多个行业的领头企业。建立税务稽查执法检查人员名录库。从原有省级稽查人才库的业务骨干、2016年全省“稽查岗位标兵”和“稽查能手”中，选拔优秀人员建立省级税务稽查执法检查人员名录库126名，其中具有注册会计师、注册税务师或律师资格的26名，达20%。省局指导督促市、县地税机关建库工作，省、市、县三级地税机关均分别建立本级重点税源企业稽查对象名录库和税务稽查执法检查人员名录库。二是抓重点。落实好税务总局下达的重点税源企业随机抽查任务；采取摇号等方式，从重点税源企业稽查对象名录库中随机抽取稽查对象开展检查；对随取抽取的稽查对象，要求其先行自查，再实施重点检查；建立国地税联合随机抽查机制，实施联合稽查，同步入户执法，及时互通情报信息。

【区域性税收专项整治】 与福建国税稽查部门联合开展地方石油炼化企业专项税收检查、“营改增”高风险企业专项稽查，发挥国地税合作优势，提升稽查威慑力。

【重点税源企业检查】 根据税务总局统一部署，在税务总局下达的26户重点税源企业所属成员单位涉及在闽企业300户自查结束后，对其中122户企业开展重点检查，查补合计1778.39万元。组织税务总局下达的40户重点税源企业所属成员单位涉及在闽企业868户开展自查，督导自查入库4527.56万元。从省级重点税源企业稽查对象名录库中随机抽查企业49户，自查和查补合计1.18亿元。

【打击发票违法犯罪活动】 根据《国家税务总局2016年打击发票违法犯罪活动工作实施方案》（税总发〔2016〕26号），福建省地税稽查部门认真开展2016年发票违法整治工作，查处发票违法企业410户，超额完成税务总局指令性任务，查处非法发票10264份，涉及金额3.58亿元，查补税款、滞纳金、罚款5771.53万元。

【税收“黑名单”制度】 认真落实《国家税务总局关于修订〈重大税收违法案件信息公布办法（试行）〉的公告》（国家税务总局公告2016年第24号），按照“全省汇总、省级协调、统一公布、平台协作”的原则实施税收“黑名单”制度，省局稽查局加强系统督导和核实，确保“黑名单”信息提供的准确性、权威性。2016年通过“重大税收违法案件信息公布系统”向税务总局上报符合条件的“黑名单”案件2件，其中1件在对外网站“重大税收违法信息公布栏”予以公布，另1件因后期已缴清税款、滞纳金、罚款而按要求从系统撤下。向税务总局报送的税收“黑名单”案例《假票骗汇“黑名单”　联合惩戒显真章》，被税务总局选用。

【涉税违法案件检举】 2016年，福建地税各级涉税违法举报中心累计受理各类检举案件580件，立案查处48件，各级稽查局查处检举案件，追缴税款、滞纳金、罚款1720.53万元。从地域看，涉税检举向中心城市集中的趋势更为明显，福州市地税局、厦门市地税局以及省地税局涉税违法举报中心受理检举案件数量占全省检举受理总数的九成。从内容看，涉税检举仍然主要针对企业拒开发票、未足额缴纳职工社保等日常征收管理问题，线索明晰、具有立案价值的检举件占比不足5%。

【案件协查】 累计发出委托协查67件，委托协查发票236份，涉及发票金额2902.03万元；收到协查回复50件，回复涉及发票169份，其中有问题发票123份。全省平均发票协查选票准确率73%。累计收到受托协查34件，受托协查发票103份，涉及发票金额931.03万元；办理协查回复40件，回复协查发票98份，其中有问题发票88份，协查回复涉及发票金额930.64万元。受托协查累计按期回复率100%，“有问题”发票占受托协查发票89.8%。通过税务总局金税三期工程协查系统成功发起委托协查5件，委托协查发票6份，涉及发票金额390.12万元，委托协查选票准确率100%，金税三期工程协查系统运行良好。

【稽查制度建设】 一是建立健全随机抽查工作机制。建立起重点稽查对象名录、稽查对象异常名录和稽查执法检查人员名录库，实施动态管理和维护，开展定向和不定向随机抽查。二是加强税收“黑名单”制度落实的管理。依照税务总局修订后的《重大税收违法案件信息公布办法（试行）》的规定，要求各地稽查部门自2016年6月1日起，将新查办的偷税、逃避税务机关追缴欠税、抗税、制售假发票等案件均纳入税收“黑名单”范围，上报省局稽查局，对外公布；将缴清税款、滞纳金和罚款的重大税收违法案件当事人的相关信息及对外公布满2年的税收“黑名单”信息撤出公告栏，停止对外公布。三是建立公安派驻税务联络机制。福建省公安厅派驻税务联络机制办公室于2016年11月23日挂牌成立，福建公安厅、福建地税局、福建国税局三方联合签署《严厉打击涉税违法行为协作备忘录》，联合发布《福建省公安厅派驻税务联络机制运行暂行办法》，在总结以往税警合作成功经验的基础上，进一步明确各方工作职责，健全工作会议制度，畅通信息通报渠道，规范案件移送流程，以及联合查办重大案件、合作开展专业培训等方面的工作规范。联络机制办公室召开两次联席会议，建立日常办公、值班制度。全省各设区市相继建立公安派驻税务联络机制。四是推进国地税联合稽查机制。2016年福建省地税、国税稽查部门确立联合稽查对象497户，查补税款1.64亿元，其中地税查补9609.94万元，联合开展打击发票违法犯罪活动121次，相互推送发票违法线索信息268条，利用线索查补税款3130.24万元。

【稽查系统建设】 全省地税稽查系统持续深化稽查工作提速增效活动，召开全省稽查工作研讨会，研讨稽查工作面临的主要困难和问题，推广南平市地税局稽查局“跨区域稽查”经验，推动各地在现行政策条件下，加强稽查资源集约利用，通过改进稽查工作组织方法、创新稽查办案手段提升稽查工作效率。《中国税务稽查——厉风》2016年第4辑刊登了福建地税局稽查局“强化职能、提速增效”的经验材料。

【稽查队伍建设】 根据省局党组的部署，以党支部为单位，开展“两学一做”学习教育活动，通过集中学习、自学、专题研讨相结合的方式，组织全体稽查党员干部通读熟读党章党规，理解掌握习近平总书记系列重要讲话的丰富内涵和核心要义，支部书记带头上党课，党员干部踊跃谈体会。坚持学用结合，知行合一，把理论学习与工作实践紧密结合，坚持问题导向，在解决问题中深化学习、检验成效。通过学习教育，使广大党员干部进一步坚定共产党人理想信念，牢记党规党纪，强化党的宗旨意识，积极践行社会主义核心价值观，为税收事业发展建功立业。

【稽查业务培训】 组织开展《全国稽查工作规范（1.0版）》全省师资培训，邀请《全国稽查工作规范（1.0版）》各编写组组长亲临授课，逐项讲解《全国稽查工作规范（1.0版）》的背景、目的、内容和实际应用中的注意事项，梳理稽查工作流程，明确岗位职责分工，规范稽查文书应用，为进一步预防执法风险奠定基础。各地市地税局稽查局相继开展全员培训。

【稽查信息化建设】 稳步推进稽查信息化，上线运行金税三期工程系统稽查模块，总结系统操作规范，编写《福建地税金税三期系统快捷操作指引》稽查模块内容；在测试系统工作流中发现并向税务总局上报运行问题11个，及时指导解决基层系统操作运用中的问题，保障系统的顺利运转。2016年金税三期工程系统稽查模块新立案检查318户次，审结142户，系统运行平稳。

【稽查宣传】　坚持从稽查工作实际出发，不断夯实税收违法案件曝光工作机制，切实加强税收违法案件宣传和曝光工作力度，有效提高纳税人依法诚信纳税意识和税法遵从度，推动形成全社会自觉遵守税法和维护税法权威的良好氛围。2016年在省级以上媒体曝光12起税收违法案件。

【稽查调研】　围绕税务总局提出的推进税务稽查现代化建设战略目标，立足当前稽查管理体制机制现状，探讨稽查工作发展有效途径，撰写《创新稽查运行模式　全面提升稽查效能》论文，在2016年度福建地税系统税收科研优秀成果评选中获三等奖。

【稽查工作会议】　2016年5月11日—12日，全省地税稽查工作研讨会议在南平召开，各设区市局分管领导、稽查局局长，省局稽查局领导及科室人员参加会议。会议传达了全国税务稽查工作会议和全省地税工作会议精神，认真总结2015年以来全省地税稽查工作，研究部署2016年稽查工作任务，南平市地税局稽查局、福州市地税局稽查局、厦门市地税局稽查局、宁德市地税局稽查局在会上作经验交流。

（曹　蓉）

江西省

江西省国家税务局稽查局

【概述】　2016年，江西国税稽查部门秉持打虚扶实理念，敢于担当，勇于亮剑，依法履职。税警协作、双随机抽查、线索移送、打虚打骗和案件协查等多项工作，先后获得8次税务总局领导，4次省委、省政府领导的肯定性批示。

【稽查现代化建设】　坚持服务大局，省、市、县三级税警以“防范涉税风险　服务企业发展”为主题，联合举行税法宣传周活动，发放宣传手册1万余份、组织税企座谈会30余场、上门辅导百余户。坚持职能担当，全力打击涉税犯罪，落实以查促管职能，全省草拟《稽查建议书》81份。坚持科学施策，制定、公示“双随机”抽查办法，建立省、市、县三级“税务稽查随机抽查对象名录库”和“税务稽查随机抽查执法检查人员名录库”。加强法制稽查建设，组织优秀案件评选，精心评定16起优秀案件，树好全省稽查法制标杆。

【稽查体制机制改革】　细化国地税合作，制发联合稽查工作实施办法，明确联合执法、信息共享、成果运用要求，2016年全省国地税稽查联合开展检查企业432户，查补税款5.57亿元，国税部门查补2.40亿元。创新税警协作，建立省、市两级公安派驻国税联络机制办公室，宜春市率先成立全国首支税侦支队。推动税银协作，与人民银行南昌中心支行和各专业银行对接，初步建立层次化税银协作机制，得到国家四部委肯定。

【“营改增”专项稽查工作】　江西国税稽查部门按照税务总局《国家税务总局关于印发〈2016年“营改增”高风险企业专项稽查工作方案〉的通知》（税总函〔2016〕385号）要求主动出击，在全省范围内选择118户“营改增”企业开展专项稽查，查补税款5760.93万元。其中增值税919.16万元，企业所得税4478.11万元；入库税款666.73万元，移送公安1户。

【稽查查补收入及分析】　2016年，江西国税稽查部门检查企业2665户，减少1215户，同比下降31.31%，查补收入15.32亿元，减少2.78亿元，同比下降15.4%，入库收入15.32亿元，入库率99.99%。其中，入库500万元以上企业35户6.54亿元，占比42.7%。单户入库57万元，增加11万元，同比增长23.2%。审结案件1205户，有问题结案1183户，选案准确率98.17%，全省稽查税款高出绩效考核标准9.99个百分点。立案检查1261户，占比47.3%，同比提高10个百分点。

【案件查办情况】　2016年，江西国税局稽查部门依法查处举报案件162件，查补收入2128.26万元；落实案件协查要求，受托协查2240起、3059户次，受托协查发票11.4万份，查补入库收入8100万元；打虚打骗工作立案检查567户，发现问题企业368户，移送公安311户，挽回国家税收损失17.49亿元。开展打击发票违法犯罪，查处违法受票企业1492户，查处非法发票17.55万份，查补收入4.11亿元。

【案件特点分析】 从作案方式看，骗税与虚开主谋趋于一体，主要采取通过外贸平台出口骗税的方式。从江西省查处的几起骗税案件看，骗税的模式由传统的“假票、假单、假货、无资金流”向“真票、真单、有货、虚构资金流”转变，骗税主谋全盘操控实施骗税的全环节、全流程。从案件关联性看，以问题票源为源头，呈现跨区域、长链条的特点。虚开骗税涉及生产、销售、退税等各环节，从源头、中间环节到最终用户的虚开链条上形成一个个犯罪团伙，团伙之间联系紧密，在不同地区设立虚开企业，以“接鼓传花”的形式逐层向下虚开，直至虚开到最终用票企业，完成虚开发票流转。犯罪团伙故意拉长犯罪链条，在虚开发票的中间环节通过增加一层乃至多层商贸企业进行虚开，如果任何一个环节出现问题，立即断开链条，望风而逃，逃避打击。从非法利益的流向看，围绕出口退税形成“食税阶层”。从查处的多起骗税案件来看，骗税分子团伙化、专业化、智能化的特征非常明显。围绕出口退税这块“肥肉”，社会上形成完整的骗税产业链，从虚开发票、购买报关单到伪造出口合同、伪造提单、地下买汇等各个环节，已经实现“产业化”分工，形成以骗税为生的“食税阶层”。摧毁的几个骗税团伙案证明，违法犯罪分子分工明确，买单、配票、套汇、退税等各个环节都有专人作案，共同瓜分国家税款。

【重大案件查处】 做好税务总局督办的“7·03”专案、洪客隆涉税案、宜丰县海源贸易有限公司虚开增值税专用发票案、“7·08”专案、“8·25”专案、“8·27”专案以及打击骗税和虚开专项行动重点督办的案件查处工作。截至2016年底，税务总局重点督办的各案件都已基本结案。

【随机抽查】 根据国家税务总局《推进税务稽查随机抽查实施方案》精神，结合江西省实际，江西国税局稽查局决定2016年继续在全省范围内对部分重点行业（项目）、企业开展税务稽查随机抽查工作。制定下发2016年全省税收专项检查暨随机抽查工作正式文件，将出口供货及出口退（免）税企业、“营改增”部分现代服务业、房地产及建筑安装业等纳入2016年随机抽查行业范围，对全省税收专项检查和随机抽查工作进行总体部署。全省国税稽查部门开展随机抽查2057户，查补税款94734.41万元，入库税款94683.99万元。

【区域性税收专项整治】 根据税务总局下发案源信息，江西省在吉安市开展纺织服装行业专项整治，吉安市国税局行动迅速，措施有力，工作动真格、出实招、求实效。通过深入开展集中整治，纺织服装行业企业户数、开票金额、入库税收同比下降58.18%、76.9%和20.9%，行业规模和税收收入出现理性回归态势，促进行业健康有序发展。

【重点税源企业检查】 根据《国家税务总局关于2015年重点税源企业随机抽查工作具体安排的通知》（税总函〔2015〕521号）部署，江西国税局稽查局联合地税稽查部门，对“中国移动通信集团公司”等全国重点税源企业（集团）在江西省成员单位，以及本省自选重点税源企业开展随机抽查工作。通过组织企业自查和重点检查，查补收入24676.76万元（其中自查补税3046.49万元）。通过随机抽查，企业依法纳税、自觉纳税的意识进一步提高，稽查作用得到彰显。

【出口退（免）税企业检查】 开展出口供货风险企业专项检查。排查出口供货风险企业1023户，发现问题企业352户，立案检查175户，停供发票101户、限票或限期整改76户。

【打击发票违法犯罪活动】 重拳出击，密切协作，打击发票违法犯罪活动深入推进，全省各级税务和公安机关检查企业1914户，查处违法受票企业1492户，查处非法发票175539份，涉及金额2705335万元，查补税款30753万元，加收滞纳金1436万元，罚款8824万元，没收违法所得2.87万元，移送公安案件165件。缴获作案机器2台，缴获假发票11000余份，缴获伪造的税收缴款书61份，缴获伪造的各类公司印章及财务专用章160枚，收缴电脑、打印机、税控机、曝光机等作案工具数台。

【打击虚开增值税专用发票】 江西国税局稽查局立案检查涉嫌虚开案源739户，查实有问题640户，认定对外虚开发票金额233.92亿元，税额40.42亿元；认定接受确定虚开发票金额160.32亿元，税额26.24亿元。移送公安299户，公安立案侦查258户，抓捕133人。

【打击骗取出口退税】 江西国税局稽查局立案检查涉嫌骗税案源28户，查实有问题10户，认定省外骗税1.07亿元，备案单证虚假违规退税367万元。

【税收“黑名单”制度】 对外公布查结案件55件，国税系统依据案件性质采取停止发票供应、纳税信誉等级降为D级等惩戒措施，并将已公告的55户“黑名单”信息推送给省发改委等22个联合惩戒部门，确保联合惩戒措施落到实处。加大宣传曝光力度，与江西地税局在《江西日报》联合公布江西税收“黑名单”。规范工作操作，转发税务总局重大案件信息公告，按照规定做好符合条件的案件信息撤出工作。根据税务总局文件要求对公布的案件进行清理，确保税收“黑名单”和联合惩戒制度起到应有的效果。

【涉税违法案件检举】　2016年，江西国税局稽查系统各级举报中心共受理检举案件221件，查处170件，结案153件。查补收入2589.72万元。其中，税款1730.06万元，滞纳金402.93万元，罚款456.74万元。入库收入2280.75万元。其中，税款1495.24万元，滞纳金392.23万元，罚款393.29万元。发放举报奖金0.73万元，移送司法机关11件。

【案件协查】　2016年，江西国税系统办理公安部经侦局、税务总局稽查局联合督办或税务总局稽查局单独督办案件9起。涉案企业121户，协查发票32654份，发票金额39.70亿元，税额5.83亿元。全年协查查补入库税款、滞纳金、罚款8500余万元。主动承接2016年打击骗税和虚开增值税专用发票违法犯罪活动专项工作任务，全省发出打骗打虚委托协查9981份，金额32.92亿元，税额5.53亿元；收到打骗打虚受托协查29977份，金额36.43亿元，税额6.14亿元，其中税务总局直接发出25972份，金额31.05亿元，税额5.25亿元。专项工作中，确定虚开和接受虚开发票217290份，发票金额401.81亿元，税额89.58亿元，确认违法违规退税额1.07亿元，入库2.2亿元。

【稽查制度建设】　为推动公安提前介入和加强税警配合，制定《江西省涉嫌犯罪税收案件及线索移送的规定》，主动适应协查高标准、快节奏需要，出台《关于进一步加强和改进税收违法案件发票协查工作的意见》，促进协查规范操作。联合省地税局制发《江西省国家税务局　江西省地方税务局联合稽查工作实施办法》。

【稽查系统建设】　以绩效为统领，承接税务总局绩效要求，细化江西省稽查绩效指标，实施节点考核。建立稽查工作联系点，省局稽查局领导挂点联系，调研指导和工作督促。统筹经费管理，集中经费保障全省稽查装备采购支出。

【稽查队伍建设】　作风建设驰而不息，深入开展“两学一做”学习教育活动、支部谈心、支部书记上党课活动，提高党性修养；开展稽查岗位竞赛，经逐级选拔，推送3名优秀稽查人才参加全国稽查岗位业务竞赛。开展案件集中复查，省局集中对各地18个稽查案件开展集中复查，及时警示、匡正纠错。严格一案双查，转交一案双查案件6起、线索5起，处理44人次。

【稽查人才库建设】　建立省级稽查选案、打虚打骗、特殊业务、工业商业、互联网现代服务、金融房地产等6个方向100名稽查专业人才库，在此基础上组建20个规模稽查专家咨询库，营造育才、护才、用才氛围。

【稽查业务培训】　2016年举办稽查专业人才培训两期、税警联合培训一期、《全国税务稽查规范（1.0版）》培训12期，培训1306人次。

【稽查信息化建设】　实施江西金税三期工程稽查模块本地化改造，优化工作流程。跟踪全国稽查信息化建设方向，开展江西稽查信息化平台建设前期规划工作。开发完成江西省双随机管理系统。重点采购查账取证、现场执法先进装备，提高信息化硬件水平。

【稽查宣传】　利用《江西国税信息》平台，刊发稽查动态10期，《江西税务》杂志推出稽查专刊，《中国税务稽查——厉风》杂志刊发《税警联动　打虚扶实　服务发展　努力构建打击和预防虚开骗税新机制》一文。联合江西地税局联合发布“黑名单”，推送联合惩戒55起，省级媒体曝光典型涉税案件38起。

【稽查调研】　2016年3月，江西国税局稽查局抽调精干力量组成4个工作组，在全省范围开展了一次稽查整体工作的交叉综合调研检查，摸实情、找问题、剖成因、寻对策，形成综合调研报告，呈报省局所有局领导审阅，达到掌握情况、搅动思想和推动工作的三重功效。

【稽查工作会议】　2016年5月10日，江西国税局稽查工作会议在南昌召开，省局党组成员、副局长胥敏锋出席会议并作重要讲话，各设区市局分管稽查工作的局领导、稽查局主要负责人、省局稽查局全体人员在省局主会场参加会议，各市、县分管局领导、全体稽查人员在各地分会场参加会议。

【工作建议】　一是规范取证执法，制定下发全国稽查证据管理办法，统一取证标准、涉税案件分级响应规范。二是建立全国走逃信息库，防范异地注册、反复作案。三是加快稽查体制改革，推进国地税稽查一体化进程，提升稽查管理层级。四是发挥数据支撑，开发和应用互联网信息搜索软件和装备，建立全国层面第三方数据共享机制，深化数据选案分析，提高工作针对性和有效性。五是加强稽查保障，明确人员选配标准，加大人才选拔和办案车辆、经费支撑力度。

（张晓斌）

江西省地方税务局稽查局

【概述】 2016年，全省地税稽查部门坚决贯彻落实税务总局稽查局和江西地税局党组的部署和要求，突出“五个重点”（改革体制、完善机制、创新手段、提升质效、强化队伍），严厉打击税收违法行为，推进税务稽查改革。稳步推行设区市“一级稽查”模式，认真落实“双随机”抽查制度，改革属地稽查方式，加大省局集中办案、异地交叉稽查力度。深化地税、国税联合稽查，大力推进公安派驻税务联络机制建设，开创稽查工作新局面。

【稽查现代化建设】 认真落实《深化国税、地税征管体制改革方案》，制定下发《江西省地方税务局关于进一步加强全省地税稽查工作的意见》（赣地税发〔2016〕100号），要求扎实推进稽查管理体制机制和方式手段的改革与创新，加大税收违法案件查处力度，有效提升税务稽查的精准度和威慑力，充分发挥稽查职能作用。

【稽查体制机制改革】 一是改革稽查体制，推进稽查力量向省、市两级集中，逐步推行设区市“一级稽查”模式，由市地税局稽查局统一行使全市范围内的选案、检查、审理和执行职责；对推行全市“一级稽查”条件不够成熟的较大设区市，设立跨县区的片区稽查机构。景德镇市地税局已实行“一级稽查”，上饶、新余、鹰潭、九江等地已提出方案，正在扎实推进中。二是改革属地稽查方式，提升稽查执法层级，加大省局集中办案、异地交叉稽查的力度。三是加强国地税联合稽查，制定下发《江西省国家税务局 江西省地方税务局关于进一步加强税务稽查联合执法的实施意见》（赣国税发〔2016〕20号）、《联合稽查工作办法（试行）》（赣国税发〔2016〕145号），国地税稽查部门共同下达任务，联合实施检查，协同案件审理和执行，全年查补税款5.4亿元。四是加强税警协作，联合省公安厅、省国税局制定下发《江西省涉嫌犯罪税收案件及线索移送的规定》（赣公字〔2016〕117号），促进行政执法与刑事执法有机衔接；制定下发《江西省公安厅派驻江西省国家税务局江西省地方税务局联络机制运行暂行办法》（赣公字〔2016〕143号），挂牌成立“江西省公安厅派驻江西省地方税务局联络机制办公室”，宜春市率先成立全国首个公安局税侦支队。

【“营改增”专项稽查工作】 按照税务总局工作部署，针对企业所得税和土地增值税明显下降的房地产企业、申报缴纳企业所得税大幅减少的建筑安装企业等175户“营改增”高风险企业开展专项稽查，查补税款2.79亿元。

【稽查查补收入及分析】 全省各级地税稽查部门紧紧围绕省局工作部署，以服务全省地方税收工作大局为中心，不断夯实工作基础，加大稽查工作力度，大力开展税收违法案件查处工作。全省地税稽查机构开展检查、组织企业自查共计3391户，稽查查补和自查补缴收入21.11亿元，实际入库21.07亿元，查补入库率99.81%。

【案件查办情况】 积极探索全省异地交叉检查模式，制定下发《2016年全省稽查系统交叉检查工作实施方案》，抽调全省90余名业务骨干组成12个检查组，对39户企业开展交叉重点检查，查补税款3.09亿元。集中交叉检查的实施，进一步优化资源利用，避免执法干扰，提高办案能力，增强稽查震慑力。

【重大案件查处】 重点查处房地产、建筑安装等行业百万元以上大要案件117起，查补金额5.12亿元，占稽查查补收入的75.74%，有效提高税务稽查震慑力。

【随机抽查】 按照税务总局《推进税务稽查随机抽查实施方案》要求，建立随机抽查事项清单，明确地税部门随机抽查事项、抽查依据、检查主体、检查对象、检查内容、抽查方式、抽查比例和频次等内容；建立省局随机抽查对象名录库及随机抽查执法检查人员名录库，将全省901户重点税源企业纳入省局重点稽查对象名录库，将397名执法检查人员纳入省局人员名录库范围；制定下发《江西省地方税务局税务稽查随机抽查实施办法（试行）》，规定随机抽取检查对象、随机选派执法检查人员的“双随机”抽查机制，明确省、市两级随机抽查对象及执法检查人员的入库标准和管理办法，提出原则上五年轮查一次的抽查比例要求。

【区域性税收专项整治】 根据税务总局统一部署，开展全省旅游市场税收整治，检查纳税人62户，查补收入2180万元。其中，税款1652万元，滞纳金279万元，罚款248万元。部署打击侵犯知识产权和制售假冒伪劣商品工作，将成品油经销行业的虚开案件作为打击虚开增值税专用发票的重点内容，检查企业17户，查补入库收入236万元。

【重点税源企业检查】　按照税务总局“三级以上企业全查，四级以下企业抽查30%”的原则，江西地税局稽查局布置全省189家重点税源企业的重点检查工作。探索“省局组织、南昌牵头、地市参与”的新形式，对江西铁通、中国银行江西省分行、南昌铁路局3户企业开展项目化解剖式检查，形成项目化检查指南。自查补缴收入2.68亿元，入库2.64亿元，重点检查查补收入3.36亿元，入库2.82亿元。

【打击发票违法犯罪活动】　联合江西国税局制定下发《2016年联合打击发票违法犯罪活动工作方案》，共同选取房地产、建筑安装、药品与医疗器械、商业批发与零售、电信、金融、交通运输等发票违法问题高发、频发行业开展发票使用情况重点检查，检查和自查企业1443户，查处有问题企业905户，自查和查补收入合计11105.4万元。开展发票教育宣传484次，配合公安机关查办案件6起，捣毁1个非法出售发票窝点，缴获非法发票17981份，抓获犯罪嫌疑人2人，检察机关移送起诉案件1起，法院判决1人有期徒刑，有效遏制发票违法犯罪活动的猖獗态势。

【税收“黑名单”制度】　落实新修订的《重大税收违法案件信息公布办法（试行）》，完善“黑名单”公告、联合惩戒制度，全年录入“黑名单”案件信息11个，对外公告3个，并将已公告的重大税收违法纳税人信息及时推送至有关单位进行联合惩戒，促进社会信用体系建设。

【涉税违法案件检举】　与纳税服务部门联合拟定《12366纳税服务热线受理纳税人违法举报工单管理暂行办法》，明确稽查与纳税服务部门工作职责和工作流程。省地税局举报中心共受理各类税收违法检举事项29起，交予各设区市局举报中心查办的25起均在规定时间处理并反馈相关情况。

【案件协查】　省局稽查局收到纸质协查函8起，接待来人协查3起，均按照规定及时组织协查并回复。

【稽查制度建设】　一是制定下发《江西省地方税务局关于进一步加强全省地税稽查工作的意见》《税务稽查随机抽查实施办法（试行）》，与省国税局联合下发《关于进一步加强税务稽查联合执法的实施意见》《联合稽查工作办法（试行）》。二是梳理税务总局和省地税局稽查相关业务制度39项，编印《税务稽查业务制度汇编》；收集2014—2015年度查结案例23个，编印《税务稽查典型案例汇编》，供全省地税稽查干部学习借鉴。三是制定和完善绩效考核、财务管理、后勤保障等方面的规章制度。

【稽查队伍建设】　一是认真落实全面从严治党要求，深入开展“两学一做”学习教育，严格执行中央八项规定精神，驰而不息纠正“四风”。二是加强人才建设，大力开展“岗位大练兵，业务大比武”活动。三是深入开展创先争优活动，推进学习型组织建设，加强地税文化建设，全省地税稽查系统多个单位被授予“全国工人先锋号”“全省文明单位”“三八红旗集体”等荣誉称号，展示了良好的稽查部门形象。

【稽查业务培训】　2016年，江西地税局稽查局举办全省地税系统稽查业务培训班、金税三期工程稽查业务师资培训班和《全国税务稽查规范（1.0版）》师资培训班，提升稽查干部综合素质。

【稽查信息化建设】　一是大力实施“互联网+税务稽查”行动计划，制定稽查信息化建设工作方案，对全国税务稽查系统常用的三种稽查软件（税软、普金、用友）进行较系统的了解及测试，并赴广州、广西、浙江地税局学习考察。结合江西实际，提出搭建集电子查账、数据分析和稽查案源管理功能为一体的稽查信息化综合管理平台。二是用好金税三期工程系统，参与编写金税三期工程应用系统操作规程和业务系统稽查操作手册，优化完善金税三期工程系统稽查功能模块。

【稽查工作会议】　2016年4月28日，全省地税稽查工作会议在南昌召开，省局副局长王显和出席会议并作题为《改革奋进　实干创新　全面加快稽查现代化建设步伐》的讲话。会议传达全省地税工作会议和全国税务稽查工作会议精神，总结回顾2015年及“十二五”时期全省地税稽查工作，分析“十三五”时期稽查工作形势，明确今后五年的工作思路，即围绕体制改革、管理创新、执法效能、手段升级、人才建设五大内容，全面加快稽查现代化建设步伐，部署2016年地税稽查重点工作。各设区市地税局分管领导、稽查局局长和综合业务科负责人，省直管县（市）地税局分管领导、稽查局局长，以及省局稽查局全体干部共70余人参加会议。

（吕家旺）

山东省

山东省国家税务局稽查局

【概述】 2016年，山东国税局稽查局紧紧围绕税收中心工作，充分发挥稽查职能作用，大力整顿行业税收秩序，严厉打击各类税收违法行为，强化以查促收，推进部门协作，各项工作稳步推进、全面发展，得到上级部门和领导同志的肯定与表扬，其中税务总局局长王军、副局长孙瑞标表扬性批示6次，其他部委和省委、省政府领导表扬性批示8次。省局稽查局被评为全国税务系统先进集体和省直机关职业道德建设先进单位，另有多个部门和个人被税务总局、公安部和省政府评为工作先进集体和个人。

【稽查现代化建设】 明确新时期稽查工作定位，结合山东实际，深化改革，提升质效，全力保障税收收入，严厉打击涉税违法，积极推进税收共治，推进稽查信息化建设，加强稽查干部队伍建设，积极构建与税收现代化相适应的现代稽查工作格局。

【稽查体制机制改革】 按照税务总局要求和《山东省深化国税、地税征管体制改革实施方案》，稳步推进稽查改革。完善税务稽查机构设置，强化税务稽查职责和工作力量，探索建立跨区域税务稽查机构，建立科学、规范、简洁、高效的税务稽查管理体制，严厉打击涉税违法犯罪行为，促进纳税遵从，确保中央和地方财政利益。

【“营改增”专项稽查工作】 按照国务院、税务总局加强旅游市场税收整治工作要求，结合“营改增”试点工作，积极参与旅游市场综合监管，联合地税部门开展2016年旅游市场税收整治工作，对302户企业开展检查，查补税款、滞纳金、罚款312.79万元。根据“营改增”试点纳税人行业分布情况，部署10个市局分行业专题调研，汇总形成40多个涉税风险疑点，为下一步工作奠定坚实基础。

【稽查查补收入及分析】 2016年，全省督导企业自查和检查7835户，查补总额43.96亿元，入库总额43.92亿元。成品油行业税收检查取得重要成果，查补收入28.95亿元。从稽查项目对稽查查补收入的贡献看，专项检查是对查补收入贡献最大的项目，重点税源检查则是投入产出比最高的项目。从地域情况看，稽查查补收入呈现出明显的经济关联性，山东东部沿海较为发达的地区对全省稽查查补收入贡献较大。

【案件查办情况】 以严厉打击虚开增值税专用发票和骗取出口退税为重点，104户虚开和10户骗税案源被公安部门立案侦办，涉案总金额42亿元、涉案税额6.3亿元，抓捕83人，另有50户涉嫌虚开企业依法移送公安部门。

【案件特点分析】 一是涉税犯罪案件发案数量激增，涉案金额越来越大，户均案值不断提高，涉案人员越来越多；二是虚开发票及制售虚假发票等涉票案件大幅上升，涉票案件成为当前涉税犯罪主要类型；三是偷骗税案件、暴力抗税和逃避追缴欠税等粗暴简单方式的违法犯罪行为减少。

【重大案件查处】 全省查处重大税收违法案件140起，涉案金额123.35亿元，查补收入9.37亿元，移送公安106起，抓捕205人。连续破获烟台“7·22”“7·23”、济南“6·19”、济宁“蒋岳友案”等多起利用黄金票特大虚开案，查处移送公安部门涉案企业167户，摧毁犯罪团伙7个，抓获犯罪嫌疑人94人，涉案金额170余亿元。临沂公安机关在税务部门的配合下，成功侦破临沂“1·29”虚开和骗税大案，枣庄市公安、税务部门联手侦破“8·27”虚开案。

【随机抽查】 按照统一部署、辅导自查、分级检查的工作思路，对税务总局抽取的15户集团企业及其成员单位开展自查和检查。自查阶段对15户集团企业735户成员单位组织自查，查补税款、滞纳金2770.67万元；重点检查阶段对15户集团企业368户成员单位开展重点检查。

【区域性税收专项整治】 按照税务总局要求和部署，全省同步开展多个地市的专项整治活动，检查企业142户，涉嫌金额53亿元，入库税额0.23亿元。由省政府牵头，山东国税局、地税局联合部署开展成品油行业税收专项检查，采取企业自查自纠与税务部门重点检查相结合的方式，深入查处成品油行业涉税问题，全省查补收入28.95亿元，取得显著成果。

【重点税源企业检查】　2016年全省开展重点检查368户，查补税款、滞纳金、罚款52340.52万元，冲减增值留抵税金50.08万元，弥补亏损额3022.41万元。自行抽取11户企业查补税款、滞纳金、罚款2825.85万元。

【打击发票违法犯罪活动】　开展综合整治发票违法犯罪活动。2016年，全省查处违法企业10156户，查处非法发票224.69万份，查补税款12.38亿元、加收滞纳金1.41亿元、罚款2.36亿万元；查处发票违法案件9824起，其中涉嫌虚开发票案件439起；阻截手机发送发票违法短信16.40万条，治理短信群发器6台，关停、整顿登载发票违法信息网站108个、关停手机号码356个，清除信息网站登载信息417条。

【打击虚开增值税专用发票】　按照税务总局要求，与公安、海关、人民银行等密切协作，联合部署，深度分析共享数据，深挖扩线放大成果，扎实有效开展打击虚开增值税专用发票工作。四部委部署和全省自选222户案源全部落实到位，104户虚开和10户骗税案源已被公安部门立案侦办，50户涉嫌虚开企业依法移送公安部门。

【打击骗取出口退税】　依托公安、海关、人民银行、税务四部门协作机制，严厉打击骗取出口退税违法犯罪行为，开展打虚打骗工作。同步开展多个地市的专项整治活动，立案查处涉嫌虚开骗税企业446户，移送公安机关388户，涉案金额263亿元，税额44亿元，查补收入6.34亿元，查实骗税和违规退税0.6亿元。

【税收“黑名单”制度】　税收“黑名单”及联合惩戒向纵深推进。全年录入重大税收违法案件信息76起，对外公布69起，案件数量位居全国前列。落实信用修复机制，按规定撤回公布案件39起，体现税收执法的刚柔并济。依托社会信用体系建设联席会议工作机制，向22个部门推送联合惩戒信息69户，开展联合惩戒，增强纳税人税法遵从意识。

【涉税违法案件检举】　全省三级举报管理机构不断加强检举案件查办力度，做到客观公正、认真查证、准确定性、迅速处理，实现检举案件规范管理。2016年，全省受理税务总局交办案件19件，自行受理检举事项542件；查结检举案件545件，查补税款3798.30万元，罚款1209.29万元，加收滞纳金790.73万元，共计5798.31万元，入库5084.98万元，移送司法机关11件。

【案件协查】　全省委托发出协查1680起，协查发票36144份，选票准确率97.11%，比税务总局绩效考核要求高82个百分点；收到受托协查5159起，涉及发票116385份，受托协查工作量是上年的6.55倍，按期回复率保持100%。

【稽查制度建设】　按照“专业化、集约化、扁平化”原则，因地制宜，明确职责，分类实施，优化配置，试点推进，探索建立科学、规范、简洁、高效的税务稽查管理体制。落实“双随机一公开”机制，推广应用双随机工作平台，落实国地税联合稽查制度，实现国地税共同管辖案源联合稽查全覆盖，坐实公安派驻税务联络机制，依托全省各级税警联络办公室，完善协作机制，推动税警协作向纵深发展。

【稽查系统建设】　以工作调研、实地督导、信息宣传、经验交流等方式为纽带，密切“省、市、县”三级稽查部门的联动配合，加强上级稽查部门对下级稽查部门的业务指导，推动稽查工作顺利开展，建立科学合理的稽查工作考核指标，引导各级高效开展工作。

【稽查队伍建设】　坚持固本强基，提升稽查干部队伍素质。扎实开展“两学一做”学习教育活动，不断增强队伍凝聚力和战斗力。开展多期培训，有效提升稽查干部队伍综合素质。加强绩效考核管理，突出工作亮点，上下一心，提升工作效能。从全省遴选13名业务骨干上挂省局，充实省局稽查力量。

【稽查人才库建设】　根据税务总局工作部署，加强与人事、教育、税源管理等部门的协作，做好全省稽查随机抽查检查人员名录库工作，对稽查人员各类信息进行采集和专业化分类。推进各级名录库的建立和动态管理，加强名录库成员的培养力度，定期组织专题培训、稽查业务培训，鼓励通过实战锻炼稽查技能，建立优秀稽查人员培养制度，提高名录库成员的业务水平。

【稽查业务培训】　深入开展稽查干部队伍教育培训工作，省局针对稽查业务、稽查规范、稽查信息化等多个方面举办培训班6期，培训人员500余人次，各地组织多期培训，有效提升稽查干部队伍综合素质。

【稽查信息化建设】 在全国率先研发并推广稽查信息综合管理系统，初步构建“互联网+”条件下的电子税务稽查局，搭建直通检查现场的指挥调度中心，实现远程指挥、工作调度、业务协同等功能。不断强化对信息化管理企业的稽查工作，利用查账软件对1879户企业开展稽查，占全部检查户数的79.8%，查补入库收入6.5亿元。

【稽查宣传】 突出宣传税收“黑名单”、税收违法案件曝光、规范进户执法等重点，对一些影响恶劣的典型案件在新闻媒体及时曝光，发挥警示和震慑作用，曝光典型案件12起。结合“便民办税春风行动”，广泛开展宣传报道。

【稽查调研】 积极开展工作调研，深入地市了解情况。重点发掘先进典型、总结先进经验并加以推广，精选优秀稽查案例供检查人员交流学习借鉴，进一步提高稽查干部实际操作能力和办案水平。

【稽查工作会议】 2016年5月19日，山东国税稽查工作会议在济南召开。会议传达了全国税务稽查工作会议精神，总结了2015年稽查工作，分析了稽查工作形势，研究了深化稽查改革的措施，部署2016年重点工作任务。会议指出，稽查工作要全力对接税务总局部署，全心聚焦主业，进一步提升工作水平。会议强调，各级稽查部门要准确把握改革要求，努力构建与税收现代化相适应的现代稽查工作格局。会议要求，积极完成稽查改革阶段性任务，严厉打击涉税违法行为，重点整治成品油行业偷逃税行为，强化税收“黑名单”和税收违法案件曝光工作，夯实稽查信息化建设，发挥绩效管理“指挥棒”作用，打造廉洁高效干部队伍。

【工作建议】 一是健全稽查法律体系，切实为依法稽查保驾护航。二是加强制度建设，进一步争取税务稽查执法权限，解决或改善调账难、取证难的问题。三是科学合理划分税务局及稽查局职责，避免职责交叉，适度扩展稽查部门执法权限，赋予其更大的调查取证权，增加强制性规定，并明确代位权、撤销权的具体行使程序。

（崔伟茹）

山东省地方税务局稽查局

【概述】 2016年，山东地税局稽查局全面落实税务总局各项工作部署，以加强案源管理、抓好随机抽查为切入点，以全面规范稽查执法行为为着力点，以绩效考评为抓手，全力查处偷逃税违法行为，持续打击发票违法犯罪活动，全方位开展国地税联合稽查，严格实施税收“黑名单”制度，深入推进稽查信息化建设，继续聘用中介机构助力税收检查，各项工作取得明显成效。全省地税稽查系统稽查查补收入64.53亿元，稽查查补入库总额位列全国地税第4名。

【“营改增”专项稽查工作】 会同山东国税局联合开展“营改增”高风险企业专项稽查，各级稽查部门与同级营业税管理部门、国税稽查部门全面联合，以清理“营改增”行业虚开、虚受增值税专用发票为重点，以征管数据分析为基础，确定检查清理对象。专项清理入库税款4.6亿元，对335户进行重点检查，查补税款1.1亿元。

【稽查查补收入及分析】 2016年，全省检查各类纳税人10280户，查补收入64.53亿元。全省重点检查人均检查户数0.94户，省人均查补收入45.49万元，户均查补收入31.5万元。全省选案准确率99.18%、结案率99.76%、入库率100%、重点检查查补税款平均处罚率30.76%。

【案件查办情况】 2016年，全省查处各类税收违法案件2267户。其中，偷税342户、编造虚假计税依据12户、不进行纳税申报711户、发票违法280户，其他922户；查补各项税收收入5.13亿元。

【重大案件查处】 2016年，全省各级稽查部门查办百万元以上案件42起，查补各项收入1.4亿元。其中查办千万元案件3起，查补收入0.3亿元。

【随机抽查】 依托自主开发的以名录库为基础的案源管理信息系统，全面实现科学、公开、公平的双随机抽查，建立省、市两级18个税务稽查对象分类名录库。将长期“零”申报、评估风险高、纳税信用等级低、多次被检举有税收违法行为，以及被相关部门列为违法失信联合惩戒的企业纳入税务稽查异常对象名录库。建立省、市、县三级执法检查人员分类名录库，将全省各级2088名稽查执法人员分类登记入库。

【打击发票违法犯罪活动】 2016年，在山东省政府有关部门的统筹安排下，与省公安厅、省国税局等部门召开专题会议，制定实施方案，发布检查通知，召开媒体发布会，将工作要求和检查任务迅速部署落实到位。全面加强税警协作，通过部门间信息共享平台接入，实行省级数据集中交换，形成打击合力；建立山东地税局和17地市公安派驻税务机关联络办公室，开展常态化、制度化、规范化联合办案；将打击发票违法犯罪活动与随机抽查、举报专案检查、督办案件检查结合起来，统一部署，合理调配各级稽查力量；对内联合其他业务部门，做好发票检查与所得税汇算清缴、纳税评估、“营改增”发票清理工作结合。全省查处违法受票企业1322户，查处非法发票18.8万份，涉及金额34.13亿元，查补税款3.4亿元，罚款1.3亿元；查处代开、虚开发票案件153起，查补税款7697万元；配合公安机关查处制售假发票案件3起、非法出售发票案件2起、虚开发票11起，捣毁制售假发票窝点11个；配合财政、审计部门对116户非纳税单位开展发票使用情况监督检查，查处非法发票463份。

【税收“黑名单”制度】 推进税收“黑名单”制度，实施联合惩戒。一是将处罚率和大要案曝光数量纳入系统绩效考评，要求偷税处罚面要达到100%，重大案件罚款不低于涉案金额的1倍。二是对案件公布标准和联合惩戒工作等新规定进行解读，召开“黑名单”工作调度会，以会代训，对“黑名单”工作进行部署。三是召开片区督导会，加强督导考核。充分利用公文处理系统、NOTES、腾讯通、电话等平台工具，对全省16个市级稽查局（青岛除外）重大税收违法案件报送情况进行调度、督导。四是开展国地税合作，将联合推进税收“黑名单”制度纳入国地税联合重点项目，定期交换税收“黑名单”企业信息，对共同检查的案件进行联合曝光。五是对“黑名单”企业当事人采取更加严格的税收管理措施。六是积极参与山东省诚信体系建设，依托政府平台，利用社会媒体，发布税收“黑名单”企业信息、典型案例和联合惩戒措施，形成强大威慑力。

【涉税违法案件检举】 全省各级稽查部门坚持依法行政、统一领导、分级负责、属地管理的原则，严格查办举报案件，依法维护检举人的合法权益。一是岗位责任“零差错”。每起举报案件都明确到岗到人，增强检查人员的责任意识，提高案件查处的准确性、时效性。二是疏导化解“零距离”。把苗头性问题解决在源头，确保案件“事事有回音，件件有回复”，有效化解越级、集体上访隐患，营造和谐征纳关系。三是规范落实“零障碍”。所有案件做到“登记、督办、查处、信息反馈”四落实，全面加强监督检查，及时处理案件查办过程中出现的问题，落实催办督办机制，防止案件久拖不结。全省受理检举案件599件，查处301户，查补入库税款6547.22万元，同比增长62.90%。

【稽查人才库建设】 借助税务总局“业务大比武”，开展全员岗位大练兵，搭建业务交流平台，通过日常在岗学习考试、短期集中强化培训，在系统内着力营造勤学苦练、比学赶超的浓厚氛围。在税务总局“大比武”活动中，济南市地税局的韩学军取得第6名，获得稽查类“优胜奖”，是山东省参赛的五个岗位中唯一获奖个人。全国领军人才培养对象选拔中，除青岛市地税局外，山东省共3人入围，其中2人来自稽查系统。

【稽查业务培训】 结合全国税务系统实施素质提升“115工程”，编制稽查业务骨干培训长远战略规划。一是按照《全国税务系统2016年“岗位大练兵、业务大比武”活动实施方案》要求，开展全省培训、业务大比武活动。二是利用微信，搭建业务交流平台，“晒业务”“提问题”“解疑惑”，进行即时交流，分送文件、学习内容、学习资料。三是加强日常学习督导，立足本职岗位提升稽查骨干的业务水平。

【稽查信息化建设】 一是指导各级稽查部门依托省局开发的案源管理信息系统，建立税务稽查对象分类名录库、异常对象名录库和检查人员名录库。二是自主开发以名录库建设为基础的案源管理信息系统，全面实现以金税三期工程为基础，以风险管理为导向，以强大征管基础信息为保障，以外来“大数据”为补充，以多维数据分析为工具的案源科学化管理，解决人工管理工作量大、效率低、易出错和信息更新不及时等问题，在税务总局开展的“互联网+税务”项目评优活动中，被评为“应用软件”类一档。三是探索使用网络受理、处理涉税检举新方式。把内部案件查处办理与网络受理连起来，为群众提供“全天候、零距离”的便捷服务，提升查办质效，全年网上受理查办案件79件，占受理案件的56%。

【稽查调研】 从“问题”切入，坚持目标导向，探索稽查创新，聘请高校专家，召集基层业务骨干，深入基层调研，掌握第一手资料，分析制约随机抽查的问题短板，最终把解决数据制约、工具短缺问题作为创新的支点，通过团队稽查等创新手段，解决随机抽查后出现的新问题、新难题。

【稽查工作会议】 2016年4月26日，全省地税稽查工作会议在济南市召开。全省17市稽查局分管局领导和稽查部门负责人参加会议。会议的主要内容是：全面落实全国税务稽查工作会议精神，认真总结“十二五”时期和2015年全省地税稽查工作，深入分析“十三五”时期稽查工作面临的新形势，研究部署2016年稽查各项工作任务。山东地税局、副局长李功作了题为《认清形势找准定位　履职尽责　努力开创全省地税稽查工作新局面》的讲话。会议主要从八个方面对2016年全省稽查工作进行部署安排。一是服务大局，全面完成2016年检查任务。二是严格执法，切实提高案件查办质量。三是健全制度机制，大力实施稽查规范化建设。四是统筹规划，深入推进税务信息化建设。五是畅通渠道，深入推进查管互动工作。六是知难而进，认真落实“黑名单”制度和联合惩戒工作。七是狠抓绩效，提升稽查工作站位。八是严抓善管，进一步加强队伍建设。山东地税局稽查局局长王发升对稽查执法风险防范、稽查案源管理和随机抽查问题、稽查信息化问题、绩效分档考核问题以及稽查体制改革等贯彻落实全国、全省地税稽查工作会议有关问题进行说明。会议还邀请山东税校刘学波教授作了题为《税务稽查执法风险的防范》的讲座。与会代表围绕学习贯彻全国税务稽查工作会议精神、全省地税稽查工作会议精神、《税务稽查案源管理办法（试行）》等8个制度办法的讨论稿，以及2016年稽查各项重点工作进行分组讨论。

（宫晓云）

河南省

河南省国家税务局稽查局

【概述】　2016年，河南国税局各级稽查部门坚持打击与增收并重的原则，积极创新案源管理方式，扎实推进稽查机制改革，全力打击涉税违法行为，不断提高稽查工作质效，有力推动各项税收检查和打击虚开骗税等工作的开展，取得较好工作成效。全年检查纳税人5624户，入库税收38亿元，同比增长46%，收入总额和增幅创历史新高。

【稽查现代化建设】　河南国税局稽查局以务实提升稽查质效为目标，有效推动稽查现代化建设。在随机抽查机制建设上，以双随机抽查制度化、规范化为基础，成立项目组自行研发“税务稽查双随机平台”，初步建立税务稽查双随机工作机制，为税务总局稽查局集中编写双随机模块业务需求内容，模块上线的集中调试，以及试点运营提供有力支持。

【稽查体制机制改革】　河南国税局作为稽查管理方式调整改革试点单位，以“扩充省局稽查局，强化市局稽查局，稳定县局稽查局”为思路，先行先试，初步形成省局稽查局协调指导、省局第一稽查局引领攻坚、市局稽查局主体承担、县局稽查局集约防控的河南国税稽查格局，分级分类稽查模式基本构建，整体稽查工作效能不断提升，为全国稽查改革积累了经验。

【“营改增”专项稽查工作】　为防范和打击“营改增”行业涉税违法行为，防止苗头性问题演变成系统性风险，河南国税局稽查局自2016年8月起联合河南地税局开展“营改增”高风险企业专项稽查工作。在做好风险分析的基础上，国地税分工协作、信息共享、优势互补，联合开展“营改增”专项稽查工作。在查处的同时，认真分析涉税违法行为产生的原因、操作手法和特点，提出加强管理、完善政策的建议。国地税联合查补税收收入3966万元，其中税款3688万元，滞纳金274万元，罚款4万元。

【稽查查补收入及分析】　2016年，河南国税局稽查局积极开展重点税源企业随机抽查、打虚打骗专项行动和行业专项整治，在规范税收执法、发挥稽查打击震慑作用的同时，实现以查促收。全年检查纳税人5640户，审结4501户，查补税收39.55亿元，入库税收38.36亿元，入库同比增长45%，查补税收和入库税收首次双突破30亿元。全省选案准确率94.4%，入库率97%。

【案件查办情况】　2016年，河南国税局稽查局以打击虚开骗税为重点，全面开展各类涉税违法案件查处工作，查处虚开骗税案源1196户，认定虚开增值税专用发票金额283.31亿元，税额45.04亿元；查处应追回出口已退税款8585万元；入库税收9.31亿元；移交公安机关243起，公安机关立案180起，抓捕犯罪嫌疑人135人，法院判刑36人。开展随机抽查1901户，查补收入12.70亿元，入库12.63亿元。

【案件特点分析】 虚开骗税案件特点：一是虚开犯罪呈现高度组织化、团伙化、职业化，且区域化、行业化特征明显。二是普遍采用虚构资金流的作案手法。三是商贸企业虚开骗税主要体现为购销不一致。四是通过收取开票手续费获利。五是骗取出口退税手段多样化，既有买单出口，也有以少报多、以次充好假报出口。

【重大案件查处】 2016年，河南国税局稽查局以“打击虚开骗税专项行动”为重点工作，查处一批大案要案。全省查处大案要案78起，其中税务总局督办案件7起、上报税务总局备案管理的大要案22起，成功查结信阳珑鑫进出口贸易有限公司、南阳恒通光电科技有限公司、许昌晶莹工艺品有限公司、南阳双桥贸易有限公司等企业骗取出口退税案，驻马店“董景云”虚开团伙案、济源19户企业团伙虚开发票案、商丘“吴洪涛”团伙虚开增值税专用发票案等重大案件。

【随机抽查】 2016年，河南国税局稽查局全面开展重点稽查对象随机抽查工作，完成税务总局第一批随机抽查对象重点检查阶段（涉及河南省7家集团企业的171家成员单位）和第二批随机抽查对象自查阶段（涉及河南省27家集团企业的1174家成员单位）的各项工作。开展本省自选案源的随机抽查工作，全省各级税务机关通过双随机抽查工作机制开展重点及非重点税源企业检查1901户。参与自查的企业查补税款3079万元，冲减增值税留抵税金19万元，调减亏损额2703万元；参与检查的企业查补收入12.70亿元，入库12.63亿元。

【打击发票违法犯罪活动】 2016年，河南国税局稽查局认真履行协调小组办公室职责，严厉查处发票违法犯罪行为，全省查处虚开及假发票类案件2987起，查处非法发票70.47万份，查补税款25.53亿元。公安机关立案176起，抓获犯罪嫌疑人194人；法院系统审理发票案件47起，判处有期徒刑71人；通信管理部门治理发票违法信息62.04万条，关停登载发票非法信息网站72个。各地曝光发票违法案例62件，开展发票宣传1260次。

【打击虚开和骗取出口退税】 2016年，河南国税稽查部门精心组织、周密部署，全面开展打击虚开骗税专项行动，查处一批重大虚开骗税案件，有力打击虚开骗税违法犯罪行为，规范整顿税收经济秩序。全年查处虚开骗税案源1196户，认定虚开增值税专用发票金额283.31亿元，税额45.04亿元；查处应追回出口已退税款8585万元；入库税收9.31亿元；移交公安机关案件243起，公安机关立案180起，抓捕犯罪嫌疑人135人，法院判刑36人。2016年查处案件数量、涉案金额和抓捕犯罪嫌疑人人数，均超过前三年总和。该项工作受到税务总局局长王军、副局长孙瑞标和河南省副省长赵建才的多次表扬性批示。

【税收“黑名单”制度】 河南国税局以制度和机制建设为基础，以绩效考核为抓手，鼓励查办大要案，依托信息推送网络专线，积极协调引导，推动税收违法“黑名单”信息的准确公布、快捷推送和及时惩戒。全省公布税收违法“黑名单”案件50起，涉案企业的纳税信用等级均被直接降为D级，14户涉案企业受到金融机构融资授信参考、禁止参加政府采购活动、限制政府性资金支持等惩戒，55名涉案人员被推送到相关单位实施联合惩戒。

【涉税违法案件检举】 2016年，河南省各级涉税违法案件举报中心针对检举案件呈现出的检举方式多样化、案发地集中化、违法手段翻新化、匿名检举增多化、受理级次上升化等特点，探索分类处理、纵横协作的快速查办机制，采取直查、联查、督查等方式，落实分类管理，确保涉税检举案件管理工作顺利开展。受理各类税收违法检举案件326件，已结案件264件，查补税收13319.69万元，入库税收8854.03万元，依法向举报人兑付检举奖金0.66万元。

【案件协查】 2016年，河南国税稽查局加强绩效考核和系统监控，强化对税务总局督办大案、要案协查的监督管理，确保协查系统的平稳运行和案件协查的有序开展。全年通过协查系统委托发出协查信息3336起，涉及发票9.54万份，金额97.72亿元，税额15.87亿元。收到协查结果67591份，选票准确率98.83%，委托协查信息完整率99.89%；收到受托协查4972起，涉及发票21.61万份，金额248.94亿元，税额37.76亿元。回复发票20.01万份，有问题发票占受托协查发票的95.31%，受托协查信息完整率99.97%，累计按期回复率100%。全省通过纸质和派人发起委托协查425起，涉及省内企业386户次，协查相关凭证3.88万份，受托收到纸质协查1320起，涉及省内企业1518户，涉及相关凭证6.09万份。完成甘肃、辽宁“7·03”专案、北京“10·8”专案等税务总局督办的重大虚开发票案件的协查工作。通过协查查补税收26594万元，入库税收25309万元。

【稽查制度建设】 在打击各类税收违法行为的同时，河南国税局稽查局注重在实战中积累，在交流中借鉴，在总结中升华，制定和完善一系列工作制度和办法。为提高办案质效，激发稽查干部的内生动力，制定《河南省国家税务局税收违法案件查办奖惩办法》；为提高案件查处效率，在2015年《虚开、骗税案件检查指南》的基础上，制定《虚开发票案件检查、定性、处理指引》。将检查中发现的管理问题整理后提出征管建议，督促省局征管部门出台《关于推行实名办税的公告》《关于进一步加强管理防范虚开骗税意见》等制度，从人员监控、发票控管、日常监管、注销管理、巡视问责等多个方面加强税源管理，防止税收违法行为的发生。

【稽查系统建设】 河南国税局稽查局以绩效考核为抓手，按照“税务总局指标全覆盖，针对问题立项目”的原则设置考核指标体系，充分发挥绩效考核指挥棒的作用，在保证覆盖税务总局考核要求的基础上，对各地市打击虚开骗税工作额外增加20分进行专项考核。在全省各级稽查部门共同努力下，各项工作指标均达到税务总局绩效考评要求。

【稽查队伍建设】 2016年，河南国税局稽查局将“两学一做”学习教育活动同税收稽查工作相结合，树立“讲规矩、守纪律、按程序、防风险”意识。加强党的基层组织建设，在检查组中成立临时党小组，发挥基层党组织的战斗堡垒作用。在打虚打骗工作中，充分发挥共产党员的带头示范作用，带动整个稽查队伍向上向好发展，体现出理想信念坚定、业务本领过硬、作风雷厉风行的稽查人员风貌。

【稽查人才库建设】 河南国税局稽查局加强对税务稽查人才库的日常管理和成果运用。税务总局人才库方面，提出涉及河南人员的调整建议，在保留原有3位人才库成员的基础上，推荐补充7名人才库成员。省级人才库方面，以税务总局统一组织的业务大比武为抓手，按照税务总局税务稽查类人才库管理和分类模式补充人才库成员。人才库运用方面，充分发挥人才集聚优势，锻炼出一支高素质税务稽查骨干队伍，形成查处税收违法行为的拳头力量。

【稽查业务培训】 河南国税局稽查局坚持在办案中历练队伍，通过全省专项行动，一批优秀的打虚打骗组织管理者和查账能手脱颖而出，79名稽查人员因突出贡献，受到省局统一记功嘉奖。除打虚打骗相关业务培训外，相继开展ERP专业化人才培训、出口退（免）税重点行业税务检查培训、特殊交易事项税务稽查（案例式）培训、金融业税务稽查培训、资本交易事项税务稽查培训等，专业人才得以扩充，实战能力得以提高。

【稽查信息化建设】 河南国税局稽查局积极探索、先行先试，在将双随机抽查制度化、规范化的基础上，依托省局分析监控、税收数据平台等信息化支撑，集中研发，于2016年4月率先推出“税务稽查双随机平台”并在全省推广应用，为税务总局全面推开金税三期工程系统的稽查双随机模块提供有力支持。自2016年7月起，税务总局稽查局以河南税务稽查双随机平台为基础蓝本，搭建全国统一的金税三期工程系统稽查双随机模块，并在河南率先开展试点运营。

【稽查宣传】 河南国税各级稽查部门一方面通过省级12366门户网站的“重大税收违法案件公布栏”，持续进行“黑名单”公告工作，公布达到税收违法“黑名单”标准的案件50起。另一方面强化稽查动态信息的提炼与发布，在省局公文系统内下发稽查动态34篇，向税务总局、河南省委省政府、主流媒体等推送各类专报，其中6篇得到税务总局领导和省委领导的表扬性批示。

【稽查调研】 河南国税局稽查局为进一步在实践中历练和认知，在理论上思考与探索，组织专人总结提炼，完成《关于构建虚开骗税打防机制的思考》《稽查管理方式改革的探索与思考》《骗取出口退税问题研究》等一系列调研文章。

【稽查工作会议】 2016年4月26日，河南国税系统稽查工作会议在郑州召开。省局党组成员、总审计师齐群跃作了题为《深化改革　开拓创新　推动全省稽查工作再上新台阶》的讲话，总结回顾了2015年及“十二五”时期全省稽查工作，分析当前稽查工作面临的形势和存在的问题，从开展税收检查、打击涉税违法犯罪、完善稽查运行机制、深化巡视整改、国地税稽查合作、稽查体制改革、加强信息化及干部队伍建设等八个方面安排部署2016年稽查工作重点任务。各省辖市局、郑州新区局稽查局局长、稽查局综合科长、省局稽查局和第一稽查局全体人员、省局相关处室人员参加会议。

【工作建议】　要坚决遏制虚开骗税等税收违法行为的猖獗势头，建议坚持打防结合，强化法制观念，增强稽查执法刚性，建立良好的外部门协作和内部查管互动机制，形成相互配合、相互协调、相互衔接、相互制约的格局，充分发挥稽查打击震慑职能。

（孔晓飞）

河南省地方税务局稽查局

【概述】　2016年，河南各级地税稽查部门按照税务总局稽查局、河南地税局部署和要求，围绕省局“四件大事”部署要求，立足现状，拉高标杆，追求先进，突出征管改革、规范管理，开展案件查办、制度建设、队伍建设等重点工作，建精品稽查局，树稽查铁军形象，着力构建现代化税收稽查模式，整体工作质效进一步提升，稽查部门社会影响力进一步提高，稽查职能作用得到更好发挥。

【稽查体制机制改革】　按照“准、新、实、好”标准，参与改革、服务改革，列出责任单、时间表、任务图，钉钉子，抓落实，确保改革各项任务落地。组织征管改革稽查专题培训，举行征管改革宣讲会，筑牢思想基础。指导制定征管改革模式下《高风险应对办法》等相关制度，完成金税三期工程系统采集环境配置测试。优化稽查组织体系，科学设置内设机构。健立案源管理制度，抓检查方式创新，研究制定《进一步加强税务稽查检查工作的实施方案》，并在郑州、洛阳、新乡、许昌、新区等5个单位进行试点，优化细化检查工作，实现对税收违法行为的精准打击。

【稽查查补收入及分析】　全省地税稽查部门全年检查纳税人8288户，查补收入41.92亿元，入库41.89亿元，全省稽查收入年度目标（38.07亿元）完成比为110.03%。查补入库收入中营业税、企业所得税、土地增值税和个人所得税占比70%。主要原因：一是税务稽查是对以往年度纳税情况的检查，“营改增”的影响还没有更多地涉及稽查；二是国地税联合稽查的实施，以及信息共享，企业的涉税违法行为更容易查出；三是重点税源检查及“双随机”抽查工作的开展；四是近年来“黑名单”联合惩戒力度的加大，企业税法遵从度提高，主动补缴税款，自觉履行纳税义务意识明显增强。

【案件查办情况】　2016年全省地税稽查部门累计立案检查650户，组织企业自查7638户。审结立案检查630户（含以前年度118户），其中有问题620户，已结案623户。涉税案件中千万元以上案件1户，百万元以上案件19户。在河南省2016年度行政执法案卷评选活动中，参选的焦作金箍涉税案卷被评为“优秀行政执法案卷”。

【案件特点分析】　偷税案件依然是2016年所查涉税案件的主要类型。涉案特点：涉案单位财务人员对现行税收政策理解有偏差，工作疏漏，部分纳税人心存侥幸等。涉税违法行为主要是未按照规定将取得的收入全额申报缴纳营业税；设置“两套账”，利用账外经营手段隐匿经营收入；以虚假发票入账，虚增成本等。

【重大案件查处】　全省地税稽查部门始终把查办大要案件作为稽查工作的重中之重。组织省辖市重点查处两部局交办案件，对中央批办、两部局督办的“皇家一号”“登封少林武僧团基地”等一批社会反响强烈的重大案件，建立领导责任制，实施挂牌督办，重点督导促查，形成办案合力，发挥警税协作的强大威慑作用。

【随机抽查】　认真落实税务总局稽查局和省局党组的决策部署，领导小组制定方案，加强调研督导和绩效管理。各地稽查部门统筹安排，明确重点，全年检查纳税人12830户，查补收入27.49亿元。建立重点税源名录库、稽查对象异常名录库、执法检查人员分类名录库，夯实双随机基础。先后出台《随机抽查对象名录库管理办法》《执法检查人员名录库管理办法》《稽查案源管理办法》等制度，下发《关于开展2016年重点税源企业随机抽查工作的通知》，统筹安排随机抽查工作，采取定向抽查为主、不定向抽查为辅的方式，确定随机抽查对象，选派执法人员，科学确定随机抽查比例和频次，有效提高稽查执法针对性。全年随机抽查企业402户、随机抽取执法人员1056人次，公布涉税违法案件12起，检查入库税款2.28亿元。“双随机一公开”工作得到河南省副省长张广智专门批示。

【区域性税收专项整治】　落实税务总局区域专项整治工作要求，确定在郑州开展为期半年对驾校行业涉税行为的专项整治活动，在长垣、固始、汝州三个直管县开展餐饮行业涉税行为的专项整治活动，进一步加强和规范驾校及餐饮行业的税收征管，堵塞征管漏洞，减少国家税收流失。对107户驾校和156户餐饮行业纳税人开展检查，驾校行业查补收入830万元，餐饮行业查补收入236万元，形成强大威慑力，提高纳税人税法遵从度。

【重点税源企业检查】 印发《河南省地方税务局稽查局关于开展2016年重点税源企业随机抽查工作的通知》（豫地税稽发〔2016〕12号），分“部署、检查实施、总结”三个阶段对税务总局部署的重点税源企业112户，“营改增”83户进行专项稽查，查补收入1.62亿元。对省市级部署的重点税源企业207户进行检查，查补收入6611万元。

【打击发票违法犯罪活动】 在全省重点选择房地产、建筑安装行业查处违法受票企业，在郑州、新乡开展重点整治。加强与公安部门的协作，形成联合打击合力，查处一批重大案件及违法犯罪分子。全年检查发票使用企业1511户，查处违法使用发票企业688户，违法票据2603份，票面金额23461.15万元，查补收入6066.81万元。开展企业自查406户，有问题户数121户，查补收入7907万元。

【税收“黑名单”制度】 以21个行政部门合作备忘录为基础，外抓联动协调，内抓机制建设，逐步形成“部门多、管理细、措施全、力度大、影响广”的“黑名单”联合惩戒高压网，提升联合惩戒震慑力，提高纳税人税法遵从度，为构建纳税诚信体系和社会信用体系做出贡献。联合惩戒实施以来，对52户企业实施11种不同方式的联合惩戒，直接查补收入近4亿元。6户企业在惩戒过程中补缴税款、滞纳金、罚款合计3.78亿元，依法撤出公告；3355户纳税人慑于“黑名单”及联合惩戒措施的威力，主动补缴税款8.94亿元。新华网专题报道河南省“黑名单”及联合惩戒工作。全年通过信息推送系统公布并推送重大税收违法案件6起。

【国地税稽查合作】 深入学习贯彻相关会议及领导讲话精神，统一思想，凝聚共识。协作分工到位。明确分工，深化合作，牵头制定联合检查方案，定期召开联席会，安排部署合作事项，确定合作目标和任务。联合检查到位。统一检查时间、期限、方法、步骤和程序，及时交换案件信息，共同研讨疑难案件，协调处理涉税问题，做到步调一致，标准统一。合作机制到位。制定“选案、检查、审理、执行、打票、惩戒”6个实施方案，覆盖稽查合作全环节。全省确定248户联合稽查对象，查补收入1.05亿元；联合开展41次打击发票犯罪活动，互推税收违法行为线索142条、重大税收违法案件信息13条，利用互推线索查补收入2278万元；联合发布税收违法“黑名单”11次，实施联合惩戒14次。

【税警协作】 成立税警协作领导小组，实行领导责任制、联合督办制和督办销号制。健全工作联络、信息共享、重大案件会商和联合办案机制，建立省、市、县三级公安部门派驻地税部门联络机构办公室。确定开封、许昌、周口三市及其结合部，其他市（县）车站、码头、商场周围、城乡结合部等发票问题较多区域为重点区域，联合开展发票专项整治行动。成立重大案件警税联合办案小组，重点查处中央批办、两部局督办的“登封少林武僧团基地”等一批社会反响强烈的重大案件，有效发挥税警协作的强大威慑作用。

【涉税违法案件检举】 围绕为纳税人提供优质服务，强化部门协调配合，整合服务资源，实现12366纳税服务热线直接接受涉税举报的重大突破，方便纳税人进行涉税违法举报，提升纳税人的服务体验和满意度。强化举报管理，系统清理陈年督办案件，做好“缠访户”的维稳工作。2016年，各级稽查部门受理举报案件439件，查结案件375件，查补入库收入6020万元。

【案件协查】 受理涉及北京、内蒙古、广州等5个省、市、自治区协查案件14起，及时办理或转办协查案件，有效配合外省市对涉税案件的查处。

【稽查制度建设】 对行政管理类、资产财务类等25项工作制度进行修订完善，制定理论学习、督查督办等7项工作制度。编写与征管规程2.0版相配套、与金税三期工程稽查模块相匹配、涵盖所有稽查业务的《河南地税稽查规范（1.0版）》。出台《关于进一步加强税务稽查内控机制建设的指导意见》，编写《河南省地方税务局稽查系统执法和廉政风险防控实用手册》。完善21部门协作的“黑名单”及联合惩戒制度，出台《重大税收违法案件公告及联合惩戒办法》。制定与国税稽查合作的“选案、检查、审理、执行、打票、惩戒”6个实施方案；成立公安部门派驻地税部门联络办公室和疑难案件专家顾问团，推动稽查规范化建设取得新进展。

【稽查成果增值利用】 组织开展“案例巡讲”、典型案例评选、全省案件复查等工作，在省稽查局内网开设“税案大讲堂”专栏，交流办案经验，促进稽查执法规范。总结近年来各级稽查部门在行业检查工作中的经验，整理各级查办的涵盖各行业、各税种有指导意义的典型案例58个，编写《税收风险特征应用手册》和《稽查案例汇编》，从理论与实践、业务与技能等方面，为一线稽查人员执法提供一些基本思路、主要方法及有益的启示和借鉴，提升其风险应对能力和稽查精准性。

【稽查队伍建设】　开展“素能提升年”活动，明确提高具备独立查账能力人员占全体稽查人员、具备电子查账能力人员占独立查账人员的两个比例，实现培训优秀率达到95%及以上的培训目标。积极构建稽查信息化应用三级人才梯队和查办案件专业团队，进一步促进全省稽查专业人才队伍建设。严格落实“一岗双责”“两个责任”，加强警示教育，进行效能监察，加强监督，积极防范稽查执法风险和廉政风险。

【稽查人才库建设】　按照税务总局和省局的统一部署，开展“岗位大练兵、业务大比武”活动，优选出51名稽查骨干，充实和完善省级稽查人才库。

【稽查业务培训】　根据稽查人才培养培训需求，举办7期稽查业务专题培训班，承办1期稽查高端人才培训，培训稽查人员900余人次。

【稽查宣传】　开展纳税人面对面宣传。开展“税务人走进纳税人”活动，全年走访纳税人1086户，接受纳税人咨询近万次。开展法制宣传。利用税收宣传月，加大法制宣传力度，在人流量大的公园、广场、商场等处宣传，发放宣传资料3700份。召开新闻发布会。2016年1月12日，参加河南省诚信建设新闻发布会，公布贯彻《关于对重大税收违法案件当事人实施联合惩戒措施的合作备忘录》情况。2016年4月6日召开新闻发布会，公布2015年重大税收违法案件工作情况。组织案例巡讲。为了更好地提高稽查一线执法人员实战能力，交流办案经验，为全省稽查系统查处税务违法案件提供更多实际借鉴。根据稽查规范专题整改工作安排，2016年9月18日组织巡讲团，在全省稽查系统18个省辖市、10个省管县单位开展为期两周的案例巡讲活动。利用媒体宣传。2016年7月29日，省地税局与省公安厅联合举行“省公安厅派驻省地税局联络机制办公室”揭牌仪式，河南电视台、《河南日报》《大河报》等11家媒体进行集中宣传。2016年9月5日新华网以《偷税、虚开发票　河南52家税务企业受到联合惩戒》为题，报道河南省地税联合惩戒情况，20多家媒体对此项工作进行转载，点击率40多万次。积极利用系统外部网站、微信公众号等及时宣传工作动态和推送各类税务信息。

【稽查调研】　着眼提升稽查整体工作，针对发挥稽查职能作用、稽查体制机制改革、风险防控、稽查队伍现状、信息化建设等课题进行调研，促进各地交流，为领导决策提供资料。

【稽查工作会议】　2016年5月25日—26日，全省地税稽查工作会议在信阳召开。省局党组成员、副局长李建华出席并作了题为《应时合势　精准发力　扎实推进稽查现代化建设》的主题报告。省局副巡视员王财兴，省局稽查局班子成员，各省辖市和省直管县（市）分管稽查工作的局领导、稽查局局长、综合科科长，以及省局稽查局各科室负责人90余人参加会议。会议主要任务是深入学习贯彻全国税务稽查工作会议及全省地税工作会议精神，总结2015年稽查工作，分析经济发展新常态下的税务稽查形势，明确当前全省稽查工作任务，学习观摩信阳市稽查局改革试点工作情况。会上，对2015年度稽查工作优秀单位、先进单位等进行表彰。

【工作建议】　一是稽查形势的变化亟须熟悉行业性经营、财务特点、税收政策，并懂得税务稽查现代化方法、技术的复合型人才，建议加强对复合型人才尤其是信息技术方面的培训。二是针对个体纳税人监管困难等特点，建议在开展专项检查时，推广相关省市先进经验做法。三是建议加强高层次信息共享，并加快推动相关法律、法规立法进程。

（班　烨）

湖北省

湖北省国家税务局稽查局

【概述】 2016年，湖北各级国税稽查部门准确把握新形势下税务稽查工作新方位，紧紧围绕税收中心工作，以风险管理为指引，以管理创新为手段，以锻造忠诚、干净、担当的国税稽查铁军为保障，突出打骗打虚、大要案查处、重点税源企业检查、打击发票违法犯罪、税收专项检查以及区域税收专项整治等稽查工作重点，克难攻坚，争先进位，不断提升税务稽查工作整体水平。全省国税稽查工作先后得到税务总局和省委、省政府领导15次批示肯定，省局稽查局在省局机关各处室绩效考核中跃升至第1名，并在税务总局绩效考核中位列全国税务稽查第一方阵；武汉、宜昌、襄阳、黄冈、黄石、荆门、恩施等7个市州国税局稽查工作进入当地绩效考核第一档次。

【稽查现代化建设】 以适应稽查现代化发展方向为要求，探索稽查管理方式改革。武汉市探索推行专业化、团队化、项目化稽查管理方式，在全省率先建成多媒体稽查办案系统，实现视频演示、远程互动、集中指挥等功能，大大提升稽查执法的刚性和成效。以全面提升稽查工作信息化水平为目标，在襄阳市局推行的“数字稽查”基础上，着力打造“税务稽查1108信息管理系统”，实现全省国税稽查部门的信息共享、上下联动和实时监控，较好地发挥科学选案、廉洁办案、痕迹追案、防控风险的良好效果。襄阳、宜昌、孝感、鄂州等地积极参与当地政府部门主导的涉税信息综合平台建设，扩展第三方数据来源。与此同时，创新推行“嵌入式”稽查管理和查前预案制度，主动参与构建“四位一体”税务大监督格局，大力推行“同案同办”、说理式执法、调研式稽查、质证式审理等创新型工作方法，既有力促进稽查管理，也大大推动稽查现代化建设。

【稽查体制机制改革】 按照湖北省委、省政府印发的《关于深化国税、地税征管体制改革实施意见》，统筹规划，大力推动各项税务稽查改革任务落地。宜昌、襄阳、十堰等地开展机构实体化改革，取得了优化资源配置、提升稽查执法刚性的良好效果；随州“十统一、一集中”稽查机制改革，以及黄冈、恩施、咸宁等地推行的稽查四环节改革，在保持机构不变的情况下，上收了选案权、审理权，规范了检查权，有效地整合稽查力量，提高稽查质效。认真落实《国地税合作规范》，构建国地税联合稽查工作机制，制发《国地税联合稽查工作办法》《湖北省税务稽查信息共享工作指引》等操作规范，有效推进联合办案、涉税信息共享、协同审理、联合宣传等工作。全省6个市和20个县初步构建公安派驻国税联络工作机制，武汉、宜昌、黄冈、咸宁、潜江等地挂牌成立公安派驻税务联络室。

【“营改增”专项稽查工作】 根据税务总局统一安排，湖北国税、地税部门联合对“营改增”高风险企业开展专项检查，双方共同制定《湖北省2016年“营改增”高风险企业专项稽查工作实施方案》，对77户“营改增”高风险企业开展专项检查，核查发票20310份，查补税款920.42万元，加收滞纳金17.51万元，罚款3.18万元，调减企业所得税中的以前年度亏损121.54万元，查补入库计941.11万元。

【稽查查补收入及分析】 全省国税稽查部门入库稽查收入35.52亿元，与上年同期相比，增收2.92亿元，增长8.96%，稽查收入占同期国税收入的1.48%，稽查收入总量稳居中部六省第1位，并由2015年的全国第8位提升至第6位，为完成全年国税收入任务做出积极贡献。

【案件查办情况】 全年检查各类纳税户2322户，审结2007户，有问题户1987户（其中案值在千万元以上13户、百万元以上81户，偷税案件920户），结案1987户，组织纳税人自查2011户。

【案件特点分析】 从案发地点看，主要集中在地市级以上城市，省会城市发案率最高。从作案手法看，销售收入不入账，以假发票、白条列支费用，违规列支费用等现象较为普遍。从案件类型看，虚开增值税专用发票案件呈多发态势，源头多为农副产品发票、虚假海关完税凭证等，虚开手法更加隐蔽，涉案企业不断变化，不法分子趋向团伙化、智能化、专业化。

【重大案件查处】　联合公安、海关、人民银行、地方税务局等部门开展打击虚开（抵）增值税专用发票、打击骗取出口退（免）税、“营改增”试点企业检查专项行动，实行跨部门、跨区域集群作战，成功查处武汉“12·08”“6·21”特大虚开案、黄冈千禧珠宝虚开案、仙桃纺织品骗税案、荆门“1·12”虚开案、孝感黄金虚开团伙案、武汉手机虚开案、荆州农产品虚开团伙案、荆州石化“环开”虚开案等一大批大要案。其中，5起重大税收违法案件被列为税务总局督办案件，大要案查处工作得到税务总局领导的肯定和表扬。

【随机抽查】　在实施“嵌入式稽查管理”“一案双查”基础上，通过建立稽查对象分类名录库、稽查异常对象名录库、总分机构名录库和稽查执法检查人员名录库，探索推行“双随机一公开”稽查监管机制，全年全省国税部门实施“双随机”稽查选案2007户，查实问题户1987户，选案准确率99%，查结1969件，查补税款35.52亿元，执法正确率100%，纳税人满意率98%。

【区域性税收专项整治】　与湖北地税局共同确定对旅游市场进行专项整治，共同制定《湖北省旅游市场税收整治工作实施方案》，成立联合专项检查小组，采用上下联动、协同一致的联合检查方式，查处旅游市场纳税人78户，查补税款421.92万元，加收滞纳金14.5万元，罚款4.91万元，总计441.33万元。

【重点税源企业检查】　2016年，全省国税部门遵循“嵌入式”稽查管理理念，通过与湖北地税局税务部门深度合作，加强重点税源企业联合检查，有力提升重点税源企业检查质效。全省对322户重点税源企业开展随机抽查，查补国税收入47455.21万元。

【出口退（免）税企业检查】　全年对12户农产品出口退税企业开展检查，通过采取案头分析、找准疑点、锁定关键等方法，核实发票、农户、产量等信息，核查资金流向和收汇信息，查询涉案农产品企业疑点账户41个，涉及金额2.98亿元，核实回流资金1.82亿元，虚假结汇0.8亿元。认定涉嫌骗税出口额1.83亿美元，认定骗税额1.55亿元，违规退税515万元。

【打击发票违法犯罪活动】　开展重点场所发票专项集中整治行动、打击制售假发票活动、伪造车辆购置税完税凭证案件查处、非税单位发票检查及重点场所专项检查，检查企业2749户，查处违法企业1760户，查处非法发票35.06万份，涉及金额437.43亿元，移送案件195起，入库收入5.15亿元。组织153户企业开展发票违规问题自查，自查补税0.49亿元。全年捣毁印制、藏匿假发票窝点12个，打掉犯罪团伙14个，查处5个在全国具有影响力的发票违法犯罪重大案件，抓获犯罪嫌疑人77人，缴获各式假发票17.64万份，收缴各式作案机器、设备107台。在综合整治发票违法犯罪活动中，省局稽查局发挥作为湖北省打击发票违法犯罪行动协调小组办公室的职能作用，注重谋划，有效协调，为湖北省在中央2016年度综合治理考评中获得满分的优异成绩，做了大量工作和应有的努力，得到湖北省委领导的充分认可。

【打击虚开增值税专用发票】　制定打骗打虚专项工作考核办法，此项工作被纳入省公安厅“荆楚平安使命2016”专项行动之中，提升了案件查办力度。2016年查处打骗打虚案件370起，初步认定骗税1.2亿元，涉及虚开金额213.05亿元，虚开税额35.38亿元，向公安机关移送涉嫌骗税和虚开企业113户，公安机关立案侦查89户，抓捕犯罪嫌疑人43名。

【打击骗取出口退税】　全省国税部门采用“收购四查法”“单证四查法”和“资金两查法”的“四四二”战法，检查骗取出口退税企业12户（其中，税务总局下发骗税案源7户，省局自选骗税案源5户，均为农产品出口退税企业）。认定骗税出口额7704.84万元，出口退税额3381.96万元；认定违规退税出口额940.62万元，出口退税额147.66万元。其他查补税款5178.14万元，罚款39913.58万元，暂停（暂缓、暂扣）退税679.59万元，抓捕犯罪嫌疑人34人。打击农产品出口骗税工作得到税务总局副局长孙瑞标的充分肯定。

【税收“黑名单”制度】　发挥税收“黑名单”联合惩戒作用，与信用办、工商、公安等部门联合制定《重大税收违法案件当事人联合惩戒措施合作备忘录》，完善守信联合激励和失信联合惩戒机制，全省143户涉税失信纳税人被依法判定为D级，85户企业受到联合惩戒处罚，其中12户企业法人被限制部分高消费项目并限制出境，5户企业被禁止参加政府采购活动，4户企业被限制取得政府供应土地，2户企业被金融机构降低融资授信，62户企业在“守合同重信用”企业资格认定中受限。湖北省委副书记、代省长王晓东在国税专报《省国税局积极落实税收“黑名单”联合惩戒机制助推诚信社会建设》上批示，肯定湖北国税部门积极落实税收“黑名单”制度，助力“信用湖北”建设。

【涉税违法案件检举】 2016年，全省国税稽查部门认真执行《税务违法案件举报管理办法》和《检举纳税人税收违法行为奖励办法》，严格工作流程，加大案件督办反馈力度，提高检举服务质量。全年受理举报案件290件。其中，受理税务总局督办案件6件、交办案件4件，查处案件255件，占受理案件总数的87.93%，查处率同比上升3个百分点，结案191件。全年查补税款2214.37万元，滞纳金524.15万元，罚款678.59万元。

【案件协查】 注重协查过程监控，及时加强工作督导，依托分级负责、定向抽查等工作手段，有效提升协查工作质效。2016年，全省发起委托协查655起，涉及发票19656份，涉及金额31.33亿元，涉及税额5.00亿元，收到发票份数16994份，协查结果为正常发票403份，有问题发票1162份，无法核实发票4260份，选票准确率96.84%，超过17%的绩效指标值，大大高于全国平均水平。全省收到受托协查1883起，涉及受托户3543户（次），涉及发票47991份，涉及金额58.70亿元，涉及税额9.57亿元；累计回复发票39603份，移送司法机关案件13起，协查结果为正常发票3474份，有问题发票7339份，无法核实发票4534份，累计按期回复率100%。查补税款5196.17万元，罚款369.59万元，滞纳金583.10万元；入库税款5162.76万元，罚款359.40万元，滞纳金580.19万元。全省受托并回复“确定虚开”类发票24254份，各地稽查部门回复正常率均优于税务总局考核要求的3%。按照税务总局统一部署，组织完成税务总局督办的“雪豹2016”案、宁波“10·30”案、贵州省龙里县“1·14”涉嫌虚开增值税发票案、重庆“2·01”虚开增值税专用发票案、盐城东台“3·22”虚开案、三国石化专案等专案的协查工作，有力打击各类涉税违法犯罪行为。

【稽查制度建设】 推进稽查业务管理标准化建设，制定和实施一系列稽查业务管理制度和工作规范，湖北国税局稽查局制发《国地税联合稽查工作办法》《湖北省税务稽查信息共享工作指引》等操作规范，编印《协查业务手册》，武汉市国税局稽查局制定《执法内控管理操作规范（试行）》、荆门市国税局稽查局发布《规范国税人员进户执法操作办法》、黄冈市国税局稽查局开发应用《税务人员进户执法管理系统操作指南》等，促进了税务稽查业务管理的精细化、规范化、制度化。

【稽查系统建设】 围绕“强基础、优管理、促规范”的工作要求，大力开展内部管理建设。一是加强执法管理。湖北国税局稽查局出台《规范稽查基础管理实施意见》，在全省国税系统内开展稽查案卷、办案质量、进户执法等重点工作督查，发现各类问题108个，通过狠抓限期整改，强化“一对一”督导，有效堵塞稽查执法中的漏洞。二是严格绩效考核。完善全省国税稽查工作绩效管理体系，科学分解税务总局绩效管理中涉及稽查工作的指标，确保各项指标落实有力，同时减轻基层国税稽查部门负担。三是强化对外协调。加强“省、市、县”国税稽查部门的整体联动，注重对下级稽查部门业务工作的指导，推动基层国税稽查部门工作开展。同时，推进税警协作机制、国地税联合稽查、“黑名单”联合惩戒等工作机制建设，不断优化国税稽查工作环境。

【稽查队伍建设】 以落实“两个责任”、开展“两学一做”学习教育专题活动为契机，坚持将党建与稽查业务工作有机结合起来，齐抓共管，齐头并进，夯实稽查工作根基，推动基层稽查党支部建设，全省涌现出卢麟浩、徐蓉、胡卿等一大批勇于担当、攻坚克难、无私奉献的稽查“尖兵”。全省国税稽查系统49名稽查干部被评为优秀共产党员，42人记三等功，51人获嘉奖。其中，1人获得税务总局通报表彰，7人因打骗打虚工作成绩突出被税务总局推荐奖励。

【稽查人才库建设】 加强国税稽查人才库建设，实行动态管理，及时更新并调整充实。2016年，全省105名干部入选湖北国税稽查人才库，5人入选税务总局稽查人才库。与此同时，不断加大对入库人才的培养和使用力度，鼓励发挥所长。

【稽查业务培训】 以开展“稽查业务大比武”活动为载体，在采取以会代训、以查代训等多元化培训方式的同时，注重将实战训练与离岗培训有机结合起来，以练促训，以考促训，推动稽查部门业务能力建设。全省各级国税稽查部门举办各类培训班108期，培训6350多人次，国税稽查队伍业务素质稳步提升。

【稽查信息化建设】 根据税务总局“互联网+税务”行动计划工作要求，继2015年与湖北地税局稽查局联合打造“湖北省税务数字稽查平台”后，2016年，湖北国税局稽查局积极推动该平台在武汉、十堰、襄阳、宜昌、咸宁等地试点应用，取得初步成效。据统计，全省国税部门依托该平台搭建税务稽查数据仓库，强化对稽查执法全程监控分析，聚集各类涉税信息3000万条，提高了信息数据共享度。税务总局局长王军对国税部门利用大数据精准稽查的做法给予肯定性批示。税务总局副局长孙瑞标2次批示肯定国税稽查信息化建设。

【稽查宣传】　对内，注重推广稽查工作在国税工作中的覆盖面和支撑作用。省局稽查局全年编发稽查简报37期、国税专报26篇，刊发经验文章20余篇、经典案例13篇、工作动态90余条，实时维护稽查工作信息或图片200余条，全方位展示稽查部门创新实践、服务改革的好经验、好做法、好实例。对外，注重扩大国税稽查社会知名度和影响力。先后在《中国税务报》《湖北日报》等主流媒体上发表稽查工作宣传报道45篇。其中，武汉市国税局成功查处“12·08”案件”，“聚焦税收‘黑名单’湖北黄冈：虚开发票倒票赚取手续费”被《央视新闻直播间》栏目报道，加深了各级领导和社会各界对湖北国税稽查工作的印象，扩大了湖北国税稽查工作的社会影响力。

【稽查调研】　为贯彻落实好《深化国税、地税征管体制改革方案》，结合国税部门2016年度稽查重点工作的安排，积极开展调查研究工作。一是组织赴广东、深圳、江苏、宁波四省（市）进行实地考察，学习和借鉴四省（市）税务稽查工作先进做法和经验，形成《粤深苏甬四省（市）国税稽查工作考察报告》，为提升国税稽查治理水平和能力，加快推进稽查现代化建设提供实践借鉴。二是围绕服务税收中心、服务经济社会发展、服务税收征管改革、服务税收执法环境和服务稽查事业进步等五个方面开展调查研究，形成《围绕“五个服务”发挥税务稽查职能作用》的综合调研报告，指导推进全省国税稽查工作。三是组织专班集中到咸宁市开展为期一周的税务稽查信息化建设专题调研，形成《税务稽查信息化建设的实践与思考——基于“互联网+”的视角》调研报告，为全省国税稽查部门加快税收现代化进程奠定基础，提供支撑。

【稽查工作会议】　2016年5月6日，全省国税稽查工作会议在黄冈市召开。会前，省国税局党组书记、局长张国钧专门就国税稽查工作作出重要批示。省国税局党组成员、总经济师刘卫明作《提升站位　务实扫当　奋力开创全省国税稽查工作新局面》主题报告。会议通报了2015年度全省国税稽查案卷评查情况，现场演示了“湖北税务数字稽查平台”，书面交流了各地稽查工作经验，对做好2016年全省国税稽查工作提出了意见和建议。

【工作建议】　一是做实系统规范管理。落实稽查改革任务，狠抓制度建设，推动管理规范，促进质效提升。着力优化稽查干部队伍结构，组建专业化骨干团队，不断强化稽查干部素质。二是做强科技应用支撑。深化“互联网+税务稽查”，强化科技应用能力建设，提高稽查工作打击力和精准度，并有效防控执法风险。三是做好工作激励保障。加强稽查办案工作经费、人力、技术等方面的保障，对取得突出贡献的单位、个人及时给予奖励。

（王伟域）

湖北省地方税务局稽查局

【概述】　2016年，全省地税稽查部门坚持以服务税收中心工作为宗旨，深入整顿规范税收秩序，严厉查处税收违法案件，稽查风貌焕然一新，稽查职能充分发挥，各项稽查工作取得较好成效。全年检查纳税人2562户，查补地方收入39.54亿元，实际入库37.65亿元，加收滞纳金4780万元，罚款3712万元。

【稽查体制机制改革】　按照深化税收征管改革总体部署和税务总局要求，统筹全省地税稽查人力资源，进一步优化稽查体制机制，提升稽查管理层级，加大稽查体制改革实践。全省各地深入推进稽查体制机制改革，加大实践运行，如荆州市地税局稽查局以江南分局、江北分局为主体，组织开展为期三个月的重点税源企业检查，查补税款2500万元。

【“营改增”专项稽查工作】　为防范和打击“营改增”行业涉税违法行为，防止苗头性问题演变成系统性风险，与省国税局联合发文部署，共同确定对5户企业开展专项稽查，各地根据需要另行安排检查。全省对12户企业开展专项检查，查补收入236.41万元。

【稽查查补收入及分析】　2016年，全省地税稽查部门查补地方收入39.54亿元，比上年同期减少5.32亿元，减幅为11.9%；实际入库37.65亿元，比上年同期减少7.25亿元，减幅为16.1%；

加收滞纳金4780万元，罚款3712万元。选案准确率96.3%，查补入库率95.23%。

【案件查办情况】 采取多种形式，加大涉税案件查处力度，严厉打击各类税收违法行为。全省全年检查纳税人2562户（含督导自查1314户），其中查处案值百万元以上的重大税收违法案件144户，查补税款48876万元，千万元以上重大税收违法案件18户，查补税款47076万元，亿元以上重大税收违法案件1户，查补税款12135万元。

【随机抽查】 一是建立健全税务稽查双随机抽查制度。按照税务总局印发的《推进税务稽查随机抽查实施方案》工作要求，各市州稽查局积极推进税务稽查随机抽查工作，省、市、县三级稽查局建立完善地方税务稽查对象名录库、税务稽查异常名录库和税务稽查检查人员分类名录库信息，并结合实际情况，采取随机抽查方式，确定检查对象及检查人员，确保稽查执法公平公正。全省各级稽查局从税务稽查对象名录库中开展随机抽查1173户，查补税费12.38亿元，入库12.01亿元。二是开展税务总局部署的重点税源随机抽查工作。与省国税局稽查局紧密配合，将税务总局部署的重点税源企业随机抽查工作进行统一部署、统一组织。将税务总局2015年部署的重点税源企业随机抽查涉及湖北省的322户纳入重点检查范围，自查查补税费4853.46万元，全部入库。查补各项税收共计6066.94万元，加收滞纳金190.58万元，处以罚款286.65万元，入库6021.39万元。与省国税局联合下发《关于开展2016年度重点稽查对象随机抽查工作的通知》，对税务总局安排检查的集团企业的检查工作进行统一部署。

【重点税源企业检查】 创新稽查管理模式，统筹全省地税稽查人力资源，按照分级分类稽查管理要求，委托部分市州稽查局对建筑业、房地产业、金融业等271户省级重点税源企业进行检查。各地抽调精兵强将对省局委托重点税源企业开展检查，查补地方税费、加收滞纳金、处以罚款共计7.99亿元。省局稽查局立案检查10户，查补税款3.72亿元，罚款228万元。

【行业税收专项整治】 与省国税局、省旅游局建立联系机制，及时获取旅游部门移交的涉税违法线索。组织对全省54户旅游景区管理企业、旅行社、旅游交通等从事旅游服务及旅游消费经营业务的纳税人开展检查，查补税款342.89万元，加收滞纳金6.01万元，处以罚款73.25万元。

【打击发票违法犯罪活动】 联合省国税局重点对房地产、建筑安装、药品与医疗器械、商业批发与零售、电信、交通运输业等发票违法问题高发、频发行业的发票使用情况开展检查。全省地税部门检查企业1549户，查处违法企业户数737户，完成税务总局计划的123%，查处非法发票份数5674份，涉票金额19410.17万元，挽回税收损失9400多万元，向公安机关移送案件4起。组织企业开展发票违规问题自查464户，自查有问题169户，自查补税13171.80万元。

【税收“黑名单”制度】 加大案件曝光力度，积极协调和督促相关部门落实联合惩戒措施，全省依法、依规、有序公布重大税收违法案件信息24起。将公布期满的4起案件依程序撤出。将咸宁市天成投资有限公司等24户重大税收违法案件及当事人信息传递给省社会信用体系建设领导小组各成员单位，依法实施联合惩戒，提高税务稽查震慑力，促进社会诚信体系建设。

【涉税违法案件检举】 全省各级地税部门受理检举案件239件（其中税务总局交办4件），查处92件，查补地方税费3040.05万元，其中税款2429.65万元，滞纳金59.97万元，罚款550.43万元。省局受理检举案件32件，交办24件，督办1件，转办1件，重复举报3件，暂存3件。

【案件协查】 举办全省地税系统协查信息管理系统操作培训班，全省各市、州、直管市、林区、县（区）局地税局稽查局协查岗位人员共计93人参加，系统讲解税收违法案件发票协查业务和系统操作流程，全面提升协查岗位人员操作技能和业务水平。省局稽查局全年接收4起协查案件，其中，接收并处理深圳、新疆塔城地区和北京市协查案件3起，接待并配合江西地税局稽查局开展税务总局督办案件1起。依武汉市稽查局申请，向湖南地税局稽查局发出1起协查案件。

【稽查队伍建设】 全省地税稽查部门坚持以抓党建促管理，以抓管理促履职，把全面从严治党、从严治队的要求融入到稽查干部日常教育、管理、监督各个环节。加大执法监督力度，全省发出“两书一表”1185份，开展廉政回访118户次，切实提高稽查队伍廉政意识、纪律意识。认真落实税务稽查“一案双查”制度，全省向各级纪检监察部门移交问题线索18条，查实并实施责任追究5人次，促进党风廉政建设，推动全省地税稽查事业的科学健康发展。

【稽查业务培训】 省局稽查局在扬州税务学院和省委党校举办全省地税稽查业务骨干培训班、

全省地税稽查局长培训班，对全省各级稽查局局长、稽查业务骨干进行针对性培训，增强地税稽查各级负责人的领导能力，有效提升稽查骨干的业务水平，达到提高党性觉悟，提升业务素养的目的。

【稽查信息化建设】　认真做好金税三期工程稽查模块岗责配置、测试、上线运行等保障工作。举办全省地税稽查系统金税三期工程稽查模块操作视频培训，广泛开展工作调研，收集整理并集中解决运行中出现的问题，确保稽查模块稳定运行。

【稽查宣传】　以《税务稽查》内刊为平台，将稽查理论与实践有机结合，对基层稽查工作成绩、经验进行深度挖掘，形成常态化稽查成果运用机制。省局稽查局全年编发《税务稽查》6期，刊发指导性业务文章、行业分析20篇，有借鉴和启发性的经典案例14篇，反映各地工作动态50余条。全年撰写省局稽查局工作信息动态30余篇，在《湖北日报》《中国税务报》等新闻媒体发表8篇，扩大稽查工作宣传面。

【稽查工作会议】　2016年3月22日，全省地方税务稽查工作会议以会训结合的形式在省委党校举行，会议全面贯彻落实全国税务稽查工作会议和全省地税工作会议精神，总结2015年和“十二五”时期稽查工作情况，研究谋划“十三五”时期税务稽查发展思路，部署2016年稽查工作。省局副局长肖厚雄作了“把握新形势　紧抓新机遇　实现稽查工作‘十三五’开局之年新跨越”的主题报告。省局稽查局局长吴鸿对2016年稽查重点工作进行了安排。2016年7月26日，全省地税稽查局长会议在武汉召开。会议总结了2016年上半年全省地税稽查工作，分析了稽查工作中存在的主要问题，省局稽查局党委书记、局长吴鸿就各地反映的问题进行回应和解答，对下半年稽查重点工作进行了安排部署。省局党组成员、副局长肖厚雄参加会议作主题报告，要求全省地税稽查部门把握好稽查工作方向，紧跟国家产业政策，服务好供给侧结构性改革和税制改革，确保稽查各项任务圆满完成。

（郝晓芳）

湖南省

湖南省国家税务局稽查局

【概述】　2016年，湖南国税稽查系统在税务总局稽查局和省局党组的正确领导下，认真落实全国税务稽查工作会议和全省国税工作会议精神，将“五创新、五提升”作为工作的主线，深入推进“八化”建设，各项工作取得明显成效。湖南国税局稽查工作在税务总局绩效考核中荣列第一档，省局稽查局和9个市局稽查局在局机关考核中荣列第一档。

【稽查现代化建设】　以稽查现代化为目标，以“选案精准化、办案高效化、审理法制化、执行严格化、制度规范化、管理扁平化、人才专业化、考核常态化”为支点，大力推进稽查现代化建设。抽调业务骨干集中选案，严格落实双随机方案，购买一批查账软件、执法记录仪，以风险管理为导向，定向实施突击检查。创新检查组织方式，通过集中办案、异地检查、下查一级等方式，提高检查质效。

【稽查体制机制改革】　全面推行分类分级稽查，合理配置稽查资源，充实一线检查力量。强化省局稽查局在工作指导和大要案督导方面的职能。部分市州局稽查局与跨区稽查局的职能进行调整优化，检查力量进一步得到强化，省市局对大要案的指挥、控制能力得到进一步提升。

【“营改增”专项稽查工作】　立案检查“营改增”相关企业117户，其中房地产企业40户，生活服务业18户，建筑业6户，旅游业53户。查补15041.18万元，其中税款14792.86万元，滞纳金232.48万元，罚款15.84万元；入库6718.52万元，其中税款6470.20万元，滞纳金232.48万元，罚款15.84万元。

【稽查查补收入及分析】　入库各项收入25.42亿元，同比增长47.79%，为税务总局下达的年度目标任务17.96亿元的141.53%，为省局年初目标22.1亿元的115.02%。收入总量、收入增量均创历史新高。入库税款24.07亿元，加收滞纳金2.04亿元，处以罚款0.47亿元。入库增值税10.12亿元，入库企业所得税12.76亿元，调减留抵税额1.04亿元。

【案件查办情况】 结案3759户次。其中偷税案件1020户，查补收入22414万元；逃避追缴欠税案件96起，查补收入3787万元；编造虚假计税依据15户，查补收入11万元；不进行纳税申报2户，查补收入57万元；发票违法470户，查补收入7514万元；其他2135户，入库收入233497万元。

【案件特点分析】 随着事前审批的放开和“营改增”的全面扩围，虚开增值税专用发票案件、骗取出口退税案件呈多发频发态势，涉税违法犯罪明显增多，数额不断增大，手段不断翻新。湖南是出口退税骗税链条的源头环节，出口退税的实现多在外省。犯罪分子集团化、专业化、信息化、电子化作案明显，案件查处难度不断增大。

【重大案件查处】 查处税务总局、省局督办案件14件。查处千万元以上案件41件，查补税款9.15亿元；百万元以上千万元以下案件319件，查补税款9.52亿元。查办湘西“5·18”黄金票案、怀化“2·22”等一批有影响力的大要案件，其中湘西“5·18”黄金票案得到税务总局局长王军等领导的批示肯定，税务总局专门召开新闻发布会推介，《人民日报》在重要版面专题报导，产生良好社会效应。

【随机抽查】 采集随机抽查对象名录库2207户，其中纳入随机抽查异常对象名录633户。随机抽查执法检查人员名录库建立1286人档案信息。税务总局随机抽取的26户重点税源企业及其617户成员单位查补入库6952.47万元，调减亏损额3998.01万元；税务总局下发随机抽取的15户湖南上市公司及其145户成员单位查补入库2401.87万元。

【重点税源企业检查】 采取自查自纠和全面检查相结合的方式，对税务总局规定的19户在湘企业进行核查，查补增值税362.2万元，企业所得税343.48万元，调整亏损额3426.72万元。对电力等行业的重点税源企业开展检查。全年检查重点税源企业667户，查补税收收入8.05亿元，其中千万元以上案件7起，百万元以上案件28起。

【区域性税收专项整治】 以打击虚开虚抵和骗取出口退税作为区域整治工作重点，对长沙、岳阳、益阳、娄底、永州进行区域整治，其中长沙市、岳阳市为重点整治区域。整治查处长沙钢贸行业涉嫌虚开专用发票企业123户，涉嫌虚开专用发票150496份，金额110.59亿元，税额18.81亿元，其中取得进项抵扣发票61307份，金额115.94亿元，税额18.38亿元。公安部门立案65起，刑拘70人，网上追逃8人，移送检察机关起诉6人，冻结款项1539.1万元。对岳阳区域59家石化油品企业进行立案检查，发现涉嫌接受虚开专用发票11387份，涉及金额51.6亿元，涉嫌虚开专用发票15246份，涉及金额54.53亿元，控制犯罪嫌疑人30人，网上追逃10人，公安部门冻结非法所得1.4亿余元。

【打击发票违法犯罪活动】 2016年，全省税务部门检查发票使用企业6702户，查处违法企业4430户，查处非法发票44.18万份，涉及金额194.38亿元，查补税款9.56亿元，滞纳金3288.7万元，罚款5443.19万元，移送案件178起；公安部门抓获犯罪嫌疑人232人，没收违法所得1.5亿元，捣毁制售假发票窝点7个，打掉团伙21个，缴获假发票38.7万份；通信管理部门治理发票违法短信息36万多条，关停、整顿登载发票违法信息网站79个，破获伪基站犯罪案件117起；检察院、法院依法追究发票违法分子刑事责任，起诉案件10起，审判案件9起，判决108人；各相关单位通过新闻媒体曝光典型案件46起，开展各种形式的发票宣传488次，有力提升发票整治工作成效。湖南省打击发票违法犯罪工作在2016年全国综合治理考评工作中获得满分，受到公安部和税务总局的高度肯定，省委、省政府领导先后多次批示表扬。

【打击虚开增值税专用发票】 查实涉嫌虚开企业293户，认定虚开发票60436份，认定接受虚开发票13332份，查补税款3.52亿元。抽调16名稽查骨干力量进入税务总局派驻河北双打工作组。

【打击骗取出口退税】 检查出口企业27户，发现有问题15户，暂停退税2033.95万元。

【税收“黑名单”制度】 在税收宣传月和宪法宣传月开展集中宣传，发放宣传小册子等宣传资料上万份。联合省发改委等部门对27户“黑名单”企业实施限制企业债券发行等惩戒，得到税务总局局长王军批示肯定。

【涉税违法案件检举】 严格落实相关制度，畅通案件举报渠道，热情接待群众来访，对交办各市州局的案件实行全程跟踪督办。

【案件协查】　全省通过协查系统发起委托协查发票12264份，涉及企业1497户（次），收到回复发票11279份，已确定协查结果发票10501份，其中有问题发票10136份，全省平均发票协查选票准确率96.52%，同比增长14.56%，全省委托协查信息完整率98.85%。委托协查涉及金额23.57亿元，税额3.98亿元，移送司法机关案件1起。通过协查系统收到受托协查发票45006份，涉及企业1742户（次），金额57.02亿元，税额8.88亿元，回复发票44454万份，移送司法机关案件13起。全省受托协查信息完整率96.44%。受托协查回复“有问题”率同比增长32.63%。在协查问题类型为“确定虚开”的受托协查中，全省平均受托协查质量回复“正常”率0.11%，远低于上年3.56%的水平。全省协查函按期回复率100%。通过协查系统查补收入同比增长1814.35%。

【稽查制度建设】　全面推广《全国稽查工作规范（1.0）》的应用，提升全省稽查执法标准化水平。印发《湖南省国家税务局稽查主、辅查工作制度（试行）》，明确主辅查的权利、义务、责任。印发《湖南省国家税务局　湖南省地方税务局税务稽查合作事项》，明确国地税税务稽查合作的内容和程序。

【稽查系统建设】　开展稽查办案费使用情况绩效评估。根据实际情况，对接税务总局稽查绩效考核指标，多次征求市州局的意见，确定稽查绩效考核指标，制定相应考核细则。组织4次全省督导，全面推动工作深入开展。多次开展信息化、现代化调研分析、培训，配备一批现代化执法工具，推进稽查系统现代化建设。

【稽查队伍建设】　2016年末，全省稽查部门现有人员2095人，同比减少8.63%。其中男性1485人，女性610人；研究生以上学历88人，大学本科学历1453人；党团员1652人；具有注册会计师资格的25人，具有注册税务师资格的122人，具有法律职业资格的29人，具有资产评估师资格的2人，计算机高级程序员以上3人。35岁以下196人，35～45岁621人，45岁以上1278人。2016年4月25日，《湖南省国家税务局关于表彰国家电网行业检查优秀单位和先进个人的决定》（湘国税发〔2016〕68号）授予长沙市国税局稽查局等7个单位优秀单位奖，授予罗剑宇等19人先进个人奖。

【稽查人才库建设】　共有税务总局稽查人才库人员6人，省局稽查人才库人员49人。突出稽查人才库人员的培养，在税务总局和省局稽查人才库人员中开展岗位练兵活动，为他们提供更为宽广的平台，在实战中成长。

【稽查业务培训】　突出培训班的基础作用，全省组织行业专项检查、电子查账、文秘综合、稽查工作规范等406期培训班，培训稽查人员达6717人次。

【稽查信息化建设】　省局通过集中采购程序为市县一线稽查办案部门配置查账软件45套，执法记录仪80个。

【稽查宣传】　围绕“服务科学发展、共建和谐税收”的工作主题，统一思想认识，加强组织领导，加强稽查宣传工作。全省上报各类稽查信息417篇，稽查调研83篇，案例公告数百个，为省局工作部署决策提供重要参考。全年获得表扬性批示14篇，其中税务总局局长王军批示3篇，湖南省省长杜家毫批示1篇，为新华社动态清样提供素材1篇。

【稽查调研】　围绕稽查管理方式改革、“互联网+”、稽查精准选案、稽查信息化建设、稽查人才库建设等方面开展多方位、多层次的调研。

【稽查工作会议】　2016年4月26日，全省稽查工作会议在湘潭市召开。各市州局分管稽查工作的局领导、稽查局局长，省局办公室、政策法规处、货物和劳务税处、进出口税收管理处、所得税处、征管和科技发展处、督察内审处、监察室、大企业税收管理处负责人，省局稽查局、第一稽查局科室负责人以上50余人参加会议。省局党组成员、总经济师孙险峰作重要讲话。2016年10月25日，组织召开全省稽查工作推进会，对阶段工作进行点评总结，对下阶段工作进行部署，孙险峰作重要讲话。

【工作建议】　建议税务总局根据当前经济形势和稽查工作需要，进一步修改完善稽查办案费使用办法，进一步明确稽查信息化、现代化建设的步骤、方式，进一步明确稽查案件的结案标准，进一步修改完善对稽查办案人员的激励办法和机制。

（何勇飞）

湖南省地方税务局稽查局

【概述】　2016年，湖南地税部门积极应对实体经济下行、“营改增”试点全面推行等重大变化，努力服务全省经济发展大局，攻坚克难、砥砺奋进，全年组织入库各项收入1358.14亿元，同比

（剔除“营改增”因素）增长12.3%。全省地税稽查部门认真贯彻落实税务总局、省局的各项工作部署，以法治稽查和改革创新为主线，以一案双查、异地稽查和大要案件查处为重点，狠抓案件查办、系统管理和队伍建设，全年稽查查补收入占全省地税收入的1.7%，有力增加了税收收入、规范了税收秩序、提升了税务形象。

【稽查查补收入及分析】 面对“营改增”等复杂多变的外部环境和艰难繁重的工作任务，全省地税稽查部门自觉服从大局，以迎难而上的勇气和开拓进取的精神，依法履职、勇于担当，2016年检查1819户，查补收入24.17亿元，入库23.5亿元。

【一案双查双报告】 全省地税稽查部门高度重视“一案双查双报告”工作，将“稽内查外”贯穿稽查办案始终，既取得了查补收入的显性成果，又取得了以查促管、以查促廉的隐性成果。2016年，全省地税系统共有1416起案件实施一案双查，提交1926条“四促”建议，收到1707条整改反馈，265人次被追责问责。

【异地稽查】 异地稽查工作与全省地税系统第八届稽查能手竞赛相结合，各市州局选派42名业务精英组成7个检查组，对全省42家烟草、房地产交易、开发园区建设投资企业进行检查，并对各市州局开展案件复查和案卷评审，取得“异地稽查+能手竞赛+一案双查+案卷检查”的组合拳效应，查补收入2.89亿元。各市州局稽查局全面开启异地稽查工作，全年实施异地稽查293户，查补税款3.7亿元。

【重大案件查处】 充分利用金税三期工程基础数据、各地综合治税“大数据”及税收征管风险推送等途径，注重案头分析和前期调查，运用电子查账、外围取证、综合协调等多元手段，查处一批有代表、有成效、有影响的大案要案。2016年，全省地税稽查部门查补税款亿元以上大要案2起，案值2.45亿元；千万元以上亿元以下案件11起，案值3.74亿元；百万元以上千万元以下案件68起，案值1.86亿元。

【随机抽查】 全面推动“双随机”工作有效铺开，对全省重点税源企业进行认真调查、分析，明确包含70户随机抽查对象、14户异常对象和150名执法检查人员的三个省级名录库；各市州相应建立市级名录库，并以“对象随机、人员随机”的“双随机”方式抽取检查对象，避免人为干扰，减少执法风险。

【重点税源企业检查】 集中精干力量，对税务总局部署的21户重点税源企业集团和5户定点联系企业开展检查，组织进户359户，查补收入4311.87万元，入库3496.38万元，进一步规范对重点税源企业的征收管理。

【打击发票违法犯罪活动】 坚持“查案必查票”，全省地税稽查部门开展发票检查795户，查处违法企业709户，占税务总局下达的全年工作任务的118.17%；查处非法发票4472份，涉票金额4.76亿元，查补税款1.09亿元，加收滞纳金739万元，罚款2210万元，移送公安机关案件2起。

【税收“黑名单”制度】 全省地税稽查部门严格按照税务总局重大税收违法案件联合惩戒相关工作要求，全年在各类新闻媒体上曝光违法案件55起，在地税局网站公布重大税收违法案件信息4起。推动《税务行政处罚决定书》网上公示，省局稽查局已办结的一般涉税违法案件均在门户网站上进行公示。

【涉税违法案件检举】 全省地税稽查部门依法受理涉税举报，完善税务违法检举管理工作制度，明确工作部门、岗位和职责，细化处理税务违法检举案件的流程、时限和手续，做到“有报必应、有应必查、有查必果”。2016年，受理、立案检查各类涉税举报271起，查补收入4325.38万元。

【案件协查】 全省地税稽查部门将协查工作与金税三期工程系统紧密结合，实现精细管理，责任落实到人。2016年，受理各类协查案件22起，案件处理、回复率均达100%。

【国地税联合稽查】 省地税局与省国税局联合制定《税务稽查合作事项》，明确全省国地税实施联合稽查的指导思想、基本原则、主要目标、工作内容、实现路径、实施步骤和保障措施；各市州局也相应制定了国地税联合稽查方案，有效避免“多头进户”“重复检查”问题。2016年，全省地税稽查系统与省国税稽查系统联合稽查265户，查补收入1.74亿元。

【税警协作】 2016年9月，省公安厅派驻省国税局、省地税局联络机制办公室正式挂牌成立，各市州积极推进公安派驻联络机制工作，相继挂牌成立联络办，为税警双方在信息共享、联合办案、调查取证等方面协作配合提供保障，把“公安+税务”引入“深度融合”，提升税警协作机制整体效能，形成打击涉税违法犯罪活动的工作合力。

【稽查制度建设】 2016年10月，省局研究下发《湖南省地方税务局关于进一步加强税务稽查工作的若干意见》（湘地税发〔2016〕34 号），要求全省地税系统进一步加快稽查转型、严格稽查执法、提高稽查能力、加大稽查力度、优化稽查队伍，推进税务稽查适应、服务、助推全省地税征管转型。

【稽查系统建设】　全面细化绩效考核，全省地税稽查部门坚持完善稽查工作绩效考核评价体系，发挥绩效考核尺子、鞭子和指挥棒作用，进一步细化量化考核指标，严格考核奖惩，强化稽查干部责任心，推动各项工作具体落实。在 2016 年全国地税系统绩效考评中，湖南地税局稽查工作排名第 5，分档考核记为第一档“优秀”；省局稽查局被评为“湖南省地税局机关先进单位”和“绩效管理先进单位”。

【稽查队伍建设】　坚持将党建工作和业务工作齐抓共管，扎实开展“两学一做”学习教育，结合实际，把“两学一做”学习教育与稽查中心工作，与“营改增”、征管体制改革，与“雁过拔毛”式腐败问题和“纠四风、治陋习”专项整治等重点工作有效融合。在异地稽查工作中，每个检查小组成立临时党小组，积极参与各市州局的“两学一做”学习教育，以实际行动践行“四讲四有”合格党员标准。《湖南日报》、红网等多家媒体多次报道全省地税异地稽查与“两学一做”学习教育两不误的好做法。大力开展竞技比武，提升稽查队伍业务能力。2016 年，省局稽查局组织开展全省地税系统第八届稽查能手竞选，通过综合知识考试、模拟查账考试、实地查账考核、现实表现考察等环节，考评出 20 名新“稽查能手”。积极参加税务总局“岗位大练兵、业务大比武”竞赛，历经层层选拔、组织竞赛和集中培训，最终在稽查类决赛中获得全国地税系统第 2 名。通过大力培养专家型、复合型人才，在全系统涌现出一批“税务网红”“税务明星”和“三师”人才。

【稽查业务培训】　不断加大业务培训力度，省局稽查局举办协查信息管理系统操作培训班、税务稽查专门业务培训班、金税三期工程稽查模块运行推进班等多次业务培训，并与省国税局稽查局联合举办两期《全国税务稽查规范（1.0 版）》师资培训班，着力提升稽查干部队伍业务水平。

【稽查案卷管理】　省局稽查局立足规范标准，严格推行稽查案卷规范化和标准化管理，对各市州局 140 户行政处罚案卷开展案卷大检查，重点关注文书资料、办案程序、自由裁量权适用以及滞纳金加收等方面存在的问题，进一步提升案卷管理水平和稽查法治水平。

【稽查宣传】　积极宣传稽查经验、做法和成果，省局稽查局全年编发《湖南地税稽查通讯》4 期，在省局门户网站“稽查之窗”和“处室动态”发布工作动态、理论调研等 221 篇，在《湖南地税》杂志上发表 2016 年异地稽查工作纪实文章，重点宣传异地稽查工作开展情况，进一步增强稽查工作影响力。

【稽查工作会议】　2016 年 4 月 11 日，全省地税系统稽查工作会议在长沙召开，各市州局分管稽查工作的局领导、市州稽查局局长、综合业务科科长以及省局稽查局全体成员参加会议。会议回顾总结了 2015 年全省地税稽查工作，安排部署了 2016 年各项稽查工作任务，并对 2015 年度稽查工作先进单位及优秀稽查案卷进行表彰。省局党组成员、副局长郑惠出席会议并对 2016 年稽查工作提出四点要求：一是突出风险管理，全面推行异地稽查；二是突出以查促管，不断深化一案双查；三是突出稽查威慑，大力查办大要案；四是突出从严治队，全面加强稽查干部队伍建设。

（贵飞翔　周妍汐）

广东省

广东省国家税务局稽查局

【概述】 2016年，广东国税局稽查系统认真贯彻落实税务总局稽查局和省国税局党组的工作部署，牢固树立“四个意识”，充分发扬奋勇拼搏精神，积极作为，勇于担当，牢牢把握深化稽查专项试点改革的良好机遇，加强系统上下协作、国地税全方位协作、税警协作、稽征互动协作，打造出“智慧、合力、规范、集约”的广东稽查新模式。大力创新案件管理和查办手段，打骗打虚工作成效名列全国前茅。充分发挥堵漏增收职能作用，稽查查补收入创历史新高。顺利完成稽查各项工作任务，绩效考核成绩位居全国首位。

【稽查体制机制改革】 2016年，广东国税局稽查系统扎实落实《深化国税、地税征管体制改革方案》，紧紧围绕税务总局“开展税务稽查改革试点”的工作部署，按照加强系统上下协作、国地税全方位协作、税警联合协作、稽征互动协作“四个协作”的总体思路，按照“一问题一立项、一项目一突破”原则，把稽查专项改革试点任务分为7大类22项具体措施，上下纵横地全盘推进改革。新制定出台4项制度，修订和完善原有制度11项，形成8项工作机制，研发5个信息化软件，打造以“智慧、合力、规范、集约”四个稽查品牌为内容的广东模式，取得稽查执法“更精准、更高效、更规范、更独立”的成效，得到税务总局、广东省委省政府领导7次表扬性批示，《中国人民广播电台——中国之声》、中国广播网、《中国税务报》《南方日报》等主流媒体41次推介报道。

【“营改增”专项稽查工作】 为更好地对全面推开“营改增”的金融业、房地产业、建筑业、生活服务业四大行业展开专项稽查工作，广东国税局与广东地税局稽查系统全面配合，组建联合检查组，对金税三期工程国税、地税系统数据和增值税电子底账系统数据进行比对分析，通过综合选案分析系统选取173户高风险企业进行税收专项检查，查补收入13646.35万元，其中自查补税421.50万元，重点检查查补收入13224.85万元。

【稽查查补收入及分析】 面对复杂严峻的经济形势，面对异常艰巨的查补任务，广东国税局各级稽查部门紧紧围绕税收中心工作，抓早部署、抓紧落实，既统筹施策又精准发力。全省国税系统立案5725件，较上年2680件增加了3045件，增长113.62%；稽查查补入库114.07亿元，同比增长24.66%，查补入库额比上年同期增加22.57亿元，查补额首次迈上百亿元台阶。

【重大案件查处】 2016年，广东国税局稽查系统持续加大打击各类重大偷逃税违法行为力度。全省国税稽查部门查办税款100万~1000万元案件160宗，查补金额5.5亿元；1000万~1亿元案件33宗，查补10.05亿元；亿元以上案件2宗，查补税款2.29亿元，大要案件查补税款17.84亿元。查办“珠海6·26”“广州7·03”等一批涉案范围广、影响大的重大案件，强有力打击了不法分子的嚣张气焰。

【税收专项检查】 广东国税局稽查系统瞄准行业性涉税违法行为新特点，统一部署开展对资本交易、医药销售业、营利性教育培训机构、贵金属贸易、地方炼化企业、“营改增”高风险企业等行业和企业的专项整治，检查企业1.6万户，查补税款入库62.33亿元。

【重点税源企业检查】 2016年，广东国税局稽查局对税务总局随机抽取的26户重点税源集团企业（在广东的成员单位共1305户）、省国税局随机抽查的12户重点税源企业进行自查及重点检查，并将其中34户列为省局重点督办案件。全省重点税源企业随机抽查比例达到23.47%，稽查查补收入5.5亿元。组织各市对当地重点税源企业开展随机抽查，全省检查243户重点税源企业，合计查补26.86亿元。

【打击发票违法犯罪活动】 2016年，广东省国家税务局稽查系统有针对性地开展对建筑安装、石油石化、商业批发与零售等违法问题高发行业的发票专项检查，查处发票违法企业3950户，查处非法发票9.11万份，查补税款、罚款、滞纳金合计11.02亿元，移送司法机关涉嫌犯罪案件47宗；与公安部门紧密协作，打击发票违法犯罪“卖方市场”，全年打掉49处制售假发票窝点，打掉各类制售及非法出售发票团伙40个，抓获犯罪嫌疑人185人，缴获制假、非法出售的各类发票57.12万份。

【打击骗取出口退税和虚开增值税专用发票】 2016年，广东省国家税务局稽查系统创新案件查办手段，完善案件管理方式，采用检查项目制管理，成立3个项目组进驻6个重点地市，直接组织查处跨区域团伙式、链条式重点案件，对派驻地进行全面督导。全省各级国税稽查部门依托系统上下集体智慧和系统内外多方力量，构建全省“整体作战”工作格局，形成多部门“联打全查”的打击模式，推动打骗打虚工作稳步推进，遏制广东省骗税和虚开高发态势。全年对2290户骗税、虚开案源立案检查，定性骗税案件34宗，定性接受虚开和为他人虚开案件905宗，打掉职业犯罪团伙19个，挽回税款损失62.70亿元，实现挽回税款损失、定性案件数量、打掉职业团伙的三个“历年最多”。

【税收“黑名单”制度】 全面落实税收“黑名单”公布制度，及时将符合条件的税收违法“黑名单”企业在省局门户网站向外界公布，取得较好效果。全省全年对外公布42户税收“黑名单”企业，实施联合惩戒68户次，全部将其纳税信用等级降为D级序列，按照最高税收风险等级从严进行税务管理，严格发票领用、出口退税审核，并将检查频次大幅提高，对9个税收违法“黑名单”当事人办理边控手续。

【涉税违法案件检举】 2016年，广东省国家税务局稽查系统以高度负责的态度认真做好涉税举报受理工作，高度关注、妥善解决“缠诉”“缠访”事件，全年受理检举案件979件，查结311件，查补税款、罚款、滞纳金1.16亿元，充分发挥各级举报中心的桥梁和纽带作用，努力化解社会矛盾。

【案件协查】 认真开展案件协查工作，发出委托协查发票10.94万份，涉及企业1.25万户次，选票准确率72.69%，委托协查发票量排全国第5位；收到受托协查发票20.43万份，涉及企业1.59万户次，受托协查发票量排全国第2位，累计按期回复率100%。

【稽查制度建设】 以问题为导向，扎实推进稽查制度、机制和信息化建设工作。以全面落实中办、国办印发的《深化国税、地税征管体制改革方案》为契机，瞄准稽查制度、机制和信息化建设等薄弱环节，制定出台《广东省警税联合执法工作指引》《广东省国家税务局　广东省地方税务局关于下发国地税联合稽查工作指南的通知》《广东省国家税务局税务稽查购买第三方中介服务工作暂行办法》《广东省国地税联合阻止欠税人出境工作指引》等4项制度，使稽查执法监督实现全覆盖，真正把稽查执法权力牢牢关进制度笼子。

【稽查队伍建设】 牢固树立“四个意识”，全面加强稽查队伍建设。持续加强党的建设，以锲而不舍的决心持续强化党风廉政建设，有效落实党建和党风廉政“两个责任”，逐步形成风清气正、干事创业的良好氛围。一是深入开展“两学一做”学习教育，确保学习成效，夯实稽查系统各项工作基础；二是全面落实巡视整改和自查自纠，对发现的问题建档立册、对账销号、整改到位，切实推进稽查系统全面从严治党；三是积极推进“一案双查”，切实强化监督执纪问责，通过与监察部门密切配合，持续完善监督约束机制。

【稽查人才库建设】 一是鼓励稽查人员参与各类资格考试。全省稽查系统拥有律师、注册会计师和税务师资格的人数分别为34人、21人和70人，提高了全省稽查系统查办大要案的能力与底气；二是鼓励支持稽查干部参与全国税务领军人才选拔。2016年，广东国税局稽查系统有2人入选全国税务领军人才税务稽查专业，累计5人成为税务稽查领军人才学员；三是加大专业人才库人员选拔。截至2016年底，广东国税稽查系统共有税务总局专业人才库成员10人、省级专业人才库成员75人。

【稽查业务培训】 积极组织各类业务培训，大力推动稽查队伍素质提升。稽查系统举办各类业务培训班671班次，参训人员11931人次。通过开展多渠道、多形式的业务培训，在稽查系统内部形成“比学赶帮”的良好学习氛围，为稽查工作的顺利开展奠定坚实基础。

【稽查信息化建设】 研发与《税务稽查规范》配套的信息化平台、国地税联合随机抽查软件、发票流向分析软件、选案分析支持系统二期、“税警直通车”信息系统等5个信息化软件，通过信息化手段有效提升稽查选案、检查的精准度。

【稽查宣传】 全面加强涉税案件曝光力度，扩大宣传面。通过报纸、广播、电视台等途径对案件予以曝光，在《南方日报》开设“以案说法”栏目，聘请专家点评，累计在各级媒体曝光涉税案件70宗；在全省范围内开展“税收执法讲堂”和其他宣传活动，面向社会提供咨询，解答涉税难题，宣传税收法律知识，向纳税人宣讲户数近3000户。通过一系列刚柔相济的组合拳，有力提升稽查部门打击涉税违法的威慑力和社会影响力。

【稽查工作会议】 2016年3月8日—9日，广东省国家税务局稽查工作会议在佛山召开。省局党组成员、副局长周家喜，省国税局有关处室领导，广州及部分地市国税局分管稽查工作的局领导与各市局稽查局局长参加会议。省局党组书记、局长胡金木对全省国税稽查工作作出重要批示。会上，周家喜作了工作报告。报告指出2016年稽查工作要认真抓好五项重点：一是完成“一号工程”，全面推进稽查专项改革试点。二是依靠“两个抓手”，全力做好堵漏增收工作，圆满完成绩效考核目标，全面完成稽查任务。三是强化“三个打击”，严厉打击出口骗税违法犯罪活动、虚开违法犯罪行为、偷逃税行为，坚决遏制税收违法犯罪多发势头。四是加强“四个举措”，开展行业和区域专项整治，全面推进重点税源企业检查，推动发票专项整治工作，推进税收“黑名单”和联合惩戒，促进经济税收秩序持续规范。五是突出“五个专项”，做好深化巡视整改和全面自查自纠工作，强化国地税联合稽查工作，加强税警联合工作机制建设，加大涉税违法案件曝光和税法宣传，积极开展岗位大练兵，推动稽查工作上新台阶。

（王　洋）

广东省地方税务局稽查局

【概述】 2016年，广东地税局稽查局在税务总局稽查局和省地税局党组的正确领导下，团结和带领全省各级地税稽查部门，深入贯彻落实税务总局和广东省委、省政府关于深化国地税征管体制改革的工作部署，充分发挥稽查职能作用，严厉打击涉税违法行为，切实抓好各项重点工作任务的落实，取得显著成绩。

【稽查现代化建设】 积极推进稽查体制改革试点，多个地区已实施“市一级稽查”改革试点。深化国地税稽查合作，加强制度建设，强化执法合作，共享稽查信息，实现联合稽查新突破。进一步加大税警联合执法力度，整合行政执法资源，实现税警合作机制新突破。大力推进稽查信息化建设，着力打造集查账软件、电子取证工具和数据分析平台“三位一体”的信息化系统。主动开展改革相关专题调研，积极推进稽查现代化进程。

【稽查体制机制改革】 稳步推进稽查管理体制改革。2016年，广东省国地税稽查体制改革被列入税务总局深化改革专项试点任务，全省各地积极落实《深化国税、地税征管体制改革方案》精神，12个地区形成改革方案，4个地区已实施稽查体制改革试点。全省地税稽查部门通过开展改革试点，实施稽查集约化管理，整合各市稽查人力资源、技术力量和业务手段，统筹开展各项稽查业务，达到跨区域、增效能、提层级、降干扰的效果。

【“营改增”专项稽查工作】 立足税收工作实际，适应“营改增”的新形势、新要求，严厉打击“营改增”企业税收违法行为，大力开展“营改增”高风险企业专项稽查工作。全省立案检查92户，组织企业自查338户，查补税款1013.27万元。

【稽查查补收入及分析】 广东省各级地税稽查部门（按税务总局统计口径不含深圳，下同）立案检查纳税户1090户，督导自查13831户。全省查补收入83.47亿元，同比增长47.13%，入库总额81.58亿元，同比增长55.01%。选案准确率93%，入库率97.73%，广东地税稽查部门查补入库收入和增幅均在全国地税系统排名第1位。稽查查补入库收入占全省地税收入比例为1.99%。

【案件查办情况】 审结纳税户1057户，其中有问题户983户，全省平均选案准确率93%。全省立案1090户，税收违法案件查处力度明显加大，较2015年同期增加了71户，上升了6.97个百分点。全省立案数量30户以上有10个单位，其中广州市立案492户，占全省立案总数45%，清远市、汕头市、中山市分别增长350%、300%、137.5%，增长率超过100%，居全省前列。全省立案查补143950万元，比2015年增加17462万元，同比增长13.81%，案均查补金额136万元。其中，广州市、佛山市、东莞市3个单位立案查补金额均超亿元。

【重大案件查处】 查补税款100万元以上案件68宗，查补金额78729万元。其中，查补税款100万~1000万元案件58宗，查补金额24640万元；查补税款1000万~1亿元案件9宗，查补金额 28123 万元；查补税款 1 亿元以上案件 1 宗，查补金额 25966 万元。

【随机抽查】　以全面推进“双随机一公开”监管为突破口，在全省范围内开展随机抽查工作。2016 年，对全省 3316 户企业开展督导自查，自查补缴税费、滞纳金 50129.71 万元；对 257 户企业进行立案检查，截至 2016 年 12 月 31 日查补税费 3756.89 万元。

【区域性税收专项整治】　积极组织开展对东莞市汽车销售服务行业区域专项检查，对东莞市 53 户汽车销售服务企业集中辅导自查，查补税费 357.83 万元。在自查基础上，选取其中 9 户纳税人进行立案检查，查补税款 54.04 万元，滞纳金 13.3 万元，罚款 23.94 万元，查补收入 91.28 万元。认真组织开展对中山市灯具行业的区域税收专项整治，检查纳税户 3 户，查补税款 0.39 万元，组织 303 户企业开展自查，自查补税 274.56 万元，检查与自查合计收入 274.95 万元。

【重点税源企业检查】　对 35 户税务总局重点税源企业集团企业在广东省的 2328 户成员单位开展随机抽查。在开展重点稽查对象随机抽查过程中，辅导和支持抽查对象进行全面自查，自查补缴税费、滞纳金 9412.6 万元，根据企业自查结果及涉税疑点分析情况，与省国税部门共同提出重点检查企业建议名单 240 户。

【打击发票违法犯罪活动】　有序开展 2016 年打击发票违法犯罪活动。全省检查在管企业 4778 户，查处违法企业 944 户，税务总局下达应查处违法企业不少于 600 户，任务完成率 157.33%。查处非法发票 24968 份，查补税款及滞纳金 2524 万元，处以罚款 469 万元，查补税费、滞纳金、罚款 2993 万元。广东国税、地税与公安三方统一指挥，联合查办案件 120 件，打掉团伙 45 个，抓获犯罪嫌疑 163 人。

【税收“黑名单”制度】　推动联合惩戒机制的落实，参与省发改委“信用评价信息共享平台”的建设，主动加强与 22 个成员单位的信息互联，积极推进联合惩戒。2016 年，公开税收“黑名单”3 户，重大税收违法案件信息 1 例；成功阻止 8 人出境；通报相关部门，限制 16 人担任企业法定代表人、董事、监事及经理；落实与广东银监局、广东保监局、人民银行广州分行等征信机构联合惩戒工作协议，成功建立具体合作框架；对接政府公共信用信息平台，曝光典型案例；将“黑名单”企业及相关当事人信息移送公安，录入警钟系统作为重点关注对象。

【涉税违法案件检举】　受理检举案件 1193 件（不含深圳市，下同），其中省级直接受理 111 件，地市级受理 922 件，县级受理 160 件。查处案件 1041 件，查补金额 7137.84 万元，其中税款 5447.08 万元、滞纳金 998.18 万元、罚款 692.58 万元；执行入库金额 4725.38 万元。向公安机关移送案件 3 件。检举案件的受理和检查数量分别比上年同期增长了 13% 和 50% 以上，查补金额比上年下降了 18%。

【案件协查】　广东地税局稽查局办理协查事项 11 件。

【稽查制度建设】　与广东国税局稽查局联合制定《联合稽查综合管理工作指南》《联合稽查进户检查工作指南》《联合稽查协同审理及执行工作指南》，形成优势互补、分工有序的入户执法模式。落实联合稽查办案机制，联合进户检查户数和工作成效实现大突破，全年联合进户检查 1654 户，查补收入 29.5 亿元。建立和完善税警联席会议工作制度，联合下发《广东省税警联合执法工作指引》。建立新的稽查人员上岗资格考试制度，为全面提升全省地税稽查干部的执法能力，打造知识化、专业化的稽查干部队伍奠定坚实的基础。

【稽查队伍建设】　认真落实税务总局和省地税局的工作要求，扎实推进“岗位大练兵、业务大比武”活动。创造性地将“大练兵、大比武”活动与稽查人员上岗资格考试有机结合，通过建设统一规范的稽查资格考试题库，开发全省稽查考试系统。建立新的稽查人员上岗资格考试制度和人才遴选机制，明确规定今后凡进入稽查执法岗位的人员，必须通过上岗资格考试，取得执法资格，取得稽查检查证，切实加强稽查队伍建设。

【稽查人才库建设】　坚持以人为本，加强全省稽查专业队和稽查岗位能手的管理和使用，继续培养和选拔熟练掌握选案分析、重大案件查处及重点行业检查技能的稽查专业人才加入全省稽查专业队。2016 年，广东地税局稽查专业队有队员 40 人。各地组建市一级稽查专业队 5 个，现有队员 85 人。

【稽查业务培训】　全年组织 591 次培训，培训人数达 9102 人次，突出加强电子稽查、互联网、大数据等技术应用，提升对股权交易、新生业态的涉税问题的处理能力，及时更新知识，为稽查履职提供智力保障。

【稽查信息化建设】　大力推进查账软件、电子取证工具和数据分析平台的推广使用。建设移动稽查专线网络，开发移动稽查 APP 系统，实现企业涉税信息实时采集、查询、共享等功能。印发《稽查电子数据取证工作指引》，保障调查取证过程合法、规范和有效。率先在珠海市地税局建成税务稽查远程数据分析监控指挥中心，积极协调东莞市地税局建设全省稽查远程指挥中心，推动稽查信息化系统建设由分割向整合转变。完善“征稽联动”平台建设，着力解决地区间发展不平衡，案情认定、案件移交标准不够明确，移交信息不够及时等问题。

【稽查宣传】　采编、报送大量稽查工作动态信息，2016 年编发 21 期《广东地税稽查简报》，多篇动态信息被税务总局稽查工作动态、省委动态信息、省政府动态信息采取，向《中国税务报》等主要新闻媒体报送新闻，刊载 31 篇，取得良好宣传效果。为提升联合稽查宣传影响，广东国地税稽查局在《南方日报》等省级媒体联合打造“以案说法”栏目，由知名法律专家、学者对案例进行法理点评。联合曝光 12 个案例。联合举办“税收执法讲堂”，向纳税人开展税收宣传，针对打击出口退税、虚开发票、偷逃税行为等主题举办巡回演讲 26 期，4200 多人次现场参与活动。

【稽查调研】　为及时应对“营改增”及深化国地税征管体制改革带来的新形势新变化，主动开展一系列前瞻性调研活动。组成调研组开展稽查体制改革调研，及时总结各地推进“市一级”稽查改革的试点经验，探索体制改革新路径。深入分析地税稽查工作在后“营改增”时代面临的新挑战，撰写《“营改增”后地税稽查工作面临的形势任务和应对建议》调研报告。研究当前重点税源企业随机抽查工作落实情况，提出妥善处理好随机抽查工作的六大关系以及完善随机抽查工作机制的意见和建议。分析广东地税稽查案件处罚面偏高的主客观原因，形成《关于我省地税稽查案件处罚问题的调研报告》。

【稽查工作会议】　广东地税局稽查局于 2016 年 4 月 21 日在中山市召开全省地税稽查工作会议，传达贯彻全国税务稽查工作会议和全省地税工作会议精神，部署各项工作。广东地税局党组成员、总会计师苏振钿出席会议并作重要讲话，省局稽查局和相关处室领导，各市局分管稽查工作的局领导、各市局稽查局局长等参加会议。与会人员开展分组讨论，围绕地税稽查工作面临的新形势，就深化体制改革、绩效管理、征稽联动、税警协作、国地税合作等多方面问题进行深入探讨。

（张雯莹）

广西壮族自治区

广西壮族自治区国家税务局稽查局

【概述】　2016 年，广西国税稽查部门坚决贯彻落实税务总局稽查局和广西国税局党组的总体要求，紧紧围绕税收中心工作和稽查核心主业，重拳打击税收违法行为，查补收入大幅增长，各项工作稳步推进，完成既定目标。重点税源企业随机抽查、税收专项整治等查补关键点，堵漏增收效果显著。以主动服务深化国税、地税征管体制改革大局和主动服务“营改增”大局为落脚点，全面贯彻落实深化国税、地税征管体制改革，护航“营改增”改革，主动融入税收发展大局，不断提升稽查站位；以加强日常工作为根本点，抓实抓好各项工作，稽查质效不断提高。

【稽查现代化建设】　多种途径加强现代化稽查建设。一是配置查账软件、取证魔方、税证宝、智能通信终端、无人机等现代化办案设备，逐步实现稽查装备建设现代化；二是稳步推进“统一选案、交叉检查、集中审理、分级执行”的稽查扁平化管理模式；三是以金税三期工程为依托，加强选案、检查、案件跟踪、成果统计分析和增值运用等各类稽查信息管理模块的研发和应用，稳步推进税务稽查信息化、现代化管理进程。

【稽查体制机制改革】　实施国地税联合稽查，联合广西地税局稽查局制发《自治区国家税

务局　自治区地方税务局联合稽查实施办法（试行）》，明确联合稽查各项工作要求；落实税务稽查双随机工作，制定“案源管理、随机抽查对象名录库管理和稽查执法人员名录库管理”具体规定，并在自治区、市两级国税局建立重点稽查对象名录库和执法检查人员名录库；健全警税协作机制，广西国税局、公安厅联合制发《广西壮族自治区公安厅派驻广西壮族自治区国家税务局联络机制运行暂行办法》，自上而下相继设立自治区、市、县三级公安派驻国税联络机制办公室，警税协作进入实体化、机制化运行的新阶段。

【稽查查补收入及分析】　全年检查纳税户3809户（含上年未结案件36户），其中督导自查2586户，立案检查1223户，立案检查有问题1051户；全年查补总额17.42亿元，比上年增加2.66亿元，同比增长18%，其中立案查补收入4.85亿元，督导自查12.57亿元；全年入库总额17.2亿元，比上年增加2.54亿元，同比增长17%。选案准确率100%、结案率85%、入库率99%。

【案件查办情况】　全年查处税收违法案件1051件，查补税款3.47亿元。其中，1000万~5000万元案件4件，查补税款1.12亿元；500万~1000万元案件3件，查补税款1629万元；100万~500万元案件23件，查补税款4518万元；100万元以下案件1021件，查补税款1.74亿元。偷税案件382件，占查处案件的36%，查补偷税税款1.32亿元，占查补税款的38%。

【案件特点分析】　虚开增值税专用发票谋取暴利和利用虚开增值税专用发票抵扣税款进行偷税呈多发态势。案件特征：一是虚大进项税额抵消虚开的增值税专用发票；二是利用他人的购进转换成自己的购进虚开增值税专用发票；三是套用他人生产经营业务虚开发票；四是变造虚开专用发票；五是成立空壳公司虚开后迅速走逃；六是专业化虚开集团作案。

【重大案件查处】　全年查处虚开、骗税等大案要案313件，查补税款、滞纳金和罚款2.8亿元，入库1.74亿元。其中，查处千万元以上案件9件，百万元以上案件30件。重点查处广西大化大地糖业有限公司偷税案（查补总额6601.27万元）、广西天祁盛元石油化工有限公司虚开增值税专用发票案（涉及税额2771.92万元）、广西玉林利而安化工有限公司偷税案（查补总额623.91万元）等大要案件。

【随机抽查】　对广西国税局稽查局随机抽选的280户重点税源企业和各市国税局稽查局随机抽选的227户重点税源企业组织检查。经自查，有问题224户，查补入库4.17亿元；实施重点检查148户，查补总额5440.92万元，入库总额5292.52万元。

【重点税源企业检查】　根据税务总局2015年重点税源企业随机抽查工作部署，组织税务总局抽选的426户重点税源企业全部开展自查，自查查补入库2915.3万元，冲减增值税留抵税金1.64亿元；对其中167户实施重点检查，查补总额3954.46万元，入库总额3826.96万元，调减亏损额1059.3万元，分支机构所得税纳税调整金额6253.13万元。

【区域性税收专项整治】　广西国税局、地税局共同制发2016年税收专项整治方案，成立联合检查组，在全区开展对药品及医疗器材批发零售企业、烟草生产销售企业、食糖生产批发企业、机动车辆检测机构、机动车驾驶员培训机构、农村合作金融机构6个行业（项目）1469户纳税人的税收专项整治工作。自查有问题266户，查补入库4967.41万元。结合自查情况，对53户纳税人实施重点检查，查补总额8790.92万元，入库总额8888.72万元。

【出口退（免）税企业检查】　全区立案检查出口企业39户，查实有问题25户，移送公安机关9户，公安机关立案6户，抓捕犯罪嫌疑人5人，挽回国家税款损失5908.7万元；非立案检查出口企业68户，查实有问题户58户，挽回国家税款损失2722.89万元。

【打击发票违法犯罪活动】　全年立案查处发票违法企业1082户，涉及非法发票13.32万份，涉及金额21.66亿元，查补入库1.29亿元；组织企业自查792户，自查有问题637户，查补入库1.69亿元；配合公安机关立案发票涉税案件56起，抓获犯罪嫌疑人53名，缴获各类非法发票101.85万份；配合通信管理部门治理发票违法短信息235.67万条，关停手机号码1.1万个，治理短信群发器24台。

【打击虚开增值税专用发票】　全年立案检查企业355户，涉及发票6.68万份，金额83.97亿元，税额14.35亿元。认定虚开发票1.13万份，金额15.02亿元，税额2.54亿元；认定取得虚开发票7449份，金额21.10亿元，税额2.54亿元；查补总额1.39亿元，入库9679.3万元，移送公安机关案件110起，公安机关立案侦查47起，抓捕犯罪嫌疑人52人。

【打击骗取出口退税】 根据广西出口退（免）税绝对额和增长幅度都不大的实际情况，采取重点查处个案，兼顾重点产品、重点行业、重点区域的打骗思路，重点抓好四部委下发的3户案源，选取20户疑点企业作为区级重点检查对象。查实有问题25户，移送公安机关9户，公安机关立案6户，抓捕犯罪嫌疑人5人，挽回国家税款损失5908.7万元；非立案检查出口企业68户，查实有问题户58户，挽回国家税款损失2722.89万元。其中，四部委下发给广西的3户案源均已移送公安处理，公安机关已立案1户，抓捕犯罪嫌疑人2人。

【税收“黑名单”制度】 落实“黑名单”公布和联合惩戒制度，广西国税局稽查局、广西地税局稽查局每季度共同向联合惩戒单位推送重大税收违法“黑名单”信息。联合推送22户税收违法“黑名单”信息，其中国税12户；联合做好案件跟踪与撤出公布工作，对已缴清税款、滞纳金和罚款的21户“黑名单”企业解除惩戒措施。

【涉税违法案件检举】 根据税务总局安排，配合纳税服务处完成举报电话由12366纳税服务热线接听受理的整体工作调整。全年受理各类检举案件127件，其中收到税务总局交办案件9件（4件为重复检举案件）。广西国税局受理案件50件（含税务总局交办案件9件），各市局受理案件72件，各县局受理案件5件。检查130件（含上年结转案件），查结87件，结案率66.92%，查补收入960.30万元，入库922.42万元，入库率96.06%。

【案件协查】 全年发起委托协查401起，涉及发票3858份；委托协查收到回复发票4824份（含上年发出委托协查），其中有问题发票4437份，选票准确率95.83%；收到受托协查1896起，涉及发票3.30万份，回复发票3.14万份，按期回复率100%，有问题发票占受托协查发票比率为93.87%。

【稽查制度建设】 一是健全稽查绩效考核机制。制定广西国税稽查系统组织绩效和个人绩效考核办法。完善绩效指标运行日常监控和考评，通过绩效讲评会查找问题和薄弱环节，提出整改措施和具体工作要求，确保各项指标执行到位，不出纰漏。二是健全警税协作机制。广西国税局、公安厅联合制发《广西壮族自治区公安厅派驻广西壮族自治区国家税务局联络机制运行暂行办法》，自上而下相继设立自治区、市、县三级公安派驻国税联络机制办公室，警税协作进入实体化、机制化运行新阶段。三是实施国地税联合稽查。联合广西地税局稽查局制发《自治区国家税务局 自治区地方税务局联合稽查实施办法（试行）》，明确联合稽查各项工作要求；双方互派一名副局长挂职工作，协调联合稽查。四是落实税务稽查双随机工作。制定“案源管理、随机抽查对象名录库管理和稽查执法人员名录库管理”等规定，并在自治区、市两级国税局建立重点稽查对象名录库和执法检查人员名录库。

【稽查系统建设】 全区国税系统有稽查机构97个，稽查人员1138人，占国税人员总数的10.13%，比上一年度减少69人。35岁以下75人、35~45岁358人、45岁以上705人，分别占稽查人员总数的6.59%、31.46%、61.95%；有“三师”资格人员46人，占稽查人员总数的4.04%。

【稽查队伍建设】 一是抓牢廉政建设。将党风廉政建设与业务工作、“两学一做”教育活动、落实主体责任紧密结合，建立廉洁队伍。二是抓严一案双查。全区国税稽查部门转交重大税收违法案件21起，监察部门实施一案双查13起，2人被行政记过处分，1人被调离工作岗位，有效整顿税务稽查队伍。三是抓好素质训练。在抓好基础业务培训的同时，注重特需业务培训，抓实练兵比武。

【稽查人才库建设】 截至2016年12月31日，广西国税稽查系统建立了4个稽查专家组、11个行业稽查专业化团队，人才库人员共有93人。

【稽查业务培训】 一是抓好综合业务培训，广西国税局稽查局组织两次参训人员150人以上的综合业务培训，涵盖税务稽查涉及的各业务环节，丰富稽查干部的专业知识和信息化检查手段。二是注重特需业务培训，举办税务稽查规范（1.0版）师资培训班，为统一税务稽查执法规范提供人才储备。三是抓实练兵比武。根据税务总局和广西国税局要求，指导全区国税稽查部门真学真练，系统开展“岗位大练兵、业务大比武”活动，组织选拔1名税务稽查干部参加税务总局业务大比武，6名税务稽查干部纳入2016年广西国税“素质提升‘115’工程——专业骨干项目”。

【稽查信息化建设】 提高信息化资源配置标准，为全区稽查部门配置查账软件、取证魔方、税证宝、智能通信终端、无人机等现代化办案设备，加快从手工查账向智能化查账的转变。以金税三期工程为依托，逐步完善金税三期工程决策二包的选案、检查、案件跟踪、成果统计分析和增值运用等各类稽查信息管理模块的研发和应用，稳步推进税务稽查信息化、现代化管理进程。

【稽查宣传】 每月均在省级以上新闻媒体披露1～2件涉税违法案件，全年通过《中国税务报》《广西日报》《广西法制日报》《广西电视台》等新闻媒体曝光涉税违法案件30件。2016年4月，由广西壮族自治区人民政府主导，广西国税局、地税局、公安厅、检察院、法院等五部门联合召开打击发票违法犯罪活动新闻发布会，公开曝光10起2015年度查处的发票违法犯罪典型案件。

【稽查调研】 深入基层对打击骗税、打假发票、案件查办、"营改增"后房地产和建筑业涉税风险等工作开展调查、分析和研究，并形成书面调研报告，为领导决策提供依据，为解决基层疑难、困难问题提供帮助。广西国税局稽查局领导覃木荣、刘小冬以及调研组撰写的《新办商贸企业（团伙）虚开增值税专用发票风险特征及应对初探》《实行税收一体化管理破解房地产业税收征管难题——"营改增"后房地产业税收征管建议》《广西水泥制造业税务稽查综合分析》《广西医药经销行业税务稽查综合分析》等调研文章，被《中国税务报》《广西国税调研》等采用发表。

【稽查工作会议】 2016年4月25日，广西国税稽查工作会议召开。区国税局副局长欧发明在会上作题为《锐意创新　真抓实干　努力谱写稽查工作新篇章》的工作报告；区国税局稽查局局长唐颖昭就如何贯彻落实税务总局和区国税局领导讲话精神提出具体实施意见。

【工作建议】 一是建立全国税务稽查大数据库。将全国出口企业、供货企业、货代、船代、船公司，以及对应的法人、股东、经办人，每年每种商品在各口岸的出口数量、价格，运输企业的车辆型号、车牌、司机，过路过桥等信息纳入税务稽查大数据库管理。既方便办案人员的检查和资料检索，也可通过后台的分析比对，及时发现存在的问题，实现精准打击。二是加强涉税信息数据共享。通过立法对银行等金融机构涉税信息数据共享进行规范，要求银行等金融机构除提供涉案企业的银行账户流水外，如果有资金回流等异常情况，还需根据税务机关的要求，提供对方（收、付方）的银行流水直至资金最终流向等相关信息，如果对方（收、付方）不是同一金融机构，由银行等金融机构通过内部信息交换汇总相关信息后一并提交给税务机关。另外，中央金融机构对各商业银行应统一涉税查询业务标准，并可通过省级金融机构查询个人在各商业银行的账户信息及交易明细。

（李　鸿）

广西壮族自治区地方税务局稽查局

【概述】 2016年是广西地税自治区一级稽查体制正式运行的第二年，稽查体制改革红利持续释放，稽查各项工作稳步推进、提质增效，稽查查补收入大幅增长，立案查补入库比重显著提高，查办案件质量明显提升，人才队伍素质不断增强，充分体现了稽查新机制的旺盛生命力。税务总局副局长孙瑞标先后两次作出表扬性批示，充分肯定广西地税稽查工作取得的成效。

【稽查现代化建设】 优化一级稽查体制机制，促进稽查体系内部运转灵活高效，稽查工作持续科学规范。一是稽查与征管分工明确、衔接顺畅，通过召开联席会议、加强信息共享、互相推送线索建议等逐步构建良好的征管查互动机制。二是稽查内部各项工作制度逐步建立健全，稽查党建、党风廉政、人事管理、教育培训、财务管理等方面工作逐步梳理、建章立制。三是绩效管理"指挥棒"作用有效发挥，建立科学的稽查绩效考评指标体系和考评方法，突出稽查重点工作，引导稽查朝专业化方向发展。四是稽查现代化人才队伍素质不断提升，着力推进稽查办案装备现代化，提升稽查干部运用现代信息技术查办案件的能力和水平。

【稽查查补收入及分析】 充分发挥稽查职能，大力防偷堵漏促收促管，为维护公平公正的税收秩序做出积极贡献。2016年，广西地税稽查部门组织检查企业2267户（含自查），稽查查补总额19.09亿元，比上年增加4.14亿元，同比增长27.7%，在全国地税系统增幅排名第4位；入库总额18.81亿元，比上年增加3.9亿元，同比增长26.14%，在全国地税系统增幅排名第6位。稽查人均查补入库收入再创新高，达到281.14万元。

【案件查办情况】 严厉查处各类税收违法行为，大力提高稽查执法办案成效。2016年，组织立案检查企业605户，同比增长79.53%，发现有问题475户，结案488户；立案查补入库9.25亿元，同比增长80.04%，占稽查总收入的49.16%，同比提高15.16个百分点。其中，罚款入库6473万元，同比增长144%，加收滞纳金入库9498万元，同比增长75.79%。查处百万元以上案件48件，同比增长60%，百万元以上案件查补入库税款5.51亿元，同比增长4.22倍。

【随机抽查】 逐步完善税务稽查对象分类名录库、税务稽查异常对象名录库和税务稽查执法检查人员分类名录库，建立健全随机抽取检查对象和随机选派检查人员的"双随机"抽查工作机制。加强对随机抽查制度的政策解读，争取纳税人和社会各界的理解支持。通过新闻媒体、办税大厅等及时公开抽查企业名单，向社会公布抽查情况及查处结果，将抽查结果中的诚信守法企业纳入广西地税"银税互动"激励对象，为守法企业实现权益提供便利和支持，对随机抽查结果发现的税收违法案件，建立严格的案件曝光及联合惩戒制度，增加纳税人的违法成本。2016 年，广西地税通过随机抽查确定 465 户稽查重点待查对象，以抽号与竞标相结合的方式选派检查人员 437 人。通过检查随机抽查企业，查补税款 4101.11 万元，罚款 981.14 万元，入库 6352.56 万元。对 29 户税收违法案件予以曝光，对 9 户重大税收违法"黑名单"当事人实施联合惩戒，稽查打击震慑职能得到充分发挥，有效促进税法遵从和公平竞争。

【区域性税收专项整治】 与国税稽查部门联合部署，组织对药品及医疗器材批发零售企业、烟草生产销售企业、食糖生产批发企业、机动车辆检测机构、机动车驾驶员培训机构、农村合作金融机构、全区旅游市场等七大行业开展税收专项整治。广西国地税稽查部门组织检查企业 1581 户，累计查补收入 3.11 亿元，入库收入 2.89 亿元，其中地税稽查部门查补收入 1.92 亿元，入库收入 1.78 亿元，有效提高行业税收管理水平。

【重点税源企业检查】 认真开展税务总局重点税源企业（重点稽查对象）随机抽查工作。一是组织广西地税稽查部门开展 2015 年度税务总局重点税源随机抽查工作，取得明显成效。自查阶段，组织涉及 9 户集团公司在广西的 407 户分支机构以及广西国地税联合选取的 19 户重点税源企业开展自查，自查应补地方各税 1.12 亿元，入库 1.12 亿元；重点检查阶段，组织对 163 户重点税源企业开展重点检查，累计查补地方各税 6435.68 万元，入库 5975.20 万元。二是组织开展税务总局 2016 年重点稽查对象随机抽查工作，2016 年 10 月起，联合国税部门组织对 40 户重点稽查对象在广西的 1332 户成员单位开展自查。

【打击发票违法犯罪活动】 首次联合国税、公安部门印发工作方案，建立健全三部门联合工作机制，重点组织对房地产、建筑安装、餐饮住宿和其他服务业等行业开展重点检查，全面提升"营改增"后发票整治工作效能。2016 年，广西各级地税机关组织检查发票受票企业 7735 户，查处违法企业 1212 户，提前超额完成税务总局下达查处 300 户任务数的 404%；查处非法发票 7886 份，涉及金额 1.03 亿元，查补税款、加收滞纳金及罚款合计 1931.29 万元，同比增长 23.65%。

【税收"黑名单"制度】 加强税收信用体系建设，深入开展重大税收违法案件信息公布工作，与广西国税局稽查局联合发布税收违法"黑名单"23 户（其中地税 9 户），通过采取限制融资授信、限制取得政府资金等 18 项惩戒措施，增大税收违法成本。形成常态化的税收违法典型案例曝光制度，通过省级以上新闻媒体实名公开曝光 29 起税收违法典型案例，曝光数量和力度逐年加大。审核各类企业评先评优资格 226 户，提出取消评先评优资格意见 2 户，让失信者一处违法，处处受限，提高公众依法纳税意识和税法遵从度。

【涉税违法案件检举】 继续优化新体制下广西各级地方税收违法案件检举工作，加强与 12366 纳税服务热线开展举报工作的衔接，规范工作流程，提高举报案件办理质效。2016 年，广西地税系统受理税收违法检举案件 811 件，查结 679 件，查补税款、滞纳金、罚款 3063.56 万元，入库 2988 万元，兑现举报奖励金额 0.36 万元。

【稽查制度建设】 进一步梳理稽查各项工作制度，为一级稽查体制高效运转提供保障。一是加强稽查与征管衔接协作，修订广西地税《税收征管与稽查业务衔接协作办法（试行）》并正式下发，逐步构建良好的征管查互动机制。二是加强稽查案源管理，下发广西地税《税务稽查案源管理工作若干规定》，进一步规范稽查案源管理工作。三是加强稽查执法监督和制约，下发广西地税《稽查案件复查暂行办法》，建立稽查案件复查制度，切实评价稽查工作质量，促进执法规范。四是深化税警协作，联合下发《自治区公安厅派驻自治区地方税务局联络机制运行暂行办法》，建立健全公安派驻地税联络机制，设立各级公安机关派驻地税部门联络办公室，开创全区打击和防范涉税违法犯罪工作新局面。五是加强部门执法合作，联合下发《自治区国家税务局　地方税务局联合稽查实施办法（试行）》，规范国地税稽查联合执法。

【稽查队伍建设】 一是着力加强稽查队伍党风廉洁建设和思想政治工作。以开展"两学一做"学习教育和广西地税"两年活动"为契机，切实提升稽查干部党性修养，增强稽查干部的大局意识和责任意识。二是加强8个片区稽查局领导班子规范建设，强化领导班子能力培养，重点对片区稽查局领导干部开展素质提升培训，聘请知名学者进行专题授课，增强稽查领导干部的法治意识和风险意识。三是全员提速，积极开展稽查岗位练兵。组织开展稽查业务考试和知识竞赛，稽查业务考试及格率为73.1%，比2015年提高6.9个百分点，选拔出4名稽查业务骨干、26名岗位能手。四是优化结构，配齐配强稽查领导班子和干部队伍。对300多名稽查人员开展科级非领导职务的晋升，面向社会公开招录192名新公务员补充到稽查队伍，对片区稽查局9个副处级领导职位开展竞争上岗。截至2016年底，广西地税稽查已到位861人，占稽查核定行政编制总人数948人的90.82%，占同期全区地税总人数9172人的9.45%。其中，拥有研究生学历49人，占全区稽查总人数的5.69%，比改革前提高2.19个百分点；具有注册会计师、注册税务师、律师等“三师”资格47人，占全区稽查总人数的5.42%，比2014年提高2.56个百分点。

【稽查人才库建设】　以人才库建设为契机，加强对稽查高端人才的培养。广西地税稽查部门拥有税务总局领军人才1名，省级以上各类专业人才库61人，29人入选广西地税系统“十百千”人才“百”层次培养对象，占93名培养对象的31.18%。

【稽查业务培训】　有针对、有计划地加强稽查干部业务培训，结合稽查工作需要，举办税务稽查辅助查账软件应用培训、稽查综合业务培训、发票协查等稽查重点业务工作培训、税务稽查法律知识视频培训、银行业稽查实务培训等各种类型的专题培训，大力提升稽查干部的业务水平和业务技能。

【稽查信息化建设】　一是完善应用稽查随机抽查系统。率先在全国税务系统开发《广西地方税务稽查随机抽查系统》并成功上线运作，实现对全区所有纳税户、重点税源管理户、执法检查人员的动态管理，做到随机抽查、全程透明、全面公开、监督有力、责任可追。二是全面应用税务稽查辅助查账软件。截至2016年底，通过政府采购配备760套/个查账软件（含单机版和网络版），实现一线检查人员查账软件配备率100%、查账应用培训覆盖率100%。2016年，通过运用网络版查账软件进行查账的案件数量达414件，占全区已立案查处案件数605户的68.43%。三是加强应用金税三期工程系统稽查模块。完成对广西地税稽查600多人的应用轮训，将金税三期工程系统逐步覆盖到稽查工作四环节，促使稽查工作标准化、规范化。四是创新应用远程政策咨询和案件讨论室。构建覆盖全区所有稽查局的远程视频系统，根据办案需要实时开展稽查涉税疑难问题研究、远程案件集中会审、大案要案合议等，开启稽查跨区域、多部门、异地集中办案新模式。

【稽查宣传】　一是积极向各类信息刊物报道稽查工作动态，及时向领导反映稽查工作新成绩、新亮点，两篇专报获税务总局领导肯定性批示。二是深入开展稽查案件曝光工作。将每月曝光制和集中曝光有机结合，全年通过省级以上新闻媒体实名公开曝光29起税收违法典型案例。在税法宣传月期间，与广西国税局、公安厅、人民检察院、高级人民法院等五部门在自治区人民政府新闻中心联合召开2016年打击发票违法犯罪新闻发布会，重点对2015年查处的13起发票违法典型案件进行公开曝光，联合广西国税局通过《广西日报》等主流新闻媒体集中曝光20起税收违法典型案例，有效震慑和打击不法分子，提高纳税人依法诚信纳税意识。三是通过报纸、门户网站等多种媒介及时宣传稽查工作成果，树立税务部门正面形象，提高稽查工作影响力。

【稽查调研】　紧密结合当前稽查工作实际，围绕稽查重点、热点、难点问题深入开展调查研究，稽查课题《建设现代化税务稽查体制的若干思考》《深化国地税稽查体制改革问题研究》分别获得2016年度全区地税系统优秀科研成果一等奖第1名、第2名，为持续深化稽查改革、完善稽查一级体制机制奠定理论基础。

【稽查工作会议】　2016年2月25日，广西地方税务稽查工作会议在南宁召开。各片区稽查局局长、综合科科长及区地税局稽查局全体干部职工参加。区地税局局长关礼亲自审阅稽查工作会议材料并作了重要批示，肯定了“十二五”期间全区地税稽查工作取得的突出成绩，希望2016年全区地税稽查部门有效发挥省一级稽查优势，在查案堵漏促收促管促改、提高素质规范执法等方面不断取得新成绩。副局长黎海君作题为《勠力齐心启新航　砥砺奋进谱新篇　深入推进广西地税稽查现代化》的工作报告，在全面总结2015年和“十二五”稽查工作取得的成绩和经验的基础上，提出分三个步骤、三个阶段，到2020年全面实现广西地税稽查现代化的战略目标，同时明确了2016年要着力做好的七项重点工作。钦州、桂林、玉林市局稽查局分别作了经验交流发言。

（谭　红）

海南省

海南省国家税务局稽查局

【概述】 2016年，海南国税局稽查局紧紧围绕中心、服务大局，狠抓稽查基础管理，主动承担新使命，牢牢把握新机遇，充分发扬能战斗、肯吃苦、甘奉献的精神，砥砺奋进，攻坚克难，以实际行动圆满完成2016年各项目标任务。全年检查纳税人462户，立案查处152户，结案146户，结案率96.1%，选案准确率96.4%；实现查补入库8.2亿元，比计划目标增收1.88亿元。

【稽查现代化建设】 依托全省一级稽查体制，海南国税局稽查局立足海南国税特色现代稽查体系，狠抓稽查基础管理，按照省局“管理三步曲”要求，进一步深化国地税稽查执法合作，推进稽查工作规范化、制度化，探索稽查机制体制改革，推行《海南国税税务稽查工作规范》《海南省国地税联合稽查工作实施办法（试行）》等工作制度，为稽查现代化建设提供坚实的制度保障。

【稽查体制机制改革】 结合深化国地税体制改革，组织开展调研，通过广泛征集意见建议，拟定合理划分现有各级稽查机构工作职责，实施集约化管理、专业化执法和团队化协作，优化稽查资源配置，提升稽查工作质效等深化稽查体制改革举措。

【“营改增”专项稽查工作】 海南国地税稽查部门密切配合，联合组织开展2016年“营改增”高风险企业专项稽查工作。利用金税三期工程系统、增值税发票管理新系统筛选出全省涉及房地产开发经营、旅游、建筑工程、商务服务等行业的纳税人400余户，并以加权分综合排序方式定向抽查筛选14户高风险企业立案，除1户企业涉嫌虚开走逃外，剩余13户全部结案，查补收入5660.10万元，全部入库。

【稽查查补收入及分析】 2016年，全年检查462户纳税人，发现有涉税问题443户，选案准确率96.4%；查补各项税收收入8.25亿元，追缴入库8.22亿元，入库率99.59%，完成年度计划的146.8%，同比增长29.6%，增收1.88亿元，稽查查补收入首次突破8亿元，人均查补税款563万元，稽查查补收入占税收收入比重持续提升，税收贡献率1.72%，超额完成查补收入对税收收入贡献率1.5个百分点的稽查组织收入工作任务。

【随机抽查】 2016年，海南国税局以行业结合区域专项整治开展随机抽查的方式开展年度随机抽查工作，对房地产较为集中的海口、三亚地区房地产企业开展随机抽查，定向抽查10户，不定向抽查10户，共计抽查企业20户，直接立案检查企业50户，综合运用经济惩戒、信用惩戒、联合惩戒和从严监管等措施，加大税收违法代价，加强抽查威慑力，引导纳税人自觉遵从税法，提高税收征管整体效能。

【区域性税收专项整治】 结合打虚打骗及随机抽查工作，对海口、三亚、洋浦地区房地产及商贸企业开展专项治理。海口、三亚房地产企业随机抽查入库税款5596万元，洋浦地区“两头在外”商贸企业税收专项整治核减150户高风险企业月发票使用量28774份，停供5户企业发票，补缴税款1651万元，对调查问题明显的3户企业实施立案检查，进一步整顿和规范了洋浦地区税收秩序，营造了公平的税收法治环境。

【重点税源企业检查】 2016年，海南国税稽查共组织包括税务总局公布的26户集团公司在海南登记注册的成员单位，以及根据税务总局要求由国地税联合随机抽取的10户重点税源企业，共计36户企业集团开展自查，自查有问题户数12户，自查查补税款6417.53万元，滞纳金137.64万元，共计6555.17万元。经对企业自查情况分析，在重点检查阶段立案检查28户，查补收入7958.24万元，全部入库，冲抵增值税留抵税金137.66万元，调减亏损额2328.43万元。

【打击发票违法犯罪活动】 以海口、三亚、洋浦等重点地区为突破口，全面开展非法发票“卖方市场”专项整治行动，重点对发票违法问题高发、频发行业开展检查，通过“多部门开展联合行动、多渠道加强舆论宣传、多手段夯实发票监管、多举措落实管查互动”等方式打源头、端窝点、摧网络，有力震慑发票违法犯罪行为。全年查处违法企业233户，处理问题发票5194份，涉税金额3.8亿元，查补税额5884万元。

【打击虚开增值税专用发票】　根据《国家税务总局关于印发〈2016年打击虚开增值税专用发票违法犯罪活动工作方案〉的通知》（税总发〔2016〕79号）要求，积极协同公安、人民银行等部门开展打击虚开增值税专项行动，围绕税务总局8户案源开展立案检查，初步查证4户企业对外虚开增值税专用发票，虚开金额2.47亿元，税额4200万元，公安机关对涉案企业相关犯罪嫌疑人实施控制。

【打击骗取出口退税】　海南国税积极协同公安、海关及人民银行等部门开展打击骗取出口退税专项行动，对13户涉嫌骗取出口退税企业立案查处，为国家挽回税收损失13082.17万元，其中查补税款1439.77万元，定性骗税998.7万元，罚款1005.7万元，不予退税56万元，暂缓退税9582万元。并按照《国家税务总局关于停止为骗取出口退税企业办理出口退税有关问题的通知》国税发〔2008〕32号的有关规定，停止涉案企业办理出口退税。打击骗取出口退税专项行动累计查补入库税款224.8万元，移交公安机关9户案件；公安机关立案6户并刑拘犯罪嫌疑人3人，网上通缉犯罪嫌疑人3人。

【税收“黑名单”制度】　全面落实税收“黑名单”制度，筛选33件符合公布标准的案件，通过国地税门户网站、省政府公共信用信息平台和南海网站对外进行公布。将33户“黑名单”企业纳税信用等级判定为D级，适用D级纳税人的管理措施，通过公文交换等方式向联合惩戒成员单位推送“黑名单”企业相关信息，由相关单位根据各自职责对涉案企业当事人依法实施相应惩戒措施，对欠缴查补税款的当事人函请海口出入境边防检查总站阻止出境12人次，成功阻止2人出境。

【涉税违法案件检举】　海南国税局举报中心适时分析发案规律，强化案源管理，全年受理税收违法检举案件151件，其中上门举报12件、来信11件、来电60件、网络62件、税务总局转办2件、地税等其他部门转办4件，立案检查13件、转交市县局检查126件、暂存待查6件、转地税处理6户，举报案件共计查补税款260.75万元，加收滞纳金93.10万元，罚款117.43万元，无移送司法机关检举案件。

【案件协查】　通过协查系统委托发出协查94起，涉及发票220份，金额12808.63万元，税额2106.91万元。收到回复结果151份，正常发票83份，有问题发票23份，无法核实发票45份。金税协查系统累计收到受托协查266起，发票7165份，金额344578.32万元，增值税税额57306.84万元。共回复6525份，其中回复结果为正常的352份，有问题的3628份，无法核实的2545份。

【稽查制度建设】　立足海南国税特色现代稽查体系，推行《海南国税税务稽查工作规范》《税务稽查案源管理实施办法》《税务稽查随机抽查对象名录库管理办法》《税务稽查随机抽查执法检查人员名录库管理实施办法》和《海南省国地税联合稽查工作实施办法（试行）》等六大稽查工作制度，为海南国税稽查规范化管理提供坚实制度保障。

【稽查系统建设】　狠抓绩效管理，全面推进稽查系统建设上台阶。秉承问题导向、目标导向基本原则，优化顶层设计，构建高标准、高定位、高质量的稽查绩效指标体系，实现税务总局稽查重点工作和省局稽查现代化工作与绩效管理的全面对接，结合海南省一级稽查特点，对稽查系统开展独立考核，抓住绩效考评结果运用这一关键环节，充分发挥绩效管理“指挥棒”作用，并与年度考核、评先评优相结合，激发广大稽查干部管事干事的热情。

【稽查队伍建设】　全面加强稽查党建工作，以“两学一做”学习教育为抓手，深入贯彻党的十八大以来各届全会会议精神，严格落实“三会一课”制度，切实抓好全面从严治党各项工作任务，夯实党建工作基础。以深入开展“营改增”改革试点、组织收入督导等各项工作为契机，组织广大稽查干部投身到服务基层的实践锻炼中，为青年干部搭建施展才能的平台，着力培养实用型人才，进一步激发出稽查干部勇于担当、奋勉争先的激情和活力。

【稽查人才库建设】　积极落实税务总局人才培养战略，制定人才培养三年规划，逐步提高稽查人员占税务人员的比例，提高具备独立查账能力和电子查账能力的稽查人员的比例，提高具有注册会计师、注册税务师、律师以及其他相关专业资格的人员比例。不断完善稽查人才库建设，把责任心强、能力突出的干部放在重大案件的查处上。加强稽查人员个人绩效考核，把人才使用与工作能力、工作业绩挂钩，激发稽查干部干事创业激情。2016年入选国家税务总局稽查人才库3人。

【稽查业务培训】 结合税务总局“岗位大练兵、业务大比武”活动，强化教育培训，重点培养信息化条件下的核心业务能力，着力打造善打硬仗、能打胜仗的专业化稽查干部队伍。全年举办各类稽查业务培训6期，全省稽查系统专业骨干人才培训班被税务总局税务干部进修学院评为先进班级，4名稽查干部被纳入省局“素质提升‘115’工程——岗位能手项目”，1名稽查干部被纳入省局“素质提升‘115’工程——专业骨干项目”。

【稽查信息化建设】 深入开展“双随机、一公开”工作，开发使用税务稽查双随机抽查平台，建立健全全省税务稽查案源管理办法、稽查对象名录库、异常稽查对象名录库和检查人员名录库管理办法，构建税务稽查双随机抽查机制。借助信息化手段采集全省重点税源企业名录库457户和一般纳税人企业库5664户，筛选出332户高风险企业，建立稽查异常对象名录库和全省107人的稽查检查人员库。组织开展重点税源随机抽查、重点稽查对象随机抽查等工作，查补入库税款5.7亿元。

【稽查调研】 成立旅游娱乐服务涉税风险专题调研组，对“营改增”后旅游娱乐服务涉税风险开展调研。调研组采取重点抽样调查的方法，抽取全省从事旅游、娱乐服务，具有代表性、规模较大的10家企业作为样本，对“营改增”后应税服务涉税风险点进行调研，提出做足事前预防、做好事中监控、做准事后打击等具体应对措施。

【稽查工作会议】 2016年5月12日，海南国税稽查工作会议在海口召开，省局总经济师林电在会上作题为《立足新起点　树立新目标　全面推进稽查工作现代化建设》的报告，对2015年全省稽查工作进行了回顾，并对2016年全省稽查工作进行全面部署。省局党组书记、局长于智广出席会议，并作重要讲话，他提出“十二五”期间，海南国税稽查实现了大跨步、大飞跃，但“疏于管理、淡化责任”等问题仍然是稽查工作顺畅、高效运转的“拦路虎”，2016年，全省稽查系统要紧紧围绕“抓基层、打基础，查找工作不足，补齐管理短板”的管理基础年目标，完成全年改革重任。

【工作建议】 建议税务总局继续发挥打击虚开及骗税工作中的统领作用，将全国各地打击虚开及骗税工作中好的经验和做法向全国推广，进一步增强政策指导的及时性、有效性。为推进税收“黑名单”工作效率，建议税务总局在税收“黑名单”联合惩戒“双扩围”基础上，从税务总局层面督促发改委尽快在全国范围内开通信息共享平台，充分发挥联合惩戒“一处失信、处处受限”的作用。

（温　博）

海南省地方税务局稽查局

【概述】 2016年，海南地税稽查部门在严峻复杂的税收经济形势下，坚决落实税务总局稽查局和省局党组的部署和要求，落实税收法定原则，践行责任担当意识，努力提升稽查站位，服务税收工作大局，全力打击各类涉税违法行为，扎实推进税务稽查改革，不断加强稽查队伍建设和党风廉政建设，努力提高稽查工作质效，全年查处税收违法案件120件，查补收入7.64亿元，查补入库10.54亿元，为全省税收工作任务的完成做出积极贡献。

【“营改增”专项稽查工作】 完成省一级公安派驻国地税的工作，成立公安、国地税联络办公室，重点打击偷逃抗骗税和各类发票违法犯罪行为，服务体制改革，以保障全面完成“营改增”试点工作。

【稽查查补收入及分析】 牢牢抓住打击偷逃税行为、整治发票违法行为及开展税收区域整治三条主线，以税收风险管理为导向，以落实“随机抽查”制度为抓手，严厉打击各类涉税违法犯罪活动，切实整顿违法行业及区域的税收秩序。全年查处税收违法案件120件，查补收入7.64亿元，查补入库10.54亿元，占全省地税部门2016年组织收入650.9亿元的1.6%，超过税务总局1.5%的考核要求。其中，查办100万元以上案件23件，查补收入1.34亿元；查办1000万元以上案件2件，查补收入1.75亿元。

【重大案件查处】 转变以往“就账查账”的工作方法，对企业的业务流、资金流和成本控制流等整个经营流程进行全面检查，必要时对其整个经营链条进行检查，查处质效明显提升。有效查办张甲人、海南六合农产品市场有限公司等一批大要案。其中，张甲人转让股权逃避缴纳税款一案实现查补收入1.5亿元；海南六合农产品市场有限公司实现查补收入6200万元；海南三林旅业开发有限公司实现查补收入5600多万元。

【随机抽查】 按照税务总局工作部署开展重

点税源企业随机抽查，以“先自查，后重点检查”的方式开展抽查。国地税联合随机选取38户重点税源企业及“营改增”高风险企业开展检查，查补收入近亿元。

【重点税源企业检查】　组织36户企业集团及其所属162个分支机构开展自查，自查入库505.37万元，入库率100%。国地税稽查联合对28户重点税源企业开展检查，查补收入5630.86万元。

【区域性税收专项整治】　结合企业收入、纳税规模、行业及风险点等因素选取347户整治对象开展自查和进户核查，核查税款99270.19万元，企业补缴入库税款61471.13万元。

【打击发票违法犯罪活动】　将打击发票违法活动深入落实到日常征管与税务稽查工作中。2016年，全省地税检查企业358户，查处违法企业242户，涉及非法地税发票37559份，涉票金额6498.13万元，查补收入2725.51万元。

【税收“黑名单”制度】　联合国税部门开展稽查案件查办、公布“黑名单”企业和联合惩戒工作。2016年，国地税联合选取检查对象66户，结案45户。联合公布23户“黑名单”企业信息，并协调推送至各联合惩戒单位进行联合惩戒。

【稽查制度建设】　充分发挥省级一级稽查体制优势，逐渐形成全省稽查系统“走路一个步调、对外一个声音”的统一标准。出台稽查选案、检查、审理、执行四环节工作制度，制定下发四环节执法文书样式。制定下发《案件审理提前介入实施办法指导意见》，防范和降低税务稽查风险，提高稽查案件质效；制定下发《海南省税收违法案件一案双查实施办法》，进一步规范税收征管和执法行为，有效预防、查处征收管理和税收执法中的违法违纪问题。

【稽查系统建设】　做好案件指导和督导工作。结合对土地增值税高风险业户的检查试点工作，对房地产行业的违法行为、规律和检查方法进行总结，编写下发《房地产行业检查指南》，对指导和规范全省房地产行业的检查工作起到积极作用。以税务总局《税务绩效管理4.0版》为抓手，细化指标的分解和落实，加强对指标情况的实时跟进，完善情况反馈机制和督办机制，充分发挥绩效管理的指挥棒作用，提升稽查执法质效。

【稽查队伍建设】　一是从严从实抓好学习教育。深入开展“两学一做”学习教育活动，组织党员干部学习，领导干部带头讲党课，加强党员干部政治思想建设。二是持续强化作风建设。将作风建设与稽查工作有机结合，不断增强党员干部廉洁从政意识，规范税务稽查执法行为。

【稽查业务培训】　积极开展业务培训。有针对性地举办企业所得税、重点税源企业、发票和稽查师资骨干、中普查账软件等相关专题培训班14期，共379人次参加。

【稽查信息化建设】　一是做好金税三期工程系统、普通发票协查系统、重大税收违法案件公布信息系统、打击发票违法犯罪活动信息管理系统、稽查统计报表采集分析系统等子系统的运行维护工作。提高金税三期工程系统中稽查模块的案件档案录入质量，推动电子稽查档案的规范化建设。二是大力推动电子查账软件的普及和开发工作，进一步推动稽查管理工作流程化、规范化、信息化进程，逐步实现稽查工作“痕迹式”管理。三是不断推行“互联网+稽查”，逐步建立稽查数据仓库，实现大数据稽查。

【稽查工作会议】　2016年4月20日，海南地税局党组组织召开处级以上干部参加的扩大会议，学习贯彻税务总局局长王军在全国各省国税、地税局长全面推开“营改增”试点工作座谈会上的讲话精神以及2016年全国税务稽查工作会议精神。会议提出全省地税稽查系统“十三五时期”工作的总体要求：以中央发布的《深化国税、地税征管体制改革方案》为指导思想，指导和推进地税稽查现代化建设，坚持底线思维、注重战略思考、把握全局方向、理清工作思路，认真分析新时期稽查工作面临的新形势新任务，以问题为导向，以税收法定为前提，全力破解税收稽查事业难题，积极稳妥推进稽查现代化建设，服务海南国际旅游岛建设。

（赵　娜）

重庆市

重庆市国家税务局稽查局

【概述】 2016年，重庆国税稽查部门认真落实全国税务稽查工作会议和全市国税工作会议精神，紧紧围绕重点税源企业轮查、高风险行业（领域）专项整治、重大涉税案件查处三个重点，坚持依法稽查，充分发挥税务稽查“尖刀”作用，聚焦主业促发展，凝心聚力提质效，出色完成全年各项工作任务。在税务总局上下半年绩效考评中，重庆国税“税务稽查质量”均被评为“优秀”等次。

【稽查现代化建设】 以改革推动发展，稳中求进，改革创新，继续推进重庆国税稽查现代化建设。深入贯彻落实《深化国税、地税征管体制改革方案》和《国家税务局 地方税务局合作规范（3.0版）》，创新工作举措，带来“1+1>2”的资源整合效应。

【稽查查补收入及分析】 查补税收收入26.82亿元，入库25.02亿元，同比增长42%。其中，督导企业自查1583户，查补税收收入17.56亿元，同比增长26%；立案案件1199件，案件查补税收收入9.26亿元，占查补总收入的34.53%。

【案件查办情况】 进一步加大涉税违法打击力度，彰显稽查职能，不断增强执法威力，立案检查各类税收违法案件1199件，查补收入9.26亿元。其中，查处偷税案件230件，查补收入0.43亿元。

【重大案件查处】 在查处的大要案中，查补税款在100万元以上大要案52件，查补收入7.28亿元。其中，1000万元以上大要案14件，查补收入6.02亿元。

【随机抽查】 以重点税源企业随机抽查为重点，全市稽查部门完成税务总局重点税源企业检查202户次，查补收入2.79亿元，完成市局重点税源企业随机抽查457户，查补收入15.26亿元，取得较好成效。

【重点税源企业检查】 完成重点税源企业检查659户次，查补收入18.05亿元。

【打击发票违法犯罪活动】 在打击发票违法犯罪活动工作中，查处违法企业1451户，查处非法发票8.5万份，查补入库税收收入4.61亿元，没收违法所得1751万元，捣毁窝点22个，缴获作案机器6台，缴获各类假发票104万份，抓获犯罪嫌疑人129人，检察机关起诉案件37件75人，审判机关审结案件31件40人，有力遏制发票违法犯罪活动势头。宣传曝光发票案件15件，进行各类发票教育宣传4900余次。

【打击虚开增值税专用发票】 全市稽查部门开展打骗打虚专项整治行动，检查企业226户。其中，认定虚开增值税专用发票2.72万份，发票金额37.75亿元，税额6.35亿元，认定接受虚开发票1.08万份，发票金额18.2亿元，税款2.79亿元。

【打击骗取出口退税】 开展出口骗税专项检查34户，认定企业违规申请退税，追回已退税款1.01亿元，认定不予退税1447万元，暂停19户企业出口退税8.03亿元。

【税收“黑名单”制度】 按照《国务院关于建立守信联合激励和失信联合惩戒制度加快推进社会诚信建设的指导意见》和税务总局《重大税收违法案件信息公布办法的公告》的要求，将达到标准的34户重大税收违法企业纳入税收“黑名单”管理，在重庆国税局官网、微信平台和《重庆晨报》等媒体进行公告曝光。到2016年底在重庆国税官网上尚有“黑名单”企业59户，按照规定对其实施纳税信用D级管理，同时推送相关部门开展联合惩戒。

【涉税违法案件检举】 按照《税收违法行为检举管理办法》的规定，畅通检举渠道，形成来信、网络、传真、电话、来访五位一体的举报网络，狠抓涉税检举案件查处，进一步提高纳税遵从度，收到良好社会效益。受理检举案件419件，其中发票类快捷处理372件，暂存待查3件，转相关部门3件，立案查处41件，查结41件（含2015年结转案源3件），查补收入2100万元，入库0.21亿元。

【案件协查】 全市发出金税三期工程委托协查569起，涉及发票2.02万余份，涉及金额43.22亿元，税额7.28亿元，选票准确率98.31%，委托协查查补入库收入0.05亿元；收到金税三期工程受托协查910起，涉及发票份数2.22万余份，涉及金额29.52亿元，税额4.97亿元，受托协查按期回复率100%，受托协查查补入库0.62亿元。

【稽查制度建设】 为了加强西南地区稽查合作，西南地区五省、区、市国税局和地税局分管稽查工作的局领导共同签署了《西南地区税务稽查合作备忘录》；为进一步规范税务稽查案源管理，推进税务稽查体制机制改革，依据税务总局制定的《税务稽查案源管理办法（试行）》，制定《重庆市国家税务局税务稽查案源管理实施办法（试行）》；为强化税警合作打击涉税犯罪，与市公安局、市地税局共同制定《重庆市公安局派驻重庆市国家税务局、地方税务局联络机制暂行办法》；为了加强国地税合作，制订了《重庆市国家税务局　重庆市地方税务局联合稽查工作实施办法（试行）》。

【稽查队伍建设】 扎实开展“两学一做”学习教育，积极落实市局人才兴税战略，着眼提能力、激活力、增动力，努力建设一支与税收现代化相适应的高素质稽查人才队伍。

【稽查人才库建设】 新增税务总局稽查领军人才1人，充实税务总局稽查人才库成员8人，市局稽查人才库成员70人。

【稽查业务培训】 开展稽查专题培训4期，参加培训的稽查业务骨干有250余人次。

【稽查信息化建设】 创新整合以金税三期工程系统为基础，以增值税发票管理新系统、电子底账数据分析系统、稽查业务管理平台为支撑的“1+3”大数据平台，着力打造“职能定位清晰、问题导向明确、比较优势突出、系统功能完善”的全天候、全方位、全流程稽查大数据体系，全面扫描企业涉税异常风险，抓实抓牢企业购销环节的透视监控和分析排查，精准搜寻“变更品名虚开发票”和“购销数量不匹配隐匿收入”等违法犯罪线索，实现案件“自动抓取、自动归集、自动关联、自动匹配”，切实提升运用大数据打击涉税违法行为的综合能力。

【稽查宣传】 《中国税务报》《重庆日报》《重庆新闻联播》等媒体对重庆国地税联合稽查、税警协作、大要案件查办等工作经验进行了报道，并被央广网、人民网、新华网等主流媒体转载。

【稽查工作会议】 2016年4月27日，全市国税稽查工作会议在重庆市税务干部学校召开，会议传达学习了市局局长李杰关于稽查工作的重要批示，重庆国税局副局长廖忠贤代表市局党组作了题为《紧抓机遇　奋发有为　努力谱写重庆国税稽查现代化新篇章》的工作报告，全面总结了2015年全市国税稽查工作，明确了“十三五”时期的稽查工作思路，部署了2016年的全市国税稽查工作任务。会议要求全市国税稽查部门抓住体制改革的历史机遇，推进稽查改革向纵深发展，以“抓基层、打基础”为着力点，强化稽查队伍能力建设，顺应“互联网+”趋势，发挥大数据在稽查工作中的引领作用，以健全运行机制为抓手，推进稽查工作质效稳步提升。

（杨小红）

重庆市地方税务局稽查处

【概述】 2016年，重庆地税局稽查系统紧紧围绕深化税收征管体制改革任务，全面贯彻落实全国税务稽查工作会议和全市地方税务工作会议精神，以整顿税收秩序和规范稽查工作为目标，稳步推进随机抽查和定向稽查，持续加大大要案件查处力度，大力深化国地税联合稽查，积极推动税警协作，深入强化税收“黑名单”和联合惩戒工作。全年稽查查补入库收入28.1亿元，充分发挥税务稽查职能作用，为全面完成各项工作任务，促进全市地税税收收入稳定增长做出积极贡献。

【稽查工作目标】 为促使稽查工作回归主业，切实提升案件查办质效，重庆地税局明确稽查工作目标：稽查案件选案准确率、结案率和入库率不低于90%，稽查案件综合处罚率不低于8%，处罚面不低于50%，查处一批有影响力的重大税收违法案件，各单位税收“黑名单”案件不低于1件。

【稽查体制机制改革】 根据税务总局工作部署，重庆地税局不断完善稽查体制机制建设，进一步发挥跨区直属稽查局体制和人力资源优势。5个跨区直属稽查局查补入库总收入21.5亿元，同比增长10%，占全市稽查查补总收入的75.6%，同比增长7%；立案检查收入5.8亿元，为上年同期1.5倍。人均查补896万元，是全系统平均水平的2.1倍。税务总局副局长孙瑞标对重庆地税稽查体制机制改革工作作出肯定性批示。

【“营改增”专项稽查工作】 按照税务总局工作部署，重庆国税局、地税局稽查系统按照“国地联合、统一组织、属地检查、统一处理”的原则，共同组织开展对全市范围内建筑安装、旅游服务、餐饮住宿等多个行业共计108户“营改增”企业的专项稽查工作。通过对发票使用情况、财务核算、政策执行等三个方面重点内容的检查，进一步整顿和规范行业税收秩序，有效增强“营改增”纳税人税法遵从意识。

【稽查查补收入及分析】 开展立案检查和督导自查1643户，查补入库收入28.1亿元，同比增长12%，占全市地税税收收入的2.5%，户均查补161万元，为上年同期的4倍。从稽查收入类别来看，立案检查收入由上年同期的7.1亿元增长到9.6亿元，为上年同期的1.35倍，占全市地税税收收入的0.85%，占稽查查补入库收入的34.2%。其中，查补企业所得税7.3亿元，土地增值税5.3亿元，营业税2.9亿元，个人所得税1.8亿元。

【案件查办情况】 立案查处各类税收违法案件933件，查补收入9.6亿元，同比增长35%。查处100万元以上案件109件，同比增长16%，查处千万元以上案件10件，查处亿元以上案件1件，税务总局督办案件4件。其中，偷税案件56件，逃避追缴欠税案件5件。

【随机抽查和定向稽查】 扎实开展随机抽查和定向稽查，构建8964户重点税源企业信息库，按照20%的比例随机抽选1810户作为待查对象，采取先案头风险分析评估查找高风险纳税人，再开展定向稽查的模式，确定544户稽查对象实施定向精准稽查。通过开展随机抽查和定向稽查，查补税收收入9.1亿元。

【打击发票违法犯罪活动】 重庆国税局、地税局稽查系统共同部署开展虚假发票“买方市场”专项整治，重点对建筑安装、房地产、商业批发与零售、电信、交通运输等行业的发票使用情况开展检查。查处违法企业527户，查处非法发票5804份，涉及金额5.2亿元，查补税款3904万元，加收滞纳金和罚款共计1745万元。集中查处多伊尔建筑劳务有限公司虚开发票、湖南地质建设工程（集团）有限公司使用伪造发票及完税凭证等案件。

【税收“黑名单”制度】 根据税务总局修订的《重大税收违法信息公布办法（试行）》，持续完善税收“黑名单”案件公布标准、撤出机制、税收“黑名单”审批系统和向社会公布系统建设。协调增补参与联合惩戒市级部门2家，强化税收“黑名单”联合惩戒机制。全年向社会公布税收“黑名单”案件29件，曝光违法当事责任人32人次，向24家市级部门以及800余家区县级部门推送税收违法“黑名单”信息29条，并对相关责任主体实施联合惩戒。通过法院强制措施成功追缴1户税收“黑名单”企业税款2000万元。

【涉税违法案件检举】 受理各类群众检举案件145件。其中市级举报中心受理92件，区级举报中心受理39件，县级举报中心受理14件。大要案件5件，查补收入3912.13万元，入库3580.58万元，其中入库税款2879.01万元，滞纳金332.98万元，罚款368.59万元。

【国地税联合稽查】 重庆国税局、地税局稽查系统按照税务总局印发的《国家税务局 地方税务局合作规范》要求，通过强化组织保障、突出问题导向、运用“互联网+”、深化办案合作和统筹进户执法等措施，积极推进国地税联合稽查。全年召开4次联席会议，研究部署西南地区税务稽查合作机制和“2016雪豹专项行动”，部署217户企业联合进户检查，共同开展打击发票违法犯罪活动，联合推进2016年重点稽查对象随机抽查工作，制定并下发国地税稽查联合工作办法。税务总局副局长孙瑞标，《中国税务报》《重庆日报》以及税务总局相关信息专报对重庆国地税联合稽查工作多次给予肯定性批示和报道。

【税警协作】 按照征管体制改革工作要求，积极推进税警协作。与市公安部门沟通协调，全系统均挂牌成立公安局派驻地方税务局联络机制运行办公室，打通税警协作关键环节。全年税警协作查办了酉阳县蔡某制售假发票，重庆市多伊尔建筑劳务有限公司虚开发票等10件涉税违法案件，刑拘违法犯罪嫌疑人19人。

【稽查制度建设】 为贯彻落实国地税联合稽查工作要求，重庆国税局、地税局联合印发了《重庆市国家税务局重庆市地方税务局联合稽查工作实施办法（试行）》，涵盖共建协调机制、共享涉税信息、共同下达任务、联合实施检查、协同案件审理、协同案件执行和稽查结果运用等具体内容。为推动税警协作，重庆公安局、国税局和地税局联合印发了《市公安局派驻市国家税务局市地方税务局联络机制运行暂行办法》，明确联络机制运行办公室主任、人员数量及配置、办公场所、办公设备，以及警税信息共享、作战指挥平台建设所需设备等具体工作。

【稽查队伍建设】　多措并举，全面提升队伍建设水平，在全国税务系统“岗位大练兵，业务大比武”考试中，重庆地税稽查取得了全国第1名的好成绩。一是全方位、多层次、大规模开展稽查业务培训。2016年3月举办了稽查协查系统运用专题培训，5月开展了稽查人才库专题培训，12月开办了《全国税务稽查规范（1.0版）》专题培训班。二是举办稽查擂台赛，提升实战能力。7—8月举办了重庆地税系统第二届稽查擂台赛选拔赛和查账比赛。三是积极开展上派下挂，实岗锻炼。通过开展5个跨区直属稽查局和30个区县稽查局互相上派下挂稽查干部，进行实岗锻炼，提升稽查干部综合素质和区县稽查局办案能力。四是重庆国税局、地税局互派干部挂职锻炼。从重庆地税局稽查处和重庆地税局第三稽查局选派2名干部到市国税局挂职锻炼，切实拓宽稽查干部专业视野，提高专业素质。

【稽查信息化建设】　加快稽查信息化建设步伐，积极推进稽查现代化建设。率先在5个跨区直属稽查局推行网络版查账软件和电子取证勘测箱的试点运用，提高案件查办质效。选派4名稽查干部赴厦门参加电子取证勘测箱培训班实训，并取得由人力资源与社会保障部教育培训中心认证的电子数据取证分析师资格。

【稽查调研】　组织编撰《稽查信息》5期，编辑各类稿件100余篇，为各级稽查部门互通信息、共享成果和经验交流提供了平台，其中两期专题开展“面向新征程　地税再创业”大讨论。为进一步促进稽查成果转换，提升稽查工作整体质效，围绕《深化国税、地税征管体制改革方案》税务稽查改革内容，组成课题组，撰写《深化地方税务稽查改革研究》，获得2016年重庆地税系统重点科研课题一等奖。

【稽查工作会议】　2016年1月29日，重庆市地税局召开2016年全市地方税务工作会议。会上，市局副局长徐德中围绕“规范稽查执法、强化基础管理和提升基本技能”强调“稳步推行随机抽查、加大案件查处力度、加强税收‘黑名单’工作、强化稽查质量管理、深化国地税联合稽查、提升业务素质建设、防范稽查执法风险”等七项重点工作。2016年4月13日—14日，全国税务稽查工作会议在重庆召开，重庆国税局、地税局就联合稽查工作作经验交流发言。2016年5月11日—19日，重庆地税局召开全市稽查工作片区会，再次传达、贯彻落实全国税务稽查工作会议精神，及时总结阶段工作经验，查漏补缺，部署下一步重点工作任务。

（蒋　攀）

四川省

四川省国家税务局稽查局

【概述】　2016年，全省国税稽查部门紧紧围绕税收中心工作，勇于担当，主动作为，圆满完成打虚打骗、高风险企业应对、重点税源企业检查、打击发票违法犯罪活动等各项工作任务。全年立案检查企业3154户，查补收入34.74亿元，同比增长10.8%，占全省国税收入的1.52%。四川国税局稽查工作受到税务总局副局长孙瑞标，四川省委常委、政法委书记侍俊的批示肯定。

【稽查现代化建设】　以稽查专项改革为契机，以抓优资源配置、抓强数据应用、抓实队伍建设、抓好质效提升“四个重点”为抓手，持续推进稽查现代化建设，不断开创稽查工作新局面。积极探索分类稽查，按照“行业+规模”的思路分门别类实施稽查，强化稽查专业化管理，提升稽查工作质效。在2015年组建“双精团队”的基础上，组建精确选案、打击虚开、打击骗税三个工作团队，确保税务总局布置的各项重点工作落实。

【稽查体制机制改革】　按照稽查专项改革总体要求，四川国税局将工作机制改革作为稽查体制机制改革重点、思考的着眼点、工作的着力点和改革的创新点。准确地发现和把握当前稽查工作的新问题、新要求，有效借鉴和运用稽查工作的新理念、新成果、系统地改造和完善现有工作机制，使之成为一种运用新成果、适应新规律的工作常态。全省国税稽查部门在优化完善稽查制度、推进信息化建设、“双随机”抽查工作、高风险企业定向稽查、国地税联合稽查、“黑名单”制度和联合惩戒、公安派驻税务联络机制等方面积极探索并实践，成效明显。

【“营改增”专项稽查工作】 全省检查纳税户165户，涉及发票8448份，涉及金额3.99亿元，查补总额1460.65万元。其中，税款1272.31万元、滞纳金112.57万元、罚款75.77万元。主要问题：“营改增”前后过渡期间违规代开、自开、接受发票；房地产企业隐匿收入或虚增成本；金融保险企业违规接受发票；酒店混淆住宿和餐饮收入。

【稽查查补收入及分析】 全省稽查查补总额34.91亿元，较上年增长9.1%。其中，立案查补收入6.72亿元，督导自查收入28.19亿元，入库总额34.74亿元，入库率99.5%。

【案件查办情况】 全省立案检查企业3154户，查结2296户，有问题企业2238户。其中，定性偷税企业237户、逃避追缴欠税1户、骗取出口退税3户、虚开增值税专用发票38户，查补总额千万元以上案件3件，百万元以上案件86件。督导企业自查4140户。

【案件特点分析】 近年来，虚开骗税案件数量呈上升趋势；团伙作案多，专业化程度高；作案方式短平快，涉案企业走逃快；案件涉及企业多、地域范围广；作案主体涉及行业多，部分行业相对集中。其中，农产品收购、中药材收购加工、纺织服装、贵金属销售、板材、煤炭、钢材经销、废旧回收加工业等涉及税收优惠政策或富裕票沉淀的行业，虚开专用发票案件多发。

【重大案件查处】 全省立案检查虚开骗税案件1031件，发出“已证实虚开通知单”涉及金额59.93亿元，税额9.55亿元。认定接受虚开税额2.81亿元。查补总额5.01亿元。公安机关立案侦查315件案件，抓捕犯罪嫌疑人278人，打掉虚开团伙19个。法院判决虚开案件13件，判处30人承担刑事责任。

【随机抽查】 省、市分级建立重点检查对象名录库，通过数据穿透分析、疑点扫描分析和靶向定位分析，创新建立“注销、走逃企业数据库”“虚开发票企业数据库”“大型企业供应商数据库”等三个税务稽查异常名录库，建成覆盖全省三级稽查部门、所有在岗1800余名稽查人员的税务稽查执法检查人员分类名录库。全省国税稽查部门对2016户纳税人实施随机抽查，查补收入12.12亿元。

【重点税源企业检查】 税务总局部署的2016年重点税源随机抽查工作确定的40户重点稽查对象，四川涉及37户。其中，总部在川的只有泸州老窖集团公司1户，其余在川企业均为分支机构，涉及分支企业1569户。在做好税务总局安排的重点税源企业重点检查工作的基础上，完成省局年初下达的63户重点税源企业检查工作。

【区域性税收专项整治】 全省组织开展对金融保险、电力、房地产和建筑安装、物流、大型连锁、教育培训、营利性医疗机构等行业税收专项整治，组织自查3824户，立案检查2159户。查补收入27.2亿元，冲减增值税留抵税金424.62万元，调减亏损企业申报亏损额5721.5万元，移送司法机关204户。

【打击发票违法犯罪活动】 全省查处违法企业2397户，查处非法发票18.86万份，涉及金额186亿元，查补收入6.14亿元。协助公安机关捣毁制售假发票窝点40个，打掉治假售假团伙20个，缴获发票19.45万份，查获犯罪嫌疑人273人，移送起诉案件22件，依法判决16件，43人被判处有期徒刑。

【打击虚开增值税专用发票】 省局成立打击虚开骗税办公室，统筹全省打击虚开骗税过程中的稽查资源调配、任务下达、跟踪管理、考核督导、资料报送等，确保各项工作整体推进。税务总局下发的虚开案源，省局通过“双精”工作团队精准锁定的重大虚开疑点企业案源、受托协查虚开案源及接受公安、人民银行、海关等部门移交涉嫌虚开案源共1027户，分两批开展专项打击工作。

【打击骗取出口退税】 成立打击虚开骗税办公室，统筹全省打击骗取出口退税专项行动，针对广安市打击骗税工作任务重，查处工作压力大，省局抽调4名骨干人员组成工作组，由省局稽查局检查科科长带队进驻广安，督促指导并参与完成税务总局下发的4户案源查处工作。

【税收“黑名单”制度】 全省向社会公告重大税收违法案件24件，向联合惩戒成员单位推送案件信息24条，相关单位对重大税收违法案件当事人实施惩戒30次。

【涉税违法案件检举】 全省举报中心工作人

员加强举报案件管理，强化协作与沟通，增强“服务”意识，全年受理举报案件216件，查处160件，结案122件，查补收入2074万元。妥善疏导和处理了德阳华野、绵竹宝晟和荣县食品公司等一批缠访举报案件。

【案件协查】　加强异地合作和区域联动，积极主动发起协查，确定虚开类型委托协查和受托协查均成倍增长。坚持协查地就是案发地的理念，强化对受托协查相关企业检查，查补收入8400万元。

【稽查制度建设】　2016年，税务总局先后下发了稽查规范、案源管理、随机抽查、国地税联合稽查、税收“黑名单”及联合惩戒等工作制度，省局按照管用有效原则落实并配套制定16个制度办法，基本涵盖从案源管理到执行管理，从内部管理到外部协作等税务稽查全过程、各环节，为各项稽查工作的有序推进打下坚实基础。

【稽查系统建设】　强化纪律防风险，认真落实全面从严治党的各项要求，建立和完善内控机制。省局稽查局、资阳市国税局建立廉政承诺、执法记录仪使用制度及廉政跟踪回访制度，遂宁市国税局探索构建“4+2”廉政风险防控闭环管理体系，攀枝花市国税局推行“三书两报告”制度，一系列行之有效的措施，确保了全省稽查系统廉洁安全。

【稽查队伍建设】　扎实开展“两学一做”学习教育，严格落实中央八项规定等纪律要求，不断增强稽查干部“四个意识”和担当精神。加强党建推工作，充分发挥基层党支部的战斗堡垒作用和党员干部先锋模范作用，涌现出一批先进典型。江油市国税局稽查局作为税务总局稽查局党建工作联系点，不断夯实党建基础，提升党建工作水平，示范和榜样作用有效发挥。遂宁市国税局稽查局党支部荣获“四川省先进基层党组织”称号，省局稽查局党支部荣获省直工委“先进基层党支部”称号，南充市国税局稽查局被评为南充市“党员示范单位”。

【稽查人才库建设】　省局对稽查人才库实行动态管理，新遴选85名业务骨干进入稽查人才库。

【稽查业务培训】　省局组织了稽查局长培训班和稽查业务骨干培训班，参训人员达130余人。各市州局结合实际，大力开展岗位练兵和教育培训，将稽查业务技能培训和稽查领军人才培养结合，将理论培训和实战训练结合，有效提升稽查人员的核心业务能力。积极参加“岗位大练兵、业务大比武”活动，成都国税局稽查局卢海涛获得稽查序列全国第2名，带动了全省稽查干部的学习热情，营造了创先争优的良好氛围。

【稽查信息化建设】　利用互联网设备和技术为现场执法提供实时支持，增强执法机动性和快速处置力。不断优化选案指标体系，完善电子稽查案例库，推广电子稽查，全省使用查账软件324套，运用信息技术手段查办案件的比例90%以上。

【稽查宣传】　动态反映各地稽查工作做法及取得的工作成果，形成《国税稽查情况通报》28期。全省通过网络、报刊等新闻媒体开展税收“黑名单”制度和实施联合惩戒措施宣传780余次。四川国税部门多措并举堵漏增收及强化税警协作开展打虚打骗工作专报获得税务总局领导和省委、省政府领导的批示肯定。

【稽查调研】　创新实施精准稽查，全面提升稽查质效的做法和成效在《中国税务》总第387期和《中国税务稽查》总第56期刊载。《税务稽查中的心理学方法运用》在2016年6月1日的《中国税务报》B2版发表。

【稽查工作会议】　2016年4月21日，四川国税系统稽查工作会议召开，贯彻落实全国税务稽查工作会议精神，对税务总局“雪豹2016”专项行动、打击虚开、打击骗税等各项重点工作进行部署。重点围绕确保完成稽查堵漏增收任务、积极抓好稽查专项改革试点、严厉打击虚开骗税等违法行为、组建专业化团队推进重点工作落实四个方面抓好2016年工作落实。

【工作建议】　建议税务总局加强重点项目检查、协查工作的统筹部署和督导考核。近年来在涉税案件查办中，警税协作更加频繁和紧密，发生的办案费用也大幅增加，且不易分割，给经费报销增加难度，建议税务总局明确警税协作发生的办案费用均可在稽查办案经费中列支。

（刁学权）

四川省地方税务局稽查局

【概述】　2016年，四川地税局稽查局认真贯彻全国税务稽查工作会议和全省地税工作会议精神，深刻把握税务总局和省局各项要求，努力克服经济增速放缓、“营改增”税基减小等不利因素影响，服务税收工作大局，以稽查改革试点为契机，大力组织开展重点税源随机抽查、打击发票违法犯罪、重大税收违法案件查处等工作，较好地发挥了稽查“以查促收”“以查促管”的职能作用，为全省地税事业持续健康发展做出积极贡献。2016年，全省立案检查和组织企业自查872户，查补收入73.07亿元，入库收入72.21亿元，查补收入占同期地方工商税收的比例达到3.78%，各项指标再创新高，查补收入规模在西部地区排第1名，在全国位列前3，达到历史同期最好水平。

【稽查查补收入及分析】 检查纳税人1959户，组织企业自查7913户，查补收入总额73.07亿元，同比增长17.53%（其中，稽查部门直接查补收入12.62亿元、组织企业自查收入60.45亿元）。同期入库收入72.21亿元，同比增长22.22%。全省选案准确率96.73%，入库率98.83%，全面完成2016年税务总局稽查局下达的各项工作指标。

【案件查办情况】 创新稽查思路，规范稽查行为，提高稽查质量，精心组织，集中力量查处各类案件。全省立案检查案件1959件，查补收入12.62亿元。其中，千万元以上案件12件，查补收入2.77亿元；百万元以上案件126件，查补收入3.69亿元；偷税案件23件，查补收入2100万元；全年移送公安机关处理案件10件。

【重大案件查处】 抽调稽查业务骨干，优化、整合稽查力量，组织查办一批有影响力的案件。四川地税局稽查局查办税务总局督办的“7·03”案件，初查税款5642万元，成都永安等3户建筑安装企业案件查补收入1278万元。成都地税局稽查局全年查处1000万元以上案件5件，查补金额1.07亿元。绵阳地税局稽查局查办“某宾馆”案件，初查税款近2亿元。

【随机抽查】 全省着力开展随机抽查工作试点运行。一是建立健全随机抽查和案源管理制度。成都、南充市等地相继出台随机抽查实施办法，建立健全联合随机抽查机制。二是运行维护稽查“三库”。全省21个市（州）均已完成“三库”信息收集储备工作，达州、眉山、雅安、资阳等地完成“三库”建设。三是开展“双随机”工作。在完成“三库”初级建设的基础上，稳步推进重点税源企业随机抽查、稽查干部随机选派的“双随机”工作。雅安地税局自主研发随机选案软件。2016年，组织随机抽查1362户，查补收入5.56亿元，入库4.82亿元。

【重点税源企业检查】 与国税部门联合组织开展2015年、2016年税务总局部署的两个批次的重点税源随机抽查工作。一是组织完成税务总局2015年部署的对中国银行、中银保险、成都铁路局、中国移动、中国铁通等26户企业集团，682户成员企业的重点税源随机抽查重点检查工作，查补收入4.75亿元，入库4.65亿元（含国税）。二是组织开展对40户企业集团近1800户成员企业重点税源随机抽查自查阶段工作，组织自查收入1.2亿元。在开展重点税源检查工作中，各地采取有力措施，切实做好工作落实，取得实效：绵阳市抽调稽查业务骨干30余名组建25个检查组，分3批次对涉及企业开展检查，初查税款近3亿元。资阳、自贡、攀枝花、泸州、宜宾等地克服人员紧缺的困难，推行全员稽查，局领导带队进户开展检查。南充、内江市除完成税务总局、省局部署任务外，还结合辖区经济特点，采用集团化稽查等形式，组织开展对建筑安装、金融保险、医疗卫生、供排水等行业的重点税源检查，取得较好效果。

【税收专项检查】 按照税务总局部署安排，落实完成以下整治工作。一是组织“营改增”高风险企业专项整治，国地税共检查339户，查补税费5505.11万元，处罚款344.26万元，加收滞纳金572.64万元，入库5446.7万元。二是组织旅游市场税收专项整治工作，开展自查及立案检查146户，查补收入1182.3万元。其中，阿坝地税局对某风景区管理局等3户旅游企业的检查工作，查补入库516.9万元。三是组织“雪豹2016”行动，南充、宜宾、雅安地税局对涉案3户企业组织专案检查，查补收入80余万元。

【打击发票违法犯罪活动】 继续保持对打击发票违法犯罪活动的高压态势，做到“查税必查票”“查账必查票”“查案必查票”，加强部门协作配合，有力提升打击成效。全年检查企业1126户，查处违法企业496户，查处非法发票2.89万份，涉及金额2.7亿元，查补收入2646.36万元，移送公安机关案件3件，全省发票违法行为得到有效遏制。成都市打掉一制售发票窝点，抓获嫌疑人2人，缴获各类假发票10万余份，收缴电脑、打印机等作案工具7台和假印章59枚。南充市在阆中组织开展为期6个月的建筑业发票专项整治工作，查获伪造建筑业统一发票（代开）81份，涉案金额2947万元，查补收入929.92万元，向公安机关移送涉嫌犯罪案件5件，判刑2人。

【税收“黑名单”制度】 以落实“黑名单”制度、实施联合惩戒为着力点，促进提高税法遵从。一是推动落实联合惩戒相关机制。国地税联合设立联合惩戒办公室，认真落实省发改委《关于对重大税收违法案件当事人实施联合惩戒措施的合作备忘录的通知》，推动联合惩戒工作机制有序建立。二是落实联合惩戒措施。通过省局网站公布“四川锦鑫劳务有限公司”“成都益邦投资有限公司”“四川龙府实业有限公司”3家企业重大税收违法信息并积极推送惩戒。对虽未达到重大税收违法案件公布标准，但在辖区具有一定影响的案件，各地因地制宜开展曝光、惩戒工作。

【涉税违法案件检举】　继续加强涉税违法案件举报管理工作，通过提升接访质量，完善政策解答，引导检举行为，严守工作秘密，妥善应对、处置涉税舆情，做好缠诉、缠访案件的矛盾化解、疏导和说服工作。全省受理举报案件1176件，立案查处242件，查补入库收入8953.47万元，兑付举报奖励4.66万元。

【稽查体制机制改革】　深入贯彻落实税务总局部署，抓好稽查改革举措的全面落实。一是紧盯改革谋布局。坚持上下统筹，推进内外协同，明确改革总体思路，细化工作举措。省局及时制定下发深化改革试点工作文件，将稽查改革试点7项大任务细化为56项子任务，确立在省内进行单项改革试点的地区，加强责任落实和工作监控。成都、达州、南充、眉山、自贡、遂宁、内江、宜宾、资阳、广安等地作为单项改革试点牵头单位，做好与成员单位的统筹配合，按要求完成了省局下达的各项目标任务。二是强化督导抓落实。省局组织开展对宜宾、南充、遂宁市等10余个稽查局改革工作的实地调研、督导，并在乐山、宜宾等地召开5次片区稽查改革推进会，促进各地改革试点工作全面推动。三是探索创新求实效。全省地税稽查部门积极适应风险管理理念和税收征管模式的变化，创新合作途径，提升工作效能，在创新选案机制、提升执法层级、强化执法协作及联合惩戒等领域积极探索，7大改革任务全面推进，取得较好成效。

【稽查制度建设】　省局稽查局狠抓管理，完善制度、固本强基，不断推进税务稽查规范制度建设，提升执法水平。省局印发随机抽查、案源管理、税警协作、稽查规范等方面的制度文件，抽调骨干人员编撰《典型行政涉税诉讼案件汇编》。达州市制定《税收自查操作办法（试行）》，修订完善《稽查四环节操作指南》，规范稽查工作流程。南充市印发《审理工作操作办法》《稽查建议试行办法》，进一步提升审理工作、稽查建议的科学性和规范性。眉山市按照“指标明晰、考核科学、能上能下、奖优惩劣”的原则，试行稽查干部能级管理制度。广元市以贯彻落实《全国税务稽查规范（1.0版）》为契机，制定和细化稽查四环节工作责任清单51项。

【稽查队伍建设】　一是扎实开展“两学一做”专题教育活动。各地通过党章知识竞赛、“重述入党志愿、重温入党历程”主题党日活动、专题学习讨论等形式，增强党员干部党性，培养党员干部履职尽责、清正廉洁的工作作风。二是深化党风廉政建设。提升党风廉政建设工作水平，营造风清气正的稽查工作环境。三是强化绩效管理。以绩效管理为抓手，服务税收中心工作，促进稽查工作全面有序推进。

【稽查人才库建设】　全省6人入选税务总局人才库稽查子库，22人入选税务总局随机抽查人员名录库，1人被税务总局评为先进个人。

【稽查业务培训】　各地以岗位大练兵为契机，通过以老带新、以案代训、网络学习、现场教学等方式，着力提高稽查干部履职能力。2016年，全省累计组织培训班次585次，参与培训人次3456次。

【稽查信息化建设】　贯彻“科技管税”和“稽查信息化”要求，深入推进信息管税。大力提升稽查工作信息化程度，加大电子软件查账普及运用力度，提高对信息化管理企业的稽查办案能力。

【稽查调研】　四川地税局稽查局领导分别率队赴全省21个市（州）开展调研，发表题为《四川省国地税稽查合作研究》等调研课题。

【稽查工作会议】　2016年4月22日，全省地税系统稽查工作会议在遂宁市召开，省局副局长黄刚才出席会议，省局稽查局班子成员、各市（州）局分管稽查领导、稽查局局长，省局相关处室和省局稽查局部分科室负责人参加会议。会议传达学习了全国税务稽查工作会及全省地税工作会精神，全面总结了“十二五”时期稽查工作情况，研究确定2016年稽查工作思路和任务，安排部署2016年稽查重点工作。会上，黄刚才要求全省稽查工作要以稽查体制机制建设为核心，以稽查信息化建设为手段，以稽查干部队伍建设为保障，实现查补收入稳定增长，提升稽查治理能力。一是要严厉打击涉税违法行为，充分适应供给侧结构性改革和“营改增”税制改革要求，找准地税稽查执法着力点，做好堵漏增收工作。二是要扎实推进稽查改革。实现国地税联合稽查，落实“黑名单”和联合惩戒制度，推行和完善风险分析评估体系，全面推进稽查体制改革。三是要切实提高稽查质效，加快稽查规范化、信息化建设。四是要进一步加强稽查干部队伍建设。以绩效考核和党风廉政建设为抓手，强化稽查技能培训，积极开展岗位大练兵，组建稽查专业团队，提高稽查队伍执行力、打击力、战斗力。会议还表彰了2015年度全省稽查工作目标考核先进单位和“十二五”期间发票打假工作先进单位，遂宁、成都、南充、巴中、广元等地代表作了现场交流发言。

（李佳懋）

贵州省

贵州省国家税务局稽查局

【概述】 2016年，贵州国税稽查部门按照“12345”工作思路，充分发挥税务稽查职能作用，以服务税收工作大局为中心，以维护税法尊严和提高纳税遵从为目标，以坚持依法稽查和深化稽查体制机制改革为主线，以重大税收违法案件查处为重点，以稽查信息化建设为手段，以稽查干部队伍建设为保障，完善稽查治理体系，提升稽查治理能力，推动稽查现代化建设。

【稽查体制机制改革】 从制定《税务稽查随机抽查实施方案》、建立税务稽查对象名录库、确定稽查对象、进户检查、发布税收“黑名单”及实施联合惩戒、交换信息共六个方面联合地税稽查局共同推进。与公安厅、地税局联合下发《贵州省公安厅派驻贵州省国家税务局贵州省地方税务局联络机制运行暂行办法》。完成市（州）级公安派驻联络机制的建立工作，在联络办的协调配合下，联合查办案件120件，抓获犯罪嫌疑人73人，挽回国家税款损失3.77亿元，曝光联合查办典型案例9个。对外公布15件重大税收违法案件信息，联合22家单位对失信企业实施联合惩戒措施。通过摇号方式随机选取335户检查对象开展检查，随机选择执法人员146人次实施检查工作。

【“营改增”专项稽查工作】 制定《贵州省国家税务局　贵州省地方税务局关于印发〈2016年营改增高风险企业专项稽查工作实施方案〉的通知》，明确专项稽查重点企业和重点稽查内容。利用金税三期工程、增值税发票升级版、电子底账系统，编写SQL数据分析脚本，提取企业税务登记、纳税申报、普通发票、增值税专用发票等方面的数据，通过加强数据分析比对，筛选待查企业，与地税稽查部门实施联合稽查，检查“营改增”企业23户，查补收入1026万元。

【稽查查补收入及分析】 检查和组织纳税人自查1208户，查补收入10.66亿元，同比增长24%，增收2亿元。入库查补收入10.1亿元，同比增长17%，增收1.5亿元，占全省国税系统组织税收收入的1%，入库率95%。其中稽查部门直接检查纳税人查补收入6.69亿元，入库收入6.13亿元，督导自查收入3.97亿元，入库收入3.97亿元。

【案件查办情况】 立案检查纳税人909户，有问题户数810户。其中偷税212户，入库收入14279万元；逃避追缴欠税5户，入库收入161万元；虚开增值税专用发票55户，入库收入2751万元。

【重大案件查处】 组织查办税务总局督办案件29件，省局督办案件44件，查补收入千万元以上案件6件、百万元以上案件43件。遵义“7·03”专案与重庆国税稽查局开展区域合作得到了税务总局副局长孙瑞标的批示肯定。

【随机抽查】 与省地税局联合制定《随机抽查实施方案》，建立涵盖全省100余万户纳税人的“税务稽查对象分类名录库”、涉税风险较高的“稽查异常对象名录库”和涵盖全省600名稽查人员的省、市两级“税务稽查执法人员分类名录库”。通过“稽查选案随机抽查系统”软件进行“一键式”摇号，随机抽选确定了2016—2019年17户重点税源企业稽查待查对象并对外公布；通过摇号方式随机选取335户检查对象开展检查，占总检查户数的43%，随机选择执法人员146人次实施检查工作。

【重点税源企业检查】 开展税务总局安排的26户重点税源企业集团的随机抽查工作、金元集团等4户省级重点税源企业集团随机轮查、“营改增”企业检查、全国40户重点稽查对象中的茅台集团等四批检查，检查和组织自查重点税源企业及其分支机构1224户，发现问题涉及金额5.98亿元，查补入库1.8亿元，调减增值税期末留抵税额1.06亿元，调减企业所得税亏损额3.12亿元。

【打击发票违法犯罪活动】　2016年，全省国税系统稽查部门牵头组织打击发票违法犯罪活动，查处发票违法案件317件，缴获虚假发票6842份，打掉违法犯罪团伙7个，公安机关立案336件，查获犯罪嫌疑人264人，移送起诉10件。检察机关起诉29件，起诉人员43人，审判机关审理案件20件，判处有期徒刑以下28人，治理发票违法手机短信息133万条。对433户企业实施发票使用情况检查，涉及房地产、建筑安装、药品与医疗器械、商品批发与零售、加工制造、煤炭生产等多个行业，查处违法企业336户，查处非法发票37782份，查补收入1.64亿元。

【打击虚开增值税专用发票】　组织完成税务总局下发案源、“雪豹2016”专项行动、“利用黄金交易虚开增值税专用发票”等打虚打骗工作任务，检查案件503件，涉及发票9.87万份，认定虚开发票3.35万份，认定接受虚开2.67万份，查补收入5.93亿元，组织入库1.48亿元。“雪豹2016”专项行动在全国税务稽查工作会议上，得到了税务总局副局长孙瑞标的表扬。

【税收“黑名单”制度】　对外公布15件重大税收违法案件信息，包括4件偷税案件和11件虚开发票案件。联合其他22家单位对失信企业实施联合惩戒措施。及时落实信用修复机制，对7户主动到税务机关缴清税款、滞纳金、罚款共5770万元的企业，依法解除7户当事人的惩戒措施。

【涉税违法案件检举】　受理涉税违法检举案件137件，较上年同期减少16件，减幅10.46%。查补收入6938.35万元，较上年同期增加3448.35万元，增幅98.81%。

【案件协查】　通过金税三期工程协查系统发出委托协查771起，涉及委托方882户次，协查发票15354份，涉及金额21.94亿元，涉及税额3.66亿元，收到回复发票14346份。其中协查问题类型为有疑问的有问题发票13947份，无法核实发票1038份，选票准确率97.29%。受托协查605起，涉及全省799户企业，协查发票14199份，发票涉及金额21.64亿元，涉及税额3.48万元，回复率为100%。

【稽查队伍建设】　以巡视整改为契机，全面开展稽查部门党建工作。结合“两学一做”学习教育活动，组织稽查干部重温党章，重新学习稽查工作规程，将党建工作与稽查工作全面融合。以“岗位大练兵、业务大比武”为抓手，全面提升稽查干部素质。开展电子税务稽查等培训，组织开展培训43期，培训稽查干部2107人次。涌现出杨晓峰、王翔、陈璇曲等一批爱岗敬业、无私奉献的先进典型，得到税务总局、省局的通报表扬。

【稽查信息化建设】　整合金税三期工程、增值税发票管理新系统、增值税防伪税控系统、出口退税审核系统等7大系统数据建立稽查综合数据库。通过集中办公等方式培养一批数据分析等专业人才，在此基础上开发双随机选案系统，通过深入运用查账软件、取证魔方、税证宝等工具对大数据进行分析，稽查选案的科学性、精准性得到进一步提升，提升了案件查办质效。

【稽查宣传】　一是向税务总局报送专报6期，向税务总局稽查局报送稽查工作信息30期，其中“雪豹行动阶段报告”得到副局长孙瑞标肯定性批示，“警税协作三个推进”等信息被税务总局采用，“双随机一公开”监督情况被省政府采用，“西南合作机制”中的6篇信息被税务总局稽查局采用。二是通过行业媒体宣传，《中国税务报》“案例选编”和“要闻版”头条登载“5·19案例”和“7户企业恢复自由身”等报道，与《贵州国税》合作编辑“利剑—稽查风采”专期，共选编反映稽查工作文章22篇，展示稽查工作风貌。三是通过贵州新闻联播、新华网等媒体报道公安派驻税务联络室成立等新闻，通过门户网站公开15户重大税收违法案件查处结果，通过公告栏对外公告案件查处结果500余件。

【稽查工作会议】　2016年5月16日，贵州国税局组织召开全省国税稽查工作会议，贯彻落实全国税务稽查工作会议和全省国税工作会议精神，总结“十二五”时期稽查工作，进一步明确“十三五”时期稽查工作的目标和任务，安排部署2016年稽查工作任务。省局总会计师赵寿均在会上作了题为《砥砺前行　继往开来　全力推进我省国税稽查工作现代化》的主题报告，分析了当前稽查工作面临的“经济发展新常态带来的新变化、制度创新带来的新变化、税制改革带来的新变化、企业经营模式转变带来的新变化、涉税违法行为新动向带来的新变化、作风建设和依法行政新要求带来的新变化”，提出“围绕一个中心，明确两个目标，加强三项建设，实现四个转变，全力推进我省税务稽查现代化建设，为贵州经济发展做出新贡献”的工作思路。

（雷顺玉）

贵州省地方税务局稽查局

【概述】 2016年，贵州地税局稽查局全面落实稽查各项工作任务，以持续推进税务稽查现代化为主线，以打击涉税违法犯罪、促进堵漏增收为重点，勇于担当，敢于亮剑，在规范税收秩序、促进堵漏增收方面发挥了积极作用，组织全省地税稽查部门检查纳税户245户，组织督促企业开展税收自查户1033户，共查补收入11.29亿元，圆满完成全年目标任务。

【稽查现代化建设】 加强稽查信息化建设。充分利用税务总局在金税三期工程系统中建立的“双随机一公开”工作平台，建立稽查大数据选案分析机制，实现精准选案。通过重大税收违法案件公布信息系统和协查系统，有效提高“黑名单”制度落实工作和案件协查工作质效。搭建的贵州地税系统稽查选案平台顺利上线。选案系统双随机稽查模块、税务稽查执法箱项目正式启动。理顺体制机制，逐步完善市（州）级一级稽查体制，探索对省直管县涉及的稽查业务管理方式。

【稽查体制机制改革】 在贵州地税系统实施市州级一级稽查体制改革的基础上，继续巩固完善市（州）“一级稽查”体制改革，调整、充实省、市（州）两级稽查力量，做强省级稽查局，做实市级稽查局。提高大要案件办案质效，实现执法权的适当集中。逐步探索建立省级稽查局直接管理试点县（市）稽查工作的体制机制。大力推进贵州国税局、贵州地税局联合稽查。成立国地税联合稽查领导小组，制发联合稽查工作办法，规范和推进贵州省国地税稽查执法合作。全省开展的国地税联合稽查案件172件，地税系统查补收入7343万元。规范稽查业务流程。认真学习《全国税务稽查规范（1.0版）》，组织贵州地税系统稽查业务骨干培训，开展全员培训。建立健全警税合作新机制。贵州地税局会同贵州公安厅、贵州国税局制定了联络机制运行暂行办法，贵州公安厅派驻贵州国税局、贵州地税局联络机制办公室挂牌成立，贵州各市（州、区）全部建立公安派驻税务联络机制办公室。

【“营改增”专项稽查工作】 在税务总局的统一部署下，检查“营改增”高风险行业12户企业，查结3户，查补税款36.24万元。

【稽查查补收入及分析】 贵州各级地税稽查部门立案检查245户，审结232户，有问题户数227户，选案准确率92.65%，督导自查1033户。查补收入112902万元，比2015年同期减少52077万元。其中，立案查补收入30591万元（税款25757万元、滞纳金3061万元、罚款1773万元），督导自查收入82311万元。入库收入114317万元，入库率101.25%。其中，入库立案查补收入31995万元，入库督导自查收入82322万元。查补入库收入占同期地税机关税收收入（不含营业税）的1.55%。

【案件查办情况】 共查处税收违法案件245起。其中，查处千万元案件3件、查处百万元以上案件56件，定性为偷税案件15件，立案查补收入3.06亿元；受理举报案件103件，查补收入599.11万元；2016年兑付举报奖励案件1件，兑付举报奖励0.2万元。税收违法案件的及时查处对各种涉税违法行为起到有效震慑作用。

【案件特点分析】 立案查处有问题案件245件，查补收入3.06亿元。其中，房地产行业、建筑安装行业查处80件，占总查处案件的35%；查补收入1.82亿元，占稽查查补收入的59.48%。结案户数中：偷税案15件、不进行纳税申报82件、其他涉税违法案件132件。

【重大案件查处】 针对税收违法犯罪活动的新特点和新趋势，贵州各级地税机关集中力量查处影响突出、金额较大的偷税案件和重大税收违法举报案件。遵义某房地产开发有限责任公司、凯里市某房地产公司涉税案的查处，有效堵塞了税收漏洞，震慑了涉税违法行为。

【随机抽查】 按照税务总局稽查局《关于下发2015年重点税源企业随机抽查工作重点检查名单的通知》（税总稽便函〔2016〕7号），贵州各级地税稽查部门自2016年2月起，对税务总局稽查局安排检查的重点税源企业陆续进场检查，共涉及132户重点企业，除5户企业由于无经营业务零申报以及属于2015年新办企业外，其余企业均纳入检查范围。查补税费1206.42万元，加收滞纳金127.76万元，罚款62.77万元；入库税费716.58万元，滞纳金69.81万元，罚款29.9万元。

【重点税源企业检查】 抓好自行安排的重点税源企业随机抽查工作。2016年9月14日下发了《关于开展2016年省重点税源企业检查工作的通知》，安排部署对贵州省四大集团（总分支机构共计33户），贵州航空有限公司、贵阳星力百货集团有限公司、贵州盘江投资控股（集团）有限公司和中电投贵州金元集团股份有限公司的检查工作。

【区域性税收专项整治】　在税务总局的部署下，相继开展了“雪豹2016”农产品收购行业专项整治，“营改增”高风险行业、旅游行业的检查，省局也安排部署了物管行业的专项检查工作。其中，在“雪豹2016”专项行动中，检查企业36户，查补收入3987.31万元；“营改增”高风险行业检查12户企业，查结3户，查补税款36.24万元；旅游行业查补收入232万元；物管行业重点检查16户企业，查补收入433.82万元；行业税收整治取得明显成效。

【打击发票违法犯罪活动】　重点对房地产、建筑安装、商业批发与零售、药品与医疗器械、电信、交通运输、金融保险、餐馆娱乐、中介机构、营利性医疗机构等行业开展检查工作。开展打击发票违法活动专项整治检查企业294户，查处违法企业225户，查处非法发票359份，涉及金额6388.07万元，查补税款1045.94万元，加收滞纳金146.90万元，罚款237.87万元。配合公安机关做好虚假发票专项整治工作。成立贵州公安厅派驻贵州国税局、贵州地税局联络机制办公室，密切配合公安、国税等部门认真抓好打击发票违法犯罪“卖方市场”工作，着力查处制售假发票的大要案件。

【税收“黑名单”制度】　落实税收违法“黑名单”制度，继续做好“建机制、抓惩戒、扩影响”三篇文章，省局通过门户网站对3起重大税收违法案件进行公布，并推送相关部门实施联合惩戒。进一步贯彻落实《国家税务总局关于修订〈重大税收违法案件信息公布办法（试行）〉的公告》，提出贵州省地税系统重大税收违法案件公布标准和程序。

【涉税违法案件检举】　采取公布举报电话、设立电子举报信箱等方式，明确专人受理群众来信来访，扩大群众举报途径，对群众举报的各种税收违法案件，严格执行保密制度，充分保障举报人的切身利益。受理举报案件103件，查补收入599.11万元；2016年兑付举报奖励案件1件，兑付举报奖励0.2万元。

【案件协查】　强化对委托发起及受托检查质量的跟踪和监控力度，提高协查委托发函质量及受托检查、受托回函质量和效率。按照税务总局要求，开展协查系统应用培训，按规定时间将发票协查全部通过协查系统开展。受理省外委托协查案件20件，协查发票和各类凭证28份。

【稽查制度建设】　落实制度管人的思路，抓紧完善相关制度。结合工作实际，建立《贵州省地税局稽查局罚没财物管理执行制度（试行）》。

【稽查系统建设】　规范全省地税稽查系统，依法行政、文明执法。探索稽查管理方式改革，深入推进市（州）一级稽查管理模式，探讨一级稽查模式下分类分级稽查工作。

【稽查队伍建设】　一是注重发挥党建引领作用。稽查部门全体党员干部积极投身“两学一做”学习教育，受到深刻的党性教育和锤炼。在2016年开展的“雪豹2016”专项行动中，成立了临时党支部，扎实开展“两学一做”学习教育，不断增强“四个意识”，严格遵守中央八项规定，为顺利完成工作任务提供有力的政治保障。二是积极推进内控机制建设。认真贯彻落实税务总局稽查局制定的《税务稽查内部控制制度和操作指引》，进一步明确岗责，制约权力，提高工作质效，防范稽查执法风险。三是大力加强人才培养。注重培养稽查骨干人才，加强稽查人才库管理，认真组织稽查“岗位大练兵、业务大比武”活动，努力打造高素质能攻坚的稽查干部队伍。

【稽查人才库建设】　为深入实施“人才强税”战略，加强全省地税系统骨干人才队伍建设，强化对稽查骨干人才培养、锻炼，积极参与“岗位大练兵、业务大比武”活动，并取得较好成绩。

【稽查业务培训】　抓好稽查业务培训，组织稽查业务骨干培训班、《全国税务稽查规范（1.0版）》及案件查办程序师资培训班，全年培训99人次。

【稽查信息化建设】　加强稽查信息化建设。充分利用税务总局在金税三期工程系统中建立的“双随机一公开”工作平台，建立稽查大数据选案分析机制，实现精准选案。通过重大税收违法案件公布信息系统和协查系统，有效提高“黑名单”制度落实工作和案件协查工作质效。搭建的贵州地税系统稽查选案平台顺利上线。选案系统双随机稽查模块、税务稽查执法箱项目正式启动。

【稽查宣传】　一是向省局办公室及时报送信息简报，定期向税务总局稽查局报送信息，及时全面反映稽查工作动态，展示稽查工作成果。二是通过12366纳税服务热线、税收宣传月等方式，向纳税人宣传涉税举报、打击发票违法犯罪活动等稽查工作。

【稽查调研】 贵州地税系统实施一级稽查体制后，着重对稽查机制体制的建设、人员的配备、经费的管理、案件的查办、存在的问题等基层稽查部门面临的焦点问题进行调研，学习省外部分税务单位的先进经验，逐步探索贵州地税稽查管理体制的改革路子。

【稽查工作会议】 2016年5月18日，贵州地税稽查工作会议在贵州地税局会议室召开。会议总结回顾了2015年及“十二五”时期贵州地税稽查工作，明确“十三五”时期稽查工作发展改革思路，部署了2016年全省地税稽查主要工作任务。贵州地税局副局长杨军作了题为《服务大局 克难担当 努力谱写地税稽查现代化建设新篇章》的主题报告，从六个方面对2015年贵州地税稽查工作成果进行了总结，从四个角度回顾了“十二五”时期贵州地税稽查工作取得的累累硕果，指出了稽查工作存在的一些突出问题，安排部署了2016年贵州地税稽查的重点工作，分析了稽查工作面临的新形势、新任务，明确了“十三五”时期稽查工作思路，并就着力加强稽查现代化建设、发挥稽查职能方面提出了新的要求。贵州地税局稽查局局长岳克健传达了税务总局稽查局局长王学东在全国税务稽查工作会议上的讲话精神，通报了2015年稽查工作考核评比情况，并对下一步稽查工作进行了安排部署。与会代表紧紧围绕杨军的重要讲话和岳克健的工作部署，汇报了各地2015年稽查工作开展情况，深入讨论了税务总局2016年稽查工作新做法的重要意义，并就各地在工作中遇到的困难和问题提出了意见和建议。会议由岳克健主持。贵州地税局相关业务处室负责人、各市州地税局、贵安新区地税局分管局长、各市州地税局稽查局局长、综合科科长，以及省局稽查局全体同志参加会议。

【工作建议】 一是税务总局能加大培训力度，尤其对热点行业和热点问题进行及时培训；二是加大对贵州地税系统经费支持力度。

（李 铭）

云南省

云南省国家税务局稽查局

【概述】 2016年，云南国税局稽查局在税务总局稽查局和省局党组的领导下，以贯彻落实《深化国税、地税征管体制改革方案》为指引，牢固树立“法治、改革、风险、数据、合作”现代化发展理念，坚持依法稽查，严厉打击税收违法行为，深化改革创新，落实推进稽查改革任务，全面从严带队，着力加强稽查队伍建设，不断提升稽查治理能力，促进稽查现代化建设。按照工作计划，狠抓工作落实，服务税收工作大局，圆满完成各项工作任务，为全面完成云南国税工作任务和服务地方经济发展做出新的贡献。

【稽查现代化建设】 以落实深化国地税征管体制改革任务为抓手，着力推进稽查现代化建设。一是推进税务稽查随机抽查工作，按照税务总局关于推进税务稽查随机抽查实施方案要求，及时制定国税系统实施意见，明确总体工作要求，以重点税源企业随机抽查工作为重点，持续推进稽查随机抽查工作。二是建立健全公安派驻税务联络机制。省局积极联络公安、地税部门，研究制定并联合印发《云南省公安厅派驻云南省国家税务局、云南省地方税务局联络机制运行暂行办法》，并于2016年8月24日举办云南公安厅派驻云南国税局联络机制办公室揭牌仪式，各地稽查局主动联络公安部门，建立健全公安派驻税务联络机制，全省成立公安派驻国税联络机制办公室79个。其中，省级1个、州（市）级16个、县（区）级62个。三是全面开展国地税联合稽查。为整合税务稽查执法资源，增强稽查执法效能，省局与省地税局多次研究协商，共同制定《云南省国家税务局、云南省地方税务局联合稽查实施办法（试行）》，并在重点税源随机抽查、“营改增”专项稽查、“雪豹2016”专项行动等工作中对国地税共管户实施联合稽查，切实防止多头重复检查，减轻纳税人负担。

【"营改增"专项稽查工作】　按照税务总局工作部署，云南国税局稽查局积极联络云南地税局稽查局，共同研究、联合印发《云南省2016年"营改增"高风险企业专项稽查工作实施方案》，开展"营改增"专项稽查工作。截至2016年底，全省通过检查定性虚开增值税专用发票4328份，涉及金额41565.32万元，税额7066.11万元；农产品收购发票109份，涉及金额879.66万元。企业自查补缴税款及滞纳金174.13万元，重点检查查补入库增值税329.43万元，企业所得税3.25万元，滞纳金8.25万元，罚款5.59万元，调减亏损额12.25万元。

【稽查查补收入及分析】　查补收入186542万元，增加57072万元，增幅44.08%，实际入库186293万元，增加56861万元，增幅43.93%。其中，督导纳税人自查户数2437户，查补收入151762万元；立案检查户数1106户，有问题户数944户，查补收入34780万元，实际入库34531万元。

【重大案件查处】　以打击骗取出口退税、虚开增值税专用发票和偷逃税为重点，不断完善与公安、海关、人民银行、地税等部门的协作配合，集中人力和时间重点突破，查处一批大案要案。全省查处达到省级大案要案标准案件131件，其中达到税务总局大要案标准案件10件，结案32件（税务总局大要案结案7件）、在查14件、移送公安机关立案侦查85件，查补入库11616万元。税务总局督办案件12件，涉案金额696575万元，税额114949万元，至2016年末向税务总局申请结案5件。

【区域性税收专项整治】　以医药行业税收专项整治和旅游市场税收整治为重点开展区域税收专项整治，整顿规范税收秩序。一是医药行业税收专项整治情况。云南国税局稽查局抽调精兵强将，集中优势力量对文山州123户企业开展检查。经查，8户企业经营正常，其余115户企业开具的增值税专用发票全部定性为虚开，涉及增值税专用发票13781份，金额314536.39万元，税额42728.28万元，涉及受票方纳税人58户。通过延伸检查定性虚开专用发票2745份，金额134604.33万元，税额18635.77万元。二是旅游市场税收整治工作开展情况。云南国税局积极配合旅游行政主管部门抓好旅游市场综合监管工作，依法严厉查处旅游市场经营纳税人的税收违法行为，全省各级税务机关检查旅游、珠宝玉石和木材行业纳税人10323户。其中，旅游行业3567户，查补13930.32万元；珠宝玉石和木材行业6756户，共查补21266.9万元，调减增值税留抵税额441.56万元，调减企业所得税弥补亏损额223.78万元.

【重点税源企业检查】　组织1410户税务总局重点税源企业及其成员单位开展自查，入库税款、滞纳金1338万元，弥补所得税亏损6万元，增值税抵减留抵税额90万元，重点检查152户，入库查补收入16105万元，弥补所得税亏损39437万元，增值税抵减留抵税额4万元；组织检查省局重点税源企业228户，入库查补收入10234万元，弥补所得税亏损4464万元，增值税抵减留抵税额92万元。

【出口退（免）税企业检查】　云南国税局与云南公安厅、昆明海关、中国人民银行昆明中心支行召开联席会议，成立四部门联合打骗打虚工作领导小组及办公室，统筹开展全省打骗打虚工作。2016年，云南国税局稽查局检查涉嫌骗税企业50户（其中税务总局下发案源16户），结案24户，有问题22户，移送公安6户，抓捕犯罪嫌疑人5人；查实涉嫌骗取出口退税额1028.9万元、违规退税额733.7万元，其他查补合计2849.96万元，入库1070.05万元，打击骗取出口退税工作取得新的突破。

【打击发票违法犯罪活动】　为切实提高打击力度，维护全省税收秩序，云南成立以副省长张太原为组长的领导小组，加强对2016年全省打击发票违法犯罪活动工作的组织领导。云南国税局成立打击发票犯罪活动工作领导小组，统一组织、协调和推进全省打击发票违法犯罪活动工作，形成稽查局牵头落实、各部门协调配合的组织领导机制。全省税务、公安部门查办案件1330件，捣毁窝点46个，打掉团伙49个，缴获作案机器140台，缴获涉案发票851502份；公安机关立案384件、查获犯罪嫌疑人256人、移送起诉22件；检察机关起诉案件13件、人数16人；治理发票违法手机短信150条、治理信息网站登载信息5个、关停手机号码123个、关停整顿登载发票违法信息网站6个、治理短信群发器17台；曝光案例22件、开展发票教育宣传687次。税务机关检查企业1390户，查处违法企业1086户，查处非法发票100781份，涉及金额1365406.33万元，查补税款4090.85万元，罚款963.15万元，加收滞纳金1294.55万元。

【打击虚开增值税专用发票】　检查虚开企业535户（其中税务总局下发案源20户），涉及发票份数 149693 份，涉及发票金额 2559694.12 万元，税额 405610.93 万元；认定虚开发票 103818 份，涉及金额 1610202.74 万元，税额 263981.07 万元；认定接受虚开发票 6428 份，涉及金额 141807.26 万元，税额 23343.91，入库金额 1979.41 万元。

【税收“黑名单”制度】 持续对税收违法“黑名单”当事人实施联合惩戒，助力社会诚信体系建设。一是完善制度，严格执行税务总局规定，调整重大税收违法案件公布标准，制定重大税收违法案件信息撤出公布的办法，加大对税收失信违法行为的惩戒力度，建立起了纳税信用修复机制。二是完善措施，向税务总局稽查局报送重大税收违法案件 11 件，对外公布重大税收违法案件 8 件，并向联合惩戒相关部门推送信息，已公布案件撤出 2 件。三是加大曝光力度，通过主要新闻网站向社会公布 9 次，社会宣传 7 次，上报税务总局动态信息 7 件，典型案例 1 件。

【涉税违法案件检举】 云南国税局各级举报中心迅速适应新形势下举报工作的变化，牢固树立法治意识、宗旨意识、责任意识、廉政意识，努力营造和谐的工作环境。全省举报中心收到举报 1243 件，查处 1059 件，入库查补收入 1104.82 万元，支付举报奖励 6000 元，移交公安案件 6 件。

【案件协查】 不断强化协查在案件查办中的重要作用，从提高调查取证和资料核对等工作的准确性和完整性方面入手，持续改进协查工作质量。2016 年，全省发起委托协查 1212 起，委托协查增值税专用发票 96065 份，统计期内收到回复增值税专用发票 91979 份，选票准确率 98.77%，查补入库 303.38 万元。收到受托协查增值税专用发票 752 起，受托方户次 1124 次，涉及 29826 份增值税专用发票，统计期内回复增值税专用发票 28675 份，按期回复率 100.00%，有问题发票占受托协查发票的 88.95%，查补入库 1401.62 万元。

【稽查队伍建设】 从加强党建、加强业务培训、加强党风廉政建设三方面入手，着力加强稽查干部队伍建设，打造稽查铁军。截至 2016 年末，云南国税系统设立稽查机构 137 个，其中省级 1 个，州（市）级 16 个，县（区）级 120 个，稽查人员 1135 人，占税务干部总人数 11958 人的 9.49%，其中省级 16 人，州（市）级 269 人，县（区）级 850 人。

【稽查业务培训】 围绕稽查工作重点，举办金融保险行业稽查业务培训班、稽查综合管理培训班、打骗打虚稽查业务培训班、《全国税务稽查规范（1.0 版）》师资培训班 4 期针对性较强的业务培训班，培训稽查业务骨干 200 人。

【稽查宣传】 在门户网站、《云南日报》等省内主流媒体上曝光重大税收违法案件、典型案件 10 余起，积极参与“5·15 打击和防范经济犯罪主题宣传日活动”，宣传税收违法“黑名单”制度、打击发票违法犯罪工作，树立稽查良好执法形象，为稽查工作营造良好的舆论环境。

【稽查调研】 深入基层认真调研，先后完成云南国税稽查体制调研，旅游娱乐服务业“营改增”试点后涉税风险防范和稽查工作调研报告，被查对象逃避、拒绝、阻挠税务检查情况调研报告，税收违法行为检举工作调研报告等多个调研报告，为上级部门完善相关制度、促进工作发展提供参考。

【稽查工作会议】 2016 年 4 月 26 日，云南国税稽查工作会议在昆明召开，省局局长张树学、总经济师张炳华，以及省经侦总队、昆明海关、人民银行昆明中心支行和各州市局分管领导、稽查局局长、省局相关部门、稽查局人员参加会议。会上张树学、张炳华分别作了重要讲话，充分肯定 2015 年全省国税稽查工作，对“十三五”时期及 2016 年稽查工作提出了明确要求，增强了全省国税稽查系统做好新形势下税务稽查工作的信心和勇气，为完成 2016 年全省国税稽查工作任务、持续推进国税稽查现代化指明了方向。

（陈　霞）

云南省地方税务局稽查局

【概述】 2016 年，云南地税局稽查局紧紧围绕工作总目标与总要求，以服务税收工作大局为中心，以深化各项改革措施为抓手，以提升稽查干部素质为基础，积极开展重点税源随机抽查，加强涉税违法案件查处，开展打击发票违法犯罪活动，推进税务稽查信息化建设。

【稽查现代化建设】 牢固树立法治、效率、集约、专业、创新的现代化税务稽查理念，通过增强稽查干部的法治意识，提升稽查部门依法行政能力；加强对稽查信息系统的应用和管理，不断提高税务稽查工作质效；以优化稽查资源配置为目标，完善稽查管理方式；加强行业性涉税问题研究，开展专业化检查；以创新思维和科学方法破解制约稽查发展的难题，进一步加强对稽查机制、方式方法的拓展和创新。

【稽查体制机制改革】　云南地税稽查机构在共建协调机制、共享涉税信息、共同下达任务、联合实施检查、协同案件审理、协同案件执行、稽查结果利用和其他稽查执法合作事项等方面与国税稽查部门加强衔接，国地税联合稽查工作向纵深推进，并按照"统一进户、牵头调账、各税统查、共同取证、结果共享"的思路，对双方共同管辖案源开展同步入户执法，及时互通进展，商讨疑难问题，提出改进措施，准确定性处理，做好协同入库，增强稽查执法效能，防止多头重复检查，有效减轻纳税人负担。2016 年联合稽查工作中云南地税稽查部门查补收入 6835.68 万元。组织落实重大税收违法案件信息公布和对当事人实施联合惩戒工作，推进社会信用体系建设，惩戒严重涉税违法行为，提高纳税人依法纳税意识。2016 年 8 月 30 日，省公安厅派驻省地税局联络机制办公室揭牌仪式在云南地税局举行，迅速推动云南各地公安派驻地税联络机制办公室有序建立。截至 2016 年底，这项工作已实现 16 个州市级联络办全覆盖，其中部分州市在辖区内各县区全面建立联络办，较好地实现了省、市、县三级联络机制的有效运转。

【稽查查补收入及分析】　查补收入 269335 万元，入库 267713 万元（含以前年度查补、本年度入库案件）。云南地税稽查机构综合入库率 99.40%（含以前年度查补收入入库数），选案准确率 95.85%。

【案件查办情况】　云南地税稽查机构立案检查 1159 户，审结 1133 户（含以前年度立案，本年度审结案件），入库税款 25924 万元，滞纳金 4212 万元，罚款 4529 万元，合计 34665 万元。稽查机构督导自查 3245 户，入库 233048 万元。

【案件特点分析】　查处案件类型以少缴税款案为主，造成纳税人少缴税款的原因主要有四类：一是新的税收政策出台，和原政策变化较大，企业财务人员掌握现行政策规定不全面；二是企业财务人员对税收政策理解有偏差；三是企业财务人员工作有疏漏；四是部分纳税人存有侥幸心理。

【重大案件查处】　立案查处百万元以上案件 22 起，查补入库税款 9634 万元；查处千万元以上案件 3 起，查补入库税款 7573 万元。

【随机抽查】　积极推进税务稽查随机抽查名录库建设工作，全面落实"双随机"工作要求，结合纳税信用等级、风险分析、税控发票等重点信息，细化随机抽查对象名录库具体内容和量化指标，实施动态管理。按分类分级的原则建立稽查检查人员分类名录库，细化人员基本信息，做到能力与潜力兼顾，充分发挥检查人员各自的优势特长。将昆明市地税局稽查局作为随机抽查信息化试点单位，在电子查账软件应用的基础上，根据随机抽查工作的相关要求，强化信息化手段的运用，升级至大集中式系统平台，为推广运用打下良好基础。

【重点税源企业检查】　充分运用"双随机"抽查制度，增加稽查查补收入，促进整体税收收入增长。2015 年税务总局重点税源企业随机抽查工作顺利收尾，查补收入 6764.92 万元；2016 年省级重点税源企业随机抽查工作成效明显，查补收入 1.56 亿元；税务总局重点稽查对象随机抽查有序开展，自查阶段查补收入 6117.10 万元。

【区域性税收专项整治】　全面落实"西南地区税务稽查合作备忘录"要求，构建西南地区税务稽查合作机制，组织实施西南地区农产品收购行业专项整治，加强农产品发票查处，相关州市地税稽查部门积极行动，推进工作，与国税部门多次召开专项行动联席会议，通报工作进展，统一审理标准，查补收入 116.21 万元，入库 70.76 万元。

【打击发票违法犯罪活动】　完善发票违法犯罪综合治理机制，加强协作保障措施，建立了与公安、国税等部门的协作联合办案、情报交换机制，结合实际联合开展重点地区发票整治，加大对制售非法发票违法犯罪活动的打击力度。2016 年云南地税稽查机构共检查发现发票有问题企业 575 户，涉及金额 1.36 亿元，查补收入 1164.22 万元；督导企业自查发现发票有问题企业 135 户，自查补税 5189.85 万元，超额完成规定指标任务，取得较好成效。

【税收"黑名单"制度】　组织落实重大税收违法案件信息公布和对当事人实施联合惩戒工作，推进社会信用体系建设，明确职责，规范流程，惩戒严重涉税违法行为，提高纳税人依法纳税意识。对达到公布标准的重大税收违法案件及时通过地税门户网站向社会公布，依法向同级参与联合惩戒的部门提供对外公布的重大税收违法案件信息。2016 年省地税局与省国税局对 11 户企业实施联合惩戒，并对 A 级纳税人变动、云南名牌评审产品企业、农民合作社预选示范社等企业团体涉税情况如实进行核实反馈，为相关部门评先评优、结果运用提供参考，扩大稽查影响力，配合共筑诚信社会。

【涉税违法案件检举】　采取公开检举电话、检举信箱，在地税门户网站设检举专栏并实施动态监控等多种方式，使群众能够顺畅、及时地提供和反映线索，做好对重点检举人的疏导工作，严格遵守保密制度和实名回复制度，认真执行检举奖励制度，与检举人做好沟通交流。2016 年，云南地税稽查部门受理举报案件 282 件，查补收入 472.28 万元。

【案件协查】 顺利完成云南地税稽查机构协查系统升级工作，拓展协查系统应用模块，组织云南协查工作培训，加强系统维护，提升协查管理效能。2016 年办理委托协查函 41 份，受托协查函 48 份，协查发票 567 份，查实假发票 173 份，其他违法发票 47 份，查补收入 41.27 万元。

【稽查制度建设】 围绕税务稽查规范、案源管理、随机抽查名录库、国地税联合稽查、重大税收违法案件信息公布、公安派驻税务联络机制等方面出台具体制度规范，涉及内部管理、执法规范、外部协作等三个层次，为进一步提升稽查专业化和集约化水平，提供有效工作方案，提升稽查工作质效。

【稽查队伍建设】 自觉把讲政治贯穿于党性锻炼和稽查实践的全过程，对在税务检查中发生在税收执法及行政管理等环节中的违纪违法行为实行"一案双查"，密切税务稽查和纪检部门的协调配合，通过建立重要案件线索报告制度，保证重要案件线索合法、有效、及时查处，抓好落实。结合稽查工作特点，把稽查局岗位职责与执法风险防控结合起来，推行运用稽查执法人员廉政监督回执卡，探索与被稽查对象的回访联系机制，强化制度约束和监控，确保系统上下令行禁止、步调一致，规范执法、文明执法、廉洁执法，坚决杜绝随意执法行为。

【稽查人才库建设】 进一步完善云南地税系统稽查人才库建设，加快专业化队伍建立。积极组织选拔、审核、报送税务总局税务稽查人才库备选人员，经税务总局批准云南地税系统入选 5 人。

【稽查业务培训】 加大稽查业务培训力度，组织云南协查信息管理系统操作人员师资与应用培训、《全国税务稽查规范（1.0 版）》云南师资培训等业务培训班，近 200 人次参训。重点围绕协查系统操作、计划管理、案源管理、检查管理、审理管理、案卷管理、执行管理、稽查文书等多项专业内容，选取云南稽查业务骨干、国税部门业务专家、软件公司专业教师等优秀师资进行授课，采取集中学习、分组讨论、交流心得等丰富形式提升培训效果，促进云南地税稽查干部及时进行知识更新，规范工作流程，提高业务水平。

【稽查信息化建设】 推进金税三期工程系统稽查功能的深化应用，广泛征求意见，摸清存在差异，查找薄弱环节，及时在云南升级应用金税三期工程系统税务稽查随机抽查、自查补税功能，做好金税三期工程系统在税务系统的决策分析和数据利用功能，推进云南地税稽查机构信息化建设。努力加大对稽查查账软件的推广运用工作，加强对电子信息技术人才的培养，增强稽查办案的科技含量。2016 年运用稽查查账软件对 348 户纳税人进行电子查账，查补收入 1 亿元。

（刘建东）

西藏自治区

西藏自治区国家税务局稽查局

【概述】 2016 年，西藏国税局稽查局认真贯彻落实党的十八大和党的十八届三中、四中、五中、六中全会及中央经济工作会议、全国税务工作会议、全区税务工作会议精神，按照税务总局总体要求和工作部署，深入开展"两学一做"学习教育，全面深化征管体制改革和稽查现代化建设，着力提升稽查干部队伍综合素质，坚持做好依法治税，扎实开展各类违法案件查处工作，努力提升稽查工作质效，为全区税收事业发展做出新贡献。

【稽查现代化建设】 西藏国税局稽查局不断探索和研究稽查现代化建设，逐渐推进稽查体制机制改革，有效整合稽查资源。对税务总局部署的专案以及省级大案要案采取集中检查，从各地市级稽查局抽取稽查专业骨干人员实施联动检查。按照"互联网+"理念，提升稽查工作效能，规范稽查执法。以信息技术为支撑，积极丰富稽查工作方式方法。定期或不定期培训，提高稽查人员的计算机应用水平，完善稽查人才培养机制，构建适应全区稽查工作的高素质稽查队伍。

【稽查查补收入及分析】　全区立案检查 76 户，查出存在问题 72 户，审结 73 户，结案 73 户；组织企业自查 30 户，全区稽查查补收入 2.96 亿元。其中，立案查补收入 1.5 亿元，加收滞纳金 2229 万元，罚款 1592 万元。稽查机构组织企业督导自查收入 1.1 亿元。全区入库 2.96 亿元，入库率 100%。

【案件查办情况】　以查处重大税收违法案件作为工作重点，严厉查处各类涉税违法行为。全区查处 100 万元以上 500 万元以下案件 3 起，查补总额 1350 万元；查处 500 万元以上 1000 万元以下案件 2 起，查补总额 2288 万元；查处 1000 万元以上 5000 万元以下案件 4 起，查补总额 12635 万元。有效打击涉税犯罪分子的嚣张气焰，有力维护西藏税收秩序。

【随机抽查】　根据《国家税务总局关于开展 2016 年度重点稽查对象随机抽查工作的通知》，结合西藏税收工作实际，对税务总局稽查局抽取的 40 户集团企业以及成员单位中涉及西藏的 18 户集团企业的 55 户成员单位开展重点稽查对象抽查工作，并下达《税务事项通知书》，要求企业对 2013—2015 年的经营情况及税收缴纳情况进行税收自查。对 27 户企业开展自查，自查查补收入 387.07 万元，其中增值税 0.4 万元，营业税 67.87 万元，企业所得税 17.94 万元，个人所得税 222.51 万元，其他各税 22.62 万元，滞纳金 55.73 万元。入库自查查补收入 387.07 万元。

【打击发票违法犯罪活动】　全区各级税务部门会同公安、工商、检察院、法院等部门，开展打击发票违法犯罪活动工作。对 1150 户企业进行发票使用情况检查，查处涉及发票违法企业 532 户。其中，虚开发票 10 户，查处非法发票 1349 份，查补税款 576.6 万元，加收滞纳金 10.54 万元，罚款 73.99 万元。其他发票查处违法企业户数 519 户，查处非法发票 6649 份，查补税款 98.14 万元，加收滞纳金 10.33 万元，罚款 57.28 万元。组织企业自查 3 户，自查补税金额 3 万元。查办虚开发票案件 9 起，缴获发票 61 份，查办非法取得发票案件 3 起，缴获发票 34 份。开展税收违法案件曝光及发票知识宣传教育工作，通过媒体曝光案例 1 起，进行发票宣传教育 335 次。

【打击骗税和虚开增值税专用发票】　按照税务总局要求与四部门联合成立以分管领导为组长的打虚、打骗工作领导小组，四部门办公室统一部署、指挥和督导全区打击骗税和虚开工作。制定下发《西藏自治区国家税务局 2016 年打击骗取出口退（免）税违法犯罪活动工作暂行安排》及《2016 年打击骗取出口退税和虚开增值税专用发票专项工作实施方案》。各地（市）国税局成立相应组织，确保工作政令畅通，督导有力，推进有序。全区打骗工作专项整治立案检查 28 户企业，移交公安立案侦查 8 户，认定虚开专用发票 1918 份，发票金额 12.13 亿元，税额 1.97 亿元；认定接受虚开专用发票 9411 份，发票金额 24.90 亿元，税额 3.95 亿元。

【税收“黑名单”制度】　各级国税稽查局认真学习并贯彻落实“黑名单”公布办法，及时收集重大税收违法案件信息，严格执行联合惩戒合作备忘录的规定，按规定将“黑名单”信息及时推送给相关部门，实施联合惩戒。与相关部门加强沟通协调，落实好联合惩戒措施。将联合惩戒作为税收宣传月的重要内容进行宣传。

【涉税违法案件检举】　坚持“积极落实制度、主动化解矛盾、严肃认真执法、构建和谐西藏”的工作原则，严格执行税务总局《税收违法行为检举管理办法》和《税务违法案件举报奖励办法》，规范工作流程，明确岗位职责，加强监督管理、信息反馈，提高服务质量。2016 年，全区受理税收违法检举案件 12 件，其中区局受理 9 件，各地市局受理 3 件，结案 6 件，共查补入库各项收入 8461.73 万元，其中入库税款 7814.87 万元，滞纳金 626.63 万元，罚款 20.23 万元。

【案件协查】　通过协查系统委托发出协查 118 起，涉及企业 119 户，涉及发票 5137 份，金额 19.62 亿元，税额 3.23 亿元，收到回复发票 1799 份，属于正常发票 47 份。全区收到有疑问受托协查 40 起，涉及发票 514 份，金额 2.76 亿元，税额 4680.35 万元，回复发票 481 份。其中，属于正常发票 243 份，有问题发票 229 份，无法核实 9 份，按期回复率 100%。全区收到已确定虚开受托协查 88 起，涉及发票 4487 份，金额 14.09 亿元，税额 2.28 亿元，回复发票 4432 份。其中，属于正常发票 20 份，有问题发票 3025 份，无法核实 1387 份，按期回复率 100%。

【稽查制度建设】　全区各级税务稽查部门切实加大税收行政执法力度，充分运用行政手段积极开展调查取证工作，坚持用行政方法和手段查处税收违法案件的导向，认真做好行政定性、行政处理工作，并做好与司法程序的衔接。积极探索反逃骗税、反洗钱行政执法合作方式，寻求法律途径上的有力支持，在资金流查询上力求突破，从而获得案件查办直接依据。按照税务总局绩效考核管理工作计划，区国税局稽查局按照工作要求，积极制定和细化全区稽查部门绩效考核相关指标和实施方案，分解责任，落实到人。以全区推进绩效考核工作为契机，加强稽查系统内部管理，查找管理间隙与漏洞，明确岗位职责，督促严格履职。

【稽查队伍建设】　全区各级稽查局不断提高稽查队伍综合素质，提升稽查人员执法能力。一是认真学习领会《中国共产党廉洁自律准则》《中国共产党纪律处分条例》《中国共产党问责条例》等，认真排查稽查工作每一道环节可能存在和出现的廉政及税收执法风险点，从保护纳税人的法定权利、稽查执法质量、执法文书、内部考核制约机制、稽查干部廉洁自律5大方面查找出14个问题，并提出加强学习与教育、建立与完善稽查相关制度、适时开展案件复查工作、建立纳税人反馈和回访制度4个具体应对措施。二是在稽查执法过程中，全区稽查干部始终保持廉洁自律的心态秉公执法，把廉政建设与稽查检查工作紧密结合起来，坚决抵御吃、拿、卡、要等不良风气的侵蚀。规范执法行为，提高执法能力，增强综合素质，树立以廉为荣、以贪为耻的廉洁从税优良风尚。

【稽查业务培训】　为全面提高稽查干部业务水平，加强稽查人才建设，2016年，区国税局积极派出干部参加多方位、多层次的业务培训，全方面提升稽查干部业务技能和专业素养，为提升办案效率提供智力支持，为稽查手段现代化提供技术保障。全区税务稽查部门80多人次在区内外参加稽查、征管、信息化、法律法规等各项培训。各地税务稽查部门结合本地区工作实际，分层次、分类别开展形式多样的稽查业务培训。

【稽查信息化建设】　不断强化科技应用意识，立足于“互联网+税务”和大数据应用，着手建立稽查数据信息库、重大案件涉案人信息库，将金税三期工程、协查信息管理系统、电子查账软件及时有效地运用到办案工作中，拓展信息搜集面，强化信息质量，提高办案效率。

【稽查宣传】　一是将税法宣传与日常税收检查相结合，在日常检查中进行税法知识宣讲、辅导教育；二是利用税收宣传月及各类法制宣传活动，散发宣传资料，现场解答群众咨询问题；三是采用在区国税局税务网站、《西藏法制报》《西藏商报》《拉萨晚报》等主流媒体曝光案例，在公众场所LED屏滚动播放税法宣传片等多种形式开展宣传工作。

【稽查工作会议】　为贯彻落实好全国税务稽查工作和全区税务工作会议精神，2016年4月28日在拉萨市召开了全区税务稽查工作视频会议。西藏国税局党组副书记、局长胡苏华，总经济师谢学忠，区国税局相关处室负责人、各地市分管稽查工作的领导及全体稽查干部共100多人参加会议。会议对2015年及“十二五”时期稽查工作进行了回顾，提出“十三五”时期全区税务稽查工作的总体思路，安排部署2016年重点稽查工作。

（德　吉）

陕西省

陕西省国家税务局稽查局

【概述】　2016年，陕西国税稽查系统深入贯彻全国税务稽查工作会议和全省国税工作会议精神，认真落实税务总局领导提出的“改革、机制、质效、数据、能力”十字工作思路，规范税收秩序，强化税收执法，创新稽查方式，加强绩效管理，全面推行国地税联合稽查，加大大要案件查处力度，税务稽查各项工作取得显著成绩。其中，国地税联合进户稽查、税警协作查办虚开案件、公安派驻国税联络机制等工作先后4次得到税务总局副局长孙瑞标的表扬性批示。全省的交办案件和督办案件查处、推进稽查改革、案件协查等工作获得税务总局稽查局书面通报表扬。

【稽查现代化建设】 全省各级国税稽查部门始终将依法行政、改革创新贯穿于税务稽查各项工作。一是打造精品，提高执法规范性建设。二是统筹协作，完善国地税联合稽查机制。三是深度融合，强化警税协作联络机制。2016 年全省深入推进税警合作，公安派驻国税联络机制在省、市、县区三级全面建立，形成打击涉税违法犯罪的整体合力。

【稽查体制机制改革】 全省国税稽查部门顺应潮流，立足根本，找准定位，全面深化稽查管理改革，加快建成与现代税收管理体制相匹配的稽查体制。榆林市国税局稽查局结合实际，率先实施集约化管理模式，制定实施《榆林市国家税务局稽查局深化稽查管理改革实施方案》，上收 7 个一般税源县局的稽查职能，保留 6 个重点税源区县局的稽查职能，为后续过渡到市局稽查局“一级稽查”打好基础。

【“营改增”专项稽查工作】 全省国税稽查系统严阵以待、果断出击，协同陕西地税局稽查局共同组织开展“营改增”餐饮娱乐业调研式检查及“营改增”高风险企业专项检查，坚决遏制“营改增”行业虚开增值税专用发票违法犯罪活动苗头。全年实施检查“营改增”纳税人 133 户，查补总额 4806 万元，有效防范“营改增”行业税收风险，堵塞征管漏洞，为税制改革保驾护航。

【稽查查补收入及分析】 面对陕西经济增速放缓、经济下行压力加大、税收任务吃紧的不利因素，全省各级国税稽查部门群策群力，迎难而上，采取多种形式堵漏增收，稽查部门以查促收、以查促管职能作用得到进一步发挥。全年对 4024 户纳税人实施稽查，查补总额 277547 万元，增加 18222 万元，增幅 7%，创历史新高。其中，稽查部门查补税款 105100 万元，罚款 28419 万元，滞纳金 12346 万元，组织企业自查收入 131682 万元。全省稽查平均入库率 100%，选案准确率 100%，结案率 99.98%。

【案件查办情况】 牢牢扭住案件查办不放松，全面提升稽查工作质效。一是强化案源分析，提高打击准确性和震慑力。二是加大重大税收违法案件查处和处罚力度，继续保持对税收违法犯罪活动的高压态势。三是建立与公安部门联合办案工作机制，集中优势，重点突破，集中力量查办一批有影响力、威慑力的偷逃抗税重大案件。

【案件特点分析】 从涉税大要案件查处情况来看，主要发生在虚开增值税专用发票案件上，呈现以下三个特点：一是“虚开”并“走逃”，游击作案。二是中间人为上下游企业介绍“虚开”隐蔽作案手段。三是批发企业商品销售“富余票”形成“发票池”虚开增值税专用发票。

【重大案件查处】 牢固树立稽查部门“办大案、办铁案、办要案”的工作思路，积极行动，重拳出击，充分发挥稽查打击震慑作用。2016 年申请税务总局督办案件 6 件，税务总局列为督办案件 6 件，督办案件查处情况上报税务总局。全省各级税收违法案件举报中心全年受理举报案件 132 件，查结 122 件，查补收入 2120 万元。

【随机抽查】 成立国地税联合随机抽查领导机构与组织机构，对双方确定的重点抽查对象，实施联合稽查，及时互通查处的情况，商讨解决疑难问题，准确定性处理。26 户集团随机抽查工作涉嫌查补总额 14900 万元。根据税务总局关于 40 户集团随机抽查工作安排，2016 年 10 月 28 日和陕西地税局稽查局联合召开中国工商银行等 40 户集团涉陕企业自查工作布置会，对参会人员进行相关税收政策的培训辅导，逐户下发《重点税源企业自查安排意见》和《自查提纲》，并深入企业进行实地督导，确保自查工作顺利推进。

【重点税源企业检查】 统筹开展税务总局重点税源企业检查和省、市两级重点税源企业检查工作。通过案头查找、风险评估等方式筛选案源，最终将涉及黄金、煤、手机、农产品、电子产品、钢材等作为重点行业，确定涉嫌虚开案源 1057 户，涉案金额 149 亿元，税额 25 亿元，确定的案源包含税务总局下发陕西全部涉嫌虚开案源 73 户，涉案金额 28 亿元，税额 4.7 亿元，自选涉嫌虚开案源 984 户。全省受票疑点企业 3888 户，发票 48516 份，涉案金额 47 亿元，税额 7 亿元。其中，省外开具发票抵扣税额 4 亿元，本省开具发票抵扣税额 3 亿元。

【区域性税收专项整治】 结合陕西征管实际，因地制宜开展专项稽查和税收区域整治，规范税收秩序，防范涉税风险。全年检查 599 户，查补总额 3.7 亿元，发现增值税、企业所得税等涉税问题 30 余项，移送司法机关案件 9 件，有效发挥稽查重拳打击和警示教育效果。

【打击发票违法犯罪活动】 全年对税务总局确定的房地产、建筑安装、药品与医疗器械、商业批发与零售、电信、交通运输等行业发票使用情况检查 3578 户，查处违法企业 3218 户，查处非法发票374237份，涉及金额2836971万元，查补税款64169万元，加收滞纳金899万元，罚款2711万元；企业自查9户，有问题9户，自查补税34万元。全省有针对性自选行业检查1077户，查处违法企业828户，查处非法发票8375份，涉及金额91029万元，查补税款10934万元，加收滞纳金684万元，罚款2109万元；企业自查13户，有问题13户，自查补税467万元。

【打击虚开增值税专用发票】 依据虚开风险模板，发掘疑点线索，筛选稽查案源。全省打击虚开已认定虚开税额48.4亿元，查补税款20.8亿元，入库税款5.06亿元。移交公安231户，抓捕犯罪嫌疑人25人。虚开企业全部实行“一案双查”，走逃户列入失信名单。

【打击骗取出口退税】 全省各级国税稽查部门迅速行动，制定方案，明确目标，突出重点，狠抓落实。从2016年4月起在全省范围开展打击骗取出口退（免）税违法犯罪活动工作，截至2016年11月底，检查152户，查结105户，有问题105户，查补收入3296.67万元。其中，税款2136.05万元，滞纳金137.12万元，罚款1023.5万元，入库金额3085.21万元。

【税收“黑名单”制度】 将故意违反税收法律、法规，涉案金额较大的企业列入税收“黑名单”予以曝光，并联合相关部门依法联动开展资质认定、业务办理方向的约束，进一步提高其违法成本，努力达到查处一个、震慑一圈、教育一片的作用。对2016年符合公布标准的7户案件实施联合惩戒，按规定撤出公布5户，将782户定性虚开增值税专用发票案件录入“黑名单”。

【涉税违法案件检举】 全省各级税收违法案件举报中心明确工作思路，认真做好检举案件受理、查办工作。2016年，受理税收违法检举案件195件，查处188件，结案166件，查补税款857.36万元，罚款413.25万元，滞纳金145.13万元，共计查补收入1415.74万元，执行入库1415.74万元，查补入库率100%。

【案件协查】 继续规范全省税收违法案件发票协查工作，提高协查工作质量和效率。截至2016年12月底，全省委托协查5551起，委托协查发票98680份，涉及金额108.73亿元，涉及税额17.96亿元；委托收到发票49438份，委托协查选票准确率99.34%。受托协查2198起，涉及发票52696份，涉及金额74.26亿元，涉及税额11.92亿元；回复发票48883份，全省受托协查按期回复率100%。全省通过协查系统体现的受托协查查补入库数8615.21万元，与上年同期入库数1645.22万元相比，增加入库数6969.99万元，入库增长率423.65%。

【稽查制度建设】 一是建立国地税联络协调机制，先行先试，确定4个市级和6个县级试点单位，制定《联合进户稽查工作办法》等5项工作制度和办法，创制《税务联合稽查任务通知书》等8种文书。二是开启“公安+税务”新格局，三部门联合印发《陕西省公安厅派驻省国税局、省地税局联络机制运行暂行办法（试行）》，制定《税警协作工作办法》，明确税警协作职能职责，推动税警协作向纵深发展。三是进一步落实“黑名单”制度，发布《陕西省国家税务局关于公布〈重大税收违法案件信息公布办法（试行）〉的公告》，细化人员的职责和权限，确保公布案件信息的真实性和准确性。

【稽查系统建设】 提出“争先、争优、争一档”工作思路，确保实现省局党组提出的“保优进位、树立品牌”目标。建立“3+1”绩效管理责任模式，编制机关考评指标9条，系统考评指标1条，制定并优化9大项31小项考评细则，完成1项机考指标流程设置及37项机关共性指标定责，创制《省局稽查局承接总局稽查局绩效考评责任清单》等四类表单及考评辅助文件。

【稽查队伍建设】 一是强化队伍培训。组织开展国地税联合稽查、信息化稽查、金税三期工程应用等培训班。二是完善内控机制。按照“两方案一清单”要求，制定印发《税收违法案件一案双查实施办法（试行）》，与监察室联合编写《廉政风险及防控措施》，对稽查各部门的廉政风险点、工作风险点及防范措施予以细化和明确。全年无重大涉税违法行为发生。

【稽查人才库建设】 一是形成良性竞争机制。对税务稽查专业标兵人才培养对象的理论水平、业务能力、工作实绩等方面进行了全面考察，形成稽查人才培养良性竞争机制。二是加强实战锻炼。抽调部分标兵、骨干人才参加税务总局、省局专项工作，开展标兵人才实战演练工作，有效转化学习成果，锻炼实战能力。

【稽查业务培训】 开展稽查人才分级分类培训。组织开展国地税联合稽查和打击出口骗税培训班，加大对分类人才的培养力度，努力造就一批精通业务、善于管理的现代化稽查人才。结合税务总局、省局开展的稽查业务大比武活动，组织业务骨干重点学习“营改增”相关政策规定，并对“营改增”后可能出现的税务稽查风险如何防范进行集体研讨。

【稽查信息化建设】　立足“互联网+税务”和大数据应用的信息化建设思路，不断推进稽查执法全过程的网络化运行和电子动态监控。一是完善金税三期工程稽查模块。二是探索建立稽查数据信息库。三是建立重大案件涉案人信息库。四是严格按稽查规范操作管理系统。同时借助内控促廉和执法风险信息化监控平台，使稽查与征管有机对接，真实全面地体现稽查工作成果，发挥以查促管的作用。

【稽查宣传】　加强对税务稽查典型案例、工作成果和经验交流的宣传力度。结合全国第25个税法宣传月，陕西国税局稽查局与新闻宣传部门共同组稿《陕西国税》稽查专刊，专题报道陕西国税稽查工作12篇。在《中国税务报》《陕西日报》《陕西新闻联播》等公众媒体多次报道国地税联合进户稽查工作，宣传效果显著。整理编辑《稽查集萃专辑》上、下两册，6个篇章，700余页，印发各级国税稽查部门，为稽查工作的开展提供借鉴。

【稽查调研】　开展稽查调研文章评选活动，深入一线开展调研，交流调研成果，加强查管互动，有效实施稽查成果转化。2016年经过评选向省局报送了《处在变革中的税务稽查文书规范和发展》《陕西省国地税联合稽查试点工作优化研究》《税务稽查随机抽查机制初探》《正确使用发票、保护合法利益》《税务稽查应以全新的视角面对电子商务模式》等稽查调研论文。

【稽查工作会议】　2016年4月20日，全省国税稽查工作会议召开。会议传达了全国税务稽查工作会议精神，总结了2015年及“十二五”时期国税稽查工作，研究谋划“十三五”时期陕西国税稽查工作发展思路，部署了2016年全省稽查工作任务。省局局长席七万到会并作了题为《提升站位　锐意创新　为陕西国税现代化建设勇立新功》的重要讲话，省局副局长王农作了题为《积聚力量　奋勇争先　实现陕西国税稽查现代化事业大发展》的工作报告，并提出2016年陕西国税稽查工作的总体要求。

【工作建议】　一是深化行业专项整治工作。加大发票使用情况的日常检查力度，使专项整治工作常态化、规范化。二是加强发票日常管理工作。建立发票数据管理的信息化系统，提高发票管理的质量和工作效率。三是建立协调联动机制。加强与地税、公安、银行等职能部门的联系协作。四是加大“黑名单”惩戒力度。充分利用税务系统“黑名单”，提升发票整治工作的影响力和社会效果，夯实防范发票违法犯罪的社会基础。

（胡　萍）

陕西省地方税务局稽查局

【概述】　2016年，陕西地税局稽查局在省局党组和税务总局稽查局的正确领导下，全省各级地税稽查机关认真学习贯彻落实省局《综述》精神，紧紧围绕全省地方税收中心工作，保持战略定力，坚持以建设“数据稽查、法治稽查、现代稽查”为主要目标，牢牢把握数据稽查平台建设、稽查重点专项检查工作和深化管理转型的工作主题，充分发挥稽查职能作用，实现“十三五”时期良好开局，为全省地税事业持续健康发展做出积极贡献。

【稽查查补收入及分析】　检查各类纳税人2748户，查补入库各项税收25.1亿元，较上年同期增长10.57%，增收2.4亿元，稽查查补收入贡献率2.76%。全省各级地税稽查部门坚持以服务税收大局为本，以促进组织收入为重，紧扣“围绕一个中心，推进三大目标，强化三个建设”的工作思路，积极应对“营改增”后稽查新形势，统一思想，主动作为，强化管理。

【税收专项检查】　一是落实双随机抽查。坚持以风险管理为导向，实现待查对象和执法检查人员的“双随机”抽取，提高税务稽查选案公平性和规范性。全省各级地税稽查机关安排“双随机”检查案件439户，查补收入3.7亿元。二是开展重点税源企业检查。组织力量开展对省能源集团、省水务集团两大集团及其下属114户企业的检查，开展对168户省级重点税源企业的检查。两大集团及其下属企业114户自查7200余万元，查补各项收入8亿元，已提交审理；省级168户重点税源企业累计查补1.66亿元。三是稳步推进“营改增”税收专项检查。根据税务总局统一部署，从2016年8月开始在全省范围内国地税联合开展对“营改增”高风险企业专项稽查工作。截至2016年12月5日，全省检查各类“营改增”高风险纳税人81户，查补入库收入4356万元。四是石油炼化企业税收专项检查。按照税务总局部署，在前两年检查过陕西石油炼化企业税收的基础上，联合省国税局稽查局对陕西延长石油（集团）有限责任公司及其下属3户炼油厂进行专项税收检查。查处各种地方税费及附加261.51万元，罚款139万元。总结企业偷逃税新手段、新动向1条，总结税收政策落实、执行不到位及理解偏差等问题1条，发现征管中存在的问题、管理漏洞1条。

【重大案件查处】 全省各级地税稽查部门始终把严厉查处重大涉税违法行为作为发挥稽查职能作用、促进社会诚信体系建设的重要任务。加大对大案要案的打击力度，认真执行税务总局和省局督办的重大税收违法案件，定期通报各地市局查办大要案件情况。查办大要案件39件，查补各项税收3.53亿元。加强重大税收违法案件信息公布及联合惩戒工作。结合全省实际，重新印发《重大税收违法案件信息公布标准公告》。与省信用管理办公室协作，加大政策解读与宣传，切实推动联合惩戒措施落到实处。与省国税局积极推进建立联合惩戒工作机制，主动与省发改委信用办、工商局等部门沟通、协调，印发《陕西省违法失信“黑名单”信息共享和联合惩戒办法》等文件。加强案件曝光力度。为震慑涉税违法活动，宣传打击涉税违法行为成果，提高纳税人依法诚信纳税意识和税法遵从度。曝光案件32起，有力促进地税稽查宣传工作。

【国地税联合稽查工作】 把承担全国国地税联合进户稽查试点任务作为税务总局和省局对陕西地税局稽查工作的信任，与省国税局精诚合作、鼎力配合，圆满完成试点任务。一是加强组织领导。成立以省国税局、地税局主管领导为组长，省国税、地税稽查局班子成员为成员的试点工作领导小组，建立联络协调机制。二是随机抽查确定联查对象。依托国地税联席会议机制，双方加强协作，密切配合，共同建立分类名录库，实施动态管理。其中，省级检查对象名录库收录国税、地税共管的重点税源企业400户，异常对象名录库确定100户企业，稽查人员名录库收录50人。三是强化沟通协商。省国地税稽查部门联合下发《联席会议制度》《信息交换办法》等制度，建立日常联络会商和情况通报机制；双方通过工作协商，及时交换意见，将联合进户稽查试点工作列入各自年度工作计划。由联查办建立工作台账，按月交换数据，进行分类跟踪、成果统计和效果评价。全省召开联合稽查工作会议2次，省局召开专题会议11次，共同部署，研究解决联合稽查工作中遇到的问题。

【“两学一做”学习教育】 按照省局要求，省局党总支积极开展“两学一做”学习教育工作，及时制定学习方案，通过党员活动日及法宣在线、在线学习等平台，组织党员干部学习必学知识，从充实学习内容入手，搜集党规党章和习近平总书记系列重要讲话解读篇目，要求每名党员干部撰写读书笔记与心得体会。定期召开党支部会议专题学习，讨论怎样做一名合格的共产党员，党员干部通过互动交流交换心得，确保都能深刻理解“两学一做”实质内涵。各地稽查局认真开展“两学一做”学习教育活动，组织干部职工认真学习党章、党规和习近平总书记系列重要讲话，从思想深处树立税收为国聚财、为民执法的宗旨意识。

认真贯彻落实省局《综述》精神。自全面“营改增”以来，干部职工中确实出现了思想波动。为稳定干部队伍，统一干部思想，陕西地税局从上至下，把学习《综述》，引领干部树立正确思想认识作为首要任务，通过开展一系列的学习、研讨活动，及时、全面、深入贯彻落实省局《综述》精神，收到显著效果。对省局《综述》和两个批示集中开展全员学习活动，引导广大稽查干部职工客观认识新形势，把握新趋势，应对新变革，增强干部创业奋斗的决心和动力。在学习的基础上，局领导班子、机关各处以及全体稽查干部分三个层次围绕三个专题开展“研讨落实”。局领导班子多次召开专题会议，原文学习，研讨交流，统一共识。机关各处将学习研讨《综述》作为周例会学习的重要内容。

【稽查队伍建设】 全省地税稽查按照打造一支政治坚定、业务过硬、作风踏实、爱岗敬业、能打硬仗的稽查铁军的目标，扎实开展思想政治、党建、教育培训和党风廉政建设，不断凝聚干部队伍向心力和战斗力。

立足岗位练兵提升稽查队伍能力水平。一是广泛开展练兵比武活动。根据税务总局“岗位大练兵、业务大比武”活动安排，举办全省地税稽查业务竞赛，由全省各地市稽查部门组建12支参赛队，每队分别选派13名选手，采取现场竞答、观众互动等方式进行业务竞赛，并遴选出2名干部参加全国税务稽查大比武，提高稽查人员的专业水平和现场应变等实战能力。二是持续开展重点工作业务培训。围绕国地税联合稽查办案、“营改增”、金税三期工程上线、“数据稽查”等重点工作分别组织《全国税务稽查规范（1.0版）》师资培训班、全省税务稽查随机抽查工作培训班、全省地税稽查局长领导能力提升培训班、陕西地税数据稽查业务培训班、全省地方税务金税三期工程稽查业务全量双轨运行培训会、全省国税地税联合稽查业务培训班等稽查专业培训，提高了稽查培训的针对性，提升了稽查干部能力水平。三是开展稽查文化建设。深化"为国聚财、为民收税"核心价值理念，激发干部职工的工作动力和创新激情。按照省委2015年印发的《关于开展厚德陕西道德建设活动的实施意见》，结合"立德"工程，塑造崭新稽查精神。组织观看领导干部大讲堂、撰写家风家训、文明家庭评选等活动，夯实道德基础。以评选身边的先进典型，大力弘扬先进事迹，发挥示范带头作用。

狠抓干部队伍党风廉政建设。以作风建设为突破，以思想教育为基础，以制度执行为保障，以监督管理为关键，以纠正四风为重点，加大从源头上预防和治理腐败的力度，推进惩防体系建设，切实加强党风廉政建设和反腐败工作。切实落实党风廉政建设责任制，层层签订党风廉政建设责任书，积极落实"一岗双责"，做到党风廉政建设与稽查工作紧密结合、常抓不懈。组织党员干部认真领会党的十八届六中全会精神，持续深入的学习《中国共产党廉洁自律准则》《中国共产党纪律处分条例》《关于新形势下党内政治生活的若干准则》《中国共产党党内监督条例》，定期组织干部观看警示教育片，树立全面从严治党理念，不断加强干部职工党风廉政思想教育。坚持实行集体审议制度，民主决策重大事项。对具有重大影响、案情较为复杂或涉及金额较大的税务案件进行集体审议并作出决定，确保案件事实清楚、证据确凿、定性准确、程序合法、处理得当；对大额资金使用、大宗物品采购、经费分配以及其他重要事项，进行集体研究决定，纪检监察部门全程跟踪督察。

【稽查工作会议】　2016年4月28日，全省地税稽查工作会议在西安市召开。会议总结回顾了2015年和"十二五"期间全省地税稽查工作，规划了"十三五"全省地税稽查工作，部署了2016年全省地方税务稽查工作任务，表彰了2015年全省地税稽查工作先进单位和个人。会议总结回顾了"十二五"期间全省地税稽查部门在提升稽查工作站位、彰显稽查执法威力、完善稽查体制机制、加强稽查执法合力上取得的优异成绩，并对"十三五"期间的稽查工作提出总体要求：坚持以法治和效率为原则，形成适应全省现代税源特征的稽查资源配置模式和管理机制，建立制度优化、方法科学、手段先进、监管有效的稽查体系，不断推进全省地税稽查法治化、信息化、专业化进程，不断减少税收流失，不断提升纳税遵从，持续促进社会公平正义。对于2016年的重点任务，会议提出"一个中心，三个目标，三大建设，六项重点"的要求。要始终围绕一个中心，确保完成查补任务；持续推进"数据稽查、法治稽查和现代建设"三大目标，努力开创新局面；全面强化"规范管理建设、干部队伍建设、党风廉政建设"三个建设，统筹推进事业发展；认真落实国地税联合进户试点工作、完善随机抽查选案和案源管理制度、扎实开展重点税源企业检查、深入贯彻税收"黑名单"制度、继续开展打击发票违法犯罪活动、持续强化"五个一"为重点的亮点工作。

（史晓泳）

甘肃省

甘肃省国家税务局稽查局

【概述】　2016年，甘肃省国税系统按照"124"思路开展稽查工作，即围绕税收中心工作，发挥税务稽查"打击涉税违法"和"以查促管"两项职能，重点开展打击涉税违法、优化稽查机制、规范稽查执法、加强队伍建设四项工作。全省国税稽查部门面对稽查任务压茬推进、医药行业专项整治任务繁重、稽查收入同比大幅回落等挑战和压力，迎难而上，负重奋进，确保年度稽查工作预期目标的实现。涉税联合惩戒、医药行业税收专项整治、组织稽查干部参加业务大比武、配合税务总局开展打骗打虚专项行动四项工作，得到税务总局肯定表扬。

【稽查体制机制改革】　以落实《深化国税、

地税征管体制改革方案》为契机，研究推进稽查体制机制改革。各市（州、区）国税局结合实际积极探索，庆阳、平凉、天水市国税局试行市一级稽查工作机制，努力构建适合当地情况的稽查体制机制。

【“营改增”专项稽查工作】 服务“营改增”，联合地税部门对房地产、建筑安装、金融、旅游娱乐、餐饮住宿等5个行业242户“营改增”企业实施专项稽查，查补收入1834万元。

【稽查查补收入及分析】 查补入库税收收入6.94亿元（税款5.64亿元，滞纳金8549万元，罚款4477万元），调减增值税留抵税金1854万元，调增应纳税所得额1.79亿元。通过对1318户纳税人实施检查，发现有问题1104户，入库税收收入4.24亿元（税款3.12亿元，滞纳金6746万元，罚款4477万元）；组织320户纳税人开展自查，自查有问题174户，自查入库税收收入2.70亿元（税款2.52亿元，滞纳金1803万元）。组织入库数占税务总局确定的指导目标数6.3亿元的110.16%，选案准确率和查补入库率分别为99.01%和99.99%。

【案件查办情况】 全省国税系统立案检查稽查案件1318起，比2015年减少43起，结案1115起，有问题案件1104起，其中百万元以上案件5起。1104起案件入库稽查收入4.24亿元，占全年稽查收入总额6.94亿元的61.10%，其中5起百万元案件入库稽查收入1749万元。按违法类型统计，偷税案件256户次，入库收入9536万元；逃避追缴欠税案件4户次，入库收入43万元；编造虚假计税依据61户次，入库收入126万元；不进行纳税申报244户次，入库收入3863万元；发票违法217户次，入库收入2443万元；其他违法380户次，入库收入2.64亿元。2016年底共有217起案件没有结案，是2015年14起结存案件的15.5倍。

【重大案件查处】 甘肃国税局稽查局带头查办大要案，抽调5名工作人员，用20天时间，告破“4·11”虚开专用发票案，查实9户企业涉嫌虚开专用发票2008份，虚开金额1.92亿元，税额3259万元，依法移送公安部门，端掉两个虚开团伙，掌握辖区内虚开案件的作案规律、特点、快速检查方法及税务稽查人员不完全依靠公安力量也可收集到涉税违法证据的有效方法，指导各地检查，打开全省打虚、打骗工作局面。武威、白银、定西等市国税局查处本地区虚开专用发票大案。

【随机抽查】 在省、市两级国税局建立税务稽查随机抽查对象名录库（含异常对象名录库）和稽查执法人员名录库数据。对税务总局统一部署和省局随机抽选的中国铁路总公司、中国工商银行股份有限公司等两批37个集团的541户成员企业组织自查，按照检查对象和检查人员随机抽选的模式，对其中10个集团228户成员企业实施检查，合计入库稽查收入2.19亿元，占全年入库稽查收入总额的31.56%。加大企业自查辅导力度，加大省局直接组织检查力度，加大实地督导力度，使“双随机”稽查收入成为稽查总收入的重要支撑。

【打击发票违法犯罪活动】 省、市、县三级国税部门继续履行协调小组办公室工作职责，配合公安、通信管理等部门打击发票“卖方市场”，重点整治发票“买方市场”，推进全省打击发票违法犯罪活动工作。全省查处发票违法案件1468起，查处违法发票52.72万份，捣毁假发票窝点4个，打掉犯罪团伙3个，缴获作案机器87台，治理发票违法手机短信80条、网站信息18条，抓获犯罪嫌疑人25人，开展发票教育宣传850次，曝光发票违法案例11起。税务部门查处发票违法企业1505户，入库税收8165万元，查处的违法发票占全省查处违法发票总数的77.24%，改变了2009年全省打击发票违法犯罪活动工作开展以来“卖方市场”查处违法发票数量一直占主要比重的局面。

【打击虚开增值税专用发票】 建立风控办、货物和劳务税处、稽查局等多部门联动的涉嫌虚开高风险企业选案机制，发挥省国税局在银行资金流向查询、带头查案掌握虚开案件规律等方面的协调组织作用，以定西市医药行业税收专项整治为重点，采取深入农户实地调查，通过报刊公告送达《税务检查通知书》《税务事项通知书》，向受票企业主管税务机关发出已证实虚开证明等有效举措，立案检查虚开增值税专用发票案件1192起，查实773户医药类企业利用14.7万名农户身份信息，虚开农产品收购发票115万份，金额470亿元，税额61亿元。包括甘肃在内的36个省市的1716户受票企业，虚开增值税专用发票36.4万份，金额362亿元，税额48亿元。移送公安机关案件93起，公安机关抓获犯罪嫌疑人26人。从案件数量、涉及发票份数、涉案金额、税额，到移送公安机关的案件数量、涉嫌犯罪人数都创历史新高。

【打击骗取出口退税】 甘肃国税局稽查局与公安部门联合查办省内第一起骗取出口退税大案“7·08”专案，发现骗取出口退税案件在经济落后省份呈现的四个特点，为全省出口退税企业税务稽查工作开辟出路，被税务总局选为“2015 年全国十大打击骗税优秀案例”，在 2016 年全国税务稽查工作会议上作了书面交流。中央电视台、《中国税务报》《甘肃日报》《兰州晨报》、税务总局网站等多家媒体对此案进行宣传报道。税务总局局长王军和甘肃省人民政府副省长马世忠对此案的查办给予肯定批示。全省各级国税稽查部门认真学习“7·08”骗税案件查办经验，遏制虚假出口退税行为，重点立案查处 6 户出口企业骗取出口退税 2009 万元的违法事实，停止办理不应退税 1299 万元，挽回税款直接损失 3308 万元，并将其中涉嫌犯罪的 4 户企业依法移交公安部门立案侦查。

【税收“黑名单”制度】　完善重大税收违法案件公布和联合惩戒工作。在省、市两级国税局门户网站公布重大税收违法案件，向成员单位推送信息，在“信用甘肃”网发布信息。落实案件公布新标准，对达到撤出标准的 18 起案件取消联合惩戒，补录 12 起应录未录案件。借助“德润陇原诚信红黑榜”新闻发布会平台，发布红榜企业 292 户，黑榜企业 17 户，借《中国税务报》《中国税务稽查——厉风》等媒介，“5·15”打击和防范经济犯罪宣传日等时机，公布案件 24 起（次）。

【涉税违法案件检举】　将举报案件管理纳入绩效考核，税务总局和甘肃国税局转办的举报案件，由市（州、区）国税局直接查办。对举报人重复举报、没有查实的案件，要求相关市（州、区）国税局重新检查，并将个别举报案件列为甘肃国税局督办案件。全年受理税收违法检举案件 67 起，查结 61 起，入库税收 1289.67 万元。

【案件协查】　全省国税协查系统高质量运行，各项考评指标在全国排名靠前。对 36.69 万份发票发出委托协查，收到受托协查发票 5.99 万份，入库稽查收入 3419.64 万元。通过协查系统核查的发票、查补入库的税收增幅明显，分别是 2015 年的 57.79 倍和 2.36 倍。委托协查选票准确率、受托协查按期回复率分别达到 99.88% 和 100%。

【稽查系统建设】　对接落实《深化国税、地税征管体制改革方案》，除落实随机抽查、税收“黑名单”制度、高风险企业定向稽查、稽查体制机制改革外，承担国地税联合稽查和推进警税协作两项改革任务。与甘肃公安厅和甘肃地税局合作，牵头印发《甘肃省警税执法协作工作规定》。省、市两级全部设立公安派驻税务部门联络机制办公室，天祝县、肃州区等县（区）也设立相应办公室，全省警税协作办案工作步入正常化、规范化轨道。联络机制办公室的设立时间、延伸层级都走在全国前列。

【稽查队伍建设】　注重发挥党建引领作用，通过落实“一案双查”、规范进户执法等制度，开展稽查案卷自查、组织开展稽查案件交叉复查等方式，规范稽查执法行为。以规范稽查执法程序、突出“营改增”企业新政策应用为重点，举办各类稽查业务培训 110 次。鼓励干部参加领军人才考试和岗位大练兵、业务大比武活动。金昌市国税局稽查干部惠栋在全国业务大比武擂台上获得“稽查状元”称号。有 5 名稽查干部进入税务总局稽查人才库，有 3 名稽查干部通过注册会计师资格考试。

【稽查信息化建设】　在全省国税稽查部门推行网络版查账软件培训班，制定专题工作方案，分别派出 2 个工作组，分赴各市（州、区）国税局逐一开展网络版软件操作应用培训，促进全省国税稽查信息化建设。

【稽查宣传】　全省国税稽查宣传工作平台有了新提高。坚持通过《甘肃经济日报·纳税人周刊》《中国税务稽查——厉风》《中国税务报》、税务系统各级门户网站、新华网等网络媒介宣传稽查工作的同时，努力提升宣传平台层级。“7·08”骗税大案的查办过程和成效，先后被 CCTV－2 套财经频道和 CCTV－4 套中文国际频道报道，甘肃国税稽查工作首次被中央电视台报道。《人民日报》和中央电视台（焦点访谈栏目）等主流媒体先后对甘肃开展联合惩戒工作进行宣传报道。

【稽查工作会议】　2016 年 3 月 23 日，甘肃国税局局长韩月朝主持召开稽查局长工作座谈会，与甘肃国税局稽查局局长和 16 名市（州、区）国税局稽查局局长，矿区税务局有关人员座谈交流。省局副局长张敬和向宇参加会议。

2016 年 3 月 23 日—24 日，甘肃国税局组织召开全省国税系统高风险项目稽查专题会议，对重点税源企业随机抽查、打击利用黄金票虚开增值税专用发票专项行动、涉税高风险企业稽查等三项重点检查工作进行总结、部署。各市（州、区）国税局稽查局长、相关检查项目负责人，甘肃国税局稽查局全体干部和政策法规处、货物和劳务税处、征管和科技发展处三部门负责人参加会议。

2016 年 5 月 17 日，全省国税稽查工作会议在兰州市召开，总结 2015 年及“十二五”时期全省国税稽查工作，明确“十三五”时期稽查工作思路，部署推进 2016 年稽查重点工作任务。各市（州、区）国税局稽查局局长，打虚和打骗工作的项目负责人，甘肃国税局稽查局全体干部参加会议。甘肃国税局副局长向宇出席会议并讲话，甘肃国税局局长韩月朝会前对稽查工作作出批示。

（李昭婕）

甘肃省地方税务局稽查局

【概述】 2016年，甘肃地税局稽查局充分发挥税务稽查职能作用，依法加大税收违法行为查处力度，严厉打击涉税违法行为，以提升稽查信息化水平为手段，以健全完善稽查制度为支撑，以强化稽查干部队伍建设为保障，不断提高稽查工作水平，努力推进稽查现代化建设，较好地完成各项工作任务。

【“营改增”专项稽查工作】 按照税务总局2016年“营改增”高风险企业专项稽查工作方案要求，甘肃地税局与甘肃国税局联合印发《2016年营改增高风险企业检查实施方案》（甘国税发〔2016〕294号），根据甘肃实际，联合选取存在接受代开发票金额异常的企业28户、接收发票金额异常的保险企业4户、进销发票与2016年税务总局下发的虚开案源企业相关联的企业20户、虚开高风险人员涉及企业138户，共计190户作为专项稽查对象。成立省、市、县三级项目组，全面开展“营改增”高风险企业专项稽查工作，查补税款274.24万元，加收滞纳金49.3万元，罚款18.75万元，合计查补收入342.29万元。

【稽查查补收入及分析】 认真开展税务总局重点税源企业随机抽查、省级重点税源轮查、“营改增”高风险企业检查、旅游市场专项整治、区域税收专项整治、打击发票违法犯罪等重点稽查工作，为完成全年税收工作任务做出较好贡献。全省安排企业自查1089户，自查收入4.22亿元，实际入库4.22亿元；立案检查1599户，有问题户数1559户，查补税款、滞纳金和罚款3.14亿元，实际入库3.14亿元，其中单位查补税额在100万元以上的22户，查补税款1.19亿元；督导自查和立案检查合计查补收入7.36亿元，实际入库7.36亿元，占全省地税系统地方税收收入的1.71%。选案准确率97.38%，结案率98.75%，入库率100%，完成税务总局稽查各项工作考核指标。受“营改增”等政策因素影响，2016年全省稽查收入总量有所减少，但稽查收入在全省地方收入的比重保持稳定。面对主体税种缺失，收入规模缩减的现状，各级稽查局积极转变为以行业主税种为监控对象的稽查工作思路，探索切实有效的方法措施，大力打击涉税违法行为，加大联合稽查工作力度，全力完成稽查收入任务。

【随机抽查】 严格按照税务总局《推进税务稽查随机抽查实施方案》（税总发〔2015〕104号）文件精神，扎实推进随机抽查工作开展，全年随机抽查1391户，随机抽查户数占立案查处户数的87%，查补收入2.7亿元，占稽查总收入的37%。一是与甘肃国税局联合对税务总局2015年随机抽查的26个集团涉及甘肃省的272户重点税源企业和共同选定的15户抽查企业在完成自查的基础上，确定234户企业列入重点检查名单，全面安排开展重点检查阶段的工作，查补税款1814.63万元、加收滞纳金98.32万元、罚款269.04万元，合计查补入库2181.99万元。二是与甘肃国税局联合成立重点稽查对象随机抽查工作领导小组，召开2016年度重点稽查对象随机抽查工作部署会，组织安排对税务总局随机抽取的40户重点稽查对象及其成员单位涉及甘肃的753户企业开展自查和联合检查。三是继续对选取的1600户省级重点税源企业在四年内有计划地开展税收检查。2016年全省对333户省级重点税源企业开展检查，组织自查收入9894.05万元，在完成自查的基础上，对295户企业开展重点检查阶段的工作，查补收入3869.85万元，自查收入与查补收入合计1.37亿元。

【税收专项检查】 根据国务院办公厅、甘肃政府办公厅、税务总局稽查局关于加强旅游市场综合整治的工作部署和依法严厉查处旅游市场经营纳税人税收违法行为的工作要求，联合甘肃国税局共同下发《甘肃省地方税务局　甘肃省国家税务局关于开展旅游市场税收专项整治的通知》（甘地税函〔2016〕444号），确定整治对象、方式、范围和工作步骤、要求，通过其他部门案件转办、检举受理、重点企业随机抽查等方式全面开展旅游市场税收专项整治联合稽查工作，联合检查93户，查补入库收入199.47万元。

【区域性税收专项整治】 在总结近几年区域税收专项整治的经验做法，扩大专项整治战果的基础上，要求各地结合实际，自行确定区域税收专项整治项目，全省开展了白银市大型商场及连锁商业企业，兰州市、天水市、甘南州物业公司，临夏州、酒泉市小额贷款公司，张掖市、武威市、金昌市建筑安装及房地产开发企业等10个项目460户的区域税收专项整治工作，组织自查收入1.75亿元，开展重点检查查补收入3623.39万元，自查收入和查补收入合计2.12亿元。

【打击发票违法犯罪活动】 甘肃地税局各级稽查部门结合实际，梳理重点、细化要求，持续打击发票违法犯罪活动，取得显著成效。全系统开展发票检查1349户，查处违法企业252户，非法发票1086份，涉及金额8663.29万元，查补收入525.30万元。对发票违法问题高发的行业有重点地开展检查，查处违法企业95户，查处非法发票418份，涉及金额6304.16万元，查补收入358.94万元；对近年来假发票问题比较突出的行政事业单位等非纳税单位，开展发票使用情况监督检查，查处违法单位14户，查处非法发票30份，涉及金额1808.56万元，查补124.52万元。加大整治发票“卖方市场”的打击力度，向公安机关移送涉嫌犯罪的发票违法案件4起，配合有关单位进行发票鉴定19份，接到协查函8份，发出协查函12份。

【税收“黑名单”制度】 严格执行重大税收违法案件信息公布的标准和程序，惩戒严重涉税违法行为，对符合市州级案件公布标准的1起案件进行系统录入和公布。及时将公布的1起案件和甘肃国税局推送的1起公布案件信息传递至纳税服务处，将其纳税信用等级直接降为D级。充分发挥公布撤出信用修复机制的积极作用，开展已公布案件税款、滞纳金、罚款入库情况的复核工作，及时将符合撤出公布条件的2起案件履行审核审批程序，从公告栏撤出，并将撤出信息推送至纳税服务处，建议取消企业纳税信用等级D级的认定，同时推送至联合惩戒各成员单位建议其依法依规解除惩戒措施。

【涉税违法案件检举】 严格贯彻落实《税收违法行为检举管理办法》，坚持“分级负责、属地管理、严格保密”的原则，遵循“有案必接、接案必查、查案必结、结案必清”的举报案件工作机制，确保“登记、查处、反馈”的三落实，做到登记快、检查快、反馈快，严格保密、严格取证、严厉查处，有力提高涉税违法案件检举查处工作的质量和效率。2016年全省受理举报案件117件，查结案件72件，查补税款331.6万元，加收滞纳金17.27万元，罚款28.11万元，查补入库收入376.98万元。

【稽查制度建设】 全面落实稽查工作制度，为提高稽查管理水平提供有力支撑。一是有效落实《全国税务稽查规范（1.0版）》（税总发〔2016〕170号），与甘肃国税局联合举办稽查规范师资培训班，结合实际提出贯彻落实要求和措施，全面规范稽查工作流程。二是积极落实税务稽查“双随机”抽查工作制度，采购并推广应用“双随机”抽查管理系统，建成由25万户纳税人组成的分级分类税务稽查对象名录库和712名税务检查人员组成的税务稽查执法检查人员分类名录库。三是全面落实《税务稽查案源管理办法（试行）》（税总发〔2016〕71号），组化案源管理流程，对案源信息的收集、分类处理、立案分配、结果反馈进行全面规范，有效提升稽查案源管理质效。四是落实公安派驻税务联络机制，与甘肃公安厅、甘肃国税局联合成立领导小组及联络机制办公室，举行揭牌仪式并召开第一次联席会议，联合下发《甘肃省警税执法协作工作规定》（甘国税发〔2016〕256号），进一步加强和规范公安与税务机关的执法协作。五是落实《国家税务局　地方税务局联合稽查工作办法（试行）》（税总发〔2016〕84号），与甘肃国税局成立联合稽查工作领导小组，按照服务深度融合，执法适度整合，信息高度聚合的原则，共同组织部署重点税源企业随机抽查、“营改增”高风险企业专项稽查、旅游市场税收整治、公安派驻税务联络机制建立等工作。

【稽查队伍建设】 大力推进税务稽查队伍建设，不断强化责任意识和廉政意识。一是切实落实绩效考核管理办法，严格按照考核项目落实工作责任，按照考核成绩评价工作成效，促进税务稽查工作绩效整体提升。二是按照“一岗双责、一案双查”要求，确保廉政责任落实到岗位，落实到个人，落实到思想政治、业务工作、作风建设的各个方面，牢固筑起反腐倡廉思想防线。三是有效实施案件复查、廉政回执、廉政回访等制度，有效防范执法风险，强化对稽查工作风险的有效监督。四是围绕“两学一做”工作安排，强化政治理论学习，丰富学习形式，完善学习内容，认真开展专题研讨，组织生活会等各项活动，不断强化稽查队伍党性建设。

【稽查业务培训】 甘肃地税局稽查局结合当前稽查工作实际需求及人员素质情况，认真分析研究，制定了详细合理的培训计划。一是举办为期20天的全省稽查业务精品培训班，50名稽查干部围绕稽查取证、税务检查、涉税分析等内容接受学习培训。二是举办“双随机”抽查管理系统和电子查账软件培训，各市州、县区稽查局全体干部参加培训。三是与甘肃国税局联合举办《全国税务稽查规范（1.0版）》师资培训班，全省70名稽查干部参加培训。四是各市州、县区根据实际举办

179 次稽查培训，培训 1029 人次。通过培训使稽查干部丰富了知识、交流了经验，进一步提升干部的综合素质和专业能力。

【稽查信息化建设】 甘肃地税局稽查局加强信息化建设，提升稽查信息化应用水平。一是全面上线使用金税三期工程稽查模块。在 2015 年试运行的基础上，从 2016 年 1 月 1 日起，按照全国金税三期工程稽查模块的统一标准和流程，将全部稽查案件通过系统办理，有效促进稽查办案程序化和规范化。二是进一步加强稽查查账软件的运用。根据实际情况再次采购一批稽查查账软件，配发至各地使用，充实了查账软件的配备，通过税务稽查信息化手段进一步提高稽查工作效率。

（李碧晓）

青海省

青海省国家税务局稽查局

【概述】 2016 年，青海国税稽查工作在省局党组的正确领导和税务总局稽查局的指导、支持下，围绕税收中心工作任务，把握税务稽查现代化发展新要求，坚持依法行政，落实改革任务，夯实管理基础，加强队伍建设，全面提升稽查执法整体效能，严厉打击各类涉税违法行为，有效整顿和规范税收秩序，查补税收 3.35 亿元，查补率 2.1%，达到并超过目标要求，充分发挥稽查职能作用，为青海国税事业做出积极贡献。

【稽查体制机制改革】 根据省局党组有关工作要求，按照“做强省级稽查局，做实市（州）级稽查局，逐步构建以税收风险管控为导向的适应税源日益集中和企业跨地区、跨行业经营的稽查资源配置模式和管理机制”的工作思路。总结、分析当前全省稽查体制机制运行情况和存在的问题，结合稽查现代化发展要求，以及地区经济税源及征管情况，在科学借鉴兄弟省（市）改革情况的基础上，制定全省改革方案，稳步推进稽查体制机制改革工作。

【稽查查补收入及分析】 全省国税稽查查补税收 3.35 亿元，剔除上年同期组织开展税收交叉检查企业自查入库税收 1.28 亿元，同比增长 26%，增加 7000 万元。其中，税款入库 2.6 亿元，罚款入库 1750 万元，滞纳金入库 5104 万元。从查补税种情况看，查补增值税税款 1.36 亿元，查补企业所得税税款 1.29 亿元，查补消费税税款 56 万元，其他税款 23 万元。

【案件查办情况】 切实落实稽查选案工作制度，探索和完善分析指标和参数，拓展案源信息，广泛收集和深度挖掘稽查信息、风险管理推送信息等，进行省局集中选案，提升了稽查案源管理水平，实现选案精准化。本年主要涉税案件查补税收中，人工选案案件查补税收 1.96 亿元，实现税务稽查执法精准打击。查处接受的风险推送案件 181 起，查补税收 7902 万元，查处其他部门转办案件查补税收 6031 万元。

【案件特点分析】 从违法手段情况看，涉及视同销售行为未按有关规定处理，以及发生销售收入未及时计提税金，查补税收 2.13 亿元，是 2016 年查处的主要税收违法手段，占主要涉税案查补税收的 64%。其余查处的违法手段中，涉及不应在税前列支的成本费用调增应纳税所得额，查补税收 8430 万元，涉及外购货物用于非应税项目，未做增值税进项税转出处理，查补税收 3054 万元，其他违法手段查补税收 747 万元。

【重大案件查处】 全年查处 100 万元以上案件 37 起，查补税收 1.34 亿元。其中，“青海黄河上游水电开发有限责任公司及其子公司涉税案”查补税收 6454 万元，“中国建设银行股份有限公司青海省分行涉税案”入库查补税收 1220 万元，“西宁中油燃气有限责任公司涉税案”入库查补税收 2035 万元，“青海京科房地产置业有限公司”入库查补税收 763 万元，“青海华峰房地产有限公司涉税案”入库查补税收 585 万元。

【随机抽查】 利用信息资源优势，结合征管、税源状况，省局集中确定以金融保险、电力、大型连锁商业零售等行业为重点范围，按照分级分类工作制度，落实随机抽查工作要求，随机抽取332户纳税人为重点检查对象开展税务检查，并以西宁、海东为重点地区，对23户水泥制造经营户和小酒厂组织开展行业整治工作。累计查补税收1.68亿元，其中：查处100万元以上案件37起，查补税收1.34亿元，有力促进行业及区域税收秩序持续好转。

【重点税源企业检查】　落实随机抽查制度和案源管理制度，根据税务总局统一部署和安排，对包括中国移动、华润集团、中国银行、银河证券等全国重点税源企业在内的92户在青分支机构，采取以自查为先导、抽查与重点检查相结合的方式组织随机抽查工作。累计查补税收9067.35万元，弥补以前年度亏损1804.08万元，并根据发现的涉税问题实施现场纳税辅导，有效促进重点税源纳税遵从度的进一步提升。

【打击发票违法犯罪活动】　贯彻落实全国打击发票违法犯罪活动工作协调小组各项工作部署，严格按照“打击窝点、整治买方、专项治理”的工作思路和“查税必查票”“查票必查税”工作要求，会同公安、地税等部门，以西宁、海东为重点地区，以药品与医疗器械销售、商业、通信、交通运输等15个行业为重点对象，着力打击和整治发票违法“卖方”和“买方”市场。查处违法企业949户，捣毁制售假发票窝点6个，收缴假发票3万份，查处非法发票1.54万份，挽回国家税收损失4325.56万元，检察院提起公诉35人，有力打击不法分子的嚣张气焰，为净化市场与税收环境起到积极作用。

【打虚打骗专项整治行动】　根据税务总局统一部署和安排，与公安、人民银行、海关联合成立领导小组，制定工作方案，确定以农副产品收购、煤炭经销、水泥经销、黄金票、成品油等为重点对象，成立税收数据分析团队，整合税收征管系统、出口退税系统、稽查协查系统、风险防控系统等数据信息，选定102起高风险案源下发各地查处，下派税警工作组对全省专项行动进行实地督导，并对其中25起重点案件进行挂牌办督，确保专项整治工作落实到位、取得实效。全年排查各类风险企业230户，查实虚开企业38户，认定虚开专票1.27万份，涉及金额12.96亿元，查补税收2568万元，冻结银行账户18户，移送公安机关38户，抓获犯罪嫌疑人15名。打击虚开工作得到税务总局副局长孙瑞标和青海省副省长韩建华表扬批示。

【涉税违法案件检举】　全省各级国税稽查部门坚持依法行政工作要求，严格贯彻落实《税收违法行为检举管理办法》和相关工作要求，进一步增强税收违法检举案件管理，提升涉税违法行为查处质效，有效整顿和规范税收秩序。全年全省各级国税举报中心受理检举案件20起，查处19起，查结15起，查补税收156.92万元。其中，税款122.35万元，罚款26.15万元，滞纳金8.43万元，入库率81.73%。

【稽查案件质量管理】　加大案件复审力度，结合税务总局巡视工作中发现的问题，组织开展2011—2015年已结案件自查自纠工作，自查面达到100%，并对2015年已查结的全部重大案件和随机抽取的一般性案件共32起，开展复审工作，对存在的问题全部进行问题反馈和现场督导整改。进一步加强对案件查办和异地协查的督办、指导力度，省局稽查局直接督办案件95起，提请税务总局稽查局督办案件7起，有效促进稽查案件查办质效进一步提升，其中查办的“郑子德虚开增值税专用发票案”等5起案件，被税务总局列为全国典型案例进行了新闻发布。

【案件协查】　充分利用协查信息管理系统，拓展协查系统应用模块，建立健全协查工作快速反应机制和涉税风险预警机制，为税收风控管理和稽查办案提供可靠信息数据。全年委托、受托协查发票1.75万份，按期回复率100%，证实虚开发票1.27万份，涉及金额12.96亿元，查补税收4350万元，委托、受托协查信息完整率均为100%，选票准确率96.54%，各项指标均高于税务总局考核要求。协查工作得到税务总局通报表彰。

【稽查内部监控制约管理】　严格落实执法责任制，以及重大税收违法案件集体审议制度和提前介入工作制度，强化稽查执法监督，增强稽查办案痕迹管理，及时纠正执法不规范的突出问题，坚决杜绝自由裁量权使用不当、处罚不力、执法随意性和办人情案等不良现象的发生。严格落实“一案双查”工作制度，按照《青海省国家税务局税收违法案件一案双查实施办法（试行）》，向纪检监察部门移交相关案件38起，实施一案双查，积极发挥稽查“以查促廉”职能作用。

【稽查联合式执法】　结合全省实际，按照服务深度融合、执法适度整合、信息高度聚合的原则，制定并实施青海省国税、地税稽查工作实施办法，积极推行联合随机检查工作。全年联合检查企业112户，查补税收1.71亿元，发挥了“1+1>2”的整体优势，国地税稽查联合进户执法工作得到了常务副省长张光荣表扬批示。积极落实和完善重大税收违法案件公告及联合惩戒工作，着力发挥“黑名单”制度作用，对外公布曝光49起重大税收违法案件，向省发改委推送24户涉税违法企业，实施联合惩戒。成立警税联络办公室，全面实现信息共享、联合执法、资金查控以及追赃挽损等领域的深度合作，有效提升打击防范涉税违法犯罪整体效能，为维护全省市场公平秩序和促进经济社会健康发展提供有力支撑。

【稽查成果分析】 严格落实“整改清单”稽查建议制度和“一案一析”工作制度，着力提升稽查成果综合分析应用水平。通过分析研究近年来虚开骗税案件查处中检查、取证、定性、追缴等环节的执法难点，研究出台《青海省国家税务局稽查局查处涉嫌虚开案件工作的指导意见》。同时，针对虚开案件在全省局部地区呈高发的态势，分析判断出7类16项征管漏洞，形成《关于青海省近期虚开增值税专用发票涉税违法犯罪情况的预警分析报告》，充分发挥稽查“以查促管”职能作用。

【稽查队伍建设】 深入开展“两学一做”学习教育，开展党的政治理论学习，加强党风廉政建设工作，促进稽查干部思想政治水平、廉洁自律意识和执法风险意识进一步提高。进一步加大稽查专业人才培养，抽选各级稽查部门业务骨干，举办金税三期工程稽查业务操作培训，稽查业务递进式培训班，以及业务骨干培训班，并积极派员参加省外各类专题业务培训班，全年培训人员达216人次，有力促进干部岗位技能水平不断提升。强化稽查人才配置和管理，省局选调和抽调17名业务骨干，安排承担重点课题研究、重大案件查处和重点工作任务，促进稽查专业化水平进一步提升。

【稽查信息化建设】 构建“青海国税稽查双随机抽查管理系统”，通过采用省局—市（州）—县三级网络构架，兼容金税三期工程系统以及增值税发票新系统数据，实施税务稽查对象分类名录库、税务稽查异常对象名录库和税务稽查执法检查人员分类名录库动态管理，实现稽查案源管理全过程信息化。继续加大稽查信息化办案设备投入力度，购置13套数据采集存证系统并推广使用，实现对稽查对象电子数据的实时采集和现场执法视听记录，有效促进稽查现场执法效率进一步提升。

【工作建议】 加快推进稽查信息技术建设工作，进一步规范稽查信息化应用管理，加强稽查大数据应用，推广应用金税三期工程稽查“双随机工作平台”，切实完善各级国税稽查部门“双名录库”建设，实现各级稽查部门随机抽查业务的贯通。加快推进部门联合执法惩戒工作，以案件查办实战要求为导向，坐实公安派驻联络机制，健全公安派驻税务联络机制，加快推进联络机制建设。

（李辰钰）

青海省地方税务局稽查局

【概述】 2016年，青海地税局稽查局认真贯彻落实全国税务稽查工作会议精神，以青海地税局党组和税务总局稽查局工作部署为统领，以规范税收秩序、促进纳税遵从为目标，积极发挥稽查职能作用，集中开展重点税源企业随机抽查、区域税收专项整治，打击发票违法等重点工作，认真查处各类涉税违法行为，查补收入3.33亿元，有力促进税收秩序进一步改善，税收环境进一步优化，圆满完成堵漏增收各项工作任务。

【稽查体制机制改革】 根据中办、国办关于《深化国税、地税征管体制改革方案》明确要求深化税务稽查体制机制改革，省地税局结合青海地税实际，以改革属地稽查模式、提升稽查执法层级、提升省局稽查执法效能作为稽查体制改革的重点加以突破，全省各级地税稽查局紧紧抓住涉税案件查处这个重点，通过创建基层征管部门推荐与省局重点掌控相结合，优先排除已查企业与分析比对疑点相结合的新选案方式，集中选案权。按照“双随机”原则进行选案，建立税务稽查对象分类名录库、税务稽查异常对象名录库和税务稽查执法检查人员分类名录库，施行动态管理，消除人工选案低效和权力“寻租”弊端。省局稽查局统一组织、安排、督导各稽查分局开展专项整治、专案检查、重点税源随机抽查和发票协查等工作。必要时，根据实际情况灵活确定检查方式，合理调配省内各分局检查人员，突出分类指导，以强带弱，集中下户，交叉检查、突破重点。对选定的重点检查案件派员跟进，及时准确了解案件查处动态，实行全程动态监督和指导。对确定的被查对象实行查前公示制度，并将举报线索作为稽查办案的重要参考资料进行记录、整理、分析、利用。

【稽查查补收入及分析】 立案检查和督导纳税人自查376户，入库查补收入3.24亿元，增加6101万元，同比增长23.18%，入库率97%，同比增长4%。2016年稽查查补入库收入总额占青海地方税收收入的比重为2.12%。立案191起，入库查补收入2.04亿元，增长1.2亿元，增长142%。立案查补入库收入占查补入库收入总额的63%，同比增长31个百分点，人均查补168万元。

【随机抽查】　根据《国家税务总局关于下发2015年重点税源企业随机抽查工作重点检查名单的通知》（税总稽便函〔2016〕7号）要求，由青海地税局稽查局组织对中国移动通信集团青海有限公司、中国银行股份有限公司青海省分行、青藏铁路公司本部等企业及各成员单位（共76户）实施重点检查。其中，仅企业自查补税4288.40万元。自查结束后，根据自查效果综合税收风险排名，进行重点检查，查补收入1725.84万元。并与国税稽查部门加强合作，积极落实国地税合作内容，共同研究确定随机抽查的4个行业，即工业、房地产、金融及批发零售业共21个企业，有选择、有重点地开展重点税源企业联合进户检查工作。其中企业自查补税449.05万元；稽查部门直接查补收入6865.15万元。

【区域性税收专项整治】　根据税务总局和青海地税局工作部署，认真落实好区域税收专项整治任务。根据工作要求和青海各地区实际，督导各稽查分局制定区域税收专项整治工作方案。其中第一稽查分局选定西宁市医疗机构和城东区房产税、土地使用税为整治项目，第二稽查分局以制造业和商品流通业为整治项目，第三稽查分局以采矿业和制造业为整治项目，第四稽查分局以辖区水电四局第四工程局和宏达电力有限责任公司施工项目为整治项目，第五稽查分局以小税种为主，以及对工业园区管理委员会下属的开发建设集团开展专项整治。各地区域税收专项整治工作共计查补收入6659万元。

【重点税源企业检查】　组织精兵强将，实施重拳出击，全年查处税额超百万元以上案件20件，查补入库收入1.4亿元。其中第一、第三和第五稽查分局大要案查处力度进一步加大，稽查案件查处质效有所提升。依法委托青海拍卖行对青海海宏房地产有限责任公司查封的81套房屋进行两次公开拍卖，其余房产依法实施变卖程序。拍卖抵税工作严格按照《中华人民共和国拍卖法》和税务总局关于《抵税财物拍卖、变卖试行办法》规定进行，通过门户网站、《西宁晚报》等面向社会发布拍卖、变卖公告，最大限度地确保拍卖和变卖活动的公平、公正、公开。最终成功拍卖和变卖81套房产，总计成交价格4354万元，所抵缴税款全部上缴国库。

【打击发票违法犯罪活动】　根据税务总局工作要求，2016年初制定并下发《青海省地税系统打击发票违法犯罪活动实施方案》，安排布置了具体工作任务。在严厉打击制售假发票和非法代开发票活动及发票违法犯罪活动中，坚持“标本兼治、综合治理、打防并举”的原则，结合各项税收检查工作，认真落实“查账必查票”“查案必查票”“查税必查票”的要求，注重虚假发票问题的检查。在此基础上，各稽查分局积极与国税、公安等部门密切合作，加强信息沟通，共同打击“卖方市场”，整治“买方市场”。要求各地征管局加强在日常管理中对制售假发票的查处工作，使得打击假发票工作不脱节、常抓不懈。查处涉及发票案件261起，核查发票146358份，查处非法发票2004份，涉案金额11846.86万元，查补税款452.39万元，罚款118.06万元。其中联合公安经侦支队查处发票违法案件3起，抓获制售假发票犯罪嫌疑人6名。

【涉税违法案件检举】　按照税务总局《税务违法案件举报管理办法》及相关规定要求，不断加大涉税违法检举案件查处力度，严厉打击涉税违法行为，全年受理举报案件11件。其中，青海地税局受理3件，国税局转办1件，各州、市地税局受理7件。查结10件，查补税款37.54万元，加收滞纳金8.78万元，罚款10.74万元，合计57.06万元，执行入库57.06万元，入库率100%。

【税收“黑名单”制度】　认真落实青海地税局党组工作要求，与相关部门就《联合奖惩暂行办法》（青政办〔2015〕235号）与《合作备忘录》（青发改外资〔2015〕895号）进行商榷和讨论，合议成文，下发全省。安排全省地税“黑名单”制度的相关录入、公布、惩戒工作；核查各地上报曝光案件资料，督导各分局按要求开展自查。适时在本级门户网站、《青海日报》《青海法制报》等媒体公布采取的联合惩戒措施。青海地税局稽查局曝光12起涉税案件，通过宣传教育、震慑打击等行动，有效促进依法治税工作，优化税收法治环境，提高纳税人遵从度，产生一定的社会效应。

【稽查系统建设】　认真落实《青海省地方税务局关于进一步加强全省稽查工作的意见》，为建立稽查业务管理创新机制，认真探索研究，并制定相关《实施办法》，严格落实稽查“四环节”分工制约、协调配合管理机制，在全省地税稽查工作会议上讨论完善，并印发执行。督促各市、州局尽快建立符合自身实际的内部征、管、查等相关部门的良性互动协作机制。为做好税务稽查工作落实的监控督办，青海地税局稽查局领导班子分片联点督导各稽查分局各项工作完成进度及绩效考评关键指标进度，促进稽查质效的提升。分别开展稽查案件查处、执行和数据统计分析等相关情况的督导检查，进行稽查案件的复查复审工作。通过督导检查清理核实历史积案87户，未执行完结查补收入7989万元。在稽查案件复查复审中及时发现并纠正执法文书使用不规范、证据资料不健全、税款计算及案件定性处理依据不严谨、内部业务管理流程不衔接等稽查内控机制方面存在的突出问题，有效规避由于稽查部门制度缺陷可能产生的执法风险，有力促进稽查案件查处工作的进一步规范。

【稽查业务培训】 为提升稽查人员专业素质，组织全省85名稽查人员参加浙江财经大学的税务稽查业务培训，着重在稽查查账软件操作系统、稽查风险防控、税收法规政策、税收相关法律应用等实用型业务方面进行培训，稽查干部的综合业务水平进一步提升。通过公务员招录及系统内部选调，加强稽查力量的配备，激发干部奋发进取的内在动力，为提升稽查站位，夯实管理基础，提升稽查质效奠定坚实基础。

【稽查信息化建设】 结合税务总局金税三期工程建设，为提升稽查效能奠定坚实基础。全省稽查部门以稽查选案、检查、审理、分析等应用系统流程和规划为需求，建立稽查对象分类名录库、异常对象名录库、稽查执法人员分类名录库，做好信息资源的动态管理，确保全省“双随机”稽查选案和随机抽查数据保障。省局组织开展支撑系统建设的论证规划，出资配置“双随机”稽查选案系统、网络版稽查查账软件和取证魔方等现代化设备，提升全省稽查部门查处税收违法案件的科技含量。

【稽查工作会议】 为贯彻落实好2016年全国税务稽查工作会议精神，青海地税系统召开稽查工作会议。会上，青海地税局副局长张卫认真传达了全国税务稽查工作会议精神，总结了2016年全省地税稽查工作完成情况，回顾上一年全省地税稽查工作取得的成效，针对做好2016年稽查工作提出了要求。青海地税局局长赵念农参加会议并讲话。全省各市、州地方税务局局长，各稽查分局局长和各科科长及省局稽查局全体人员参加会议。

（刘　琪）

宁夏回族自治区

宁夏回族自治区国家税务局稽查局

【概述】 2016年，宁夏各级国税稽查部门按照《深化国税、地税征管体制改革方案》和全国税务稽查会议、全区国税工作会议部署，以服务税收工作大局为中心，以严厉打击涉税违法行为为重点，以绩效考核为抓手，以改革创新为动力，以提高稽查质效为目标，完善稽查治理体系，提升稽查治理能力，各项工作取得较好成效。

【稽查现代化建设】 以落实《深化国税、地税征管体制改革方案》为契机，全面加强国地税联合协作，凝聚执法合力。健全公安派驻税务部门联络机制，强化税警协作。开发稽查双随机选案管理系统，有效落实“双随机一公开”，大力推进税务稽查现代化建设，提升税务稽查的治理能力和治理成效。

【稽查体制机制改革】 积极推进“一级稽查”改革，上收县级稽查部门职能到市级局。在石嘴山、吴忠、固原、中卫市国税局稽查局全面建成地市“一级稽查”模式；在银川地区开展“一级稽查”模式探索，对人员、税源等稽查资源配置情况开展调研，为推进改革奠定基础。

【“营改增”专项稽查工作】 开展对“营改增”后金融业、房地产业、旅游娱乐服务业、餐饮业、建筑安装业等重点行业的专题调研。开展“营改增”高风险企业税收检查，国税、地税联合分析筛选确定34户重点案源企业，涉及房地产、建筑安装、酒店餐饮、现代服务业等行业，查补各项收入276万元。

【稽查查补收入及分析】　查补入库收入3.5亿元，其中，税款2.63亿元、罚款3600万元、滞纳金5100万元。查补入库收入减少的主要原因：一是开展打击虚开增值税专用发票和骗取出口退税违法犯罪活动，走逃企业较多，影响查补入库总额增长。二是受经济发展环境影响，部分企业经营困难，查补税款入库滞后，影响了查补收入的增长。

【案件查办情况】　检查纳税人673户次，其中，偷税案件317起、编造虚假计税依据66起、发票违法119户。检查户数比2015年减少197户。

【案件特点分析】　一是虚开虚抵案件高发势头明显，接受委托协查和发现虚开走逃户数大幅增加，简政放权后税收后续管理跟进不及时，致使纳税人虚开走逃问题突出。二是重大涉税违法案件频发，查处了“7·03”“观杨发”“7·20”等典型重大虚开案件。三是新型涉税违法犯罪活动向全区蔓延趋势明显，特别是查处了全区历史上首起骗取出口退税案件，该案件以外贸综合体形式为掩护骗取出口退税。

【重大案件查处】　深入查处偷逃税行为，筛选涉嫌偷逃税的疑点企业开展检查，重点检查金融保险、投资管理、物流、电力、大型连锁商业零售、房地产和建筑安装等行业，以点带面进行惩治，促进税收秩序不断规范和好转。全年全区国税稽查部门查处个案案值100万元以上案件34起，1000万元以上案件2起，查补收入1.86亿元。

【随机抽查】　推进落实随机抽查工作，制定税务稽查随机抽查工作实施细则，建立“税务稽查对象风险评价体系”，设立31个风险评价指标，通过确定各项风险评价指标的阈值并打分，规范高风险企业异常名录库管理，建成税务稽查对象分类名录库、异常名录库和执法检查人员名录库。2016年，随机抽查297户，查补入库收入1.18亿元。

【重点税源企业检查】　认真落实重点税源企业轮查、随机抽查要求和重点税源企业专项稽查任务。采取直接检查和项目督导相结合的方式，对中国银行在宁13个单位，以及中盐集团在宁12个单位开展检查；采取指定检查的方式，组织对中国移动在宁31个单位、中铁总公司在宁15个单位、银河证券在宁3个单位和华润集团在宁10个单位开展检查；自行选取平安财险、新华人寿等本区10户重点税源企业，抽调业务骨干开展异地交叉检查；与地税部门实施联合稽查、共同下户、查中互动、结果共享，共计查补税款802万元。

【打击发票违法犯罪活动】　制定《2016年打击发票违法犯罪活动工作方案》，开展打击发票违法犯罪活动专项行动，集中组织打团伙、端窝点、治信息、斩链条活动，重点治理街面兜售违规发票和违法信息行为。制作“的哥哈喜喜”广播剧——《“省钱”的发票》，在各地报刊刊登《税警联合开展打击发票违法犯罪活动专项整治行动公告》，向手机用户发送专项整治行动宣传短信，在办税服务厅公告栏、汽车站、大型商场显示屏滚动播放专项整治行动公告，立案查处发票违法案件203件，查处非法发票9588份，涉及金额6.70亿元，查补收入2308万元。

【打击虚开增值税专用发票】　制定《2016年打击虚开增值税专用发票违法犯罪活动实施方案》，成立领导小组，承接税务总局下发168户虚开案源查处任务，联合公安、人民银行召开专题会议，部署打击虚开工作，抽调人员组成检查组，派驻重点地区直接查处重点案源，联合自治区公安厅经侦总队对各地市检查情况实时跟踪督导，成功查处“7·03”、吴忠“7·20”“观杨发”“宏彩鑫”等典型虚开案件，撰写《虚开增值税专用发票案件透视出的税收管理问题分析》。

【打击骗取出口退税】　严厉打击骗税犯罪活动，建立健全宁夏国税局、宁夏公安厅、银川海关、人民银行银川中心支行协调打击骗税工作机制。在全区范围内开展跨部门、跨区域专项打击行动，成功破获全区首起骗取出口退税重大案件，案值1.83亿元，涉嫌骗取出口退税633万元，违规申报退税2026万元；逮捕犯罪嫌疑人1名，取保候审3人，并移送银川市检察院提起公诉。

【税收“黑名单”制度】　落实《全区国税重大税收违法案件信息公布办法（实行）》，从严审核公布，严格考核有案不报、瞒而不告等压案隐瞒情况。规范税收违法案件曝光机制，建立区、市两级分级统一的曝光平台，全年曝光典型案件6起，并向发改委等部门推送信息实施联合惩戒。拍摄微电影《“黑名单”上的人》。探索完善信用修复机制等后续管理工作，部门联动推动惩戒措施落地生根。

【涉税违法案件检举】　坚持“举报畅通，有案必查”的工作原则，严厉查处各类群众反映的涉税举报案件，全区国税系统各级举报中心受理检举案件62起，立案查处59起，结案51起，结案率86.4%，查补入库税款、罚款、滞纳金1397万元，重大检举案件和一般案件检查率100%、结案率80%。

【案件协查】 加强协查管理，系统发出委托协查216起，协查发票1.58万份，涉及金额15.5亿元；接受受托协查370起，协查发票1.10万份，涉及金额16.37亿元。强化对受托协查回复"无问题"高风险提示的管控，开展实地调研和督导，借鉴经验做法，通过协查信息管理委托协查，选票准确率99.86%，受托协查累计按期回复率100%。全年协查工作5项指标位居全国前列。

【稽查系统建设】 推进区局稽查局职能转变，强化案件查办指导、督导和管理职能，对抓好打击发票违法犯罪活动、发票协查、开展随机抽查、案件审理、落实查补收入任务等工作进行督导落实。组织2015年度优秀税务稽查案例评审工作，编印历年稽查工作总结资料汇集，细化系统稽查业务绩效考核指标及考核评分标准，确保全年各项工作任务有效落实。

【稽查队伍建设】 切实加强稽查队伍建设，以"两学一做"学习教育活动为契机，夯实党建工作基础，为税务稽查工作发展提供坚强组织保证。加强党风廉政建设，落实"两个责任"，建立常态化廉政教育机制，规范处理处罚程序和行政处罚自由裁量权，梳理《税收违法案件一案双查办法》落实情况，建立重点工作分工，责任清单工作机制推进落实，对各地市查结案件组织案卷复查123户，实地复查7户，强化对稽查执法的监督。

【稽查人才库建设】 加强税务稽查人才库建设，2人入选税务总局稽查人才库；提升稽查人才库人员核心业务能力，在上海财经大学举办全区税务稽查骨干人才培训班；引导人才库人员发挥带头骨干作用，抽调参加税务总局打击骗取出口退税和全区重点税源企业检查。

【稽查业务培训】 积极推进稽查人员"岗位大练兵、业务大比武"活动，下发活动方案，采取每日一练、每周一测、每月一考、测试考评、业务竞赛等多种形式，精心谋划抓推进，通过网络学习平台、以老带新、业务讲座、讨论交流、案例评析、实战演练、技能传帮、"请进来"和"走出去"等多种途径注重实效提技能，1人入选全区国税专业骨干、2人入选岗位能手。

【稽查信息化建设】 强化金税三期工程税收管理系统、增值税发票系统升级版、税收违法案件协查系统等应用管理，开发"宁夏回族自治区国税稽查双随机选案管理系统"，对稽查案源筛选工作实施信息化管理，有效提高稽查工作效率。

【稽查宣传】 强化对外宣传，编发各类工作信息54条，向税务总局稽查局报送稽查工作要情12期，协调依托宁夏国税信息《稽查专刊》编发稽查专刊7期35条信息，2篇次被上级采用或领导批示。查处骗取出口退税、惩防体系建设等有关做法得到税务总局领导批示。

【稽查调研】 对贯彻落实全国税务稽查工作会议和全区国税稽查工作会议精神、"双随机一公开""一级稽查"改革、打击骗取出口退税和虚开增值税专用发票、打击发票违法犯罪等工作进行实地督导调研。2016年末组织全区国税税务稽查工作座谈会，总结工作经验，查找存在问题，听取意见建议，凝聚发展共识。

【稽查工作会议】 2016年3月14日，2016年全区国税税务稽查工作会议在银川召开。传达学习区国税局局长张曙东对全区国税稽查工作的重要批示，区局副局长杨勇作了工作报告，对2015年及"十二五"时期全区国税稽查工作进行总结，研究"十三五"时期全区国税稽查工作的指导思想和主要任务，安排部署2016年稽查工作重点任务，交流了工作经验，对增值税发票系统升级版操作进行了讲解培训。

（肖　立）

宁夏回族自治区地方税务局稽查局

【概述】 2016年，宁夏地税局稽查局认真贯彻落实全区地税工作会议和全国税务稽查工作会议精神，组织开展打击假发票、重点行业税收自查和"蓝剑"整治专项行动等三个行动，取得较好成果。建立税务稽查随机抽查制度和案源管理制度，开发宁夏地税局"双随机"选案分析系统，实现选案工作新提升。实现国地税联合进户稽查，有效减轻纳税人的迎检工作负担。建立完善公安与税务部门工作联络机制，挂牌成立公安、税务联络办公室，实现税警资源优势互补。在全区推广运行网络版稽查查账软件，加快稽查信息化建设步伐。全面落实《深化国税、地税征管体制改革方案》要求，稽查体制机制改革逐步推进，稽查现代化建设不断向前推进。

【稽查现代化建设】 注重稽查现代化理念培养，不断加强稽查现代化理念的学习和宣传，各级领导干部和稽查干部对稽查现代化的认知水平有了新提高。健全稽查配套制度，先后制发《自治区地税局稽查案源管理实施细则（试行）》《宁夏地税局税务稽查随机抽查对象名录库管理实施细则

（试行）》《宁夏地税局税务稽查随机抽查执法人员名录库管理实施细则（试行）》，为稽查选案工作的现代化建设打下坚实基础。注重稽查风险防范，进一步严格落实税务稽查进点公告制度和查后回访制度，确保稽查干部能干事、不出事。注重信息化水平提升，自2016年4月1日起，全区地税系统正式上线网络版稽查查账软件，全年全区地税稽查部门利用网络版查账软件检查企业70户，占移交至审理环节户数的43.75%。注重人员素质的提高，在全区地税稽查部门开展“岗位大练兵、业务大比武”活动，1名干部在税务总局组织的全国税务系统稽查岗位大比武中取得了总成绩第8名、地税组第4名的好成绩。

【稽查体制机制改革】　结合自身实际，积极推进稽查体制改革。一是建立随机抽查制度。组织开发税务稽查“双随机”抽查管理系统，初步建立起税务稽查对象分类名录库、税务稽查执法检查人员分类名录库、税务稽查异常对象名录库和特殊案源库，逐步实施税务稽查对象和税务稽查人员的“双随机”抽取。二是实施国地税联合进户检查。与国税稽查部门共同召开工作联系会，确定国地税稽查合作六项主要工作任务，双方共同在确定联合稽查对象、联合进户检查、协同审理及移送案件、协同税收保全和税款执行、联合开展打击发票违法犯罪活动、协同发布税收违法“黑名单”等六个方面开展合作。双方联合对税务总局和宁夏随机抽查的12户企业共同开展进户检查工作，查补税款4066.24万元。三是落实公安派驻税务部门联络机制。与自治区公安厅、国税局联合下发《自治区公安厅派驻自治区国家税务局、自治区地方税务局联络机制运行暂行办法》，于2016年7月挂牌成立联络办公室，联络办公室已顺利运行。指导宁夏地税局直属征收单位、各市地税局稽查局与同级公安、国税稽查部门成立联络办，全区成立6个联络办公室。

【“营改增”专项稽查工作】　按照税务总局2016年“营改增”高风险企业专项稽查工作部署要求，迅速成立工作领导小组，统一领导、部署全区“营改增”高风险企业专项稽查工作。为提高工作效率，宁夏地税局稽查局将“营改增”高风险企业专项稽查工作与开展“两学一做”学习教育活动、重点税源行业自查、税收专项检查、纳税评估、所得税汇算等工作结合起来，突出重点、全面推进，圆满完成工作任务。截至2016年11月30日，宁夏地税系统检查“营改增”高风险企业32户，查补税款239.66万元、罚款79.76万元；入库税款53.85万元、滞纳金0.06万元、罚款0.05万元。

【稽查查补收入及分析】　查补税费收入55680万元，为上年同期的168.9%；入库税费收入49563万元，为上年同期的148.61%。稽查查补收入历史首次突破5亿元大关，稽查入库收入首次突破4亿大关。其中，宁夏地税局稽查局入库税费收入16868万元，银川市地税局稽查局入库税费收入20584万元，石嘴山市地税局稽查局入库税费收入5218万元，吴忠市地税局稽查局入库税费收入2917万元，中卫市地税局稽查局入库税费收入3976万元。

【案件查办情况】　检查税收违法案件220户，其中有问题户数218户，结案244户。选案准确率99.26%，入库率89.01%。比税务总局要求的90%低0.99个百分点。选案准确率99.09%，比税务总局要求的90%高9.09个百分点。

【案件特点分析】　宁夏地税稽查部门查处的218户有问题户中，查补税额100万元以下199户，查补税额100万～500万元17户，查补税额500万～1000万元1户，查补税额1000万元以上1户。从被查处的税收违法案件特点来看，主要呈现以下两个方面的特点：一是被查企业财务不健全，财务人员税收法律知识不足，业务能力不强，致使未能足额申报缴纳税款；二是税务主管部门存在受理减免申请审核不严、审批程序不规范现象。

【重大案件查处】　查补税额在100万元以上的税收违法案件共19户，查补税收收入6221万元，入库税收收入3033万元（含以前年度案件数据）。

【随机抽查】　按照《国务院办公厅关于推广随机抽查规范事中事后监管的通知》（国办发〔2015〕58号）和税务总局《推进税务稽查随机抽查实施方案》（税总发〔2015〕104号）要求，宁夏地税稽查部门积极安排部署随机抽查工作，组织开发税务稽查“双随机”选案分析管理系统，制发《税务稽查随机抽查对象名录库管理实施细则（试行）》《税务稽查随机抽查执法检查人员名录库管理实施细则（试行）》，初步建立随机抽查工作机制。通过在银川市地税局稽查局的试点运行和完善，“双随机”选案分析管理系统具备名录库管理、计划管理、双随机选案、综合查询、数据管理、系统管理等功能，选案准确率从以前的90%提高至96%以上，初步实现税务稽查选案的精准化。2016年12月，该系统初步通过宁夏地税局网信办的验收。宁夏地税局稽查局积极与政务大厅地税窗口协调沟通，及时将随机抽查情况在宁夏地税官方网站向社会公开，实现税务稽查“双随机一公开”的工作目标。

【重点税源企业检查】 按照《国家税务总局关于近期开展重点税源企业随机抽查工作的通知》以及《自治区地税局关于开展重点税源企业随机抽查工作的通知》要求，做好重点税源企业随机抽查自查动员和检查部署工作，明确工作职责、具体任务，形成一级抓一级、层层抓落实的责任体系。截至2016年11月30日，宁夏地税局稽查局对65户（其中三级以上成员单位39户，三级以下成员单位26户）重点税源随机抽查企业进行及时检查，查补总额7872.06万元，入库税款240.09万元。

【区域性税收专项整治】 按照《国务院办公厅关于加强旅游市场综合监管的通知》（国办发〔2016〕5号）和《国家税务总局稽查局关于加强旅游市场税收整治并报送工作情况的通知》（税总稽便函〔2016〕189号）精神，结合本区工作实际，联合宁夏国税局稽查局下发《宁夏回族自治区地税局稽查局、宁夏回族自治区国家税务局稽查局关于开展旅游市场税收整治工作的通知》（宁地税稽查便函〔2016〕10号），组织开展对宁夏辖区内旅游市场重点纳税人税收专项整治工作。截至2016年11月30日，宁夏地税稽查部门查结企业14户，查补总额616.24万元，其中税款433.51万元，罚款182.73万元，查处违法发票19份。

【打击发票违法犯罪活动】 宁夏地税局、国税局、公安厅联合印发《2016年打击发票违法犯罪活动工作方案》《联合开展打击发票违法犯罪活动专项整治行动的通知》，在全区范围内联合开展打击发票违法犯罪活动专项整治行动；与宁夏国税局沟通联系和协作配合，共同组织开展打击发票违法犯罪活动工作。截至2016年11月30日，全区地税部门检查各类受票企业2521户，查处发票违法企业254户，涉及非法发票938份，涉及金额3183.06万元，查补税款、罚款、滞纳金675.48万元，超额完成税务总局下达的打击发票违法犯罪活动工作任务。

【税收“黑名单”制度】 宁夏地税系统落实《重大税收违法案件信息公布办法（试行）》，做好重大税收违法案件公布工作。但鉴于宁夏地税系统2016年度查结的案件没有偷税、逃避追缴欠税案件数额达500万元以上或暴力抗税等违法情节严重、有较大社会影响的案件，因此，2016年度没有向信用信息共享平台推送需要联合惩戒的重大税收违法当事人名单。

【涉税违法案件检举】 宁夏地税局税收违法案件举报中心高度重视涉税举报工作，严格依照税收征管法及税务稽查工作规程等法律法规的规定，对举报案源实行特殊案源归口管理，认真清理历年税务总局督办的检举案件；制发《税务违法案件举报中心接受12366纳税服务中心涉税违法举报工作规范》，对12366纳税服务热线中心人员进行有关税收违法检举方面相关内容的培训；加强与公、检、法相关职能部门的配合，做好对检举人的疏导和劝解工作，及时将查处结果回复举报人，取得举报人和社会各界的信任与认同，有效打击违法犯罪行为。2016年受理各类税务违法举报案件27件，其中查处20件，暂存4件、中止检查2件、转国税1件。在已查处的举报案件中，查补各项收入4395.93万元，其中查补税款2296.38万元，滞纳金5.4万元，罚款2099.25万元。

【案件协查】 做好税务稽查案件及发票的协查工作，根据协查信息管理系统提示消息对协查工作进行监控和管理。对受理的协查案件，督促经办单位及时制作协查回复函并上报协查材料。加强与税收信息处联系沟通，及时对协查系统进行升级。

【稽查制度建设】 继续加强稽查制度建设，制发《自治区地税局稽查局财务管理办法》，进一步强化内部控制制度；制发《自治区地税局稽查案源管理实施细则（试行）》《宁夏地税局税务稽查随机抽查对象名录库管理实施细则（试行）》《宁夏地税局税务稽查随机抽查执法人员名录库管理实施细则（试行）》，初步建立随机抽查工作机制。

【稽查系统建设】 宁夏地税局稽查局坚持上下“一盘棋”的思想，加强对系统工作的统筹部署和业务指导，对稽查查补收入等指标继续进行量化考核，对各地案件查办和工作开展进行实地督导，向全区地税稽查部门配备价值113.9万元的网络版稽查查账软件，进一步提升全系统的信息化水平。

【稽查队伍建设】 组织开展“岗位大练兵、业务大比武”活动，完成全区地税稽查部门税务稽查“岗位能手”比武竞赛活动，协助宁夏地税局相关处室完成税务稽查“业务能手”比武竞赛，通过比武竞赛活动的开展，稽查干部专业能力和综合素养得到提升。

【稽查人才库建设】　开展稽查人才培训工作，向税务总局稽查人才库推荐入库人员3名，调整出库人员2名，在工作中充分发挥稽查人才库的人才引领作用。

【稽查业务培训】　先后举办金税三期工程稽查模块及网络版稽查查账软件实操培训、绩效管理及风险管控培训、业务大比武专题培训等4个全区性的培训班，全区地税稽查部门460人次参加培训。

【稽查信息化建设】　网络版稽查查账软件正式上线工作，将税务稽查经验、方法与计算机信息处理技术相结合，辅助税务稽查人员快速对企业涉税电子数据进行查阅并记录涉税疑点，丰富了税务稽查人员办案手段，推进了宁夏地税稽查部门信息化建设水平。

【稽查宣传】　将宣传工作作为提高税务稽查工作影响力的重要方面。一是开展经常性的税收法制宣传教育。以当前重点、热点政策问题为突破口，经常性的开展税收法制宣传教育。二是曝光税收违法案件。2016年在《宁夏法制报》曝光各类税收违法案件56起。三是加大信息宣传报道的力度。宁夏地税局稽查局全年发表各类文章70篇，其中《中国税务报》1篇，《宁夏日报》3篇，《中国税务稽查——厉风》1篇，宁夏新闻网2篇，《宁夏法制报》22篇，其他43篇，为推动稽查工作、推进地税文化建设、构建和谐地税发挥了良好的舆论导向作用。

【稽查调研】　组织开展多次专题调研，形成《推进我区地税稽查管理体制改革的前瞻性研究》《法治视角下税务稽查部门开展税收自查工作实践的几点思考》两份专题调研报告，为开展稽查体制改革打下一定基础。

【稽查工作会议】　2016年2月9日，宁夏地税稽查工作会议召开，贯彻落实全国税务稽查工作会议和全区地税工作会议精神，总结2015年稽查工作，交流工作经验，安排部署2016年稽查工作。宁夏地税局总经济师王金平作讲话。

（李　平）

新疆维吾尔自治区

新疆维吾尔自治区国家税务局稽查局

【概述】　2016年，新疆国税稽查部门认真落实税务总局稽查局和新疆国税局党组的各项工作部署和要求，积极发挥税务稽查职能作用，严厉打击涉税违法行为，认真落实《深化国税、地税征管体制改革方案》，各项工作取得较好成绩。

【稽查体制机制改革】　认真落实《深化国税、地税征管体制改革方案》稽查改革措施，不断提升稽查治理能力，推动稽查现代化建设。积极探索，扎实实践，确保各项改革事项落地见效。建立随机抽查和案源管理制度，促进规范执法，提升工作质效。实行国地税联合进户稽查，增强执法合力，减轻纳税人负担。完善“黑名单”及联合惩戒制度，推动社会信用体系建设。健全公安派驻税务联络机制，进一步加强税警协作，自治区、地州市两级公安派驻税务联络机制办公室全部按期挂牌。

【“营改增”专项稽查工作】　与地税部门密切配合，共同开展“营改增”高风险企业专项稽查工作。国税部门检查“营改增”高风险企业76户，查补收入1461万元，入库1117万元，冲减增值税留抵税金540万元，调减亏损额209万元。

【稽查查补收入及分析】　面对组织收入形势严峻、稽查任务十分繁重的情况，稽查部门牢固树立大局意识、责任意识，积极采取有效措施，切实抓好重点工作任务落实，攻坚克难，全力以赴抓稽查收入。全年累计查补收入9.44亿元，同比下降15.5%；实际入库9.12亿元，同比下降14.9%；稽查部门立案检查1152户，督导企业自查499户；选案准确率99.2%，入库率96.7%。

【重大案件查处】　严厉打击涉税违法行为，狠抓大要案查处。全年查处税款百万元案件41起，查补收入 1.02 亿元；查处税款千万元案件 4 起，查补收入 7015 万元。以打虚、打骗为重点，查办一批有影响力、威慑力的重大税收违法案件，如巴州 4 起、博州 1 起变造虚开专用发票案，乌鲁木齐高新区 11 起虚假申报、虚开专用发票案，石河子“4·19”、石河子“仲顺康”、阿克苏“顺义兰”系列虚开发票案，喀什“4·5”、伊犁“8·18”特大虚开发票案等。及时向全区通报案件查处情况，以引起警示，学习借鉴查处经验，有效遏制此类案件的蔓延。

【随机抽查】 在原有稽查选案信息系统基础上，自主开发双随机选案模块。按照税务总局要求，建立自治区、地州市两级稽查对象名录库及执法检查人员名录库。制定新疆国地税稽查局联合随机抽查工作办法，建立随机抽查共管户，定期交换、共享企业数据信息。向自治区人民政府汇报“双随机一公开”工作落实情况。印发《新疆国税局进一步推进税务稽查随机抽查工作的通知》，加大工作督导力度。全年随机抽查企业 177 户，查补总额 4213 万元，入库 4110 万元。通过全国企业信用信息公示系统向社会公布随机摇号抽取企业情况和结果。

【重点税源企业检查】 对税务总局上年部署、已完成自查的 26 户重点税源企业及其成员单位开展重点检查阶段工作，检查成员企业 186 户，查补收入 3827 万元，已入库 2973 万元，调减亏损额 2453 万元。对税务总局 2016 年部署的重点稽查对象随机抽查工作，与新疆地税局成立联合领导小组，共同制定工作方案，共同召开部署会议，组织全区 28 户企业集团 944 家成员单位开展自查阶段工作。

【区域性税收专项整治】 开展地方石油炼化企业税收检查，与地税部门共同部署，组织 16 户企业自查，自查查补 1035 万元，入库 970 万元。国地税联合对其中 4 户企业开展重点检查，查补收入 374 万元。开展旅游市场税收整治，检查旅游经营人 21 户，查补收入 167 万元。确定吐鲁番市托克逊县为区域税收专项整治重点地区，取得较好成效。

【打击发票违法犯罪活动】 会同公安部门加大对制售非法发票违法犯罪活动的打击力度。利用增值税发票系统升级版，加强风险防控和数据比对应用，努力实现对发票违法犯罪的标本兼治。检查发票违法企业 1090 户，超额完成税务总局下达的 600 起检查任务，查处非法发票 7.48 万份，查补入库收入 2.33 亿元，较上年同期增长 55.7%。向公安机关移送发票案件 99 起，联合办案 30 起，捣毁窝点 4 个，打掉团伙 7 个，缴获作案机器 16 台，抓获犯罪嫌疑人 56 人，移送起诉案件 13 起。

【打击虚开增值税专用发票】 重点打击利用海关完税凭证虚开专用发票行为，严厉查处向出口企业提供虚假发票和石油石化商贸企业变票行为。对税务总局下达的 81 个虚开案源进行督办。全年检查涉嫌虚开专用发票企业 1132 户，确定虚开发票 6.43 万份，查补收入 1.57 亿元，入库 1.15 亿元，移送公安 81 户，抓捕 31 人。成功查处喀什“4·5”、伊犁“8·18”等特大虚开发票案件。喀什“4·5”案因案情重大、涉案范围广，列为国务院领导批示（央批）案件。

【打击骗取出口退税】 检查出口退税企业 48 户，查补收入 1786 万元，入库 1108 万元，移送公安 4 户。对税务总局下达的 25 个骗税案源进行督办，加大案件查处指导力度。昌吉“6·5”特大虚开专用发票骗取出口退税案终审判决，4 名涉案人员分别判处无期徒刑、有期徒刑不等的刑期，并判处没收个人全部财产或罚金。该案受到税务总局、公安部高度关注，列为公安部年度十大精品案件，其成功判决对新疆国税部门打骗工作影响深远。税务总局抽调新疆国税局 11 人打骗团队赴湖北参加集中打骗，查处企业 3 户，涉嫌骗取出口退税 6449 万元，涉嫌违规退税 8564 万元，新疆国税局收到湖北国税局的感谢信。

【税收“黑名单”制度】 定期公布符合标准的税收违法“黑名单”，全年公布重大税收违法案件 39 起。认真落实国家 34 个部委联合惩戒备忘录要求，依法对“黑名单”当事人实施惩戒。向发改委、高法等备忘录合作单位推送案件 39 起，有关单位按职责实施惩戒。及时向纳税服务、征收管理部门传递“黑名单”信息，按规定采取降低企业信用等级、发票领用受限等惩戒措施，使“黑名单”企业“一处失信处处受限”。

【涉税违法案件检举】 注重做好检举案件矛盾化解、疏导、说服工作，妥善处理缠诉缠访事件，不断提高检举案件查处质量。做好与 12366 纳税服务热线举报工作对接。2016 年通过举报系统受理检举案件 107 件，查补收入 4329 万元，入库 4321 万元，发放举报奖金案件 8 件，兑付举报奖金 5 万元，移送公安 7 件。各级举报中心处理局长信箱、外网举报、外部门转办等检举线索 70 余起，处理电话举报 200 余次。

【案件协查】 采取加强环节监控、落实责任人员、鼓励确认虚开发函、严格限制有疑问发函、强化专用发票升级版应用等有效措施，协查工作质量名列全国前茅，部分协查指标连续受到税务总局通报表扬。2016年委托协查查补收入522万元，受托协查查补收入1.65亿元，入库1.05亿元。通过协查系统发起的喀什“4·5”案、伊犁“8·18”案等特大虚开发票案，以及受托协查的黄金票案、辽宁“7·03”案、江苏“11·10”案等重大案件，取得较好成效。在税务总局布置的“打骗、打虚”专项协查中，受托协查回复质量高，为全国“双打”工作组提供有力支持。

【稽查系统建设】 进一步加大区局对各地稽查工作的指导、督导力度。采取深入基层调研或集中听取汇报的方式指导各地案件查办工作，积极协调解决各地工作中面临的问题和困难。积极实践指定稽查、委托稽查工作模式。对新成立、未设立稽查机构地区发生的稽查案件，由区局指定邻近稽查部门查办案件，确保工作及时到位。认真抓好《税务稽查规范（1.0版）》推行工作。成立推行工作领导小组，制定推行工作方案，牵头与地税部门组织联合视频培训，采取有效措施推动规范贯彻落实。

【稽查队伍建设】 注重提升稽查队伍素质，切实加大培训力度，着力培养行业检查骨干，发挥骨干引领作用。积极参加系统“岗位大练兵、业务大比武”稽查能手选拔工作，进一步提升干部业务能力。加强稽查部门党建工作。扎实开展“两学一做”学习教育，坚定理想信念。强化党风廉政建设，深入开展廉政警示教育，积极防范执法风险。认真落实“一岗双责”和税收违法案件一案双查办法，切实改进工作作风。认真开展绩效管理，积极承接税务总局考核指标，层层落实考核任务，确保各项工作取得实效。

【稽查业务培训】 加强业务培训的实用性、针对性，针对重点检查内容，自主举办打骗、打虚和资本交易查前培训班，确保检查取得实效。精心选择内地优质培训项目，有计划分批选派业务骨干参加。区局组织、参加各类稽查培训班9个，培训人数116人次，培训时间86天。各地结合实际举办形式多样的业务培训。

【稽查信息化建设】 升级完善稽查选案信息系统，为开展“双随机”工作提供技术平台。对有条件实施电子稽查的企业全部使用查账软件，提高检查效率。对企业采集的电子账套等检查数据实行集中统一管理。稽查案卷实行电子扫描，形成电子档案，便于远程传输、查阅管理，2016年录入稽查电子案卷765卷。全区稽查信息化水平进一步提升。

【稽查宣传】 加大税收违法“黑名单”宣传曝光力度，在《新疆日报》《新疆经济报》报道“黑名单”及联合惩戒工作5次，通过报纸、网站向社会公布案例41次，曝光典型案例14起，有效发挥“黑名单”警示、震慑作用。积极参加税收宣传月工作，与有关部门联合开展打击涉税违法宣传活动，为地方发展营造良好税收舆论环境。

【稽查工作会议】 2016年3月14日，全区国税稽查工作会议在乌鲁木齐市召开。会议认真贯彻落实全国税务稽查工作会议和全区国税工作会议精神，全面总结2015年稽查工作成果，部署2016年稽查工作任务。新疆国税局局长刘培平在会前对稽查工作作重要批示。区局党组成员、副局长徐岩在会上作了题为《强基固本　担当克难　扎实推进税务稽查现代化》的主题报告。

（李　伟）

新疆维吾尔自治区地方税务局稽查局

【概述】 2016年，新疆地税系统稽查部门在区局党组和税务总局稽查局的正确领导下，紧紧围绕总目标，积极投身税收征管体制改革，深刻认识、主动适应、积极引领税务稽查新常态，重拳打击涉税违法行为，充分发挥地税稽查“尖刀”作用，多项稽查指标位居全国前列。

【稽查体制机制改革】 新疆地税局稽查局分别与新疆公安厅、新疆兵团公安局联合印发《公安机关派驻税务机关联络机制运行暂行办法》，并挂牌成立公安派驻税务机关联络机制办公室。落实稽查征管建议制度，认真分析案件查办过程中发现的政策或征管漏洞，多次向区局税政法规及业务部门提出有针对性的税收政策及征管建议，发挥以查促管作用。

【“营改增”专项稽查工作】 新疆地税局和国税局稽查局共同开展“营改增”高风险行业专项稽查工作，认真分析全面推开“营改增”试点企业5月1日前后发票流情况，结合打击发票违法犯罪活动和工作实际，综合分析确定将虚开“劳务派遣费”发票和房地产企业接受建筑公司多开、虚开发票等作为检查重点，国地税稽查局共同筛选“营改增”高风险企业，组成联合检查组，集中查处“营改增”高风险企业虚开增值税发票及其他涉税违法行为，立案检查“营改增”高风险企业44户，查结32户，有问题户30户，查补地方税费等各项收入194万元，入库各项收入130万元。

【稽查查补收入及分析】 新疆地税两级稽查部门检查纳税户1500户，查补收入13.35亿元，入库收入16.61亿元。选案准确率98.6%，位列全国第8名；入库率124.4%，位列全国第2名；稽查查补入库收入占税收收入比例为3.06%，位列全国第5名；实现人均入库总额（不含自查）181万元，位列全国第6名。全年稽查工作呈现出以下特点：一是做足做实促稽查收入。二是深挖潜力促自查实效。三是强力优化促稽查质效。四是多措并举促组收职能。五是稳准狠快促大案突破。六是协调配合促管查互动。

【案件查办情况】 2016年，在经济下行压力大、“营改增”等结构型减税政策全面推开、地税工作深刻变化变革的复杂形势下，全区地税系统圆满完成以组织税收收入为中心的各项工作任务，为新疆经济社会发展做出突出贡献，得到新疆党委、人民政府和税务总局的充分肯定，也得到社会各界的认可，成绩的取得蕴含着全区地税系统稽查部门的艰辛努力。

【案件特点分析】 查处的房地产等案件集中表现出以下特点：一是房地产行业成本费用结转与项目收入不相对应，利用往来账、费用账的会计核算方式掩盖企业所得税。二是获取有价值的股权转让信息较难。工商部门、网络信息是股权转让信息最主要的来源，存在股权转让信息不完整、信息质量较差等问题，实地核查耗费大量检查力量，影响检查人员积极性。三是案件取证难。特别是涉嫌偷税的案件，由于稽查人员取证手段有限，给收集不缴、少缴税款主观故意方面的证据带来困难。

【重大案件查处】 查办百万元以上案件112起，查补收入5.49亿元，查处数量位列全国第8名。成功查办乌鲁木齐国有资产投资公司、中通客车、南湖实业（集团）、九天河房地产、天山农商行、千居客房地产、昆仑绿叶房地产等一批社会影响力较大的案件。不仅圆满完成新疆党委政府交办的重要任务，也为营造全面从严治党、加强党风廉政建设和反腐败工作的良好氛围做出了贡献。

【随机抽查】 认真落实随机抽查工作机制，主动加强与区局风险办的协作配合，借助风险管理平台补充完善全区税务稽查对象名录库，并结合征管实际，因地制宜地确定全区重点稽查对象标准。根据随机抽查工作需要，在现行条件下，采取定向随机抽查方式，从区级重点稽查对象随机抽查名录库中抽取4户企业由新疆地税局稽查局开展税务稽查，并主动与区工商部门多次沟通协调，将随机抽查结果在《新疆维吾尔自治区市场主体信用信息公示系统》进行公示，依法接受社会各界监督。

【重点税源企业检查】 完成税务总局布置的第一批215户重点税源企业检查任务和第二批924户重点税源企业自查任务，查补收入6949万元。结合全区重点税源企业分布状况，合理确定重点税源抽查对象，检查217户，占全区重点税源名录库总户数的20%，查补收入2.85亿元。选取新疆生产建设兵团建设工程（集团）有限责任公司作为区局稽查局检查对象，查补收入1.1亿元。

【区域性税收专项整治】 以征管大数据为依托，以“行业+区域”为整治模式，对税收秩序相对混乱的23个县、市、区和兵团团场开展区域专项整治，查补收入1.54亿元。其中，查处千万元案件2件、百万元案件14件，移交公安机关7起案件，起诉判决3人。配合行业综合监管，国地税联合开展全区“营改增”高风险企业、地方石油炼化企业和旅游市场专项税收检查，查补收入1308万元。达到整治一个地区，规范一个区域税收秩序的目的。

【打击发票违法犯罪活动】 结合“营改增”营业税清查，以打击劳务费发票为突破口，组织发票违法高发行业的重点检查，查处违法受票企业660户，查补收入6436万元，同比增长129%。联合公安、国税部门查处发票违法案件45起，捣毁贩卖假发票窝点1处，抓获犯罪嫌疑人34人。

【税收“黑名单”制度】 利用联合惩戒措施和部门“双扩围”的有利时机，各地地税稽查部门及时向社会公开公布重大税收违法案件22起，通过《新疆日报》等主流媒体曝光税收违法案件82起，向税务总局稽查局推送重大税收违法案件2起，向自治区和兵团社会信用体系推送“黑名单”企业2户，并实施联合惩戒。有力震慑税收违法行为，维护税法权威。

【涉税违法案件检举】 认真贯彻落实各项检举工作制度，强化大局意识、责任意识，不断提升服务水平，加大对涉税违法检举案件的查处力度，充分发挥税收违法检举案件管理工作在打击涉税违法行为中的积极作用。全区地税局稽查局受理检举事项103件，其中区局稽查局受理48件，各地、州、市地税局稽查局受理55件。合计查补税款

10461万元，罚款611万元；入库税款10532万元（含以前年度查补未入库数）。

【案件协查】　及时做好日常协查案件的受理、查处及回复。受托组织区内外协查案件7起，涉案发票132份，涉税事项4起。严格按照税务总局稽查局的要求，将建筑安装、房地产普通发票协查业务纳入协查系统进行协查，通过加强对发票协查质量的日常监控管理，确保发票协查绩效考核指标的落实到位。

【稽查制度建设】　着力解决由于新疆行政区域过大，地域间经济水平差异明显等造成的改革瓶颈，努力提升稽查执法层级，在吐鲁番、哈密两市地税局稽查局试点跨区域联合稽查，并制定《联合税务稽查工作办法》，将优势资源进行有效整合，实现行业检查人才互补，有效提升查办大要案的质效。

【稽查系统建设】　全面实施绩效管理信息系统4.0版，将绩效管理与税务稽查工作紧密结合，有效促进稽查重点工作完成，防范税收执法风险，激发干部工作热情。实行稽查业务联系点制度。区局稽查局每位局领导定期到联系点督导重点工作，对发现的苗头性、倾向性问题早提醒、早纠正。对6个地、州、市地税局稽查局查结的38个案件开展复查，有效发挥以查促查自我监督作用，增强干部责任意识，降低执法风险。

【稽查队伍建设】　严格落实党风廉政建设“两个责任”，扎实开展“纪律教育年”活动和“三项治理”活动，对“四风”及隐形变异“四风”，机关干部不作为、慢作为，以及损害纳税人切身利益等行为进行专项治理。稳步推进内控机制建设，严格执行中央八项规定，时刻将纪律规矩挺在前面，始终保持反腐败工作高压态势，干部队伍的纪律意识、廉政意识明显增强，工作作风持续转变。

【稽查业务培训】　认真组织和参加稽查岗位“大练兵大比武”活动，并以此为契机，开展各类业务培训和考试。区局稽查局认真组织和实施稽查岗位“大练兵大比武”活动，制定方案，统筹协调，分步实施。分三个片区开展稽查实务巡回培训，受训面达到35%。举办湖北襄阳稽查业务骨干培训班和区局大比武考前培训班。集训期间，主动联系高校师资集中授课，并建立考试题库。组织全系统稽查干部业务摸底考试及多次备战选手选拔考试。通过练兵比武活动，促进全系统稽查队伍履职能力整体提升。

【稽查信息化建设】　加快推进稽查信息化建设，区局稽查局编制金税三期工程稽查模块操作指引，解决金税三期工程运用过程中的各类问题，完善和拓展协查信息管理系统应用模块。乌鲁木齐市、伊犁州和昌吉州地税局稽查局加大信息化建设投入力度，广泛应用网络版查账软件开展信息化稽查。

【稽查宣传】　新疆地税局稽查局刊物《新疆地税稽查工作信息》刊发7期，《新疆地税稽查简报》刊发2期。撰写的《优化战略战术　彰显“利剑”本色——自治区地税局稽查局发挥职能作用维护公平税收秩序》和《自治区公安厅派驻自治区国税地税联络办揭牌》等稿件在《新疆日报》要闻版刊发。撰写的《自治区国地税稽查部门开展联合稽查亮点纷呈》和《自治区地税局稽查局全面开展税务稽查案件复查》等稿件在《新疆经济日报》要闻版刊发。

【稽查调研】　按照《国家税务总局稽查局关于进一步做好堵漏增收工作的通知》的要求，各级稽查局全体干部从讲政治、讲大局的高度，充分认识到抓好组织稽查收入是稽查部门的基本职责，是年终考核的重要依据。由区局稽查局领导分别带队赴稽查业务工作联系点，对重点地区、收入缺口较大的地区紧密跟踪、重点监控，加快工作进度。督促各地稽查部门稽查收入、查处户数、稽查覆盖率等指标完成进度。

【稽查工作会议】　2016年4月，新疆地税局召开2016年度全区地税系统稽查工作会议。新疆地税局巡视员李体超作题为《改革创新　发挥职能　努力开创稽查工作新局面》的工作报告。报告中总结了2015年全区地税稽查工作，并对工作成绩突出的单位进行了表扬，同时，也指出工作中存在的突出问题，要求2016年稽查工作要深入贯彻党的十八届五中全会、中央经济工作会议和自治区八届十次全委（扩大）会议精神，全面落实全区地税工作会议部署和税务总局《2016年全国税务稽查工作要点》，深刻认识、主动适应、积极引领税务稽查新常态，投身税收征管体制改革，坚持问题导向，查找弥补短板，推进稽查现代化建设，更加有效地发挥“以查促收、以查促管、以查促改、以查促查、以查促廉”职能作用，重在打击震慑税收违法行为，努力开创地税稽查工作新局面。

（陈艳荣）

大连市

大连市国家税务局稽查局

【概述】 2016年，大连国税局稽查局认真贯彻落实全国税务稽查工作会议和大连税收工作会议精神，按照市局党组的总体要求和工作部署，充分发挥税务稽查职能作用，以严厉打击各类税收违法行为、促进纳税遵从为重点，深入推进稽查体制机制改革，完善稽查制度建设，提升稽查信息化水平，建设高效廉洁稽查干部队伍，不断提升稽查质效。

【稽查现代化建设】 大连国税局落实稽查转型，由传统稽查向智能稽查转变，建立“法治稽查+信息稽查”双效机制。2016年推广网络版电子查账软件，进一步完善电子查账在法律依据、技术升级等方面的配套，建立市局、基层局、软件开发企业三方沟通机制，切实发挥软件在稽查工作中的智能作用。在金税三期工程上线的大背景下，结合稽查工作实际，开发大连国税数据管控稽查作业平台，完成全局展示、案源管理、综合查询、电子查账、电子审理、电子档案、报表系统七大功能模块的开发工作，有效整合分散的稽查数据资源，增强数据分析利用能力，提高稽查精准度和办案效率。运用电子查账作业平台对196户企业开展检查，查补税款4095万元，调增应纳税所得额和调减留抵税额共计8954万元，稽查信息化效果持续凸显。

【稽查体制机制改革】 坚持稽查选案、检查、审理、执行四环节相互分离，构建职责明晰、分权制约的稽查业务管理制度体系是《税务稽查工作规程》的明确要求。四个稽查局全部完成执行科的独立设置，标志着稽查四环节实现真正分离，这是完善大连国税局稽查机制建设的重要一步，有利于规范执法行为，有效降低执法风险，完善稽查内部岗责体系和权力监督制约机制。

【“营改增”专项稽查工作】 成立专项稽查领导小组，负责“营改增”高风险企业专项稽查的指挥和协调工作，确定“征管风险排查先行，稽查重点打击后动，国税地税联合推进”的工作方案。实施风险排查364户。国地税联合实施集中检查8户，有问题户5户。合计查补国税增值税81.79万元，企业所得税192.6万元，调增应纳税所得额589万元，地税税款11.09万。

【稽查查补收入及分析】 2016年查补税款55829万元，其中增值税27627万元，占查补税额的49.5%。企业所得税28189万元，占查补税额的50.5%。增值税和企业所得税的检查仍是目前税务稽查工作的重点。自查查补税款14641万元。2016年永久性差异补税额19922万元，占比80%（不含自查查补收入），挤出了时间性差异的“水分”，提高了稽查“含金量”。此外，对增值税、企业所得税亏损假象背后的隐形税收不留死角，全市调整增值税留抵进项税额8385万元，调整企业应纳税所得额116480万元，夯实了税收征管基础，为大连后续税收提供有力保障。

【案件查办情况】 检查纳税人1862户，有问题1579户，结案1699户，选案准确率93%。大连国税稽查局本着打击骗税与虚开工作“一盘棋”原则，将两项工作紧密衔接，作为2016年工作的重中之重。重大案件基本查结：一是“3·22”专案，河北大城籍嫌疑人操控的大连安德发实业有限公司等65家企业虚开案件，涉及发票5.41万份，涉案税额33.72亿元，抓获团伙主要犯罪嫌疑人2名，发出《已证实虚开通知单》765份，涉及企业765户，发票金额198.34亿元，税额33.72亿元。二是“5·20”专案，浙江籍嫌疑人操控的大连利星环宇贸易有限公司等31户企业虚开案件，涉及发票1.28万份，涉案税额5.52亿元，抓获团伙主要犯罪嫌疑人3名，上网追逃4人，确认23户企业对外虚开，发票金额20亿元，税额3.4亿元。三是“12·01”专案，普兰店市和谐水貂养殖专业合作社等15户合作社企业虚开案件，涉及发票0.8万份，涉案税额3.99亿元，团伙主要犯罪嫌疑9人均已被抓获，已对全国34个地区发出《已证实虚开通知单》306 份，涉及发票 5520 张，涉税金额 2.48 亿元。

【案件特点分析】　通过对虚开增值税专用发票案件的梳理，结合全国已查获的虚开增值税专用发票案件的特点，归纳总结出大连市虚开企业有如下特征：一是经营范围基本上都含有“煤炭、矿产品、农副产品、黄金、珠宝首饰”等项目。二是空壳开票企业的进、销一般都在外地。犯罪分子为隐蔽其不法行径进行跨地区、跨省份作案。因此空壳开票企业的上游开票来源及下游受票企业多为外地企业。三是认证的进项、销项发票金额大都顶额开具，短期内金额激增。四是虚开企业存续时间一般不超过一年。发现部分空壳开票企业在仅仅成立 3～5 个月之后，便终止各项涉税事项，成为“非正常”企业。五是进项发票中品名为黄金的商贸企业，虽开出发票品名也为黄金，但经协查反馈信息，下游多为空壳开票企业，货、票已经分离，大多为空壳虚开企业。大连国税局参照虚开增值税专用发票企业特征，与公安部门联手，建立预警防控机制。并提请对口公安部门对人员信息进行摸排，对涉嫌虚开企业人员及时进行布控。

【重大案件查处】　查处重大案件（查补税额大于百万元案件）52 起，查补总额 19694 万元。其中，千万元案件 4 起，查补总额 7312 万元。百万元案件 48 起，查补总额 12382 万元。

【随机抽查】　“双随机”工作全面推开，对全部稽查案源实行集中管理。通过两次公开摇号，随机确定 1888 户稽查对象，确定各基层局 80% 的稽查计划。立案查处 1302 户，增值税查补税额 7347.53 万元，调减留抵税额 7870.89 万元，所得税查补税额 7858.73 万元，调减亏损额 68221.89 万元，罚款 64.12 万元。

【重点税源企业检查】　大连国税局、地税局联合召开“重点稽查对象随机抽查工作自查部署会”。制定《2016 年重点稽查对象随机抽查工作自查阶段工作方案》及《企业自查参考提纲》。完成自查 386 户，查补收入 918.05 万元。其中增值税 212.93 万元，消费税 8.95 万元，企业所得税 523.69 万元，滞纳金 172.49 万元，冲减增值税留抵税金 52.52 万元，调减亏损额 24.40 万元。

【区域性税收专项整治】　税警联合开展对大连市长兴岛、花园口区和甘井子区革镇堡等虚开发票高发区域进行重点整治。根据统一下发的线索和分析筛选出的涉嫌虚开增值税专用发票的疑点企业，立案开展检查。大连市完成 525 户专项检查任务。其中，138 户涉嫌虚开企业因专项检查走逃；2 户企业确认虚开，已移交对口公安经侦部门侦办；20 户疑点企业转为重点检查。区域虚开发票高发现象得到有效控制。

【打击发票违法犯罪活动】　将打击发票违法犯罪活动与日常检查结合，做到“查账必查票”“查案必查票”。2016 年检查企业户数 1661 户，查处发票违法企业 856 户，涉及非法发票 18030 份。涉及金额 123 亿元，查补税款 5801 万元，加收滞纳金 844 万元，罚款 838 万元。

【打击虚开增值税专用发票】　与公安、海关、银行等多部门密切合作，联合查处一批虚开案件，有效遏制虚开违法行为高发多发势头，切实维护国家税收权益和税收秩序。2016 年，累计排查疑点企业 1075 户，其中涉嫌虚开企业 367 户。367 户企业涉案税款近 90 亿元，已立案检查 241 户，破获团伙作案 4 起，抓捕犯罪嫌疑人 41 名，网上追逃 7 名。对 187 户企业向外地发出确认虚开函 1676 笔，辐射全国 20 余个省、自治区、直辖市的 1087 户企业，协查发票 10.2 万张，发票金额 225.25 亿元，税额 38.29 亿元。经统计回函情况，各地查补税额 4.47 亿元，调整留抵税额 0.32 亿元，立案抓捕 18 名涉案人员。

【打击骗取出口退税】　从“查大案、办铁案、强震慑”总体原则出发，坚持全面推进与重点突破相结合、发扬传统与探索深化相结合，完善机制，优化配置、勇于担当，推动打击骗取出口退税专项工作向纵深发展。排查出口企业 111 户，立案检查 36 户，累计应追回已退税款 1.06 亿元，其他查补税款 464.37 万元，暂停退税 7905 万元，打骗总成果合计 1.89 亿元。

【税收“黑名单”制度】　公布的 22 户企业直接认定为 D 级纳税人。向前期已公布的 6 户企业的主管税务机关下发稽便函，对其已公布的违法当事人适用 D 级纳税人进行管理。把宣传工作放在重要位置，全方位、多渠道持续开展宣传工作，积极营造“褒扬诚信，惩戒失信”的良好氛围。20 余家媒体对大连市“黑名单”税收违法信息公布及联合惩戒工作的开展情况进行报道，扩大了联合惩戒工作的影响力和震慑力，促进纳税信用和社会信用建设。

【涉税违法案件检举】　举报中心接听检举专线电话 1200 余次，接待来人来访检举 110 人次，受理税收违法检举案件 154 件。检举案件查补 648.92 万元，其中增值税 203.22 万元，企业所得税257万元，滞纳金130.56万元，罚款58.14万元。入库税款400.38万元，入库率87%，入库滞纳金108.23万元，入库率82.9%，入库罚款58.14万元，入库率100%。

【案件协查】 发出委托协查2323笔，涉及发票10.9万份，涉及金额256亿元，税额40亿元，收到回复发票10.5万份，选票准确率99.4%，发票协查合规率100%；收到受托协查718笔，涉及发票3.1万份，涉及企业926户，涉及金额101亿元，税额17亿元，按期回复率100%。大连国税局委托协查发票量位居全国第3位，选票准确率位居全国第3位，受托协查回复"有问题"发票占比排名位居全国第4位，大连国税局的协查工作走在全国前列。

【稽查制度建设】 认真落实执行《国地税合作规范》，联合大连地税局稽查处下发《国地税联合稽查工作办法（试行）》，建立相关协调机制。先后四次与市地税局召开稽查合作联席会议，部署重点税源随机抽查企业重点检查工作。组织公开摇号，共同抽取60户企业为联合稽查对象，全年国地税实施联合检查115户。这一系列举措，减轻了企业负担，增强了联合效能，规范了合作，实现了共赢。

【稽查队伍建设】 大连国税稽查系统把育才视为固本强基的大工程，建立教育规划远近相宜、教育管理谋行合一、教育内容供需平衡、教育对象点面结合的培育平台，突出青年骨干人才队伍建设，全力打造育才"梦工厂"。在税务总局稽查"岗位大练兵、业务大比武"活动中，大连国税局取得了全国第5名的优异成绩，获得了税务总局领导表扬。结合"岗位大练兵、业务大比武"、优秀稽查案例评选交流、青年创客等活动，营造"拼搏成就事业，学习创造未来"的良性发展空间，稽查干部的综合素质和履职担当能力进一步得到提升。2016年，大连国税局稽查局党支部组织全员学习19次，40余人次讲课，涉及43项内容。陆续组织开展学习党章党规、"四讲四有"专题学习讨论、书记讲党课，党员写感言、学习毛丰美，实干促振兴专题组织生活会。在办公区域设置"两学一做"学习教育宣传展板、国学展板，组织开展环保公益行主题实践活动、重温入党誓词、邀请优秀退休干部座谈等学习教育活动。制定《稽查局党支部落实"三会一课"制度具体实施办法》，真正做到组织健全、制度规范，活动经常，记录完备。

【稽查业务培训】 为提高稽查干部的岗位胜任能力，在加大培训力度的同时，市局注重普遍需求，着眼更新技能，增强针对性、实效性。在税务总局《全国税务稽查规范（1.0）版》下发后，立即组织全系统培训，当场培训当场考试。在2016年4月和8月成功举办两届税警联合专项培训，国税系统及公安部门的240余名干部参加了此次培训。税警双方分别就各自在打击出口骗税及打击虚开发票工作中积累的办案经验和工作方法进行了交流。举办查账软件应用培训，开展4期集中轮训，236人次参与，开展4期骨干培训，40人次参与，提升了检查人员的操作技能。在全系统举办规范税务稽查文书、稽查选案方法、虚开发票和出口骗税的取证要点、举报协查工作指导、绩效考核指标讲解、金税三期工程稽查模块数据衔接等相关内容的专题培训。

【稽查宣传】 高度重视舆论宣传工作，不断加大宣传教育力度。利用各种新闻媒体和宣传形式。曝光违法犯罪案件，揭露虚假发票的社会危害性。借助税法宣传阵地，开展大范围、全方位、新形式的宣传教育活动。打击发票违法犯罪活动的多篇报道在《中国税务报》《中国税务稽查》上刊登。通过大连电视台经济生活频道《国税之声》专题节目、互联网中国·大连《在线访谈》《中国税务报》《大连晚报》等多家主流媒体宣传发票相关法律和知识，曝光典型案例，多场次、多角度、多部门开展宣传教育活动。

【稽查调研】 为进一步促进稽查成果转换，增强分析调研能力，提升稽查工作质效，大连国税稽查部门开展重点工作分析调研工作，重点围绕打击虚开及出口骗税、保险业及再生资源专项整治开展专题分析调研。形成《大连市空壳开票企业特点》《关于对大连再生资源交易所有限公司等检举税收违法行为的调研报告》《大连市国税局关于开展"百日护税"行动的工作报告》《保险行业专项检查分析报告》等调研成果。

（张云峰）

大连市地方税务局稽查局

【概述】 2016年，大连地税局认真贯彻落实全国税务稽查工作会议和大连地方税务工作会议精神，按照税务总局和大连地税局党组的总体要求和工作部署，严厉打击税收违法行为，充分发挥税务稽查职能作用，持续推进国地税稽查合作，推行随机抽查方式，加强稽查案卷和案件质量管理，践行“马上就办”，落实“问题清单”，进一步提升稽查质效。

【稽查现代化建设】　大连地税局历来重视稽查现代化建设工作，为增强典型稽查案例的示范效应，拓展业务交流渠道，扩大案例交流的覆盖面，在局域网办公自动化首页增设“税务稽查案例交流”平台，分行业展示近年查办的典型稽查案件，归纳总结违法手段、检查方法和检查特点，便于一线检查人员学习借鉴。

【稽查体制机制改革】　依托“三定”方案（定岗、定编、定责）落实，成立大连地税局稽查局。一方面创新了稽查体制机制，让稽查管理不断释放新活力，增强新效能，更好地适应未来税收现代化建设需要；另一方面以市局稽查局为龙头，推行“一级稽查”管理模式和“分类分级”管理方式，让两级稽查机构各司其职，各自发挥独特优势，实现稽查工作的专业化、精细化、规范化，以应对日趋复杂的税收执法环境。

【“营改增”专项稽查工作】　收集各业务处室对税种的管理分析情况，配合“营改增”和税种管理需求，强化风险管理导向，统筹确定重点检查行业，科学制定年度选案方案，2016 年查补营业税 0.45 亿元，占查补总额的 7.37%。

【稽查查补收入及分析】　查补总额 6.16 亿元，其中查补税款 5.46 亿元，加收滞纳金 0.56 亿元，罚款 0.14 亿元。入库总额 5.85 亿元，查补入库率 95%。从查补税款的税种构成来看，土地增值税查补额为 3.44 亿元，占总额的 55.88%，排名第 1 位；企业所得税查补额为 1.15 亿元，占总额的 18.68%，排名第 2 位；营业税查补额 0.45 亿元，占总额的 7.37%，排名第 3 位；土地使用税查补 0.41 亿元，房产税查补 0.22 亿元，分别排名第 4 位、第 5 位；上述五个税种查补额占总额的 92.24%，其他税种查补合计 0.48 亿元，占比 7.76%。

【案件查办情况】　检查纳税人 1275 户，其中有问题户数 1174 户，查补税款 5.46 亿元，选案准确率 92.08%。查办重大税收违法案件 21 件，查处发票违法企业 327 户，公布“黑名单”案件 1 件，公告涉税违法案件 4 件，移送司法机关立案 6 件。

【重大案件查处】　查处偷税案件 31 件，查补偷税税款 1553 万元；查办查补税款超过 200 万元的重大税收违法案件 21 件，其中查补千万元以上案件 4 件。

【随机抽查】　按照税务总局对开展“双随机、一公开”工作的部署和要求，抓好工作落实。一是结合大连地税局稽查工作实际，制定《税务稽查随机抽查对象名录库管理办法（试行）》（大地税发〔2016〕193 号）、《税务稽查随机抽查执法检查人员名录库管理办法（试行）》，起草了《大连市地方税务局税务稽查“双随机一公开”工作细则（试行）》，明确随机抽查工作要求，指导基层单位开展随机抽查工作。二是召开基层局专题会议，部署重点税源企业随机抽查工作，同时安排稽查局随机抽取选案名单。三是按要求建立了“一单两库”。“一单”即随机抽查事项清单，明确将税务稽查工作列为税务机关随机抽查事项；“两库”指税务稽查对象名录库和执法人员名录库，将全部登记纳税人列为税务稽查对象名录库，将取得税务执法资格且拥得《税务检查证》的执法人员纳入执法人员名录库。除违法线索明显的举报和上级单位督办、交办案件进行直接立案查处外，其他税务稽查对象均采取随机抽取方式，执法检查人员也同步随机选派。2016 年通过定向与不定向随机抽查方式选案 760 户。

【重点税源企业检查】　大连地税局与大连国税局稽查局成立重点税源企业检查联合督导组，确定市、区（县）二级稽查模式，遵循分级分类管理原则，合理安排检查任务，统筹调配各级稽查部门检查力量，并积极探索随机抽查方法，按照“双随机”抽查要求，规定两级稽查部门全部通过摇号方式随机选派检查人员。对 75 户重点税源企业及成员单位开展检查，已全部查结，其中有问题企业 44 户，查补收入 314.69 万元，查补收入全额入库。

【区域性税收专项整治】　为全面推进依法治税，整顿规范税收秩序，提升税法遵从度，营造公平公正的税收法治环境，大连地税局于 2016 年 9 月起在全市范围内开展区域性税收专项整治工作。通过随机抽查、检举受理等方式，对混凝土生产企业、社会教育培训机构、海水养殖企业、工业园区内企业和旅游市场企业等共计 211 户企业开展专项检查，截至 2016 年底结案 200 户，查补合计 5098 万元。

【打击发票违法犯罪活动】　加大对纳税人发票使用情况的检查力度，做到“查税必查票、查票必查税”。对开具金额较大、涉嫌虚假业务的发票，通过发票流、资金流、业务流的核查，彻查业务真实性。统一执行发票检查工作指引，规范和引导发票检查工作。2016 年，查处发票违法企业 327 户，涉及发票 746 组，查补收入合计 2086 万元。

【税收“黑名单”制度】 税务总局重大税收违法案件信息公布办法修订后，大连地税局立即联合大连国税局发布通告废止原办法，明确列入“黑名单”的税收违法案件执行全国统一标准，进一步扩大打击税收违法行为的范围。积极与大连国税局协调大连市发改委，共同制定联合惩戒工作规程，运用法治思维，依靠法治方式，规范对“黑名单”当事人实施联合惩戒的工作流程和实施措施。为推动惩戒工作开展，大连地税局还与大连国税局、大连市发改委联合召开联合惩戒业务培训会，确保联合惩戒工作顺利开展。2016 年，将符合标准的 1 件案件纳入税收“黑名单”，公布当事人违法信息，实施联合惩戒。

【涉税违法案件检举】 大连地税局市区两级举报中心高度重视涉税检举工作，严把举报案件受理、查办、反馈的质量关，将检举案件列为特殊案源管理，严格遵守涉税检举工作保密纪律，主动与举报人沟通反馈结果，积极化解矛盾和争议。2016 年，受理涉税检举案件 92 件，查结 60 件，查补收入 755 万元。

【案件协查】 2016 年，大连地税局按照税务总局要求，履行协查程序，委托协查案件 12 件，受托协查案件 6 件。

【稽查反馈】 稽查反馈是以查促管职能的有效方式。大连地税局在修订完善稽查信息反馈制度的基础上，积极组织市内四个稽查局开展稽查反馈。除对纳税人弥补亏损额调整等符合即时反馈的内容采取即时反馈外，市内四个稽查局针对检查区域的检查情况，认真梳理检查发现共性及典型问题 100 余个，通过分析问题产生的原因，总结征管当中存在的薄弱点和税政疑难点，提出针对性意见和建议 20 余条，形成稽查信息反馈年度报告，反馈对应征管局。

【稽查系统建设】 一是规范稽查工作。梳理税务总局执法督察发现的问题，同时对照“问题清单”，结合大连地税局稽查工作实际情况下发《关于进一步落实税务稽查工作规程相关工作的通知》，要求基层单位全面审视检查、审理、执行、立卷等各个工作环节，对照检查重点业务流程和工作项目是否符合征管法及其实施细则，以及稽查工作规程的规定。各基层局按照梳理的问题清单，逐项落实责任，实施动态管理，持续跟踪督办，进一步提高稽查工作质量，防范稽查执法风险。二是开展案卷评查。大连地税局印发《大连市地方税务局税务稽查案卷质量年工作方案》，组织开展稽查案卷评查活动，各基层局迅速组织贯彻落实，细化评查标准，抽调业务骨干进行案卷自评，评选推送 115 本案卷。大连地税局成立案卷评查组，严格评查程序和标准，对稽查案卷从实质、程序、形式上分别评定，经过初审、复核和集中评审，最终评选出“市局优等稽查案卷”63 本。通过本次案卷评查，提高了大连地税局稽查系统的执法风险意识，进一步规范了稽查执法行为，提高了稽查执法质效。

【稽查人才库建设】 继续强化稽查人才培养，合理配置各级稽查人才，落实奖励机制。将 2016 年度稽查类“岗位大练兵、业务大比武”中成绩突出的个人纳入稽查人才库，为稽查队伍适应现代税务稽查做好人才储备。

【稽查业务培训】 为进一步发挥优秀案卷的样板示范作用，突出务实性和实效性，大连地税局开展优秀案卷交流观摩活动，提高案卷工作质量。采取深入基层、分片巡回、现场交流的方式，组织全系统稽查人员开展 9 场案卷现场观摩交流活动，观摩优秀案卷，查找案卷差距，梳理存在的问题，提出整改要求和措施，进一步提高稽查人员的案卷质量意识和执法风险意识，全面提升稽查案卷质量整体水平。

【稽查信息化建设】 选派技术业务骨干参加金税三期工程项目组，理顺稽查各环节工作流，配备各业务流程岗位，梳理系统间差异，完成系统初始化和数据迁移工作。编写业务流程手册，培训和辅导基层工作人员，确保金税三期工程系统的顺利推进。系统上线后，结合基层反馈的应用问题，积极协调予以解决，及时下发文件，明确稽查业务上线处理规则。

【稽查宣传】 案件公告、曝光是扩大稽查职能作用、提高稽查震慑力的重要手段。为推动工作开展，大连地税局除明确各基层局的案件曝光任务数、时间表和媒体层级的影响力外，还将此项工作纳入年度考核，对完成情况采取定期通报制度。2016 年，在大连地税局门户网站公告 4 件典型税收违法案件，在《中国税务报》《大连日报》等市级以上媒体曝光各类涉税违法案件 11 户次，在《大连日报》《新商报》等媒体曝光“黑名单”案件，宣传税收“黑名单”制度，加大典型案件曝光力度，提高税务稽查透明度，扩大依法诚信纳税氛围的正面效应。

【稽查调研】 深入基层调研稽查信息化情况，就金税三期工程上线后出现的各项问题，听取一线稽查人员和其他业务人员的意见和建议，分门别类梳理存在的问题，并就基层亟待解决的难题与相关部门沟通协调予以解决。

【稽查工作会议】 为贯彻落实全国税务稽查工作会议精神，2016 年 2 月 26 日，大连地税局召开 2016 年度稽查工作会议。会议全面总结 2015 年稽查工作情况，明确 2016 年稽查工作任务。会上，大连地税局总经济师梁兵作了题为《夯实稽查　攻坚克难　全面提高税务稽查工作效能》的工作报告，提出在深化税收征管体制改革和“营改增”加速推进的大背景下，要突出抓好案源管理、重大案件查办、案卷质量、绩效考核和工作纪律五个方面的工作，推动 2016 年税务稽查工作取得新成效。

（荆小迪）

宁波市

宁波市国家税务局稽查局

【概述】 2016 年，宁波国税局稽查部门认真贯彻落实全国税务稽查工作会议和全市国税稽查工作会议精神，以发挥税务稽查职能作用为主题，保持打击税收违法犯罪行为的高压态势，重点突破税务总局督办案件，开展打虚打骗专项行动，全力以赴抓好堵漏增收，在协查及打击发票违法犯罪活动等多项工作上获得税务总局通报表扬，圆满完成全年各项工作任务。

【稽查现代化建设】 以体制机制改革、信息化应用为抓手，推进全市国税稽查现代化建设。一是深化国地税征管体制改革，全面推行联合进户执法、重点税源企业双随机抽查工作和公安派驻联络机制等。二是持续提高干部综合素质，建立分类分级培训机制，定制多种培训方案，有效提升稽查干部整体履职能力。三是大力开发稽查全流程综合管理平台，创新嵌入同案同办智能提醒、“黑名单”自动识别入库、双随机抽查、一案双查等多项个性化模块，不断提高稽查工作信息化水平。

【稽查体制机制改革】 全市国税稽查系统根据税务总局和市局的安排部署，以深化国税、地税征管体制改革为主轴，主要做好四项工作：一是国地税稽查部门全面推行联合进户执法，2016 年联合检查重点税源企业 110 户。二是国地税联合开展全市重点税源企业双随机抽查工作，从 105 户随机备查企业中选取 20 户企业进行重点检查，入库补缴税款 1.1 亿元。三是不断推进公安派驻联络机制建设，挂牌设立公安派驻税务联络室。四是落实完善“黑名单”联合惩戒制度，全市国税稽查部门联合公安、财政、银监等多个部门，针对 77 家税收“黑名单”企业采取阻止出境、停止新增信贷投放、限制政府性资金支持等惩戒措施。

【“营改增”专项稽查工作】 为防范和打击“营改增”行业涉税违法行为，遏制“营改增”行业虚开增值税专用发票违法犯罪活动苗头，宁波国税局联合宁波地税局稽查局，对“营改增”高风险企业开展联合专项稽查工作，最终确定 26 户企业作为专项稽查检查对象，全面开展重点稽查工作，查处有问题企业 20 户，查补税款 263.13 万元，加收滞纳金 1.56 万元，罚款 184.45 万元，合计 449.14 万元。

【稽查查补收入及分析】 宁波国税稽查系统全年收入总额 13.75 亿元，较上年同期增长 21.8%，其中稽查查补总额 3.02 亿元，自查查补总额 10.73 亿元；入库 12.63 亿元，较上年同期增长 46%。

【案件查办情况】 检查企业 1226 户，查处有问题 1039 户，选案准确率 94.19%，审结 1103 户，结案率 97.23%。

【案件特点分析】 一是在对出口企业的货物流、发票流、资金流取证过程中，发现企业的注销、走逃现象严重，给查处工作带来不小困难。二是案件涉及地域跨度大，调查取证难，若只通过协查手段进行取证容易影响案件查处的及时性与准确性。三是犯罪团伙反侦查能力越来越强，特别是通过一些科技手段进行隐蔽藏匿，税务机关容易在办案过程中打草惊蛇，影响办案结果。

【重大案件查处】 查处税额100万元以上案件20件，1000万元以上案件1件。包括宁波"10·30黄金票案"，涉案10家公司，虚开增值税发票价税合计81.7亿元；宁波蓝鲸"海参案"，利用道具循环出口骗取退税、骗税金额达2296万元；宁波观复贸易案，买单配票骗取出口退税、虚开增值税发票价税合计5294万元，骗税金额达678.8万元；周进公司衍生案，通过购入农副产品发票后对外变票虚开；泰世佳成案，利用海关完税凭证虚开增值税专用发票，涉案税额1.6亿元等。这些大要案的集中查处，对于涉税违法起到了极大的震慑作用。

【随机抽查】 根据税务总局和市局工作要求，积极部署开展重点税源工作抽查工作，2016年度完成税务总局2015年度110户重点税源的重点检查工作、2016年度368户重点税源（含成员企业）的自查工作，同时完成市局下发105户市级重点税源随机抽查工作。重点检查查补3444万元，其中税款2398万元，加收滞纳金39万元，罚款1007万元。督导自查查补总额8466万元，其中税款8139万元，加收滞纳金327万元。

【重点税源企业检查】 根据税务总局和市局工作部署，宁波国税局稽查局与地税局稽查局联合进户执法，2016年开展税务总局重点税源检查共计110户次。从105户市级重点税源随机选取20户企业进行重点检查，入库补缴税款1.1亿元。

【出口退（免）税企业检查】 查办税务总局重点骗税企业，44户企业除3户非正常户，检查41户，查实有问题户数8户，联合办案2户，公安机关立案1起，抓捕犯罪嫌疑人1名，查补税款671.72万元，应追回已退税款1426.92万元，滞纳金9.57万元，罚款76.21万元，合计2184.42万元。

【打击发票违法犯罪活动】 查处发票违法企业744户，查处各类违法发票6344份，涉及金额6.29亿元，查补税款8661万元，罚款4873万元，加收滞纳金705万元，移送案件55起，曝光案件227件。

【打击虚开增值税专用发票】 根据税务总局布置的打虚任务和宁波实际情况，在继续做好遗留的重大打虚案件查处工作的基础上，抽调精干力量，会同公安部门，组织对215家企业实施重点检查，查处有问题215户，其中移送公安部门51户，涉及增值税专用发票1461份，金额14305万元，税额2360.46万元。查结179户，查补税款2610.29万元（部分税款已自行缴纳入库），加收滞纳金442.68万元，罚款1544.62万元，共计4597.59万元。检查受票企业248户，涉及增值税专用发票4084份，金额78719.79万元，税额13382.36万元，补税罚款2087.63万元。

【打击骗取出口退税】 全市国税部门自行组织查处出口退税企业31家，查处有问题企业23户，查结23户，移送公安机关涉案企业3户，公安机关立案2起，抓捕犯罪嫌疑人12名；查补税款671.72万元，应追回已退税款1426.92万元，滞纳金9.57万元，罚款76.21万元，合计2184.42万元。

【税收"黑名单"制度】 全市国税稽查系统重点落实《国家税务总局关于修订〈重大税收违法案件信息公布办法（试行）〉的公告》精神，做好案件上报和撤出工作。重点落实联合惩戒工作，2016年全市重大税收违法案件77件，已公布76件（1件为符合条件不公布案件），撤出3件。77件案件涉及查补税款2.63亿元、罚款785万元、没收违法所得189万元。将"黑名单"和联合惩戒工作嵌入到《深化国税、地税征管体制改革》工作方案中，20部门累计对重大税收违法案件当事人开展联合惩戒298次。

【涉税违法案件检举】 全市国税稽查部门认真贯彻执行《税务违法行为检举管理办法》，做好检举案件中矛盾的化解、疏导和说服工作。2016年1—12月，全市各级国税稽查部门受理税收违法检举案件581件（含网上直接回复和重复检举），查补金额合计2949万元，检查率100%，结案率83.1%。

【案件协查】 委托协查发票5465份，委托补税及罚款3144万元；受托协查发票16071份，受托补税及罚款7234.5万元。

【稽查制度建设】 先后印发《税务稽查保密工作暂行办法》《宁波市公安派驻税务联络机制运行暂行办法》《税务稽查"嵌入式"管理暂行办法》《联合稽查工作办法（试行）》等相关制度文件和稽查业务管理办法，有效规范稽查各项业务工作的开展。

【稽查队伍建设】 宁波国税稽查系统着力打造一支纪律严明、执法严格、作风严谨、业务精湛、清正廉洁的干部队伍。在跨区稽查局中开展专业化团队试点工作，成立“打击虚开骗税稽查团队”“数字化稽查团队”和“金融保险业稽查团队”。

【稽查人才库建设】 宁波国税稽查局高度重视稽查人才库建设，以人才库建设为依托，充分发挥人才激励的示范作用，激发干部队伍活力。截至2016年底，全市国税稽查系统9人入选税务总局稽查人才库，1人入选税务总局税收政策法规人才库，43人入选市级各类人才库。

【稽查业务培训】 在全市国税稽查系统全员业务培训的基础上，市局组织开展打骗打虚、“双随机”、电子查账、“营改增”稽查业务等各类培训。各单位开展“营改增”税收政策、行政执法等专题培训，举办“三创大讲堂”和行政诉讼讲座，推出教育积分管理办法、《每周一练》在线业务学习和稽查例会实战培训。培训取得较好成效，多维度激发队伍潜力，提高干部的岗位履职能力。

【稽查信息化建设】 宁波国税局稽查局积极开发税务稽查信息管理系统，探索稽查现代化管理模式。该系统能够整合金税三期工程系统的征管数据和出口退税系统、第三方社会监管系统的数据，集选案、检查、审理、执行功能为一体，同时创新嵌入同案同办智能提醒、“黑名单”自动识别入库、双随机抽查、一案双查等多项个性化模块，使案件稽查更加精准、信息共享更加便捷，极大促进稽查信息化进程。该系统已进入试点运行阶段。

【稽查宣传】 通过《中国税务报》《宁波日报》等各级新闻媒体曝光典型税收违法案件。“黑名单”联合惩戒、稽查嵌入式管理、双随机抽查、规范执法等项工作得到“新闻联播”、《中国税务报》《法制日报》《浙江日报》《宁波日报》等各级媒体的密集报道。

【稽查调研】 深入开展调查研究工作，抓好质量，按时完成课题任务。由局领导带队指导课题小组撰写《对当前打击出口骗税的思考》《发挥税务稽查职能作用　服务地方经济发展》等调研报告，受到税务总局稽查局好评。

【稽查工作会议】 2017年3月17日，全市国税稽查工作会议召开。市局副局长肖光远，市局总会计师刘绍武，各区、县（市）局分管稽查工作的局领导、稽查局主要负责人，市局各稽查局局领导及各科（室）主要负责人，部分区、县（市）局局领导及市局处室相关人员参加会议。总会计师刘绍武作了题为《履责担当　主动作为　奋力推进宁波国税稽查现代化建设》的报告，全面回顾2016年全市国税稽查工作取得的成绩，要求各单位紧紧围绕税收中心工作，充分发挥税务稽查职能作用，扎实做好2017年稽查工作。副局长肖光远代表市局党组对全市国税稽查系统一年来的工作成绩表示充分肯定，并提出两点要求：一是再接再厉，精准打击，继续在宁波国税现代化进程中主动作为。二是严实并举，内外兼修，打造一支政治合格、业务熟练、作风过硬的稽查铁军。会议还传达了全国税务稽查工作会议精神，通报了日前规范化检查中发现的主要问题，并对进一步做好税收违法案件查处工作和巡视巡察配合工作进行了布置。

（史玉婷）

宁波市地方税务局稽查局

【概述】 2016年，宁波地税局稽查部门根据税务总局《2016年全国税务稽查工作要点》和宁波财税工作会议精神，围绕宁波税收工作的中心任务，以风险管理为导向，坚持依法行政，实施有效稽查，较好完成全年各项工作任务。全市组织纳税人自查和实施重点检查共计1089户，累计查补各项收入22137万元，入库22131万元，入库率99.98%。其中，组织纳税人自查763户，查补收入17435万元，入库17435万元；实施重点检查326户，有问题333户。查补各项收入4702万元（其中，税款2504万元、滞纳金617万元、罚款1581万元），入库4696万元。

【稽查现代化建设】 根据税务总局安排，宁波地税局作为金税三期工程系统第六批上线单位。从2015年底开始，宁波地税稽查系统抽调业务骨干，专门负责金税三期工程稽查业务上线的相关工作。从业务差异比对开始，先后开展稽查岗位确定、工作流配置、单双轨测试、未结案件清理和操作培训等工作。金税三期工程系统于2016年10月正式上线运行。

【稽查体制机制改革】 为贯彻落实《国家税务局地方税务局联合稽查工作办法》（税总函〔2016〕479号）的通知要求，宁波地税局稽查局开启国地税联合稽查新模式，国地税联合制定《宁波市国家税务局地方税务局联合稽查工作办法（试行）》，以“一次进户、各税统查、证据共享、分别处理”为主要形式，加强信息共享，及时沟通在检查中发现的税收违法新动态、新特点，实现稽查执法有合力。2015年底确定的税收征管改革方案中的稽查工作也在改革中不断完善。

【稽查查补收入及分析】 组织纳税人自查和实施重点检查共计 1089 户，累计查补各项收入 22137 万元，入库 22131 万元，入库率 99.98%。其中，实施重点检查 326 户，有问题 333 户。查补各项收入 4702 万元。查补收入特点：一是检查户数总体减少，重点检查在加强。全年纳税人自查和实施重点检查 1089 户，与上年同期 1468 户相比减少了 379 户，但重点抽查户数增加了 35 户，重点检查力度加强。二是重点检查查补各项收入 4702 万元，较 2015 年查补收入 3221 万元增加 1481 万元。三是全年累计查补各项收入入库 22131 万元，比上年 21560 万元增加 571 万元。

【案件查办情况】 一是对税务总局推送的 11 户重点税源企业集团的 204 户成员企业进行了自查，对其中的 103 户企业进行了重点检查，查补入库总计 11036.71 万元。二是按照"双随机"抽查工作要求，对税务总局部署的 2016 年 40 户重点稽查对象涉及宁波的 23 户重点稽查企业、366 户成员企业进行重点检查。重点检查企业自查补缴税款 3276.17 万元。三是国地税共同确定联合稽查对象 191 户，向公安机关移送税收违法案件 32 件，对 1 户纳税人协同采取税收保全和税款执行措施，通过共同检查补缴税款 5741 万元。

【案件特点分析】 2016 年重点税源企业检查后，存在比较普遍的问题：一是票据贴现未按贴现业务发生时全额确认计算缴纳营业税，而按贴现收益分期确认营业税计税额，延迟缴纳营业税。二是赠送客户的礼品、物品、有价卡未代扣代缴个人所得税；向职工发放实物及报销个人交通费等应属于职工个人工薪收入未代扣代缴个人所得税。三是部分新增应计入房产原值设施未计入房产原值，如中央空调、电梯等固定资产单独核算，在计算房产税时未计算缴纳房产税，少缴房产税。四是部分合同性质单据未贴印花税。

【重点税源企业检查】 由市局稽查局统一组织，各县（市）、区稽查局配合检查。设立若干检查工作小组，市局稽查局各稽查科科长任组长，具体负责一个或多个集团公司的检查工作。重点税源企业集团分支机构在各区的，由市稽查局统一组织实施，并从区局抽调 12 名业务骨干参与市局的重点检查。集团分支机构在各县（市）的，由县（市）稽查局实施检查，市局稽查局做好督导。采取集中辅导和上门约谈形式组织自查。在重点检查阶段，选取部分企业先行开展前期摸底检查，归集整理五家企业集团检查中存在的涉税疑点，经筛选后集中开展重点检查。联合制定国地税抽查实施方案，涉及国地税共管户共同确定检查对象，联合开展进户执法。及时优质完成税务总局统一部署的重点税源企业检查，重点税源企业抽查工作。一是 2015 年 10 月税务总局下达的 11 户重点税源企业集团的 204 户成员企业部署自查，对其中 103 户企业进行重点检查，查补入库 11036.71 万元。二是 2016 年对交通银行股份有限公司、中国人民保险集团股份有限公司、中国外运长航集团有限公司等 23 户集团企业 366 户重点稽查对象开展随机抽查工作，补缴税款总计 3276.17 万元。

【区域性税收专项整治】 确定慈溪市作为专项整治发票违法犯罪活动的地区。区域税收专项整治的行业为药品、医疗用品行业与计算机、通信行业，重点整治打击偷、逃、骗、抗等税收违法行为，特别是纳税人发票使用情况，并将"办公用品"发票作为整治的重点内容。整治方式采取"市局全程督促指导，整治区域主动承担工作任务"的方式开展，联合风险监控、国税、公安等部门，加大对区域内整治工作的力度。本次区域整治检查企业 41 户，自查有问题 38 户，查补总额 196.23 万元。

【打击发票违法犯罪活动】 一是开展重点行业发票检查。对房地产、建筑安装、药品与医疗器械、商业批发与零售、交通运输等发票违法问题高发、频发行业开展发票使用情况重点检查。二是根据税务总局"实现国税、地税联合进户稽查"的要求，与国税、风险管理部门合作，对国税部门移交的作废普通发票进行受票方数据匹配，对受票方相关信息进行案头分析，确保不遗漏任何一张入账的虚开发票。三是突出核查发票及其对应业务真实性的重点。对开具金额较大、涉嫌虚假的发票进行税务检查，逐笔查验比对。发现的虚假发票，在税前扣除、抵扣税款等方面予以严格处理。将税务总局下达的 300 户指标任务量化分解到各级税务机关。全市查处发票违法企业 382 户，涉及各类违法发票 6289 份，涉及金额 9188.58 万元，查补税款、滞纳金及罚款共 939.46 万元。

【税收"黑名单"制度】 一是加强与电视台、报纸、网站等媒体的合作，广泛宣传，营造舆论氛围。及时发布对税收"黑名单"企业的联合惩戒措施，曝光税收"黑名单"企业信息及典型案例。二是根据惩戒工作要求，将"黑名单"企业信用等级直接判定为 D 级，并在发票领用、纳税评估、资料报送等方面加强后续管理。国地税每月交换税收"黑名单"企业信息，全年推送税收"黑名单"68户。三是加强税收违法"黑名单"工作管理，严格开展时点考核，分季预警分析，半年度考核检查等。加大税收"黑名单"和联合惩戒考核比重，细化考核相关要求，督促各县（市）、区将联合惩戒工作常态化。

【案件协查】　根据税务总局"发票协查信息管理系统"操作要求，宁波地税协查系统及时联络发票协查员，指导协查业务。每季对全市协查情况进行汇总报表，累计收到异地税务机关纸质委托协查函25件，回复协查函25件，协查发票515份。市地税局稽查局受理14件102份发票，其中11件84份发票由市地税局稽查局协查，3件18份发票由县（市、区）稽查局协查。受理县（市、区）稽查局受托协查7件158份发票，按期回复7件及发票158份。配合北京、辽宁、陕西、浙江省临海市等省、市国地税协查案11件，核实虚开、假票、漏底等发票涉案金额达4千余万元，回复率100%。

【稽查制度建设】　着力建立完善面向国地税联合检查，加强警税部门合作的制度。与宁波国税局共同制定《宁波市国家税务局、宁波市地方税务局关于印发2016年度重点稽查对象抽查工作实施方案的通知》（甬国税稽便函〔2016〕15号）、《宁波市国家税务局地方税务局联合稽查工作办法（试行）》《宁波市公安局派驻税务联络机制运行暂行办法》。这些制度的建立，细化了联合稽查工作的目标，有利于稽查工作的规范。

【稽查系统建设】　一是以"一次进户、各税统查、证据共享、分别处理"为主要形式，开启国地税联合稽查新模式。稽查执法信息共享有合力，提高稽查工作效率。二是将税务稽查纳入征收、管理、风控的征管链条，使稽查与风控结果无缝对接，沟通顺畅。三是与宁波公安机关共同制订《宁波市公安局派驻税务联络机制运行暂行办法》，加强警税部门合作，形成打击税收违法犯罪的合力。

【稽查工作会议】　2016年3月，宁波地税局召开全市地税稽查工作会议，收看税务总局召开的稽查工作视频会议，确定全市稽查工作任务。2016年4月，召开全市稽查局长会议，传达宁波财税工作会议精神，布置2016年度重点稽查对象稽查工作任务。2016年10月，召开全市稽查局长会议，主要内容是总结2015年10月税务总局下达重点稽查对象的检查情况，布置2016年税务总局对交通银行股份有限公司、中国人民保险集团股份有限公司、中国外运长航集团有限公司等23户集团企业366户重点稽查对象随机抽查工作，以及做好绩效考核有关工作。

【涉税违法案件检举】　一是文书记录规范化。规范检举工作相关表证单书，详细明确各类文书的发起、填写、流转、审批、时限等要求，实现检举管理相关文书的全面规范和统一。二是电子台账流程化。建立检举事项电子台账，按时间顺序详细记录检举事项办理流程，从检举材料的接收、受理、处理，到检举案件的转办、交办、督办、催办、奖励等情况均记录在台账中。三是税收管理系统信息化。以税收征管流程和网络检举平台为基础，以金税三期工程税收管理系统上线为契机，强化检举管理的流程控制和业务处理记录。四是接待场所视频化，通过利用音视频监控实施全方位、多角度的音视频采集、存储，确保真实齐全、客观公正地记录接待检举人的现场情况，推进依法行政、规范执法。2016年宁波地税局稽查局及各县（市）、区地方税务局稽查局举报中心立案查处检举案件20件，查结检举案件23件，查补金额1285.57万元，其中税款622.15万元，滞纳金154.35万元，罚款509.35万元，应计奖案件1件，应计奖案件入库税款34.9万元，支付奖金0.3万元，上述查补金额全部入库。

【稽查队伍建设】　一是重视干部政治学习，深化作风建设。积极开展"两学一做"学习教育活动，紧密围绕税务稽查中心，教育引导党员尊崇党章、遵守党规；坚持带着问题学，针对问题改，思想政治素质有了较大提高，工作作风有了很大改进。二是注重干部业务学习，提高业务能力。通过集中学习、在岗自学、专题辅导、业务交流、考试比武等形式，让广大干部树立"终身学习"观念。借助税务总局组织的各种业务培训班，选送业务尖子参加培训，培养稽查骨干人才。三是主动交叉检查找短板，提高整体水平。密切关注干部职工思想动态，积极查找存在的短板，并制定措施进行整改；召开不同层级、不同年龄段人员的座谈会，进行问卷调查，全面听取对稽查工作的意见建议，立行立改。

【稽查业务培训】　根据税务总局下发的《全国税务系统2016年"岗位大练兵、业务大比武"活动实施方案》通知要求，宁波各级税务稽查部门把这一要求贯穿在全年的业务学习培训中。2016年4月在浙江税务干部培训中心举办"全市稽查业务骨干培训班”培训；2016年7月在宁波北仑区党校举办稽查干部全员培训。借助税务总局组织的各种稽查业务培训班，如“资本交易相关案件”“《全国税务稽查规范（1.0版）》师资培训”“OECD（经济与合作发展组织）打击税收犯罪培训班”等，选送稽查业务尖子参加培训。2016年新推选5名干部列入税务总局人才库。

【稽查宣传】 一是加强与电视台、报纸、网站等媒体的合作，及时发布税收“黑名单”企业信息、典型案例和联合惩戒措施，营造税收遵从的良好氛围。二是借助“构建诚信体系，助力企业发展”这一宣传主题，与税收宣传月工作对接，对“黑名单”制度加强政策宣传与解读。三是加大对涉税违法案件的曝光力度。通过《现代金报》对每月影响较大的涉税违法案件进行曝光、公示，全年曝光12起涉税案件，有力警示和威慑了税收违法行为。

（王雪松）

厦门市

厦门市国家税务局稽查局

【概述】 2016年，厦门国税局稽查局依法履职，贯彻落实税务总局的部署和要求，紧紧围绕税收中心工作，严厉查处重大税收违法案件，统筹部署税收专项检查，分级开展重点税源企业税收检查，保持打击发票违法犯罪活动的高压态势，充分发挥“以查促管”“以查促改”“以查促查”“以查促收”职能作用，维护税收公平正义。全年查处税收违法案件295件，组织查补收入5.9亿元，入库收入3.89亿元，加大清理欠税力度，追缴历年欠税1.45亿元。

【稽查体制机制改革】 建立风险导向的随机抽查机制，厦门国税局、厦门地税局联合印发《推进税务稽查联合随机抽查工作实施方案》，建立稽查随机抽查机制，完成税务稽查随机抽查“三库”建设。做实税警联络机制，贯彻落实税务总局联合机制运行暂行办法的要求，成立国地税税警联络机制办公室，在查办大要案和案件线索移送上不断探索有效协作模式。完善举报受理工作，推行节假日拒开发票举报应急预案，积极与12366纳税服务热线开展部门协作，做好人员培训、系统升级测试工作，快速化解举报事项舆情，提高检举人满意度，为12366纳税服务热线受理举报及建立“快捷处理通道”做好保障。

【“营改增”专项稽查工作】 成立厦门国税局、厦门地税局联合“营改增”高风险企业专项稽查工作领导小组，抽调业务骨干组成检查团队，统筹规划，加强查前辅导培训，明确检查重点、工作要求和工作纪律。为确保抽取“营改增”行业检查对象的公平公正，国地税选案部门采用随机抽查方式，在厦门公证处人员的全程公证和外部门相关领导及廉政监督员代表的全程监督下，通过公开摇号，从31户高风险企业名单中随机抽取了5户确定为国地税联合稽查对象。国地税联合制定检查方案开展入户检查，高质高效完成5户联合稽查对象的下户执法工作。

【稽查查补收入及分析】 全年稽查系统查处税收违法案件295件，组织查补收入5.9亿元。其中，查处重大税收违法案件49件（亿元以上案件1件，千万元案件6件，百万元案件42件），查补收入5.3亿元，占总查补收入的89%。

【重大案件查处】 根据四部委打骗打虚总体工作要求，全市稽查部门紧紧围绕税务总局局长王军提出的“体制打骗、机制打骗、方法（大数据）打骗”总体思路，分重点、分层次、分批次，积极落实税务总局稽查局的打骗打虚工作部署。全年开展出口企业检查164户、虚开发票企业检查77户，先后开展了“6·15”“7·08”“11·07”等专项打击行动，收回出口退税1.27亿元，不予退税2.72亿元，认定虚开税额2761万元，查补收入总额2551万元，协助公安机关抓捕犯罪嫌疑人29人。

【随机抽查】 与地税部门联合印发《厦门市国家税务局　厦门市地方税务局推进税务稽查联合

随机抽查工作实施方案》，建立稽查随机抽查机制，努力实现执法成本最小化和执法效能最大化，促进税法遵从和公平竞争。经前期企业基础数据梳理、稽查执法检查人员情况摸底，基本完成税务稽查随机抽查执法检查人员名录库、税务稽查对象分类名录库、税务稽查异常对象名录库等“三库”建设。

【重点税源企业检查】　根据2016年度重点税源企业检查工作有关要求，联合地税稽查部门认真组织开展对57户重点税源企业的立案检查，包括税务总局稽查局抽取的35户集团及其成员单位和厦门国税局、地税局稽查部门联合筛选的22户企业。全年查补收入5054万元，弥补以前年度亏损8234万元，提升重点税源企业的纳税遵从度。

【区域性税收专项整治】　开展厦门湖里区和同安区两个行政区域服装及敏感行业税收专项整治工作，筛选两个区域153户重点检查案源开展整治，发现问题企业68户，查补收入1998万元。其中，查补税款662万元，加收滞纳金126万元，罚款和没收非法所得310万元，收回接受虚开的外贸出口企业出口退税900万元。另外将53户企业列为风险纳税人。

【打击发票违法犯罪活动】　遵循“打击与建设相结合、治标与治本相结合”原则，查处发票违法企业701户，同比增长4.63%，超额完成税务总局任务户数的16.83%；查处非法发票27235份，涉及发票金额24.35亿元，查补入库税款、滞纳金及罚没合计1亿元。一是切实强化发票使用监控管理，对厦门企业发票领购种类、领购份数、进销货物品名进行筛查和管控，分级分类采取风险应对措施，与纳税评估、日常征管形成联动。二是充分发挥厦门国税局稽查局作为厦门打击发票违法犯罪协调小组办公室的职能作用，加强与公安经侦等部门的协同配合，形成打击合力。

【打击虚开增值税专用发票】　检查涉嫌虚开企业77户，查处“11·17”利用黄金交易虚开增值税专用发票案等多个虚开案件、破获了“7·08”特大虚开团伙案。其中立案检查46户，涉及发票16956份，涉及金额17.85亿元，涉及税额3.03亿元。查实问题户数31户，抓获犯罪嫌疑人5人，认定虚开发票1864份，虚开税额2761万元；认定接受虚开发票1252份，接受1175万元，查补收入总额2551万元。非立案检查企业31户，涉及发票18655份，涉及发票金额21.42亿元，涉及税额3.64亿元。

【打击骗取出口退税】　围绕税务总局局长王军提出的“体制打骗、机制打骗、方法（大数据）打骗”总体思路，分重点、分层次、分批次落实税务总局稽查局下达的136个骗打税案源。开展出口企业检查164户，其中立案检查出口企业75户，非立案检查出口企业89户，联合侦办案件7件，移送公安案件14件，公安立案检查案件7件，抓捕犯罪嫌疑人24人。查结骗税案件4件，抓捕犯罪嫌疑人并起诉7人，查补出口退税7106万元，处以骗税罚款7106万元，不予退税602万元；在已查获的案件中涉及出口退税4.37亿元；摧毁了“11·07”特大虚开骗税团伙，涉案案值达48亿元，涉及25户厦门外贸企业退税2.07亿元。

【税收“黑名单”制度】　依照《重大税收违法案件信息公布办法（试行）》，全年13家重大税收违法案件企业信息录入“黑名单”，并及时将信息推送至参与实施联合惩戒的相关部门，加大对联合惩戒案例的宣传力度。通过微信公众号、报纸媒体专栏、外部网站等发布案例解读，曝光典型案件3起，发表宣传稿件15篇，公告重大税收违法案件11起。其中厦门市某案件当事人被终止1.39亿元的融资性保函业务经媒体曝光后，引起较大社会反响，推进了社会信用体系建设，提升了企业纳税遵从度。

【案件协查】　发出委托协查1202起，委托方户次1203户，协查发票17927份，涉及金额867125.88万元，税额147342.75万元；接收受托协查1062起，涉及户次1443户次，涉及发票27112份，涉及金额312941.51万元，税额52861.82万元。全年协查系统总体运行良好，协查工作为稽查服务、选案服务的职能作用日益突显。

【稽查队伍建设】　认真贯彻全面从严治党的要求，落实主体责任，强化一岗双责，构建个性化廉政责任清单，坚持党风廉政建设和稽查业务工作同部署、同落实。发挥党建工作引领作用，全体党员干部积极投身“两学一做”学习教育活动，不断加强“四个”意识，严格遵守中央八项规定精神。以绩效考核为抓手，注重激励，强化引导，努力打造政治坚定、业务过硬、勇于担当的稽查干部队伍。

【稽查业务培训】　举办36场培训，培训人次达738人。其中，自主举办集美大学集中培训和思明党校国地税《全国税务稽查规范（1.0版）》联合培训，163人次参训。培训从课程设置、师资配备到联合培训模式等方面精心筹划，显著提高了干部解决税收重点难点问题的能力，对2017年1月1日起全国税务稽查规范（1.0版）的实施以及后续各项稽查工作的落实有重要推进作用。

【稽查信息化建设】 由厦门国税局稽查局牵头、厦门国税局信息中心协办的“税务稽查大数据平台”建设项目如期完成了一期开发建设，有力提升稽查信息化水平。该项目得到税务总局稽查局的关注及好评，税务总局稽查局在2016年11月28日《稽查工作动态》第20期刊发《借助大数据技术，提高稽查精准度》，介绍“稽查大数据”项目，供全国各地税务机关学习借鉴。

【稽查宣传】 通过微信公众号、外部网站等向受众发布案例解读、稽查要闻、新规速递、税务动态等内容。在报纸媒体专栏上曝光典型案件3起，发表宣传稿件15篇，公告重大税收违法案件11起，制作发放涉税违法活动相关问答宣传册，提醒广大市民自觉抵制税收违法行为，依法履行纳税义务。

（胡晓琳）

厦门市地方税务局稽查局

【概述】 2016年，厦门地税局稽查局积极开展稽查工作，下大力气抓好旧案清理，严格落实稽查各项机制制度，着力规范稽查各环节执法行为，加大与国税、公安等部门的协作力度，推进稽查队伍建设上新台阶，不断提高全市地税稽查工作现代化水平。全年检查纳税人87户，组织稽查收入5.92亿元，累计入库4.63亿元。

【重大案件查处】 查补100万元以上案件20件（其中1000万元以上5件），补滞罚总额4.47亿元。百万元以上案件数占同期查实案件数的15.75%，其查补金额占总查补金额的80.83%。

【随机抽查】 2016年，厦门地税局稽查局扎实推进重点税源随机抽查工作，一是在规定时限内建立起企业名录库及税务稽查执法检查人员分类名录库，拟定《厦门地方税务局关于推进税务稽查随机抽查实施方案》，首次采用摇号的方式产生随机抽查企业名单，并首次邀请市公证处公证员到场见证。二是与厦门国税局稽查局联合开展2016年重点稽查对象随机抽查自查工作，入库自查收入3929.3万元，创自查补税额的新高。

【清理积案】 抓好大案要案及一年以上积案的查处及入库工作。通过召开疑难政策分析会、重点案件汇报会等形式，清理一年以上积案40件，查补收入3.63亿元，占全年稽查查补收入的61.32%。

【打击发票违法犯罪活动】 查处发票违法企业331户，涉及非法发票15435份，涉及金额2.14亿元，查补税款3.7亿元，加收滞纳金4016.22万元，罚款5348.62万元。主要做法是：一是以“营改增”为契机，抓紧开展地税监制发票缴销清理工作；二是结合年度企业所得税汇算工作、土地增值税清算工作，做到“查账必查票”“查案必查票”“查税必查票”；三是以投诉举报为线索，在全市范围内开展餐饮企业网上团购业务发票专项检查；四是成立“厦门市公安局派驻税务联络机制办公室”，建立税警合作机制，共同打击发票违法犯罪活动。

【税收“黑名单”制度】 一是按时报送及公布“黑名单”信息。认真落实税务总局、市局“黑名单”公布制度，按季、按月及时对全市结案案件进行筛查、核对，按时向税务总局、福建省地税局报送“黑名单”案件情况。二是积极开展对“黑名单”当事人联合惩戒工作。厦门国地税部门合作，互相推送10条重大税收违法案件信息，在门户网站分2批次发布税收违法“黑名单”案件信息，并将信息推送给厦门发改委。

【涉税违法案件检举】 厦门地税局举报中心成功应对两起举报案件的一审和二审应诉，一方面通过学习，培训增强检举受理人员的业务素质，通过延时服务、文明服务提高检举服务水平；另一方面通过制度完善提高检举处理效能。全年举报中心受理各类举报458件，转管征局386件，稽查立案8件，转外单位16件，暂存待办48件。总查补税额9816.12万元。

【案件协查】 一是制定《厦门市地方税务局关于印发税收违法案件发票协查管理工作规程的通知》，进一步规范税收违法案件发票协查工作，对协查文书进一步规范，重新梳理协查工作流程及工作分工，有效提高协查质量和效率。二是做好外地稽查部门来人来函协查受理工作。全年来函受托协查6件，来人受托协查4件，发票29份，涉及金额累计102.7万元；按期回复率100%，其中发现有问题发票26份，涉及金额76.2万元。

【稽查制度建设】 一是制定案源管理办法，首次开展稽查案源的分类管理，进一步规范案源信息的收集、案源的分类处理、案源的立案分配和处理结果的使用。二是制定《稽查案件突击检查工作指南》，完善下户检查流程规定。三是出台《稽查工作团队工作办法（试行）》，建立稽查团队工作机制，在检查环节推行团队化稽查，在审理环节试行团队化审理。四是推进警税联络机制建设，成立“厦门市公安局派驻税务联络机制办公室”，标志着打击和防范涉税违法犯罪进入实体化运作新阶段。厦门国地税稽查部门与公安部门开展税警协作打防涉税违法犯罪活动工作，得到副市长林锐的批示表扬。

【稽查系统建设】　一是以风险管理为导向，以税收大数据为支撑，将案源类型细分为风险推送、外部转办、稽查自选三类，落实“针对高风险纳税人定向稽查制度”。二是用好案件协调会的制度，对于政策适用有歧义或不明确的，提请上级法规部门通过税收政策会商机制协调研究。三是拓展重大、疑难案件的集中检查会审和定期协调会制度内容，用不定期召开案情分析会、小型案例讨论会等形式实现业务探讨和经验交流。四是运用刚柔并济的执行原则，加强调查，靠前服务，全年执行案件62件，累计清理欠税11户1.16亿元，其中清欠1000万元以上欠税户2户。对欠税企业办理应收账款评估与管控5户，采取资金和财产调查手段33户次，强制扣缴1户。

【稽查队伍建设】　一是通过召开“两学一做”动员部署会暨中心组学习扩大会、“两学一做”学习教育活动专题党课教育暨第一专题学习讨论会等形式，持续深入推进“两学一做”学习教育活动。二是制定全局组织绩效考核综合指标30条及个性指标112条，创设个人绩效加分方案，初步建立个人绩效与组织绩效衔接机制。三是获得各项荣誉。2016年，厦门地税局稽查局先后获评2014—2015年厦门地税系统先进党组织、2012—2015年度福建省地税系统先进集体，一人获评厦门市优秀共产党员。

【稽查业务培训】　组织三期稽查业务培训，分别为稽查查账软件、稽查查账技能、稽查规范（1.0版）培训，三期培训在各级领导的高度重视下，从培训地点、培训课程、培训师资、后勤保障等方面进行了全面充分的考虑，为提高稽查干部的业务水平和综合素质提供组织保障。

【稽查信息化建设】　一是做好金税三期工程前期准备及上线后的维护工作。分析比对征管信息系统和金税三期工程稽查业务的差异，确保金税三期工程顺利上线运行。对业务系统出现的问题及时反馈，提出解决方案，保障系统正常运行。二是开通微信举报平台，积极探索“互联网+税务模式”，进一步拓展网上办税功能，拓宽举报人投诉维权渠道。纳税人可关注厦门地税微信公众号，点击涉税检举，即可将检举线索及证据材料通过手机上传，完成投诉举报。三是为进一步深化查账软件的稽查运用，提升稽查信息化水平，截至2016年12月，稽查查账软件网络版已全部完成采购、安装、节点配置等工作，为网络版查账软件正式投入使用提供技术保障。

【稽查宣传】　一是积极推进稽查案件曝光常态化。2016年，全系统稽查部门在《厦门日报》《海西晨报》上相继曝光6起案件，累计刊登稿件11篇次。二是联合国税稽查部门创新税务稽查宣传手段。联合厦门国税稽查局制作一条“三分钟让你了解税务稽查”的动漫视频，该视频从税务稽查的基本职能、工作流程开篇，讲解厦门国地税稽查局联合入户执法、联合开展自查辅导和联合惩戒的相关工作内容。该视频随后被税务总局微信公众号转载，全国点击量达五万余次。

【稽查工作会议】　2016年5月26日，厦门地税局稽查局召开2016年全系统稽查工作会议，会议传达全国税务稽查工作会议、全省地税稽查工作研讨会会议精神，总结2015年系统稽查工作情况，部署2016年工作安排。会上市局副局长王增加对全市2015年税务稽查工作取得的成效给予肯定，并对2016年工作提出四点要求：一是进一步完善稽查“六项制度”。二是切实抓好稽查案件提质增效。三是稳步推进国地税联合稽查。四是全面强化稽查队伍建设。

（陈小丹）

青岛市

青岛市国家税务局稽查局

【概述】 2016年，青岛国税局稽查局认真贯彻落实税务总局工作部署，坚持依法治税这条主线，积极落实国税、地税征管体制改革方案，认真履行各项工作职能，在税警深度合作、“黑名单”联合惩戒、打击虚开和骗取出口退税等方面取得实效。全年检查1700余户，查补收入总额7.8亿元，查处税务总局督办的大要案件7起。

【稽查现代化建设】 一是深化国地税稽查领域合作。建立“联合进户、一账通查、各税统查、一案共审”的深度合作新格局。双方移交案件信息1500条，相互推送“黑名单”案件24起，开展税务检查100余户，入库税款2.94亿元。二是开启税警合作新模式。首次以国地税双方联合的形式，与公安部门携手建立三方联合办案新机制，并建立全国首个“公安派驻国地税办公室”。实现市、区县两级税警联动，成立“公安派驻国地税办公室”13个。三是进一步发挥稽查“以查促收”职能。深耕资本运作检查，查办的非居民企业股权转让个案入库税款1.97亿元，单笔“受益所有人”案件入库税款3300余万元。

【稽查体制机制改革】 推行稽查工作“项目制”，实现案件查处“五统一”，即“查前统一动员、疑点统一研究、取证统一规范、定性统一标准、进程统一调度”。通过将一级稽查的“一体化”与重点工作的“项目化”相结合，实现大要案查处件数、查补百万元企业户数同比均增长20%以上。

【“营改增”专项稽查工作】 开展了“营改增”高风险企业专项检查。发现货代物流、广告传媒、劳务服务等“营改增”行业中，部分企业购入油（气）品等（实物或加油卡）抵顶需要支付的租赁费、运输费、工资、劳务费等，谋取“低征高扣”，甚至虚增进项税额以带来税收利益。该专项选定排查290余户企业，入库查补税款800余万元。

【稽查查补收入及分析】 查补总额77790万元。其中，税款66673万元，罚款1306万元，滞纳金3804万元，自查6007万元。入库总额76904万元，其中税款66228万元，罚款1168万元，滞纳金3501万元，自查6007万元，入库率98.77%（不含自查），偷税处罚率42.63%。

【案件查办情况】 检查纳税人1764户，审结户数1378户，有问题1353户，结案1336户，选案准确率98.19%。

【重大案件查处】 查处符合税务总局大要案标准的重大案件11起，案件性质涉及偷税、虚开增值税专用发票等类型。

【随机抽查】 青岛国地税稽查局随机抽取部分重点税源企业开展自查及重点检查工作。查补税款30845.23万元，入库税款29318.88万元，调减留抵税额2554.38万元。

【重点税源企业检查】 青岛国税局稽查局、青岛地税局稽查局联合部署240户市级重点税源企业随机抽查工作。依托“税收风险管理平台”，把重点税源企业自查纳入税收风险管理计划，经自查入库税款及滞纳金13274万元。自查工作结束后，结合案源分析结果和自查督导组的分析结论，对自查查无问题、敷衍应付自查及有重大涉税嫌疑的企业全面安排检查。

【区域性税收专项整治】 按照打击骗税与打击虚开紧密结合的工作原则，要求各区市重点关注本辖区农产品加工企业较为集中，走逃、注销企业等虚开发票易发、多发行业，以及利用成品油增值税专用发票虚抵进项税款行为多发的行业，确定1~2个重点区域开展专项整治工作，由市局选择重点区域开展专项督导。

【打击发票违法犯罪活动】 查处发票违法企业2836户，查处非法发票25504份，涉及金额205187.98万元，查补税款13770.02万元，加收滞纳金1428.55万元，罚款1088.08万元，移送司法机关案件23起。打掉发票违法犯罪团伙6个，抓获犯罪嫌疑人66人，被判处有期徒刑9人。主要措施：一是大力整治发票“买方市场”，对房地产、建筑安装、药品与医疗器械、商业批发与零售、电信、交通运输等发票违法问题高发、频发行业开展发票使用情况重点检查；二是探索“派驻制”，加强与地税、公安等部门协作，通过税警联合，破获了“山锦能源”“宏达贸易”等虚开增值税专用发票案。

【打击虚开增值税专用发票】　密切与公安、海关、人民银行等相关职能部门的配合，采取“共同经营、联合取证、同步办案”的工作模式，相继查获一批重大虚开案件。公安部于2016年10月31日发贺电，对青岛税警部门成功侦破“7·04”特大虚开增值税专用发票案（即青岛青芳金属材料制品有限公司案）予以表彰。此外，还相继破获了“济宁帮”“宝融世纪”等8起虚开系列大案，涉案虚开企业31户，查获虚开增值税专用发票8271份，票面总金额2.13亿元，税额2600余万元；在查涉嫌虚开42户，发票9271份，税额4.34亿元；抓捕嫌疑人61名，追逃嫌疑人15名。

【打击骗取出口退税】　检查出口退税企业26户，已确定涉及骗税及违规退税的税款15727万元，入库税款7226万元。其中“山东海贸云商国际贸易有限公司”“青岛冠丰格贸易有限公司”“青岛华鼎进出口有限公司”和“青岛煜东工业品有限公司”等4户企业被税务总局确定为涉嫌骗税的重点案源企业。

【税收“黑名单”制度】　选取、发布税收“黑名单”9起，相关信息均已在青岛国家税务局外部网站上进行公布。同时，对已缴清税款、滞纳金、罚款的2起案件从“黑名单”中撤出。在完成税收“黑名单”相关规定的基础上，青岛国税局联合22个成员单位，通过强化税务管理、融资授信限制、限制高消费等措施，对重大税收违法当事人实施联合惩戒。中央电视台、《中国税务报》等媒体对青岛国税局联合惩戒情况进行了报道。

【涉税违法案件检举】　受理各类税务违法举报案件110件，其中税务总局交办案件4件。已查处90件，暂存及重复案件33件。查结89件，结案率98.89%，查出有问题户82户，查实率92.13%，查补金额6427.16万元（其中税款6266.62万元，滞纳金78.25万元，罚款82.29万元），入库金额6427.09万元，入库率99.99%。发放举报奖励0.25万元。

【案件协查】　发出委托协查发票4279份，涉及企业161户，金额43146.27万元，税额7334.21万元；收到协查回复发票3239份，其中正常票126份，有问题1593份，无法核实160份，已确定虚开1360份，选票准确率95.91%。委托协查查补入库税款1.75万元，罚款3.05万元，入库滞纳金0.34万元。受托协查1307起，受托户数1765户，受托收到发票30292份，涉及金额377534.09万元，税额55491.56万元。回复发票29571份，按期回复率100%，分捡率100%，受托信息完整率99.42%。受托协查入库税款323.34万元、罚款59.22万元、滞纳金43.79万元。

【稽查制度建设】　围绕落实公安部经侦局、税务总局稽查局《2016年警税联席会议纪要》以及《深化国税、地税征管体制改革方案》，青岛国税局、青岛地税局共同推动与公安部门的信息共享和执法合作机制，就打击涉税违法犯罪工作的协作配合达成共识，签订《关于加强信息资源共享与合作协议书》和《关于建立公安派驻税务部门联络机制的方案》，建立首个国地税与公安部门“三方”共同确认的深度合作框架，并对前期确立的联席会议制度、情报交换制度等协作配合机制做出进一步细化，为提高稽查办案质效提供更强有力的支撑。

【稽查系统建设】　青岛国税局稽查局通过在全市范围开展稽查岗位培训、系统业务交流、专项工作组等活动，继续加强稽查系统建设。组织“营改增”专项培训、虚开发票案件经验交流、稽查现代化建设、工作规范研讨等各类培训11期，促进稽查人员整体素质和业务水平的提升。

【稽查队伍建设】　青岛国税局稽查局以党建工作为统领，深入开展“两学一做”学习教育。加强党风廉政建设，压实“两个责任”。坚持以上率下，强化责任担当。围绕“两个责任”的落实，明确“局长—处长—科长”三级部门负责人的主体责任事项和纪检监察部门的监督责任事项。配强、配齐纪检干部，聚焦主业，强化监督。

【稽查业务培训】　组织150余人次参加“营改增”税收政策专题培训。举办2期稽查业务培训班，培训稽查干部114人次。

【稽查信息化建设】　在稽查四个环节以及稽查管理工作中积极运用信息化手段，初步建立涉税信息搜集、稽查查账辅助、案件动态管理“三位一体”的稽查信息化建设新格局。一是在选案环节以风险等级管理为重点，以涉税信息获取的便捷化为抓手，借助互联网“爬虫软件”技术，开发应用“选案信息收集分析工具”，突出稽查选案对高风险纳税人的有的放矢；二是在检查环节以检查工具的智能化为着力点，开发应用“稽查查账辅助软件”，在规范检查工作内容并适应纳税人电子记账形式的同时，大大提高稽查工作效率；三是在稽查工作管理方面以管理决策的科学化为目的，开发应用“稽查案件管理系统”，确保对稽查工作的及时全面掌控。

【稽查宣传】 一是积极宣传税收违法联合惩戒工作。通过《青岛日报》《中国税务报》、搜狐网等各类媒体宣传30余次。二是做好税警合作的宣传。邀请青岛市电视台对青岛国税局、青岛地税局和山东公安厅、青岛公安局联合召开的税警合作联席会议暨“公安派驻国地税办公室”揭牌仪式进行全程拍摄，并予以播出。中央广播电台、《青岛日报》《半岛都市报》等多家媒体做专题报道。三是对典型案例的曝光宣传。青岛亚航化工有限公司虚开增值税专用发票案等10余起案件在大众网、信用青岛官方网站等媒体曝光。

【稽查调研】 青岛国税局稽查局撰写的《精准切入国际税收高端领域，破解税收协定案件查办难题》和《税收专项检查“项目制”组织形式的探索与实践》两项课题，获得2016年青岛国税局系统重点课题研究优秀成果三等奖。

【稽查工作会议】 2016年4月27日，青岛国税局召开全市稽查工作会议。会议传达了全国税务稽查工作会议精神和全市国税稽查工作要点，并以“改革创新　锐意进取　不断取得税务稽查现代化建设新成效”为主题对全年稽查工作进行部署。青岛各区（市）国税局分管稽查（检查）工作的副局长、稽查局局长和检查科科长、市局稽查局局长、副局长及相关人员参加会议。

（李　未）

青岛市地方税务局稽查局

【概述】 2016年，青岛地税局稽查局根据税务总局统一部署，认真落实全国税务稽查工作各项任务，切实发挥打击震慑、整治规范、促管增收的职能作用，取得新成效。在税务总局的稽查系列考核中列为一档，有多项工作迈入全国稽查先进行列。其中，“黑名单”及联合惩戒、国地税联合检查等工作受到税务总局通报表扬，执法全过程记录、税务公安三方稽查合作等做法，得到税务总局领导的批示肯定。

【稽查查补收入及分析】 检查纳税人1037户，稽查入库10.06亿元，历史首次突破10亿元大关，选案准确率、结案率、入库率均高于税务总局目标要求。

【案件查办情况】 建立检举案件监控台账，全程跟踪检举案件在四个环节的工作流转，推动检举案件的查处。建立疑难问题登记台账，明确各职能环节的责任，规范管理问题处理解决全过程。完善集体审理会议议事规程，组织集体审理25次，规范审议大要案件92户次，清理积案36户，扣缴入库4792万元，提高了稽查效能。

【重大案件查处】 以重点行业、重点税源、重点项目检查为着力点，组建专业化检查团队，科学配置检查资源，拓展稽查方法，强化大要案跟踪指导，规范案件定性，严厉打击虚开，加大对重大涉税违法案件的查办力度。2016年全市稽查系统查办百万元以上案件36件，查办千万元以上案件5件，累计入库5138万元，占查补总额的31.8%，凸显执法刚性。

【随机抽查】 青岛地税局稽查局坚持风险导向，以规范案源管理为抓手，依托核心征管系统、风险管理系统，建立随机抽查对象名录库、执法检查人员名录库，制定随机抽查工作实施意见，规范随机抽查流程，开发摇号程序，实现案件与检查人员“双随机”匹配，积极探索实施国地税联合随机抽查，将随机抽查结果纳入纳税信用管理，实现抽查成果的增值利用，组织随机抽查公开活动，邀请市人大、政协和社会特邀监察员、纳税人代表现场见证并监督随机抽查执法过程，现场抽取税务稽查待查对象，增强执法公开度。重点稽查对象名录库在库1000户，异常对象名录库在库400户。全年对重点税源企业，采取定向抽查方式，随机抽查385户；对非重点税源企业，以非定向抽查为主，随机抽查8户；对列入税务稽查异常对象名录库的企业，随机抽查247户，占比62%。

【重点税源企业检查】 按照自查为先导、随机抽查与定向重点检查相结合的工作机制，通过市稽查局牵头、区（市）稽查局联动的检查机制，实施分级分类稽查。设立专项督导组，加大实地督导、进度通报和定期考核力度。税务总局确定检查的重点税源企业检查，查补入库税款1066.40万元；青岛当地随机抽取的10户重点税源企业查补入库税款3668.37万元。与青岛国税局稽查局联合开展青岛市级重点税源企业随机抽查工作，自查入库 1337.24 万元。

【打击发票违法犯罪活动】 在各项税收检查工作中坚持“查案必查票、查税必查票、查票必查税”原则，充分利用全国税务网站开展发票真伪查询，提高鉴别发票真伪的能力。充分利用协查机制，加强对疑点发票的协查工作。严格落实《税务案件定性处理指导性意见》，加大发票案件的处罚力度。全年查处有发票违法问题的纳税人 420 户，查处非法发票 6226 份，涉及金额 451786 万元，查补入库 7882 万元，超额完成税务总局下达的任务指标，整规了税收秩序。

【查管互动】 深化落实征管改革，以提升稽查质效为重点，以减轻征纳双方负担为目标，联合制定青岛国地税联合检查实施意见。联合开展打击发票违法犯罪活动，共同发送发票警示短信 20 万条；联合组织完成省局部署的成品油行业税收自查，自查企业 27 户，实现地税自查入库 1986 万元；双方联合查处 20 余户举报案件，查补地税税款、滞纳金、罚款 100 余万元。强化信息传递，实现信息资源的有效整合。2016 年以来双方共移交税收案件信息 1500 条，深层次挖掘双方现有资源的潜力和作用，实现信息资源的有效整合。如市地税局稽查局及时向市国税局稽查局通报“4·01 案件”（国际货运代理业专用发票虚开案件）的查办情况，青岛国税局控管所得税涉案企业资料，案件涉及货运代理发票 3015 份，涉案发票金额 2435 万元。通过对其中 159 户涉案企业安排检查，查补税款 861 万元。

【税收“黑名单”制度】 加大对“黑名单”案件的惩戒力度。全年公布税收“黑名单”案件 30 起，推送至青岛 21 家单位进行联合惩戒，积极构建纳税诚信体系，推动社会信用体系一体化建设，加大对重大涉税违法案件的查办力度。

【稽查队伍建设】 紧扣党建主题，突出从严带队，提升整体作风素质。以党建工作为统领、专题教育为契机、树规立矩为保障，绩效考核为抓手，全面推进落实党的建设、作风建设和廉政建设。坚持党建统领，把政治责任抓在手上；坚持以知促行，把专题教育引向深入；坚持纪严于法，把纪律规矩挺在前面；坚持客观评价，把绩效考核落到实处，全面提高各部门、各环节、各岗位的工作责任心，有力促进各项工作提质提效和干部思想作风的持续改进。

【稽查业务培训】 为了将税收知识与工作实际相结合，组织为期一个月的春训工作，将春训内容重点确定为政策类、运用类、廉政类三个大类。重点学习《全国税务稽查规范（1.0 版）》。组织集中培训 20 余次，培训人员 1500 余人次。由市稽查局牵头，组织全市地税稽查系统业务骨干外出培训，培训人员 50 余人次。围绕重点事项，开展绩效管理、财务会计、行政管理等岗位培训，不断提高稽查工作人员的业务水平。全年组织外出培训 20 余期，培训人员超过 2000 人次。

【稽查信息化建设】 结合金税三期工程系统，充分运用稽查智能平台、审计式查账软件等信息系统，实现对工作过程的“底稿式”记录。拓宽现代执法手段。购入执法记录仪、录音笔，按照 1/2 比例标准配备，达到稽查一线“全覆盖”，着力强化现场执法全时记录。积极筹建具备实时监控功能的执法约谈室，接访和应对涉税争议、投诉、检举等工作。依托现代化技术装备，有效固化证据防风险。

【稽查宣传】 认真开展形式多样的青年志愿者活动，扩大地税青年志愿者的社会影响力。进行“健康生活，预防心血管疾病”为主题的健康讲座，开展慈善一日捐、“我们的节日”“传承好家风好家训”等系列活动。围绕两个“紧贴”，大力推进网络文明传播工作。组建青年网络文明志愿者活动小组，积极参与“阳光跟帖”行动，用文明语言和理性态度发表网络评论，营造理性、平和、有序的网络舆论氛围。参与网上跟帖、转帖等网络发声活动 1200 余条，为本地本单位营造和谐有序的网络舆论环境。巩固宣传阵地，实现宣传突破，截至 2016 年末，在 6 家传统媒体发表稿件 37 篇。其中，国家级 1 篇、市级 31 篇，且在国家级报刊《中国税务报》上登得头版，获得市局额外加分。多角度宣传推介，增加稽查工作公开度，全方位展示地税工作的动态与风貌。

【绩效管理】 先后制发《稽查局绩效管理办法》《绩效工作规则》《绩效管理加减分项目考评细则》和《工作人员绩效考核管理办法》等制度，实现责任层层传递、目标层层分解、考评层层落实。科学设立指标，建立完善“创新发展、行政效能、满意服务”三项内容为基础的 92 项共性、个性指标，做到聚焦主业、任务到岗、责任到人。优化考评周期，变 39 个“季考”指标为“月考”，有效增密了考核的颗粒度。强化过程监控，形成“周报告、月考核、季讲评、年排名”的考评体系，使绩效考核始终成为工作的推进器。强化结果运用，实现“三结合”，即考评指标与干部成长进步相结合、与评优选先相结合、与风险防控相结合，绩效管理动真格、入人心。2016 年，两篇关于绩效管理的文章被《山东地税情况》采用，市局主要领导作出肯定批示，获评系统绩效管理标杆单位。

（鲁晓琳）

深圳市

深圳市国家税务局稽查局

【概述】 2016 年，在税务总局和市局党组的正确领导下，深圳国税局稽查局坚持以依法治税为引领，紧紧围绕税收中心工作，充分发挥税务稽查职能作用，严厉打击税收违法行为，以稽查体制机制改革为核心，以稽查信息化建设为手段，以稽查制度建设为支撑，以稽查干部队伍建设为保障，抓好四个方面重点工作，完善稽查治理体系，提升稽查治理能力，推动稽查现代化建设。2016 年，全市稽查部门检查企业 1811 户，组织企业自查 865 户，合计实现查补收入 26.15 亿元，同比增长 137.31%，入库 24.08 亿元，同比增长 104.39%，选案准确率 95.21%，入库率 96.18%。其中，深圳国税局检查企业 408 户，组织企业自查 303 户，查补收入 22.15 亿元，入库 20.56 亿元，选案准确率 96.61%，入库率 96.84%。由于各项工作成绩突出，全年获得广东省省长、时任深圳市委书记马兴瑞等上级领导表扬性批示 24 次，其中得到税务总局局长王军表扬批示 2 次，税务总局副局长孙瑞标表扬批示 5 次，市委、市政府领导表扬性批示 3 次，中央纪委表扬信 1 次，市局主要领导表扬性批示 13 次。

【稽查体制机制改革】 按照“建立三个机制、落实两项措施、推进一个建设”的工作思路，逐个落实 6 项稽查改革试点任务。完成“三库”建设，建立双随机抽查机制。制订联合稽查工作办法，建立国地税联合稽查机制。成立公安派驻税务联络机制办公室，建立税警合作机制。落实“黑名单”工作制度和联合惩戒工作措施，共将 36 户企业录入税收“黑名单”，通过联合惩戒措施成功挽回税款损失 1.8 亿元。

【稽查制度建设】 继续完成 2015 年机构改革相关的配套制度修订，下发执行 12 项。进一步理顺市局稽查局和各直属稽查局的业务衔接，明确稽查部门和相关部门的职责划分，建立稽查部门与相关处室的协调机制。

【稽查系统建设】 创新建立海运提单协查合作机制，与深圳 23 户国际船务企业建立海运提单协查合作机制，开发“互联网 + 税务协查”操作平台，协查结果为兄弟单位打骗工作挽损 2.6 亿元，这项工作获得税务总局副局长孙瑞标表扬性批示 2 次。首次实施“广深港”跨境打骗合作，在“铁锹 2 号”专案联合经营过程中，开创粤港合作打击骗税的先河。联手海关开展“国门利剑”行动，“税警银”联手严查出口收汇违规行为，从源头上打击骗税违法行为。探索项目制专业化检查，采用项目制来明确责任、明确目标、明确时限，推进检查的深度和广度。

【稽查宣传】 通过税务总局案件新闻发布会曝光案件 4 起。全年在《中国税务报》《厉风》《深圳特区报》《国税信息》等发表信息宣传稿件 20 余篇。其中“海浪 2 号”于 2016 年 2 月 16 日在《中国税务报》第 5 版进行 3200 字的大版面深入报道，在《中国税务稽查——厉风》2016 年第 1 辑中进行专题报道，取得良好宣传效果。

【稽查工作会议】 2016 年 2 月 25 日，深圳国税局稽查局召开 2016 年全市国税稽查工作会议。会议总结了 2015 年税务稽查工作，部署了 2016 年税务稽查工作任务：一是深入推进稽查机构改革。按照征管体制综合改革试点的工作安排，深圳承担 5 个试点项目，包括稽查改革试点工作。这项工作是 2016 年稽查工作的重点之一，要拿出深圳先行先试、勇当排头兵的改革精神，积极完成试点任务；二是严厉打击涉税违法行为。加大对税收违法行为的查处力度，重点抓好打击虚开增值税专用发票、打击出口骗税工作，要打出气势，打出威慑；

三是大力推进稽查信息化建设。将“互联网+”理念贯穿稽查业务各环节，不断完善现代稽查信息化建设；四是切实提高稽查工作质量，坚持依法稽查、文明执法，加强执法监督，规避执法风险，努力提高稽查工作质量；五是注重绩效管理，加大应用传导。认真领会掌握税务总局稽查绩效管理精神，适应绩效管理新常态，更好地发挥绩效管理“指挥棒”作用；六是加强党风廉政建设和队伍建设。持续加强思想建设，改进作风，强化人才培养，打造廉洁高效的稽查队伍。

【稽查查补收入及分析】　2016年，全市国税系统各稽查部门下派检查任务1811户，处理、处罚有问题企业985户，立案查补总额79897万元，实际入库59190万元；组织企业自查865户，查补税款并加收滞纳金181573万元，实际入库181573万元。查补总额261470万元，入库总额240763万元。2016年稽查工作具有以下特点：一是立案检查户数和立案查补收入大幅增加。全市国税稽查部门大力打击涉税违法犯罪活动，立案检查户数较2015年增加597户，同比增长74.35%；立案查补收入较2015年增加46375万元，同比增长138.34%。二是组织自查户数和自查查补收入均大幅增加。全市国税稽查部门落实税务总局2016年重点稽查对象随机抽查自查工作和自行开展本地随机抽查自查工作，组织自查户数较2015年增加748户，增幅达639.32%；自查查补收入较2015年增加104914万元，增幅达136.86%。三是两项指标均达到税务总局考核要求。2016年平均选案准确率95.21%，入库率96.18%，分别超过税务总局考核任务5.21个和6.18个百分点。

【“营改增”专项稽查工作】　严格按照税务总局工作部署，结合深圳区域特点，加强对“营改增”高风险企业的风险防范，开展全面推开“营改增”试点后打击发票违法犯罪活动的专项工作。为抓好该项工作，该局专门在2016年7—12月的绩效考核中增加“‘营改增’风险防范”指标，加强工作引导。全年检查核查“营改增”高风险企业1382户，查实问题发票5286份，涉及金额17.88亿元，已追缴税款1056万元，移送公安机关7户，抓捕犯罪嫌疑人16人，积极防范和打击了“营改增”企业虚开发票行为。

【案件查办情况】　继续按照税务总局的统一部署，继续保持对税收违法活动的高压态势，重点查处虚开增值税专用发票、骗取出口退（免）税和偷逃税案件。一是审结有问题户数大幅增加。全市国税稽查部门查处有问题企业985户，较2015年增加226户，同比增加29.78%。全市查补增值税28864万元，消费税81万元，企业所得税40720万元，其他税种606万元。二是及时挽回大金额税收损失。全市国税稽查部门查处查补税款5000万元以上案件3例，合计查补总额22995万元；查补税款1000万元以上5000万元以下案件10例，合计查补总额30879万元；查补税款500万元以上1000万元以下案件7例，合计查补总额4910万元。三是打击虚开增值税专用发票和骗取出口退税成绩显著。查处虚开增值税专用发票企业843户，查补总额13437万元，查处骗取出口退税企业13户，查补总额15939万元，追缴出口退税11281万元，不予出口退税18147万元，暂停出口退税89314万元。

【案件特点分析】　承办多起税务总局督办案件，并根据深圳本地情况自行选案，查处多起大要案，案件特点鲜明。一是虚开犯罪成本日益低下。商事制度改革后，注册公司的条件、要求和成本都大大降低，再加上领用发票等涉税事项的日益去审批化，使得虚开犯罪成本低下。二是虚开团伙利用网络平台使犯罪行为更加便捷隐蔽。从事虚开增值税专用发票的不法分子充分利用社交网络开展犯罪活动，如售卖各类发票的小广告、短信、邮件、传真满天飞，在网络论坛、QQ群、微信群里，有关虚开增值税专用发票的“炒单”业务做得风生水起，一个小小的群，就是一个虚开、骗税活动交流的小平台。三是虚开团伙跨区域进行虚开和洗票。近几年，由于深圳加强对虚开增值税专用发票的打击力度，为避开监管和人为地增加对抗税务检查的障碍，虚开团伙在全国范围内跨区域进行增值税发票虚开和洗票，增加金税函调、检查取证的环节和成本。四是虚开利益链条中出现了中间介绍人。中间介绍人大大减少了犯罪分子的违法成本，却给国税局的打击增加难度，也更有隐蔽性。五是虚开团伙利用套打海关票进行抵扣。虚开团伙通过从不需要海关票抵扣的进口商手中买到海关票或信息，然后对海关票进行套打，只要海关票的海关缴款书号码、税款金额、进口日期三项数据信息不变，就可以顺利通过稽核比对系统，为虚开公司抵扣进项税额。

【重大案件查处】　2016年，深圳国税局与公安、海关、人民银行等四部门开展专案合作，查处“铁锹1号”“铁锹2号”“金税二号”“9·11”“4·23”“7·22”等6起重大涉税案件，查处涉案企业500多户，抓捕犯罪嫌疑人142人，打掉15个团伙，涉案案值225亿，涉及税额31.2亿元。其中，“铁锹1号”“铁锹2号”是四部委联合督办和指挥的重大专案，先后得到了税务总局局长王军、副局长孙瑞标的表扬性批示，积极为全国“双打”专项工作发挥了重点打击的威慑作用。

【随机抽查】 制度建设方面，制定并印发《深圳市国家税务局推进税务稽查随机抽查实施方案》，对推进税务稽查随机抽查工作做具体安排。根据税务总局《税务稽查随机抽查对象名录库管理办法（试行）》和《税务稽查随机抽查执法检查人员名录库管理办法（试行）》，制定并印发《深圳市国家税务局税务稽查随机抽查对象名录库管理办法（试行）》和《深圳市国家税务局税务稽查随机抽查执法检查人员名录库管理办法（试行）》。名录库建设方面，已收集完成三个名录库信息，并几次进行更新，重点稽查对象名录库包含3169户企业，异常对象名录库包含1.8万多条异常信息，执法人员名录库包含147位执法人员。“双随机”工作开展方面，落实重点税源企业随机抽查工作，自主对全市重点行业企业实行综合选案“500户计划”，涵盖金融保险、投资管理、物流、电力、商业零售、房地产、建筑安装、医药等企业。落实税务总局重点稽查对象随机抽查工作，对税务总局2015年部署的31户企业开展重点检查，对2016年部署的541户企业开展自查。

【区域性税收专项整治】 推进涉税区域整治计划，对餐饮类企业骗领和虚开发票、对电力企业普遍存在的未作增值税进项税额转出、房地产企业涉税问题、第三方积分兑换企业等重点区域或行业实施专项整治。

【打击发票违法犯罪活动】 严厉打击虚假发票“卖方市场”。协同公安部门开展打击制售假发票专项行动5次，捣毁窝点59个，成功破获12个犯罪团伙，抓获犯罪嫌疑人97人，缴获国地税虚假发票超过55万份。严厉打击虚假发票“买方市场”。检查企业908户，查处违法受票企业843户，超额完成税务总局下达的指令性检查工作任务。其中，“金税二号”收网行动取得显著成果，捣毁制售假发票窝点28个，抓获犯罪嫌疑人46名。协助抓获途经深圳的全国专案2号对象、广州战区2号对象。

【打击虚开增值税专用发票及骗取出口退税】 按照四部委打骗打虚工作部署以及税务总局领导提出的“体制打骗、机制打骗、方法（大数据）打骗”的指导思想，采取专案查处、立案检查、“征退查”联合核查等方式，认真落实全部“双打”案源查处任务。积极创新打骗方式，推动内外联动，共同筑就深圳综合防治出口骗税的工作局面。2016年深圳打骗打虚工作取得突出成效，打骗挽损累计19.38亿元，打虚涉及虚开税额累计26.35亿元，工作成果位居全国重点省市前列，深圳国税局稽查局被列为2017年全国稽查工作会议上的打骗打虚工作经验交流单位，工作成果受到税务总局肯定。

【稽查信息化建设】 积极参与金税三期工程上线项目，做好案源的数据迁移，实现金税三期工程上线工作的顺利衔接、平稳运行。完成现代稽查电子平台一期建设，提高稽查人员的数据分析能力，强化稽查执法流程的可监控性。继续做好查账软件网络版升级工作，继续推进信息化设备采购工作，建设完整的数字化稽查体系，为稽查工作提供信息数据支持。

【涉税违法案件检举】 完善涉税检举制度建设，规范检举工作，强化对全系统各级举报中心工作的监督和管理，推进发票违法类线索快捷处理。2016年，接待来访举报190人次（需重点疏导检举人101人次），接听举报咨询电话9840余人次，接收网上举报邮件1100余条、网上举报平台1550余份。

【税收“黑名单”制度】 积极落实“黑名单”工作制度和联合惩戒工作措施，将36户企业录入税收“黑名单”，成功阻止1名“黑名单”当事人出境，通过联合惩戒措施成功挽回税款损失1.8亿元。

【案件协查】 全面做好税务总局布置的打骗打虚专项行动在内的各项涉税案件协查工作。受托协查涉及企业9799户，发票115982份。其中，系统受托协查案件7114起，涉及深圳企业9343户，发票98787份，金额1647625.99万元，税额272438.42万元，受托协查累计按期回复率100%；系统外受托协查涉及企业456户，发票17195份。

【稽查队伍建设】 按照“倾情带队，严管善待”要求，优化组织体系、强化人才培养、激发队伍活力，努力提升稽查干部队伍综合素质。健全干部选拔、调配管理机制，进一步优化人力资源配置。筹建稽查人才库，为做好税务稽查专业化工作储备人才。积极组织全员参与“岗位大练兵、业务大比武”，3人在市局能手选拔竞赛中脱颖而出，集体成绩优异。

【稽查人才库建设】　开展深圳市国税系统稽查人才库组建工作。出台《深圳市国家税务局稽查人才库选拔方案（征求意见稿）》，开展稽查人才库组建工作，人才库分为综合业务类及稽查专业类两个子库。

【稽查业务培训】　首次与市局教育处联合举办稽查专业骨干人才培训班，组织全市60名稽查干部参加培训。落实科室学习制度，推广“稽查微讲堂”活动，举办查账软件等专业培训班，鼓励稽查干部参与税务总局专业化培训，全面提高稽查人员素质。组织业务类培训班13期，派人参加税务总局、市局培训班39期，累计参训863人次。

（杨昕颜）

深圳市地方税务局稽查局

【概述】　2016年，深圳地税局稽查系统坚决贯彻落实税务总局稽查局和深圳地税局党组的部署和要求，全面启动稽查数据化管事模式改革，严厉打击涉税违法行为，稳步落实“双随机—公开”机制，进一步加强深圳国地税局联合稽查，积极落实税收违法“黑名单”制度，不断强化税警协助机制，充分发挥税务稽查以管定查、以查促管、以查促收的职能作用，探索稽查工作体制机制创新。

【稽查现代化建设】　一是金税三期工程于2016年10月在深圳市地税局全面上线，稽查业务应用平稳。二是确定深圳市地税局稽查数据化管事模式改革、特色软件开发计划。三是统一采购配备稽查执法工具箱，内含执法记录仪、录音笔、数码相机等执法工具，加强稽查执法过程记录和监控，防范风险。四是加快普及稽查电子查账软件，熟练应用网络版查账软件，推进查账软件从单机版向网络版拓展，进一步提升稽查工作效率与质量。

【稽查体制机制改革】　为使稽查工作融合深圳地税局数据化管事模式改革创新实践，梳理总结当前稽查工作存在的选案工作偏弱、稽查管理偏粗、信息化支撑不足三大问题，找准传统经验型稽查工作模式不适应当前数据化管事模式改革要求的症结所在，提出稽查工作从经验型管事模式向数据化管事模式转变的改革思路和实现“专业化、信息化、风险化、标准化”的改革目标，确定以管查联动为切入点，以数据化风险选案为突破口，构建管查联动大闭环、稽查系统风险选案传导反馈中闭环，以及各稽查局内部小闭环“三个闭环”的总体框架，完成稽查数据化管事模式改革方案及配套制度制定，明确工作重点是以风险选案为龙头，并通过信息化建设实现稽查风险选案、稽查实施项目管理、稽查审理清单化管理、稽查执行标准化管理，以及稽查业务绩效考核管理。

【稽查查补收入及分析】　组织检查680户，查补收入16.26亿元，其中立案检查288户，查补收入3.97亿元，组织企业自查392户，查补收入12.29亿元。

【案件查办情况】　全力支持税务总局工作，稽查系统选派5名业务骨干参加税务总局打击骗税和虚开专项协查组；第二稽查局对资本交易、建筑安装房地产业、租赁与商务服务业等重点行业的企业实施立案稽查，合计查补收入超过1亿元；第四稽查局与税源管理局联合共建“买卖金融商品”风险指标，单户补税超百万元的达十余户，2户查补收入超千万元；第五稽查局在风险选案的基础上对4批次25户高风险企业开展定向稽查，形成成熟的案前评估定向稽查模式，定向稽查案件平均案值超百万元；对历史陈欠案件涉及的112户企业采取发布欠税公告、向法院“查控网”申请财产调查、向工商部门申请工商登记调查、向公安部门申请阻止法人出境或强制执行等多种法定执行程序进行清缴，清缴历史欠税5268万元。

【重大案件查处】　市稽查局在多个大要案查处上取得突破，某公司查补税款超过2.3亿元；第一稽查局攻坚克难，查结某房地产公司旧城改造案件，入库税款及滞纳金7515万元；第三稽查局参与房地产行业风险指标建设，实施案件稽查及风险应对成效显著，其中风险应对查补税款5.21亿元，立案稽查追缴1.32亿元。

【随机抽查】　建设双随机抽查“三库”，将省级重点税源企业725户、异常企业183户、执法检查人员117人纳入“三库”实施动态管理。开展风险指标下省级重点税源企业定向随机抽查125户，查补金额4.97亿元，延伸重点检查45户。

【重点税源企业检查】　联合深圳国税局共同制定重点税源企业联合稽查选案计划并开展检查，组织对3批重点税源企业64户开展联合稽查。

【打击发票违法犯罪活动】　对房地产、建筑安装、饮食服务、电信、交通运输等行业开展发票专项检查，检查719户企业，查处存在发票违法行为317户，查补税款、滞纳金、罚款8063万元。

【税收“黑名单”制度】　严格按照税务总局关于重大税收违法案件信息公布的相关要求，组织稽查系统严格筛选、上报符合标准的重大税收违法案件，2016年度上报重大偷税案件8户，累计涉及税款超过3583万元，已全额入库。根据新的重案公布办法和税务总局工作要求，组织开展已公布案件税款、滞纳金、罚款入库情况复核工作，经严格复核、逐级审核审批，共有7户已公布的重案符合撤出公布条件，合计入库税款、滞纳金、罚款2.02亿元。

【涉税违法案件检举】 深圳地税局税收违法案件举报中心接听咨询、检举电话及接收来信超过6850人次，接待来访72批134人次，接收邮件253份，形成案件299宗；接收上级交办案件22宗，其中税务总局4宗、广东地税局3宗、深圳地税局办公室11宗、深圳地税局监察处1宗、经济犯罪侦查局1宗、深圳纪委派驻组1宗、深圳纪委1宗。

【案件协查】 上线使用税务总局协查信息管理系统，实现协查任务自动分类管理、自动分检发送、自动校验、自动催办。2016年受理外地兄弟单位来函协查案件29宗，涉及企业72户；来人协查案件7宗（21人），涉及企业22户；来人来函涉及发票226份、金额2337.87万元，向税务总局报送报表12份。

【稽查制度建设】 一是联合深圳国税局制定《联合稽查工作办法》和《行政处罚裁量权实施办法》，优化联合稽查工作模式，实现与深圳国税局联合实施检查、协同案件审理、协同案件执行、共建协调机制、共享涉税信息为合作重点的多元化合作模式。二是联合深圳公安经侦局制订《深圳市地方税务局与深圳市公安局执法协作实施办法》，明确关于涉税案件的移送原则、移送标准，建立案件备案和信息通报制度。

【稽查系统建设】 一是加强市稽查局一级选案统筹力度，统筹好稽查系统的指标建设，梳理稽查行业问题库，加强第三方数据采集、分析、加工和运用，建设稽查特色风险指标。完善两级选案机制，充分发挥风险选案引领作用。二是强化税警协作机制。2016年7月26日，深圳公安局派驻深圳地税局联络机制办公室在市稽查局揭牌成立；2016年12月，第一至第五稽查局全部成立由辖区公安部门派驻的联络办。

【稽查队伍建设】 一是认真贯彻深圳地税局党风廉政建设工作会议精神，组织学习《中国共产党廉洁自律准则》《中国共产党纪律处分条例》。开展“教育提醒逐级谈话”工作，完善党风廉政责任制工作台账。认真落实中央八项规定，严格管理“三公”经费。二是围绕“两学一做”学习教育主题，开展形式多样的党建活动。组织党员干部赴古田、延安、兰考、井冈山、遵义等革命老区开展党建工作的异地培训。2016年，稽查系统共有4人被深圳地税局机关党委评为优秀党员和优秀党务工作者。

【稽查人才库建设】 为加强优秀稽查人才的长效培养和使用机制，深圳地税局稽查系统开展稽查能手遴选，吸收新的主体力量进入稽查专业人才库，向税务总局人才库申报各类人才5人。

【稽查业务培训】 深圳地税局稽查系统先后选派1559人次参加各类培训班。市稽查局、第一稽查局组织到肇庆、珠海等地高校开展综合素质提升培训。认真组织开展“岗位大练兵、业务大比武”活动，以练兵比武促进工作、锻炼队伍，第五稽查局陈雅静代表深圳地税局参加税务总局业务大比武，在税务稽查岗位比武中名列全国地税系统第4名，受到税务总局的通报表彰。

【稽查信息化建设】 一是继续做好深圳地税局稽查信息系统（一期）的运维和优化，保障系统运行平稳顺畅。二是开展金税三期工程上线准备工作，完成本地软件和金税三期工程的差异化分析、交互、确认。参加税务总局组织的金税三期工程业务培训。对预生产环境的稽查模块进行验证；完成金税三期工程稽查模块的角色岗位配置等；解决金税三期工程上线后的应用问题。

【稽查宣传】 深圳地税局稽查系统印发《稽查专刊》4期，推广交流稽查工作经验。通过深圳地税局门户网站及各类新闻媒体曝光涉税典型案例，以案说法，引导纳税遵从。税收宣传月期间，结合稽查成果，通过曝光典型涉税案件、税收宣传进企业、税收宣传进校园等形式，加大税收宣传力度，彰显稽查震慑力。在《中国税务稽查》杂志2016年第四期和《中国税务报》2016年12月26日专版对深圳地税局的稽查数据化管事模式改革进行专题报道。

【稽查调研】 市稽查局承担深圳地税局的重点调研课题《税务稽查数据化管事模式研究》，经评审获得三等奖。

【稽查工作会议】 2016年3月3日，召开深圳地税局稽查工作会议，全面贯彻落实全国地税稽查工作会议精神和深圳市地方税收工作会议精神。会议总结了2015年税务稽查工作，部署2016年稽查工作任务，提出围绕税收质量提升，以提高纳税遵从度为着力点，以信息化为支撑，以构建稽查数据化管事模式为核心，以建立完善的稽查质量标准体系为抓手，以提升稽查队伍素质为保障，全面实现稽查现代化的目标。

【工作建议】　一是积极推进稽查数据化管事模式改革信息化建设，对接金税三期工程，实现稽查改革目标。二是严厉查处涉税违法行为。借力改革项目的落地，整合稽查资源，充分发挥风险选案靶向性，开展精准稽查，着力破获一批大案要案；全力完成税务总局交办的检查任务，持续推进“双随机”抽查工作，提升“黑名单”和联合惩戒质量。三是进一步加强稽查队伍建设。加大教育培训工作力度，提升干部职工的综合素质，着力打造一支具有良好政治素质和纪律意识，高水平、高技术的复合型稽查队伍；加强党风廉政建设，把稽查工作与党风廉政建设工作紧密结合起来，确保严格依法行政，树立起廉洁高效、作风过硬、纪律严明的稽查形象。

（邹飞鹏）

第五篇

重大案件辑要

一、偷税案例

案例1-1
某房地产开发有限责任公司逃避缴纳税款案

【案件类别】 偷税案例

【案件所属行业】 房地产业

【案件来源】 专项检查

【基本案情】 某房地产开发企业面对利润的诱惑，在检查过程中咬定企业业务真实，检查人员抽丝剥茧还原业务真相，最终查明企业通过获取非法发票虚列成本偷逃企业所得税的事实。该企业补缴企业所得税2499万元，并受到应有处罚。

该案件为市局专项案件，立案检查年度为2009—2013年。某房地产公司成立于2000年1月，经济性质为有限责任公司，注册资金3000万元。经营范围为商品房开发与销售。

检查期间，该公司开发持有两个项目“W项目”和“G项目”。“W项目”建筑内容为居住、商业金融、停车场。该项目于2006年11月签订土地出让合同，2007年7月获得立项批复，2008年4月取得工程规划证，2009年2月开工，2010年和2012年住宅分批竣工。2009年3月开始取得商品房预售许可证。

“G项目”建筑内容为住宅。2004年签订土地出让合同，2005年3月取得立项批复，2005年6月开工，2007年10月取得商品房预售许可证。截至2009年8月1日，项目已销售完毕，总销售面积22626.56平方米。配套设施尚未移交有关部门。

【违法事实】 通过检查发现：（1）该公司销售房屋时，按账载主营业务收入计提并缴纳营业税金及附加。造成营业税、城市维护建设税延迟缴纳，应加收滞纳金。（2）该公司未按转让房地产取得的预售、销售收入预缴土地增值税，仅按开具发票收入预缴土地增值税，造成土地增值税延迟缴纳，应加收滞纳金。（3）该公司给员工报销各项费用、发放礼盒等实物，为非本单位人员报销药费、赠送礼品未代扣代缴个人所得税。（4）该公司将自行开发的“G项目”1025.7平方米，于2012年3月25日—2013年5月25日出租给某幼儿园使用，出租期内该单位收取租金，未缴纳房产税。（5）该公司未按未销商品房实际占用土地面积缴纳土地使用税。（6）该单位未按《国家税务总局关于印发〈房地产开发经营业务企业所得税处理办法〉的通知》（国税发〔2009〕31号）规定，对完工开发产品清算计算缴纳企业所得税。该公司2010年于销售费用中列支57515700元广告费、销售代理费，经鉴定该业务发票属“核验未通过”发票。经审核发票、合同、资金，并与相关企业调查核实后，检查人员确认该业务为收款方企业与被检查企业借款业务，该公司为减少当年利润以不合规发票入账，虚列当年销售费用，造成少缴企业所得税，其性质为偷税。

【查办过程】 （1）检查预案。该公司为典型的房地产开发企业，检查组以开发产品完工清算为切入点，重点关注开发成本及各项费用是否合理，关注员工收入是否存在低收入高福利的情况，关注销售收入确认时点及金额。同时关注开发项目城镇土地使用税是否按照未销商品房实际占用土地面积缴纳，关注企业开发产品房产税计算缴纳是否正确等。

（2）检查方法及发现问题。本案的查处过程中，企业受委托人仅对初期的资料签字确认，当案件进入实质性调查取证阶段后，企业开始采取消极态度应对税务稽查。受委托人拒绝在资料上签字确认，以未获得法人代表同意为由拒绝在法律文书上加盖公章。当税务机关下达税务询问通知书试图直接向法人代表了解情况时，法人代表称病拒不接听电话，拒不理睬询问通知。在多次往返企业、票证中心、工商局、银行、协查单位后，检查工作层层突破，最终掌握被查企业虚构业务、利用虚假发票偷逃税款的确凿资料。

发票核实情况：经检查发现该公司列支的销售费用以广告费和销售代理费为主。2010年列支金额高达5751.57万元，所取得的发票共涉及4家公司开具的12张广告费、销售代理费发票。经市局票证中心鉴定以上发票均属“核验未通过”性质，即“大头小尾”发票。经税务登记系统查询开具发票的公司均为非正常户。通过市工商局查证，开具发票的4家公司均已被吊销营业执照，无法通过开票方证实发票及业务真实存在。

资金流核实情况：开票方企业消失，该公司一直“喊冤”。但经检查组核对，该公司提供的支票留存联上，只有转出金额，没有收款方任何信息。检查组经该公司4家开户银行调取其“交易对手信息”、调取银行留存转账支票档案，确认5751.57万元均由该公司转账给某绿化工程公司。

业务核实情况：检查组到某绿化工程公司调查取证，法人代表表示5751.57万元为双方企业借款资金，并提供了合同复印件及资金入账记录，并在询问笔录上签字确认。

偷税行为落实：由于该公司一直将关注点放在开发产品的完工清算上，因此当检查组转换角度了解企业的广告情况时，受委托人并未意识到问题的严重性，仍然按照账簿上记载的内容介绍所谓的广告业务，还主动拿出广告合同。并按要求对询问笔录和广告合同等资料复印件签字确认。

由于相关证据资料充分、合法、有效，形成了完整的证据链条，企业通过获取非法发票虚列成本偷逃企业所得税的违法事实得以确认。

【处理处罚结果】 （1）税款。根据《房产税暂行条例》（国发〔1986〕90号）第1条、第2条、第3条、第4条、第7条；《北京市施行〈中华人民共和国房产税暂行条例〉的细则》（北京市人民政府令第6号）第2条、第4条、第7条的规定，应补缴房产税2.08万元。

根据《中华人民共和国城镇土地使用税暂行条例》第1条、第2条、第3条；《北京市实施中华人民共和国城镇土地使用税暂行条例办法》第1条、第2条、第3条、第4条；《北京市人民政府关于修改〈北京市实施中华人民共和国城镇土地使用税暂行条例办法〉的决定》（北京市人民政府令第188号）第1条、第2条的规定，应补缴城镇土地使用税80.77万元。

根据《中华人民共和国企业所得税法》第1条第1款、第2条第1款、第2条第2款、第3条第1款、第4条第1款、第5条、第60条，以及《税收征收管理法》第52条第3款、第63条第1款的规定，应补缴企业所得税2499万元。

（2）滞纳金。根据《税收征收管理法》第32条、《北京市地方税务局关于修订〈北京市地方税务局滞纳金管理办法（试行）〉的通知》（京地税发〔2015〕18号）第10条，对该公司加收滞纳金430万元。

（3）罚款。根据《税收征收管理法》第63条，该公司在检查期间，存在多列支出，不缴或者少缴税款的行为，应定性为偷税，对该公司偷税的行为处以少缴税款一倍的罚款1437万元。

【问题分析及工作启示】 充分运用各种稽查手段。《税收征收管理法》赋予检查人员多项权力，在本案的实施过程中，检查组基本做到穷尽一切稽查手段，如调取企业账簿资料、就违法事实对当事人进行询问，到企业的开户银行调取资金情况，对与其有业务往来或资金往来的第三方单位调查核实等等，确保依法稽查，降低执法风险。

有效挖掘线索收集证据。本案在开展过程中做了大量的查前预案和准备工作。通过征管系统搜集纳税资料、利用网络了解纳税人开发项目的规模、时间等基础信息，迅速找到涉税线索和疑点，针对目标做到有的放矢。本案错综复杂，涉及税种多，涉税金额大，调查取证上必须做到严谨、完整、充分。本案在查处过程中坚持走访外调，多方收集证据，确保每一个碎片化的证据彼此印证、环环相扣。

合理运用政策。该案涉及房地产企业开发产品的完工清算，由于企业财务管理制度不健全、财务人员专业知识欠缺，所做的会计核算不符合会计准则的要求，在此基础上确认的企业所得税计税依据也不符合相关的税收政策要求。因此在计税依据的确认方面，检查组抛开企业财务基础数据混乱错误的干扰，从税收政策本身的立意和规定出发，合法合理适用相关税收政策，确保最终的数据准确有效。

（北京市地方税务局稽查处供稿）

案例1－2
某电动车辆有限公司偷税案

【案件类别】　偷税案例

【案件所属行业】　制造业

【案件特点】　检查组对该单位检查中采取了全查法、询问调查法，并且以国税检查结果为依据，计算出地税查补税款，后该单位未按规定缴纳税款、滞纳金、罚款，被移交公安、并被列入“黑名单”，具有一定的典型意义。

【案件来源】　举报案件

【基本案情】　某电动车辆有限公司，成立于2006年3月8日，为私营有限责任公司，经营范围包括：生产销售电动车辆（电动汽车除外）、汽车配件、各种汽车冲压件（法律、行政法规规定需专项审批的不得经营）。该单位执行小企业会计制度，企业所得税征收方式为查账征收，印花税征收方式为购销合同按核定比例征收，其余合同据实征收，按月汇总缴纳。检查组于2015年1月15日—2015年7月10日对该公司进行了检查，经检查发现该单位存在账簿少列收入及提供虚假纳税申报的偷税行为，企图少申报缴纳城市维护建设税、印花税、企业所得税。

【违法事实】　2012年1月1日—2012年12月31日。（1）城市维护建设税：该单位2012年应申报缴纳增值税153356.60元，纳税人缴纳增值税的同时应申报缴纳城市维护建设税，纳税人在被查补增值税和被处以罚款时应同时对其偷漏的城市维护建设税进行补税和罚款，本期应申报缴纳城市维护建设税1533.56元，已申报缴纳6824.58元，多申报缴纳5291.02元。该单位2012年1—12月每月均多申报缴纳。（2）教育费附加：该单位2012年应申报缴纳增值税153356.60元，本期应申报缴纳教育费附加4600.70元，已申报缴纳4094.74元，少申报缴纳505.96元。（3）地方教育附加：该单位2012年缴纳增值税153356.60元，本期应申报缴纳地方教育附加3067.13元，已申报缴纳2729.84元，少申报缴纳337.29元。（4）印花税：该单位2012年共计应申报缴纳印花税1711元，已申报缴纳1286.60元，少申报缴纳424.40元。（5）企业所得税：因L市国税局稽查局已对该企业2012—2014年的涉税情况进行检查，发现该企业存在账外经营收入，地税局依据国税查处情况进行所得税的计算，少申报缴纳企业所得税6412.59元。

2013年1月1日—2013年12月31日。（1）城市维护建设税：该单位2013年应申报缴纳增值税1817616.01元（344887.99＋1472728.02），纳税人在被查补增值税和被处以罚款时应同时对其偷漏的城市维护建设税进行补税和罚款，少申报缴纳城市维护建设税1432.31元。（2）教育费附加：该单位2013年应申报缴纳增值税1817616.01元，少申报缴纳45410.02元。（3）地方教育附加：该单位2013年应申报缴纳增值税1817616.01元，少申报缴纳30273.28元。（4）印花税：该单位2013年共计应申报缴纳印花税6334.90元，已申报缴纳3227.60元，少申报缴纳3107.30元。（5）企业所得税：因L市国税局稽查局已对该企业2012—2014年的涉税情况进行检查，发现该企业存在账外经营收入，地税局依据国税查处情况进行所得税的计算，少申报缴纳企业所得税113242.18元。

2014年1月1日—2014年12月31日。（1）城市维护建设税：该单位2014年应申报缴纳增值税3536066.88元，纳税人缴纳增值税的同时应申报缴纳城市维护建设税，纳税人在被查补增值税和被处以罚款时应同时对其偷漏的城市维护建设税进行补税和罚款，少申报缴纳21555.42元，以前年度多缴税款抵顶后，还少申报缴纳15234.44元。（2）教育费附加：该单位2014年1月1日—12月31日应申报缴纳增值税3536066.88元，少申报缴纳97798.87元。（3）地方教育附加：该单位2014年应申报缴纳增值税3536066.88元，少申报缴纳65199.22元。（4）印花税：该单位2014年共计应申报缴纳印花税10887.20元，已申报缴纳2391.60元，少申报缴纳8495.60元。（5）企业所得税：因L市国税局稽查局已对该企业2012—2014年涉税情况进行检查，发现该企业存在账外经营收入，地税局依据国税查处情况进行所得税的计算，少申报缴纳企业所得税 269521.38 元。

【查办过程】 检查组对该公司履行纳税义务情况进行检查，检查过程中，检查组积极与 L 市国税局稽查局沟通联系，获取相关证据，对前期取证资料进行补充和归档，制作相关检查文书。经检查发现该公司在 2012 年 1 月 1 日—2014 年 12 月 31 日期间，采取偷税手段少申报缴纳城市维护建设税、印花税、企业所得税、教育费附加、地方教育附加共计 657394.84 元。

L 市地税局稽查局于 2016 年 2 月 4 日对其下达了《税务处理决定书》及《税务行政处罚决定书》，该单位未在规定限期内缴纳税款、滞纳金、罚款，之后两次下达《税务事项通知书》进行催缴并申请人民法院强制执行，并于 2016 年 4 月 15 日移送到廊坊市经济犯罪侦查支队。该案符合“重大税收违法案件信息公布（黑名单）”公布标准，省局及廊坊市地税局已在门户网站上公布，并推送相关部门进行联合惩戒。

【处理处罚结果】 根据《中华人民共和国税收征收管理法》第 63 条第 1 款和《河北省规范税务行政处罚裁量权实施办法》（河北省国家税务局 河北省地方税务局公告 2015 年第 2 号）第 22 条及《河北省税务行政处罚裁量基准》第 33 条之规定，对该单位在账簿上少列收入及提供虚假纳税申报造成少申报缴纳 2012 年印花税 424.40 元、企业所得税 6412.59 元；2013 年城市维护建设税 1432.31 元、印花税 3107.30 元、企业所得税 113242.18 元；2014 年城市维护建设税 15234.44 元、印花税 8495.60 元、企业所得税 269521.38 元的行为定性为偷税，责令限期缴纳，并建议处不缴少缴税金 50% 的罚款。

根据《税收征收管理法》第 32 条之规定，对上述少缴的税款自滞纳税款之日起按日加收万分之五的滞纳金。

根据《征收教育费附加的暂行规定》（国发〔1986〕50 号）第 2 条、第 3 条第 1 款、第 6 条及《国务院关于修改征收教育费附加的暂行规定的决定》（国务院令第 448 号）之规定，责令该单位限期补缴少缴的 2012 年度教育费附加 505.96 元，2013 年度教育费附加 45410.02 元，2014 年度教育费附加 97798.87 元。

根据河北省人民政府关于修改《河北省地方教育附加征收使用管理规定》的决定（河北省人民政府令〔2010〕第 2 号）第 11 条之规定，责令该单位限期补缴少缴的 2012 年度地方教育附加 337.29 元，2013 年度地方教育附加 30273.28 元，2014 年度地方教育附加 65199.22 元。

【问题分析及工作启示】 该公司是一家生产制造型企业，货物的购、产、销是其主要经营环节，三者之间存在匹配关系，且这个关系在一定时期内是相对稳定的。而该企业的税负率却变动异常，因此作为日常税务管理部门应及时了解并落实企业的经营及纳税申报情况，检查其是否存在异常，以便及时发现和处理各类涉税疑点问题。因此建议对纳税人建立涉税信息的动态监控机制，当企业生产经营及纳税情况出现较大变化时，应及时予以检查落实，提高日常税收管理的针对性和实效性。

（河北省地方税务局稽查局供稿）

案例 1－3
某煤炭经销有限公司偷税案

【案件类别】 偷税案例

【案件所属行业】 批发和零售业

【案件特点】 该案是税务总局督办案件。涉案企业本是正规经营企业，因为部分购进煤炭没有发票，所以采取非法手段取得增值税专用发票，抵扣进项税。真中有假，偷税中有发票犯罪，查证难度大。为此，税警双方联合行动，内外围同时调查取证，成功将该案办结。

【案件来源】 专项检查

【基本案情】 某煤炭经销有限公司，法定代表人为孙某，实际经营人为苏某。主管国税机关为 B 市 D 县国税局，系其他有限责任公司，经营煤炭批发零售、建材销售、农副产品购销、番茄制品批发零售等，成立于 2007 年 3 月，于 2007 年 12 月认定为一般纳税人。该企业经营期间，从小煤窑购进煤炭未取得增值税专用发票。随后，通过中间人购买了增值税专用发票抵扣进项税。

【违法事实】　经查证，该煤炭经销有限公司2011年1月—2013年2月期间，从W市等地小煤窑购进煤炭未取得增值税专用发票，然后通过中间人袁某联系和具体办理，以支付开票金额11%左右的开票费，在没有真实货物购进的情况下从G省某矿业有限责任公司、L市某矿业有限公司、H地区某矿业有限公司、E市D区酸某煤炭有限责任公司等10家公司取得增值税专用发票499份，发票金额合计61591903.79元，进项税额10470623.71元，价税合计72062527.50元，申报抵扣进项税额10470623.71元。

【查办过程】　按照稽查工作安排，对该煤炭经销有限公司2011年1月1日—2013年2月28日的增值税专用发票使用情况实施了检查，检查工作于2013年3月21日开始，于2016年11月22日结束。检查人员对该公司会计凭证、账簿、报表和其他有关纳税资料进行仔细审阅和检查，认真核对各会计资料之间的逻辑关系，发现该公司销售给N某煤电有限公司的煤炭，大多是从G省某矿业有限责任公司、L市某矿业有限责任公司等10家公司购进，这让稽查人员产生了疑问。经过认真分析，稽查人员认为该企业有涉嫌取得虚开增值税专用发票抵扣税款的嫌疑。后经领导研究决定，迅速与B市公安局经侦支队取得联系，请求公安部门协助调查。2013年5月20日，税警联合专案组成立。通过外调发现以上10家公司全部是用他人身份登记注册的空壳公司，目前大多已注销，公司实际负责人根本找不到。

几经周折，通过调阅大量信息和认真细致的分析，专案组发现有一名叫燕某的人就是G省某矿业有限责任公司、L市某矿业有限责任公司的实际经营人。在确定燕某等人涉嫌虚开增值税专用发票的违法犯罪情况后，公安经侦支队对燕某进行网上追逃。2016年1月6日，犯罪嫌疑人燕某抓捕归案。燕某对其伙同南某、薛某、陈某通过中间人袁某向B市某煤炭有限公司虚开增值税专用发票的事实供认不讳。2016年7月4日，B市某经销有限公司虚开增值税发票主要犯罪嫌疑人苏某被捕。在强有力的证据面前，犯罪嫌疑人苏某对其取得虚开增值税专用发票的犯罪事实供认不讳。

【处理处罚结果】　根据《增值税暂行条例》第9条的规定："纳税人购进货物或者应税劳务，取得的增值税扣税凭证不符合法律、行政法规或者国务院税务主管部门有关规定的，其进项税额不得从销项税额中抵扣。"对该公司上述违法事实中取得的虚开增值税发票不予抵扣进项税额10470623.71元，补缴增值税10470623.71元，并按日加收滞纳税款万分之五的滞纳金。根据《税收征收管理法》第63条第1款的规定："纳税人伪造、变造、隐匿、擅自销毁账簿、记账凭证，或者在账簿上多列支出或者不列、少列收入，或者经税务机关通知申报而拒不申报或者进行虚假的纳税申报，不缴或者少缴应纳税款的，是偷税。对纳税人偷税的，由税务机关追缴其不缴或者少缴的税款、滞纳金，并处不缴或者少缴的税款50%以上5倍以下的罚款；构成犯罪的，依法追究刑事责任。"该公司上述违法事实已构成偷税。同时，该公司上述违法行为触犯《刑法》第201条及第205条的规定，涉嫌构成虚开增值税专用发票罪，依照《行政执法机关移送涉嫌犯罪案件的规定》（国务院〔2001〕310号令）第3条的规定，将该案件移送公安机关。

【问题分析及工作启示】　国税稽查部门查处虚开增值税专用发票案件，如果没有公安机关的支持配合，要做到人赃俱获是很困难的。本案中，公安机关通过技侦手段，及时控制犯罪嫌疑人，并经过审讯，取得了犯罪嫌疑人的供词，掌握了本案的主要违法事实和作案手段，给整个案件进一步突破、行政司法证据的固定、犯罪事实的认定等创造了条件。因此，在查办类似案件时，应进一步加强税警协作，充分运用法律赋予各自的各项权力，共同做好打击涉税违法犯罪活动工作，维护好经济秩序和正常的税收征管秩序。

（内蒙古自治区国家税务局稽查局供稿）

案例 1 –4
某房地产公司偷税案

【案件类别】 偷税案例

【案件所属行业】 房地产业

【案件特点】 延期入账 虚假申报 偷税

【案件来源】 相关部门转办

【基本案情】 某房地产公司主要采取售房款项延期入账等手段进行虚假纳税申报，挪用应缴税款资金。最终被依法查处，不仅被追缴全部税款，而且被加收滞纳金和罚款，得不偿失。该案由公安部门转来，主要涉税资料已基本掌握，但资料混乱，无法直接使用。该案查处的难点是证据材料的梳理确认与定性、处理原则的把握。最终处理处罚遵循了管理与服务并重、合法与合理兼顾的原则，落实了依法治税的理念。

【违法事实】 经查，发现该公司主要通过售房款项不入账或延期入账等手段进行虚假纳税申报，造成少缴各项税费合计 2202 万元，其中定性为“偷税” 1949 万元。对该公司依法追缴相关税费，加收滞纳金 1394 万元，处以罚款 982 万元，三项共计 4578 万元。因偷税行为涉嫌触犯《刑法》第 201 条的规定，依法将该案移送公安机关处理。

【查办过程】 根据移交材料反映该公司从 2004 年起开发一期项目，隐瞒售房收入的线索，将收入延续性的检查确定为主要方向。检查期间确定为 2004 年 1 月—2014 年 4 月。结合行业特点，将营业税、企业所得税暂定为重点检查税种，将收入、成本的确认暂定为重点检查项目。

一般针对房地产企业的检查，能否取得真实的账簿资料是关键。本案因相关部门已先行介入，账内、账外相关资料已基本控制，但账面内容不全，账外资料混乱，无法直接使用。所以检查重点放在通过梳理现有资料还原真实经营情况上。

由于账务混乱、数据失真，惯用的逆查法难以奏效，检查组决定采用顺查法，从头做起，逐步完善。结合账内、账外资料，从批文、五证、售房合同、收款收据、对账单、销控表，到土地、建筑安装、购销、借款合同等有关资料，按商品房楼号逐一核对验证，并到项目实地核实，逐步梳理汇总出该公司的真实开发销售情况。

在收入确认上，重新编制“收款明细表”，补充完善“商品房销控表”，结合相关资料，逐户逐项核对。

对开发成本，要求建设方、施工方、监理方共同确认工作量，并根据完工产品收入配比成本。

在纳税申报和税务行政处罚方面，要求企业和征管局分别做专项说明，对每一个税种每一期申报情况均予以确认。

【处理处罚结果】 对涉及税收政策不明确或不易执行的情形，依据“实质重于形式”的原则，依法合理把握。

（1）对自行补缴税款的定性视情况而定。在本次检查前及检查开始后，该公司分多次自行补缴了部分税款，对自行补缴税款是否认定为偷税、是否予以处罚，存在不同理解。

本案借鉴《国家税务总局办公厅关于呼和浩特市昌隆食品有限公司有关涉税行为定性问题的复函》（国税办函〔2007〕513 号）精神，对检查前补缴的税款，认可属于自我纠正行为，不定性为偷税，只加收滞纳金，不进行处罚；但在检查开始后补缴的税款，不能证明其属于自我纠正，该补缴行为不影响定性，依法予以处罚。

（2）对罚款追溯期要准确把握。本案所属期较长，对定性为偷税的税款可无限期追征，但对罚款的 5 年追溯期涉及准确把握的问题。

结合《行政处罚法》第 29 条、《税收征收管理法》第 86 条及《国务院法制办公室对湖北省人民政府法制办公室〈关于如何确认违法行为连续或继续状态的请示〉的复函》（国法函〔2005〕442 号）的相关规定，确认该公司在整个检查所属期间，基于同一违法故意（不缴或少缴税款），连续实施数个独立的行政违法行为（两次以上进行虚假的纳税申报等），并触犯同一个行政处罚规定（《税收征收管理法》第 63 条），属于连续违法行为。所以对其税务行政处罚应从违法行为终了之日起计算，至处罚时尚未超过5年追溯期。

关于属于偷税的连续违法行为的理解，也有观点认为，在每一个纳税期均存在同样的偷税行为、中间没有间断，才可认定为连续。不同的理解导致不同的定性、处理和处罚，可能涉及执法风险，需谨慎应对。

【问题分析及工作启示】　管理与服务并重。管理和服务是税务机关的两大职能。税务机关在加强征收管理的同时，更要注重纳税服务，稽查局在打击税收违法行为时，也要保障纳税人的合法权益和合理诉求。该公司少缴税款，有虚假申报的主观故意；也有人员素质低、政策把握不到位的客观原因；还存在个别政策不明确、甚至不符合实际的因素。本案的处理，尊重客观事实，管理与服务并重，既对违法行为进行了规范，又切实维护了纳税人的合法权益。

合法与合理兼顾。对该公司处罚的标准，本着在合法的前提下兼顾合理的原则进行裁量。该公司在本次检查前，自行补缴了部分税款，主动减轻违法行为的危害后果，符合《行政处罚法》第27条第1项与《内蒙古自治区地方税务局　内蒙古自治区国家税务局关于发布税务行政处罚裁量权实施办法和裁量基准（试行）的公告》（公告2013年第2号）第17条第1项关于“应当依法从轻或减轻处罚”情形的规定，结合该公司的实际困难和配合检查的积极态度，合理考虑其现实承受能力和后期发展趋势，对该公司因偷税行为少缴的税款适用“从轻”标准，处以50%罚款。

启示：一是税务机关未依法确认纳税地点。《营业税暂行条例》规定，纳税人销售、出租不动产应当向不动产所在地的主管税务机关申报纳税。《房产税暂行条例》规定，房产税由房产所在地的税务机关征收。《城镇土地使用税暂行条例》规定，土地使用税由土地所在地的税务机关征收。一期、二期项目均位于R开发区，两项目的营业税、房产税、城镇土地使用税均应向R开发区地税局缴纳，而一期项目相关税费却向办理税务登记的Y区地税局缴纳。

二是税企双方业务素质均有待提高。不可否认，该公司有延迟纳税的主观故意，但客观上讲，也存在财务人员业务素质不高，对税收政策理解不到位，无法准确计税的事实。而该公司在较长时间内一直延续相同的税收违法行为，这也反映出税务机关管理的缺失，也或者与管理人员素质有关。

三是对问题成因的剖析。对税务机关未依法确认纳税人纳税地点的问题，如果说主管税务机关不懂相关政策或未发现相关问题，难以让人信服。究其原因，恐怕还是为了完成税收任务，各方相互角力、最终彼此平衡的结果。

部分企业领导追求短期效益，忽视人才培养，造成部分财务人员专业素质不高，如果后期不加强自主学习，势必难以适应岗位的要求。部分税务人员安于现状，活力不够，动力不足，能力不强，难免造成管理上的缺失。同时，由于房地产企业涉及税收政策繁杂，学通学懂有一定难度，在客观上也造成相关税费未能准确申报。

四是征管建议。主管税务机关应始终坚持依法治税，依法确认纳税人相关税种的纳税地点，避免因片面追求税收任务而带来执法风险。

售房款项不及时入账或不及时结转收入、成本等涉税违法行为在中小房地产企业可能大量存在，各地应加强日常征管力度，注重这方面的监控与预防。

建议税企双方相关人员都要适应税收新常态，明确各自肩负的责任，加强学习，提升能力，共同促进征纳环境的和谐规范。

（内蒙古自治区地方税务局稽查局供稿）

案例1－5
某钻石城股份有限公司偷税案

【案件类别】　偷税案例

【案件所属行业】　租赁和商务服务业

【案件特点】　本案应补税款涉及以前年度，且税政问题比较复杂。

【案件来源】　专案检查

【基本案情】　某钻石城股份有限公司是1992

年12月经省体改委批准成立的股份制企业。主要负责钻石城地下商场中店铺、档口、柜台和摊位等不同经营场所的租赁与管理。2011年12月31日前房产原值为86833086.95元，2012年1月1日以后房产原值为87436056元。

该公司2006—2012年间只按房产原值申报缴纳了房产税，没有对出租房产部分收入进行纳税申报。

【违法事实】 征收局在该公司纳税事项确认表中已明确且已通知该公司应按原值（自用）和租金（出租）分别申报缴纳房产税，而该公司却只按房产原值申报缴纳了房产税，没有对出租房产部分收入进行纳税申报。

【查办过程】 该案于2013年10月8日进行首次检查，检查年度为2010年1月1日—2012年12月31日。该公司已于2013年初进行清算，因为税政问题较为复杂，延期至2015年1月30日。检查组多次往返企业，反复宣传讲解税收有关政策与规定并最后与清算组进行逐项落实，翻阅了大量涉税资料，制作问询笔录，复印大量证据。

在查处过程中发现：该公司2006年以来，一直按照原值计算缴纳部分房产税。因应补房产税涉及到以前年度，并具有关联性，按照规定申请扩展稽查时段至2006年。

最后，查证的违法事实如下：稽查局依据该商场各类商铺、档口、柜台的占比（系数），计算划分按租金和按原值计算房产税的计税依据。并严格按照有关政策（含优惠政策）进行逐项逐条落实，最终依此计算出2006—2012年该公司应补房产税4053060.92元。

【处理处罚结果】 根据《税收征收管理法》第63条之规定，该公司进行虚假的纳税申报的行为，构成偷税，应按偷税处理。

根据《房产税暂行条例》第1条、第2条、第3条、第4条之规定，追缴该公司2006—2012年期间因未按规定申报造成少缴的房产税4053060.92元。

根据《税收征收管理法》第32条之规定，对该公司未按规定申报造成少缴的房产税税款，自税款滞纳之日起按日加收万分之五的滞纳金（实际缴纳的滞纳金，须计算到税款实际缴纳之日止）。

根据《税收征收管理法》第63条第1款之规定，对该公司因未按规定申报造成少缴的房产税，拟处50%罚款，合计2026530.46元。现已全部依法缴纳入库。

【问题分析及工作启示】 一是企业应深入研究税收法律法规，不应只对税收优惠政策进行简单了解，否则将承担相应的税收风险。

二是税务部门应以优化营商环境，服务企业为宗旨，在严格执法的同时也要及时就有关政策法规对企业履行告知、详细解读、辅导与监督的责任。

三是税务征管部门与稽查部门要利用好信息平台，做到相关信息及时沟通，相关事宜及时协调、相关工作良好协作。

四是税务部门应与政府部门做好信息沟通，互通有无，共同服务好企业，为税收能够依法及时入库做出应有的努力。

（辽宁省地方税务局稽查局供稿）

案例1-6
某建筑工程有限公司虚列支出偷税案

【案件类别】 偷税案例

【案件所属行业】 建筑业

【案件特点】 通过抽查法与详查法相结合的方式对该企业工程项目取得发票情况进行检查，并通过协查的方式向项目所在地主管税务机关发出协查函，及向发票鉴定机构申请鉴定，发现该企业取得的部分发票为虚假发票，不能证明具体业务的真实性、合法性、有效性，存在利用虚假发票多列支出的行为，虚列部分不能在企业所得税前扣除，应补缴企业所得税。

【案件来源】 上级交办

【基本案情】 某建筑工程有限责任公司，租用房产，法人任某，注册类型为其他有限责任公司。该案件是上级督办的检举案件。根据举报人反映，该公司存在采取取得虚假发票的违法手段偷逃税款的情形。按照督办案件要求，对该公司进行立案检查，发现该企业取得的部分发票为虚假发票，无法提供真实合法有效的凭证，虚列支出不能在企业所得税前扣除，应补缴企业所得税。

【违法事实】　该企业利用虚假发票入账，多列支出，无法提供真实合法有效凭证的部分不能在企业所得税前扣除，2011—2014 年度，共取得虚假发票 13 张，发票金额 422 万元，少申报缴纳企业所得税 54 万元。

【查办过程】　检查人员对举报信中提到的“采取取得虚假发票的违法手段偷逃税款情形”进行详查，并向项目所在地发出协查函，经复函确认发票开出单位与实际购票单位相符。经某地税局发票管理处鉴定，有 13 张发票为假发票。涉及虚列支出，少申报缴纳企业所得税 54 万元。

【处理处罚结果】　根据《企业所得税法》第 1 条、第 3 条、第 4 条、第 5 条、第 8 条、第 18 条，《国家税务总局关于开展打击制售假发票和非法代开发票专项整治行动有关问题的通知》（国税发〔2008〕40 号），《国家税务总局关于进一步加强普通发票管理工作的通知》（国税发〔2008〕80 号）和《国家税务总局关于加强企业所得税管理的意见》（国税发〔2008〕88 号）的规定，应补缴企业所得税 540969 元。

根据《税收征收管理法》第 32 条规定，对该企业应补缴的企业所得税从滞纳税款之日起，按日加收滞纳税款万分之五的滞纳金。

根据《发票管理办法》第 35 条第 6 款的规定，对该单位以其他凭证代替发票使用的行为，处以罚款 8000 元。

根据《税收征收管理法》第 63 条第 1 款规定，对该单位应补缴的企业所得税税款处以 50% 的罚款。

根据案件所附证据资料，该单位的假发票票面金额累计已经达到《最高人民检察院、公安部关于公安机关管辖的刑事案件立案追诉标准的规定（二）的补充规定》第 3 条第 3 款规定的标准，涉嫌构成犯罪。根据《行政执法机关移送涉嫌犯罪案件的规定》（国务院令第 310 号）和《国家税务总局关于发布〈税务稽查执法文书式样〉的公告》（国家税务总局公告 2012 年第 2 号）的规定，移送公安机关处理。

【问题分析及工作启示】　建筑安装企业在施工过程中需要购入大量的建筑材料，为了减少施工成本，部分企业采取不索取正规发票的方式降低材料价格，同时为了账务核算的需要，以不法手段取得虚假发票入账。本案在查办过程中，通过协查方式确定该企业取得虚假发票的违法问题，说明在对建筑安装企业的检查过程中，认真核对企业取得的发票，并对疑点发票进行协查是检查过程中的必要环节。

（黑龙江省地方税务局稽查局供稿）

案例 1 –7
“5 · 18” 特大偷税案

【案件类别】　偷税案例

【案件所属行业】　房地产业

【案件特点】　本案分析判断精准到位，检查举措得当，是国地税精诚合作联合行动的典范，也是智慧稽查深度分析的成功案例。

【案件来源】　举报案件、税务总局督办

【基本案情】　S 市国税局稽查局与 S 市地税局稽查局成立联合专案组，精诚合作，联合查处了一起涉及 3 户房地产企业、1 户建筑企业和 1 户典当企业合计 5 户企业（本案中还涉及 4 户建筑企业，企业所得税属地税征管，由苏州地税局稽查局查处）采取虚增成本、少列收入偷税超亿元的大案。该案被确定为“5 · 18”国地税联合检查专案，后被税务总局列为督办案件。

【违法事实】　3 户房地产企业接受建筑企业多开发票 3.28 亿元，造成多结转销售成本 2.62 亿元，少列各类收入 7186 万元；1 户建筑企业多开发票虚增结算收入 2.7 亿元，虚假结转工程结算成本 2.5 亿元，虚增利润 1771 万元，各类账外收入 5060 万元，通过取得发票多结转工程结算成本，多列支人工成本（含业务招待费中），导致多结成本共计 9851 万元；1 户典当企业少计收入 167.66

万元。

【查办过程】 5月18日，S国税局稽查局与S地税局稽查局成立“5·18”国地税联合检查组，对5户被举报企业进行深度联合检查，同时将检查范围扩大到上游4户建筑企业，共涉及9户企业。双方首先联合对1户建筑企业进行突击检查，调账获取了比较完整的涉税资料，随后两天突击调取了其他4户被举报企业比较完整的涉税资料。根据调回的数据资料以及税务端数据，检查人员深度分析后发现3户房地产企业与上游建筑企业一起虚开发票、冲抵成本的疑点。专案组人员分工合作，把建筑企业和房地产企业的票据流和资金流做了详细的梳理，查实房地产企业通过接受多开建筑发票（营业税发票）列支开发成本，主要是通过资金回流的方式，从建筑公司扣除税费点后打款到房地产公司指定的个人卡上，造成多列支开发成本、少缴税款的目的，专案组人员针对疑点和发现的问题进一步对企业法定代表人和财务人员进行询问，还原事实真相，并及时固定了相应的证据。同时国地税双方进行紧密合作，及时交换证据，使房地产企业接受的建筑企业多开发票数据与建筑企业开具的发票数据相吻合。7月初，专案组人员基本查实了5户被举报企业利用建筑企业多开发票少缴税款等违法情况。其中3户房地产企业通过接受虚开建筑发票（营业税发票）3.25亿元列支开发成本，造成多列支开发成本、少缴税款；各类收入少计或未入账7186万余元；一户建筑企业对外多开建筑发票2.7亿元，同时通过接受多开发票及多列人员工资的方式多列成本2.5亿元；一户典当企业少计收入167.66万元，至此“5·18”案件成功告破。

【处理处罚结果】 查补增值税13.34万元，企业所得税1.12亿元，罚款4490.67万元，并处滞纳金5392.01万元，合计2.11亿元。

【问题分析及工作启示】 检查人员在检查房地产企业时一般侧重费用列支和建筑安装成本的分摊上，很少涉及建筑安装成本列支真实性的检查。本案揭开了房地产企业通过建筑企业虚开或多开发票增加房地产企业建筑安装成本，造成少缴税款的真相，以及建筑企业的收入和成本虚增的真相，为今后检查此类行业提供了新思路。

（江苏省国家税务局稽查局供稿）

案例1-8
某房地产开发有限公司偷逃企业所得税案

【案件类别】 偷税案例

【案件所属行业】 房地产业

【案件特点】 虚开发票，增加建筑安装成本

【案件来源】 群众举报

【基本案情】 根据群众举报，某房地产开发有限公司要求包工头多开发票，指向明确。M市地税局稽查局对该公司2011—2014年涉税情况进行调账检查。经初步分析该单位可能存在虚开发票，增加建筑安装成本，偷逃国家税款的问题，于是检查组将检查的重点放在对建筑安装成本的审核上。

【违法事实】 （1）建筑成本偏高。该公司成立于2011年，开发项目占地面积6.8万平方米，规划建筑面积10.9万平方米，分四期开发，截至2015年8月，一、二期开发面积5.02万平方米已竣工验收，三期在建，四期待建。2012—2014年累计取得预售收入1.9亿元。从2011年11月—2012年10月，该单位将一、二期土建工程分4次发包给3家建筑安装企业。房屋单位建筑安装成本分别为1400元/平方米~1700元/平方米，经走访专业人士了解和同行业比较，当地同期建筑安装成本单价大约在1100元/平方米~1200元/平方米，超过平均水平30%以上。

（2）回填土方工程与实际不符。该公司与个人章某签订一份土方回填合同，合同金额2430万元，账上列支土方回填工程成本3000万元。检查组到土地部门调取了该地块2002年及2013年的飞机航拍电子资料，了解到该地块原先是旱地，东西有一定的落差，中间有小面积的水塘，该地块在动工前最高海拔为11.46米、最低海拔9.6米；房屋竣工后小区地面的最高海拔为14.92米、最低海拔为14.2米；地块平均增加高度约3.5米，估算回

填土方量在23万立方米左右，土方回填按市场估价20元/立方米计算，回填土方工程支出大约450万元，估算支出与实际支出相差巨大。

（3）巨额往来长期挂账。按照合同约定，该公司应在工程竣工验收合格后，支付95%的工程款，留5%作为质保金。经查，该公司部分工程，在验收合格后很长时间内只支付75%左右的工程款（当时房屋销售很好，公司资金充裕）。如：土方工程承包商章某，700万元土方款和三家建筑安装公司工程款460万元一直未付，挂往来账。

（4）巨额现金交易异常。企业财务账面显示用现金方式分4次支付工程款1000万元，银行转账方式付款1300万元，汇给章某在北京的个人账户。这种巨额现金方式支付工程款，以及通过银行转账付款给工程承包人在外地的个人账户，既不方便，又有违常规。

（5）代开巨额发票不合常理。通过检查发票发现，章某、齐某等个人，以到税务部门开具临时经营发票的形式，分数次取得了土方及其他工程发票3100多万元。正常情况下，税务部门代开发票是方便临时性的个人零星业务结算用发票，这么大的工程量不应该是由个人或几人完成，而应该到税务部门领用发票开具。

综上分析，检查组认为：该公司开始预售以来，销售快，销售价格上涨幅度较大，预期利润较多，涉嫌存在通过虚列工程支出来减少利润、偷逃税款的行为。

【查办过程】　外围调查，获取证据。针对问题疑点，检查组秘密走访了对工地情况比较熟悉的人员，了解到该公司的土方回填工程，是由石某等三人分别承包，并与该公司直接签订承包合同，而非章某承包的（后来，通过公安了解到章某是该公司法定代表人周某的亲属），至此，该公司虚列土方成本偷税的行为露出了马脚。随后，检查组结合举报线索，从资金流向入手，从多家银行调取了该公司与3家建筑安装企业，以及项目承包人的资金往来。通过调查发现：2013年9月—2015年3月，该公司虚开发票、走账资金金额为3100万元，资金流向有三种：一是从该公司到建筑安装企业，到项目承包人，到该公司的法人周某个人账户，再回到该公司；二是从该公司到建筑安装企业，到该公司的法人周某个人账户，再回到该公司；三是从该公司，到工程直接承包人（个人），再到该公司的法人周某个人账户。

税警联手，固定证据。检查组通过调查，掌握了部分证据，但还不充分，固定证据难度较大。为此，在警方的协助下，按照先易后难、先外围后核心的方案：第一步，对工地相关管理或知情人员进行询问，了解该工地施工情况、人员结构及关系情况；第二步，对实际土方工程承包人进行询问，掌握土方工程的合同签订、实际工程量、工程款结算等详细资料和相关证据；第三步，对三家建筑安装企业的负责人及项目承包人进行询问，掌握虚开发票多列成本的事实；第四步，对该公司的法人代表周某进行刑事拘留，造成该公司“群龙无首”的局面，便于核心突破；第五步，对该公司财务人员、工程负责人、现场管理人员进行询问，掌握该公司虚开发票偷逃税的基本事实；第六步，对相关涉案人员进行询问，进一步完善和固定证据。在大量的事实和证据面前，该公司法人代表及相关人员交代了案情真相：通过三家建筑安装公司虚开发票2261万元，虚列土建成本2261万元，完成资金走账（转账）金额1800万元，剩余挂往来账，等待以后走账。通过章某、齐某上门开票的形式，虚开土方工程发票3000万元、虚开配套设施工程发票180万元，合计虚增成本3180万元，挂往来账未付金额700万元，转移资金2480万元。

【处理处罚结果】　该案件经市局审理委员会审理，作出如下处理决定：根据《税收征收管理法》第63条第1款的规定，对该单位2013—2014年度少申报缴纳的企业所得税602万元及滞纳金33.9万元予以追缴，对该单位处以少缴税款一倍罚款，并将该案移送司法机关追究刑事责任。

【问题分析及工作启示】　严把费用审核。前几年，县级房地产开发形势好，利润大，但价格、面积比较透明，很难隐瞒收入，在成本费用上比较好做文章，因此虚列土建成本时有发生，特别是土方、基础设施等项目，具有较强的隐蔽性，核实难度大，是管理的薄弱环节。税务人员要打破见票认账的思维，通过合同、决算以及施工中的鉴证等资料，结合相关部门的资料以及现场查看，进行比对，找出问题。对疑难问题，如建筑安装成本的真实性，可以聘请有资质的专业部门，进行审核鉴证，完善证据，提高办案质量。

提高办案技巧。税收违法手段繁多、形式多样。税务人员不仅要懂会计、税收，还要对不同行业的生产模式、经营情况多做了解，即使做不了百分百的内行，也不能做百分百的外行，平时要做有心人，办案时才能抓住疑点，寻求突破。同时，稽查人员要不断提高办案技巧，查账是基础，通过梳理账外线索、关注资金链、询问等找突破，多种手段并用，才能形成和固定证据链。

强化部门协作。此案通过银行调查涉案人员的账户及资金往来，筛选出疑点；通过公安机关，准确掌握涉案人员的身份信息情况，确定了案件的突破口；利用公安机关的震慑作用，对当事人的询问，达到了预期的效果；通过国土部门的协助，发现主要问题，使案件办理非常顺利，充分体现了部门之间协作的强大力量。

严格发票管理。税务部门代开发票原本是为了临时经营者在发生零星经营行为时，使用发票便利而采取的一种取得发票方式，对一些经常性的或大量经营业务的纳税人，应该纳入正常的税收管理系统，让他们拥有自己领用发票的权利和主动申报的义务，而不能让代开发票成为逃避税收管理的平台。

（安徽省地方税务局稽查局供稿）

案例1－9
某房地产公司土地增值税偷税案

【案件类别】 偷税案例

【案件所属行业】 房地产业

【案件特点】 2015年6月，Z市纪检监察部门向Z市地方税务局稽查局（以下简称该市稽查局）移交Z市GL房地产公司（以下简称GL公司）涉嫌偷逃税收的线索，稽查人摒弃常规稽查方式，转变思路，采取追查虚增成本资金回流渠道的方式，查明该公司伙同施工企业，通过虚开材料发票和虚列工资费用等方式虚增建筑安装成本，套取资金回流GL公司股东及其权益人，偷逃土地增值税。

【案件来源】 纪检监察部门移交

【基本案情】 GL公司在DS项目房地产开发过程中，与施工企业合谋制作虚假施工合同和工程结算书，虚开建筑安装发票，虚开材料发票和虚列工资费用等支付款项，然后由施工企业按拨付款项的92%回流到GL公司指定账户，实现虚增成本款项的套取。同时还查明企业在项目用地拆迁安置过程中，虚列货币安置成本补偿支出996.28万元，偷逃土地增值税。

【违法事实】 查明GL公司在DS项目房地产开发过程中，虚增各项开发成本合计1.23亿元，偷逃土地增值税2382.44万元。同时还发现GL公司的拆迁安置房的营业税和契税税收政策执行错误，造成少缴营业税及附加、房产税、城镇土地使用税、印花税、土地增值税和契税等税费。

【查办过程】 该市稽查局对移交的线索进行初步核实，发现施工企业负责人交代的线索比较笼统，比如虚开发票虚增成本经过材料商、劳务公司等单位将资金回流到GL公司相关权益人，但具体虚增金额和参与资金回流的相关单位及人员未说明，稽查人员决定对GL公司的账务和开发项目情况进行全面核查。

（1）虚增成本手段隐蔽，常规调查难以持续。检查人员按常规稽查方式调取了GL公司被查年度账簿资料，责令企业提供工程资料；实地检查企业部分档案柜；外调施工企业，检查工程款项收支情况和票据使用情况；外调城市建设档案馆调取工程项目建设报备资料。经三方向调查，取得的部分工程结算书、合同与账面金额一致；发票均为正式发票，工程款项均为转账支付，未取得虚增建筑安装成本的有力证据。

（2）推测资金套取方式，突破款项回流调查。常规调查受阻后，检查人员转变思路，将调查重点转向追查虚增工程款回流情况。房地产公司虚增成本套取资金必须通过施工企业回流款项才能实现。检查人员大胆设想了虚增工程款回流的过程，并对各个环节进行筛选验证，一是通过施工企业在一定时期内频繁发生资金往来判定发现疑似回流款项；二是根据缴纳税费和工程管理费用等成本费用估算款项回流的比例应该在7%以上；三是回流的方式和渠道，参与的个人应该是回流款项受益人关系紧密的人员。最终查实施工企业按拨付款项92%的固定比例，通过一个人账户对多个账户回流款项的方式，协助GL公司权益人套取款项。

（3）完善虚增成本证据链，明确虚增成本金额。检查人员取得施工企业负责人和参与资金回流员工的询问笔录和银行往来账证据资料，同时取得GL公司法人对虚增成本套取资金的询问比例和相关合同资料，虚增成本的资金回流证据链完整，最终核实回流款项结果：虚增建筑安装成本1.13亿元，虚增成本回款1.0423亿元。

【处理处罚结果】 共查补入库营业税及附加、房产税、城镇土地使用税、印花税、土地增值税和契税等税费4025.63万元、滞纳金832.48万元、罚款1205.60万元，总计6063.71万元。

【问题分析及工作启示】 房地产项目开发成本核实难度大。一是涉案企业从一开始就有意识地虚增房地产建筑安装成本，提前制订严密的计划逐步实施偷税行为，主要表现在：建筑安装工程资料全程造假，资料完整、票据真实、收支清楚；资金回流款项全部打乱，以多人多户头对多人多户头回流，且回流的账户户主有些是一般工作人员，再参杂几千万元的各种各样的资金借贷往来，浑水摸鱼，具有很强的隐秘性；税务人员总体对建筑安装企业的施工程序和招标、预算决算等业务了解较少，难以直观地在大量的招标文件、设计图纸和项目清单等资料中发现问题。二是施工企业与房地产企业勾结在一起，共同虚增建筑安装成本。本案的施工企业已不再是单纯的承建工程，房地产公司有关负责人通过以固定返8个点的形式换取施工企业的虚开发票，施工企业由此与房地产企业成为了利益共同体，并且深度介入偷逃税实施过程中。本案中虚增工程成本的资料、虚开建筑发票，虚列材料工资套现的过程都是由建筑企业方实施。施工企业成为了虚增工程成本的实施者，外调施工企业核实工程成本难有效果。三是施工企业税收征管存在漏洞。一个完整的虚增成本套现回流离不开虚开、套开材料发票。“营改增”以前，由于建筑安装工程开具建筑安装工程发票导致材料发票的审核比对环节断裂，从近几年来多起虚开材料发票、假发票案来看，建筑安装材料采购环节成了增值税发票违法开具、假发票泛滥的重灾区，并可能传导到施工环节、房地产开发环节，导致国家税款的大幅流失。

建筑安装企业企业所得税多采取核定征收方式，对建筑安装成本的票据监控比较松懈，导致建筑安装工程发票和材料发票的审核比对环节断裂，事后难以核实。建筑安装工程施工班组流动性强的特点又导致工人工资的真实性难以核实。

加强建筑施工业务的培训以强化土地增值税征管。一是建议增加对税务人员建筑安装施工业务培训，提高成本核算水平；建议加强与造价，质检部门协作，细化各部工程造价预警，加强建筑安装成本的监控；对造价或本明显高于市场行情又难以核实的，建议引入造价咨询等第三方机构，专业审核造价。二是外调施工企业核实资金回流有时也是查办案件的有效办法。在常规核查建筑安装成本难以进行时，本案检查人员大胆设想资金回流渠道，并逐步验证，最终取得虚增成本的有力证据。外调重点应放在施工企业材料工资真实性的检查上，从中把握套取资金回流的线索。核查资金难点在于回流账户不明确，需要核实大量的银行账户，比对海量数据，且受税务执法权限的制约较明显，优势在于虚增成本金额认定准确，一锤定音，不像通过工程资料推建筑安装成本，跨行业业务难度大，金额容易产生争议，案件难以定性。

（福建省地方税务局稽查局供稿）

案例1－10
某房地产开发有限公司涉税案

【案件类别】 偷税案例

【案件所属行业】 房地产业

【案件特点】 小线索大案情，检查人员内查外调，并充分应用税务稽查辅助查账软件等方式进行全面调查取证，对某房地产开发公司开展检查，其工作经验在税务稽查实践中可供借鉴。

【案件来源】 税务总局督办

【基本案情】 该公司成立于2009年11月26日，公司类型：有限责任公司；经营范围：房地产开发，房屋居间、代理、行纪，房屋租赁。原注册资本人民币5000万元，2010年注册资本变更为人民币5亿元。该公司成立后只开发有一个项目，经检查发现该公司在2011年1月1日—2013年12月31日期间，存在以偷税手段，不缴或少缴应纳税款等涉税违法行为。

【违法事实】 一是将同时取得的售房收入，在账务处理上分解计入不同的会计科目，只就部分销售收入进行纳税申报，造成少缴纳2013年营业税、城市维护建设税，属采取虚假纳税申报手段少缴应纳税款的行为。二是将开发产品作为售楼部使用，未申报缴纳2011年、2012年、2013年房产税，属不进行纳税申报，不缴或少缴税款。三是由于对可售面积的错误理解，未正确计算销售比例，造成少缴2013年城镇土地使用税。四是签订应税合同未足额贴花，造成少缴2013年印花税。五是少缴2012年、2013年企业所得税。

【查办过程】 至检查之日发现已售的二期71套别墅按销售合同金额316416900元收取售房款后，另以优惠登记金名义每套别墅再收取20万~55万元不等款项，另行收取的优惠登记金合计30000000元。2013年账务处理上该公司将取得的售房款298600900元记入“预收账款”科目，将取得的优惠登记金30000000元记入“其他应付款——预约金”科目。抽查2013年3月记294号凭证、4月记24号凭证、4月记25号凭证、4月记29号凭证发现，优惠登记金与售房款实际是同时收取，该公司将同时收取的售房款分别记入不同的会计科目，只就“预收账款”科目申报缴纳各项税金。

检查组多次要求该公司提供收取二期别墅优惠登记金的相关资料。该公司一直不提供相应资料，或称别墅购买人还要购买车位；或称交房款时未提供预约金单据，不能抵减房款；或称暂时没有来办理退款手续。检查发现别墅销售合同约定的付款方式有一次性付款，有分期付款，有按揭贷款等多种方式，所有别墅购买人都不来办理退款手续明显不符合常理，尤其是一次性付款还同时支付优惠登记金，以及贷款购房支付银行利息也不办理退款是非正常业务方式。

另检查发现该公司提供的预约金收据不注明房号，无约定事项，无预约协议。在该公司不提供相应资料的情况下，检查组向二期别墅购买人发出《税务检查通知书》及《税务事项通知书》，调查收取优惠登记金的依据。取得的S27栋1099号别墅购房协议书注明：购买别墅的价款包括签订销售合同金额和额外收取的优惠登记金，购买别墅赠送车位，优惠登记金是配合办理车位权属的费用。

在取得购房人提供的别墅购房协议书后，检查组向该公司下发《税务事项通知书》，责令该公司提供二期71套别墅的销售方案、决定收取优惠登记金的会议纪要、收取优惠登记金的相关协议，并书面说明差别收取别墅优惠登记金的原因、对同时收取的售房款项有不同的会计处理方法的理由。在得知检查组已取得部分书面证据后，该公司提供了二期71套别墅的销售方案、收取优惠登记金的协议、收据、销售合同。

对比该公司同期车位的销售情况，每个有产权的车位销售价格在11万~15万元，而赠送的车位办理权属收取20万~55万元的费用明显超出正常价格范围。

根据相关资料判断，该公司以优惠登记金名义收取的3000万元款项实际是销售不动产的收入，应与售房款合并征收营业税。

【处理处罚结果】 （1）税务处理决定。对该公司将同时取得的售房收入，在账务处理上分解计入不同的会计科目，只就部分销售收入进行申报纳税，造成少缴纳2013年营业税1500000元，城市维护建设税105000元的行为，属采取虚假纳税申报手段少缴应纳税款的行为，依照2001年5月1日起施行的《税收征收管理法》第32条、第63条第1款，《营业税暂行条例》第13条、第16条，《城市维护建设税暂行条例》第5条的规定，依法向该公司追缴少缴的营业税和城市维护建设税，并分别从税款滞纳之日起，按日加收滞纳税款万分之五的滞纳金。

该公司少缴纳2013年教育费附加的行为，依照2001年5月1日起施行的《税收征收管理法》第32条、《征收教育费附加的暂行规定》（国发〔1986〕50号）第6条的规定，对该公司少缴纳的2013年教育费附加45000元进行追缴，并从滞纳之日起按日加收万分之五的滞纳金。

该公司将开发产品作为售楼部使用，未申报缴纳2011年房产税15787.70元，2012年房产税94726.20元，2013年房产税94726.20元，合计205240.10元，属不进行纳税申报，不缴或少缴税款的行为。依照2001年5月1日起施行的《税收征收管理法》第32条、第64条第2款，《房产税暂行条例》第8条、第9条，2002年6月12日重新修订的《广西壮族自治区房产税施行细则》（广西壮族自治区人民政府令第3号）第10条的规定，依法向该公司追缴少缴的2011年、2012年、2013年房产税，并分别从税款滞纳之日起，按日加收滞纳税款万分之五的滞纳金。

该公司由于对可售面积的错误理解，未正确计算销售比例，少缴2013年城镇土地使用税4687.29元。依照2001年5月1日起施行的《税收征收管理法》第52条第2款的规定，依法向该公司追缴少缴的2013年城镇土地使用税，并分别从税款滞纳之日起，按日加收滞纳税款万分之五的滞纳金。

该公司签订应税合同未足额贴花，少缴2013年印花税434046.20元，依照2001年5月1日起施行的《税收征收管理法》第32条、第64条第2款，1988年10月1日起施行的《印花税暂行条例》第14条，定性为“不进行纳税申报，不缴或少缴税款”的行为，依法向该公司追缴少缴的2013年印花税，并分别从税款滞纳之日起，按日加收滞纳税款万分之五的滞纳金。

该公司由于对可售面积的错误理解，未正确计算销售比例，少缴2013年城镇土地使用税4687.29元。依照《税收征收管理法》第32条规定，依法向该公司追缴少缴的2012年、2013年的企业所得税，并分别从税款滞纳之日起，按日加收滞纳税款万分之五的滞纳金。以上共计应补税款15281407.63元、教育费附加45000元。

（2）处罚决定。依照2001年5月1日起施行的《税收征收管理法》第32条、第63条第1款，《营业税暂行条例》第13条、第16条，《城市维护建设税暂行条例》第5条的规定，该公司少缴营业税1500000元、城市维护建设税105000元，属采取虚假纳税申报手段少缴应纳税款的行为，对该公司处以少缴税款50%的罚款，罚款金额802500元。

依照2001年5月1日起施行的《税收征收管理法》第32条、第64条第2款，《房产税暂行条例》第8条、第9条，2002年6月12日重新修订的《G房产税施行细则》（G人民政府令第3号）第10条的规定，该公司少缴房产税205240.10元，属于纳税人不进行纳税申报，不缴少缴税款的行为，对该公司处以少缴税款50%的罚款，罚款金额102620.05元。

依照2001年5月1日起施行的《税收征收管理法》第32条、第64条第2款，《印花税暂行条例》第14条的规定，该公司少缴印花税434046.20元的行为，属于纳税人不进行纳税申报，不缴或者少缴应纳税款的行为，对该公司处以少缴税款50%的罚款，即罚款金额217023.10元。

以上罚款合计1122143.15元。

【问题分析及工作启示】 本案中检查人员采用内查外调等办法，积极查找纳税人营业收入证据。主要抓住了三个主要环节：一是查前准备充分，科学制定检查预案。检查人员到纳税人的在售楼盘了解销售情况及相关数据；二是充分利用好信息化稽查手段，检查人员通过有效利用查账软件，仔细审核明细账，迅速发现了账面疑点和漏洞；三是注重收集证据。检查人员通过内查外调，寻找突破口，收集了纳税人未如实申报缴纳税款等相关证据。

（广西壮族自治区地方税务局稽查局供稿）

案例1－11
张某人、张某军转让某公司股权偷税案

【案件类别】 偷税案例

【案件所属行业】 房地产业

【案件特点】 H省地税稽查局通过分析案情确定检查重点、多方协查取证等方式发现，该案股权转让发生在2009年6—12月期间，涉案人员张某人、张某军二人通过少申报股权转让收入，多申报股权转让扣除项目，导致少缴纳个人所得税。经查处，涉案人员少缴税款7343.30万元，涉税金额巨大。

【案件来源】 税务总局交办

【基本案情】 该案主要涉及某公司原股东张某人和张某军股权转让。股权转让发生在2009年6—12月期间，张某人、张某军二人通过少申报股权转让收入，多申报股权转让扣除项目，导致少缴纳个人所得税。

该公司于2005年4月11日注册成立，法定代表人为李某，注册资本为人民币3000万元。股权转让前，公司股东分别为：张某人出资2900万元，

持有96.67%的股权，张某军出资100万元，持有3.33%的股权。经营范围：旅游项目开发经营、保健、房地产开发经营。

【违法事实】 （1）审计署移交资料中股权转让的情况。根据审计署取得的股权转让合同，2009年5月27日，张某人、张某军与A、B签订股权转让协议，转让其持有的某公司股权的80%，转让价款约定58792.80万元，其中包含46122.80万元的股权转让款和12670万元的某公司债务清偿款，并在合同中约定“转让方特别承诺：其自愿无偿代项目公司偿还约定待清偿债务12670万元”。但在股权转让的具体操作中，受让方A及B并未将债务清偿款与股权转让款一同支付给张某人、张某军，而是直接汇至某公司，由某公司自行清偿公司债务。某公司将12670万元的债务清偿款记入“其他应付款——北京A、天津B”科目。2009年10月15日，张某人与C签订《股权转让合同》，将其持有的某公司20%股权转让给C，转让价款19776万元。

审计署以此认定，经以上两次转让，张某人、张某军已将某公司股权全部转让，转让价款合计78568.80万（包括A及B支付的12670万元偿债款）。

（2）稽查局取证的工商登记变更情况。从某县工商局取得的资料显示，2009年6月18日某公司变更股东及出资比例，股东变更为C和张某人，出资比例变更为：C认缴出资1800万元，出资比例为60%，张某人认缴出资1200万元，出资比例为40%，所附资料为两份2009年6月18日签订的《股权转让协议》，分别为张某人将其持有的56.67%股权、张某军将其持有的3.33%股权转让给C。2009年11月13日再次变更股东及出资比例，其股东变更为C，出资比例变更为C认缴出资3000万元，出资比例100%，所附资料为2009年11月11日签订的《股权转让协议》，张某人将其持有的40%的股权转让给C。

张某人、张某军股权转让工商登记变更资料与纳税申报股权转让合同的股权转让受让方一致，同为C。C分两次取得100%股权后，再转让至A和B旗下的四家基金，截至目前股权未有进一步变更。

以上两次股权转让价款合计65898.80万元，与审计署调查的结果相比少了12670万元。

（3）稽查局对股权转让事实的认定。股权受让方的认定。经调查，B、A为受让某公司股权，成立C，并通过C获得了某公司的股权。C是B、A的股权代持方和具体操作公司，且工商登记变更与纳税申报的转让合同的受让方均为C，由此稽查局认定C为张某人、张某军转让某公司100%股权的受让方。

股权转让总收入的认定。经调查，A和B按2009年5月27日的协议约定设立了SPV公司（C）来受让股权，在工商登记的时候也签署了简化版的股权转让协议。张某人、张某军通过其设立的D公司账户实际收取股权转让款65898.80万元，虽没有直接经手12670万元的代偿债务款项，但是该笔代偿债务款是其与A、B共管的某公司账户收取并偿还的，实际履行了2009年5月27日签订的《股权转让协议》相关约定。另外，2016年7月26日，张某人对收取的股权转让价款再次向检查组进行了陈述，称：“前后二次股权转让金额7.85亿元。股权转让变更后，B等投资方依然不肯向我们支付股权转让对价款，而是要求我们开设‘公司银行账户’，我们被迫开立公司账户后，他们还要实行共管，我们仍然不能动用资金。由于有一些到期债务催的很急，投资方才同意从共管账户代偿1.26亿债务”。因此稽查局认定张某人、张某军收取的股权转让总收入应包括实际收取的股权转让款65800万元和代偿债务款12670万元，即78568.80万元，与审计署认定的结果一致。

扣除项目的认定。纳税资申报料显示，张某人、张某军分别于2009年6月18日、11月11日将持有某公司的100%股权转让给C，转让价款65898.80万元。E事务所出具的审计报告确认二人投入注册资本3000万元，投入某公司开发成本15313.96万元，某公司债务12665.43万元，张某人个人为运作某公司项目负债7270万元，二人为重组某公司支付中介费用1710万元，以上合计39959.39万元，F事务所依据E事务所的审计报告出具的《个人所得税核算报告》，确认股权转让扣除项目金额合计39959.39万元，张某人、张某军依此进行了申报扣除。

稽查局认定，允许税前扣除的金额合计15912.88万元，包括原股东张某人、张某军投入注册资本3000万元，二人代某公司偿还债务12669.93万元，股权转让合理中介费用210万元，股权转让印花税32.95万元。

少缴纳个人所得税税款的认定。张某人、张某军转让股权应纳税所得额62655.92万元，按20%税率计算应纳个人所得税额12531.18万元，已申报缴纳的个人所得税 5187.88 万元，少缴纳个人所得税 7343.30 万元。

【查办过程】 该案由 H 省地税督察内审处牵头组织和协调工作，并进行督办，要求 H 省地税稽查局进行立案检查。H 省地税稽查局迅速抽调人员组成检查组，展开检查取证工作。

首先分析案情确定检查重点。本案关键在于核实两份股权转让合同的真实性；核实确认股权转让收入和扣除项目；核实纳税人是否存在故意隐匿股权转让收入或虚列扣除项目及是否足额申报缴纳税款的问题。

其次是多方协查取证。由于本案股权转让事项发生于 2009 年，股权转让涉及的 C、张某人为收取股权转让款项而设立的 D 公司均已注销，直接取证较为困难，只能从外围资料入手核实股权转让事项。

检查组赴 H 省 L 县、Y 工商局调取某公司和 C 的工商登记信息和股权变动信息。随后检查组对受托做出审计报告的 E 事务所和 F 事务所两家中介机构及股权转让相关的企业进行调查，寻找事实依据。

在外围调查的同时，检查组积极联系股权转让方张某人、张某军，送达检查文书，对二人进行调查，对其所陈述的情况制作询问笔录并要求提供相关证据资料。

【处理处罚结果】 追缴税款：应追缴张某人个人所得税 73432875.47 元，应追缴张某军个人所得税 2445314.75 元。

加收滞纳金：对张某人应补缴税款的个人所得税自应纳税年度终了后 3 个月的第 8 日（即 2010 年 4 月 8 日）起至实际解缴税款之日止，按每日万分之五加收滞纳金（具体滞纳金金额由金税三期工程系统自动计算），因张某军拟用担保提起行政复议，故目前还没有缴纳滞纳金。

行政处罚：对二人不予行政处罚。

【问题分析及工作启示】 征管局在管理审核把关时，不够严谨细致。建议加强日常征管，严格依法依程序办事，将责任明确细化到岗到人。

（海南省地方税务局稽查局供稿）

案例 1 -12
某药业公司偷税案

【案件类别】 偷税案例

【案件所属行业】 批发和零售业

【案件来源】 税务总局督办

【基本案情】 该公司系医药批发企业，以药品配送为主要业务。注册资本 2000 万元，企业所得税由地税机关征收管理。2011—2015 年共申报营业（销售）收入 8.66 亿元，合计向地税部门申报缴纳税费 527.41 万元（企业所得税 314.71 万元）。检查组进场时，该公司实际负责人在逃，相关管理人员被刑拘，原法定代表人保外就医，新任法定代表人患尿毒症，对该公司经营并不知情。公司账簿凭证被公安部门查封扣押，企业公章、财务章遗失，公司处于停业状态。

【违法事实】 企业所得税问题。2011—2015 年，该公司从 6 家公司购进药品，开具增值税发票涉及药品不含税金额 214730197.73 元（2010—2015 年虚开金额共计 219432964.44 元），全部系无货虚开，虚开增值税发票均已结转进入当年主营业务成本。根据《企业所得税法及实施条例》有关规定，该公司在 2011—2015 年申报企业所得税应纳税所得额的基础上，调增虚列成本、调减查补城市维护建设税和教育费附加，确认该公司 2011—2015 年应缴企业所得税 55917000.77 元，已缴企业所得税 3147054.67 元，应补企业所得税 52769946.10 元。

其他地方税费问题。通过检查，结合国税部门查补认定的补缴增值税金额，该公司 2011—2016 年 6 月应补城市维护建设税 1825206.64 元、教育费附加 1095123.98 元、地方教育附加 730082.66 元。

【查办过程】 S 省地税局稽查局高度重视税务总局督办案件的查处工作。2016 年 11 月 23 日接到督办任务后，第一时间成立工作领导小组，全力组织案件查办。省局成立专案组，抽调省局和有关市局稽查业务骨干近 20 人组成，个别局全力配合案件在当地的调查取证工作。在不足一个月的专案查办期间，省局组织6次案情分析碰头会，专案组倒排工期，加快工作进度，审理人员提前介入证据审查，缩短审理时限，有力确保了本案的按期完成。

克服法律文书送达困难的难题。由于该公司处于非正常经营状态，也未委托律师或专人处理公司事务，检查组不能确定该公司的收文当事人，为稳妥起见，只有多方送达，确保案件稽查程序有效。自2016年11月25日—2016年12月9日前后分别采用了直接送达、邮寄送达、委托公安送达、留置送达等方式8次送达相关税务检查文书。最后一次送达系检查组于2016年12月9日找到该公司现任法定代表人户籍所在地和其本人打工摆摊的农贸市场，在其户籍地和打工地点向其留置和直接送达了《税务检查通知书》及《税务事项通知书》。

克服涉税违法行为取证困难的难题。一是在税务总局督办领导的协调下，专案组取得了审计、国税部门的大力支持，提取了相关电子数据，调阅了暂存在有关部门的账簿凭证资料。二是通过税警协作机制取得了市公安部门的积极配合，提取了本案涉案人员15人、36份、159页的公安讯问笔录，并在看守所公安干警的协助下固定了证据资料。三是到其客户单位调查核实该公司出库单据与有关医院药品入库单的差异，进一步证实该公司虚增成本事实。四是联系其使用的进销存软件供应商，通过技术支持，对进销存电子数据进行恢复，通过对9万多条海量数据中筛选出6家供货商“药品”进销存电子数据与纸质资料反映数据进行分析比对，理清该公司无货虚开增值税专用发票并列支成本的基本流程，确认该公司采用接受虚开增值税发票、编制虚假入库出库数据方式虚增成本的事实。五是到该公司的开户银行协查，掌握资金动向和余额情况。六是调取工商登记资料和所有的纳税申报资料，获取该公司的申报和登记信息。七是到相关的街道办事处、村委会、农贸市场现场及相关人员的居住地调查核实该公司有关人员参与经营活动的有关线索和信息。

【处理处罚结果】 根据《税收征收管理法》第32条、《城市维护建设税暂行条例》第4条相关规定，追征该单位2010—2015年少缴城市维护建设税1865180.16元。

根据《征收教育费附加的暂行规定》（国发〔1986〕50号）第2条、《国务院关于教育费附加征收问题的紧急通知》（国发明电〔1994〕2号）第1条、《四川省地方教育附加征收使用管理办法》（川府函〔2004〕67号）第2条、《四川省地方教育附加征收使用管理办法》（川府函〔2011〕68号）第2条及其他相关文件规定，追征该单位2010—2015年少缴的教育费附加1119108.10元、地方教育附加738077.35元。

根据《税收征收管理法》第32条、《企业所得税法》第3条、《企业所得税法实施条例》第9条等相关规定，追征该单位2010—2015年少缴的企业所得税53929510.06元。

根据《税收征收管理法》第32条之规定，对该单位少缴的税款从滞纳税款之日起按日加收万分之五的滞纳金。

该公司合计应补缴税款及附加57651875.67元。

由于该单位涉嫌虚开增值税专用发票犯罪已被公安机关立案侦查，根据《关于加强行政执法与刑事司法衔接工作的意见》规定，行政执法机关在移送案件时未作出行政处罚决定的，原则上应当在公安机关决定不予立案或者撤销案件、人民检察院作出不起诉决定、人民法院作出无罪判决或者免予刑事处罚后，再决定是否给予行政处罚。该案虽然是国税局移交给公安机关的，但该单位涉嫌虚开增值税专用发票并偷税的行为造成了两个税收后果：既通过多抵扣进项税额偷逃了增值税，又通过虚列成本偷逃了企业所得税。而司法机关的判决将直接影响对企业所得税及城市维护建设税的处理处罚。因此，稽查局集体审理后建议，在司法机关依法处理后，该局再研究决定是否以及如何依法给予该公司相应的涉税行政处罚。

（四川省地方税务局稽查局供稿）

案例 1－13
某啤酒有限公司偷税案

【案件类别】 偷税案例

【案件所属行业】 制造业

【案件特点】 本案为一起典型的账外经营、少缴税款案。

【案件来源】 公安部门转办

【基本案情】 某啤酒有限公司是一家注册资本仅300万元、年生产能力1万吨、在册职工平均人数仅有28人的啤酒生产公司，在2011—2014年4年间，账外经营，少缴增值税、消费税、企业所得税共计1223万余元。

【违法事实】 某啤酒有限责任公司通过账外经营，少缴税款共计1223万元。其中，应补缴增值税605万元，应补缴消费税560万元，应补缴企业所得税57.6万元。

【查办过程】 举报材料掀开偷税冰山一角。2015年1月，公安局移送资料中，举报人称该公司"涉嫌编制提供虚假财务报表、侵占国有资产、逃税等违法事实"，举报材料中该公司2011—2014年期间生产销售啤酒32000余吨，而申报的销售数量仅为1000余吨，如举报材料属实，则该公司申报的数量仅为实际销量的4%，可能存在重大税收违法嫌疑，核查举报材料的真实性成为重点。而该公司会计核算非常单一，每月仅以《酒类流通随附单》为依据确认收入，原材料购进情况基本未在账上进行体现，从其会计账上难以核查其实际的生产经营情况。故检查人员采用突击方式进行了实地检查，在其厂房内堆满杂物的一角发现其仓库保管室，获取了其产量记录，从而进行了两项比对：一是将举报材料与该公司库管资料进行比对，核查了其实际生产数量，印证了举报材料的真实性；二是将举报材料与该公司申报资料进行比对，印证了其隐瞒收入的事实。

外围取证锁定偷税证据链。由于举报材料是举报人提供的复印件，在前期公安机关与该公司的初步接触中，该公司称举报材料不是从其生产经营场所取得，拒不承认其真实性，更不提供原件，在纳税人不认可、又不能对复印件进行司法鉴定的情况下，如何获取证据成为难点。检查人员通过将大量的举报资料进行分类归集、统计分析，确定以外围核查的方式进行调查取证工作。①到经销商经营所在地外调，核实物流信息。举报资料详细记录了该公司销售啤酒的品种、数量、送货方式、时间、送货地点、驾驶员及经销商姓名、联系电话、运费金额等，报销单上更有该公司总经理柯某风、负责人陈某清、经办人及部分经销商和驾驶员签名，检查人员通过从举报资料中获取的经销商信息，采取逐一到经销商经营所在地外调的方式，足迹遍布Q州八个县（市）、L市各县以及Y、G等地，找到经销商核实、询问，得到了经销商签字认可的记载啤酒销售内容属实的复印件，并取得了一份购销合同及各经销商提供的啤酒购进单价，完成了物流方面的取证工作，为下一步数据测算提供了计算依据。②到各金融机构核实资金流。在对各地经销商进行外调后，检查人员利用经销商提供的货款汇款账号，到农商银行、工行、农行等金融机构进行取证，并利用金融机构提供的各县市行号代码到各地相关金融机构调查，取得了各地经销商汇货款到该公司总经理柯某风账户的汇款记录，进一步证实了举报资料反映的该公司啤酒销售业务的真实性。

铁的证据击溃心理防线。经过繁杂的比对、外调取证工作后，检查人员与该公司生产经营的负责人柯某风及相关人员进行正面接触，在对柯某风等进行询问调查中，一度遭遇抵触和否认，但在向他们出示了外调所取得的经销商签字认可资料、银行流水及传票、购销合同等后，在大量的证据面前，该公司人员不得不承认确实存在账外经营少缴增值税、消费税和企业所得税的税收违法行为。

【处理处罚结果】 根据《税收征收管理法》第63条，该公司账外经营，少计主营业务收入、少缴增值税、消费税、企业所得税的行为已构成偷税，追缴该公司账外查实部分应补缴的增值税605万元，消费税560万元，企业所得税57.7万元，并处少缴税款50%的罚款611万元，应补缴的税款、罚款共计1834万元。

根据《税收征收管理法》第32条、《税收征收管理法实施细则》第75条，对该公司应补缴的税款12227870.95元从滞纳税款之日起至实际缴纳税款之日止按日加收万分之五的滞纳金。

【问题分析及工作启示】 成因分析：一是主观上该公司利欲熏心，为了达到少缴税款的目的，内外账分别核算，造成了国家税收的流失。二是税源管理部门管理不到位，对企业的实际经营状况缺乏实时的跟踪管理，尤其对于规模小、纳税少的企业，更是凭经验办事，认为小船翻不起大浪，疏于管理，才让该公司有了可乘之机，为所欲为，大肆侵吞国家税款。三是在纳税人生产经营过程中，税收管理部门未实施以票控税，没有很好地运用这一管理手段。

工作启示：一是举报资料并非空穴来风。本案正是根据举报人提供的线索和资料展开调查取证，才查实了该公司偷税的违法事实。二是最简单的检查方法取得最理想的检查效果。在科技发达的今天，并非所有高科技的应用都能解决问题，有时最简单的办法反而是取得案件突破的主要方法。本案中，对于拿到手中的纳税人拒不认可又不能做司法鉴定的一大堆复印件，检查人员只能根据复印件中反映的信息，逐一开展了大量最原始的调查、询问、测算、印证等工作，从购买方取得了第一手最原始也是最直接的证据，迫使纳税人认可了复印件中记载内容的真实性，取得了案件的突破性进展。三是多方取证有助形成完整的证据链。本案正是通过对购买方、金融机构等的外调取证，从货物流到资金流，固定了证据，印证了账外资料的真实性，才使被查企业在事实面前不得不承认其违法行为。

（贵州省国家税务局稽查局供稿）

案例1－14
某矿业企业偷税案

【案件类别】 偷税案例

【案件所属行业】 采矿业

【案件特点】 本案中的纳税人利用设置“两套账”，虚开发票，进行偷税，该案的查处是税警联合办案的成功典范，同时也对新形势下的税务检查提出严峻挑战，为涉税违法案件的查处做了有益探索。

【案件来源】 公安部、税务总局交办

【基本案情】 某矿业开发有限公司成立于1997年12月31日，经营范围为建材销售（主要是原煤开采销售）。2008年11月1日起认定为增值税一般纳税人，主管税务机关为L县国税局，国税主管税种：增值税。所得税由L县地税局管理。经查，该企业自2010年1月—2014年9月，采取设立“两套账”、账外经营、发生经营业务而让他人代开增值税专用发票等手段隐匿销售收入；将自产货物无偿赠送他人，未视同销售反映销售收入。

【违法事实】 采取账外经营方式隐匿销售收入，少缴增值税146801025.08元。根据企业内部账套反映，2010—2014年9月企业累计实现主营业务收入1086822851.28元，企业已申报收入214835610.44元，少申报收入871987240.84元。应补缴增值税146801025.08元。

将自产货物无偿赠送他人，未视同销售，少缴增值税284084.79元。2010年1月至2014年1—9月，某企业过磅单反映，企业将自产褐煤补偿给煤矿周边村民，未视同销售反映销售收入1671087元，计提销项税额，应补缴增值税284084.79元。

【查办过程】 实施现场稽查，获取账外经营资料。检查人员通过对该企业账簿资料的检查，未发现明显的涉税问题，于是，检查人员及时调整工作思路，对该公司实施现场稽查。在现场稽查中，税务检查人员在公安经侦人员的配合下，在该公司副总办公室发现了两本收支簿及部分零散资料，根据收支簿及零散资料的记录内容，检查组认为该公司可能存在重大涉税问题，并对公司财务会计询问，会计承认公司设置“两套账”，进行账外经营隐匿销售收入，并提供了账外经营电子账套。

进行账务检查和外围调查，核实涉案企业少列收入的违法行为。根据获取的资料，专案组明确分工，一组负责相关数据统计、核实、汇总；另一组负责对购货单位进行调查核实，查找证据。

固定证据，查证涉案企业的违法行为。根据企业会计提供的账外经营资料，确认检查期间企业隐匿销售收入金额。根据过磅单记录，开展外围调查取证，进一步固定证据。

【处理处罚结果】 处理决定：根据上述违法事实，责令该公司限期补缴增值税 147085109.87 元，除限期补缴税款外，从滞纳税款之日起至缴纳税款之日止按日加收万分之五的税款滞纳金。

处罚决定：根据上述违法事实，对该企业账外经营隐瞒销售收入，除限期补缴税款外，处以所偷税款 50% 的罚款，罚款金额 73400512.54 元。

【问题分析及工作启示】 违法原因分析：按规定该公司每年的开采量为 30 万吨，超出则属于违法开采，要受到有关部门的严重处罚。企业为了逃避处罚，采取隐匿收入的手段，做两套账，即内账和外账。内账核算企业真实的开采销售情况，外账则将生产销售情况控制在 30 万吨以内。对超开采量销售部分，购货方需要增值税专用发票，该企业就另找企业帮助代开，从而构成让他人为自己虚开增值税专用发票的违法行为。

作案手段分析：主要是采取两套账的方式，即内账和外账，内账核算企业真实的开采销售情况，外账则将生产销售情况控制在 30 万吨以内。该企业（销货方）向购货方（A 国电企业）销售煤，找开票方（B 矿产品经营部等企业），三家共同商议开票事宜。由销货方销售煤给购货方，增值税专用发票由开票方开具，货物购销合同由购货方与开票方签订。资金流向：由购货方将货款付至开票方，开票方收到货款后扣除税金（17%）、开票费（3.5 元/吨），剩下的余额再汇至销货方。

工作启示：一是领导高度重视。该案是公安部、税务总局交办案件。公安部、税务总局和省国税局专门召开专题会议部署案件检查工作。Q 市国税局领导高度重视，专题研究部署，并由市局稽查局领导和公安经侦部门领导担任专案组组长指挥案件查处，税务稽查人员和公安经侦人员积极配合、通力协作，为案件的成功查办提供了有力的保障。二是措施得力，方法有效。检查前制定了确实有效的行动方案，根据该公司办公地与生产经营地均在矿区特点，税务稽查人员和公安经侦人员分组分块，在不同环节、不同部门进行现场稽查，搜集证据，获取了第一手资料，为该案的成功告破奠定了坚实的基础。三是税警联合办案。从该案的查办中，不难发现仅仅依靠税务机关的行政执法手段难以获取企业账外经营账簿资料，强化税警协作，有效利用公安机关的刑侦手段是提高账外经营案件查处效率的有效途径，随着公安派驻税务联络机制的建立，税务与公安经侦部门的密切协作，将对税务稽查依法行政起到强有力的推动作用。

（云南省国家税务局稽查局供稿）

案例 1－15
某建设工程有限公司偷税案

【案件类别】 偷税案例

【案件所属行业】 建筑业

【案件特点】 鉴于本案的工作量巨大，案情复杂，检查组首先通过 CTAIS 征管信息系统核查被查单位的基础信息及纳税申报信息，以从中发现疑点，锁定疑点；其次对被查企业应税收入进行全面检查，在 S 省地税局，X 市地税局通力合作下，经地税建筑行业“非管户代开”发票系统查询确定，落实被查单位在检查期间的收入，使案件得以突破，同时适用书证、人证等形式予以确认，最终查实被查单位隐匿营业收入，偷逃企业所得税的违法事实。其办案思路、检查方法对该行业税收征管质量的提高起到了积极作用，同时对国地税信息资源共享联合检查也具有一定的启示。

【案件来源】 上级交办

【基本案情】 该公司成立于 2009 年 5 月，注册资金 1 亿元，主要从事河道治理、河道沿岸道路建设及绿化业务，主营业务缴纳营业税，属增值税小规模纳税人，截至检查期间无增值税业务发生。企业所得税征收方式为核定应税所得率征收，自该公司成立起，被主管税务机关核定应税所得率为 10%。

【查办过程】 案头分析。局领导对此交办案件高度重视，立即成立了以副局长为组长的检查组，检查组首先从 CTAIS 征管信息系统中调取该公司税务登记表，纳税申报明细表及企业所得税纳税申报情况，了解到该单位自 2009 年 5 月成立至 2016 年 3 月，企业所得税应纳税额共计申报 1514000 元，经分析，检查小组认为，该企业注册资金 1 亿元，近 6 年企业所得税申报表反映应纳税额为合计 1514000 万元，存在申报收入超低的嫌疑，由于该企业企业所得税征收方式为核定应纳税所得率征收，查实该单位经营收入无疑是该案突破的关键，同时结合建筑施工企业的行业特点进行分析研究，做好查前案头准备工作，制定详细、针对性的检查预案。

实地调查。该单位实行计算机做账，检查组进入该单位检查时，发现该公司已通过计算机软件将主要财务信息作了删除处理，检查人员几经努力，无法恢复到删除前财务核算的客观原貌，检查组立即对财务负责人进行询问并制作询问笔录。通过询问了解到，在检查人员进入该单位的前几天，在该单位法人的授权下，财务人员删除了财务信息，并补交了 1046 万元的企业所得税。同时得知，该公司的财务核算只包括公司总部的经济活动状况，而该公司的主要业务均在各项目部，项目部主要分布在 X 市周边县、区及 S 省各地市。根据上述情况，检查组立刻向该单位下发了《责令限期改正通知书》的法律文书，要求该公司尽快提供所有项目部的账簿、凭证、施工合同、银行结算凭证等资料。检查小组还根据建筑施工单位营业税在施工地所属税务机关缴纳的规定，要求该单位提供营业税缴纳凭证，为查实该企业的建筑施工收入做准备。

由于该企业管理混乱，财务人员、施工项目部管理人员几经换人与调整，施工项目多，加之此次检查涉税期限长达 6 年，因此该单位不能提供完整客观的涉税资料。针对上述出现的情况，检查组研究决定，采取以下措施，尽快查清该单位的营业收入。一是对该企业已提供的建筑施工合同、完工进度表、银行结算单证、完税凭证等资料，逐项目、逐笔核对，力求从中找出疑点，寻找端倪，实现突破。二是通过 S 省地税局、X 市地税局“非管户代开”发票系统调取，查询该企业自 2009 年 5 月—2016 年 3 月底，通过该系统代开的建筑施工发票信息。三是到建筑施工合同注明的甲方单位，了解合同、资金等的履行情况。

检查组采取以上措施，收到了一定的实效，首先，通过 S 省地税局、X 市地税局“非管户代开”发票系统获取该单位自 2009 年 5 月—2016 年 3 月通过此系统代开建筑施工发票 170 套，开票金额 1094775000 元的证据，在地税部门的协助下，该案的检查终于有了重大突破。检查组对“非管户代开”发票的付款方及银行结算单据证进行了调查取证，以完整证据链和固定取证证据。第二，依据“非管户代开”发票所注明的付款方单位名，按图索骥，查找到付款方单位，使其通过检查组提供的施工合同的项目名称，付款单位等信息，很快提供了部分缺失的建筑施工合同。

【违法事实】 2009 年度该公司通过非管户代开方式开具发票 8 份，隐匿应税收入 5934529.24 元，逃避缴纳企业所得税 148363.23 元。2010 年度通过非管户代开方式开具发票 10 份，隐匿应税收入 16530000 元，逃避缴纳企业所得税 413250 元。2011 年度通过非管户代开方式开具发票 10 份，隐匿应税收入 21128000 元，逃避缴纳企业所得税 528200 元。2012 年度通过非管户代开和网票自开方式累计对外开具发票 18 份，隐匿应税收入 109473025.56 元，应缴纳企业所得税 2704482.70 元。2013 年度通过非管户代开方式开具发票 22 份，隐匿应税收入 134169022.79 元，应缴纳企业所得税 3348889.12 元。2014 年度通过非管户代开和网票自开方式累计对外开具发票 23 份，隐匿应税收入 135705237.04 元，逃避缴纳企业所得税 3165698.81 元。2015 年度通过非管户代开和网票自开方式累计对外开具发票 47 份，隐匿应税收入 288479817.14 元，应缴纳企业所得税 7211995.43 元，2015 年多申报缴纳企业所得税 3353412.99 元，故本年不交税款。2016 年 1 月—2016 年 3 月 23 日期间通过非管户代开方式累计对外开具发票 39 份，开票金额合计 383362494.35 元，隐匿应税收入 383362494.35 元，2016 年 1 季度该公司应申报缴纳企业所得税 6220649.37 元。

【作案手段】 企业所得税申报资料上的应纳税所得额只反映该单位自行开具的发票收入，而主要通过“非管户代开”发票的收入财务账务上未作任何处理，企业所得税申报资料中也未作任何反映和处理。

【处理处罚结果】 根据《企业所得税法实施条例》第 14 条，《企业所得税核定征收办法》（国税发〔2008〕30 号）第 6 条，《陕西省国税局、陕西省地税局关于发布〈企业所得税核定征收管理办法（试行）〉的公告》第 5 条、第 6 条的规定，经计算，对该单位上述企业所得税方面的隐匿收入，偷逃企业所得税 16529533 元，予以补缴。

根据《税收征收管理法》第51条的规定，2015年度企业多申报缴纳的企业所得税3353412.99元，应在2016年度应补缴企业所得税中抵减。上述该企业应补缴企业所得税16529533元，系已抵减2015年多申报缴纳的企业所得税3353412元后，实际应补缴的企业所得税税款。

根据《税收征收管理法》第32条的规定，对该公司2009—2014年应补缴的企业所得税10308883元按日加收万分之五的滞纳金。

根据《税收征收管理法》第63条的规定，对该公司2009—2014年的违法事实处以一倍罚款，即罚款10308883元。

经计算，该公司隐匿收入，偷逃的企业所得税16529533元，罚款10308883元，滞纳金4681515元已于2016年7月13日执行完毕。

【问题分析及工作启示】　成因分析。通过该案的成功查处，反映出部分建筑施工企业纳税遵从现状不容乐观，令人担忧。通过该公司的财务核算，可见此行业普遍存在内部管理混乱，财务人员频繁变动的问题。主观上，企业因事关自身利益，为了追求最大利益，隐匿收入，形成偷逃税款的事项。客观上，由于建筑施工企业在施工地缴纳流转税，加大了公司注册地与施工所在地税务机关在监管方面的难度。

工作建议：一是要继续加大税法的宣传力度，增强企业的纳税遵从度和直觉性。特别是企业法人要懂法、知法与守法。二是日常税收管理要及时到位。应及时了解和掌握企业的经营及纳税申报异常情况，以及时发现疑点，对纳税人建立涉税信息的动态管理、监控机制，发现问题，及时予以检查落实，提高日常管理的针对性与实效性。三是扩大国税、地税联合办案的试点，互通信息，资源共享，提高办事的效率和办案质量。本案的成功查处充分印证了国税、地税信息资料共享，相互协作的重要性。四是国税、地税稽查部门要广泛采取信息化稽查手段，综合采取国税、地税联合团队化稽查、项目化稽查、交叉检查等多种组织形式，确保检查取得实效，达到检查的质量与效能显著提高的目标。

（陕西省国家税务局稽查局供稿）

案例1－16
某公司非法制造假发票案

【案件类别】　偷税案例

【案件所属行业】　建筑业

【案件特点】　以“洗票”手段非法制造的假发票

【案件来源】　征管移送

【基本案情】　2015年7月中旬，某公司对取得的一张面值210万元的建筑业特种代开发票请求地税局鉴定真伪。经X市C区地税局工作人员鉴定和查询，发现与原票金额不符，属于伪造“套开”发票。经过对持票人的质询，该持票人供认该票是以5.04万元人民币的价格从他人手中购得。得此重要线索后，X市C区地税局工作人员对持票人进行了耐心细致地说服教育。在该持票人的配合下，成功将两名出售假发票的犯罪嫌疑人抓获并移交派出所。经警方审讯，犯罪嫌疑人供认出在C区地税局一次性开具了7份面额600元的劳务费发票，其中一张发票被藏身于幕后的犯罪嫌疑人贺某和储某以“洗票”方法，篡改为面额210万元的建筑业特种代开发票。公安机关当即立案，对犯罪嫌疑人进行抓捕。

【查办过程】　经X市C区公安经侦大队侦查发现，犯罪嫌疑人储某已潜逃到非洲某国一处中国工地打工，并且储某也被列为Q省公安机关开展“猎狐”行动中缉捕在逃的境外经济犯罪嫌疑人之一。2016年3月16日，储某被抓捕回国，犯罪嫌疑人只供认涉案金额210万元的假发票，对另外六张发票的去向拒不交代。X市C区地税局重新梳理案件，寻找蛛丝马迹。后通过“缴税刷卡”这条线索，在银行工作人员的协助下，查到了犯罪嫌疑人所使用银行卡的刷卡明细。围绕银行卡刷卡时间，检查人员又从办税大厅监控中，截取了开票人的面部图像。为此稽查局及时布控，并安排检查人员蹲守，功夫不负有心人，2016年4月28日，一举将再次前来开票的嫌疑人控制，并移交C区经侦大队。经公安机关突击审讯，当日下午，C区地税局工作人员协同民警又陆续抓获两名犯罪嫌疑人。23时，又在X市某招待所门前将何某某及其他两名同伙抓获，并一举捣毁这一制假团伙的地下“发票制造工厂”，查获伪造发票3000余份、伪造的涉及全省各级地税机关的填票专用章和代开发票专用章以及各类企业公章210枚，现场还查获数台制假造假所用的台式电脑、打印机等设备。案件侦破后，Q省地税局稽查局第一稽查分局抽调各区地税局工作人员成立专案组，在全省范围内辗转2000多公里并远赴C市对涉及此案的假发票进行检查处理。从Q省各地及C市调取假发票200余份，涉及企业57户，已对30户企业进行了处理。这些单位获取的发票，经鉴定均为以“洗票”手段非法制造的假发票。

【处理处罚结果】 对涉案纳税人购买非法制造的发票行为查补税款1538671元，并处罚款578297元。

【问题分析和启示】 一是打击假发票“买方市场”专项整治工作应常抓不懈。纳税人正确使用真实、有效的发票，有利于防止国家税款流失，营造良好的税收环境。对假发票“买方市场”的打击要持之以恒，从源头上遏制假发票的需求，规范发票使用，促进发票管理工作良好发展。二是进一步加强发票知识宣传，提高纳税人依法诚信纳税意识和辨别发票真伪水平。在检查中，检查人员遇到许多纳税人由于缺乏发票基本鉴别知识，而无法及时识别发票的真伪，给企业带来不必要的损失。面对发票制假手段的不断翻新，税务机关要进一步加强发票防伪知识的宣传教育，引导纳税人使用真实、有效的发票，提高纳税遵从度，逐步形成全社会共同抵制假发票的良好氛围。三是与相关部门加强合作和信息共享。税务机关稽查部门要不断加强与国税、公安等相关部门的联系、协作，对假发票采取露头就打的方针，绝不姑息迁就。要加强地区间、部门间的相互联系、沟通交流，互通情报和信息资料，加大对来源于外地的假发票的打击力度，以便从源头上杜绝假发票违法犯罪活动的滋生和蔓延。

（青海省地方税务局稽查局供稿）

案例1－17
某大宗商品交易中心有限公司偷税案

【案件类别】 偷税案例

【案件所属行业】 信息传输、软件和信息技术服务业

【案件特点】 伴随着网络和大数据时代的推进，衍生出大宗商品交易中心这类新型产业。此类中心提供网络交易平台，寻找其合作伙伴将各类商品在该交易中心进行贸易，合作伙伴即为交易中心的会员单位，会员单位发展客户在中心提供的网络平台上进行商品买卖，中心和会员单位按照一定的比例收取客户的手续费从而获取收益。在商品交易过程中，客户不提取现货，可以在平台上买入卖出，获得差价。

【案件来源】 举报案件

【基本案情】 某大宗商品交易中心有限公司成立于2013年6月，经济类型为其他有限责任公司；经营范围为大宗商品的电子交易平台服务（不含期货）；大宗项目投资咨询服务；矿产品、金属材料制品、原油、钢材、化工产品、农副产品的现货收购销售及相关配套服务等；主要涉及缴纳的地方各税（费）种有营业税、城市维护建设税、教育费附加、地方教育附加、水利建设基金、印花税、个人所得税；企业所得税在国税局申报缴纳。该大宗商品交易中心有限公司是由省级人民政府批准成立的一家大宗商品交易中心，该公司作为大宗商品交易的平台机构，与具有商品经营资质的企业签订合作协议，授权其为该公司的会员单位。各会员单位在该公司的授权范围内开发市场客户，与机构或个人投资者签订入市协议，为广大投资者提供交易平台。客户办理完成开户手续后，系统根据客户买卖的品种、金额、数量冻结相应金额的保证金并收取相应的手续费，冻结的保证金部分在客户完成现货交割或仓单转让后即予解冻归还至交易商账户，手续费则作为该公司和会员单位的收益划转。

2016年7月，稽查局接到纳税人举报，要求

对该公司收入的涉税情况进行检查。检查小组于2016年7月19日—8月25日依法对该公司2013年6月1日—2015年12月31日的纳税情况进行检查。

【违法事实】 该公司通过故意隐匿收入的手段偷逃税款。

【检查过程】 一是开展案头分析，制定实施方案。由于该类企业属于新型产业，没有经验可借鉴，检查人员只能先通过征管系统了解该公司的申报入库情况，并掌握该公司的业务内容。取得征管信息后，确定审查企业的对象，审核收入是否完整。经过分析整理后按照《税收征收管理法》的相关规定，确定是否存在税收违法行为。对达到构成刑事犯罪规定标准的案件，移送司法机关处理。二是多方外围调查取证，具体实施检查。该公司的主营业务收入主要分为软件服务费收入和手续费收入，软件服务费收入缴纳增值税，手续费收入缴纳营业税。经检查发现，该公司的手续费收入主要是提供的大宗商品电商交易平台所产生的收入，也就是说只要在交易软件平台上有买进卖出业务发生，该公司就会按照交易金额的一定比例获得手续费收入。通过调取该公司银行的监管交易账户明细，发现该公司从2014年开始发生交易，到2016年2月底停止交易。而该公司2014年并未结转收入。

按照这个线索，检查组要求企业提供具体的交易信息和手续费收入明细等原始资料，企业声称交易储存器（磁盘阵列）已损坏，电子和纸质资料均无法提供。随后检查人员又联系该软件的供应商进行调查，由于供应商在H省，检查人员向H省主管税务机关发出协查函，经当地税务机关调查，该供应商只提供软件，并不保存任何原始交易数据。

在软件信息调取无任何结果的情况下，检查人员又让财务人员提供与其会员单位的全部合同台账，经过仔细核对发现，该公司银行的监管交易账户明细从2014年开始发生交易，到2016年2月底停止交易。该公司2015年账面记载手续费收入5743000元，2016年银行监管账户余额记载手续费收入9483454.75元，账面记载收入共计15226454.75元。通过对该公司提供的会员报表检查发现企业手续费收入19772663元，共少计收入4546208.27元。按照每年发生的管理费用配比原则确认，最终检查确认2014年少计营业收入1136552.07元，2015年少计营业收入3409656.20元。

【处理处罚结果】 根据《营业税暂行条例》第1、2、3、4条的规定，该公司应补缴2013—2015年度的营业税227310.41元。根据《城市维护建设税暂行条例》第1、2、3、4条的规定，该公司应补缴2013—2015年度的城市维护建设税115911.73元。根据国务院《征收教育费附加的暂行规定》第2、3、4条的规定，该公司应补缴2013—2015年度的教育费附加6819.31元。根据《N地方教育费征收使用管理办法》第2、3、4条的规定，该公司应补缴2013—2015年度的地方教育附加4546.21元。根据《N水利建设基金征收管理办法》第2、3、4条的规定，该公司应补缴2013—2015年度的水利建设基金5181.96元。根据《税收征收管理法》第63条第1款规定，对该公司2013—2015年度补缴的营业税227310.41元，城市维护建设税15911.73元，处以1倍的罚款，罚款金额243222.14元。

根据《税收征收管理法》第32条的规定，对补缴的税款，从滞纳之日起至实际征收入库日止，按日加收滞纳税款万分之五的滞纳金。

【问题分析及工作启示】 随着大数据时代的到来，出现了很多新型经济体，与传统企业相比较而言，新经济体的管理难度较大。所以平时的征管管理就变得很重要，有些企业的涉税数据信息是需要在平时的征管工作当中去获得和固定的。

在检查这些类型的企业过程中需要借助更多的科技手段，由于交易平台置于网络中，工作重点就是要管理好数据的源头。平时对服务器数据进行备份就是很重要的管理手段之一，避免数据丢失后，检查工作处于被动局面。在外围调查取证的过程中，也需要加强多部门的配合，使证据互相印证，从而取得有效的数据证据。

（宁夏回族自治区地方税务局稽查局供稿）

案例 1－18
“10·30” 特大虚开增值税专用发票案

【案件类别】 偷税案例

【案件所属行业】 批发和零售业

【案件特点】 涉案金额大、税额高。与全国各地查处的“黄金票”案相比更为成功，体现在：主要犯罪嫌疑人被抓；犯罪团伙成员全部落网；查处时间短。厘清了“黄金票案”实施的“票货分离”“套取发票”“分销黄金”“配单配票”“变造虚开”“层层洗票”“资金空转”等一系列作案手法。其检查方法与经验有效助推了全国打击“黄金票”虚开专项行动的开展。

【案件来源】 协查案件

【基本案情】 2015 年 10 月 30 日，H 省 X 市国税局稽查局派员到 N 市国税局稽查局，要求实地协查 N 市企业开具给 H 省 X 地区的黄金增值税专用发票的业务情况，共涉及 B 珠宝有限公司、J 贵金属材料有限公司、H 贵金属材料有限公司、F 珠宝有限公司、D 贵金属材料有限公司、Y 贵金属材料有限公司、R 珠宝有限公司、HR 珠宝首饰有限公司、S 珠宝有限公司共计 9 家公司，发票份数近 4000 份，金额高达数十亿元。

由于协查税额巨大，N 市国税局稽查局局领导对此高度重视，为确认事实真伪，专门派员陪同 X 市国税局稽查局同志一起实地协查，调查发现 H 贵金属材料有限公司、J 贵金属材料有限公司和 D 贵金属材料有限公司三家企业已注销税务登记，Y 金属材料有限公司正在办理清算手续，其余五家企业虽然登记显示正常经营，但已无法联系上实际经营者。鉴于案情严重，N 市国税局稽查局一方面马上向市局领导汇报案情，另一方面和公安部门协商后决定成立 N 市国税局、N 市公安局“10·30”案件联合工作领导小组，并下设联合专案组，汇集税警双方各部门精兵强将联合侦办此案。

【违法事实】 根据嫌疑人交待，最终查实该案情况：朱某良伙同王某虎、李某超、曹某等人以非法牟取利益为目的，由犯罪嫌疑人王某虎负责在 N 市注册成立 10 家空壳公司，通过犯罪嫌疑人李某超、曹某（会员单位经理）的关系在 S 市通过会员单位申请成为有资质从事黄金交易业务的 SH 黄金交易所的代理客户，以购买黄金为名从 SH 黄金交易所、X 市 L 珠宝有限公司、SH Q 投资管理有限公司、SZ 市 D 黄金文化发展有限公司、Y 市 Z 实业有限公司等多家公司取得对应的进项增值税专用发票 1316 份，抵扣进项税额 1184876257.82 元，价税合计 8154736596.67 元。购得的黄金被犯罪嫌疑人在 S 市 S 珠宝市场进行低价交割销售，而取得的进项增值税专用发票在没有真实货物交易的情况下，被犯罪嫌疑人大肆虚开给 B 市、J 省、H 省、S 省等 16 个省、市的 170 家企业，共计虚开增值税专用发票 7492 份，开票金额 6981496271.75 元，税额 1186854362.03 元，税价合计 8168350633.78 元。

【查办过程】 检查人员通过 CTAIS 对企业相关信息查询及纳税申报等数据分析汇总，发现 9 家企业存在如下特征：（1）企业成立时间短。6 家企业注册成立于 2013 年 4 月—2015 年 3 月；3 家企业虽注册成立于 2010 年 2 月—2012 年 4 月，但企业名称、法定代表人均在后期进行过变更。（2）企业法定代表人身份显示均为外省市人员，但身份信息冒名的可能性较大。（3）发票开具时间集中，平时基本处于零申报状态，发票开具时间集中于 2015 年 4—9 月。（4）进、销项发票开具金额大。截至 2015 年 9 月，9 家企业取得增值税进项发票 1074 份，价税合计 71.49 亿元，抵扣进项税额 10.39 亿元，销货单位主要为 S 黄金交易所；开具增值税专用发票 6583 份，价税合计 71.60 亿元，销项税额 10.40 亿元，其中开具给 H 省 X 地区发票 3952 份，价税合计 45.60 亿元，销项税额 6.63 亿元。（5）税负率低，9 家企业实际增值税税负率均为 0.03%。（6）开票时间与两部局下发的疑点企业数据不在同一时间段。两部局下发数据时间截至 2015 年 1 月，而上述 9 户企业的发票开具时间恰巧发生在 2015 年 1 月之后。上述数据显示 9 家企业存在严重的虚开黄金增值税专用发票嫌疑。另外，检察人员从代理涉案企业的税务师事务所的走访了解及 CTAIS 数据分析发现，W 珠宝有限公司也存在与上述9家企业类似的特征，该公司2013年10月注册成立。该公司同样由K商务秘书有限公司代理记账及申报纳税，发票由Z税务师事务所代理开票。目前该公司已走逃，开票数量金额同样巨大，也具有重大虚开嫌疑。

由于涉案企业人员走逃，相关信息无法掌握，专案组研究决定首先从企业资金流入手，对9家企业的资金流向进行排查，通过银行查询相关企业的账户情况，根据账户资金流向，顺藤摸瓜，逐级排查，找出最终的资金控制人，确定犯罪嫌疑人身份。其次，从发票开具的源头入手，根据9家企业主要从SH黄金交易所取得发票的情况，赴SH黄金交易所协查黄金交易所将发票开具给9家企业的情况，确定上海黄金交易是否留有企业相关信息等线索，以备待查。最后，为防范税款进一步流失的风险，立即召集各区管理局作情况通报。相关管理部门根据市稽查局的情况通报，已经停止5家企业的发售发票等工作，并已采取措施做好后续监控工作。同时，紧密保持与H省X市国税局稽查局的沟通，互通情报，同步推进案件侦破。

根据实施预案，专案组先从资金流入手，调取、整理相关企业的银行账户，梳理完整的进项资金流向，将N市涉案企业的所有资金账户中的购进资金和发票资金整理出明显的流转线索。与此同时，专案组对10家企业会计记账情况进行调查，调查发现J、H、D 3家已经注销无法核实是哪家记账单位，S、F、HR、B、Y、R、W 7家企业均由K会计服务有限公司（K商务秘书有限公司）代理记账及申报纳税，上述公司发票由Z税务师事务所代理开票，且该7家企业均由同一人（自称姓胡）办理记账相关手续。而胡某身份因缺乏详细资料而无法锁定。

专案组经多次分析讨论最终决定：兵分三路进行外调。

一组赴SH黄金交易所：专案组人员从SH黄金交易所了解到该所是国内唯一合法从事黄金交易的国家级市场，实行会员制组织形式，只有金交所会员可以直接在交易所交易，其他投资人必须通过指定的代理会员完成交易。客户单位提取黄金时需要会员单位提货单、出库单、提货密码、USB-KEY、提货人身份证件、会员单位相关人员等几个要素齐备，才能从金库中提取黄金。调查的N市9家企业均非会员，而是会员的客户单位，其取得的黄金交易所发票涉及S市S首饰有限公司和S市C金业有限公司两家黄金交易所会员。经多次与该所沟通，争取到该所的配合，经档案翻阅，有关证据固定等大量工作，从中取得了重要证据：专案组人员从S黄金交易所零星提货记录的手工登记本中，发现王某虎的签名，并锁定该嫌疑人的身份信息。

二组多次赴S市调查S市S首饰有限公司和S市C金业有限公司两家黄金交易所会员代理情况及相应的资金流和提取黄金情况，并查找实际购买黄金的人员，S市S首饰有限公司分别代理N市B、J、H、D、Y、R 6家企业。S市C金业有限公司分别代理N市B、R、F、HR、S 5家企业。数据显示：自2015年6月1日—9月10日，两家会员共发生200笔黄金提取业务，提取黄金22270kg，提货仓库均在S市各大银行金库，主要涉及曹某春等10个提货人，提货人与9家企业存在交叉提货的特点，往往一个提货人涉及几家企业。并最终锁定犯罪嫌疑人李某超、曹某的身份信息。

三组多次赴H省、J省等地和当地的国税、公安部门加强沟通，核实发票下游企业情况，并确认下游企业大部分企业存在“变票”行为。

三组人员同时查询各处涉户银行，分析资金流向，锁定目标嫌疑人员。

该案全面收网工作：“10·30”专案组在前期细致排查的基础上，使得锁定的相关涉案嫌疑人员曹某、王某虎、李某超和朱某良（刑拘在逃）浮出了水面，并开始进行网上抓捕，其中曹某于2016年5月通过S市警方抓捕归案，王某虎和李某某于2016年7月分别通过Z省J市和G市警方抓捕归案。几名提货人也陆续投案自首。至此该案全面获得全面侦破，圆满收网。

【处理处罚结果】　根据2010年12月20日起实施的《发票管理办法》第41条的规定，对上述10家企业虚开造成其他单位偷税的，处以0.8倍的罚款。

【问题分析及工作启示】　一是深挖协查案件线索。对待协查函、协查件，结合实际情况，对有疑点的企业进项全面、深入的检查，透过现象看本质，从看似正常的业务中发现疑点。二是加强发票的监管和检查。要加强对发票使用情况的日常检查，对和实际经营不相符的发票要引起重视，发现问题及时处理，将违法行为置于监管之下，防止重大违法行为的发生。

（宁波市国家税务局稽查局供稿）

案例 1－19
某培训中心偷税案

【案件类别】 偷税案例

【案件所属行业】 教育

【案件特点】 做好查前预案和有效突击检查对本案的检查至关重要。查前掌握该单位的上班时间表，避免了盲目突击检查可能造成的有效证据流失。根据现场情况对突击小组做出适当的分工，对现场取得的重要证据当场进行盖章和确认。通过与被查对象进行有效沟通，最后以书面陈述的形式对收入进行确认，为案件的查处和定性提供了有力的证据。

【案件来源】 举报案件

【基本案情】 该单位系民办非企业单位，经营范围为英语培训，税收采用查账征收方式，企业所得税由地税管征。

经查：该单位主要从事英语培训业务，收取的培训费没有全部申报缴纳营业税及附加，账上少列收入，存在主观故意，造成偷税；财务核算较为混乱，成本费用残缺不全，实际缴纳的稽查所属期企业所得税为零；实际工资表与账上的工资不符，少代扣代缴个人所得税。

【违法事实】 经检查，发现该单位 2012 年、2013 年、2014 年 1—8 月账上收入均远低于同期业绩表中的经营收入扣除退费后的计税营业额，造成营业税及城市维护建设税偷税；部分成本费用没有取得合法有效票据、导致没有入账，且账上列支的员工工资不实、实际发生额大于账上的金额（存在“工资薪金所得”个人所得税申报不实、少代扣代缴个人所得税的问题），财务核算较为混乱，鉴于该单位的成本费用残缺不全、难以查账，故对企业所得税及股息、红利所得个人所得税采用核定征收。

【查办过程】 查前预案。该案件为举报案件，稽查人员接到案件后，认真准备，制作了较为详细的《稽查预案书》：掌握待查对象的基本信息。该单位属于教育培训业，经营范围是英语培训，培训的对象基本是小学生和中学生。从培训行业的特点看，服务对象大多是个人，一般会存在个人不要求开具发票的情况；从举报人提供的材料看，该单位每个月的收入金额从几万元到几十万元不等，而其申报记录上体现基本上每个月的计税营业额仅为几万元，存在较大的出入。根据行业特点和疑点分析，确定检查重点。由于举报人提供的材料只有 2012 年 5 月—2014 年 9 月的业绩明细表，没有其他佐证，稽查人员计划通过第三方取证和现场突击检查等手段获取有关收入的证据，以便对该单位的收入进一步核实和确认，这也是本案的关键点所在。

实地检查。通过对本案的案情分析及可能存在的问题，拟定采用现场突击检查的方式，并做了人员安排。为了确保突击检查的成效，稽查人员以报名培训为由事先通过匿名的方式拨打该单位电话进行咨询，对该单位的培训对象、学生规模、上课时间等情况有所了解，其中对上课时间的掌握为突击检查提供了重要信息，因为该单位周一白天没有营业，周二到周五的上午没有安排上课，只有值班人员在岗。如果事先没有了解该单位的上班时间表就贸然进行实地检查，可能暴露检查信息而无法取得有价值的证据资料。2014 年 10 月 23 日稽查局组织稽查人员对该单位的经营场所进行突击检查。在突击检查中，做好分工协调工作，根据现场情况分成三组：第一组对财务室的电脑数据进行检查，第二组对负责人的办公室进行检查，第三组对顾客报名处进行检查。在检查该单位负责人的办公室电脑时，发现了一份与举报材料完全一致的 2012 年 5 月—2014 年 9 月的业绩明细表，稽查人员立即在现场打印并要求负责人盖章确认，为后续的进一步取证打下基础，同时搜集了部分培训合同。由于该单位的财务核算由中介机构代理，稽查人员当天及时采集了电子财务数据。

第三方取证。稽查人员在比对账上收入与业绩明细表时发现两者存在较大出入。业绩表中内容含姓名、金额和报名时间等栏目，根据经验判断应该是该单位的实际营业收入，但是仅仅凭这份证据无法确认为该单位的收入。为了进一步佐证该单位的业绩表，检查人员通过第三方调取了该单位的 POS 机刷卡记录。通过核对刷卡记录和业绩表，稽查人员发现两者的数据不一致，有的月份前者合计金额大、有的月份后者合计金额大，面对这样的情况，采用哪个金额作为最后定案的营业收入成了一个难题。

有效约谈。由于刷卡记录和业绩表的金额不一致，导致无论采用哪个作为确认收入的依据，最后都是孤证，没有相关的佐证。为了进一步核实收入，稽查人员对企业的负责人进行约谈。在约谈过程中，检查人员一开始并没有指出该单位故意在账上少列收入、少缴税费的情况，而是倾听该负责人陈述经营过程中的困难，随后告诉他如果在经营中出现客户退费的情况可以扣减当期的营业额，并告知可以提供相关的退费资料。经过多次沟通，与该单位建立互信，让其放下抵触情绪，最后该单位另外补充提供出 2012 年 1—4 月的业绩明细表，并出具对 2012 年 1 月—2014 年 8 月的收入进行确认的书面说明，为收入的确认提供了有力的佐证。

【处理处罚结果】　根据《营业税暂行条例》的规定查补营业税 11.30 万元并查补相应附加税费，根据《企业所得税法》及《企业所得税法实施条例》的规定查补企业所得税 17.65 万元，税（费）合计 30.31 万元，根据《个人所得税法》《国家税务总局关于贯彻〈中华人民共和国税收征收管理法〉及其实施细则若干具体问题的通知》（国税发〔2003〕47 号）的规定责成该单位补缴代扣代缴个人所得税 6.32 万元；加收滞纳金 3.54 万元，处罚款 31.78 万元（其中：对该单位少缴营业税及城市维护建设税的行为、少缴账上少列收入核定出的企业所得税的行为定性为偷税，根据《税收征收管理法》第 63 条第 1 款的规定进行处罚），总计 71.96 万元。

【问题分析及工作启示】　案件启示。采用突击检查方式事先应做好充分的稽查预案，特别是举报案件，做好预案更是整个案件查处的重要环节，正所谓“磨刀不误砍柴工”。结合本案，对突击检查有关事项可总结出三点：一是在突击检查前应充分掌握被查对象的各方面信息，包括了解其实际生产经营场所、财务业务等管理部门和相关主管人员的办公地址（场所），上下班时间等。必要时应进行查前实地非公开调查，事先进行踩点或匿名电话访问都是一种方法，关键是不能让对方察觉到是税务局的人员，避免“打草惊蛇”。二是检查人员应做好检查设备、税务文书准备。准备好手提电脑、移动硬盘（U 盘）、执法记录仪等认为必要的设备；准备好《税务检查通知书》及《送达回证》《询问笔录》《调取账簿资料通知书》及《调取账簿资料清单》《提取证据专用收据》《现场笔录》等必要的文书或格式文书。有的文书不一定用得上，但是一旦进入现场，突发的情况难以预料，所以要本着有备无患的精神，准备好充分的材料。三是对关键的证据尽量在现场进行确认。由于突击检查对被查对象是突发的，被查对象没有任何的心理准备，这个时候检查人员要求被查对象对有关材料或数据进行确认相对比较容易，其防范心理较弱，所以能现场确认的就尽量在现场进行确认，这样会大大加快后续的办案进度。

征管建议。随着教育培训市场的蓬勃发展，形式多样的培训机构不断发展壮大。由于该行业面对的客户大多是个人，客户不要求开票或纳税人不主动给客户开票的情况较为普遍，故建议管征局多角度多手段监控教育培训业税源：一是通过了解纳税人经营场所规模和学生规模，大致掌握总体培训情况，以避免实际经营收入与申报纳税收入出现较大出入而没有察觉的情况。二是实时监控纳税人的开票情况，对于开票金额与实际明显不符的可以进行纳税评估。三是通过第三方调取纳税人的收入情况，或者突击检査纳税人经营场所。四是管征局可以在必要的时候采取有效手段。培训企业一般都有安装终端 POS（银联刷卡机），可以调取 POS 机的记录，与培训系统和银行日记账进行相互印证比对。

（厦门市地方税务局稽查局供稿）

二、少缴税款案例

案例2－1
某房地产开发有限公司少缴税款案

【案件类别】 少缴税款案例

【案件所属行业】 房地产业

【案件特点】 该案两大亮点：一是案源选得准，紧紧抓住了是否按期竣工决算的核心点进行筛查、选案；二是检查做得细，成本、费用全面审核，基本上是给企业重新做了一遍竣工决算，而且严谨规范，无可挑剔。选案与检查落实两者完美结合，成就了亿元税款入库。该案的另一成果，是借税务稽查工作纠正企业以往对税法规定的错误理解，一定程度上提高了纳税遵从度。该案紧紧抓住房地产企业“收入确认”“开发成本列支”等常规检查点，可以作为房地产行业检查的典型案例。

【案件来源】 人工选案

【基本案情】 某房地产开发有限公司，注册资本为5000万元人民币，成立于2004年4月16日，经营期限20年，平均从业人数41人。经营范围为“房地产开发；销售商品房；建筑材料；装饰材料；经济贸易咨询；家居装饰”。在国税申报缴纳企业所得税，税率为25%。检查发现该企业存在未按期进行完工产品清算、列支与企业生产经营无关的个人通信费支出、未按规定取得发票、职工福利费超出扣除限额未作纳税调整，以及向非金融企业借款的利息支出，利率超过金融企业同期同类贷款利率等问题。

【违法事实】 （1）某房地产开发有限公司于2014年12月29日在北京市某区住建委办理开发产品竣工证明材料备案，但是未按规定在完工年度结算计税成本，计算销售收入的实际毛利额。检查组对企业提供的开发产品成本计算表格以及完工清算报告进行审核，发现存在以下4点问题：取得的支付拆迁补偿费扣税凭证要件不全；红线外道路支出列入开发成本核算；应计入当期费用支出列入开发成本中核算；开发间接费不可列支项目调整。

（2）列支与企业生产经营无关的个人通信费支出。经查阅该单位检查期（2012—2014年）内的账簿发现，该单位“营业费用——通信费”“管理费用——通信费”科目下列有手机号属于职工个人且个人使用的通信费支出。

（3）未按规定取得发票的汽油费支出。经查阅该单位账簿发现，该单位“营业费用——交通费”“营业费用——汽车费”“管理费用——交通费”“管理费用——汽车费”科目下列有取得的未填写公司名称的汽油发票。

（4）职工福利费超出扣除限额未作纳税调整。该单位以票据报销形式支付给职工个人的交通补贴费及为项目开发人员租入的员工宿舍发生的租赁费未计入职工福利费支出，直接计入开发间接费用、管理费用、销售费用。

（5）向非金融企业借款的利息支出，利率超过金融企业同期同类贷款利率。该单位“财务费用——利息支出”科目下列有非金融企业间的借款利息7046元，超过按照金融企业同期同类贷款利率（中国人民银行公布的同期贷款基准利率）计算的数额1987.33元，且不能按照《国家税务总局关于企业所得税若干问题的公告》（国家税务总局公告2011年第34号）第一条的规定提供“金融企业的同期同类贷款利率情况说明”，以证明其利息支出的合理性。

【查办过程】 （1）查前分析。检查团队收集了与该企业有关的内部管理信息和外部涉税信息，对行业经营特点、行业涉税风险及房地产业相关税收政策进行了梳理。分析确定的重点检查内容有：

开发成本的归集。结合合同、付款凭证情况对开发成本项下子科目进行合理性审核，是否存在虚增拆迁安置费、规划设计环节虚开规划设计费、将不相关的费用支出列入房地产开发成本、多计成本等问题。

单位成本的计算。根据开发成本的归集核查单位成本的计算准确性，是否存在故意增大可售面积单位成本、人为调节地上地下成本等导致多计当期成本，虚增物业楼面积、多摊经营成本等问题。

发票的检查。结合合同、付款凭证情况对相应的发票进行真实性、合规性检查。

销售收入的确定。结合公司预售情况，根据科目明细账、销售明细统计和销售合同核查销售收入的准确性。

费用的审核。抽样审查期间费用开支的准确性，费用类扣除是否符合税法规定。

（2）检查方式、方法。实地查验开发项目。检查组对该企业开发的小区楼盘进行实地查验，实地调查小区的建设和规划情况、实际入住情况等。与售楼处工作人员交流，了解楼盘销售情况。

对账簿凭证资料进行检查。检查组要求该企业提供如下资料以供核查：检查所属年度的财务会计审计报告、企业所得税鉴证报告、总账、明细账、凭证等资料。共检查发票 1916 份，发现未开具抬头发票 373 份。

对房产管理部门资料进行检查。检查组要求该企业提供如下资料以供核查：《国有土地使用证》、项目立项书、《建筑用地规划许可证》《建设工程规划许可证》《建筑工程施工许可证》《房屋产权证》《商品房预售许可证》《商品房销售许可证》、国有土地使用权转让登记表、工程竣工验收备案登记表、人民防空交接书、房屋面积测算技术报告书。通过对以上资料的核查，确认项目竣工备案时间、可售面积、建筑面积数据、公共配套设施成本扣除标准等，为单位成本的准确核算提供依据。

核查建筑安装合同。检查组要求该企业提供全部的建筑安装合同，并结合企业提供的统计台账进行对照查阅，确认产品开发成本各个项目的可列支金额、地上成本与地下成本分摊、出包合同预提费用数，合理归集开发成本。

核查房屋销售合同。检查组要求该企业提供全部的销售合同与销售台账，结合预收账款明细账进行对比分析，核查销售收入的准确性。

【处理处罚结果】　针对未按期进行完工产品清算问题：调减 2011 年度应纳税所得额 31.90 万元，调减 2012 年度应纳税所得额 52.94 万元，调减 2013 年度应纳税所得额 63.9 万元，调增 2014 年度应纳税所得额 3.98 亿元。

针对税前列支个人通信费支出问题：调增 2012 年度应纳税所得额 2.75 万元，调增 2013 年度应纳税所得额 3.24 万元，调增 2014 年度应纳税所得额 2.76 万元。

针对税前列支交通费、汽车费问题：调增 2012 年度应纳税所得额 1.84 万元，调增 2013 年度应纳税所得额 1.19 万元，调增 2014 年度应纳税所得额 4489 元。

针对职工福利费超出扣除限额问题：2013 年度应调增应纳税所得额 533.62 元，2014 年度应调增应纳税所得额 15.99 万元。

针对非金融企业借款的利息支出问题：调增 2014 年度应纳税所得额 1987.33 元。

综上，2013 年度应退税额为 34.92 万元，应补缴 2014 年度企业所得税 9953.04 万元。

【问题分析及工作启示】　多种渠道了解企业信息，重视外网信息的使用，在选案阶段做到有的放矢。检查过程中，就疑点问题及时交流分析，群策群力，共同学习提高，加快案件推进。

加强税源动态监控，增进征管查联系。建议可要求房地产开发企业将其涉及到的所有政府审批文件报税务机关进行备案，同时加强与其他政府部门的信息交流与沟通。

加大发票监管力度，提升纳税遵从度。一是要坚持“查税必查票、查案必查票”的工作原则，对违规发票严格依照税法规定予以处罚，树立威慑效应；二是建立方便快捷的发票查询系统，推广让广大纳税人和社会群众易学易记的发票查询方式；三是加大对纳税人的宣传教育，取得合法合规发票入账，建立相关内控制度。

改变检查工作方法，提高稽查效率。充分利用现代科技在稽查工作中的运用，注意资金往来账、合同签订等的检查和账外调查，抓住纳税人经营要素中的不正常现象，有的放矢，大胆假设，细心求证，找出企业问题症结所在，对应税收政策的有关规定作出正确处理。

（北京市国家税务局稽查局供稿）

案例2-2
某钢铁有限公司少缴税款案

【案件类别】 少缴税款案例

【案件所属行业】 制造业

【案件特点】 针对该企业生产经营的特点，利用全面检查与重点核查相结合的方法，通过核查企业“原材料”明细账借、贷方发生额及余额等账簿的登记及计算进行复核；核查企业“生产成本”科目比较企业结转的材料成本与检查人员计算的应转成本，发现该企业因未登记出入库数量造成成本结转错误，三年应调增应纳税所得额87977454.62元，应补缴企业所得税21994363.66元。

【案件来源】 重点税源轮查

【基本案情】 该企业成立于2002年7月，注册资本1.5亿元，注册类型为私营有限责任公司，是集烧结、炼铁、炼钢、轧钢为一体的综合性钢铁公司，总资产35亿元，从业人数6000人，主要从事带钢、线材等钢材生产销售。2002年10月被认定为增值税一般纳税人。2004年10月被批准获得出口退（免）税资格。增值税和企业所得税在国税机关的征收方式都是查账征收，企业所得税税率25%。

【违法事实】 经查，该企业于2012—2015年，少缴增值税6955247.89元、企业所得税28963824.98元，应补缴增值税、企业所得税合计35919072.87元。企业共存在以下几项问题。

（1）税前扣除不符合规定电话费。该企业在管理费用中列支并税前扣除个人电话费876364.67元，该项费用由职工凭票报销，性质上属于职工福利费；列支的部分电话费没有取得发票，且未作纳税调整，金额合计341639.23元。上述两项行为合计应补缴企业所得额税304500.98元。

（2）无法支付的应付账款，未按规定计入应纳税所得额。该企业截至2014年末应当支付的应付款项，长期挂账已超过3年未支付，金额为25532175.3元，未计入当期应纳税所得额，企业未提供债权人，没有确认损失并在税前扣除的证明材料。上述行为应按照规定调增2015年应纳税所得额25532175.3元，补缴企业所得税6383043.82元。

（3）确定的固定资产折旧年限低于企业所得税法规定的最低折旧年限。该企业将2012年12月—2014年11月购入的叉车、机动三轮车、拖拉机、自卸汽车等运输工具和装载机、挖掘机的折旧年限确定为3年，2013年计提折旧698891.18元、2014年计提折旧2102832.15元，在企业所得税前扣除。依照《企业所得税法实施条例》第60条第2款、第4款关于固定资产最低折旧年限的规定，2013—2014年应调增应纳税所得额1127666.09元，两年应补缴企业所得税281916.52元。

（4）因未登记出入库数量造成成本结转错误。该企业“原材料”明细账中个别原材料出入库漏记数量，导致成本结转错误。经计算：2012年多转成本6281153.91元，应调增应纳税所得额5548404.04元；2013年多转成本121943384.9元，应调增应纳税所得额115604266.91元；2014年少转成本38252679.96元，应调减应纳税所得额33175216.33元。上述行为导致少缴企业所得税，3年应调增应纳税所得额87977454.62元，应补缴企业所得税21994363.66元。

（5）购进物资用于非增值税应税项目抵扣进项税额。该企业购入的材料用于厂内公路整治、锅炉间土建等非应税项目，原料购入时已抵扣进项税额，用于非应税项目时未作进项税额转出处理。2012—2014年涉及金额39974658.53元，按照规定应补缴增值税6795691.96元。

（6）用自有车辆抵偿债务，未缴纳增值税。该企业2012年用应征消费税的汽车抵债应缴纳增值税7500元，2013年用2011年购入的货车抵债应缴纳增值税13076.92元，2013年用8月1日之前购入应征消费税的汽车抵债应缴纳增值税9807.69元，2014年用2013年8月1日之前购入应征消费税的汽车抵债应缴纳增值税10451.83元。2012—2014年共应补缴增值税40836.44元。

（7）购入设备提供给其他单位无偿使用，未视同提供应税服务计提销项税额。该企业购入烘干机、除尘器等设备，提供给其他单位（独立核算单位）无偿使用，2013 年涉及金额 2865811. 96 元，2014 年涉及金额 330861. 84 元。购入设备提供给其他单位无偿使用未视同提供应税服务计提销项税额，该企业无最近时期提供同类应税服务的平均价格，也未找到其他纳税人最近时期提供同类应税服务的平均价格，因此按组成计税价格计算，2013 年应计提销项税额 17204. 26 元，2014 年应计提销项税额 59515. 23 元。两年共补缴增值税 76719. 49 元。

（8）取得填开项目不全的运费发票，申报抵扣增值税进项税额。该企业 2013 年取得的《公路、内河货物运输业统一发票》，未填写起运地、到达地项目。涉及运费金额 600000 元。根据《增值税暂行条例》及相关政策规定，该企业取得填开项目不全的运输发票不得抵扣进项税额。应转出进项税额 42000 元。

【查办过程】　通过“从外到内、由浅入深、分段实施、稳步推进”的工作方案推进检查工作的开展。

（1）调取企业资料。检查工作前期，充分做好保密工作，制定调账检查预案，制订周密行动计划，认真做好各项准备工作。针对企业的性质、特点及可能存在的问题，细化工作和要求，成立技术、采购、销售、物流、财务、存货 6 个调账小组和 1 个机动小组。调账检查预案中明确：一是履行审批手续，备齐各种税务稽查文书和取证设备。二是精心安排，合理分组，人员既分工又合作，做好调账取证和数据采集前的各项准备。三是充分考虑各种可能遇到的突发情况，制定周全的应对措施。

（2）数据整理分析。检查人员按照分工对搜集的企业内外部信息进行初步归纳，由检查组长召开碰头会，调账人员汇报所搜集的信息，确定有无遗漏。若在分析过程中发现遗漏，随时进行补充；同时根据检查组成员的各自工作经验和特长，安排相应的工作，对取得的数据进行整理、分析。重点对企业近 3 年数据进行指标对比分析，将异常数据作为检查重点。

（3）制定实施阶段检查预案。检查人员根据对该公司前期调账取得的资料，搜集、整理纳税人的财务报表、纳税申报表、税务登记等信息，了解其履行纳税义务情况和经营状况，将其有关财务、税负指标与同行业进行对比分析，发现异常指标和违法线索或疑点。对于产品相对单一的钢铁行业（至钢坯阶段），充分利用行业性关键指标对其纳税申报资料、生产经营特点及生产工艺进行分析，以发现待查企业涉税风险点。整理分析工作结束后，形成书面检查实施预案。

（4）明确本案主要涉税风险参考点。根据税种进行分类分工，明确列出每个税种检查的详细清单，在开展全面检查的基础上根据检查进度深度的推进，再结合重点关注内容进行细致的核查工作。

【处理处罚结果】　依据《税收征收管理法》第 32 条，该公司少缴增值税 6955247. 89 元、企业所得税 28963824. 98 元，应补缴增值税、企业所得税合计 35919072. 87 元。

【问题分析及工作启示】　（1）加强组织领导是检查重点税源企业的有力保障。由于重点税源一般均为当地支柱型产业，企业规模较大、经济业务多样、案情复杂，需要领导重视，部门配合，上下协调。在案件检查过程中，主管领导带队多次赶往办案地听取案情汇报，进行案情汇商并指导案件检查工作，有力地保证了检查工作的稳步推进。

（2）理清工作思路是检查的前提条件。稽查局在立案之初，就对案情进行了认真的分析研究，制定出“从外到内、由浅入深、分段实施、稳步推进”的工作预案，在全面排查的工作思路下，突出重点难点问题，不放过一点蛛丝马迹，使查案工作分阶段、按步骤有序展开，整体推进。

（3）高素质的队伍是实施检查的根本保证。此次检查工作最大的突破是，发现该企业原材料出入库核算上的漏记从而造成成本结转错误，检查人员根据企业的出入库凭证对原材料成本结转进行重新计算，克服了数据量大的困难，充分发挥了连续作战的精神，攻破了检查过程中成本检查的难点，致使案件检查取得了突破性进展。

（河北省国家税务局稽查局供稿）

案例 2-3 某银行股份有限公司少缴税款案

【案件类别】 少缴税款案例

【案件所属行业】 金融业

【案件特点】 本案中某银行股份有限公司计算个人所得税时通过人为调整奖金发放月份以适用低税率达到少扣缴个人所得税的目的。稽查人员通过关注奖金发放月份是否与当月工资合并计算纳税，从而查明少扣缴税款的事实，打击了税收违法行为，堵塞了税收征管漏洞。

【案件来源】 日常检查

【基本案情】 从 2015 年 11 月 12 日起对该公司 2012 年 1 月 1 日—2014 年 12 月 31 日的涉税情况实施立案检查。涉案公司固定资产增加未及时并入房产原值，造成少申报缴纳房产税；签订购销合同、租赁合同时未申报缴纳印花税；发放的奖金计算个人所得税时人为调整发放月份，导致少代扣代缴个人所得税。

【违法事实】 通过对该公司固定资产明细账——房屋、构筑物检查发现，企业增加中央空调、旋转门等未合并到房产税计税依据中申报缴纳房产税，致使 2014 年少缴纳房产税 4493.76 元。

从企业 3 年已缴税款信息的对比中发现，该公司 2012 年未申报缴纳过印花税。通过对各类应税合同的查看，2012 年签订购销合同金额 30.99 万元、维修合同金额 1.98 万元、建筑合同金额 41.28 万元、租赁合同金额 13.2 万元，未申报缴纳印花税 358.80 元。

通过对该公司应付工资奖金福利明细账，人力资源部提供的发放工资奖金及扣税明细表以及财务部个人所得税申报明细表进行核对，发现企业人为调整发放奖金月份，致使 2012 年少代扣代缴工资薪金个人所得税 16.53 万元。

共查补入库税款 17.02 万元，滞纳金 941.56 元，罚款 8.51 万元，合计 25.62 万元。

【查办过程】 科学制定检查预案。进户检查前，检查人员通过金税三期工程税收管理系统了解企业的性质、生产经营、工作流程、企业经济效益等基本情况。熟悉掌握该行业税收政策以及财务核算上的特点，借鉴以往该行业易存在的问题以及容易被忽视的一些核算方面的涉税问题，把个人所得税作为检查的重点，有针对性地拟出对该企业的检查提纲，并在查前分析的基础上调整、补充稽查内容，尽量减少稽查的盲目性，提高工作效率。

检查方法及过程。第一，分析对比账表数据，发现疑点。银行系统工资奖金相对来说发放的比较高，因此个人所得税是稽查的重点，随着纳税人纳税意识的提高，企业一般不会去犯低级错误，表面上的数据计算、发放的工资奖金的归集应该是不会出现错误的。检查中检查人员通过对应付职工薪酬发放总额和工资发放明细表总额进行对比，对发放的奖金、各项补贴与工资发放明细表进行对比，对工资发放明细表中的扣税金额与财务部每月申报的纳税申报表进行对比等，最终发现，由于该公司 1 月发放的奖金补助数额比较大，为了达到少扣缴个人所得税的目的，将应在 1 月发放的奖金列入 2 月合并计算，导致 1 月计税金额减少而少扣缴个人所得税。第二，检查人员通过翻阅固定资产账簿——房产，以及其他构筑物，发现企业其他构筑物中，旋转大门和中央空调未计入房产原值，致使少缴房产税。

【处理处罚结果】 根据《房产税暂行条例》第 1 条、第 2 条、第 4 条，《印花税暂行条例》第 1 条、第 2 条、第 3 条之规定，追缴该公司采用不进行纳税申报手段少缴纳的 2014 年房产税 4493.76 元，2012 年印花税 358.80 元。根据《税收征收管理法》第 69 条，《国家税务总局关于贯彻〈中华人民共和国税收征收管理法〉及其实施细则若干具体问题的通知》（国税发〔2003〕47 号）第 2 条第 3 款规定，责成该公司补扣补缴 2012 年工资薪金个人所得税 16.53 万元。根据《税收征收管理法》第 32 条规定，对上述少申报缴纳的房产税、印花税，从滞纳税款之日起按日加收万分之五的滞纳金。根据《税收征收管理法》第 64 条第 2 款规定，对该公司少缴的税款分别处以 50% 的罚款。根据《税收征收管理法》第 69 条的规定，对该公司少代扣代缴的税款处以50%的罚款。

【问题分析及工作启示】 银行系统工资福利待遇相对比较高，一般发放的货币性工资奖金补贴都能比较规范地扣缴个人所得税，但福利费、工会经费中发放的实物补助，企业一般容易忽视，发放的奖金计算个人所得税时归集的月份是否正确也是检查中需要重点注意的。

固定资产科目——房屋，计算房产税一般都能计入房屋原值，但固定资产——构筑物中，与房屋不可分割的附属设备和配套设施，如中央空调、电气及智能化楼宇设备等，企业计算房产税时不能正确区分哪些属于计税项目。另外容积率计算的正确与否也关系到土地价值并入房产原值的准确性，所以在检查中需要重点关注。

工作建议。一是加大税收宣传，提高税法遵从。税收宣传不能仅限于税法宣传月，而要充分利用各种现代化宣传手段，有针对性地开展，有效提高宣传效果。如通过微信、短信或邮件等及时传递至相关财务人员，使其有效掌握新政策，并及时针对本单位涉税业务进行纳税比对调整，从而有效提高纳税人的税法遵从度。二是强化查后辅导，降低涉税风险。税收检查结束，要就查出的涉税问题及相关政策依据对纳税人进行详细耐心地辅导，避免纳税人在同一问题上犯二次错误，达到降低涉税风险的目的，使纳税人不仅感受到税收稽查补税、罚款“刚性”的一面，而且体会到税收稽查、政策辅导“柔性”的一面，从而更好地树立地税稽查形象。三是加大信息稽查，提高稽查效率。信息技术在稽查中的应用，大大提高了税收稽查效率。近年来，税收查账软件在稽查工作中的有效应用，就是很好的证明。这就要求稽查人员要不断加大涉税现代信息技术的学习和应用，掌握电子查账软件中的数据采集、数据导入切换，数据穿透分析等技术应用，不断增强电子查账能力，有效提高稽查工作效率。

（山西省地方税务局稽查局供稿）

案例2－4
某房地产开发有限公司少缴税款案

【案件类别】 少缴税款案例

【案件所属行业】 建筑业

【案件特点】 检查人员明确稽查重点和主攻方向，对房地产开发企业开发成本进行检查，既节省检查时间又提高检查的质量和深度。面对企业账簿资料不完整的情况，稽查人员通过到国土、拍卖公司等单位取证，与从企业取得证据相互对应，形成完整的证据链条，确认了企业应调减成本的具体项目和金额。稽查人员充分考虑到调整成本项目涉及到的土地摊销、房产税计税依据中的土地价值变化、以前年度弥补亏损等相关因素间的逻辑关系，对与企业所得税相关联的契税、房产税等税种一并进行调整，体现了稽查人员扎实的会计和税法理论功底以及思维的缜密程度。该案在检查方法、检查过程和税款计算等方面，对检查房地产开发企业具有一定的借鉴意义。

【案件来源】 “双随机”抽查

【基本案情】 2016年8月，全省“双随机”异地交叉检查延边检查组，对随机抽选的延吉市某房地产开发有限公司2013年1月1日—2015年12月31日纳税情况进行了检查。通过检查组领导和执法办案人员的依法稽查，证实了该公司少缴纳税款的违法事实，查补企业所得税、个人所得税、契税、房产税、城镇土地使用税、印花税共计233万余元。

【违法事实】 经检查发现该公司存在以下违法事实。（1）少缴契税。该公司签订土地出让合同取得建设用地，未按支付配套费金额缴纳契税。（2）少缴房产税。将自行开发的房产转作固定资产使用，新房装修费用未计入房产原值计征房产税。取得房产，作为固定资产入账，未按房产原值缴纳房产税。取得厂房，出租，房产未缴纳房产税。（3）少缴城镇土地使用税。取得土地，部分城镇土地使用税未缴纳。（4）未按规定缴纳印花税。签订房屋租赁合同、建筑安装承包合同等未按规定缴纳印花税。（5）少代扣代缴个人所得税。（6）少缴企业所得税。应补缴企业所得税1951321.11元。（7）违反发票管理规定。成本、费用会计凭证中存在以其他凭证代替发票使用，金额10370221.40元。

【查办过程】 案前分析索疑点。办案人员从案前分析入手，对该公司基本面貌、登记申报资料、纳税数据、所处地位规模、所在行业相关信息等进行多角度、全方位的分析和筛审，发现该公司纳税记录不符合其规模和行业地位，通过征管系统数据查证比对，该公司房地产开发成本虚高，存在少缴税款的可能。疑点锁定后，办案组确定了案件查办的关键节点和切入点，决定重点检查该公司企业所得税汇算清缴中存在的涉税问题。

攻心为上说法理。办案组在检查该公司账簿时发现，该公司2013年通过招拍挂取得建设用地，2015年底开发成本已全部发生。但该公司在已办理房屋入住的情况下，依旧不结转成本，并以尚未取得竣工验收报告，结转成本无依据为由，以列举当地某房地产公司尚未结转成本为证，不进行企业所得税汇算清缴。办案组人员以攻心为上，强化政策引导，说理式执法，耐心向该公司财务人员解析了《房地产业企业所得税管理办法》（国税发〔2009〕31号文件）第3条的规定。在办案人员明晰政策、摆明事实证据的前提下，在法理面前，该公司最终同意进行企业所得税汇算清缴。

外围取证揭面纱。因该公司提供的资料不全，办案人员难以直接取得充分、确凿的证据，便开始了外围调查取证工作。办案人员到国土部门调取了该公司开发地块拍卖的详细资料，比对分析同期同业企业所有的开发成本，发现该公司2013年开发的某小区成本利润率明显偏低，尤其是土地成本明显高于同地段同类型企业。经进一步检查发现，该小区开发土地原为通过法院拍卖取得的一处厂房及工业用地，而后部分土地经国土局通过招拍挂程序将工业用地转为商业用地用于开发该小区，该公司将全部的土地价值都计入房地产开发成本中。财务人员解释为土地局并未下发招拍挂部分土地的土地证，无法准确计算厂房占地面积，进而用占地面积法确定厂房应分摊的土地成本。对此，办案人员几经走访法院委托的拍卖行，调取当年拍卖的土地及房产评估估价报告，明确了房产价值及占地面积，调减开发成本土地价值193万元，将其计入厂房的土地价值并允许企业计提摊销，最后在计算自用厂房房产税时，按容积率确定土地价值并入房产税计税原值计征房产税。至此，办案人员依托环环相扣的证据，终于揭开了该公司成本虚高的面纱。

追根溯源查到底。该公司是一个老牌企业，历史遗留问题较多。企业所得税清算工作细致复杂，查一个问题往往涉及以往几个账务年度，查一笔摊销要核实到入账当年的原始凭证，弥补的亏损要调取至少5个以上可追溯年度的企业所得税申报表并加以确认。同时，该公司会计人员更换频繁，早期账务比较混乱，有些账务的处理，现任会计也弄不清当时是怎么回事，且公司提供的资料残缺不全，会计数据与原始资料严重不符，日常核算不遵循房地产开发企业相关会计制度，未及时收集会计资料、据实记载成本及费用支出、核算经营利润。面对棘手难题，办案人员从头做起，原始证据缺失不全的，就逐一询问核实、走访外调；会计人员没记的账，办案人员从头记；凭证、原始资料缺失不全的，办案人员查证补充，最终达到账证相符、账实相符，为纳税调整奠定了坚实基础。

拨云见日现事实。经检查发现该公司存在以下违法事实。①少缴契税。该公司2013年5月签订土地出让合同取得建设用地，2013年支付的土地评估费、管理费、登记费、消防费、配套费、人防费，2014年支付的配套费、人防工程费等，未按支付配套费金额缴纳契税。②少缴房产税。2013年将自行开发的房产转作固定资产使用，新房装修费用未计入房产原值计征房产税。2004年取得房产，作为固定资产入账，未按房产原值缴纳房产税。2011年通过法院拍卖取得一处厂房，原值3176433.06元，2013年3月30日将该房产出租，年租金6万元，租期5年，该房产未缴纳房产税。③少缴城镇土地使用税。该公司取得土地5块，部分城镇土地使用税未缴纳。④未按规定缴纳印花税。该公司与某生物有限公司签订的房屋租赁合同，与某建筑有限公司签订的建筑安装承包合同等均未按规定缴纳印花税。⑤少代扣代缴个人所得税。该公司给员工发放福利、为职工支付旅游费、替公司职工负担个人借款利息等，少代扣代缴个人所得税。⑥少缴企业所得税。该以司2013年应纳税所得额－586107.94元，应调增应纳税所得额13233661.25元，应调减应纳税所得额16094641.81元，调整后应纳税所得额为－3447088.50元。2014年申报应纳税所得额5503780.04元，应调增应纳税所得额8836765.32元，应调减应纳税所得额389561.93元。调整后应纳税所得额为13950983.43元。弥补以前年度亏损5237499.82元，弥补亏损后应纳税所得额为8713483.61元，应纳企业所得税2178370.90元，已纳企业所得税781815.19元；应补企业所得税

1396555.71 元。2015 年申报应纳税所得额 3584957.69 元，应调增应纳税所得额 2597734.34 元，应调减应纳税所得额 378672.73 元。调整后应纳税所得额为 5804019.30 元。应纳企业所得税 1451004.82 元，已纳企业所得税 896239.42 元。应补企业所得税 554765.40 元。⑦违反发票管理规定。该企业 2013—2015 年成本、费用会计凭证中存在以其他凭证代替发票使用的行为，金额 10370221.40 元。

【处理处罚结果】 根据法律法规规定，该公司应补缴税款 2331943.80 元。其中契税 89172.97 元，房产税 152161.93 元，城镇土地使用税 99689.51 元，印花税 13563.40 元，个人所得税 26034.28 元，企业所得税 1951321.11 元。截至 2016 年 8 月 12 日应缴滞纳金 434496.67 元。并依法予以罚款。

【问题分析及工作启示】 两点建议：一是定时管控和重点稽查相结合。征收部门应建立房地产开发项目跟踪管理制度，实时化、常态化管控，组织专人及时了解楼盘开发进度及销售入住情况，督促纳税人及时进行所得税纳税预申报及年终的汇算清缴，对纳税人故意延后结转成本的行为及时进行纠正。稽查部门应通过有效的信息比对分析，筛选高风险企业，实施稽查。二是加强部门信息共享。与国土、建设规划、工商、银行、房管局等相关政府部门沟通协作，建立信息共享制度，及时了解企业涉税信息，强化税收管理。

三点启示：一是多方面收集证据，固化证据是重点。做好多角度、多部门取证，是实现深入稽查的必要手段。二是细心分析，综合判断，发现异常是能力。要善于细节分析，分析征管系统相关数据，判断企业的行业地位、规模、纳税和资质情况；分析企业管理、房屋销售数量、购房人反馈等情况，分析从发改委、国土、工商、房管局等部门得到的相关信息，通过全方位地综合分析寻找突破口。三是转变思想，积极协调，反复沟通是保障。公平公正检查，有理有据执法，真诚热心服务，是赢得支持和配合的关键。

（吉林省地方税务局稽查局供稿）

案例 2 -5
某科技有限公司及其关联公司不缴少缴税款案

【案件类别】 少缴税款案例

【案件所属行业】 批发和零售业

【案件特点】 利用企业财务人员个人储蓄账户收取销货款，不进行纳税申报、不缴少缴税款的税收违法行为。

【案件来源】 税务总局督办

【违法事实】 该案件的主要作案手段为企业利用财务人员个人储蓄账户收取销货款，不进行纳税申报。同时在税务稽查部门检查阶段逃避、拒绝和阻挠税务检查。在该企业的《总公司直营市场财务规范化流程及考核办法》文件中，要求对各省、市的分公司出纳人员进行按期轮岗，利用出纳人员办理私人银行卡收付营业款项，设立账外账，通过内部网络系统向总部报送真实的营业情况。在应对税务检查方面，该企业采取事前预谋，统一口径等方法逃避、拒绝和阻挠税务检查。包括：相关工作人员集体转移，人走楼空；清空电脑数据，切断电源及服务器连接；在检查人员恢复电源后，拒不提供内部管理系统的账户及密码，用铁柜将电脑机箱包裹，阻挠检查人员对数据进行恢复及备份等。

【查办过程】 做好检查分析工作。检查组利用“ctai”、综合数据管理平台等内网系统对该企业的申报信息及往年稽查情况等信息进行分析及案头审计。2011 年该企业曾被举报偷逃税款，并被 H 市 N 区国税局稽查处查实 2009—2010 年度存在隐匿收入、虚假纳税申报的偷税行为。检查组调取该企业的案卷，判断该企业可能依然存在隐匿收入的违法行为，所以决定以突击检查的方式对该企业开展检查。

具体检查过程。由于该企业总部 2012 年曾接受过 S 省国税局稽查局的检查，所以该企业具有一定的反侦察意识，并对各省、市分公司的工作人员接待税务检查进行过应对式训练。检查过程中，该企业工作人员曾出现集体转移、拉断电源等逃避、拒绝和阻挠税务检查的行为，造成检查难度增大。检查组利用《税收征收管理法》赋予的权限，在省内各大银行及院校进行广泛的调查取证，同时还到陕西及山东外调，积极与同行进行业务交流沟通。最终确定了核定征收的稽查方向。具体过程包括：一是对涉案企业进行了突击调账，重点对进货、销货情况进行核实。二是对企业的生产经营场所库房进行检查。三是利用税软公司的查账软件及finladata数据恢复系统对该企业的计算机系统（联商达企业管理系统）进行检查。四是认真研读分析山东省局稽查局对其总部检查时获取的电子资料。检查人员在电子资料中梳理出大量与H市市场有关的生产经营数据，并对梳理出的数据进行调查核实。五是对企业银行账户及POS机收款情况进行协查。六是调查该企业总部派驻H市市场的出纳人员个人账户10余人次，其中有4人的资金往来与检查人员的检查期间密切相关。七是对该企业网站信息进行核实。根据企业网站上展示的客户信息，检查人员对该企业在H市的客户按所在地区和学校进行汇总分类，并到学校进行走访，对该企业客户进行取证。八是与其他案发省检查人员交流经验。检查人员积极与陕西省国税局稽查局、青岛市国税局稽查局，吉林省局、贵州省等案发省国税局稽查局的检查人员沟通，交流检查经验，分析该企业的违法手段及应对措施。九是到山东调取相关书证。检查人员到济南市国税局稽查局调取在该公司总部检查时收缴的关于该公司及其关联公司生产经营数据的书证。十是到济南市人力资源和社会保障局调取涉案人员身份信息。十一是到该企业办公用房的物业调查该企业费用情况。根据检查人员取得的证据，证实该两户企业存在利用多个个人账户收取销售货款，设置两套账，不进行纳税申报，偷逃国家税款的税收违法行为。

审理及行政处罚听证情况。H国税局稽查局审理委员会首先对案件进行初审，同意了检查人员提出的处理处罚建议，并分别向两户企业下达了《税务行政处罚事项告知书》。该两户企业对稽查局拟下达的行政处罚提出异议，申请了行政处罚听证。稽查局依法组织了行政处罚听证会，听证会上本案检查人员和企业法务部主任律师均陈述了观点，检查人员依法进行了举证，但该企业代表律师并未对其观点提供证据。听证会后，检查人员向企业下达了《税务事项通知书》，要求企业提供支持其听证会上所提观点的证据，但该两户企业均未在规定期限内补充提供证据。根据《重大税务案件审理办法》的规定，该案件符合重大案件审理标准，经听证会后，稽查局将此案件提交H省国税局重大税务案件审理委员会审理，经H省国税局重大税务案件审理委员会审理决定，对该两户企业处以补缴税款并处不缴少缴税款1倍罚款的行政处罚，并按日加征滞纳金。

【处理处罚结果】 某科技有限公司及其关联公司涉税案件所涉两家公司，即某科技发展有限公司与某商贸有限公司，在2009—2012年度存在偷税行为，共查补税款84.34万元，罚款71.61万元，滞纳金49.1万元，合计205.04万元。其中，2009—2010年度群众举报某科技发展有限公司偷税案件查补税款35.47万元，罚款17.73万元，滞纳金16.38万元；2011—2012年度某科技发展有限公司查补税款41.25万元，滞纳金27.02万元，罚款46.25万元。其中包括其他涉税事宜罚款5万元；2011—2012年度某商贸有限公司查补税款7.62万元，滞纳金5.7万元，罚款7.62万元。该企业在补缴税款、滞纳金和罚款后，向H市N区人民法院提出行政诉讼，要求撤销稽查局下发的《税务行政处罚决定书》。在法庭上，稽查局检查人员与代理律师及该企业进行依法质证，最终N区人民法院认为稽查局做出的税务行政处罚决定认定事实清楚，程序合法，使用法律准确，驳回该企业的诉讼请求。

【问题分析及工作启示】 某科技有限公司及其关联公司涉税案件是H省国税局稽查局首例纳税人对稽查局税务行政处罚决定不服，提起行政诉讼的案件。也是H省首例税务机关（稽查局）依法使用税务核定权对纳税人进行核定征收，并对纳税人逃避、拒绝和阻挠税务检查的行为给予行政处罚的案件。H省国税局稽查局历时3年，内查外调，最终查处了某科技有限公司及其关联公司利用企业财务人员个人储蓄账户收取销货款，不进行纳税申报的税收违法行为，维护了税法的尊严，为国家挽回了税款损失。同时，为今后涉税案件的查处提供了新的思路和办法，为依法行政背景下，税务稽查部门完善工作程序，应对行政诉讼提供了经验。

（黑龙江省国家税务局稽查局供稿）

案例2－6
某置业有限公司少缴税款案

【案件类别】 少缴税款案例

【案件所属行业】 房地产业

【案件特点】 本案件由被查对象的特殊经济事项引起：一是参与信托投资计划，通过资本运作列支不相关、不合理的借款费用以期达到少缴企业所得税税款的目的；二是在委托贷款业务中，通过银行向自然人支付委托贷款利息未代扣代缴个人所得税。

【案件来源】 “双随机”选案、税务总局督办

【基本案情】 该公司成立于2011年3月16日，注册资本5000万元，注册类型为有限责任公司，经营地址为某市经济开发区，从事房地产开发、销售，自主经营、独立核算，使用《企业会计准则》进行核算。该公司的主管税务机关为苏州市张家港地税局。该公司自2011年3月开发某地块，截至2016年3月开发项目已基本销售完毕。

涉税违法行为：一是该公司支付与取得收入无直接相关且不合理的借款费用，在申报缴纳企业所得税时未进行纳税调整，少申报缴纳2013年企业所得税673万元，多申报2014年亏损额97.34万元，违反了《企业所得税法》第8条、第10条，《企业所得税法实施条例》第27条的规定；二是该企业通过某银行向若干自然人支付委托贷款利息78.43万元，未扣缴个人所得税（利息、股息、红利所得），违反了《个人所得税法》第2条第7项和第8条的规定。

【违法事实】 违反税收管理少申报缴纳企业所得税：2011年7月，某营销顾问有限公司（为该公司出资人之一）通过信托计划安排，将信托资金3亿元借予该公司用于房地产项目开发。2012年5月，该营销顾问有限公司将其中1.23亿元转为对该公司的股权投资，其余部分仍为债权投资。该公司在会计核算中，将涉及信托资金的借款费用1.04亿元（包括支付某信托公司信托收益7549.63万元、支付某银行顾问费2839.86万元）予以资本化，计入开发成本并于销售房地产开发项目时结转至主营业务成本。该公司在申报缴纳企业所得税时，未将股权投资部分对应的借款费用进行纳税调整，该部分借款费月为2901.40万元。该公司以建筑面积法将上述借款费用在所涉房地产开发项目中进行分配，并于确认销售收入时进行结转。对应的借款费用为2833.27万元，未调整企业所得税应纳税所得额，少申报缴纳2013年企业所得税673万元，多申报2014年亏损额97.34万元。

违反税收管理少代扣代缴个人所得税：该企业与支某、沈某、王其及某银行签订对公客户委托贷款合同若干，合同中自然人为委托人，银行为受托人，企业为借款人。三方依据合同开展委托贷款业务，即自然人以银行为媒介向该企业提供贷款并收取利息。其间，该企业通过银行指定的账户向支某等支付借款利息78.43万元，未扣缴个人所得税。

【查办过程】 预案先行。Z市地税局稽查局的预案分析工作，主要围绕分析该企业历年财务报表及申报纳税情况展开。稽查局发现，该企业的资产负债表存在三个情况：各年度实收资本、长期借款变动较频繁、数额较大，实收资本在五年内变动达到三次，长期借款亦有多次变动；实收资本与长期借款几乎同时发生变动；实收资本与长期借款基本呈反向变动。稽查局同时发现，在检查所属期，当地房地产市场形势良好，该企业累计完成销售收入14.36亿元，但企业所得税申报缴纳情况存在异常：该企业2011、2012、2014年度亏损，纳税调整后无应纳税所得额；该企业2015年度纳税调整后，弥补2014年度亏损后无应纳税所得额；该企业2013年汇算清缴时，弥补以前年度亏损后，仅申报缴纳企业所得税103.37万元。通过以上情况，稽查局判断该企业可能存在通过资本运作达到少申报缴纳企业所得税的行为。

调查核实。稽查局依据预案确定了检查方向，一方面检查实收资本的变动情况，包括增资、减资以及利润分配情况；另一方面检查长期负债的变动情况，包括长期借款、应付账款、其他应付款账户的增减变动以及支付利息情况。稽查局在向该企业

送达检查通知书后，随即展开调查，查阅有关长期借款、应付账款、其他应付款、所有者权益等账户的账簿、凭证，同时进行复制；针对前述账户的变动情况，要求该企业提供相关的法律文件，包括合同、协议，有关政府部门文件，公司章程、相关决议等；认真、详细审阅相关的法律文件，列出疑点，做好记录；结合账簿、凭证与相关法律文件，针对记录的疑点向该企业进行询问核实。

确认事实。在审阅相关法律文件的过程中，检查人员发现该企业存在信托资金业务，同时还意外发现该企业与银行、自然人三方的委托贷款业务。由于该案情况复杂，在J省范围内有重大影响，稽查局遂向税务总局申请督办。稽查局一方面组织人员熟悉信托业务和委托贷款业务，研究相应的税收政策，及时向上级部门做好请示与汇报；另一方面，要求检查人员继续围绕该企业的两项业务进行取证，将事实确认清楚，将数据计算准确，将证据收集充分，同时保证依法调查取证、保障被查对象合法权益。

【处理处罚结果】 依据《税收征收管理法》第64条第2款，向该企业追缴2013年企业所得税673万元；依据《中华人民共和国税收征收管理法》第32条及《中华人民共和国企业所得税法》第54条，对该企业未按照规定期限缴纳企业所得税，从滞纳税款之日起，按日加收少缴税款万分之五的滞纳金；依据《国家税务总局关于贯彻〈中华人民共和国税收征收管理法〉及其实施细则若干具体问题的通知》（国税发〔2003〕47号）的规定，责成该企业将应扣未扣的个人所得税15.69万元补扣入库。依据《税收征收管理法》第69条，对企业应扣未扣个人所得税税款处以50%的罚款7.84万元。本案追缴税款688.69万元，加收滞纳金224.45万元，处以罚款7.84万元，合计920.98万元。

【问题分析及工作启示】 一是特殊经济事项仍然是税收违法的边缘地带。包括信托计划在内的特殊经济事项在实务中点多、线长，其法律制度、会计规则及税收政策零散而繁多，不同领域的规范间存在或多或少的矛盾。边缘地带无法消除，但可以加强管理。基层税务机关在日常征管中应当发现这些边缘地带并尽可能确定边界，做到有关注、有研究、有应对；同时还应当及时上报典型案例，使上级部门掌握情况。

二是外部门依旧是应税信息的一块“飞地”。本案中的委托贷款业务，对企业、银行、自然人到底谁是个人所得税的扣缴义务人的判断曾是本案的一个难点，审理后的补充调查也遇到了不少困难。若税务机关在委托贷款业务发生之时就掌握该信息，其主动性不言而喻，既可减少工作难度，又能提前防范各方的税收风险。

三是团队化稽查工作机制可以是稽查工作的创新举措。本案的团队化稽查工作机制是在“双随机”模式下的一项探索。精干灵活的团队、科学合理的机制可以有效支撑检查环节的工作，团队主要负责法律、会计、税收等规范的业务支持及检查方式、方法的指导等。检查人员随机灵活，但专家团队保持稳定，两者在团队化稽查工作机制下形成合力查办案件，确保顺利结案。

（江苏省地方税务局稽查局供稿）

案例2－7
某化工有限责任公司少缴企业所得税案

【案件类别】 少缴税款案例

【案件所属行业】 制造业

【案件特点】 本案揭示了关联企业之间，以转嫁销售费用的手段转移利润，从而达到少缴企业所得税的目的，本案的查处对关联企业的税收检查具有借鉴作用。另外本案还真实反映了企业销售人员以合法票据虚报固定费用，隐瞒个人收入，少代扣代缴个人所得税的事实。此类现象具有代表性，对如何正确判断费用的真实性和合法性有一定的指导意义。

【案件来源】 重点税源户检查

【基本案情】 某化工有限责任公司于2003年3月成立；注册资本4280000元；经济性质为有限责任公司（法人独资）；经营范围包括：泛酸钙

的生产、销售；r－丁内酯、B－氨基丙酸及其他精细化工产品的生产销售；汞触煤、磷矿石销售。财务实行独立核算，企业所得税由X市地税局征收管理。

经有关税务部门研究分析，该公司可能存在少申报缴纳企业所得税税款，少代扣代缴个人所得税税款的行为。

【违法事实】 根据2016年稽查工作计划安排，X市地方税务局稽查局对该公司2013—2015年申报缴纳地方税费的情况进行检查。检查查实，其母公司在子公司列支销售费用322562元，违背了独立核算原则，违反了会计准则及税收政策的有关规定，应调增应纳税所得额；2014—2015年该公司设置会计科目“销售费用——买断费用”，经查实，确为费用“买断行为”，从所反映的经济业务看，表现为每月定额发放，据票核销固定费用。

【查办过程】 （1）案件的前期准备。为确保检查质量，检查之前，检查组通过征管核心系统查阅了该公司的相关信息和有关资料，了解到该公司的经营状况和纳税情况：该公司是×××化工股份有限公司的全资子公司，2013—2015年未发生股权变更，土地和房产属母公司所有，企业所得税属地税局征收管理，2013—2015年该公司均进行了企业所得税汇算清缴。在纳税申报过程中，纳税情况较好。

根据初步掌握的资料，检查组重点作了如下前期准备工作：进一步学习相关税收政策，对重点问题进行归纳，一是关联企业往来款项中是否涉及应税项目；二是个人所得税中是否有支付集资利息未代扣代缴税款，工资薪金是否按规定代扣代缴税款，是否有两处以上工资未按规定合并申报纳税；三是业务员包干费用和提成收入是否并入工资薪金收入缴纳个人所得税；四是企业所得税纳税调整是否正确；五是费用是否合理，与关联企业的结算中，价格是否正常；六是房产原值是否加入地价款缴纳房产税。根据这些可能出现的问题，检查组确定本案检查重点为企业所得税、土地使用税、房产税、个人所得税。

（2）稽查的方法和手段。根据检查预案，检查组不只局限于“就账查账”，而是通过案头分析与询问调查相结合的方法，按照以下三个步骤，有针对性地对该企业开展检查：

第一步，案头审核。该公司是一个以生产农药产品为主的化工企业，与母公司相邻，财务单独核算，财务人员与母公司为一套班子，工资费用由母公司负担，销售人员由母公司统一考核分开结账，招待费以母公司支付为主，土地和房产属母公司所有，该公司账面反映了所使用的房产原值，土地价款全额计入母公司，土地使用税也由母公司全额缴纳。检查组严格按照执法程序查阅了该公司2013—2015年度电子账及相关资料，从收入计算、成本归集、应付职工薪酬、期间费用、结算资料、纳税申报表等情况逐项进行审核。

第二步，账面检查。由于企业为×××化工全资子公司，在检查2013年账簿时，发现2013年11月、12月母公司业务员分两次在子公司报销销售费用322562元，据调查，该企业母公司为高新技术企业，所得税享受国家优惠政策，税率为15%，而本企业为非高新技术企业，所得税率为25%，费用在子公司报销，可以扩大母公司税收优惠基数，让母公司能更多地享受税收优惠，有转移利润少缴所得税的嫌疑。

在对个人所得税的检查中，一个科目进入检查组的视线，“销售费用——买断费用”，通过查看凭证，发现2013年有一部分业务员报销的费用均为4500元（有发票），且报销的内容和额度一致，如：招待费1500元，住宿费1500元，交通费1500元，从各月报销的相同额度和同样的内容来看，真实性令人怀疑，是否为业务员实际发生的费用支出，有待确认，而在检查2014—2015年的账簿时，同样的情况依然存在，只是数额发生了变化，大部分月份销售费用——买断费用均为6000元，这就不得不引起检查人员的高度重视。为此，检查人员仔细检查了业务员报销的原始凭证，发现每个业务员报销票据种类基本相同，且全是汇总核销，不像是分笔业务所发生的费用，从形式上判断，其业务员在日常销售活动中，所报销的费用不是业务员实际已经发生了的真实业务，而是业务员每月除了正常的工资外，另外以其他形式领取的固定费用，根据个人所得税的有关政策，应确定为小包干业务。但是，企业对检查组的结论并不认同，其理由是：所报销的费用均有正规的发票，所反映的业务真实有效，且合理合法；费用为限额制而不是包干制，业务员平时依发票据实报销，报销额度规定限额，不存在费用包干、定额发放的情形，同时，财务人员还向检查组提供了总公司“业务员费用限额分配表”。

第三步，询问调查。通过询问企业财务人员，财务人员解释说：“由于上缴总公司的管理费、接待费和财务人员的工资不好分配，全部由母公司负担，所以属于母公司的费用理应要负担一点”，因此，将应由母公司负担的销售费用在子公司进行了报销。检查人员要求财务人员提供企业销售管理制度和业务员费用核销方式以及审核办法证明其理由的合理性，财务人员辩称这只是一个科目的设置问题，并不存在业务员买断费用的情况，又称“没有这方面的资料”，无法自圆其说。

经过全面检查，检查人员认为总公司提供的“业务员费用限额分配表”只是公司对业务员费用支出一个内部文件，实际报销的固定费用虽然是有效票据，但每月数额相同而且内容一致没有合理的解释，不能作为业务员费用支出的凭据，应将所报销的费用并入工资总额，扣除一定费用后按工资薪金申报缴纳个人所得税。

【处理处罚结果】 经研究，税务稽查机关对企业应纳税所得额按与收入无关的支出进行了调增，并按照规定补税和加收滞纳金等处理；对业务员报销的费用按照小包干处理，并按照规定要求企业补扣补缴个人所得税。根据《税收征收管理法》的相关规定，依法追缴该公司少申报缴纳企业所得税税款 86639.35 元，并予以加收滞纳金，补缴少代扣代缴个人所得税 26822.33 元，同时要求企业对计提的与费用无关的支出进行了调账处理。

【问题分析及工作启示】 税务机关对工业企业特别是关联企业税收的日常管理中应该注意如下几个方面的问题：一是要加强对工业企业的政策宣传力度，辅导企业财务人员掌握税收业务知识，提高企业自行申报能力和水平。二是税收管理人员要对企业进行不定期日常检查，以更加全面地掌握企业的实际经营情况、管理制度，从而判断企业是否有逃避缴纳税款义务的行为。三是要加强企业所得税的监督管理，特别是对查账征收的企业，尤其是关联企业，既要关注关联企业之间的往来情况，同时，也要注意关联交易的价格结算、资产处理、费用核销等问题。

（湖北省地方税务局稽查局供稿）

案例 2 -8
某房地产开发有限公司少缴税款案

【案件类别】 少缴税款案例

【案件所属行业】 房地产业

【案件特点】 强制执行环节与司法机关执行冲突，解决执行难的典型案例。

【案件来源】 人工选案

【基本案情】 某房地产开发有限公司于 2006 年 6 月 22 日注册登记成立，注册资本为 2050 万元，法人代表李某，由自然人李某出资 1845 万元，股权比例 90%，自然人曹某出资 205 万元，股权比例 10% 投资组成。主要经营房地产开发经营、物业管理、房地产中介服务。按权责发生制原则进行会计核算，使用用友财务软件。企业所得税由国税局征管。2014 年 6 月 25 日稽查局对该公司的涉税情况、发票情况进行了检查。检查认定该公司 2011—2013 年少缴营业税 5831788.52 元、城市维护建设税 408225.21 元、教育费附加 174953.67 元、地方教育附加 103686.14 元、价格调节基金 116635.74 元、土地增值税 1273590.64 元、印花税 20345.49 元、房产税 52769.69 元，土地使用税 206496.64 元、契税 763062.45 元；责令该公司代扣代缴个人所得税 34.20 元，上述税费合计 8951588.39 元，并对上述少缴纳营业税、城市维护建设税、城镇土地使用税、房产税依法按日加收滞纳税款万分之五的滞纳金。

针对上述涉税事宜，税务机关于 2015 年 5 月 25 日下达了《税务处理决定书》，该公司收到文书后没有按照规定履行纳税义务。

【违法事实】 2014 年 6 月 25 日稽查局对该公司的涉税情况、发票情况进行检查。检查认定该公司 2011—2013 年少缴营业税 5831788.52 元、城市维护建设税 408225.21 元、教育费附加 174953.67 元、地方教育附加 103686.14 元、价格调节基金 116635.74 元、土地增值税 1273590.64 元、印花税 20345.49 元、房产税 52769.69 元，土地使用税 206496.64 元、契税 763062.45 元；责令该公司代扣代缴个人所得税 34.20 元，上述税费合计 8951588.39 元，并对上述少缴纳营业税、城市维护建设税、城镇土地使用税、房产税依法按日加收滞纳税款万分之五的滞纳金。

【查办过程】　2015 年 5 月 25 日稽查局对该公司下达了《税务处理决定书》，但该公司没有按照文书要求履行纳税义务，Z 市地税局决定对该公司采取税收强制执行措施，并对该公司在工商银行的存款账户实施冻结。在对银行存款账户冻结过程中，发现该账户在 2015 年的 3 月和 5 月，已被 C 市第一中级人民法院等司法机构办理了司法冻结和司法强制执行扣划手续，该银行账户存在 3 次司法冻结手续。

（1）多头冻结，完成税收冻结手续。2015 年 11 月 18 日该公司银行存款账户有 200 万元的存款余额（已被司法机关冻结的银行存款账户，产生存款余额的原因是该账户属于房开公司银行按揭款支付专户，存款余额是按揭发生后直接进入该账户），稽查局要求对该账户再次冻结。银行提出该账户已经被冻结 3 次，由于银行系统设置的原因，不能实现第 4 次以上的冻结手续。稽查局根据《税收征收管理法》第 17 条第 3 款及第 73 条的规定，告知银行不能办理冻结手续属于银行内部问题，不能作为不冻结存款账户对抗税收执法的理由，如银行不按税务机关的要求冻结账户，造成税款流失，应承担相应的法律责任。经过与银行法制部门的沟通，银行对该公司账户进行了人工监管冻结，任何部门对该账户的资金需要进行扣划，必须先行征得税务部门的同意，至此稽查局完成第一步冻结银行存款账户的工作。

（2）轮候查封税款应优先。该账户被稽查局冻结后 3 天，C 市第一中级人民法院的相关执行人员对该账户的款项执行司法措施，要求银行协助司法机关扣划存款。银行部门提出税务机关冻结了该账户无法扣划款项。C 市第一中级人民法院认为银行部门妨碍司法执行，将对银行进行处罚，并对相关人员采取司法拘留。为此银行通知稽查部门，稽查局立即派人与 C 市第一中级人民法院执行人员进行商谈。法院执行人员与稽查人员座谈时提出，司法部门从未遇见有行政部门阻碍法院强制执行的，同时提出依照《最高人民法院关于人民法院民事执行中查封、扣押、冻结财产的规定》（法释〔2004〕15 号）的规定："冻结银行存款有先后顺序，谁先冻结，谁有权先行划款"，这是司法执行中的惯例。法院冻结扣划银行存款在税务冻结之前，应当先执行人民法院的强制措施。稽查局提出两点反驳理由：《最高人民法院关于人民法院民事执行中查封、扣押、冻结财产的规定》（法释〔2004〕15 号）的规定是针对人民法院之间采取司法强制措施冲突的规定，并不适用于其他行政部门的强制措施；即便适用于行政部门，该规定只对查封、扣押、冻结财产行为有先后顺序的规定，并没有对执行扣划行为有先后顺序的要求，到执行环节应当审查执行优先的问题。人民法院认为稽查部门提出的理由在司法执行中从未遇见，不能理解，仍然坚持应当先按照法院的规定先执行法院的强制措施。双方对此并没有达成共识。

（3）法院强行扣划，稽查部门依法争取税收优先权。由于税务与法院之间没有达成执法上的共识，人民法院认为法院只对应协助执行单位"银行"，银行不履行扣划义务，将对银行采取司法措施。工商银行对此十分紧张，向稽查部门提出是否先按法院的要求办理。稽查部门回复银行：该账户已被地税部门冻结，如果银行未经过税务机关同意将该款项划走，根据《税收征收管理法》的规定，银行同样也面临处罚的风险。银行风险是执法部门之间的冲突造成。鉴于实际情况，稽查局向工商银行发出税务事项通知，要求银行不能将该账户款项扣划给法院，应当保障国家税收的优先执行，同时向 C 市第一中级人民法院发出《协助执行函》，要求该院协助稽查局执行国家税款。主要理由是：最高人民法院《关于人民法院民事执行中查封、扣押、冻结财产的规定》（法释〔2004〕15 号）第 28 条规定的轮候冻结，只对法院之间适用，并且只是说明冻结存款有先后而未说明执行存款有先后之分。同时根据《税收征收管理法》第 45 条第 1 款的规定："税务机关征收税款，税收优先于无担保债权，法律另有规定的除外；纳税人欠缴的税款发生在纳税人以其财产设定抵押、质押或者纳税人的财产被留置之前的，税收应当先于抵押权、质权、留置权执行"。该法条表明国家税款优先于无担保债权，法院裁定强制执行扣划冻结的存款，是法院判决或者调解确定的无担保债权，其履行顺序应当在国家税收之后，在与税款征收产生冲突时应优先缴纳国家税款及税收滞纳金。

（4）法院优先执行国家税款。稽查局发函到 C 市第一中级人民法院提出为保障国家财政收入的征收，根据《税收征收管理法》第 5 条第 3 款、第 4 款规定："各有关部门和单位应当支持、协助税务机关依法执行职务"稽查局采取书面的行政执法要求，请 C 市第一中级人民法院协助，将该公司银行存款扣划到地税局账户缴纳相关税款。C 市第一中级人民法院从最初不理解，认为法院执行被行政机关阻碍，强烈要求按照法院的裁定执行，到认识到《税收征收管理法》确实确认了税收优先权，最终认可稽查局执行的税款优先于法院执行款，将该公司银行存款2000000元扣划到地税局税款缴纳账户，后续存款依然由地税部门优先执行。

【处理处罚结果】 检查认定该公司2011—2013年少缴营业税5831788.52元、城市维护建设税408225.21元、教育费附加174953.67元、地方教育附加103686.14元、价格调节基金116635.74元、土地增值税1273590.64元、印花税20345.49元、房产税52769.69元，土地使用税206496.64元、契税763062.45元；责令该公司代扣代缴个人所得税34.20元，上述税费合计8951588.39元，并对上述少缴纳营业税、城市维护建设税、城镇土地使用税、房产税依法按日加收滞纳税款万分之五的滞纳金。

【问题分析及工作启示】 本案属于税收执法与司法执法冲突的案例，法院作为司法最终裁定部门，一般难有其他行政部门与之对抗。现在税收执行案件中有很多少缴税款的纳税人资产都被司法部门采取了强制措施，对此税务机关应该尽全力维护国家税收的尊严。一是税务强制执行与司法强制执行产生冲突时，应该严格按照税收法律规定的税收优先权主张税收优先。二是在司法冲突过程中应当对相关部门、金融机构主张税务机关的行政执法权力，并出具相关通知书，书面告知相关部门。三是对人民法院应该多作沟通，通过座谈、发函、发通知等形式让人民法院尊重税收执法权。

（贵州省地方税务局稽查局供稿）

案例2-9
某物业管理有限公司隐瞒收入少缴税款案

【案件类别】 少缴税款案例

【案件所属行业】 房地产业

【案件特点】 根据举报线索，稽查人员围绕纳税人的涉税情况开展调查：到主管税务机关调阅该公司“一户式”档案，从地税征管系统抽取2011年5月—2015年7月的纳税数据和发票使用情况，并对这些资料进行相关分析，以掌握公司基本情况，为具体实施检查，确定检查重点和疑点做好准备。

【案件来源】 举报案件

【基本案情】 某物业管理有限公司成立于2011年5月9日，是某市物业管理有限公司下属独立核算的分公司，经营范围：在隶属企业授权范围内从事物业管理活动；沙盘模型设计；经济信息咨询；工艺美术品的销售。经分析，该公司2011年5月—2012年存在将收取的物业管理费不记收入的嫌疑。

【违法事实】 少缴营业税36213.29元、城市维护建设税1810.67元、印花税152元、企业所得税18106.65元、教育费附加1086.40元、地方教育附加724.26元，税费合计58093.27元。

【查办过程】 稽查人员按照相关法定程序，调取了该公司相关账簿和凭证进行检查。通过检查发现2011年5—12月账簿记载取得物业管理费收入9978.40元、2012年取得物业管理费收入48496.80元、2013年取得物业管理费收入473502元、2014年取得物业管理费收入598474.20元、2015年1—7月取得物业管理费收入307615.99元。通过对比分析，发现该公司2011—2012年纳税情况与2013—2015年纳税情况有明显差异。检查人员进一步对原始凭证进行检查发现该公司2011年5—12月的原始凭证中竟无任何收取物业管理费的凭证，只是在当年的9月和12月共申报了物业管理费收入9978.40元。而在2012年的原始凭证中除开具给某分公司和某县农村信用社及少数业主收取物业管理费的凭证是正式机打发票外，无任何收取物业管理费的凭证。在2013—2015年原始凭证的检查核对中，除极少数业主因特殊原因未交物业管理费外，该公司在向业主收取物业管理费用时都开具了正式机打发票。经分析，该公司2011年5—12月及2012年存在将收取的物业管理费不记入收入的嫌疑。

稽查人员首先对企业会计人员进行询问调查，请其解释2011—2012年纳税情况与2013—2015年纳税情况有明显差异，及2011—2012年原始凭证中无任何收取物业管理费的凭证的疑点问题。会计人员的解释为：她接手公司账务的时间为2013年1月，以前的账务不清楚（原会计已于2012年底离任）。其次，进行外部调查取证。稽查人员通过走访部分业主取得了《物业管理费收取合同》及该公司收取物业管理费开具的收款收据等部分证据。再次，对公司法人和财务人员进行询问。经过稽查人员摆事实、讲道理，耐心细致宣传解释，最后在事实面前，公司法人和财务人员承认：2011年5—12月及2012年公司收取业主物业管理费时采取开具收款收据不记收入的方式以少缴税款的事实。并提供了收款收据存根。最后，稽查人员在收集到大量证据资料的基础上，将收款收据进行归集统计并与账簿记载取得物业管理费收入的数据进行比对，查清了该公司少缴营业税36213.29元、城市维护建设税1810.67元、印花税152元、企业所得税18106.65元、教育费附加1086.40元、地方教育附加724.26元，税费合计58093.27元的全部违法事实。

【处理处罚结果】 根据《营业税暂行条例》《城市维护建设税暂行条例》《印花税暂行条例》《征收教育费附加的暂行规定》《云南省人民政府办公厅关于征收地方教育附加问题的通知》《税收征收管理法》的规定，向该公司追缴营业税36213.29元、城市维护建设税1810.67元、印花税152元、教育费附加1086.40元、地方教育附加724.26元。根据《企业所得税法》及其实施条例、《税收征收管理法》的规定，向该公司追缴企业所得税18106.65元。根据《税收征收管理法》第32条规定，对少缴的税款56282.59元（除教育费附加1086.40元和地方教育附加724.26元外），从税款滞纳之日起至送达稽查通知书之日止，按日加收万分之五的滞纳金30058.98元。根据《税收征收管理法》第63条第1款、《省地方税务机关行政处罚裁量标准》的规定，对少缴的营业税、城市维护建设税定性为偷税，处予50%罚款合计19011.98元。根据《税收征收管理法》第64条第2款、《省地方税务机关行政处罚裁量标准》《国家税务总局关于印花税违章处罚有关问题的通知》（国税发〔2014〕15号）的规定，对应缴少缴的印花税、企业所得税处予50%的罚款合计9129.32元。

【问题分析及工作启示】 一是应注重税法宣传的长期性和有效性，全面提高公民的纳税意识。在当前的税收征管中，不仅要注重完善和普及税法宣传的渠道、方式和手段，更要注重宣传工作的长期性和有效性。要将税法宣传作为一项日常工作来抓，在宣传时将重点放在正反典型的宣传上，使宣传真正深入人心，从而增强全民依法纳税意识，在全社会形成遵纪守法、遵章纳税的良好环境。二是加强发票的源头控管工作。加强对网络开票单位实行按月申报纳税，鼓励消费者积极主动索要发票。这样既可以促进发票管理的规范化，又可以调动全社会参与发票打假的积极性。三是主管税务机关要重视对企业经营情况的掌握，确保征管到位。主管税务机关在日常税收征管中要对企业经营情况实时了解和掌握，对经营情况变化较大的企业要做好实地检查和账务检查，防止企业以此隐匿收入偷逃税款。

（云南省地方税务局稽查局供稿）

案例2－10
某公司政策性搬迁所得少缴税款案

【案件类别】 专项检查

【案件所属行业】 租赁和商务服务业

【案件特点】 企业政策性搬迁所得的检查，在实际工作中是不常遇到的。政策性搬迁跨年时间长、政策变化多，本案就政策性搬迁中补偿收入数额大，相应的搬迁支出哪些可以扣除、如何扣除以及如何审查企业搬迁所得等进行了一系列严谨细致地审查。在企业搬迁清算所得上实现了突破，对涉及搬迁企业的涉税稽查具有很强的指导性和启示作用。

【案件来源】 自主选案

【基本案情】 检查组首先通过征管系统查阅该单位纳税征管资料，针对政策性搬迁调取了相关税收文件进行系统的研究学习，在吃透文件的基础上深入研究案情，针对疑点多方求证，抽丝剥茧，确定涉税问题，召开案情分析会，多点论证，切实固定案情，查实该公司少申报缴纳 2014—2015 年度企业所得税合计 2236885.5 元。J 市某化工有限公司成立于 199×年 7 月，于 199×年 7 月取得企业法人营业执照，199×年 8 月办理税务登记证；注册资本为 400 万元；注册类型：私营股份有限公司。经营范围：颜料、染料、中间体的研制和开发，化工技术工艺咨询服务和技术转让。该单位独立核算，自负盈亏。

【违法事实】 根据 J 市人民政府会议纪要文件，该公司于 2009 年 9 月被确定为规划搬迁企业，于 2014 年进行搬迁清算，搬迁收入合计 27174000 元，搬迁支出合计 34726418.45 元，搬迁所得为 -7552418.45元。在对搬迁支出的审查中发现以下问题：该公司于 2009 年 9 月被确定为规划搬迁企业，但搬迁支出中列支 2006 年发生购买土地款 1605578 元，2007 年发生购买土地款 206973.90 元，合计 1812551.90 元；该公司于 2015 年 12 月 21 日通过股权变更方式取得某医药化工有限公司 50% 的股权，但搬迁支出中却列支某医药化工有限公司 2010—2014 年发生的购置各类资产支出 14207408.54 元。

对以上有时间差异支出进行调整，搬迁所得为 8467541.99 元。应补缴企业所得税 2116885.50 元。

该公司 2015 年 12 月 9 日记账凭证 3-6 号记载收取 J 市某局专项资金 480000 元，列专项应付款，未计入收入总额。由于该公司不能提供规定资金专项用途的资金拨付文件和财政部门或 J 市某局对该资金的专门资金管理办法或具体管理要求，根据《企业所得税法》第 6 条及《财政部　国家税务总局关于专项用途财政性资金企业所得税处理问题的通知》（财税〔2011〕70 号）的规定，应调增应纳税所得额 480000 元。应补缴纳企业所得税 120000 元。

【查办过程】 （1）检查预案。检查组首先通过征管系统查阅该公司的纳税征管资料，了解该公司的税务登记、税种鉴定、纳税申报等信息；通过综合业务平台，分析比对该公司两年来的纳税情况，通过综合治税信息查询企业近年来土地房屋转让出让购买等信息，通过静态资料综合分析，发现纳税人 2009 年发生过政策性搬迁，按照政策性搬迁所得核算规定，2014 年度属于政策性搬迁的 5 年核算期间，检查人员决定将工作重点放在审查企业政策性搬迁所得清算问题上。

（2）检查具体方法。鉴于在初审中发现重大涉税疑点，检查组不敢掉以轻心，首先针对政策性搬迁调取了相关税收文件进行系统的研究学习，在吃透文件的基础上再深入研究案情。

初步案头审核财务报表，表表比对，发现巨大疑点。检查组审核了该公司提供的财务报表、企业所得税报表等纸质资料。该公司 2014 年企业所得税申报正常，未发现有政策性搬迁有关所得情况，但在征管系统中有政策性搬迁纳税调整明细表，其中记载有搬迁收入 2717.40 万元，搬迁支出 3472.64 万元，搬迁损失 -755.24 万元。作为疑点线索，首先对企业财务人员进行询问，确认该搬迁纳税调整明细表是对 2009 年政策性搬迁的清算。但是为何出现如此大额清算损失，企业会计解释是由于搬迁停产，企业新投资项目投资数额巨大导致出现损失。

责令企业提供详细资料，深入审查，发现具体问题。检查人员要求企业提供详细搬迁资料：包括政府搬迁文件、搬迁收入情况、投资项目有关支出相关资料。按照时间顺序，逐一理清企业的搬迁经过、每一笔搬迁收入及相应的支出情况。经审查发现以下情况：该单位于 2009 年 9 月被 J 市政府确定为规划搬迁企业，2010 年 1 月开始在 J 市筹建新仓库、车间。于 2015 年进行清算，年度为 2010—2014 年度。符合税务总局 2012 年第 40 号公告《企业政策性搬迁所得税管理办法》。经查，该公司于 2013 年、2014 年分别收到拆迁补偿收入 27174000 元，在搬迁支出中列支 2006 年发生购买土地款 1605578 元；2007 年发生购买土地款 206973.90 元；进一步审查清算报告，发现该公司列支异地安置发生的重置固定资产和土地使用权支出 14207408.54 元。该两项支出数额巨大，检查组将其列为重大疑点，进一步加强审查。

针对疑点多方求证，抽丝剥茧，确定涉税问题。针对列支 2006、2007 年度的土地款问题，该公司解释：早在 2006 年市政府就准备搬迁该公司，在正式搬迁前，该公司就着手购买土地，2010 年开始建设。并将总部和研发中心搬迁至此。对异地安置问题，该公司提供了搬迁有关文件，列明公司总部和研发中心留在 J 市，生产基地搬迁至 S 省 Y 市，建筑面积 3 万平方米，建设周期 1.5 年。检查组决定对这两个问题进行深入调查。

针对企业的解释，检查组通过综合治税信息进一步求证事实的真实性。通过与国土局沟通，取得该公司的土地信息。该公司于 2007 年 3 月取得 B

办事处Y村土地29567.70平方米，2007年6月、2012年10月分别取得J市Y办事处土地12882平方米、23146平方米，以上3笔土地购置费用与账面记载相符。

针对异地搬迁情况，检查组认真细致地研究了企业的投资协议以及股权变更等资料。该公司于2009年以单位职工自然人名义购买S省某医药化工公司，之后以这家公司名义在S省购买土地、建设厂房，作为该企业的生产基地，并于2015年12月21日通过股权变更方式取得S省某医药化工公司50%的股权。至此，整个案情脉络逐渐清晰。

召开案情分析会，多点论证，切实固定案情。鉴于该案案情复杂，稽查局专门召开案情分析会，会上，大家积极讨论，一致认为，该公司虽然发生了购置土地支出，但支出发生在企业搬迁之前，不应该在清算年度列支；异地安置支出部分，2010—2014年发生的费用与该公司没有关系，清算所得后，该公司才以股权变更方式取得S省某医药化工有限公司50%的股权，这只能理解为是一种投资行为，不得作为搬迁支出。

积极加强税企沟通，多次约谈，促使企业承认错误。鉴于该案涉税数额较大，给企业在心理上和财务上都带来一定冲击。针对该问题，检查组做了大量工作，对该企业法人和财务人员进行几次约谈，政策攻心，将政策性搬迁有关文件规定进行多次详细讲解分析。企业终于承认，当初做账务处理时，误认为只要是以搬迁企业为主体购买的资产都可以扣除，所以出现大额清算支出。检查组与财务人员对清算支出逐一查阅，核实清算支出年度、支出项目、支出金额，对不符合列支条件的进行核实后予以剔除。经对以上有时间差异支出进行调整后，搬迁清算所得为8467541.99元。根据《企业所得税法》第6条规定，调整后应纳税所得额为8467541.99元，少申报缴纳2014年度企业所得税2116885.50元；后又查实对2015年企业取得的专项资金480000未申报企业所得税12万元，合计2236885.5元。

【处理处罚结果】　根据《税收征收管理法》第63条第1款规定，追缴其少缴的2015年度企业所得税120000元，责令限期补缴入库。并处以少缴税款50%的罚款，罚款金额为60000元。

根据《税收征收管理法》第32条规定，对该公司应补缴的2014年企业所得税2116885.50元，责令限期补缴入库。

根据《税收征收管理法》第32条的规定，对该公司补缴的2014年企业所得税2116885.50元、2015年企业所得税120000元，从滞纳税款之日起，按日加收滞纳税款万分之五的滞纳金。

【问题分析及工作启示】　一是要加强对政策性搬迁所得的日常管理。随着城市建设和房地产开发的发展，城区内部分企业发生政策性搬迁，往往会获得巨额搬迁收入，政策性搬迁涉税处理具有账务处理复杂、时间跨度长、搬迁金额较大、支出项目审核难度大的特点，税务机关要加强对搬迁企业的管理，既要将搬迁企业列入重点跟踪管理目录，又要加强对搬迁企业财务人员的税收政策辅导，提高财务人员对政策性搬迁涉税申报处理的准确度。

二是要加强内外资料审查核实力度，找准发力点，提高稽查效果。对纳税人检查，要通过外围综合治税、内部征管系统的比对核实，找准发力点。本案一方面通过综合治税信息、征管系统查找到了企业以前年度存在搬迁，且检查年度在搬迁清算5年清算时间点内的事实，找准了检查疑点和发力点；另一方面政策把握准、提高了稽查效果，由于政策性搬迁账务处理复杂、时间跨度大、支出金额大、涉及资料复杂，检查组严把政策关，落实好政策，确认了有关收入支出是否符合政策要求，既提高了企业依法纳税意识，又维护了税收的权威性，增加了税收收入。

（青岛市地方税务局稽查局供稿）

三、骗取出口退（免）税案例

案例3－1
某进出口公司骗取出口退税案

【案件类别】 骗取出口退（免）税案例

【案件所属行业】 批发和零售业

【案件特点】 从虚假资金流入手，通过资金发现企业经营中存在问题，查找真实货主，确定骗税行为。

【案件来源】 人工选案

【基本案情】 某进出口公司于2013—2014年期间，采用伪造销售合同，购买虚开增值税专用发票入账虚构进项，向报关行购买出口报关单等手段，假报出口，骗取出口退税款902.5万元，有485万元已经申请退税的税款不予退税。

【违法事实】 经查发现，该公司存在重大的骗取出口退税问题，主要有以下几方面：

（1）言词证据证实企业未实际参与纺织品经营活动。一是某有限公司法定代表人张某证实经该市政府和外经贸局介绍认识了该市某纺织公司的股东之一齐某，协助他们出口纺织品，该公司不出资金，由齐某解决出口货物的赊货工作，同时齐某联系外国客户、国内生产厂家供货及货物的出口等工作。该公司业务员赵某负责与齐某联系业务。但在纺织品出口业务中，赵某没有与海关、报关行和货代进行过联系。法定代表人承认在纺织品出口业务中，除了两笔业务外，其他全部纺织品出口业务都是齐某负责联系货物的购进及出口。经查证，企业出口纺织品收入10799万元，账面没有运输费用、没有报关费用，经营纺织品没有利润。二是经该公司业务员赵某及会计孙某证实，由赵某根据齐某提供的出口报关单制作纺织品退税用的《箱单》《A4纸发票》《某市出口专用发票》，制作后交给会计孙某，在纺织品出口业务中，赵某及会计孙某没有联系过任何国内、国外客户，没有向海关、报关行及货代提供过任何填制好的报关单据，只向齐某提供过加盖公章的空白出口报关委托书，向其提供了加盖该公司公章的空白A4纸，用于制作装箱单、发票等。三是根据犯罪嫌疑人齐某供述，他负责联系的出口业务虽然有货物出口，但货物都不是他联系的，真实的货主他不清楚。

（2）经核实该公司没有实际参与经营纺织品货物出口的事实。检查人员到天津海关、北京海关、深圳海关、霍尔果斯海关及喀什海关及相关报关行、货运公司进行了外调取证，调取了该公司出口报关单相关的报关资料，并核实了部分出口业务，发现117笔出口业务存在问题。2013—2014年期间先后两次从北京海关出口化纤制女式防风衣一批，经与公安机关联合取证，业务不真实。经过与公安机关及锦州海关缉私局联合办案，发现该公司向税务机关申报退税的资料与提供给海关的报关资料不符，企业向税务机关提供的报税资料中的购货人与向海关报关出口的购货人不一致，购货合同、箱单等资料均不一致。

【查办过程】 根据检查工作安排，检查人员先对企业账面资料进行详细核实，重点核实了企业出口纺织品信息，主要有购入纺织品的金额、数量、供货人、付款情况，销售纺织品的数量、金额、购货人，销售纺织品收汇信息，报关出口的详细信息。将出口纺织品涉及的资料全部进行了复印取证，并制作了表格。

经核查，发现应付账款余额较大，不符合经营常规。经外调发现涉及的H省C市两户供货企业在2013年已经注销。又发现资金回款异常，即企业将货物出口到俄罗斯、塔吉克斯坦、吉尔吉斯斯坦等国家的84笔业务，金额6619万元，但仅从吉尔吉斯斯坦收款486万元，企业没有向英国出口货物，但是从英国收款4133万元。

经过对法定代表人张某询问，该公司货物采购由齐某负责，出口业务通过电话、传真联系，本企业负责运输、出口货物，但账面没有运输费用、没有报关费用。

然后，检查人员以供货企业为突破口，与公安机关组成9人联合检查组到河北某县对该公司收购棉花情况进行外调。核实了企业涉及的部分棉花种植人员，有6人不能证实向其销售过棉花，并且没有出示过身份证复印件，由于当地部门不配合，其他人员无法核实。

最后，检查人员转换工作思路，与公安机关联合到海关、报关行、货代公司核实出口业务情况，先后三次到天津海关、货代、河北某县核实出口业务情况，查清了真实的货主；到深圳海关核实相关业务，进行取证；到新疆乌鲁木齐海关进行取证。

【处理处罚结果】 对涉嫌骗取出口退税款903万元予以追缴，2014年已申报未退出口退税款485万元不予退税，案件已进入刑事司法程序，待司法机关处理后酌情进行处罚。

【问题分析及工作启示】 一是骗税案件具有隐蔽性与复杂性，且涉及部门较多，各部门之间一定要密切配合。二是税务机关检查权限有限，涉及人员调查时存在较大的困难。对骗税案件的查处需有公安机关的大力支持。三是不能局限于传统的方法从查处虚开发票入手，应该充分学习相关文件，紧紧围绕“假报已税出口业务”这一中心开展各项工作，查找伪造出口合同，虚构资金流等事实，充分证明虚构“已税出口业务”违法事实，确定出口骗税的违法事实。

（辽宁省国家税务局稽查局供稿）

案例3－2
某服饰有限公司骗税案

【案件类别】 骗取出口退（免）税案件

【案件所属行业】 制造业

【案件特点】 该公司利用货代公司购买出口货物信息，以支付手续费的形式取得虚开的增值税专用发票，向外汇黄牛购买外汇，虚构完整的出口业务并向国税进出口税收管理部门申报退税。

【案件来源】 上级交办

【基本案情】 某服饰有限公司成立于1993年4月，注册地址为W市经济开发区，注册资金5000万元，法定代表人徐某旭，公司主要从事制造、加工、销售服装、针织、皮革制品、鞋帽、箱包；货物进出口、技术进出口业务，有员工100余人，为增值税一般纳税人，2003年12月被认定为出口退（免）税企业。

W市国税局稽查局接到检查任务后，成立专案组，在做好充分准备的基础上，抓住供货来源（进项发票来源）情况、外汇结算情况和退税单据情况三个关键点，指派骨干，查精查实，一方面对该公司取得进项增值税专项发票的温州本地百余户企业一一展开调查，另一方面向异地税务机关发出协查函，对该公司取得的异地发票进行全方位协查。并与公安部门成立联合专案组，合署办公，及时交换案件信息，最终使案件得到有效查处。

【违法事实】 （1）该公司向X公司、H公司购买出口货物信息。（2）查明该公司以支付手续费的形式从W地区及外地多户企业取得虚开的增值税专用发票。现查明虚开情况有：一是该公司向林某平支付5%的手续费，取得45份虚开的增值税专用发票，金额39829059.83元，税额6770940.17元，价税合计46600000元；二是该公司取得W本地区18家企业虚开的增值税专用发票193份，价税合计35203788.37元；三是通过中间人高某国取得河北石家庄9家企业虚开的增值税专用发票398份，价税合计45388385.05元。通过中间人黄某永取得新疆克孜勒苏地区2家企业虚开的增值税专用发票65份，价税合计56363800元；取得山东沾化3家企业虚开的增值税专用发票300份，价税合计32605705.04元；涉嫌取得河南4家企业虚开的增值税专用发票40份，价税合计5832682.74元。四是对该公司取得外地企业开具的增值税专用发票发函协查，其中浙江省（不含宁波）146户企业，涉及发票952份，价税合计115539810.45元。山东、宁波、青岛等21个省市101户企业，发函协查发票2167份，价税合计

347186998.3元。(3) 向外汇黄牛徐某芳、麻某霸等人购买美元外汇，已证实2010年该公司购买美元2869650元，2011年购买美元10047861.29元，2012年购买美元23719823.50元。

【处理处罚结果】 根据《税收征收管理法》第66条规定，对温州腾旭服饰有限公司从2010—2014年期间总计骗取出口退税48207492.58元予以追回，并处罚款1倍。移送司法机关，依法追究刑事责任。

【问题分析及工作启示】 该案的查处，狠狠地打击了骗税犯罪分子的嚣张气焰，摧毁了一批职业骗税犯罪团伙和网络，及时挽回了国家税收损失，整顿规范了出口退税管理秩序。相关涉案人员或被检察机关起诉或被公安机关通缉，相关虚开增值税专用发票的企业也被罚款，有效发挥了警示教育作用，产生了良好的社会反响，使广大纳税人更直观地感觉到合法经营的必要性，也对那些心存侥幸、有潜在违法动机的纳税人敲响了警钟，真正做到了“查处一案，宣传一片”。同时，案件的查处也有效锻炼了稽查队伍里的年轻干部，提高了稽查人员的实战经验和业务水平。

（浙江省国家税务局稽查局供稿）

案例3－3
凌某等人犯罪团伙涉嫌虚开骗税案

【案件类别】 骗取出口退（免）税案例

【案件所属行业】 制造业、批发和零售业

【案件特点】 本案是对虚开骗税犯罪实施“快、准、狠”打击的一个典型案例。在案件查办过程中，税务总局G工作组调取全国数据资源，依托上下游大数据，以“抽丝剥茧”的方式对票源层层解剖，在实施检查前即勾勒出虚开骗税网络，充分发挥大数据选案精确制导的作用。宜春市国税、公安部门密切配合，发挥各自优势，战术得当，措施有力，快速控制犯罪团伙主要人员，获取关键证据，取得案件查办的关键性突破。税务总局G工作组与Y市专案组打破区域限制，围绕打击骗税团伙，分兵合击，联动开展案件查处工作，提高案件查办效率。案件查办实践中形成的信息化、一体化的办案模式，对今后查办骗税案件具有较强的借鉴意义。

【案件来源】 其他部门移交

【基本案情】 2015年9月底，Y市国税局稽查局接到税务总局G打骗工作组移交的，涉及Y县H贸易有限公司（以下简称H公司）等企业涉嫌虚开增值税专用发票违法犯罪行为的线索。Y市国税局稽查局立即对相关企业进行数据分析、深入实地暗访，发现H公司自2012年8月—2015年10月开具的增值税销项发票上注明的货物名称为灯具、开关、灯座、挂件等灯具配件材料和PE保护膜。该企业接受的增值税进项发票中注明的货物名称却是0#车用柴油、重质油、杨树木方等原材料，货物进销品名严重不符。而该企业非生产加工企业，账面也没有委托加工业务的记载，存在重大虚开增值税专用发票嫌疑。Y市国税局稽查局立即将相关线索移送给Y市公安局经侦支队，双方决定同时立案，联合办案，组建“10·16”专案组，开展案件“经营”，深入多地核查，最终查实了以凌某文为首的犯罪团伙，利用2家外贸出口企业、4家生产企业和4家贸易流通企业，通过购买虚开的进项增值税专用发票抵扣税款、向外贸出口企业无货虚开增值税专用发票、购买申报不实（嫁接）的海关报关单和伪造提单等方式进行“配票”、通过地下“钱庄”买汇等非法手段骗取出口退税的重大犯罪事实。

【违法事实】 经查，H公司的实际控制人凌某文（G省J市籍），2010年5月12日到2012年9月23日期间在江西修水先后又成立了9家企业，其中4家为生产企业，1家外贸出口企业，其余4家公司均为贸易企业，凌某文通过设在广东江门的办公场所对这些企业进行指挥操控。

凌某文犯罪集团的骨干成员有：管理涉案资金的犯罪嫌疑人麦某贤，调控涉案虚开发票票据的犯罪嫌疑人李某卿，宜丰2家企业的财务负责人郭某玲和修水7家企业的财务总负责人胡某斯等。另外，G市Z经贸有限公司出口贸易部的杨某勤和杨某一父子及其下属唐某杰、G省L国际集团股份有

限公司国际贸易部的梁某新，提供报关单的詹松山，地下钱庄负责人赖某斌（也提供报关单）是整个骗税犯罪链条的主要成员。以上犯罪嫌疑人互相串通、分工合作，通过无货物交易虚开增值税专用发票骗取出口退税。

凌某文犯罪集团的犯罪运作模式是：一是非法买单配票。凌某文分别从赖某斌和詹某山处获得报关行不实申报的出口报关单，安排犯罪嫌疑人李某卿联系J省四家生产企业根据报关单信息虚开专用发票，完成买单配票过程。二是伪造内外贸易合同。李某卿将出口报关单信息告知Z公司的杨某勤或者L公司的梁某新，杨某勤、梁某新得到信息后，就将盖有Z公司或L公司印章的外贸合同、用于国内购买货物的购销合同和空白委托书以及相应的商业发票提供给李某卿。李某卿在外贸合同上盖上伪造的外商公章，再将委托书填写完整，同时将购销合同寄给Y县生产企业的财务负责人郭某玲或者X县生产企业的财务负责人胡某斯，由他们盖好章后寄还给李某卿。李某卿再统一将伪造好的两份合同和委托书寄还给Z公司或L公司。三是伪造出口资金流。凌某文通知李某卿联系赖某斌兑换外汇，由赖某斌提供账号给李某卿，李某卿通知麦某贤将相应结汇金额打入此账户。之后赖某斌将凌某文方面兑换购买的外汇通过境外公司打入到出口企业账户。结汇后，Z公司或L公司将“货款”连同骗取的出口退税款打回给凌某文在J省的四家生产企业，完成出口环节的资金回流。依靠上述犯罪手段，凌某文最终达到骗取出口退税的目的。以G省Z公司为例，上述违法事实的运作模式见图1。

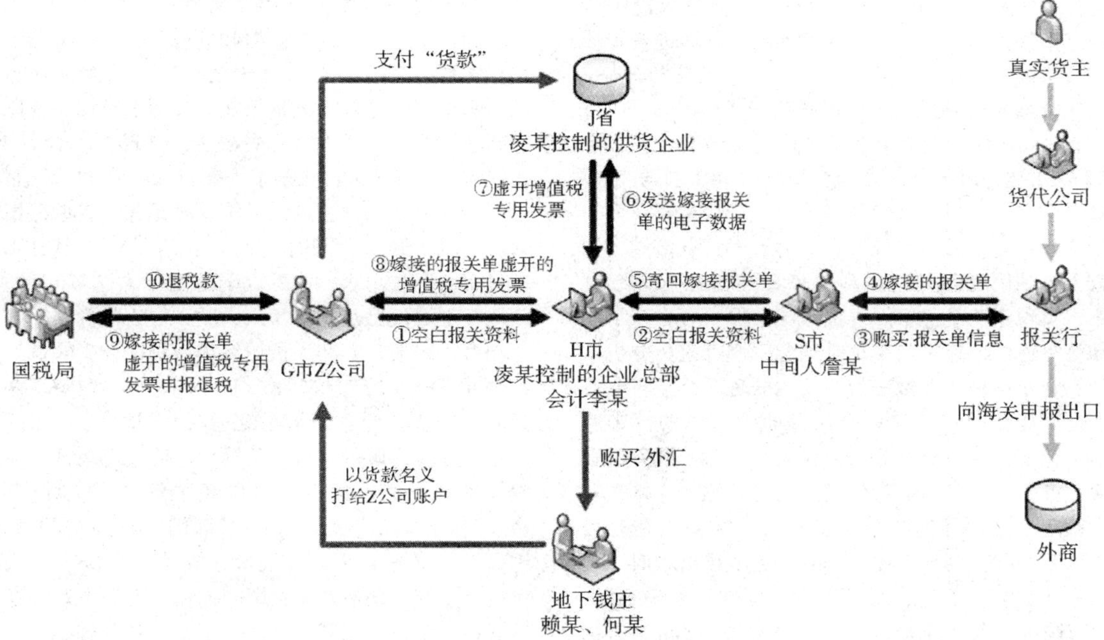

图1 凌某等犯罪团伙虚开发票运作流程

【查办过程】 （1）案头分析，追根溯源。2015年9月底，税务总局G打骗工作组检查人员在对A外贸公司分析申报出口退税信息时，发现A公司大量灯具产品出口的供货企业为J省Y市等地B灯具公司等4户企业，分析认为G省本是灯具生产基地，舍近求远从省外大批量购进灯具存在异常，据此对B灯具公司等4户供货企业进行了延伸分析。

通过调取B公司等企业发票数据，发现B公司的进项大部分来自J省内的C公司等5户商贸公司，发票上注明的货物名称大部分为五金配件等生产灯具所需的原材料。检查人员又进一步对C公司等企业进行分析，发现C公司的进项发票主要来自G省J市D公司等江西省外的商贸公司，发票上注明的货物名称大部分为汽柴油等成品油产品，通过C公司开具和取得发票的比对，发现C公司存在进销项不匹配的异常情况。为进一步落实案件线索，检查人员继续对D公司等企业进行分析，发现D公司等企业销售对象大部分是省外企业，大都在短期内大量开票后注销、走逃或是零申报，进项发票大部分来自石油石化销售企业，具有较为明显的利用成品油“富余”票实施虚开犯罪行为的特征。最终，通过先后调取15个省（区、市）内部信息系统的税务登记、纳税申报、发票明细数据和互联网公开信息100万余条，并对票源层层剖析，检查人员将案件线索最终确定为以石油富余票为票源、以商贸公司为中间层的虚开骗税团伙犯罪。

（2）外围调查，拨云见日。初步确定案件线索后，2015年10月初，税务总局G打骗工作组将案件线索移交Y市国税局稽查局查办。为进一步确定案件线索，Y市国税局稽查局一方面进一步梳理分析涉案企业基础信息，另一方面组织人员对B五金灯饰公司等企业进行秘密外围调查。

B公司位于县城工业园区内，占地几十亩，有3栋几层楼高的办公楼、生产车间和1栋职工宿舍，但调查人员在外围观察没有生产迹象，在询问厂区保安时，保安十分警觉。为了不打草惊蛇，调查人员利用晚间时间，再次来到经营地点继续观察，发现企业晚上仍无人员进出，但所有生产车间却灯火通明，连续几晚都是如此。调查人员分析认为，企业这种异常做法的主要目的是通过空转电费伪造产能。同时，对C公司等商贸企业的摸排也取得突破，通过对企业法人代表、股东、财务负责人、办税人员信息的身份信息比对和侧面摸排，基本确定B公司等生产企业和C公司等商贸企业均为凌某实际控制。至此，凌某已逐渐浮出水面。

（3）初步交锋，引而不发。案件线索确定后，Y市国税局稽查局立即启动税警联合办案机制，将相关线索和初步摸排情况移送宜春市公安局经侦支队，2015年10月16日，双方决定同时立案，成立联合专案组，开展案件查处工作。

针对凌某控制企业多、隐蔽性强的特点，专案组进一步逐户分析涉案企业的收入变动、实际产能、能耗物耗、发票流向、关联关系等信息，以评估检查名义调取企业账簿，搜集整理相关资料。然而在对部分企业调账评估后，引起了不法分子警觉，出现了转移账簿凭证等迹象。为此，专案组放出“烟雾弹”，立即归还了所调取的企业账簿，恢复了涉案企业的发票供应，采取“外松内紧”方式开展案件查处工作。国税稽查部门进一步利用系统数据，核实比对货物进销情况，向下逐层查询资金回流通道，顺藤摸瓜，分析骗税脉络。公安部门发动经侦、技侦、情报、网监等部门力量，在多地同时对涉案人员进行技术监控，摸排犯罪网络的组织结构、涉案人员的社会关系和活动规律，锁定主要犯罪嫌疑人。最终经过近一个月的案件经营，专案组不动声色地摸清和掌握了犯罪团伙的幕后主使、关键人员、重要证据和账户资金。

（4）集中行动，同步出击。基本摸清犯罪团伙真实身份、活动轨迹后，2015年11月中旬，Y市专案组与税务总局G工作组制定了详细的专案集中行动方案，由公安部门展开专案收网行动，两地税务部门同步对涉案企业开展突击检查。

通过前期监控，Y市专案组获悉犯罪嫌疑人凌某将最关键的犯罪证据存在随身携带的手提电脑中，为了第一时间保护证据和进行取证，Y市国税局稽查局选派一名业务骨干全程参与公安抓捕行动。由于犯罪嫌疑人具备较强的反侦查意识，在跟踪抓捕的几天时间内，犯罪嫌疑人自驾车从G省J市流窜至J省J市再流窜至J省M市，期间不用自己身份证开房、乔装进入宾馆躲避摄像头，使办案人员很难定位。参与行动的公安与国税人员在G省只穿着一件单衣，追踪近千公里至J省M市时，当地晚上温度已是零下8摄氏度，但为了确保抓捕行动万无一失，办案人员始终连夜蹲守在犯罪嫌疑人停放在宾馆的自驾车旁。11月18日，在蹲守两日后，凌某终于走出房间来到宾馆大堂，专案组一举将其抓获。国税随行人员第一时间现场取证，从犯罪嫌疑人的手提电脑拷取相关资料。同时，Y市、J市、G市等地国税稽查部门，对选定的A、B、C、D等重点企业开展突击检查，现场查获大量接受虚开、伪造产能、资金回流、运费虚假等证据材料，为案件顺利查办奠定了坚实的基础。

（5）密切协作，上下联动。案件取得关键突破后，Y市专案组与税务总局G工作组结合犯罪嫌疑人初步供述和突击检查查获资料，再次对案情进行了研判，确定以打击凌某骗税团伙为主线，分工协作，协同开展上游虚开与下游出口检查，实施联动查处。

税务总局G工作组在对外贸企业突击检查获取的邮寄单证中发现，A公司等外贸企业与B灯具公司等出口供货企业之间的购销合同和出口单证，都是邮寄给J市H市的一个门牌号码，从而意识到该地点可能是骗税团伙的窝点，因此立即派员赶往H市，发现该门牌是一个临街店面，已人去楼空，检查人员将有关情报线索通报给Y市专案组。Y市专案组结合前期监控情况和G工作组提供的情报，很快确定该地点为凌某骗税团伙的主要成员李某的工作点，并摸排出李某的真实身份上网通缉。在强大的威慑力下，李某主动向公安机关投案自首，交代其根据凌某指使，收受、传递非法购买发票、非法购买外汇和非法购买报关资料的行为，说明了有关信息、资料的周转流程等情况。提供了与有关人员的QQ聊天记录，详细反映了其收受、传递非法购买发票、非法购买外汇和非法购买报关资料的具体过程。提供了其本人保存U盘中的电子数据，详细反映了由其经手，非法购买他人提供的报关资料，通过A公司等外贸企业出口的明细数据。

根据犯罪嫌疑人供述，Y工作组将为骗税团伙非法提供出口单证、非法“走汇”的犯罪团伙纳入打击范围。检查人员通过深入细致地分析比对犯罪嫌疑人供述、QQ聊天记录、个人账户资金流水、外贸公司外汇来款记录、出口备案单证等资料，迅速锁定相关涉案人员主要在S市活动，并最终确定其真实身份，先后抓捕2名“卖单”“走汇”的不法分子，查清了骗税团伙以出口金额1%左右的手续费非法取得出口单证、通过地下钱庄非法“走汇”的违法事实。税务总局G工作组集中开展查找真实货主和出口备案单证鉴定工作。向19家船公司调取海运提单4933份，通过与海关报关单数据进行比对，发现不符提单1577份，根据不符提单具体情况，分别采取顺查和逆查的方法寻找真实货主。顺查是按海运提单——货代提单的顺序，根据船公司提供的订仓人信息，逐级向上一环节查找货代公司，直至找到真实货主。逆查是按海运提单——真实货主的顺序，按照船东提单上载明的货主单位直接查找真实货主。工作组辗转G市、S市、ST市等10余个地市，找到真实货主12个。对涉及的30多家货代、船代公司开展协查，查询备案单证真伪，确认虚假备案运单753份，金额近4亿元，进一步巩固完善了骗税证据。

【处理处罚结果】　对J省多家企业开具给G省外贸公司发票认定为虚开发票，发出确定虚开协查函，挽回国家骗税损失。将该案依法移送公安机关处理，公安机关已将犯罪团伙主犯全部抓获并移送检察机关起诉，目前正在根据检察机关起诉要求补充完善有关证据。

【问题分析及工作启示】　从案件的查办情况看，为了应对出口骗税涉税犯罪的新形势、新特点，检查人员还必须采取更具针对性、更高效的措施，进一步防治出口骗税。一是开放查询权限，逐步建立大数据库。短期内要向税务总局、省局稽查局和进出口税收管理部门开放查询全国纳税人基本信息、纳税申报信息和发票信息的权限，建立快速获取信息的通道，并在税务总局层面逐步建立开放式的涵盖税务、海关、外汇管理和商检等内外部信息的数据库。二是实行专家团队选案。税务总局和省局建立打骗专家团队，每年定期抽调一批业务骨干，对骗税形势、典型案例和作案手法进行分析解剖，利用大数据开展全链条、穿透式分析，将异常的票源企业、中间企业、供货企业和出口企业作为案源，统一组织开展重点检查。三是要集中全国力量，充分调动各地积极性，对骗税犯罪上下游开展深度联合打击。上游环节要从供货源头进行突破，按照票源企业——中间企业——供货企业——中间人——外贸公司的顺序，由易至难，查实一层向下推进一层，逐层向下突破，以中间人为突破口打通虚开与骗税之间联系。同时下游环节也要沿实际承运人提单——货代提单——企业备案单证的顺序加大核查力度，以虚假单证伪造、流转为切入点，获取供货企业、出口公司虚开骗税证据。通过上下游检查前接后续，双向发力，全力打通中间环节，对虚开骗税链条上的涉案企业和个人实施全链条、全方位打击。

（江西省国家税务局稽查局供稿）

案例3－4
某工艺品有限公司骗取出口退税案

【案件类别】 骗取出口退（免）税案例

【案件所属行业】 批发和零售业

【案件特点】 依托X市这一发制品主产区，某工艺品有限公司（以下简称某公司）以出口档发、动物毛发制品的名义，一方面在无真实货物购进的情况下购买虚开的增值税专用发票抵扣进项；另一方面利用他人出口信息，虚构已税货物出口的事实，采取以少报多、舍近求远的方式假报出口，进而骗取国家出口退税款。专案组采取逆查法追查真实货主，结合上游供货企业的检查，最终查实了该公司购买虚开的增值税发票抵扣进项税额，利用他人出口信息、虚构已税货物出口、采取虚假外汇结算的方式骗取国家出口退税款的违法事实。经审理，对其骗取国家出口退税款2350万元予以追缴，并处一倍罚款即2350万元。

【案件来源】 专项检查

【基本案情】 某工艺品有限公司成立于2013年3月6日，登记注册类型为其他有限责任公司，2013年3月12日办理税务登记，2013年3月28日被认定为增值税一般纳税人，2013年4月3日被批准为出口退税企业，注册资本100万元（刘某某60%，何某某40%），法定代表人刘某某，实际控制人孙某某（已批捕），主要从事发制品、家具、皮具、纺织品出口。2013—2016年共申报出口销售额4400万美元，取得出口退税款3690万元。

【违法事实】 X市国税局稽查局根据下发的案源线索，迅速组成专案组展开案头分析，进一步确定疑点，制定检查方案；通过赴广州、深圳、上海、宁波等进行多地外部调查，采取逆查法追查真实货主，并与公安联合发起集群战役等方式，最终查明了以下违法事实：

某公司利用他人出口信息，购买虚开的增值税专用发票，在G、S、SH等地海关报关出口家具、皮具等产品31单，骗取出口退税款493万元。

某公司利用本地企业出口信息，购买虚开的增值税专用发票，在青岛海关报关出口发制品2单，申报出口金额82万美元，骗取国家出口退税款74万元。

某公司通过购买虚开的增值税专用发票，在他人出口信息的基础上，采用以少报多的手段多报出口金额，涉及35单，骗取出口退税款1784万元。

取得虚开的增值税专用发票。某公司从68个报关单对应的17个供货公司取得的1605份增值税专用发票，金额15405万元，税额2619万元，无实际货物交易，属于虚开的增值税专用发票。

虚假外汇结算。经实际控制人孙某某供述，为造成出口收汇的假象，该公司通过购买外汇，进行虚假外汇结算。

综上所述，2013年3月—2016年4月期间，某工艺品有限公司以支付手续费的方式购买增值税专用发票，利用他人出口信息，篡改出口货物的品名、发货人和出口金额等信息，通过买单配票，以少报多，以次充好等手段假报出口，骗取出口退税款2350万元。

【查办过程】 缜密分析，有的放矢。通过详细分析增值税专用发票进销项、报关单、出口退税信息，经过案头分析及实地摸排核查，发现存在5项重大虚开骗税嫌疑：一是涉嫌接受虚开；二是涉嫌先报关再配票；三是涉嫌伪造单证；四是涉嫌以少报多；五是涉嫌以次充好。

锁定证据，税警突袭。根据上述疑点，结合对出口货源、高危商品出口、敏感港口出口等线索的综合研判，职业敏感性告诉检查人员：该公司在S、G、SH方向申报出口的家具、皮具、纺织品涉嫌“买单骗税”行为，在Q海关申报出口的发制品涉嫌“以少报多骗税”行为。基于此，专案组从较熟悉的G、S地区入手，通过到海关、船公司、货代公司及珠三角一带相关中小企业调查取证，查明了部分业务的真实货主非某公司，遂将案件移送公安部门，对实际控制人孙某实施了抓捕和讯问，从而取得该公司骗取出口退税的事实。

逆向核实，追查货主。由于该公司在Q海关申报出口得发制品金额巨大，税警联合专案组根据孙某供述，该公司在Q出口的货物的确是发制品，但报关单相对应的“购进货物增值税发票”系以5%的手续费从Z市L县王某、刘某、T县王某及H省D市张某手中购买。专案组增派力量前往Q，加强对相关货代公司人员及各个环节的检查；同时，进一步分析涉案人员的资金。最终证实某公司所申报的389箱发制品实际供货人为X市小厂主徐某，被某公司分单报关并非法匹配虚开的增值税专用发票，利用他人出口信息，采取以少报多的手段，骗取国家出口退税款。

扩大战果，乘胜追击。鉴于该案的关键证据已固定，案件真相已基本还原，专案组加强统筹，合理配置稽查资源。全体办案人员兵分两路，一组赶赴SH、N、SX等地，按照公安机关要求进一步固定证据；一组对案件进行整理组卷，配合公安机关起诉，适时发起集群战役，对在逃人员进行集中收网；针对犯罪嫌疑人供述通过中间人、地下钱庄买卖外汇的犯罪事实，公安机关展开侦查，依法网上追逃。

【处理处罚结果】 经X市国税局重大案件审理委员会审理，作出以下税务处理处罚决定：（1）依据《税收征收管理法》第66条第1款之规定，对某工艺品有限公司以假报出口手段，骗取国家出口退税款2350万元予以追缴，并处一倍罚款即2350万元。（2）依据《刑法》第204条、第205条，《最高人民法院关于审理骗取出口退税刑事案件具体应用法律若干问题的解释》第1条、第3条、第9条，《最高人民检察院 公安部关于经济犯罪案件追诉标准的规定》第52条、第53条，《行政执法机关移送涉嫌犯罪案件的规定》（国务院令310号）第3条之规定，某公司骗取出口退税数额特别巨大，应移送公安机关查处。

【问题分析及工作启示】 随着骗税分子作案手法越加狡猾，不再单纯地在无货交易情况下买单配票，而是采取了更具隐蔽性的犯罪手法。本案中，犯罪嫌疑人从购买增值税进项发票到取得他人出口信息，采取以少报多、以次充好的方式假报出口，再到虚假结汇，形成了一个完整的链条，无疑给案件查处带来了难度；在商品多样化、附加值高的今天，如何判断出口货物的价值高低成为检查人员的一项挑战。

工作启示：一是有针对性地查前分析是案件查处的良好开端。围绕出口货物品名、来源、报关地、运输方式等信息进行网络式全面分析，从而找出疑点，判断突破的关键点，进而取得突破。

二是部门协作是成功查处骗税案件的关键。骗取出口退税案件查处过程复杂，单靠税务机关一己之力很难圆满完成，往往战线、周期过长。本案就是充分利用了公安机关的力量才得以查处成功。所以需要税务总局顶层设计建立健全税务、公安、海关、外汇管理、商检、银行等多个部门联合打击体系，对发现出口骗税案件的重大疑点或线索，及时沟通，为案件检查提供便利；统一标准，共同取证，确保行政结论和司法结论的基本一致性。

三是完善税收政策体系，加大管理力度是基础。保持出口退税政策的稳定性，统一不同贸易形式的退税率，减少利益诱惑；加快《税收征收管理法》修订，在税收法律层面对出口骗税作出具体规定，以便税务机关实现精准打击；完善出口企业单证备案制度，建立单证备案系统。

四是源头治理是根本。买单骗税的源头是货代公司出卖出口货物不退税的信息，报关公司伪造出口信息报关。建议加强对货代公司、报关公司、物流公司（场站）的监管，规范货代行业操作，从源头上杜绝“借货出口”的产生。

（河南省国家税务局稽查局供稿）

案例3－5
某公司骗取出口退（免）税案

【案件类别】 骗取出口退（免）税案例

【案件所属行业】 批发和零售业

【案件特点】 该案是一宗典型的以“买单配票”及利用虚开增值税专用发票手段骗取出口退税的案例。国税、公安部门成立联合专案组，税务人员通过调查票流、物流、资金流，以查实物流作为突破口，进行上下游企业的连打工作，成功定性上游企业的虚开行为；税警双方充分合作，联合行动，实施突击检查、突击审讯，固定了大量证据资料，提升案件的查证效率，成功查结该起特大骗取出口退税案件，增强对恶性骗税案件的打击力度。

【案件来源】 上级交办

【基本案情】 该公司是2005年3月31日成立的其他有限责任公司，注册资本100万元，经营范围是货物进出口、技术进出口、批发零售贸易。退税认定日期为2005年6月22日。出口货物主要是木家具、竹制品、节日用品、服装。该公司2011年和2012年申报销售收入分别为9693万元和8814万元，已退税款分别为1380万元和1211万元。

检查人员通过内查外调发现该公司存在以下违法行为：接受供货企业虚开的增值税专用发票，用于办理出口退税申报；通过编造相关合同、单据、虚假出口报关单等出口退税资料，以“买单配票”的手段办理出口退税骗取国家出口退税款。

【违法事实】 取得没有真实业务的增值税专用发票用于出口退税。该公司的供货企业主要是某藤草工艺制品有限公司和某工艺品有限公司，均是利用虚假资料注册、编造经营假象、虚构经营活动，开具与生产经营不符发票的公司。经查实，这两间公司所开具给该公司的增值税专用发票均属虚开的增值税专用发票。

以“买单配票”的手法骗取出口退税。经查出口业务涉及的报关代理公司、货物承运公司及当地工商、海关主管部门等10余家单位，发现该公司提供的报关单、装箱单、增值税专用发票和进货合同中的货物名称、数量、重量、目的地、货物承运公司等关键信息均有不符。而且，据货物离境运输公司证实，该公司据以申报退税的海运提单上的货物承运公司名称与实际不符，其海运提单系伪造。同时，专案组发现该公司部分海运提单的真实货主为深圳市某家具公司。至此该公司骗税违法事实浮出水面，即其通过报关代理公司，利用一些企业不以其名义出口货物的机会，编造虚假出口报关单，并以此骗取出口退税。

【查办过程】 充分利用大数据分析锁定疑点。通过运用数据分析模型，快速筛选业务异常疑点，做好查前案源情况资料分析，锁定疑点。经查前分析，该公司出口退税业务存在着出口货物退税率高、货源真实性存疑、出口报关舍近求远、出口规模增长异常等诸多疑点。稽查局承接案源后，迅速抽调业务骨干成立专案组，从异常供货来源与异地报关出口等疑点入手对该公司实施重点检查。

内查外调，在蛛丝马迹中“找线索”。立案后，专案组通过对该公司的资料进行检查，发现该公司所报送的日常申报资料及备案单证齐全，法定代表人王某熟悉外贸出口程序与出口退税规定，难以从企业报送资料查证相关疑点情况。面对如此经验老到的外贸老手，专案组制定了翔实的检查方案，最终确定以查货物流为主线开展工作，通过内查外调收集证据。在对该公司的会计账簿资料及出口退税资料进行分析后，专案组先后到供货企业、出口业务涉及的报关代理公司、货物承运公司及当地工商、海关主管部门等10余家单位，辗转各地调查取证，最终发现该公司的部分进项发票系由两户供货企业虚开，而部分海运提单的真实货主为深圳市某家具公司，同时该公司通过编造相关合同、单据、虚假出口报关单等出口退税资料用以骗取退税。

税警联动，“亮利剑”突破难关。在掌握了该公司骗取出口退税的初步证据后，稽查局向公安机关移送相关案情资料，并立即成立了公安经侦和税务稽查骨干力量组成的联合专案组，共同制定行动方案，协商确定检查重点，共同调查取证。一方面，组织6个行动小组奔赴深圳和广州两地，以迅雷不及掩耳之势对该公司和深圳云某报关公司的经营场所、法人住址等6处场所实施突击检查，固定了大量证据资料；另一方面，在税务总局稽查局的督导下，湖南省郴州国税、公安部门联合查处了安仁县两户虚假供货企业，并控制了管理者文某某。文某某供认了在无真实货物交易的情况下虚开出增值税专用发票等违法事实，与之前搜集的其他证据相互印证。

突破心理防线，骗税团伙“现原形”。公安人员和稽查人员对犯罪嫌疑人进行了突击审讯。在确凿证据面前，该公司法定代表人王某承认，其按照骗税团伙重要成员苏某的指使，一方面，取得H省两户虚假供货企业开具的增值税专用发票用于进项税额抵扣，另一方面，提供相关空白合同、单据等，套用S市亚某家具公司出口信息，以自营出口名义申报出口，同时收取苏某某控制的X外商远洋公司从境外支付的货款，进行结汇。通过上述运作，该公司取得了用于申报出口退税所需的各类合同、发票、单证等资料，假报出口骗取国家税款。

【处理处罚结果】 根据《税收征收管理法》第66条、国家税务总局《出口货物退（免）税管理办法（试行）》（国税发〔2005〕51号）第25条、《国家税务总局 商务部关于进一步规范外贸出口经营秩序切实加强出口货物退（免）税管理的通知》（国税发〔2006〕24号）第3条、国家税务总局《关于发布出口货物劳务增值税和消费税管理办法的公告》（2012年第24号）第13条第6项、《关于出口货物劳务增值税和消费税政策的通知》（财税〔2012〕39号）第4条第4项、第5条第2项的规定，对该公司骗取出口退税款的问题应追缴增值税退税款1790.73万元，未退税款5.87万元不予办理。

由于本案已由公安部门立案，根据《关于加强行政执法与刑事司法衔接工作的意见》第1条第3项的规定，稽查局将视司法机关刑事追责情况再行处理。

【问题分析及工作启示】　本案中利用“买单配票”骗取出口退税，这是当前比较典型、危害极大的一种骗取出口退税方式。“买单配票”办理出口退税，出口单据上的货物在国内流通环节并未缴纳税款，其取得的增值税专用发票均为虚开的发票，也未缴纳相应的税款，因而采用这种方式退还税款非法侵占了国库资金，属于骗取出口退税。这种行为非常恶劣，比一般的偷逃税行为更严重，需要承担更严厉的法律责任。

本案的突破关键是利用“稽查大数据”的数据模型分析，准确发现该公司出口退税业务的诸多疑点，进而对其进行选案调查，并通过税警合力有效震慑了违法企业，大大提高了稽查工作质效。同时，伴随金税三期工程系统的上线运行，税务机关对增值税专用发票的掌控能力日渐增强，对骗取出口退税的打击力度正逐渐加大，意图通过骗取出口退税牟利的不法分子将难逃法律制裁。

（广东省国家税务局稽查局供稿）

案例3－6
某国际贸易有限公司骗取出口退税案

【案件类别】　骗取出口退（免）税案例

【案件所属行业】　批发和零售业

【案件特点】　本案是一起典型的骗取出口退税案，该公司通过伪造外贸购销合同、提供虚假的《国际道路运单》、虚构资金往来、支付手续费取得虚开的增值税专用发票用于骗取出口退税。检查人员从申报数据入手发现疑点，核实资金流、报关信息、货物运输等情况，最终在资金流向方面取得重大进展，查明了该公司骗取出口退税的违法事实。

【案件来源】　协查案件

【基本案情】　2014年6月，K地区国税局稽查局收到1份《已证实虚开通知单》，证实K地区某国际贸易有限公司2012年5月出口退（免）税的货物所涉及的5份增值税专用发票为虚开，当即决定立案进行查处。

某国际贸易有限公司，2009年3月成立，为私营有限责任公司，主要经营货物与技术的进出口业务，出口口岸全部在本地海关所属的各口岸，2010年被认定为一般纳税人。

经查，该公司在无任何与货物相关的费用支出记录与单据的情况下，伪造外贸购销合同，提供虚假的《国际道路运单》，虽骗取出口退税未遂，但已涉嫌构成恶意取得虚开增值税专用发票犯罪。同时，该公司虚构资金往来，通过支付手续费的方式，从某纺织有限公司取得虚开的增值税专用发票骗取出口退税款71.34万元，涉嫌骗取出口退税罪。

【违法事实】　该公司通过“中间人”从浙江柯桥购货，取得S省某县某皮草厂虚开的5份增值税专用发票申报出口退税，经查该公司无任何与此批次货物相关的费用支出记录与单据，同时承认伪造外贸购销合同，涉及的5份增值税专用发票已证实属于无货虚开。

该公司2013年5—9月向H省某县某纺织有限公司支付的1427万元货款在同一时间段存在回流，其中515.61万元通过名为“李某某”的账户回流至该公司会计麦某的账户，麦某再以现金的方式取出或转至该公司的账户后再将现金提出。上述货款在同一时间段回流，且回流资金链条闭合，存在无货款支付完成交易的现象，因此其对应的购货行为虚假，经统计，回流资金涉及的虚开增值税专用发票45份，价税合计525.01万元。

【查办过程】 （1）打牢基础，发现问题。检查人员通过税收征管系统，对该公司从成立到案发期间所有申报的数据进行分类汇总，发现以下疑点：一是该公司自从认定为一般纳税人后，年销售额以几何倍数增长，收入、成本、费用、利润无配比性。每年巨大亏损，经纳税调整增加项中的“其他”项目，调增应纳税所得额但没有调整增加明细，人为调整申报数据明显。二是该公司虽然出口商品单一，但进货涉及厂家众多，且没有长期合作的现象，大部分隔年账户没有业务往来也没有结平。三是涉及出口的货物全部在内地省份购进。四是绝大多数购进货物无运输费，无自有仓库，无仓储费用，无装卸费、连报关费用也是鲜见。费用凭证中无疆外差旅费用发生。五是出口货物价格大部分低于货物购进的发票价格，每一批次都将大额出口货物分割成几份至二十几份小额报关单，货物来源地有部分与增值税专用发票信息不符。六是大额资金进出频繁，退税款到账即转出，每年获取退税款数百万元，出口额上亿的公司，账户竟然没有余额。综上所述，该公司可能存在买单申报、买票配单或“真代理、假自营”的行为。

（2）多方查处，形成威慑，全面深入调查。结合初期检查的疑点问题：首先针对每一名询问对象的岗位制定详细的询问提纲，让被询问人对自己的业务不能自圆其说，在出口业务的流程上出现漏洞；其次对该公司银行账户进行调查，对涉及的资金转入、转出信息进行调取并制作资金流分析表；三是根据整理出的每一批次报关单及每份报关单涉及的货物信息到海关进行核实，核对该公司报关信息的真实性和准确性；四是到“国际道路运输单”上载明的国际道路承运人处调查了解该公司的货物运输情况；五是有针对性地发出函调。

（3）坚持不懈，抓住重点，挽回国家税款损失。内地某公安分局经济犯罪侦查大队提供的案件线索显示，该公司通过支付手续费的方式，从某县某纺织有限公司取得虚开的增值税专用发票。检查人员调整思路，围绕某县皮草厂和某县某纺织有限公司的业务往来进行全面的调查核实，在资金流向方面取得重大进展。

【处理处罚结果】 此案经K地区国税局重大案件审理委员会集体审理决定，对该公司虚开发票行为，根据《发票管理办法》第22条第2项和第37条的规定，处以罚款5万元。

根据《最高人民法院关于审理骗取出口退税刑事案件具体应用法律若干问题的解释》（法释〔2002〕30号）第1条第3款、《X国税局、X公安厅、W海关关于2015年继续深入开展打击出口骗税违法犯罪活动的通知》（X国税发〔2015〕88号）的规定，该公司利用虚开发票骗取国家出口退税的行为，符合《税收征收管理法》第66条的规定。依法追缴该公司已退税款71.34万元，并处一倍的罚款71.34万元。

根据《刑法》第205条、《行政执法机关移送涉嫌犯罪案件的规定》第3条规定，移送公安机关追究刑事责任。

【问题分析及工作启示】 （1）问题分析。一是巨大的经济利益造成出口退税案件高发不止，K地区五口通八国的地缘优势及跨越式发展的契机造成出口业务逐年增长，从而使得利用出口业务从事骗取退税的行为屡禁不止。二是财务代理公司成为偷逃骗税的重灾区，本案中财务公司法定代表人借代理40余家外贸公司会计的便利，伺机自行成立外贸公司，复制外贸出口流程，跨地域购进货物，高进低出，将盈利点放在退税上，形成骗税机制从事违法活动。三是增值税管理存在漏洞，大量的现金交易没有得到规范管理，虚开专票涉案地区广，作案手段比以往更加隐蔽，更加专业化、网络化，而且从实施骗取出口退税到案发时间跨度大，税务机关调查取证困难，这些都为不法分子骗取出口退税提供了很大的违法空间。

（2）工作启示。一是严格按照《国家税务总局关于印发〈出口货物退（免）税管理办法（试行）〉的通知》（国税发〔2005〕51号）、《国家税务总局关于加强出口货物退（免）税评估工作的通知》（国税发〔2007〕4号）的要求对外贸出口企业进行严格日常管理和重点评估。对注册资本与年出口额相差悬殊又无贷款记录或贷款额较小的外贸出口企业要重点评估检查。对外贸出口企业库房地址、库存情况、开户信息、每月银行对账单等重要资料要及时收集备案，防范外贸出口企业以虚假的出口业务骗取出口退税款。二是部分“国际货运代理公司”无自有车辆、无挂靠车辆，不承担运输责任，但随意在国际道路货物运单承运人处盖章并向海关申报，却又无法提供相关货物具体情况，造成检查人员对该环节无法进行核实。建议及时与相关部门协商解决办法，规范货代公司经营行为，防止不法货代公司（报关团伙）套取旅行购物等他人货物报关信息出售于外贸公司，填制虚假报关单。

（新疆维吾尔自治区国家税务局稽查局供稿）

案例3－7
某进出口有限公司骗取出口退税案

【案件类别】　骗取出口退（免）税案例

【案件所属行业】　批发和零售业

【案件特点】　Z进出口有限公司于2012—2013年，在无真实货物交易的情况下，采用伪造购销合同，支付开票手续费的方式，从H省某纺织服装有限公司取得虚开的增值税专用发票，并利用虚假出口的方法骗取出口退税。X市国税局稽查局以资金流为突破口，锁定企业违法事实，追缴该公司骗取的出口退税款1675万元，并处以一倍罚款，依法停止该公司两年的出口退税权，并将案件移送公安机关处理。

【案件来源】　专案检查

【基本案情】　Z进出口有限公司（以下简称Z公司）成立于2004年4月19日，注册资本6000万元，属于其他有限责任公司，法定代表人阮某访（实际控制人是其弟阮某挺）。2008年1月24日认定为增值税一般纳税人A级，税款征收方式为查账征收。

接H省H市国税局稽查局确认H省某纺织服装有限公司（以下简称H公司）虚开增值税专用发票给Z公司的已证实虚开函后，X市国税局稽查局检查人员通过外调取证获取资料、确认发票比对资金流、询问探查乘胜追击等大量工作，查明Z公司取得虚开增值税专用发票用于出口退税，最终定性为骗取出口退税。

【违法事实】　取得虚开增值税专用发票用于出口退税。H省H市国税局稽查局确认H公司虚开给Z公司增值税专用发票120份，涉案发票金额1.05亿元，税额1779.92万元，价税合计1.23亿元，经确认上述发票已经办理退税1675.22万元。

取得虚开增值税专用发票并资金回流。根据H公司账务记载与银行对账单核对，阮某挺控制的Z公司及另一家公司（已另案处理）通过工行H市C区支行某账户向H公司转入款项总计1.26亿元，H公司随即又将这些资金通过工行H市C区支行另一账户转回Z公司及另一家公司的对公账户及阮某挺个人账户，回款总计1.26亿元，且逐笔等额对应，资金全额回流。

【查办过程】　涉嫌伪造购销合同。外调资料中H公司的账务上没有运输环节各项费用的发生和登载，同时厦门公司的账务也没有运输环节各项费用的发生和登载。检查人员由此进一步发现涉嫌伪造的购销合同。如从Z公司和H公司获取的编号为XHJ12016的同一份合同上找出了差异，Z公司所持合同显示包装费、运费等均由供方H公司承担。而H公司所持合同却显示包装费由供方H公司承担而运费由Z公司承担。一式两份的合同本应是一模一样的，但是本合同不仅在运费的承担支付上相关条款被篡改，而且Z公司提供的合同在“交（提）货时间及数量”处出现空白。对照H公司提供的合同则显示“交（提）货时间”是“2012年4月8日前”，进而查明Z公司提供的装货单场站收据时间是“2012年4月13日”。显然，Z公司提供的合同隐去了“交（提）货时间及数量”，以迎合出口退税要求的备案单据上的时间。

涉嫌购买出口退税备案单据。检查人员对出口退税申报的备案单据进行外围调查。提运单据上出现大量发货人修改字迹，使实际货物来源地浮出水面。出口退税汇总申报附的备案单据中大量涉及发货人的更改，发货人不是Z公司，而是其他公司。参考其涉案的出口港口在Z省N市，而发货人又是Z省Y市的公司，结合成本最小化原则以及H省H市方面已证实无货虚开的事实，可以推断出货物来源地与发票来源地不符。

违反正常贸易规则。阮某挺称Z公司的出口业务所有的单证及货代工作，全部由H公司的郭某勇指定的王某全权负责联络。按王某指示，Z公司将一整套空白但已盖章的报关单证寄往N市B通关中心某处。2个月后王某再将整套海关放行单据及增值税专用发票寄至Z公司。订舱排载、报关报检、单证制作等全由H公司处理，有关出口费用及运费也由H公司承担支付，Z公司仅派员象征性地去了N市2次，B市和T市各1次。

债权债务引发动机。阮某挺称从H公司购进

的货物是代理出口，并提供郭某勇是H公司的实际出资人及实际控制人的资料。可以看出阮某挺是因债权债务而签订的《合作出口协议书》。其目的是为了达到“代理出口”经营模式而不是“骗取出口退税”性质，从而减轻处罚及可能涉及的其他责任。H公司账务没有运输环节各项费用的发生和记载，Z公司也没有。检查人员顺藤摸瓜，乘胜追击，对所有合同进行比对，发现了存在的涉嫌伪造购销合同行为，进一步对出口退税申报的备案单据进行外围核查，发现有关单据涉嫌买单等情况。

【处理处罚结果】 根据《税收征收管理法》第66条第1款、《国家税务总局关于宣传贯彻〈最高人民法院关于审理骗取出口退税刑事案件具体应用法律若干问题的解释〉的通知》（国税发〔2002〕125号），最高人民法院2002年9月17日公布的《关于审理骗取出口退税刑事案件具体应用法律若干问题的解释》（法释〔2002〕30号），《国家税务总局关于纳税人取得虚开的增值税专用发票处理问题的通知》（国税发〔1997〕134号），《〈国家税务总局关于纳税人取得虚开的增值税专用发票处理问题的通知〉的补充通知》（国税发〔2000〕182号）的规定，Z公司的行为属于以假报出口、伪造购销合同和取得虚开增值税专用发票等欺骗手段，骗取国家出口退税的违法行为，应追缴骗取的国家出口退税款1675.22万元，并建议处骗取出口退税款一倍的罚款计1675.22万元。

根据《税收征收管理法》第66条第2款及《关于停止为骗取出口退税企业办理出口退税的有关问题的通知》（国税发〔2008〕32号）的规定，建议依法停止Z公司两年的出口退税权。

建议将该案移送司法机关处理。

【问题分析及工作启示】 一是合法经营是公司经营的底线。本案中的阮某挺在早期是看好H公司的，并大量借款给郭某勇，认为郭某勇是H省人大代表，与之进行违法行为是有保护伞的。殊不知，法网恢恢疏而不漏。二是税警联合严厉打击出口骗税是保护地方出口企业的有力武器。出口骗税的企业在当地形成规模化作业后将严重扰乱经济秩序，给其他合法经营的出口企业造成损失。联合办案或督办案件将形成巨大合力，共同打击，减少骗税。三是查办并宣传大案要案形成威慑力是减少国家税收损失的手段之一。加强出口骗税管理，对备案单证进行有效管理，获取物流、排载信息数据进行审核，同时加大对出口企业的宣传力度，震慑不法分子。四是利用大数据平台设立骗税涉案人员社会关系关联族谱。不法分子被查处后，通常会钻空子再设立更多的骗税公司来“补偿”之前被收回或被处罚的退税款，这些公司实际控制人都是有经验熟悉套路的同批顽固骗税分子，通过对关联族谱拓展进行锁定，以期将出口骗税消灭在萌芽状态。

（厦门市国家税务局稽查局供稿）

四、发票违法案例

案例4－1
“7·13”虚开增值税专用发票案

【案件类别】 发票违法案例

【案件所属行业】 批发和零售业

【案件特点】 私营企业利用国有企业平台对外虚开发票，通过检查，资金上完全回流。

【案件来源】 税务总局督办

【基本案情】 自2014年1月—2015年6月，以许某、陈某等人为首的涉嫌虚开发票犯罪团伙利用实际控制或开办的RJ化工销售有限公司、JS商贸有限公司、DY商贸有限责任公司、GYH贸易有限公司、DMX贸易有限责任公司向JLWM实业有限公司虚开增值税专用发票，并利用JLWM实业有限公司向RHZ国际贸易有限公司、HJXM科技有限公司、HBZY国际贸易有限公司、HBHD国际贸易有限公司等企业虚开增值税专用发票，同时还控制FJL纸制品销售有限公司向RHZ国际贸易有限公司、HBZY国际贸易有限公司虚开增值税专用发票。

【违法事实】 经查2014年1月—2015年6月期间，JLWM实业有限公司、FJL纸制品销售有限公司、RJ化工销售有限公司、JS商贸有限公司4户虚开企业共对外虚开增值税专用发票4189份，涉及17省、自治区、直辖市、计划单列市，涉及金额33.67亿元，涉及税额5.72亿元；同一团伙控制的RHZ国际贸易有限公司、HBZY国际贸易有限公司、HJXM科技有限公司、HBHD国际贸易有限公司共接受虚开增值税专用发票1030份，涉及金额9.21亿元，涉及税额1.57亿元。

【查办过程】 2015年T市国税局稽查局在开展T市打击利用黄金交易虚开增值税专用发票专项行动期间，接到税务总局下发的黄金发票线索后，结合以往年度虚开案件的资料分析发现JLWM实业有限公司存在重大虚开嫌疑，经过对此线索的深挖细扩，锁定了JS商贸有限公司、天津RJ化工销售有限公司等上下游5户企业，后经与公安部门沟通发现与其接到的公安部下发线索基本吻合，从而锁定了JL公司在内的9户企业的重大虚开线索，迅速成立了30多人的税警联合专案组。

2015年7月13日，经两部局批准，T市国税局稽查局与经侦总队召开联合会议，部署捣毁“许某、陈某虚开增值税专用发票犯罪团伙”具体行动。

2015年7月14日上午，公安经侦、国税稽查两单位出动160余人，兵分四路，一举捣毁“许某、陈某虚开增值税专用发票犯罪团伙”，抓捕涉案嫌疑犯15人，查扣伪造印鉴560余枚，涉案电脑30余台，以及大量虚假发票、合同、账簿凭证等。

随后专案组严格按税务总局稽查局指示，迅速成立资金组、审讯组、外调组等7个工作组，分工明确，各司其职，14个月的时间内，先后派出30多个外调协查取证小组近百人次前往北京、河北、江苏、江西等8个省市外调，梳理资金百亿元，冻结银行资金400余万元，查清了该案的全部犯罪事实，并充分掌握了犯罪证据。

在全国协查过程中，专案组在查清全部案情并将相关资料组卷后第一时间主动与外地开票方主管税务机关联系，向北京、黑龙江、山东等7个省市税务机关提供全面的案件信息资料，其中按照税务总局要求T市将H省黑龙江两户和山东一户上游开票企业的全部虚开证据资料移交给当地税务机关，确保当地税务机关取得资料后第一时间对开出发票进行定性，开票方税务机关也及时向专案组反馈协查进展，形成良性互动，实现了双方的密切协作，确保案件协查工作高质量完成。

【处理处罚结果】 2016年9月，经过T市国家税务局重大税务案件审理委员会审理，对上述8户企业作出如下处理、处罚：

（1）对4户虚开企业做出共计没收违法所得369.97万元、罚款200万元的处罚。具体处罚情况如下：根据《发票管理办法》第22条、第37条之规定，对JLWM实业有限公司做出没收违法所得339.22万元、罚款50万元的处罚；对FJL纸制品销售有限公司做出没收违法所得30.75万元、罚款50万元的处罚；对RJ化工销售有限公司做出罚款50万元的处罚；对JS商贸有限公司做出罚款50万元的处罚。根据《刑法》第205条以及《关于行政机关移送涉嫌犯罪案件的规定》（国务院第310号令）之规定，将上述4户虚开企业移送公安机关。

（2）接受虚开发票企业。对4户受票企业共计做出补缴增值税1.57亿元的处理；做出罚款1倍，合计金额为1.57亿元的处罚；做出补缴企业所得税2.30亿元的处理。具体处理、处罚情况如下：根据《增值税暂行条例》第9条、《国家税务总局关于纳税人虚开增值税专用发票征补税款问题的公告》（国家税务总局公告2012年第33号），对天津RHZ国际贸易有限公司做出补缴增值税8789.51万元的处理。根据《中华人民共和国税收征收管理法》第63条规定，做出罚款1倍，金额为8789.51万元的处罚。根据《中华人民共和国企业所得税法》第8条、《中华人民共和国税收征收管理法》第19条、《中华人民共和国发票管理办法》第21条规定，《国家税务总局关于印发〈进一步加强税收征管若干具体措施〉的通知》（国税发〔2009〕114号）第6条规定，对天津RHZ国际贸易有限公司做出补缴企业所得税1.29亿元的处理。根据《税收征收管理法》第32条规定，按日加征滞纳金。根据《刑法》第205条以及《关于行政机关移送涉嫌犯罪案件的规定》（国务院第310号令）之规定，将案件移送公安机关。

根据《增值税暂行条例》第9条、国家税务总局公告2012年第33号文件，对HJXM科技有限公司做出补缴增值税4308.86万元的处理。根据《税收征收管理法》第63条规定，做出罚款1倍，金额为4308.86万元的处罚。根据《企业所得税法》第8条、《税收征收管理法》第19条、《发票管理办法》第21条、国税发〔2009〕114号文件第6条规定，对HJXM科技有限公司做出补缴企业所得税6336.57万元的处理。根据《税收征收管理法》第32条规定，按日加征滞纳金。根据《刑法》第205条以及《关于行政机关移送涉嫌犯罪案件的规定》（国务院第310号令）之规定，将案件移送公安机关。

根据《增值税暂行条例》第9条、国家税务总局公告2012年第33号文件，对HBZY国际贸易有限公司做出补缴增值税2442.11万元的处理。根据《税收征收管理法》第63条规定，做出罚款1倍，金额为2442.11万元的处罚。根据《企业所得税法》第8条、《税收征收管理法》第19条、《发票管理办法》第21条规定，国税发〔2009〕114号文件第6条规定，对HBZY国际贸易有限公司做出补缴企业所得税3591.34万元的处理。根据《税收征收管理法》第32条规定，按日加征滞纳金。根据《刑法》第205条以及《关于行政机关移送涉嫌犯罪案件的规定》（国务院第310号令）之规定，将案件移送公安机关。

根据《增值税暂行条例》第9条、国家税务总局公告2012年第33号文件，对HBHD国际贸易有限公司做出补缴增值税123.14万元的处理。根据《税收征收管理法》第63条规定，做出罚款1倍，金额为123.14万元的处罚。根据《企业所得税法》第8条、《税收征收管理法》第19条、《发票管理办法》第21条规定，国税发〔2009〕114号文件第6条规定，对HBHD国际贸易有限公司做出补缴企业所得税181.09万元的处理。根据《税收征收管理法》第32条规定，按日加征滞纳金。根据《刑法》第205条以及《关于行政机关移送涉嫌犯罪案件的规定》（国务院第310号令）之规定，将案件移送公安机关。

【问题分析及工作启示】 一是领导重视。各级领导高度重视该案件进展，先后多次听取汇报，对案件提出指导意见并作出指示，检查全程跟进，对案件重点难点问题，从高层面积极进行沟通、协调、解决，有力推动检查工作的进行，确保案件顺利查处。二是税警协作。该案件的顺利破获离不开税警双方的紧密配合，整合税警双方的优势力量，形成办案合力，确保了案件检查质量，为此案的顺利破获提供了强有力的支持。三是取证充分。专案组结合被查企业特点进行灵活取证，从案犯笔录、公安证据、虚开证明、资金回流、直接检查、外调证实等方面做了大量有效工作，确保取得的证据充分准确，从而保证案件定性的准确。

（天津市国家税务局稽查局供稿）

案例4－2 某煤炭物流贸易有限公司虚开增值税专用发票案

【案件类别】　发票违法案例

【案件所属行业】　批发和零售业

【案件特点】　犯罪分子利用国有企业为中间平台大肆对外虚开增值税专用发票。国有企业在没有真实货物交易的情况下，通过中间人（犯罪分子）与上下游企业签订煤炭购销合同，接受上游企业虚开的增值税专用发票后，再向下游企业虚开。

【案件来源】　协查案件

【基本案情】　某煤炭物流贸易有限公司（以下简称“某物流公司”）系S省国有企业控股所属企业，主要经营范围：道路普通货物运输、煤炭批发、仓储理货、物流信息服务等。J市国税局收到某物流公司的受托协查函及《已证实虚开发票通知单》后，第一时间成立了专案组，并抽调市县两级稽查业务骨干全面开展专项行动。

【违法事实】　2015年4月，H实业有限公司、Y矿产品有限公司以及YF矿产品有限公司3家公司的业务员刘某红主动联系某物流公司营销部中心，自称与H物资有限公司、J商贸有限公司、Z贸易有限公司等4个省市的11家公司达成煤炭购销意向，并称因购销双方均为民营企业，且煤炭等货物运销数量大、金额高，为防止上当受骗，让国企某物流公司作为中间企业参与购销活动，只负责办理合同签订、资金收付、发票接收和开具等手续，每吨支付某物流公司1.5元的利润。与上下游企业的购销合同内容全部由刘某红拟定，购销合同涉及的3户上游企业及11户下游企业的印章由刘某红随身携带。约定由上游企业直接发货给下游企业，上下游企业之间实际并没有真实的货物交易。同时伪造资金交易假象，已查明存在资金回流现象。资金回流的具体情况为：该公司的资金结算全部是先收取销货款后支付购货款。根据企业账簿、会计凭证、银行进账单等原始资料，通过对上下游14户企业所有银行转账收付款情况进行外调取证，已查明资金是通过犯罪嫌疑人或其控制的个人银行卡汇入下游用票单位账户，再汇入该公司，继而付至上游开票企业，最终通过上游开票企业或第三方公司回流到犯罪嫌疑人或其控制的个人银行卡。

【查办过程】　专案组依法对某物流公司实施调账检查，并对某物流公司的账面购销数据、发票信息全部进行登记、分类、筛选、录入、整理、汇总，对涉及的业务往来情况，从货物流、发票流、资金流等方面进行梳理，将货物购进、销售、资金、运输、合同、往来等情况进行一一对应核实取证。专案询问组对企业总经理、财务部长、分管公司营销部的总经理助理等人员进行询问，掌握了详细的基础证据资料。外调组成员兵分多路核查开票企业的经营情况，经过严密调查，取得该公司接受虚开和虚开增值税专用发票的有效实证资料。经查该企业存在货物购销两头在外“三不见”，资金结算异常，存在不同形式的资金回流等情况，查明该公司在没有真实货物交易的情况下，通过中间人（犯罪分子）与上下游企业签订煤炭购销合同，接受上游企业虚开的增值税专用发票后，再向下游企业虚开。

【处理处罚结果】　税务处理意见：一是该公司对外虚开增值税专用发票涉及的增值税款，已于2015年5月15日向主管税务机关进行了纳税申报，根据《关于纳税人虚开增值税专用发票征补税款问题的公告》（国家税务总局公告2012年第33号）的规定，本次不再按照虚开金额补缴增值税。二是根据《关于纳税人虚开增值税专用发票征补税款问题的公告》中“纳税人取得虚开的增值税专用发票，不得作为增值税合法有效的扣税凭证抵扣其进项税额”之规定，该公司应转出取得的因虚开增值税专用发票抵扣的进项税额，应补缴增值税1428.41万元。三是根据《税收征收管理法》第32条之规定，对该公司少缴税款从滞纳税款之日起按日加收万分之五的滞纳金。

税务行政处罚意见：一是根据《国家税务总局关于纳税人取得虚开的增值税专用发票处理问题的通知》（国税发〔1997〕134号）“受票方利用他人虚开的专用发票，向税务机关申报抵扣税款进行偷税的，应当依照《税收征收管理法》及有关规定追缴税款，处以偷税数额五倍以下的罚款”的规定，经审理认定该公司上述违法行为构成偷税，对该公司处以虚抵进项税款一倍的罚款，即1428.41万元。二是根据《发票管理办法》第37条之规定，没收该公司违法所得31.7万元，对其虚开增值税专用发票的行为处以50万元的罚款，并移送司法机关追究刑事责任。以上罚款和没收违法所得合计1510.12万元。

【问题分析及工作启示】 近年来，部分犯罪分子利用国企可信度高，不易被调查的背景，以国企为中间平台，伪造货物交易假象，大肆对外虚开增值税专用发票。对此，应加大对国企虚开发票法律责任的专项宣传工作，使国企认识到虚开发票的危害及需承担的法律责任，帮助其建立完善内部管理制度，不给犯罪分子以可乘之机。

（山西省国家税务局稽查局供稿）

案例4－3
某商贸有限公司虚开增值税专用发票案

【案件类别】 发票违法案例

【案件所属行业】 批发和零售业

【案件特点】 该案是国税部门和公安部门联合查处某公司大量虚开增值税专用发票案的经典案例，案件侦破过程异常艰难和曲折，犯罪集团专业性和反侦查能力较强，专案组人员和犯罪分子经历了多次侦查与反侦查的博弈，终于以资金链为线索，掀开层层迷雾，锁定了幕后黑手。

【案件来源】 税务总局督办、公安部督办

【基本案情】 某商贸有限公司成立于2015年9月，法人代表段某某，股东张某；注册资本1000万人民币；经营范围是五金交电、机械设备、电子产品、农副产品销售。J市国税局和J市公安局联合专案组于2016年5月起，对其向外省共69家企业开具的1569份增值税专用发票立案调查，票面金额合计15400万，税额合计2618万元，价税合计18018万元。

【违法事实】 2015年8月，犯罪嫌疑人郑某某（绰号扁兄）、林某某、陈某某、王某、胡某某谋划注册成立某商贸有限公司，专门用于虚开增值税专用发票牟利。2015年9月公司成立后，林某某、郑某某、陈某某负责在深圳、大连等地购买海关进口增值税专用缴款书和联系“买票”企业，将买来的海关进口增值税专用缴款书信息交给胡某某，胡某某再将缴款书进行变造，将进货单位改为某商贸有限公司，再更改货物品名，比对成功后作为某商贸有限公司进项税申报抵扣。2016年初，该公司疯狂向全国69家企业虚开增值税专用发票，再根据回款账号，利用自己掌控的公司账户和个人银行卡做假资金链。涉案票面金额合计15400万元，税额合计2618万元，价税合计18018万元。

【查办过程】 此案侦破过程异常艰难，主要经历了三个步骤。

（1）强化组织，梳理案情。2016年5月10日，J市国税局接手此案后，鉴于案情重大，立即抽调精干力量，与公安机关组成警税联合专案组，开展调查。调查组首先前往公司注册地，发现该公司已经“人去楼空”，相关人员及财务核算资料无法找到。

为了尽快寻找到案件突破口，专案组从金税防伪税控系统及已开出的增值税专用发票数据信息和海关票据采集、比对信息入手，梳理查找线索。经调查梳理，专案组发现以下特点。一是该公司在短短四个月时间开出发票金额上亿元，受票企业打入该公司账户的货款又集中转到深圳的4家公司。二是法人代表段某某、财务负责人朱某均属于有人冒用该人身份注册的公司，本人对此行为并不知情，公司的日常管理利用记账公司方式进行管理，有规避侦查的嫌疑。三是注册公司时由代理公司出面办理，公司成立后又委托记账公司办理税务事项。当时只给记账公司留了一个手机号，案发后此手机号停用。该公司的银行账户和资金卡也是用虚假人员

开设的，隐蔽性很强。四是通过追查受票企业，发现发票一般最少要经过两个空壳公司转开才到受票企业。种种迹象表明，专案组遇到的是一个高智商、分工明确的犯罪团伙。

（2）跨域核实，深挖线索。为尽快证实专案组猜测，专案组从该公司申报比对的海关进项票据入手，先后前往大连、广东、广西等相关海关部门，对该公司申报的335份海关进项抵扣票据进行调查，取证结果全部为伪造。

在此基础上，从2016年7月开始，专案组利用三个月的时间，先后10次进驻深圳，并且远赴山西、陕西、福建等地，调取上百个涉案企业账户对账单，核实受票企业资金回流。调查发现，该公司先通过银行账户从受票企业接受转款，然后再转移到深圳4家公司账户，但4家公司均不是受票企业，属于犯罪嫌疑人利用这4家企业账户中转资金回流链条的过渡账户，从银行部门调取4家企业资金情况后，发现往往一家企业资金要涉及三四家企业，进而需要对这三四家企业再进行调查，因此工作量呈几何倍数增加。在三个月的时间里，专案组围绕涉案企业，先后排查近百人，终于通过银行取款机录像内容，锁定3名犯罪嫌疑人为虚开案件的头目，三人分布在吉林永吉县、广东揭阳和深圳三地。

（3）成功收网，成效显著。2016年9月初，专案组成立三个行动小组，分别奔赴吉林永吉县、广东揭阳和深圳三地同时行动，在深圳成功抓捕了黄某、林某某，在广西中越边境靖西抓捕犯罪嫌疑人胡某某，并将其同住的人员林某某一并抓获，经搜查发现93个银行U盾，17个报税金穗卡及手提电脑4台，现金港币2.3万元，人民币1.6万元，冻结人民币112万元。同时发现已开具尚未寄出的增值税专用发票6份，金额近60万。更重要的是发现了该公司对外虚开的账簿，作案所用的金税卡、农业银行K宝等证物。通过对所获电脑及电话信息查验发现，同时被抓的林某某就是犯罪嫌疑人胡某某的上线，二人和犯罪嫌疑人王某共同经营某商贸有限公司，实施虚开增值税专用发票的犯罪行为。在吉林和深圳的行动组也查获作案使用的电脑和金税卡等作案工具。至此，某商贸有限公司虚开增值税专用发票案件成功告破。

另外，专案组经审查核对证据及对扣押电脑、U盘，犯罪嫌疑人手机微信、短信数据整理、提取和分析发现这是一个组织结构非常严密的大型虚开增值税专用发票犯罪集团，人员达30余人，呈金字塔结构，塔尖主要控制人是一黄姓香港人，二号人物郑某是深圳人，同时也是具体指挥操作的中心人。他下面并列设立主管不同地区的4个犯罪团伙，这4个团伙交叉分管不同地区，其中犯罪嫌疑人林某某、胡某某只是这4个犯罪团伙之一。这17家公司分布在深圳、浙江、广西、重庆、海南等地区，有的专门用于回款转账，有的专门用于虚开增值税专用发票犯罪活动，开票费均为5.1%～7.6%，分层次扣除。根据资料计算，这些公司虚开金额近30亿元。

【处理处罚结果】　历经5个多月艰苦侦查，专案组逮捕犯罪嫌疑人4名，J市国税局稽查局对该公司虚开行为作出税务行政处罚，罚款50万元。同时对69户受票企业调查取证，获取“买票”的实质证据，陆续向受票企业所在地税务机关发出已证实虚开协查函，追缴税款，挽回损失。

【问题分析及工作启示】　虚开增值税专用发票案件目前正呈现出专业化、团伙化、智能化作案的趋势，该类案件的案情往往异常复杂，侦破过程也异常艰苦，因此，需要税务部门和公安部门的密切配合。本案中税务人员历经万水千山，几经曲折梳理出犯罪嫌疑人的线索，公安人员利用技术定位，银行视频等线索锁定犯罪嫌疑人，最后通力合作，远赴深圳、广西等地抓捕犯罪嫌疑人，取得了辉煌的战果。在查处类似案件时，应进一步加强税警合作，充分运用法律赋予各自的权力，分工协作，共同做好打击虚开发票等涉税案件，维护正常的经济秩序。同时，要加强与银行、法院等部门的配合，拓展交流渠道，理顺合作机制，为虚开发票案件的查处和执行提供强有力的保障。

（吉林省国家税务局稽查局供稿）

案例4－4
某监理公司虚开发票案

【案件类别】 发票违法案例

【案件所属行业】 科学研究和技术服务业

【案件特点】 一是行业的特殊性。由于利益的驱使，工程领域一直是不合规开票的高发地。据对大型项目的审计公报显示，工程项目中不合规发票的问题尤为突出，表现为伪造发票、虚开发票、假发票入账。二是案件的典型性。虚开发票一直是危害经济健康发展的一颗毒瘤，近几年，发票违规案例层出不穷，导致企业贪污舞弊、偷税漏税等行为，造成税收损失、国有资产流失，扰乱了正常的经济秩序。三是案件的跨地域性。跨地域作案一直是发票违规案的常态，这也为稽查工作带来了难题。随着金税三期工程的上线，地税部门稽查工作的协查作用得到了进一步的提升，为稽查工作提供了便利。

【案件来源】 审计部门移送

【基本案情】 该公司系国有企业，经营范围为公路、水运工程、市政工程、土木工程建筑监理、咨询、试验检测服务。1997年10月成立，下设S、W两个分公司。2013—2016年期间，该公司虚开发票合计38份，涉及金额780.42万元；假发票报销8份，涉及金额105.31万元。

【违法事实】 （1）通过宁波某建筑劳务公司虚开建筑业统一发票32份。宁波某建筑劳务公司虚开发票给监理公司，受票方将资金打入开票方账户，建筑劳务公司通过虚列工程成本方式将资金汇入其财务个人账户，扣除5%的开票手续费后，由财务个人账户转回到监理公司8位员工的个人账户，以套取资金。（2）通过常山县某劳务公司虚开其他服务业发票5份。常山县某劳务公司虚开其他服务业发票给监理公司，监理公司未将资金汇入开票方公司账户，而是以现金方式支付给监理公司项目部职工个人，该个人按开票额1.5%支付给常山县某劳务公司法定代表人个人作为开票手续费。（3）接受宁波某建筑劳务公司虚开其他服务业发票1份。监理公司与宁波某监理公司签订高速段监理委托合同，宁波某监理公司为收取监理公司监理管理费，让宁波某建筑劳务公司与监理公司签订虚假合同，并让宁波某建筑劳务公司虚开给监理公司其他服务业发票1份。（4）监理公司员工利用假发票报销，涉及发票共8份。

【查办过程】 （1）调账检查。依法向监理公司下达《税务检查通知书》，按照法定程序调取监理公司账簿、凭证、报表以及50多个项目部合同、监理费用支付月报表、工资单、员工聘用合同等有关涉税资料。

（2）询问当事人。检查组统一集中监理公司相关财务人员，宣讲税收政策法律后果；为及时提取并巩固证据，下达询问通知书，分别对监理公司相关人员就宁波两家建筑劳务公司发票案、常山县某劳务公司发票案虚开发票情况进行询问，并制作询问笔录，形成本案的书证之一。对于留置在检察机关的本案所涉关键人员取证，检查组在S县、W市检察院的支持配合下，顺利完成发票案经办人的询问笔录，完善了开票方、受票方、经办人三方证据链。

（3）外调检查。检查组为顺利推进发票的核查，在已核实受票方基础上，对开票方采取外调协查方法。检查组到本案所涉开票方的集中发生地宁波市、衢州市常山县、温岭市三地进行协查，得到当地税务机关的支持和帮助，先后完成6家公司的协查。检查组分别就业务真实性、发票真实性以及资金流向等方面进行核查，从而确认监理公司通过虚开发票以及假发票报销手段套取资金的有关违法事实及证据。

（4）核查资金流。检查组针对监理公司提供的涉税资料，对企业的合同订立、企业报销、成本入账等情况进行查阅核实，并对监理公司与宁波某建筑劳务公司等几家公司的资金往来情况进行调查取证；核实监理公司虚开发票、假发票等手段套取资金后，重点追查项目部的资金流向，以还原项目部真实业务情况；从而印证监理公司项目部通过虚开发票、假发票报销套取资金的事实，以期达到少缴税款的目的。

【处理处罚结果】　（1）根据《税收征收管理法》第21条第2款、《发票管理办法》第37条第1款，对虚开发票行为处以45万元的罚款。

（2）根据《税收征收管理法》第77条和国务院《行政执法机关移送涉嫌犯罪案件的规定》第3条，《刑法》第205条及《刑法修正案（八）》之规定，对虚开发票违法行已移送公安机关处理。

（3）追缴税款522.88万元，罚款170万元，并按规定加收滞纳金73.40万元。

合计766.28万元，均已执行入库。

【问题分析及工作启示】　（1）企业要完善自身建设，完善内部控制，加强财务管理，增大对发票真实性的审核，防范虚开发票流入企业。（2）税务机关坚持系统思维，按照“征退衔接、信息管控，防打结合，以防为主”的思路，将风险控制重点前移，构建防范虚开和打击偷逃骗税新机制。（3）深化税制改革，建立征税、扣税、退税环环相扣的防范机制；深化信息应用，推进信息管税，建立信息共享的管理机制；深化综合治税，强化部门协作，建立税务、公安、纪检多方联动的惩处机制。

（浙江省地方税务局稽查局供稿）

案例4－5
某医药有限公司虚开增值税专用发票案

【案件类别】　发票违法案例

【案件所属行业】　批发和零售业

【案件特点】　该案在医药行业虚开案件中具有一定的典型性和代表性。一是在得知上游企业确认虚开时，人为销毁、隐匿账目、凭证、涉税资料；或者利用网络加密、改造电子数据等高技术手段，修改会计信息做假账或在税务检查前删除电子数据信息，通过修改或灭失证据的手段阻挠检查以达到偷税目的。二是企业频繁变更法人、经营地点、更改名称或利用他人身份证明登记为法人代表；或关门走人，以达到扰乱税务部门视觉、逃避税务检查或欠税追缴的目的。三是资金回流手段更加隐蔽。该医药有限公司为制造真实业务的假象，从第一笔对公账户转账支付货款开始，上游企业在经过数笔回流，扣除开票费后最终回流到该公司或法人，或实际控制人，或业务员个人账户，以完成资金回流的过程。更为隐蔽的是与该公司有长期“业务”关系的企业，甚至每笔回流资金时间、金额无需完全匹配，这样给税务稽查部门核查确认资金回流工作带来极大的不便。

【案件来源】　审计署移送

【基本案情】　某医药有限公司成立于2005年4月15日，注册资本500万元，公司股东为张某春。2011年6月，张某春将全部股权转让张某祥，但未履行相关的工商变更手续，张某祥聘请马典娟为公司法人代表。经营范围为中成药、中药材、中药饮片、化学原料药、化学药制剂、抗生素、生化药品、生物制品销售（在许可证有效期内经营），制药设备、一类、二类、三类医疗器械（在许可证核定范围及有效期内经营）、农副产品收购、化妆品、食品（在许可证核定范围及有效期内经营）、日用百货、玻璃仪器、办公用品、文教用品、服装、鞋帽销售；建筑材料、电脑及耗材、软件开发、计生用品销售，食品与药品的技术研究及开发。2015年12月起，该公司未进行纳税申报，2016年3月起被认定为非正常户。该公司已于2015年11月24日办理了营业执照变更，公司名称变更为X科技有限公司，公司法定代表人变更为张某祥，但该公司未到主管税务机关办理税务登记变更手续。国税征管税种为增值税、企业所得税，增值税纳税人类型为一般纳税人。征收方式为查账征收。该公司为谋取非法暴利，虚构中药材购买业务，从上游的G省L县、W县108家公司买入增值税专用发票，用于抵扣进项税，造成国家税款大量流失。

【违法事实】　一是实际控制人、仓库验收员分别承认虚开了增值税专用发票。这点有公安部门对该公司实际控制人张某松的讯问笔录以及审计部门提供的对仓库验收员马某贵的笔录证实。二是2016年4月25日，D市国税局稽查局发来已证实虚开通知单，涉及该公司的上游2户企业，涉及发票574份，发票金额55702204.73元，发票税额

7241287.27元，价税合计62943492元。三是经公安经侦部门调查，该公司与G省W药业科技有限公司、L县Q药业有限责任公司之间没有真实的货物交易，该公司通过支付“开票费”的方式，从2户企业取得虚开的增值税专用发票。共涉及发票144份，发票金额16129797.21元，发票税额2096873.67元，价税合计18226670.88元。四是协查回函共涉及G省D市111户企业，其中2户企业为已证实虚开户，109户企业为有疑问协查。截至2016年9月20日的回函情况：106户企业系统回复为虚开，涉及金额797990846.89元，税额103738814.07元；5户企业系统回复为票面信息不符，涉及金额73907156.38元，税额9834682.62元。五是经梳理发现，该公司与上游18户企业之间存在资金回流，涉及金额128587228元。该公司从18户企业取得增值税专用发票3731份，发票金额362028082.57元，发票税额47063653.21元，价税合计409091735.78元。综上，该公司自2012年以后，并未从G省采购过中药材，符合审计部门移送线索。根据从防伪税控系统导出的该公司发票认证数据：2012年1月—2015年11月期间，该公司累计从G省取得税率为13%的增值税专用发票9421份，发票金额923005254.13元，发票税额119990687.83元，价税合计1042995941.96元，共涉及113户企业。

【查办过程】 一是通过协查信息管理系统，向G省L县、W县国税局稽查局发送委托协查函，要求协查该公司与上游企业之间的业务真实性以及票、货、款情况。二是检查组根据审计部门移交的线索，调取该公司以及涉案企业、个人的部分银行存款账户、储蓄存款信息，梳理资金流情况。三是开展外调工作。2016年2月，检查组通过到G省L县、W县开展外调工作发现，涉及G省L县、W县的109户企业中，只有4户企业为正常状态，其余均为注销或非正常。2016年6月，检查组到G省L市，调取相关涉案企业、个人的存款账户、储蓄存款信息，梳理资金流信息。

【处理处罚结果】 （1）依据《发票管理办法》第22条。该公司并未从G省采购过中药材，却从G省取得与实际经营业务情况不符的发票，属虚开发票行为。（2）根据《国家税务总局关于纳税人虚开增值税专用发票征补税款问题的公告》（国家税务总局公告2012年第33号）。该公司取得虚开的增值税专用发票，不得作为增值税合法有效的扣税凭证抵扣其进项税额。经计算，该公司共计应转出进项税额119990687.83元，应补增值税119990687.83元。（3）依据《税收征收管理法》第35条，《税收征收管理法实施细则》第47条，《企业所得税核定征收办法（试行）》第6条，《企业所得税核定征收办法（试行）》第8条，转发国家税务总局《企业所得税核定征收办法（试行）》的通知（合地税〔2008〕82号）。该公司无法提供账簿资料，难以查账，应核定其应纳税额。经计算，2012年度应补企业所得税947209.45元。2013年度应补企业所得税3149398.24元。2014年度应补企业所得税3156055.68元。三年累计应补企业所得税7252663.37元。（4）依据《税收征收管理法》第60条，对未按照规定的期限申报办理税务变更的行为，处以10000元罚款；对未按照规定保管账簿、记账凭证和有关资料的行为，处以10000元罚款。（5）依据《税收征收管理法》第32条。对该公司未按照规定期限缴纳的税款，加收滞纳金。

【问题分析及工作启示】 “7·03”案件的最终突破与定性得益于税务总局稽查局的及时督导和定性指导。本案查处过程中，由于证据的缺失，资料近乎空白，直接导致案件查办工作进展缓慢，迟迟未有突破。在税务总局督导组两次来皖督导、指挥下，明确了检查重点，指明了检查方向，对后期案件的迅速突破起到了决定性的作用。同时，此次“7·03”案件的最终定性很大程度上得益于公安部门的密切合作，在检查期间，税警双方联合办案，互相配合、协助，信息共享，在上游税务机关未定性虚开的前提下，通过对上下游企业相关人员的控制、询问，特别是检查组从公安部门获得的证人证言，对本案的定性起到了重要作用。建议制定稽查信息交换共享制度。此次“7·03”案件的侦办过程中，由于各级稽查局信息不对等，造成取证工作重复，相关证据得不到共享，主要体现在银行信息的获取，各地各组多头重复到银行取证，既增加成本，又容易产生遗漏。建议一是加强上级对下级案件查处工作的指导和监督；二是对同一案件涉及不同地方可及时沟通情况、交流信息，达到信息共享的目的；三是避免出现资源的浪费；四是加强对案件自身的监督和风险的控制。

（安徽省国家税务局稽查局供稿）

案例 4 –6
“11 · 27” 虚开增值税专用发票案

【案件类别】 发票违法案例

【案件所属行业】 批发和零售业

【案件特点】 虚开团伙控制数百家空壳“僵尸企业”，利用农产品收购发票抵扣并无货虚开增值税专用发票。

【案件来源】 风控部门推送

【基本案情】 “11 · 27”虚开增值税专用发票案是一起虚开团伙利用空壳“僵尸企业”套取增值税专用发票无货虚开增值税专用发票的重大案件。该案从 2015 年 11 月开始，历时 8 个月，查实以白某宁、苏某阳等人为首的虚开团伙通过购买 144 户空壳“僵尸企业”，套取发票，凭空虚构农副产品收购发票申报抵扣进项，无货虚开增值税专用发票 24276 份，金额 29. 89 亿元，税额 5. 08 亿元，价税合计 34. 97 亿元，受票企业涉及 27 个省 703 户企业，抓捕团伙成员 8 人。

【违法事实】 一是购买“僵尸企业”，套票虚开。虚开团伙与财务咨询公司勾结，通过财务咨询公司收购了数百户具有一般纳税人资格且增值税专用发票核定量较大的“僵尸企业”，由财务咨询公司办理好工商、税务等变更手续和发票领购手续，刻好公司公章、发票章，做好税控设备等，并以每月 3 万元的报酬委托财务咨询公司代为做账、办理纳税申报等，借“僵尸企业”套取增值税专用发票，收取开票金额 5% ~8% 的开票费。二是虚构农产品收购发票，抵扣进项。利用农产品收购发票未纳入防伪税控系统，网络申报环节对农产品抵扣系统无法比对的漏洞，在增值税纳税申报时按所虚开的销项金额凭空虚构进项农产品收购发票金额进行抵扣，不缴纳税款、进项税款倒挂或仅缴纳极少的税款，虚开增值税专用发票。

【查办过程】 （1）上下互动，精准指挥。专案组加强上下沟通，深入掌握案件情况，制定切实可行的方案和措施。一方面依托税务机关现有的电子数据系统，从税收征管系统和防伪税控系统调取申报、购票、变更、抵扣、开票等数据；另一方面派员联系和查找企业。同时与公安部门密切配合，抓捕讯问涉嫌虚开的犯罪嫌疑人，加大取证力度。

（2）左右联动，迅速查处。一是数据清理“僵尸”现形。专案组对开票窝点查获的纸质资料和计算机同时开展检查，梳理出涉案企业名单，初步摸清全案基础数据。二是果断行动强力检查。在前期数据清分的基础上，专案组对“僵尸企业”全部开展立案检查。在检查过程中，专案组依法采取了失控票处理、停供发票、办理不予注销、冻结账户等强有力的措施，确保检查成效。三是进项倒查初现端倪。通过检查，专案组发现“僵尸企业”申报抵扣的进项均是农产品收购发票，而开具的销项均是增值税专用发票，其专用发票上的货物名称为电子产品、钢材等。四是资金流向暗藏玄机。专案组对受票企业资金账户进行检查，获得资金回流和收取开票费的具体证据。五是逐个突破水落石出。专案组从前期被抓捕归案的犯罪嫌疑人钟某生入手，击溃其心理防线。并通过多种工作，促使该团伙的主犯白某宁投案自首。

（3）内外齐动，全面打击。与公安机关共同研究解决案件查办中遇到的问题和困难，不断完善信息传递、联席会议、线索协查等协作机制，提高案件查办效率；配合公安机关赴多地取证，抓捕虚开团伙。

【处理处罚结果】 一是定性虚开确凿无疑。根据已取得的证据，从票货款、资金回流、犯罪嫌疑人笔录等几个方面相互印证，“僵尸企业”虚开增值税专用发票的行为确实存在。对此，F 市国税稽查局对全部 144 户企业对外开具的所有增值税发票全部定性为无货虚开，合计虚开增值税专用发票 24276 份，金额 29. 89 亿元，税额 5. 08 亿元，价税合计 34. 97 亿元。同时，针对全部 27 个省的下游受票企业 703 户，发出已证实虚开证明单，要求追缴已抵扣的税款 5. 08 亿元，最大限度挽回国家损失。二是移送公安机关坚决打击。对参与开票的 144 户“僵尸企业”全部涉嫌构成虚开发票罪，移送公安机关，予以坚决有力的打击。

【问题分析及工作启示】 关注网络远程申报的抵扣“死角”——农产品收购发票。必须依靠税务电子系统和日常管征制度进行事前、事中的管理。一是建立企业农产品收购资格准入制度，并录入金税三期工程系统。二是把具有农产品收购资格的企业领购农产品收购发票的信息纳入金税三期工程系统。三是在企业纳税申报时，对附表二上有填列农产品收购进项的数据与企业农产品收购资格、农产品收购发票领购信息进行交叉稽核，对不符合的远程申报不予过关。四是管征部门要对农产品收购发票进行风险控制，对申报农产品抵扣的企业进行分析，发现异常立即处理。

（福建省国家税务局稽查局供稿）

案例4－7
某公司虚开增值税专用发票案

【案件类别】 发票违法案例

【案件所属行业】 制造业

【案件特点】 本案中，几名犯罪嫌疑人将一家饲料生产企业作为其虚开增值税专用发票的平台，为谋取个人私利，大肆向外虚开。短短半年时间，共向遍布近半个中国的47户企业虚开增值税专用发票6149份，由于对外开具量大额高，甚至已无心记账，对税收秩序造成了极大的损害。

【案件来源】 征管移送

【基本案情】 2015年末，J市国家税务局稽查局接到S国税局移交的某有限公司（以下简称W公司）涉嫌虚开增值税专用发票的案件。稽查局迅速组织专人调取了W公司相关信息，发现该纳税人有虚开增值税专用发票重大嫌疑，决定按程序对其立案检查。立案后，检查人员虽多次联络公司法人代表、办税人员，但对方拒绝配合调查。针对这一情况，J市国税局稽查局一方面安排人员对该公司下游纳税人进行实地协查，一方面与市公安局经侦支队取得联系协同配合，最终查实该公司的偷税行为。

【违法事实】 该公司2015年申报抵扣的增值税进项税额7991.17万元，但经查上述进项税额无任何凭据，属虚构增值税进项税抵扣。该公司在无实际经营的情况下，以收取开票费为目的，向G（上海）实业有限公司等47家企业开具增值税专用发票共计6149份，价税合计为69461.73万元，属于虚开增值税专用发票行为。

【查办过程】 （1）分析数据，确定疑点。检查人员对S国税局提供的资料及W公司涉税资料进行分析，逐步确定了以下虚开疑点：

发票用量大却未实现税款。2015年4月1日—10月30日，该公司共领购增值税专用发票22次，累计7170份，开具6149份，并且大部分发票开具内容都是饲料、乳猪料、母猪料等。而根据政策规定，销售货物或者应税劳务适用免税规定的，不得开具增值税专用发票。

销售收入短期内增幅巨大，存在虚假申报行为。该公司2015年3月以前的应税销售额、应纳税额均为零，2015年4月销售收入为688.18万元，5月为2699.92万元，6月销售收入为7099.76万元，7—11月月均销售收入过亿元，但缴纳税额为零。通过金税三期工程系统查询发现，该公司申报抵扣的进项税额填列在《增值税纳税申报表》“（二）其他扣税凭证”中的“农产品收购发票或销售发票”一栏，但是该公司并没有农产品收购发票或者销售发票票种，系统中也没有相应的认证记录，更为不解的是，2015年5—11月的进项税额与该时段的销项税额完全一致。

生产能力明显存疑。2015年11月30日，S国税局对W公司注册地进行了实地调查。该公司整个厂区除了看管厂房人员外，没有看见一个工人。厂房内只有1台布满灰尘、搅拌机样式的老式机械，且没有任何辅助设备。

上游纳税人疑点重重。从W公司提供的财务资料看，其主要进项来源于F饲料有限公司，仅2015年4—5月，W公司就从F饲料有限公司取得增值税普通发票73份，金额988.19万元，货物名称均为豆粕。经对F饲料有限公司实地调查发现，该公司办公设施陈旧，没有任何机械设备，同时，在核对涉税信息时，发现F饲料有限公司财务负责人与W公司会计均为董某，经查询金税三期工程管理系统为同一个身份证信息。

相关证据否定生产能力。为切实弄清W公司真实的生产能力，2015年12月7日，检查人员查看了其2015年1—10月的电费交纳情况，共用电1180度，交纳电费1534元，说明其实际用电量与生产销售收入相比不匹配、不真实。

（2）联系企业，拒不配合。检查人员多次与W公司法人代表联系未果，与财务负责人董某取得联系后，董某一直拒绝到稽查局说明情况并拒不提供其实际办公地址、不提供账簿资料。

（3）外围协查，悉数走逃。由于时间较紧，J市国税稽查局安排检查人员分批前往J省、S市等地实地协查，同时与T市国税稽查局取得联系，对上述地区的10户下游企业同时发起协查，发现该10户纳税人均已处于非正常状态，部分纳税人甚至是当月接受W公司增值税专用发票后，当月抵扣、当月对外开具、当月走逃。

（4）协调公安，果断出击。2016年1月，市公安局经侦支队决定对W公司立案。在掌握了大量前期证据的基础上，于2016年2月23日，将该案主要犯罪嫌疑人毕某、董某、李某抓获。抓获现场，税警办案人员发现了大量的作案工具，并起获了对外开具的增值税专用发票记账联。经突审，犯罪嫌疑人交代因数量巨大、购销虚假，W公司根本没有记账。随着该案的不断深入，2016年3月28日抓获共案犯罪嫌疑人边某，2016年9月9日公安机关又抓获虚开上线一名。J市国税局稽查局出具的《稽查报告》于2016年8月18日通过J市国税局集体审理，2016年9月14日，将《税务行政处罚事项告知书》送达主要犯罪嫌疑人。上述5名犯罪嫌疑人已有4名被批捕，1名刑事拘留。该案现已由济南市中检察院向济南市市中人民法院提起公诉。公安机关已对该案所涉其余犯罪成员开展进一步抓捕行动。

【处理处罚结果】 根据《最高人民法院关于适用〈全国人民代表大会常务委员会关于惩治虚开、伪造和非法出售增值税专用发票犯罪的决定〉的若干问题的解释》第1条和《发票管理办法》第22条、第37条的规定，J市国税局稽查局做出如下处理意见：（1）W公司在无实际经营的情况下，向G实业有限公司等47家企业开具增值税专用发票价税合计69461.73万元，属于虚开增值税专用发票行为，决定处50万元的罚款。（2）根据《税收征收管理法》第63条和第32条的规定，W公司虚构的增值税进项税7991.17万元属偷税，除追缴入库外，并处不缴或者少缴增值税税款一倍的罚款计7991.17万元。同时，对W公司不缴或者少缴的增值税税款，自滞纳之日起至税款入库之日止按日加收滞纳金。（3）W公司违反《发票管理办法》第22条第2款的规定虚开发票，根据《发票管理办法》第37条第1款规定，没收其违法所得。（4）根据《刑法》第205条、《行政执法机关移送涉嫌犯罪案件的规定》（国务院令第310号）和《国家税务总局关于纳税人取得虚开的增值税专用发票处理问题的通知》（国税发（1997）134号）的相关规定，对该单位涉嫌虚开增值税专用发票的违法行为，移送司法机关追究刑事责任。

【问题分析及工作启示】 “粗暴型”虚开揭示当前“羸弱”的管理环境。面对此案中“粗暴”的虚开行为，税务机关防不胜防：登记资料是全的，是否使诈无权查询；增量理由理直气壮，合同真伪无从辨别；进项信息是假的，网上申报畅通无阻。除了“粗暴”，还很“嚣张”：稽查局立案检查，多次通知不到场且拒不提供实际经营场所及涉税资料。如今，注册资金的认缴制使得工商管理仅需进行核名，网上认证、网上申报、微信联络、快递送达等网络便利，使纳税人在税务机关面前趋于“无形”。规范入户执法为广大纳税人提供便利的同时，也使犯罪分子有了更多的可乘之机。面对如此严峻的形势，税务部门的管理手段和措施显得过于“羸弱”。

建议：一是修订和完善工作制度，防范执法风险。当前，以“春风行动”为主题的减负放权给广大纳税人提供了便利，但也给混迹于其中的少数不法分子提供了机会。因此，对于不同的纳税人应当宽严相济，对于新办纳税人一味地提供服务而不进行约束是对广大合法纳税人的不负责任，频繁出现的涉税违法犯罪行为得不到有效遏制也必然会对税收秩序带来冲击。二是加强税警协作。近年来，虚开增值税专用发票、逃避缴纳欠税、骗取出口退税等各类涉税违法犯罪案件均处于高发阶段，这一形势促进了税务机关与公安机关的联系。公安机关的侦查手段、拒不配合后的强制力、反洗钱中心的建立等能够与税务机关检查人员的专业知识和检查技巧优势互补。因此，加强税警协作也就成为有效打击各类涉税违法犯罪行为的有力保障。

（山东省国家税务局稽查局供稿）

案例 4 -8
"12·08" 系列虚开增值税发票案

【案件类别】 虚开发票案例

【案件所属行业】 批发和零售业

【案件特点】 本案是运用大数据理念，发挥增值税发票管理新系统和"增值税专用发票快速预警系统"的功能优势，通过对税收征管综合系统和增值税发票升级版的相关信息指标进行数据分析、筛选，在精准地锁定涉案当事人的同时，迅速启动警税协作办案工作机制，及时取得犯罪证据并抓获犯罪嫌疑人的一起成功打击现行虚开团伙案件。

【案件来源】 专案稽查

【基本案情】 W市国税局货物与劳务税处向W市国税局稽查局推送了一批有虚开特征的企业名单，W市国税局稽查局经提取数据并比对分析，发现这些企业均于2015年6—7月办理工商、税务登记；法人代表、财务负责人全部为外地身份（A省F市、J市等地），且相互在多家企业任职；购进原材料申报抵扣进项全部为13%税率的农产品（无运输、水电等日常费用），销售开具17%税率的增值税发票，且全部顶额开具，开票对象集中，团伙虚开特征明显。经由税务稽查人员和公安人员的核实调查、外围取证，发现涉案企业均用他人身份证办理工商注册信息，均由代办人代为办理，代办人大多为同一人，最后经核实确认有34户企业非法抵扣进项税额5080万元，对外虚开增值税专用发票3117份，涉案金额3.10亿元，税额5270万元，涉及全国10个省（市）22家企业。

【违法事实】 "12·08"系列虚开案（34户）的主要作案手法为：犯罪嫌疑人利用他人身份信息在工商部门虚假成立"皮包公司"，在无真实农产品购进业务的情况下，通过在增值税纳税申报表附表2中"农产品收购发票或者销售发票"栏虚假填列进项税额申报抵扣，进行虚假的纳税申报；进而在没有真实货物交易的情况下，对外虚开增值税专用发票。经由税务稽查人员和公安人员的核实调查、外围取证，确认34户企业非法抵扣进项税额5080万元，对外虚开增值税专用发票3117份，涉案金额3.10亿元，税额5270万元。

【查办过程】 信息比对，发现疑点。利用增值税发票管理新系统提供的发票大数据，对接"增值税发票快速预警系统"进行数据分析比对，发现武汉益春堂中药材有限公司等企业购进原材料申报抵扣进项全部为13%税率的农产品进项税，销售全部开具17%税率的增值税发票，且全部顶额开具，开票对象集中，团伙虚开增值税专用发票特征明显。通过实地走访调查，发现办公地址均为虚假的登记注册地址。

税警协作，顺藤摸瓜。与W市公安局经济犯罪侦查支队联合办案，将此案命名为"12·08"系列虚开增值税专用发票案，成立税警联合专案组立案侦查，通过公安机关采取侦察手段监控通话记录，初步确定税务登记经办人赵某川涉案较深。通过进一步监控，发现计新杰频繁指使龚某成、宋某容、赵某川、宋某华等人办理工商注册、税务登记、开立银行账户、领购发票、开具发票、运送发票、报税申报等活动，联系王某、薄某标等人寻找下游的购票方。经过数月的跟踪调查，专案组最终确定了以计某杰为首的虚开犯罪团伙。

重拳出击，联合打击。2016年4月21日，W市警税联合出动近百名人员在H省W市、A省F市、J市等地同时实施抓捕行动，抓获犯罪嫌疑人计某杰、王某、薄某标、龚某成、赵某川、宋某容、王某、宋某华，并查获涉案企业工商执照、税务登记证件、空白发票、发票记账联、增值税申报表、报税盘公章、财务章百余套。初步查明，该团伙已注册成立136家涉案开票公司，通过虚假填列进项税额申报抵扣，虚假纳税申报，非法抵扣进项税额5080万元。由于打击及时，有74户企业尚未启用，未购买增值税专用发票；有29户企业领购的775份增值税专用发票尚未来得及开具。

深度追踪，水落石出。专案组通过对受票企业法人和财务人员进行讯问，取得了受票方J省F医药有限公司、C市Y医药有限公司、S市W实业有限公司等三家公司接受虚开增值税专用发票的证言和资金的相关证据，从而查清了该犯罪团伙通过资金回流或收取手续费的方式对外虚开发票的事实。经查实，该团伙共领购增值税专用发票4430份，启动34户企业，已对外虚开增值税专用发票3117份，涉案金额3.10亿元，税额5270万元，涉及全国10个省（市）22家企业。

【处理处罚结果】　依据《税收征收管理法》第63条第1款、《发票管理办法》第22条第一款第1项、《税收征收管理法》第32条、《发票管理办法》第37条、《行政执法机关移送涉嫌犯罪案件的规定》（国务院令第310号）第3条的规定，查补增值税5080万余元、罚款1700万元，并移送公安机关。

【问题分析及工作启示】　一是抓源头，全面推行实名办税。由国家税务总局或省（市）国税局制定出台实名办税办法，统一明确规范实名办理涉税事项范围和程序等，构建以个人信用为基石的税收和社会信用体系。基层税源管理部门在新办企业均纳入税收管理环节时，对相关人员应事先采集、核实、确认身份信息；办税服务部门在受理环节，对办税人员身份比对确认后，方可办理有关涉税事项。二是控过程，严格分级分类管理。制定出台纳税人分级分类管理办法，按纳税人信用等级、行业特征、经营状态、风险大小等，实行差异化分级分类管理。三是精打击，严厉惩处虚开犯罪。发挥信息情报在稽查中的引领作用，充分利用各种大数据、第三方信息和警税信息，进行关联比对分析，快速锁定和追查虚开疑点和线索，实施精准打击。特别是，要注重加强警税协作，严厉打击虚开团伙；同时，实行打击治理同步推进，严格落实“黑名单”制度，实施联合惩戒。四是重信息，加强网络平台应用。建立与银行间的信息沟通交流制度，实现重大税收违法信息与个人金融信贷信息的实时交换，便于前期调查研判和后期固定证据。在网上办理业务时，税务机关能加载验证登录、加强识别、记录和保存IP数据等功能，实现税务机关对风险户的有效查找。

（湖北省国家税务局稽查局供稿）

案例4－9
“3·05”虚开发票系列案

【案件类别】　发票违法案例

【案件所属行业】　批发和零售业、金融业

【案件特点】　涉案企业多，共涉及32家单位，其中受票单位22家。涉案单位主要为正常经营单位，主要是犯罪嫌疑人勾结财务人员、营业员，逃避税务和企业的监管。发票的品目主要为“办公用品”，很多用于企业冲账。

【案件来源】　举报案件

【基本案情】　该案共涉及开票单位10家，主要为超市、商场、酒店，涉及受票单位22家，其中银行业12家，证券业1家，保险业1家，商贸企业4家，汽车行业1家。

【违法事实】　自2013年以来，犯罪嫌疑人通过直接与H省某超市有限公司、H省某商业股份有限公司、C市某酒店、C市某商务服务有限公司等相关单位的财务人员、商场营业员勾结，以开票金额的1%～3.5%支付开票费给相关财务人员或商场营业员，按客户要求从上述单位虚开发票后，再按开票金额的1.5%～6%收取购票者的开票费，从中赚取差价，涉案购票的单位多为银行、保险、医药、房地产等单位。

【查办过程】　2015年5月6日，C市国税局稽查局就“3·05”专案召开案件分析会议，抽调多名业务骨干组成专案组，配合公安机关参加专案收网行动，共对12名犯罪嫌疑人采取行政强制措施。目前，公安部门已立案2起，分别是王某虎、秦某伟等虚开发票案，王某虎、范某蓉等虚开增值税专用发票案，现两案已并案侦查。省局对此案高度重视，成立了专案领导小组。省局领导等多次听取案情汇报。

【处理处罚结果】　根据C市公安局经济犯罪侦查支队所提供的涉案单位购票相关人员、已抓获的犯罪嫌疑人询问笔录及相关证据资料，国税部门对22户涉案单位进行了检查和处理。其中公安部门移交的“H省L贸易有限公司案”“C市J服饰有限责任公司案”，在检查过程中，以上2户单位

分别预缴税款和自行进项转出税款270000元、435897.35元，对2户单位下达处理处罚决定后，在执行过程中，发现已无法联系到企业相关人员，现已对2户单位采取冻结银行账户等税收保全措施。公安部门移交的“H省Q贸易有限公司案件”，因该公司已经人去楼空，相关人员无法联系，无法进行税务检查，已退回公安机关处理。本案在查办过程中，追缴入库增值税1623519.55元、所得税3836493.56元，罚款2096133.76元，滞纳金1084305.21元。公安机关采取强制措施12人，已移送检察机关起诉12人，目前已进入审判程序。

【问题分析及工作启示】 该案特点在于发票虚开的双方基本都是正常经营的企业，有的还是上市公司，具有良好的社会信用，然而不法分子通过勾结财务人员、营业员，绕开企业的内部监控，完成了虚开业务。税务部门在加大对异常企业的监控力度的同时，也要强化对正常企业的日常“扫描体检”。

（湖南省国家税务局稽查局供稿）

案例4－10
江某、杨某等人制售假发票案

【案件类别】 发票违法案例

【案件所属行业】 建筑业

【案件特点】 本案是“营改增”前夕，由地税部门和公安机关进行“联合发票打假”的一起典型案例，其侦办过程以及“营改增”后地税部门的征管模式值得思考。

【案件来源】 日常检查

【基本案情】 2016年2月2日，C市桃源县人民法院依法判决了一起发票违法犯罪的案件，两名被告人江某、杨某分别受到了被判处有期徒刑、追缴违法所得、并处罚金的法律制裁，常德市地税局于2016年3月在《C日报》《C晚报》等媒体上，依法对该案件进行了曝光。

【查办过程】 2014年9月，C市T县地税局稽查局在对某行政事业单位开展日常检查时，按照“查账必查票，查案必查票”的稽查工作思路，发现该单位有3份建筑安装发票的填开极不规范，付款方一栏填写的不是该行政事业单位，而是承建该单位建筑安装工程的施工企业，正常情况下施工企业应该是收款单位，这样的填写内容有悖常理，引起了检查人员的怀疑。

检查伊始，为稳妥起见，检查人员只是按照一般日常检查取证的规定，收集了相关证据资料，并未向被查单位沟通检查中发现的发票问题。在未打草惊蛇的情况下，检查人员迅速把发票复印件带回，并与征管部门的填开记录和存根联详细比对、鉴别，得出的结论是：3份填开不规范的发票均是假发票。

确认为假发票后，T县局稽查局在市局稽查局的指导下开展专项立案，彻查该单位近3年来取得的所有建筑安装行业发票。经检查发现，该行政事业单位取得了10份假发票，票面金额1299.97万元，承建的五家施工企业均存在涉嫌开具并使用假发票的行为。

T县地税局按照税警联合执法工作机制，将案情移送至县公安部门进一步查处，并联合成立专案组，制定缜密的侦办思路，科学分工，联合执法。

在专案组与该行政事业单位的初步接触过程中，专案组突破重重阻力，进行了强大的政策攻势，要求该行政事业单位与施工企业的经办人联系，以支付工程款的名义要求5家施工企业经办人在约定日来办理工程结算手续，公安部门在当日随即将5家施工企业的经办人予以控制。经查，该行政事业单位的假发票均为T县境内的江某出售，专案组掌握江某的信息后，要求施工企业的经办人以继续购买发票的名义约见江某，在约见江某的现场，将其抓获归案。

经过审讯，江某如实供述了出售假发票的事实。江某，T县人，于2014年1—9月期间通过非法途径以5万元的价格，从杨某手中购买了10张共1299.97万元的假建筑业统一发票，并以票面金额的4%出售给该行政事业单位，实际非法获利46.98万元。

江某的上线，就是杨某。专案组顺藤摸瓜，在

C市公安局经侦部门的支持下，于2014年11月18日将杨某抓获，现场查获各类非法制造的空白发票、已开发票、完税证明，制假用的笔记本电脑、打印设备、U盘、印章等其他作案工具。经查，杨某，浙江人，2013年6月—2014年9月期间，多次非法制造建筑业统一发票，其中10张以5万元的价格出售给T县的江某。至此，该案的两名涉案人员违法事实已经查清，证据确凿，涉嫌触犯刑法。

【处理处罚结果】　根据案件的查处情况，2015年1月，T县地税局下达了《税务处理决定书》《税务行政处罚决定书》，责令5家施工企业补缴地方各税费71.35万元，罚款35.6万元。

通过地税部门移送、公安侦办、公诉机关提交，T县人民法院于2016年2月2日依法作出判决：江某犯出售非法制造的发票罪，判处有期徒刑2年，缓刑2年，并处罚金6万元，追缴违法所得46.98万元；杨某犯非法制造、出售非法制造的发票罪，判处有期徒刑2年9个月，缓刑5年，并处罚金15万元，追缴违法所得5万元。

【问题分析及工作启示】　该案是近期一起典型的制假贩假的发票案。该案的成功查处，主要得益于相关办案人员专业的职业敏感和办案能力，得益于多年来不断完善的税警联合工作机制。但是，随着2016年5月“营改增”以后，地税部门长期依赖的“以票管税”征管手段已逐渐消失，如何继续强有力地管控地方税收，将是地税部门面临的一项新的重要课题。要使地税部门突破“营改增”后的征管“瓶颈期”，地税部门应不断调整与税制改革相适应的基层税收征管模式，逐步建立并完善国地两税、税务与公安等相关部门的信息共享、联合执法等工作机制，严厉打击各类税收违法犯罪行为，重点发挥稽查部门震慑职能，维护新经济形势下的税收征管秩序。

（湖南省地方税务局稽查局供稿）

案例4－11
劳务公司虚开发票案

【案件类别】　发票违法案例

【案件所属行业】　租赁及商务服务业

【案件特点】　2015—2016年，G市地税稽查局成功破获一个18.7亿元的特大虚开普通发票案。该案具有虚开金额巨大、犯罪性质恶劣、办案难度大、新的技术和作战方式、警税协作紧密、规范意义深远六大特点。

【案件来源】　人工选案

【基本案情】　2013年6月，G市地税局涉税案件举报中心在短时间内连续接到多个盗用身份信息申报个人所得税的举报线索。市局稽查局决定对该问题涉及的劳务派遣行业开展行业稽查。

通过从全市40多万条重复申报个人所得税的数据，构建涉及多项指标的筛查模型，稽查人员发现“YC人力资源有限公司、YY建筑劳务有限公司”同时存在多处申报员工数量大、申报收入均为起征点、员工年龄跨度从12岁到90岁、发票税负率明显偏低四大疑点，涉嫌虚开发票。为此，市局稽查局决定对该两户企业进行立案检查，并以此为切入点，全面规范全市劳务派遣行业的税收秩序。

【违法事实】　YC、YY公司在没有任何劳务派遣业务的情况下，通过介绍提成招揽顾客，盗用身份证信息虚构劳务人员，利用多个银行账号层层转移资金，设立多家公司扩大经营等手法，共虚开G省地方税收通用发票合计6067份，开票总额合计18.7亿元，获利逾5000万元。

【查办过程】　G市地税局稽查局采用重大案件市一级稽查模式，实施团队作战，组织精兵强将，成立专案组对两户企业开展检查。

（1）数据分析。专案组成立后，采取电子稽查技术对调取的电子资料进行云数据分析和破解，发现了2个重要信息：一是数十份记录了人员姓名、身份证号码等个人信息的《G市周边地区劳务输出人员劳动力普查表》。该表中人员与该企业申报的劳务用工名单存在大量重复，可能是企业虚构劳务人员的重要资料来源。二是该两家公司的内部报表。报表记录了其开具发票、支付介绍费、资金运作的明细，显示该公司收到对方公司劳务款，扣除管理费后回流到对方公司指定账户，刻意营造资金流的情况。

（2）疑点核查。针对发现的关键疑点，专案组从业务真实性、资金流向和重点受票企业三方面寻找突破，最终查明案情。

业务真实性方面，从两家公司的个人所得税申报资料统计，两家公司雇用劳务派遣人员达2.3万人，其中共有9000多名劳务派遣人员来源于Z区的13个村。专案组立即奔赴当地，逐个说服13个村的村委会，在村委会的配合下，对其中的4000多名村民进行走访调查取证，发现名单中的人员不仅有身患残疾的五保户，甚至还包括已去世多年的老人。调查结果显示，名单中的人员没有一人与两家公司存在任何形式的劳务雇用关系。

资金流向方面，专案组同时查询了73个银行账户，并结合系统中受票企业个人所得税申报明细表，对资金流向进行逐笔跟踪核对。经过连续1个月的逐条分析和逐户跟踪，专案组最终查明：部分资金经过3次以上银行转账，在扣除开票费用和介绍费后，最终回流到受票企业控制的个人银行账户。

重点受票企业方面，专案组在3个月的时间内完成了对20多家受票企业、2万多名人员身份、近百个银行账户、大量的账册凭证及电子数据等涉案资料的调查取证工作。专案组选取了受票金额较大的企业法人及经办人进行隔离询问，在铁证面前，他们对违法受票事实供认不讳。专案组通过询问笔录、第三方资料等多个侧面证明了该企业虚开发票的违法事实，并形成了完整的证据链。

（3）移送公安。为彻底打掉这个性质恶劣的虚开发票团伙，专案组决定将案件移交公安部门。公安部门收到了翔实的案情证据资料后，立即启动警税联合办案机制。案件由市公安经侦支队直接办理。从2015年2—10月，警税双方先后十余次到当地开展实地摸查工作，初步查清了开票团伙的核心人员并掌握了犯罪嫌疑人的出行规律，为统一抓捕作好充分准备。

（4）税警出击。2015年10月27日清晨，当地公安地税部门共出动20多人对4名对象实施抓捕。经过重重波折，成功抓捕了4名犯罪嫌疑人。经过连续8小时的审讯，该团伙2名经办人员在翔实的证据材料面前，对犯罪事实供认不讳，确认共虚开发票18.7亿元。警税联合办案取得了决定性的胜利。

为进一步扩大战果，2015年11月11日，警税联合专案组决定对虚开发票的介绍人陈某实施抓捕。经审讯，查明陈某介绍虚开发票约4亿元，收取介绍费超300万元。陈某的抓捕，不仅增强了证据的证明力，而且有力打击了介绍虚开发票的违法犯罪行为，堵塞了介绍虚开发票的渠道。

（5）查处受票企业。目前，检察院已批准逮捕3名涉案人员，根据检察院《逮捕意见书》的要求，公安、地税部门严肃处理受票企业，全力挽回流失的国家税款。2016年1月，G市公安、地税部门召开案情通牒会，对接受虚开票金额超过总金额90%的20多户企业进行集中处理；3月召开了国税、地税稽查合作专题工作研究会议，决定对“某劳务公司虚开案”开展联合检查，向市国税稽查局移交37户受票企业资料，接受发票金额9900万元；11月，对剩余（地税）受票企业进行立案检查。

【处理处罚结果】 根据《发票管理办法》第22条第2款、第37条的规定，《发票管理办法实施细则》第36条的规定，对YC、YY公司虚开普通发票的行为，各处以50万元罚款，并依法移送司法机关处理。

【问题分析及工作启示】 一是加强内部管理是堵塞税收漏洞的关键。经估算分析，G市共有劳务公司近1500家，2011—2016年共开具劳务发票约2000亿元，总体税负率不到3%。其中，近1000家公司存在多处申报个人所得税的评估疑点。在检查过程中，发现很多劳务公司发票用量大、缴税金额少、资料缺失多。有的劳务公司甚至通过领购大量发票后进行跨区变更，利用区域间征管衔接的漏洞进行“真票虚开”。因此，税务机关应加强对劳务公司的日常管理，要求劳务公司和受票方企业按劳务派遣项目建立台账，对派遣人员、派遣周期、工资支付凭证进行记录存档，对跨区变更的劳务公司及时做好征管资料移交。针对开票金额大、税负低的劳务公司进行重点管理、定期检查，包括经营地址、业务情况、派遣合同、劳动合同、用工结算、工资支付、发票开具等，核实其业务的真实性。

二是强化外部门沟通是协税护税网络的基础。由于劳务派遣行业是特许经营，一些劳务公司通过伪造资质证件进行违法经营，逃避监管。税务机关应该加强与社会保障等部门的沟通，加强信息共享，促进劳务派遣行业的依法规范发展。另外，资金流的确定是劳务派遣等业务真实性的重要证据之一，而目前银行账户的查询需要逐个银行取证，一方面容易疏漏，另一方面费时费力。如果能建立税务系统与银行的统一接口，将极大程度地提高工作效率。

三是提升稽查震慑力是促进纳税遵从的保障。税务机关不仅要查处“虚开发票”的劳务公司，对达到条件的依法移送公安机关，追究其刑事责任，还要加大“买方市场”的打击力度。对已核实的“虚开发票”进行追踪，对接受这些“虚开发票”的受票方企业统一安排进行延伸检查，处理一批涉案金额大、性质恶劣的受票方企业，并通过税法宣传、案件曝光等形式提升稽查震慑力，营造自觉守法、诚信纳税的税收环境。

（广东省地方税务局稽查局供稿）

案例 4－12
某贸易有限公司虚开增值税专用发票案

【案件类别】 发票违法案例

【案件所属行业】 批发和零售业

【案件特点】 通过黄金交易套取增值税专用发票，采取虚构资金流和票货分离的手段，虚开增值税专用发票非法牟利。

【案件来源】 人工选案

【基本案情】 该公司在S黄金交易所购买黄金，在S市隐匿销售，通过黄金交易套取增值税专用发票，采取虚构资金流和票货分离手段，非法牟利。2015年7—8月，共向16家企业虚开增值税专用发票766份，价税合计8536.02万元。

【违法事实】 该公司在2015年7—8月，采取虚构资金流和票货分离的手段，与16家受票企业在无货物真实交易的情况下，虚开增值税专用发票766份，金额7295.74万元，税额1240.28万元，价税合计8536.02万元。其中514份虚开的增值税专用发票，已被16家企业分别在2015年7月、8月、9月通过认证并抵扣进项税，金额4938.08万元，税额839.47万元，未抵扣252份。

【查办过程】 分析案情确定检查切入点。黄金交易过程、黄金流向和发票流向、资金流向如何，涉案的受票企业之间是否有联系，从哪里入手，成为办案成功与否的关键。检查人员经分析发现，黄金的去向是查实发票虚开的关键环节，最终确定从核查该公司购入黄金及销售情况入手。

调查购入黄金及销售情况。专案组人员到该公司，了解到其有两个隐形大股东，分别为韩某勇、周某青，与广东人卓某涛合伙经营，该公司购进、销售黄金以及资金均由合伙人卓某涛负责。他们采取挂靠S某黄金交易所会员单位S市某金业有限公司的方式，购进黄金用于销售。经查卓某涛使用多家公司的银行账户购买黄金，再以低于购进价格0.8元每克，不开发票转卖给S市郑忠栋，以取得进项发票并造成有黄金销售给全国16家企业的假象。实施票、货分离的第一步——货物（黄金）单独销售。

核查黄金交易过程。卓某涛利用该公司银行账户及交给他控制的公司银行U盾、经老乡认识S市郑某栋，并利用其控制的周某、吴某洪，以及该公司、S某博云公司等的银行U盾，通过S某金业公司向S黄金交易所付款，形成购买黄金的资金链，造成购进黄金的现象并取得S黄金交易所开具的增值税专用发票，以此方式实现资金流转额达0.64亿元。

核查黄金流向和黄金发票取得情况。查实S某金业公司向上海黄金交易所付款后，卓某涛让郑某栋派其本公司员工郑某浩，在卓某涛陪同下，由周某青、韩某勇，分别在S某金业公司提取该公司通过金业公司在S黄金交易所购买的黄金，并马上在提货窗口转给郑某栋，完成货物——黄金的流向。在其付款、提货后，S黄金交易所向该公司开具增值税发票，并把此发票邮寄给该公司周某青，发票金额8558.44万元，已经认证抵扣。

该公司开出发票及发票资金流的情况。卓某涛通过老乡郑某竹、卓某镇，以该公司向全国16家受票企业开出增值税专用发票，并掌握受票企业、S市某华轩公司以及该公司的银行U盾，由卓某涛、卓某镇分别提供资金，并完成资金空转，具体由S市某华轩公司向全国16家受票企业先期发起空转资金流，如由S市某华轩公司向X某福商贸公司、X某宏商贸公司等转出、这些企业通过银行转回该公司，再退回S市某华轩公司，在几分钟完成一次循环，形成该公司虚开发票的资金流。依据经侦支队在S市电信公司取得的证据，证实这些循环转账公司的IP地址都在卓某镇家，由其一人在同一时间、同一地点完成，空转资金约0.855亿元，造成受票方虚假购货的假象，完成虚开增值税专用发票的第二步——发票单独开具给全国16家企业。卓某涛让人把全国16家企业的开票资料，发邮件到该公司实际负责人周某青的邮箱，由周某青发短信与卓某涛确认后开具增值税专用发票，然后按照卓某涛的指示，通过某快件公司寄到G、X、B等指定城市，再分别寄给全国16家受票企业。

核查货物流情况。该公司开具发票的全国16家受票企业，都与该公司没有任何的货物交易，根据在S某金叶公司调取的提取黄金视频证明及卓某涛交代，该公司所购买的黄金由郑忠栋收购并转卖给S市某黄金加工企业，销售黄金回款的资金已经由在S调取的银行流水掌握：周某（郑某栋弟媳）——吴某洪——S某博云公司——该公司——S某金叶公司（S黄金交易所会员）。L市公安经侦支队讯问卓某涛、郑某栋的供词证实这16家企业都与该公司没有任何货物交易。

【处理处罚结果】 依据《发票管理办法》第22条第2款第1项的规定，确定该公司开具的766份增值税专用发票为虚开的增值税专用发票，金额7295.75万元，税额1240.28万元，价税合计8536.02万元。根据《全国人民代表大会常务委员会关于惩治虚开、伪造和非法出售增值税专用发票犯罪的决定》（国家主席令第57号）第1条第4款、《最高人民法院关于适用〈全国人民代表大会常务委员会关于惩治虚开、伪造和非法出售增值税专用发票犯罪的决定〉的若干问题的解释》（法发〔1996〕30号）第1条第1款、《国家税务总局关于纳税人虚开增值税专用发票征补税款问题的公告》（国家税务总局公告2012年第33号）第1款的规定，该公司虚开的增值税专用发票，已就虚开金额申报并缴纳增值税，不再追补。

根据《刑法》第205条的规定，该公司涉嫌犯罪，公安机关于2015年10月26日已立案侦查，根据《关于加强行政执法与刑事司法衔接工作的意见》（中办发〔2011〕8号）第1条第3项的规定，对该公司虚开增值税专用发票的行为暂不予以行政处罚。

【问题分析及工作启示】 问题分析：该案涉及地区范围广，取证难度大。税务、公安联合专案组人员数十次深入广东S市、SH市、X市、ST市进行有关证据取证，嫌疑人卓某涛身处异地，行踪诡秘，联合专案工作组人员多次到G省S市通过技侦手段查找，在当地公安机关的配合下抓获关键人物卓某涛以及其他涉案人员两人，经过讯问和通过S市电信公司锁定循环转账公司的IP地址，最终破解“黄金迷局”。该公司虚开增值税专用发票涉及B、T、X等省市16户受票企业，而且这些发票已被这些企业大部分通过认证抵扣了税款，经协查，这16户企业在经营3个月或半年时间后，全部走逃。

工作启示：一是及时获取与案件有关的材料，掌握查案主动权。办案人员及时调取纳税人的财务报表、总账、销售收入明细账、销售成本明细账、库存商品明细账、银行存款明细账、现金明细账、记账凭证等有关纳税资料。实地摸底，了解到该公司有两个隐形大股东，分别为韩某勇、周某青，从而掌握案件查办主动权。其与G省人卓某涛合伙经营，该公司无需出资又不需参与销售就能“坐地生财”。二是注重税警协作，虚开增值税专用发票真相大白。通过公安局经侦部门的鼎力支持和配合，成功地将该公司的违法犯罪行为和虚开增值税专用发票涉案人物推到幕前，税警协作为查清事实和固定证据提供了有利保障。三是强化征管提高发票虚开处置效率。对购销货物品名不一致的企业，经约谈仍无法排除疑点的，立即进行实地核查。对因地址、电话等税务登记信息无法联系或者经两次约谈不到的，要依照相关文件的规定，暂停该纳税人发票的开具，对核查发现有虚开等疑点问题的马上采取先降票量、暂停开票、将已开具发票做异常发票处理等措施。

（广西壮族自治区国家税务局稽查局供稿）

案例 4－13
某实业有限公司虚开增值税专用发票案

【案件类别】　发票违法案例

【案件所属行业】　批发和零售业

【案件特点】　虚构购销业务，进销项货物明显不符，且存在明显的资金回流

【案件来源】　专项检查

【基本案情】　2016 年 2 月 H 省国税局和 H 省公安厅经侦总队配合协作、联合打击，成功查结一起某实业有限公司虚开增值税专用发票案件，该案是税务总局部署查处的"5・18 黄金案督办案件"之一。经检查，该公司进项货物全部是黄金且金额巨大，短短半年时间购进了接近 9 亿元的黄金类货物，然而其销项货物却是"电缆""手机壳""单机头""块矿""铁矿石""沫煤"等五花八门的非黄金货物。"购进无销售、销售无购进"，该公司存在明显的进销项货物不一致问题。同时，该公司存在明显的资金回流问题。取证各项证据都充分说明某实业有限公司存在着重大虚开增值税专用发票违法问题，本案已依法移送公安机关处理。

【违法事实】　经 H 省国税局第一稽查局检查，该公司向某贸易有限公司等 7 家单位开具与实际经营业务不符的 70 份增值税专用发票的行为属于虚开增值税专用发票行为，虚开增值税专用发票金额 6800 余元，虚开增值税专用发票税额 1100 余万元。

【查办过程】　检查组从"金税三期工程税收管理系统"中调取该公司的税务登记信息：该公司成立于 2014 年 7 月 15 日，2014 年 8 月 20 日被认定为增值税一般纳税人。主要经营"黄金、铂金、白银、珠宝玉器购销，建筑材料、金属材料、废旧钢材回收销售"。该公司在案件立案之前即已走逃，2015 年 9 月 25 日就已被主管税务机关认定为"非正常户"。检查人员对该公司税务注册地址也进行了实地核实，发现该地址为一处居民住户，无任何公司在此经营。同时，该公司所登记的 3 个电话号码也已无法拨通，无法联系到相关人员。由于该公司在检查人员入户检查之前即已走逃，检查人员未能调取到该企业的会计账簿及所开具、抵扣的发票存根联、抵扣联等原始资料，这使得本案的调查取证工作从一开始就陷入困境，检查人员只能通过协查发函和外调核实等方式开展调查取证工作。检查人员从增值税防伪税控系统中调取了该公司经营期间认证抵扣的所有增值税进项发票信息，并赶赴 H 市 M 区国税局、S 市国税局进行外调取证。经核实，该公司经营期间购进商品的上游企业只有四家：S 黄金交易所、H 某珠宝贸易有限公司、H 某信息有限公司及 H 某科技有限公司。检查人员发现除从 H 某信息有限公司、H 某科技有限公司两家公司购进极少量防伪税控设备外，某实业有限公司进项货物几乎全都是从上海黄金交易所、海口某珠宝贸易有限公司购进的黄金或黄金制品。经核实，2014 年 10 月—2015 年 3 月短短半年时间，该公司竟然购进了接近 9 亿元的黄金类货物，如此巨额的黄金交易明显不符合常理。检查人员通过"协查信息管理系统"将该公司所开具的全部 940 份销项发票发函协查，共发函 99 份。从全国各省市国税局回函情况来看，大部分下游受票企业已走逃且无法获取发票抵扣联的开票信息。经检查人员认真整理、核对，最终发现某贸易有限公司等 7 家下游受票企业的 70 份发票抵扣联可以确认开票信息。这 70 份增值税专用发票抵扣联所填列的货物明细全都不是黄金或黄金制品，而是"电缆""手机壳""单机头""块矿""铁矿石""沫煤"等五花八门的非黄金货物。"购进无销售、销售无购进"，某实业有限公司存在明显的进销项货物不一致问题。检查核实某实业有限公司虚开增值税专用发票 70 份，金额 68483700.85 元，税额 11642229.15 元，价税合计 80125930 元。

为进一步落实该公司虚开增值税专用发票的问题，检查组调取了某实业有限公司的银行存款账户资料，发现该公司与上述某贸易有限公司等 7 家公司之间均存在明显的资金回流问题，同时检查组还从 H 省公安厅经济侦查总队获取了第三方资金回流证据。根据这些资金回流证据，以及 7 家下游受票公司发票回函情况、税款申报抵扣情况，充分说

明某实业有限公司存在着重大虚开增值税专用发票违法问题。

【处理处罚结果】 第一稽查局于2016年2月4日作出《税务行政处罚决定书》：依据《发票管理办法》《发票管理办法实施细则》等有关规定，该公司向某贸易有限公司等7家单位开具与实际经营业务不符的70份增值税专用发票的行为属于虚开增值税专用发票行为，处未缴、少缴或者骗取税款1倍的罚款，罚款金额为1164万元。同时依照规定将此案移送公安机关处理。

【问题分析及工作启示】 近年来，虚开增值税专用发票违法犯罪屡打不绝，很多虚开发票犯罪行为越发呈现出流动性、团伙化、链条化、专业化等特点，犯罪分子经常“打一枪换一个地方”，往往以虚假信息在不同地区注册或控制多个企业，操纵“产业链”实施虚开，任何一个环节出了问题，就立即对该环节上下游企业实施注销或恶意走逃，大大增加了公安、税务机关固定证据链、深挖幕后主犯的难度。同时，对资金的追查是虚开发票案件检查的重点，但大量现金交易造成资金链取证断裂，或者一笔交易涉及多个账户多笔转账，要查清一个虚开环节的资金流，就要跑多个地方多家银行网点去进行查询。资金结算多样化、复杂化，也使得虚开案件取证难度大。遏制虚开增值税专用发票违法犯罪，不能仅仅寄希望于加强税务稽查、公安侦查等的打击力度。防范和惩治虚开增值税专用发票违法犯罪是一项复杂的系统工程，应构建长效机制，从多方面、多角度提升管理水平、加强打击力度。

（海南省国家税务局稽查局供稿）

案例4－14
某建筑劳务有限公司虚开发票案

【案件类别】 发票违法案例

【案件所属行业】 建筑业

【案件特点】 该案是一个集虚拟开票主体、虚拟建筑工程项目、虚开发票为一体的涉税违法案件，严重扰乱正常经济秩序，涉及范围广、涉案金额大、社会危害严重，为保证案件查处质量，特申请将该案列为税务总局督办案件。

【案件来源】 公安移送、税务总局督办

【基本案情】 C市某建筑劳务有限公司成立于2014年3月17日，系有限责任公司，法定代表人罗某，主要经营建筑安装相关业务。2016年，经C市地税局第二稽查局检查，查实其存在虚开发票的违法事实。

【违法事实】 该公司于2014年7月9日和2014年12月31日通过伪造建筑工程劳务合同，到税务机关开具《外出经营活动税收管理证明》，进行报验登记和发票领取。从2014年7月—2016年2月期间分14次领取了空白建筑业统一发票114份，并陆续向C市、J省、S市、S省、Z省、G市等省市53户企业及单位虚开建筑业统一发票114份，票面总金额达1.93亿元。对外虚开的114份发票中，开票状态“正常”的为82份，票面金额1.36亿元，“作废”的32份，票面金额5689万元。

【查办过程】 2016年2月，C市地税局第二稽查局根据C市Y区公安分局通报的相关案情，与Y区地税局、C市Y区公安局联合成立专案组，对该公司立案检查。专案组针对114份涉嫌虚开的发票，逐份进行实地协查，历时3个月，查实了其涉税违法事实。

虚拟开票主体，虚假法人登记。2014年3月17日犯罪嫌疑人林某（本案中另一涉案人员）冒用他人身份证件信息办理了该公司的营业执照，并在主管税务机关办理了税务登记。2015年9月该公司实际控制人以2万元将公司控制权转卖给犯罪嫌疑人李某。

虚拟建筑工程项目，伪造要件骗取发票。为了达到在税务机关领取发票的目的，该公司分别于2014年7月15日和2014年12月30日虚拟两份建筑劳务承包合同和分包合同在注册地税务机关骗取了两份外出经营活动税收管理证明，并到虚拟工程项目所在地税务机关取得自开票认证，领取发票，实施虚开发票犯罪行为。本案中犯罪嫌疑人以形式要件齐全的“建筑劳务承包合同”等相关虚假资

料在税务部门前台办理了自开票纳税人认定、项目登记及机打空白发票领购后，于 2014 年 9 月—2016 年 2 月虚开发票 114 份，开票金额达 1.93 亿元。

虚开发票，造成国家税收流失。该公司领取发票后，以众多无业人员到处散发小广告、名片和发短信等方式寻找需要建筑安装业发票的买家，买家通过主要犯罪嫌疑人李某的下线谈好价格后将发票填开信息以短信的方式发送到李某的手机上，李某按要求开好发票后在约定地点将发票给购票人验证后收款。

【处理处罚结果】　根据《发票管理办法》第 37 条规定，对 C 市某建筑劳务有限公司虚开发票行为处以罚款 50 万元。

【问题分析及工作启示】　一是加强纳税人信息更新管理，运用金税三期工程实时监管，及时发现异常状况。在贯彻落实税务总局纳税服务规范，办税服务前置，提升纳税服务水平的同时，要重点强化对纳税人的涉税评估和监督管理。特别是针对领购发票及需要办理其他涉税事宜的纳税人，要明确需凭税务登记证件副本及税务登记信息载明的相关人员及相关人员的身份证件方可办理，进一步核实工商注册信息及税务登记信息的真实性，并对重点纳税人进行严格的动态管理，及时发现纳税人生产经营的异常状况。二是重视“以查控税”代替“以票控税”的管理制度变革。目前地税不再具有以票控税的手段，要重视查实征收方式的运用，针对建筑安装项目的真实性，建议税务管理人员能够实地查看项目情况，并充分运用计算机大数据处理技术对工程项目进行跟踪管理，注重与外部单位，特别是建设工程立项和管理单位的数据链接，做好数据字段的标准化衔接工作，确保“工程项目名称”“立项日期”“工程项目承包方”“工程项目分包方”“项目经理”等关键信息可查询、可比对，从制度上防止违法犯罪行为人冒用、虚构工程项目信息进行涉税违法犯罪行为。三是对涉嫌偷逃抗骗税的违法行为要及时发挥税警协作力量。针对有组织有计划的涉税违法行为，要及时进行违法事实核实，将内部信息比对与外围调查充分结合，在确定违法事实后，及时联系公安部门联合办案，充分发挥公安部门的侦查权，以便及时收集违法事实相关证据，控制嫌疑人的行踪和资产，将违法组织一网打尽。四是重视对接受虚开发票企业的处理。在处理代开虚假发票犯罪嫌疑人的同时，要重视对虚假发票“买家”的处理，严格相应的处理处罚，并建立对“买家”的长期用票监控管理，形成长效机制。要从源头上打击这种投机行为，必须以严惩作为其涉税违法行为的代价，才能彻底打击虚假发票的买卖方市场，从而减少这种危害社会和国家利益的行为。

（重庆市地方税务局第二稽查局供稿）

案例 4 – 15
“雪豹 2016” 虚开增值税专用发票督办案

【案件类别】　发票违法案例

【案件所属行业】　农、林、牧、渔业

【案件来源】　税务总局督办

【案件特点】　犯罪嫌疑人通过注册空壳公司，实际控制和操作公司经营，一方面通过虚开农产品收购发票和取得虚假农产品销售发票抵扣进项税额；另一方面在没有任何真实业务的情况下大肆对外虚开增值税专用发票谋取非法利益。

【基本案情】　2016 年 4 月，P 市 8 户企业被税务总局列为“雪豹 2016”虚开增值税专用发票督办案件，P 市通过税警协作，内查外调，深入检查，拓展纳入 15 户企业，涉案企业共计 23 户，累计涉嫌对外虚开增值税专用发票 6538 份，金额 6.15 亿元，税额 1.05 亿元。

【违法事实】　2015 年期间，P 市某区籍人员王某伙同 H 省 W 县籍人员张某伟、赵某燕、杨某、刘某、刘某光、张某威等人在 P 市成立纺织、木业、皮革、药业等行业的空壳公司，由王某找人充当挂名法定代表人及股东，聘请财务人员在没有任何真实业务的情况下大肆对外虚开增值税专用发票，并通过取得虚假农产品销售发票抵扣进项税额。以上 7 人共控制 23 户涉案企业，累计虚开增

值税专用发票6538份，金额6.15亿元，税额1.05亿元；取得农产品发票4581份，金额6.15亿元，抵扣税款7992.53万元。根据《最高人民法院关于适用〈全国人民代表大会常务委员会关于惩治虚开、伪造和非法出售增值税专用发票犯罪的决定〉的若干问题的解释》（法发〔1996〕30号）第1条之规定，以上人员均涉嫌构成虚开增值税专用发票罪。在查清楚基本事实的情况下，P市国税稽查局向全国27省、68地税务机关的255户企业出具了《已证实虚开证明单》，涉及发票6340份，金额6.15亿元，税额1.05亿元，为受票地税务机关及时挽回税款损失提供了有力的线索和依据。

【查办过程】 深入分析，案源扩围。2016年4月，税务总局稽查局印发西南地区农产品收购行业专项整治方案，代号“雪豹2016”。P国税局接到首期8户源头企业的行动任务后，成立专案组，并调集稽查骨干和计算机专业人员，运用大数据分析方法，通过对全市注册行业为纺织、木业、皮革、药业企业的登记、认定、申报、发票信息开展综合评估，最终筛选出15户与税务总局专项整治明确的8户存在关键人员高度关联、经营轨迹极为雷同的企业，统一开展立案检查，“雪豹”行动涉案企业增至23户。

税警联手，取得突破。通过前期的深入分析和风险排查，P国税局初步判定该23户企业为专业团伙作案，涉嫌构成虚开增值税专用发票罪，向市公安局经侦支队进行了线索移送。税警双方立即启动协作机制，在对案件线索严格审查后，公安机关第一时间决定对23户企业立案侦察，列入专案查处。专案组在市经侦支队警力配合下，调取了涉案企业包括会计账簿、记账凭证、购销合同在内的涉税资料，和15台开票电脑主机，并对其中的6名关键人员依法采取了控制措施，留滞盘查。

多管齐下，锁定证据。为核实上、下游货物交易的真实性，P市税警联合先后派出7个工作组、50余人次、历时近两个月，分赴H、S、A、Z、G、F等省20多个市、县开展外调取证。取得部分涉案企业申报抵扣进项税金的农产品销售发票为虚假的证据，和部分下游企业通过支付“点子费”恶意虚开增值税专用发票的证据。通过到涉案企业现场检查实际生产能力，证明其无基本生产设备；检查企业固定资产账，账上无相关生产设备资产记载，证实无生产加工能力或虚构委托加工业务，而账面显示涉案企业购进原材料后，向下游销售需生产加工的商品。通过询问调查，涉案企业法定代表人均承认是自己由实际控制人支付工资，担任挂名法人，未负责实际经营；开票人员均承认由实际控制人支付工资，根据其指令开具增值税专用发票。当事人对违法犯罪事实供认不讳，并交代了具体作案手段和过程；其他相关人员的证言与检查人员取得的证据能够相互印证。

【处理处罚结果】 根据《刑法》第205条、《行政执法机关移送涉嫌犯罪案件的规定》（国务院令第310号）第3条、《最高人民法院关于适用〈全国人民代表大会常务委员会关于惩治虚开、伪造和非法出售增值税专用发票犯罪的决定〉的若干问题的解释》（法发〔1996〕30号）第1条之规定，张某伟、赵某燕、杨某、刘某、刘某光、张某威、王某的行为涉嫌构成虚开增值税专用发票罪，依法移送司法机关追究刑事责任。P市公安经侦部门共批捕犯罪嫌疑人6人，网上追逃1人。2016年8月2日，P市公安局将其中某药业有限公司涉案人员杨某以涉嫌虚开增值税专用发票罪向P市人民检察院依法起诉。司法机关对其他涉案人员将陆续启动司法程序，依法追究刑事责任。P市国税局向全国27省、68地受票地税务机关发出委托协查，受票地挽回税款损失1.03亿元，实施刑事拘留4人。

（四川省国家税务局稽查局供稿）

案例4－16
“8·14”虚开增值税专用发票案

【案件类别】　发票违法案例

【案件所属行业】　农、林、牧、渔业

【案件特点】　“8·14”案13户涉案企业利用农产品收购发票纳税人自行开票、自行计算抵扣税款的管理漏洞，在发票流方面通过非法获取农户身份证信息，以无货虚开农副产品收购发票抵扣进项税为铺垫，进而无货虚开增值税专用发票，并获取非法所得；在资金流方面，受票方先将货款转入开票方基本账户，开票方将资金通过转账转入公司收购人员账户，表面上由收购人员支付中药材收购款项，实则资金从收购人员账户回流至受票方指定的账户。

【案件来源】　上级交办

【基本案情】　“8·14”案涉及D市辖区内的13户企业，其中：前11户企业由韩某、付某二人以自己及他人名义注册经营，赖某要求为其虚开部分发票；2户由徐某以自己及他人名义注册经营，李某要求为其虚开部分发票。

【违法事实】　13户企业虚开增值税专用发票6001份，金额6.31亿元，税额8207.64万元，价税合计7.13亿元。受票方涉及19个省（市）的78户企业。

【查办过程】　“8·14”案涉案金额巨大，农户遍布各个乡镇，受票方涉及全国19省，调查取证对象量大面广，工作量极大，为此D市国税局通过分析案情、精心谋划，全力查办。一是加强组织领导。成立“8·14”专案领导小组，研讨案情、制定方案、明确任务，为案件查办奠定了基础。二是核实收购业务。充分利用虚开农产品收购发票金额在1万元以上就可立案追诉的特点，以核实收购业务为突破口，对涉案企业农产品收购发票开具信息汇总、排序、清分后一次性调查核实，并加强与公安机关的协调沟通，一经证实虚开收购发票金额超过一万元，即提请公安机关提前介入。三是分工协作取证。为防止涉案企业销毁证据，公安机关介入后，税警两家分工取证，由公安机关负责搜查纳税人办公场所，查封扣押作案用假公章30枚、银行卡48张、银行U盾48个，笔记本电脑1台、台式电脑9台、犯罪嫌疑人日记本2本；税务机关及时调取账本资料。四是询问关键人员。税警联合对13户涉案企业的法定代表人、会计、出纳等从业人员共25人开展调查取证，掌握公司基本情况、发票开具、资金流转等情况，取得雇用他人充当公司法定代表人、无货虚开增值税专用发票的口头证据。五是梳理资金流向。通过银行调取13户企业基本账户和案件涉嫌人员账户104多个，调取大额现金收付凭证320多张，梳理了13户企业的资金实际流向，涉及回流资金6.31亿元，取得资金回流的关键证据。六是赴受票方所在地调查取证。赴受票方所在地开展实地协查取证，取得资金回流账户属受票方企业所控制的证据，进一步佐证资金回流、完善无货虚开增值税专用发票的证据链条。

【处理处罚结果】　通过检查，将“8·14”案涉及的13户企业全部以涉嫌触犯虚开增值税专用发票罪移送公安机关，并向下游19个省市的66户受票企业所在地税务机关开出《已证实虚开增值税专用发票通知单》。刑事侦查结束后公安机关将该案件移送司法机关，最终，司法机关对韩某、付某、徐某3人以虚开增值税专用发票罪、虚开用于抵扣税款的其他发票罪定罪量刑，对赖某和李某以虚开增值税专用发票罪定罪量刑。判处韩某有期徒刑15年，并处罚金30万元；判处付某有期徒刑15年，并处罚金30万元；判处徐某有期徒刑12年，并处罚金20万元；判处赖某有期徒刑3年，缓刑5年，并处罚金15万元；判处李某有期徒刑3年，缓刑4年，并处罚金5万元。

【问题分析及工作启示】　通过对此案件进行检查，D市国税局归纳整理出中药材购销企业虚开发票案件五个经营特点、四个查办难点、三个查办技巧。

经营特点：投资额度较低，营业面积较小；从业人员较少，存续周期极短；一人控制多户，登记信息虚假；销售额较固定，发票满额开具；购销两头挂账、资金来回空转。

查办难点：取得关键证据耗时耗力；掌握实际控制人难度较大；核实购销业务量大面宽；梳理资金流向工作量极大。

查办方法：一是分析大数据，精确选案。通过各管理系统海量数据，将营运资金小但年销售额较大；企业名称相近；多户企业出资人、法定代表人交替重复；从业人数、仓储及经营面积与实际销售额不相匹配；每月销售额基本相等且发票开具金额不受经营情况或淡旺季及中药材价格波动影响；应收账款及应付账款金额长期较大，且金额基本相近的纳税人列为待查对象。二是找准突破口，分别取证。第一，对收购发票开具信息汇总、排序、清分后实地调查核实收购业务真实性。第二，当虚开收购发票税额超过1万元时加强与公安的配合协调，提请公安机关提前介入。第三，及时固定证据，已销售账簿资料的，调取电子账进行检查；电子账销毁的，通过数据恢复软件恢复数据；数据无法恢复的，通过税务机关电子底账中的普通发票（收购类）开具信息核实农户，并根据专用发票开具信息及银行的资金流数据梳理资金流向，加之到受票方调查取证等方式证实购销业务真实性。第四，全面梳理资金回流核心证据，从基本账户追踪查询至交易关联账户，查清资金流向，取证资金回流进而证实无货虚开发票的核心证据。第五，询问相关人员，对会计、法定代表人、从业人员进行询问，必要时发挥公安机关的震慑作用，由公安机关询问，促使其讲真话，佐证购销业务的真实性。第六，到受票方企业调查取证，进一步完善证据链条。三是开出证明单，挽回损失。经检查确定虚开增值税专用发票案件，及时向受票方主管税务机关出具《已证实虚开证明单》，挽回国家损失。

（甘肃省国家税务局稽查局供稿）

案例4－17
“郑某德”系列虚开发票案

【案件类别】 发票违法案例

【案件所属行业】 批发和零售业

【案件来源】 专案检查

【基本案情】 2015年4—10月，Q省国税局与Q省公安厅联合破获“郑某德”系列虚开增值税专用发票案，查实虚开涉案增值税专用发票646份，金额6521.92万元，税额1108.73万元，公安机关抓获以郑某德为首的犯罪团伙成员3名，并移送司法机关处理。

【查办过程】 2015年4月，根据《公安部关于组织开展营口杨家锋等人虚开增值税专用发票案集群战役的通知》情报，发现犯罪嫌疑人郑某德实际控制Q省J商贸有限公司、Q省Q商贸有限公司、Q省Y商贸有限公司3户企业（以下简称J公司、Q公司、Y公司）存在虚开增值税专用发票犯罪和偷漏税款行为，Q省国税局与Q省公安厅对此高度重视，成立税警联合专案组实施调查，检查组先后到辽宁、天津、山东等地多次开展外调取证工作，通过核查资金回流、账务梳理和库存盘点等方式固定其虚开、偷税涉税违法犯罪事实，公安机关一举抓获以郑某德为首的3名犯罪团伙成员，并强化税警、税检协作，及时将案件移送司法机关处理。

【违法事实】 经查，犯罪嫌疑人郑某德控制J公司、Q公司、Y公司3户企业，通过中间人苟某林等，采用无货交易、支付手续费、资金回流等方式，让他人为自己虚开增值税专用发票646份，金额6521.92万元，抵扣进项税金1108.73万元，并通过多列支出方式，少缴企业所得税156.53万元。

【处理处罚结果】 2016年1月，经Q省国税局重大案件审理委员会审理，向3户企业下达了《税务处理决定书》《税务行政处罚决定书》。对其接受虚开增值税专用发票转出进项税额1108.73万元，补缴增值税1108.73万元，并发出《证实虚开通知单》；核减其虚增库存商品4.56万吨，金额6521.92万元，补缴企业所得税156.53万元；按规定加收滞纳金，并处以罚款1265.25万元；依据《发票管理办法》《行政执法机关移送涉嫌犯罪案件的规定》将本案移送公安机关；公安机关将3名犯罪嫌疑人移送检察院提起公诉，追究其刑事责任。

【问题分析及工作启示】 强化协作，税警协作是查办虚开案件的前提。本案中，牢固树立协查地就是案发地的办案理念，税警联合对公安部下发集群战役情报进行研判，通过税负、人员、资金、货物等指标进行分析，确定其涉税违法犯罪疑点及侦破方向，税警整合检查侦查资源、共享涉案信息，坚持“共同经营、联合取证、同步办案”的原则，按照各自职责落实查控职责。国税稽查部门发挥税收业务、财务数据分析等专业优势，获取书面账证资料；公安机关通过布控、搜查等手段，控制关键人物及证据，及时审讯扩大案件线索，实现全案突破。同时，积极与司法机关沟通协调，协调检察院提前介入证据审查，确保案件移送取证标准与司法取证要求接轨，提高定案准确性。

重点取证，梳理资金流向是案件突破的关键。本案中专案组针对其上游供票企业全部走逃、账务核算混乱，并采用虚假资金流虚构货物交易，造成票流、货流、资金流相匹配的假象等现实，及时调整办案思路，对其进项、销项发票记载单价、数量、金额等逐票进行统计分析，以购销金额对应梳理核查其资金流向，配合库存比对和盘点，取得其虚假交易的资金回流关键证据，逐步查清其无货交易虚增库存、支付手续费、资金回流等接受虚开的违法事实。

规范程序，严格执法是规避风险的保障。本案检查中，由于涉案企业接受虚开的同时，部分业务存在真实货物交易的事实，专案组提前预判可能出现的行政复议、诉讼风险点，严格规范执法程序，规范检查、调账、处理等执法文书使用，按期报批延期、扩展文书，严格按照取证程序进行税警证据转换，坚持重大案件审理制度，确保全案全结。

此案能够及早发现并查处，得益于税警精准发力，对查处上游供票企业偷逃、接受虚开、实施虚开增值税专用发票案件的查处具有一定借鉴价值。

（青海省国家税务局稽查局供稿）

案例 4－18
某纺织有限公司发票违法案

【案件类别】 发票违法案例

【案件所属行业】 制造业

【案件特点】 6 户涉案企业利用虚构的农产品收购业务，虚开农产品收购发票抵扣进项，再对外以收取手续费的形式短时间内大量虚开增值税专用发票。涉案团伙以同乡为纽带，分工明确、多线联系、跨区域作案，上下游众多企业涉案，高度集中在农产品企业、经销类企业、制造类企业链条上。检查人员通过大数据比对，全面掌握涉税疑点，外围调取资金、电力、物流等第三方信息，夯实证据链条，税警双方通力合作，迅速行动，及时抓捕犯罪分子，为国家挽回巨额经济损失。

【案件来源】 上级交办

【基本案情】 某毛业有限公司、某羊绒毛纺织有限公司、某美纺织有限公司、某星纺织有限公司、某昌纺织有限公司、某源纺织有限公司 6 户涉案企业，注册经营地均为 L 区毛纺织产业园区，经营范围都是羊绒、羊毛等皮毛的收购加工和绒毛、纱线的销售，均为增值税一般纳税人，均领购农产品收购发票和增值税专用发票。稽查人员在开展打击虚开增值税专用发票违法犯罪活动中，发现该 6 户企业存在涉嫌虚开增值税专用发票的行为，依法将其移送公安部门立案侦查，并命名为“7·20”专案。

【违法事实】 一是 6 户涉案企业的犯罪嫌疑人有的是法定代表人，有的是股东或表面上与企业无关的人员。他们每人都掌握许多亲戚、朋友的银行卡和网银账户，平时就是利用这些账户操作达到虚构业务资金流和回流资金的目的，仅从其中一家公司就搜查出 30 余张银行卡。二是通过中间人介绍，联系需要增值税专用发票的人，以收取手续费为目的向购货方虚开增值税专用发票。购货方向其支付货款后，一般在一日内完成资金回流，中间流转账户有的是中间人指定，中间人截留 0.2% ~ 0.5% 的好处费。三是企业会计人员有的参与虚开行为，如参与转账、开票等；有的知道是虚开，只是按照老板指令编造入库单、出库单，进行记账。四是根据销项税额控制应纳税额，倒挤进项税额，然后虚开收购发票抵扣进项。收购发票上列明的收购人员有的是为了贷款方便的人，有的是在建筑工地从事零星运输的人，有的是无业人员等，但无一从事羊毛、牛毛收购的人，这些人员均表示与公司没有业务往来，也没有实际收到公司支付的资金。五是公司账面上电费支出和运费支出很小，或者没有。公司一般保留少量库存原材料或产成品应付检查，通过询问工人查明的实际生产量、运输量远远小于销售量。

【查办过程】 根据移交线索，W市国税局稽查局制定工作方案，抽调骨干人员8名成立专案组专门查办该案。

比对分析，发现重重疑点。该6户企业全部为羊毛的深加工企业，进项税额均为自行开具的农产品收购发票，并大量出现单价一致、数量一致、销售方一致的收购发票，税负率常年保持在0.1%左右，每月销售额和农产品收购发票开具金额几乎一致。检查组曾深入供电公司和供水公司，但查询不到涉案企业缴纳电费和水费的信息，初步判断6户企业是专门从事虚开增值税专用发票的“开票公司”。

突击检查，取得关键证据。为避免打草惊蛇，专案组兵分六路对6户涉案企业同时开展突击检查，第一时间对其生产设备和生产场地进行拍照取证，掌握企业第一手生产证据；依法调取账簿凭证、发票、购销合同、出入库单等1500余册；对涉案企业的原材料、半成品、产成品等库存进行拍照盘点，制作笔录，由企业负责人员签字确认。根据实地检查调取的生产设备资料，专案组查询到生产设备型号设计产能和最大耗能等信息，经与其月销售量、耗费电量等信息进行比对，部分企业的销售量远大于其设备最大产能，严重违背生产经营常规。但涉案人员拒不承认其虚开发票的违法犯罪事实。

查实资金流，取得关键证据。专案组先后60余次到中国银行、中国农业银行等各大商业银行机构的司法查询部（中心）查询涉案企业及涉案人员个人资金交易情况，调取涉案企业银行信息150000余条。通过一层一层“剥洋葱”式的追查，专案组发现购货方将货款资金打给被查企业后，被查企业即将资金从公户转入一级过渡账户，然后再转入二级过渡账户，依次类推分次过渡。然后专案组又通过企业信用查询平台，将企业登记的主要人员和资金流向进行对比分析，发现被查企业又将资金全部转回到了购货方公户、法人代表个人账户或者回到了受票企业所在地，形成闭环回流。

税警联合，一网打尽嫌犯。在案件脉络和线索较为明晰的情况下，W市国税局提请市公安局提前介入，进行联合办案。接到案件后，W市公安局将该案命名为“7·20”专案，抽调30余名干警与税务人员组成联合专案组，对6户涉案企业进行联合侦查。侦查人员先后多次深入河北、广东、天津等地进行调查，取得发票相关证据4000余份，银行等资金数据90000余条，查明违法资金银行账户100余个，调查询问相关人员60余人次，基本查明了该两个犯罪团伙的违法事实。经查，犯罪嫌疑人利用其能够开具农产品收购发票的便利，盗用其亲戚、朋友身份信息，虚构羊毛的收购业务，开具农产品收购发票抵扣进项；随后通过中间人马某国介绍，以收取2%～4.5%的手续费为目的，向购票方开具增值税专用发票；为了应付税务检查，犯罪嫌疑人临时雇用了部分人员，转动机器假生产，并在仓库保留少量原材料、产成品，同时通过掌握多个亲戚、朋友银行卡和网银银行账户信息，进行资金的流转和回流。联合专案组决定对犯罪团伙进行收网抓捕，通过严密布控，公安人员一举抓获犯罪嫌疑人8人，并在现场取得了公司财务室电脑账务、资金走账记录和部分回款单据等关键证据。犯罪嫌疑人在大量证据面前，终于承认了组织实施和参与虚开增值税专用发票的违法犯罪事实。

【处理处罚结果】 该6户企业“虚开增值税专用发票”的行为已涉嫌触犯《刑法》第205条的规定。根据《税收征收管理法》第77条和《行政执法机关移送涉嫌犯罪案件的规定》（国务院令第310号）第3条有关规定，稽查局已经依法将该案移送公安机关处理。公安机关共抓获犯罪嫌疑人8人，网上通缉1人，依法没收企业违法所得60万元，查封扣押宝马轿车1辆、电脑1台、手机12部、银行卡30余张。

【问题分析及工作启示】 一是资金流应当作为查处虚开发票案件的抓手。在案件查处过程中，专案组及时调整检查方法，将重点放在企业资金流上，以资金流作为查处虚开案件的突破口，及时取得涉案企业虚开发票资金回流的证据，夯实证据链条。该案的查处，为以后稽查局其他检查人员查处虚开发票案件积累了经验。二是税警联合有助于案件的迅速侦破。案件能够在一个月时间内迅速侦破，与公安机关的介入有很大关系，由于公安机关的提前介入，为取得相关证据提供了条件，为案件的迅速侦破起到了很大的作用。在检查过程中，税务人员与公安人员各自发挥所长，既提高了工作效率，又节省了办案资源，从而达到双方合作共赢的目的，为打击涉税违法犯罪行为提供了保障。

（宁夏回族自治区国家税务局稽查局供稿）

案例 4 －19
某劳务公司虚开发票少缴税款案

【案件类别】 发票违法案例

【案件所属行业】 租赁和商务服务业

【案件特点】 该案件是稽查局以风险管理为导向，以税收大数据为支撑，通过制作劳务派遣企业数据模型，依托信息化手段比对分析选取的数据指标异常企业，安排 W 市地税局稽查局开展专项检查，该局利用社会协税护税力量，发挥打票协调办作用，警税紧密配合，共同侦破的一起劳务派遣企业虚开发票案件，该案件挽回了国家税收损失，并对犯罪嫌疑人依法进行了惩处。

【案件来源】 人工选案

【基本案情】 2013—2014 年，某劳务派遣有限公司某分公司在没有提供派遣劳务的情况下，向某通信工程有限公司等公司虚开劳务费发票 179 份，发票金额 4877. 89 万元。W 市地税局稽查局联合公安经侦部门深入多地调查取证，核实了该公司虚开发票的犯罪行为，成功抓捕了外逃的犯罪嫌疑人马某某等三人，现马某某等三人已给予刑事判决。

【违法事实】 经过 W 市地税局稽查局与 W 市公安局经侦支队的密切配合、通力协作，收集固定大量证据，检查核实马某某等 3 人在没有提供真实劳务服务的情况下，以收取手续费的方式，向其他单位或个人虚开发票，马某某等 3 人的行为违反了《发票管理法》第 22 条的规定，造成国家税款流失。同时，马某某等 3 人虚开发票份数多，涉及金额大，取得非法收入高，造成了较坏的社会影响。

【查办过程】 制定预案。W 市地税局稽查局与 W 市公安局经侦支队抽调精兵强将成立专案组，组成三个工作小组对工作进行了分工，制定了工作预案，一组从该公司“劳务流”“资金流”入手，及时固定证据。二组从受票企业入手，重点对异常派遣劳务开展检查，从“资金流”“劳务流”及“发票流”的一致性入手。三组负责外调工作，到劳动行政管理部门调取派遣劳务工备案资料，社会保险费缴纳资料，到银行调取该公司及用工单位银行收支明细，并与一组、二组取得的证据进行比对。

实施检查。专案组根据制定的工作预案，按照《W 市地税局、公安局联合打击劳务派遣行业发票犯罪专项行动工作方案》（W 地税发〔2015〕91 号）的规定，启动对该公司涉嫌虚开发票案件的侦破工作。专案组对 100 余户受票企业进行了检查，300 余人进行了讯问，共计调取发票 2663 份，取得各类证据 10000 余页，经公安经侦部门侦查核实，该公司法定代表人马某某等 3 人共计虚开劳务发票 179 张，票面金额 4877. 89 万元，马某某等 3 人作为直接责任人员，触犯了《刑法》第 205 条之一的规定，构成虚开发票罪。

【处理处罚结果】 根据《发票管理法》第 37 条对马某某虚开发票的违法行为处罚款 300000 元，没收违法所得 350630 元，计 650630 元，并依法追究犯罪嫌疑人马某某等 3 人刑事责任，对马某某给予的行政处罚及没收非法所得，目前正在执行中。

2016 年 10 月 7 日，经检察院批准提起公诉，人民法院根据《刑法》第 205 条之一的规定，马某某等 3 人构成虚开发票罪，判决马某某犯虚开发票罪，判处有期徒刑 1 年，缓刑 1 年，处罚金 20000 元。同案犯蒋某某及白某某判处拘役 6 个月，各处罚金 20000 元。

【问题分析及工作启示】 劳务派遣作为国内一种新兴的用工方式，由于监管制度不健全、市场不规范、政策制定缺乏前瞻性，税务部门单兵作战、相关部门配合滞后、信息不畅等因素引发的涉税问题层出不穷，尤其是利用差额纳税的税收政策，虚开劳务派遣发票问题日趋严重，不法分子在少缴纳营业税的同时又严重侵蚀了企业所得税税基。

该案件的侦破是打击劳务派遣行业虚开发票犯罪行为取得的新突破，随着该案件的判决，一批劳务派遣企业虚开发票违法案件迅速进入到案件侦破或法院判决阶段，掀起一轮打击劳务派遣行业虚开发票犯罪的高潮。

该案件的宣判，标志着打击发票违法犯罪取得新突破，是警税合作的新高度。随着案件的侦破及法院的判决，地税部门从具体业务上进一步理顺了行政与刑事关系，拓宽了稽查干部的工作思路，解决了部分稽查干部理念不新、信心不足的问题，为今后进一步做好地税工作提振了士气。

（新疆维吾尔自治区地方税务局稽查局供稿）

案例4－20 某黄金公司虚开增值税专用发票案

【案件类别】 发票违法案例

【案件所属行业】 批发和零售业

【案件特点】 近年来，黄金以其体积小、价值高的优势，成为不法分子获取虚开发票进项源头的“宠儿”，各地虚开“黄金票”案多发、高发，严重扰乱了正常的经济税收秩序。本案中，犯罪分子先通过上海黄金交易所会员从交易所购买黄金，获取黄金发票，作为进项税额抵扣凭证；再将黄金以低价卖给不需要发票的个人或炼厂等，回笼资金；同时，向各地的空壳公司虚开增值税专用发票，实现票、货分离；最后由“空壳”公司按用票单位需求，变更品名再度进行虚开，并收取手续费，从而达到虚开获利目的。这也是绝大多数黄金票案的虚开流程。

【案件来源】 协查案件

【基本案情】 D市国税局稽查局与大连市公安局经侦支队联手，破获该市迄今最大的虚开增值税专用发票案。犯罪嫌疑人黄某向全国13个省市的193户企业虚开增值税专用发票1860份，涉案金额18.25亿元，税额3.1亿元。目前黄某已被公安机关网上追逃。

【违法事实】 2016年4月，历经两年多的调查，税警联合检查组最终查实，该案为有组织的特大虚开增值税专用发票犯罪团伙实施。犯罪嫌疑人黄某等人在D、W、C、S等地注册多家空壳公司。其中，在D市以陈某的名义注册某黄金公司，在2013年6月—2014年2月，虚开增值税专用发票1860份，金额18.25亿元，税额3.1亿元。

【查办过程】 2014年3月24日，H省某县国税局要求协查某黄金公司开具给A某商贸公司和B某商贸公司的增值税专用发票情况。3月27日，J省Y市国税局和公安局联合要求协查某黄金公司开具给Y某商贸公司的增值税专用发票情况。Y市公安局提供的材料显示，Y某商贸公司没有经营黄金的真实业务，接受的24份增值税专用发票抵扣联扫描件的货物品名为“煤炭”，开票企业为“D市连某物资公司”。此前，H省的协查情况也与此相同。然而，经一户式查询，“D市某物资公司”在D市并无税务登记信息，又根据纳税人识别号查询，显示为“D市某黄金公司”。进一步查询“D市某黄金公司”的发票信息，发现其与协查发票的发票代码、发票号码、开具金额和税额均完全一致的信息。结合协查结果，考虑到某黄金公司成立时间短、对外开具数额巨大且下家基本为商贸公司等情况，稽查人员判断，该公司涉嫌虚开增值税专用发票。

（1）检查：税警联手深挖幕后“黑手”。2014年4月4日，D市国税局与D市公安局经侦支队成立联合检查组，对某黄金公司立案侦查。资料显示，某黄金公司成立于2013年5月8日，注册资金200万元，法定代表人为李某，他和其合伙人王某各占50%股份，主要从事黄金和白银制品销售。从成立次月至2014年2月，该公司申报销售黄金收入18亿元，缴纳增值税45万元，企业所得税28万元。自2013年5月22日—2014年3月13日领用增值税专用发票15次，共2270组。

2014年4月4日，联合检查组对某黄金公司注册地址实施突击检查。法人李某及其合伙人李某被临时叫到公司，经询问，他们并不清楚公司的运营情况，公司实际控制人是李某的表哥陈某，具体业务由陈某在深圳与其“合伙人”黄某操作。会计董某按照陈某及黄某邮寄的对账单、网银转款和上海黄金交易所的发票做账，并按照陈某及黄某的要求开具发票。检查人员找到陈某，陈某却说自己不了解“合伙人”黄某的情况。黄某介绍其经营黄金买卖生意，陈某按黄某要求在D市成立某黄金公司后，在建设银行S市某支行开设账户并交由黄某经营。黄某以S市某黄金公司和某黄金公司的名义，从SH黄金交易所购入黄金，购买黄金的进项发票由上交所邮寄给某黄金公司。下家客户由黄某联系，资金由黄某操控。陈某说，自己与某黄金公司人员并没有涉及真实黄金买卖交易，只是公司财务人员按照黄某要求开具发票、邮寄发票和制作合同。

检查人员试图联系黄某，却发现其三部电话均已不再使用。根据线索，检查人员辗转S、W等地侦查辨认。2015年4月28日，检查人员最终确认，“合伙人”黄某与2014年9月15日H省N市某金银珠宝公司虚开增值税专用发票案件中的逃犯黄某为同一人，已被网上通缉。

（2）分析：层层掌握虚开资金流向。2014年5月21日，联合检查组根据某黄金公司的资金流向，远赴S市调查取证。通过对数千笔数据的逐笔统计甄别，检查人员掌握了其资金回流链条。购货环节的资金流由黄某操控的S市某珠宝公司和某珠宝行，通过网银打款给某黄金公司。某黄金公司用这些款项支付给S市某黄金公司，S市某黄金公司将款项支付给SH黄金交易所购买黄金。销货环节由S市某珠宝公司和某珠宝行负责给某黄金公司购货企业打款，让这些下游受票企业支付给某黄金公司，作为购买其货物的销售款。某黄金公司将收到的销售款再支付给深圳某珠宝公司和某珠宝行，形成虚假销货回款的资金流。“犯罪嫌疑人采取网银打款的形式，十分方便，短时间内就能完成资金回流。有的款项甚至只用了短短7分钟，就完成了整个资金回流过程。”D市国税局稽查局一位稽查人员说。掌握资金流链条后，2014年12月4日，联合检查组又到SH黄金交易所对物流调查取证。他们发现，交易所留存的提货人是仲某等3人，而此3人均为S市某黄金公司的员工。而此后黄金又被姚某等3人提走，经检查人员调查发现，姚某等3人使用的都是假身份证，他们将货物提走后彻底完成票货分离，黄金流入不需要增值税专用发票的用金工厂、企业或者个人。某黄金公司取得SH黄金交易所开具的增值税专用发票后，在没有货物交易的情况下，虚开增值税专用发票。黄某操纵的犯罪嫌疑团伙根据下游企业需要的货物名称、数量、单价和单位，将虚开增值税专用发票进行套打、克隆。

【处理处罚结果】 该案件下游受票企业涉及13个省市193户企业。D市国税局稽查局已向相关企业主管税务机关出具《已证实虚开通知单》及相关证据资料。经调查，其中3户企业注销，6户企业为开业状态但无法联系，剩余184户企业全部为非正常企业。目前，已有4户企业被公安机关查办，H省S市某公司确定为接受虚开增值税专用发票，刑拘1人。Y某商贸公司接受虚假增值税专用发票，补缴税款407万元，处罚款407万元，判刑1人。A某商贸公司和B某商贸公司已确定接受虚开增值税专用发票，逮捕8人，取保候审6人，网上追逃2人。

【问题分析及工作启示】 本案中，一级公司D市某黄金公司被查后，分布在全国各地的二级、三级空壳公司纷纷走逃，或者为非正常户，给税务机关进一步追查造成障碍。建议在这种情况下，通过税务系统一户式查询系统，查询二级、三级走逃、非正常公司信息，取得上一级公司虚开增值税专用发票情况，判定二级、三级等走逃、非正常公司虚开增值税专用发票，层层穿透，直抵最终受票公司，挽回税收损失。

本案的查处，体现了税警合作的威力。今后，税务机关要进一步加强与公安部门的合作。同时，加强税法宣传教育，完善监督机制，畅通社会监督渠道，依靠群众的监督力量，发动全民打击虚开增值税发票违法犯罪行为。

（大连市国家税务局稽查局供稿）

案例4－21
某置业有限公司虚开发票案

【案件类别】 发票违法案例

【案件所属行业】 房地产业

【案件特点】 该案是税警联合查处虚开发票的典型案件。从线索推送到联合办案至案件移送，“协同合作”贯穿于案件查办的始终，尤其在与企业的多次交锋中充分体现出了税警合力，为案件的成功查处奠定了重要基础。

【案件来源】 公安移送

【基本案情】 某置业有限公司成立于2011年11月，经济性质为私营有限责任公司，经营范围是房地产开发、建筑材料销售等，经营地址在D市保税区，注册资金2000万元，平均职工人数21人。

根据公安经侦部门转来的线索，在侦办某劳务公司（以下简称A公司）虚开发票案时发现，2014年某置业有限公司（以下简称T公司）曾从A公司取得970万元发票，存在虚开发票嫌疑。得到信息后，D市地税局第三稽查局立刻组成专案组，详做预案，重点突破，在公安部门的大力配合下，依法追缴该公司应纳税款、滞纳金206万元、处罚款10万元；对其虚开发票行为处罚款50万元，并依法向公安机关移送追究刑事责任。

【违法事实】 税务机关检查发现该公司2011—2013年存在未按规定足额缴纳地方税款，及采取让他人为自己开具与实际经营业务情况不符的发票的手段编造虚假的计税依据的违法行为。

【查办过程】 经过事前精心部署，严格分工，专案组成员与公安机关经侦部门的干警联合对T公司实施突击检查。为防止企业法定代表人与财务经理串供，专案组将两人带到不同房间分别制作笔录，结果两人的询问结果完全不一致。稽查人员认为财务经理言语间闪烁其词，其初次笔录的真实性值得怀疑。经过短暂地商议后，决定由经侦人员对财务经理进行重点询问调查。在经侦人员专业的心理攻势下，该财务经理最终承认接受A公司虚开发票的事项是她经手的，专案组趁热打铁立即对其进行第二次询问。同时还取得了这两家公司签订的四份无内容、无时间、无金额的劳务合同、五份工资表及部分记账凭证，确定A公司两次为T公司虚开发票，开票金额合计970万元的违法事实。

在T公司2011—2013年的凭证中又发现了多家劳务公司开具的发票，经过鉴定，该企业3年来取得的13张劳务费发票和2张饮食业发票全部为虚假发票。为固定证据专案组选取了三户开票企业进行外调检查。让专案组始料不及的是，企业人员对稽查局的调查较为抵触。为使检查工作能顺利推进，专案组又通过征管局协助沟通，经过努力顺利完成了外调工作。

当专案组对T公司财务经理进行第三次询问时，面对稽查人员出示的发票鉴定书和外调提取的证据，该财务经理的心理防线崩溃了，主动承认15组假票全部是虚开的并没有发生真实业务。至此，该公司虚开发票的案情终于真相大白。

同时专案组还发现该公司营业税、企业所得税、个人所得税等缴纳情况也存在问题，并依法进行处理。

【处理处罚结果】 追缴该公司印花税、房产税、土地增值税、营业税、城市维护建设税及其附加等税费合计162.5万元，责成该公司补扣应扣未扣的个人所得税9.6万元。加收滞纳金合计33.7万元。对该公司2011—2014年虚开发票行为处以50万元罚款；对该公司编造虚假计税依据的行为处以5万元罚款；对该公司2012年应扣未扣个人所得税的行为处应扣未扣税款50%罚款1.1万元；对该公司2013年应扣未扣个人所得税的行为处应扣未扣税款50%罚款3.6万元。

【问题分析及工作启示】 一是密切部门间合作。本案中，初步检查时的税警合作是案件成功查处的重要保障。现行《税收征收管理法》对税务机关调查取证所给予的范围、手段是有局限性的，就本案中对相关人员进行的调查询问来说，在被调查人员不配合的情况下，税务部门明显不如公安部门有力度，此时公安部门的介入给案件取证提供了有力的保障。由此可见两部门紧密配合，充分发挥各自的优势，做到案情互通、信息共享、步调一致，可以更大限度确保及时取得证据，提高办案效率和质量。

二是注重外调证据的获取。本案中，被查企业管理人员对其违法事实一度不予承认，态度极其不配合。检查人员在此情况下不辞辛苦外调取证，最终以证据说话，让被查企业管理人员无言可辩。由此可见，面对有意逃避缴纳税款、对违法事实拒不承认满嘴谎言的纳税人，外调检查是一种十分有力的突破手段。

三是加强劳务公司的发票管理。首先，应增强支付劳务报酬企业的规范纳税意识，支付劳务报酬的企业可到劳务发生地主管税务机关代开劳务费发票，据以入账。其次，主管税务机关要严格按照规定审核企业提供的劳务合同或用工协议，支付劳务报酬的清单，缴纳社会保险的情况，劳务用工的身份证明，税务登记副本等。对于个人提供劳务的情况，支付劳务报酬的企业应向劳务发生地主管税务机关代扣代缴“劳务报酬”的相关税费。

（大连市地方税务局稽查局供稿）

案例 4－22
某贸易有限公司虚开增值税专用发票案

【案件类别】 发票违法案例

【案件所属行业】 批发和零售业

【案件特点】 本案件为公安部集群督办案件。在案件查处过程中，Q 市国税局稽查局通过强化案源分析、加强税警合作、异地协查取证等方式，及时掌握案件线索，为类似虚开发票案件的检查提供了经验和借鉴。

【案件来源】 上级交办

【基本案情】 2015 年 7 月，Q 市国税局稽查局接到上级交办的某贸易有限公司涉嫌虚开发票疑点后，立即组织精干人员对该企业进行深入的案头分析。经分析发现：该企业在申报 6 月税款时，突然产生 3190 万元的增值税税款，并且无进项税额，经实地和电话查找，该企业已无法查找到，种种迹象表明，该企业有重大的虚开增值税专用发票嫌疑。Q 市国税局稽查局于 2015 年 8 月进行了立案，并于同年 11 月将该案移送公安机关，Q 市公安局经侦支队也将此案列为 2016 年重要督办案件，并申报公安部作为集群案件进行督办。

【查办过程】 （1）精准案头分析，锁定虚开疑点。检查人员通过“综合数据管理系统”中纳税人报送的申报资料和发票资料等相关资料，发现某贸易有限公司自开业以来，在为期 3 个月的时间，大量领购并对外开具增值税专用发票，短时间内就领购并开具增值税专用发票十万元版 50 份，百万元版 195 份，开具金额 19264.63 万元。作为一个新办商业企业，虽然有购销合同旁证，也没有出现农产品发票抵扣的异常情况，但该企业存在法人代表是外地人员、经营范围广、发票开具金额大、业务开展异常等特点，有虚开增值税专用发票的重大疑点。

鉴于案情重大，经 Q 市国税局领导批准，立即启动税警一体化联动机制，迅速成立“7·15”联合办案检查组，立即就涉案企业展开立案调查，并由公安机关在网上对有关人员进行布控。

（2）税警联合，虚开大案显露端倪。综合各种信息，某贸易公司法人孟某某无疑就是案件的藤蔓，只要找到他，即可掀起这起案件的盖子。振奋人心的消息很快传来。2015 年 7 月 21 日，Z 市公安局控制了公司法人孟某某，专案组立即驱车到 Z 公安局对其进行询问，初步调查证实：2015 年 2 月，孟某某因开展经营业务，向另一涉案人员赵某贷款。赵某借机向孟某某要了身份证，并将孟某某的身份证复印件交给王某（另一涉案人员）。随后，王某用孟某某的身份证租赁了办公室，并委托某财务有限公司办理了某贸易公司的税务登记，该公司法人代表和账务负责人都是孟某某。

4 月中旬，王某向孟某某许诺 45 天能办下贷款。但需要签两份购销合同。5 月 20 日前后，赵某和王某让孟某某签两份合同，一份是某贸易公司与 G 省 D 市一个化工厂的购货合同，金额是 3400 多万元；一份是某贸易公司与 X 市开发区一个化工厂的销货合同，金额是 3800 多万元。5 月底，王某又让孟某某在增值税专用发票增版审批材料上签字，从而完成了增值税专用发票百万元版的增版手续。随后，王某领取百万元版的增值税发票共计 110 份，同时，顶额开具销售收入共计 18767 万元。

从孟某某的口供及公安取证来看，其并非本案的主要犯罪人员，但为案件的后续侦破指明了方向。

（3）内查外调，跨省虚开案告破。专案组一方面立即就涉案发票发出协查函，另一方面立刻展开外调，收紧扎实有关涉案企业虚开行为的证据链条。办案人员耗时半个月的时间，三下江南，辗转 J、G 两省，取得了案件定性的有利证据。

调查发现：一是 X 县某金属制品有限公司，接受发票 86 份，金额 7975 万元。该单位代理记账人员讲，该单位法人代表从未出现过，所有记账凭证均采用邮寄方式，从没见过该公司的具体业务。二是 N 市某贸易有限公司接受发票 4 份，金额 367 万元。该公司已走逃，当地税务机关已做了控票处理。三是 D 市某有色金属有限公司接受发票 21 份，金额 2088 万元。该单位法定代表人冼某某讲，该公司和某贸易公司的业务全部由邵某处理，并且邵某也说过，货物从另外一家企业购买，但该单位没有发票，发票是由某贸易公司提供。四是D市某有色金属有限公司接受发票4份，金额376万元。该公司的业务也是由邵某做的，邵某先把某贸易公司开具的发票送给该单位，认证后，要求该单位先付发票开具金额10%的定金，该单位在7月分3次付了定金37万元，但付完定金后，货物始终没到，该单位已抵扣税款。

综合以上情况，可以确认，某贸易公司存在虚开增值税专用发票行为。由于该企业幕后“老板”王某等不法分子使用假身份证暗地活动，狡兔三窟，行踪不定。专案组转变思路，将主攻方向转向受票方。2016年4月21日，税警协作办公室办案人员突破重重阻力，将该案重要犯罪嫌疑人——D市某有色金属有限公司法定代表人冼某某抓获，该企业接受某贸易公司虚开发票21份，涉案金额2088万元。冼某某因涉嫌重大发票虚开犯罪，涉及上下游企业较多，被押回Q市接受警方审讯。2016年5月，专案组协助公安机关南下Z省，将为D市某有色金属有限公司提供虚假发票的重要犯罪嫌疑人邵某抓获。

【处理处罚结果】 根据《发票管理办法》《全国人民代表大会常务委员会关于惩治虚开伪造和非法出售增值税专用发票犯罪的决定》等法律法规规定，某贸易有限公司在没有真实业务的情况下虚开增值税专用发票行为，已触犯《刑法》第205条的规定，涉嫌构成犯罪。

【问题分析及工作启示】 该案涉案金额大，辐射区域广，涉及企业多，案情复杂，发人深省。对于如何认识和打击发票违法犯罪行为，本案有下列启示。

做好打防结合，主动出击，及时处置风险疑点是打击发票违法犯罪的基础。从2015年以来，结合增值税管理的现状，Q市国税局加强了大额发票领用的后续管理，转变打击发票违法犯罪的工作思路，变被动应付为主动出击，根据征管现状，确定重点监控领域，将法人、办税人为异地的新办商贸企业纳入重点监控范围，安排专人紧盯疑点企业的发票领用、纳税申报、税款缴纳等信息，做好防范税收风险与打击违法犯罪的有机衔接，做到预防为主，打中预防，削弱不法分子发票虚开的“苗头”。在某贸易公司进行第二次有收入的申报时就被及时发现，这主要得益于高风险事项防控体系的运行。

做好内查外调，甄别真伪，及时取证快速立案是打击发票违法犯罪的关键。当前，发票违法犯罪呈现规模化、智能化、网络化的特点。犯罪分子往往利用他人身份证异地办理税务登记，在骗取大额发票后，铤而走险，遥控他人短时间内大量开票并迅速分流，虚假发票的上下游多为异地企业，犯罪分子的犯罪行为往往与伪造虚假文书、诈骗、涉黑交织在一起。由于职责权限和技术手段的限制，稽查人员往往有心无力，稍有迟疑就会错过办案的最好时机，稽查部门必须以快制快，争取经侦部门尽早介入，快速做好发票协查比对、数据采集分析、发票真伪鉴别、实地检查核实等工作，凭借足够确凿的证据移送公安机关立案。因此，及时取证快速立案是打击发票违法犯罪的关键环节。

做好税警协作，优势互补，促进行政执法与刑事执法有效衔接是打击发票违法犯罪的重要保障。多年的实践表明，打击发票违法犯罪离不开税务稽查部门和公安经侦部门的密切配合。近几年来，稽查局不断加强与公安经侦部门的协作，发现发票违法犯罪线索，立即启动税警联动机制，分析案情、联合取证、立案查处，提高了办案质量，加快了结案速度，真正形成了打击和预防涉税违法犯罪的合力。

（青岛市国家税务局稽查局供稿）

案例4－23
“铁锹1号”虚开增值税专用发票案

【案件类别】 发票违法案例

【案件所属行业】 批发和零售业、金融业

【案件特点】 该案是四部委联合督办案件的一个成功范例，主要有以下几大特点：一是成功打击了兜售海关缴款书中介平台；二是从“海关票”的源头、虚开、介绍虚开以及最终利用虚开增值税

专用发票用于抵扣骗税犯罪终端进行了全链条打击；三是税警双方充分运用了海关和人民银行的数据，发现虚开团伙专门设立的用于统一调度的资金回流账号，涉案多个虚开团伙共用该账号，专人控制 UKey 进行资金调度，完成数百家公司的资金流转，从而摸清了虚开、骗税违法资金的运作流向；四是该案案值巨大，涉案人员较多，虚开团伙控制的企业多达 260 多户，开往全国 28 个省（市）2659 户企业。

【案件来源】 专案调查

【基本案情】 S 市国税、公安两部门全面加强协作配合，打破部门、区域局限，以协作联打全方位推进专项行动。税务部门深度分析申报及征管数据，对涉案的 200 余户企业的进销项数据进行海量比对。公安部门提请人民银行反洗钱中心集中调取了 2015—2016 年 4 月涉案资金账户 92 个，涉及笔数 10 万笔，涉及资金 418 亿元，准确查清了资金运作流向。同时摸清涉案团伙的基本情况，锁定了主要犯罪嫌疑人，为案件的成功实施收网创造了前期条件。

经过 6 个多月的秘密调查，S 市国税、公安两部门于 2016 年 8 月 25 日在 S 市公安局成立联合指挥中心。整个行动以 S 市为主战场和发起方，行动出动 S 市税警参战人员共 200 余人，公安分 9 个行动组展开行动，国税局稽查部门组建 14 个小组参加行动，参与人员 50 人。行动一举摧毁了以朱某某、黄某某、詹某、江某某为首的特大虚开发票团伙 4 个（包括兜售“海关票”中介平台、虚开、介绍虚开团伙），以刘某某为首的特大骗取出口退税团伙 1 个，成功抓获犯罪嫌疑人 32 名，捣毁犯罪窝点 15 个，缴获各地税控机 191 台、银行 U 盾 525 个，查获海关专用缴款书、税务登记证、公章、银行卡和存折一大批。经初步统计，该案涉案企业达 260 多户，价税合计金额超过 200 亿元，税额 27 亿元；涉嫌骗取出口退税 2.1 亿元。

【违法事实】 以詹某等人为首的兜售海关缴款书的中介团伙，通过购买和收集进口环节海关缴款书信息（票），对外“销售”。虚开犯罪分子则以支付手续费方式获取海关缴款书用于抵扣；以朱某某等人为首的虚开团伙冒用他人海关缴款书虚抵进项，通过收取手续费后再对外大肆虚开，多为生产型“用票”企业，部分属免抵退税企业；以江某某为首的介绍虚开团伙提高手续费再对外兜售虚开发票，价税合计近 10 亿元；以刘某某等人为首的骗税团伙控制“索赛科技公司”通过江某某介绍接受虚开发票，利用地下钱庄在境外换取外汇用于外汇核销，并通过开票企业回流给地下钱庄的方式虚构资金运转的假象，并最终以低报高的方式通过外贸综合服务平台出口。该团伙涉嫌骗税活动，涉及价税合计 14 亿元，退税额 2.1 亿元。

【查办过程】 该案已查明以朱某某等人为首的虚开团伙主要作案手法如下：

虚假注册或购买成立“空壳公司”。嫌疑人收购具有一般纳税人资格的公司，嫌疑人利用自己控制的他人身份证件变更法定代表人或作为法定代表人的方式成立“空壳公司”。

冒用他人海关缴款书进行虚抵进项。以詹某等人为首的兜售海关缴款书的中介团伙，通过购买和收集进口环节海关缴款书信息（票），利用网络即时通信平台向虚开团伙发布隐去部分缴款书号码的海关缴款书信息；虚开犯罪分子则根据已显示的信息进行选择，再以支付 2.35% ~2.4% 的手续费方式获取海关缴款书的完整号码即可用于抵扣。该团伙分别为 260 户公司提供涉及全国 31451 份海关缴款书数据信息用于抵扣，虚假抵扣税额 8.50 亿元。

对外虚开增值税专用发票获取不法利益。以朱某某等人为首的虚开团伙冒用他人海关缴款书虚抵进项，通过收取 6% ~7% 手续费后再对外大肆虚开，涉嫌虚开价税合计近 67.71 亿元，开往全国 28 个省（市）2659 户企业，多为生产型“用票”企业，部分属免抵退税企业。

通过伪造合同、送货单、收款收据等业务单据虚构货物交易。为掩盖没有货物购销的情况，犯罪嫌疑人采取伪造合同、送货单、收款收据等业务单据方式虚构货物交易。如将盖上开票公司印章的空白 A4 纸、购销合同、多联打印纸、送货单、收款收据连同开具好的增值税专用发票寄给受票企业，受票企业根据发票内容在加盖开票公司印章的空白 A4 纸、购销合同、多联打印纸、送货单、收款收据上编造合同、销货清单、送货单、收款收据以应对税务机关检查。

利用他人的身份证开设银行账户，操纵资金流。犯罪嫌疑人利用自己控制的他人身份证开设银行账户，通过网银操作方式操纵开票、买票的资金流，增加查处难度。

【处理处罚结果】 对朱某某、郑某某和郭某某虚开团伙控制的 260 家公司开具的 107479 份增值税专用发票定性为虚开，涉及金额 57.87 亿元，税额 9.84 亿元；追缴 260 家公司冒用他人海关进口增值税缴款书虚假抵扣的税额 8.50 亿元。

【问题分析及工作启示】 一是虚开团伙职业化。虚开团伙的内部，组织严密，分工明确。成员多数由亲戚和老乡组成，增加了团伙的“牢固性”。他们对虚开作案的“业务水平”极为熟练，对虚开发票的所有程序都经过精心策划。团伙控制人，采用远程操控手法，形成了职业化的虚开网络，为增加作案隐蔽性，在全国进行跨区域虚开和洗票，增加金税函调、检查取证的环节和成本。

二是虚开形成专业化“链条”模式。在近年的打击虚开活动来看，虚开团伙在“市场”上作了“专业化”分工：商事制度改革方便了纳税人注册公司，一般纳税人认定也简便，现在有专门负责“孵化”有高限量、高限额开票资质的企业再对外转卖的代理公司。虚开团伙正是向代理公司购买“新公司”用于虚开。而对于上、下流企业都是通过中介牵线联系的，开票中介在虚开活动中发挥了重要作用，一方面为虚开的供需方创造了机会、提供了便利，另一方面减少了犯罪分子的违法成本，给国税局的打击增加难度。

三是打击虚开必需“打防结合”。近年，在打击虚开活动经验总结、趋势分析以及标本兼治的工作调研已经很多，但总体的防范效果还不明显，甚至虚开活动依然猖獗，只靠稽查打击并不能根本性解决问题。建议上级部门积极推进有效的防范措施，完善相关税收征管制度，一方面有利于稽查部门在查处时有据可依，另一方面堵塞漏洞，加强监管，从而减轻稽查部门的压力，提高打击效果。

四是对异常涉税数据的预警机制还不够完善。应该充分发挥税务总局数据集中的优势，构建数据仓库，利用先进的数据分析工具发现有价值的案源线索。在税务总局搭建数据分析平台的基础上，引入增值税专用发票流向分析方法，探索构建适合用于针对虚开发票的指标和模型。上述系统可帮助主管部门对于那些申报数据异常变动的企业加强监管。

（深圳市国家税务局稽查局供稿）

第六篇

法规及规范性文件

国家税务总局关于修订《重大税收违法案件信息公布办法（试行）》的公告

2016年4月16日　国家税务总局公告2016年第24号

为贯彻落实《深化国税、地税征管体制改革方案》，进一步惩戒严重涉税违法行为，提高纳税人依法纳税意识和税法遵从度，推进社会信用体系建设，国家税务总局修订了《重大税收违法案件信息公布办法（试行）》，现予以公布，自2016年6月1日起施行。

特此公告。

重大税收违法案件信息公布办法（试行）

第一章　总　　则

第一条　为维护正常的税收征收管理秩序，惩戒严重涉税违法行为，推进社会信用体系建设，根据《中华人民共和国税收征收管理法》和《国务院关于印发社会信用体系建设规划纲要（2014－2020年）的通知》（国发〔2014〕21号），制定本办法。

第二条　税务机关依照本办法的规定，向社会公布重大税收违法案件信息，并将信息通报相关部门，共同实施严格监管和联合惩戒。

第三条　公布重大税收违法案件信息和对当事人实施惩戒，应当遵循依法行政、公平公正、统一规范的原则。

第四条　按照谁检查、谁负责的原则，对公布的案件实施检查的税务机关对公布案件信息的合法性、真实性和准确性负责。

第五条　税务机关通过建立重大税收违法案件公布信息系统和利用国家信用信息共享交换平台等渠道，对外公布重大税收违法案件信息，并由相关部门根据这些信息对当事人实施联合惩戒和管理措施。

第二章　案件标准

第六条　本办法所称“重大税收违法案件”是指符合下列标准的案件：

（一）纳税人伪造、变造、隐匿、擅自销毁账簿、记账凭证，或者在账簿上多列支出或者不列、少列收入，或者经税务机关通知申报而拒不申报或者进行虚假的纳税申报，不缴或者少缴应纳税款，查补税款金额100万元以上，且任一年度查补税额占当年各税种应纳税总额10%以上；

（二）纳税人欠缴应纳税款，采取转移或者隐匿财产的手段，妨碍税务机关追缴欠缴的税款，欠缴税款金额100万元以上的；

（三）以假报出口或者其他欺骗手段，骗取国家出口退税款的；

（四）以暴力、威胁方法拒不缴纳税款的；

（五）虚开增值税专用发票或者虚开用于骗取出口退税、抵扣税款的其他发票的；

（六）虚开普通发票100份或者金额40万元以上的；

（七）私自印制、伪造、变造发票，非法制造发票防伪专用品，伪造发票监制章的；

（八）虽未达到上述标准，但违法情节严重、有较大社会影响的。

符合前款规定的重大税收违法案件，由税务稽查局作出了《税务处理决定书》或《税务行政处罚决定书》，且当事人在法定期间内没有申请行政复议或者提起行政诉讼，或者经行政复议或法院裁判对此案件最终确定效力后，按本办法处理。

第三章　信息公布

第七条　公布重大税收违法案件信息，应当包括以下内容：

（一）对法人或者其他组织：公布其名称，统一社会信用代码或纳税人识别号，注册地址，法定代表人、负责人或者经法院判决确定的实际责任人的姓名、性别及身份证号码（隐去出生年、月、日号码段，下同），经法院判决确定的负有直接责任的财务人员的姓名、性别及身份证号码；

（二）对自然人：公布其姓名、性别、身份证号码；

（三）主要违法事实；

（四）适用相关法律依据；

（五）税务处理、税务行政处罚情况；

（六）实施检查的单位；

（七）对公布的重大税收违法案件负有直接责任的涉税专业服务机构及从业人员，税务机关可以依法一并公布其名称、统一社会信用代码或纳税人识别号、注册地址，以及直接责任人的姓名、性别、身份证号码、职业资格证书编号。

前款第一项中法人或者其他组织的法定代表人、负责人与违法事实发生时的法定代表人、负责人不一致的，应一并公布，并对违法事实发生时的法定代表人、负责人进行标注。

第八条 省以下税务机关应及时将符合公布标准的案件信息录入重大税收违法案件公布信息系统，通过省税务机关门户网站向社会公布，同时可以根据本地区实际情况，通过本级税务机关公告栏、报纸、广播、电视、网络媒体等途径以及新闻发布会等形式向社会公布。

国家税务总局门户网站设立专栏链接省税务机关门户网站的公布内容。

第九条 符合本办法第六条第一款第一项、第二项规定的重大税收违法案件的当事人，能按照《税务处理决定书》《税务行政处罚决定书》缴清税款、滞纳金和罚款的，经实施检查的税务机关决定，只将案件信息录入重大税收违法案件公布信息系统，不向社会公布该案件信息。

案件信息已经向社会公布后，当事人符合前款规定的，经实施检查的税务机关决定，停止公布并从公告栏中撤出，并将缴清税款、滞纳金和罚款的情况通知实施联合惩戒和管理的部门。

第十条 重大税收违法案件信息自公布之日起满2年的，停止公布并从公告栏中撤出。

第十一条 案件信息一经录入重大税收违法案件公布信息系统，将作为纳税人的纳税信用记录永久保存。

第四章 惩戒措施

第十二条 对按本办法公布的当事人，依法采取以下措施：

（一）纳税信用级别直接判为D级，适用相应的D级纳税人管理措施；

（二）对欠缴查补税款的纳税人或者其法定代表人在出境前未按照规定结清应纳税款、滞纳金或者提供纳税担保的，税务机关可以依据《中华人民共和国税收征收管理法》相关规定，通知出入境管理机关阻止其出境；

（三）税务机关将当事人信息提供给参与实施联合惩戒的相关部门，由相关部门依法对当事人采取联合惩戒和管理措施。

符合本办法第九条规定的当事人，适用前款第一项规定。

第十三条 国家税务总局和省税务机关通过约定方式，向同级参与联合惩戒的部门提供税务机关对外公布的本辖区内重大税收违法案件信息。

市以下税务机关是否向同级参与联合惩戒的部门提供对外公布的本辖区内重大税收违法案件信息，由市以下税务机关根据实际情况，与相关部门协商决定。

第十四条 重大税收违法案件信息实行动态管理，案件信息发生变化的，按本办法第十三条规定提供案件信息的税务机关应当及时向同级参与联合惩戒和管理的部门提供更新信息。

第五章 附　则

第十五条 被公布的当事人对公布内容提出异议的，由实施检查的税务机关负责复核和处理。

第十六条 本办法所称税务机关，是指国家税务总局和省以下国家税务局、地方税务局。

第十七条 本办法所称“以上”包含本数，“以下”包含本级。

第十八条 本办法自2016年6月1日起施行。《国家税务总局关于发布〈重大税收违法案件信息公布办法（试行）〉的公告》（国家税务总局公告2014年第41号）同时废止。

国家税务总局关于印发《税务稽查案源管理办法（试行）》的通知

2016年5月19日　税总发〔2016〕71号

各省、自治区、直辖市和计划单列市国家税务局、地方税务局，税务干部进修学院：

为落实《深化国税、地税征管体制改革方案》关于“制定针对高风险纳税人定向稽查制度”和“建立健全案源管理制度”的要求，现将国家税务总局制定的《税务稽查案源管理办法（试行）》印发给你们，请遵照执行。执行中遇有问题和有关建议，请及时反馈至国家税务总局（稽查局）。

附件：1. 税务稽查案源审批表（编者略）

2. 案源信息退回（补正）函（编者略）

3. 税务稽查调查核实（包括协查）任务通知书（编者略）

4. 税务稽查调查核实（包括协查）报告（编者略）

5. 税务稽查案源清册（编者略）

6. 税务稽查案源撤销审批表（编者略）

7. 案源处理结果反馈单（编者略）

税务稽查案源管理办法（试行）

第一章　总　　则

第一条　为规范税务稽查案源管理，提高税务稽查质效，推进税务稽查体制机制改革，根据《中华人民共和国税收征收管理法》及其实施细则等相关规定制定本办法。

第二条　本办法适用于国家税务总局及省、市、县国家税务局、地方税务局（以下统称税务局）。

第三条　本办法所称税务稽查案源（以下统称案源）即税收违法案件的来源，是指经过收集、分析、判断、处理等程序形成的涉嫌偷税（逃避缴纳税款）、逃避追缴欠税、骗税、抗税、虚开发票等税收违法行为的相关数据、信息和线索。

第四条　本办法所称税务稽查案源管理，是指税务局稽查局（以下简称稽查局）按照规定程序，对各类涉税数据、信息和线索进行收集、处理、立案、反馈的管理过程。

案源管理的具体流程主要包括：案源信息的收集、案源的分类处理、案源的立案分配和处理结果的使用。

第五条　案源管理应当遵循依法依规、风险导向、统筹协调、分类分级、动态管理的原则。

第六条　税务局应当以风险管理为导向，以税收大数据为支撑，以风险推送、外部转办、稽查自选为重点，以打击偷税（逃避缴纳税款）、逃避追缴欠税、骗税、抗税、虚开发票等税收违法行为为目标，注重处理结果的分析反馈和增值使用，形成风险闭环式案源管理的新格局。

第七条　案源由稽查局归口管理。

上级稽查局对下级稽查局的案源管理工作进行指导和监督。

下级稽查局确定的案源属于上级稽查局重点稽查对象名录范围的，应当报上级稽查局审批。

实施案源集中管理的地区，由上级稽查局审批确定下级稽查局选取的案源。

第八条　各级税务机关应当不断提高案源管理信息化水平，高效采集、有效整合税收征管数据与社会公共数据，保障案源信息的及时性、有效性和准确性。

第九条　国家税务局、地方税务局应当加强案源管理工作的联系与协作，建立健全国税、地税案源管理合作机制，实现涉税数据、信息和线索共建共享、互联互通。

第二章　案源信息

第十条　案源信息是指税务局在税收管理中形成的，以及外部相关单位、部门或者个人提供的纳税人、扣缴义务人和其他涉税当事人（以下简称纳税人）的税收数据、信息和违法行为线索。

第十一条 案源信息的内容具体包括：

（一）纳税人自行申报的税收数据和信息，以及税务局在税收管理过程中形成的税务登记、发票使用、税收优惠、资格认定、出口退税、企业财务报表等涉税数据和信息；

（二）税务局风险管理等部门在风险分析和识别工作中发现并推送的高风险纳税人风险信息；

（三）上级党委、政府、纪检监察等单位和上级税务机关（以下统称上级机关）通过督办函、交办函等形式下发的督办、交办任务提供的税收违法线索；

（四）检举人提供的税收违法线索；

（五）受托协查事项形成的税收违法线索；

（六）公安、检察、审计、纪检监察等外部单位以及税务局督察内审、纪检监察等部门提供的税收违法线索；

（七）专项情报交换、自动情报交换和自发情报交换等过程中形成的国际税收情报信息；

（八）稽查局执法过程中形成的案件线索、处理处罚等税务稽查数据；

（九）政府部门和社会组织共享的涉税信息以及税务局收集的社会公共信息等第三方信息；

（十）其他涉税数据、信息和税收违法线索。

第十二条 稽查局应当拓展信息来源渠道，按规定收集和整理案源信息。

（一）稽查局案源部门（以下简称案源部门）负责以下事项：

1. 接收风险管理等部门推送的高风险纳税人风险信息，税务局内、外部相关单位和部门提供的税收违法线索，并确认案源信息来源部门的工作和时限要求；

2. 接收督办、交办线索，并明确督办、交办事项的工作和时限要求；

3. 收集和整理纳税人自行申报信息、税收管理数据、税务稽查数据、国际税收情报信息和第三方信息等涉税数据、信息，并按照稽查任务和计划，提取选案所需的案源信息。

（二）稽查局举报受理部门（以下简称举报受理部门）负责接收书信、来访、互联网、传真等形式的检举线索。12366纳税服务热线举报专岗负责接收的电话形式的检举线索，应填制举报工单后移交举报受理部门进一步处理。

（三）稽查局协查部门（以下简称协查部门）负责接收协查信息管理系统发函、不通过协查系统发起的纸质发函、实地协查等形式的协查线索，并按照《税收违法案件协查函》的内容登记案源信息。

第十三条 案源信息以纳税人识别号为标识，一户一档建立案源信息档案。案源信息档案包括基本信息、分类信息、异常信息、共享信息和必要的信息标识等。

第十四条 稽查局应当对案源信息进行分类处理，建立案源信息库；同时按照随机抽查工作要求，在案源信息档案中分级标识重点稽查对象，作为建立税务稽查随机抽查对象名录库的重要信息来源。

第三章 案源类型

第十五条 根据案源信息的来源不同，将案源分为九种类型：

（一）推送案源，是指根据风险管理等部门按照风险管理工作流程推送的高风险纳税人风险信息分析选取的案源；

（二）督办案源，是指根据上级机关以督办函等形式下达的，有明确工作和时限要求的特定纳税人税收违法线索或者工作任务确认的案源；

（三）交办案源，是指根据上级机关以交办函等形式交办的特定纳税人税收违法线索或者工作任务确认的案源；

（四）安排案源，是指根据上级税务局安排的随机抽查计划和打击偷税（逃避缴纳税款）、逃避追缴欠税、骗税、抗税、虚开发票等稽查任务，对案源信息进行分析选取的案源；

（五）自选案源，是指根据本级税务局制定的随机抽查和打击偷税（逃避缴纳税款）、逃避追缴欠税、骗税、抗税、虚开发票等稽查任务，对案源信息进行分析选取的案源；

（六）检举案源，是指对检举线索进行识别判断确认的案源；

（七）协查案源，是指对协查线索进行识别判断确认的案源；

（八）转办案源，是指对公安、检察、审计、纪检监察等外部单位以及税务局督察内审、纪检监察等部门提供的税收违法线索进行识别判断确认的案源；

（九）其他案源，是指对税务稽查部门自行收集或者税务局内、外部相关单位和部门提供的其他税收违法线索进行识别判断确认的案源。

第十六条　督办案源、交办案源、转办案源、检举案源和协查案源由于来源渠道特殊，统称为特殊案源。

对特殊案源应当由稽查局指定专人负责管理，严格遵守保密纪律，依法依规进行处理。

第四章　案源处理

第十七条　案源处理是指案源部门对收集的案源信息进行识别和判断，根据案源类型、纳税人状态、线索清晰程度、税收风险等级等因素，进行退回或者补正、移交税务局相关部门、暂存待查、调查核实（包括协查）、立案检查等分类处理的过程。

第十八条　案源部门对案源信息进行识别判断，提出拟处理意见，填写《税务稽查案源审批表》（见附件1），经稽查局负责人批准后处理。

第十九条　推送和转办的案源信息符合下列情形之一的，案源部门制作《案源信息退回（补正）函》（见附件2），退回信息来源部门或者要求信息来源部门补充资料：

（一）纳税人不属于管辖范围，纳税人状态为非正常或者注销的，可以作退回处理；

（二）案源信息数据有误、未提供必要数据资料或者其他导致无法进一步处理的情形，可以作退回处理或者要求补充资料；

（三）税收违法线索不清晰或者资料不完整，要求补充资料不能补充资料的，可以作退回处理；

（四）其他需要退回信息来源部门或者要求补充资料的情形。

第二十条　符合下列情形之一的，案源部门制作《转办函》，移交税务局相关部门处理：

（一）检举、转办等案源信息涉及发票违法等事项，通过日常税务管理能够纠正的，经税务局负责人批准移交相关部门处理；

（二）协查事项需要提供纳税人查无此户、非正常、注销等状态证明或者提取征管资料、鉴定发票等事项，经稽查局负责人批准移交相关部门配合取证；

（三）案源信息涉及特别纳税调整事项的，经税务局负责人批准移交反避税部门处理；

（四）其他需要移交相关部门配合工作的事项。

第二十一条　符合下列情形之一的，作暂存待查处理：

（一）纳税人状态为非正常或者注销的督办、交办案源信息，经督办、交办部门同意可以作暂存待查处理；

（二）纳税人状态为非正常、注销或者税收违法线索不清晰的检举案源信息可以作暂存待查处理；

（三）纳税人走逃而无法开展检查的可以作暂存待查处理；

（四）其他不宜开展检查又无法退回的情形。

第二十二条　符合下列情形之一的特殊案源，经稽查局负责人批准进行调查核实（包括协查）：

（一）督办、交办的工作任务只涉及协助取证等事项，通过调查核实（包括协查）可以完成，经督办、交办部门同意的；

（二）检举案源信息线索较明确但缺少必要证明资料，举报受理部门认为需要通过调查核实（包括协查）确认的；

（三）协查案源信息不符合《税收违法案件发票协查管理办法（试行）》规定的直接立案条件的，应当根据协查要求及时安排调查核实（包括协查）；

（四）其他特殊案源信息，存在一定疑点线索但缺少必要证明资料，需要通过进一步调查核实（包括协查）确认的；

需要调查核实（包括协查）的，应由案源部门或者举报受理部门或者协查部门制作《税务稽查调查核实（包括协查）任务通知书》（见附件3），转送稽查局检查部门（以下简称检查部门），检查部门制作《税务检查通知书（检通二）》进行调查核实（包括协查）。检查部门应当按照有关要求根据调查核实结果制作《税务稽查调查核实（包括协查）报告》（见附件4）反馈安排调查核实（包括协查）任务的部门。

第二十三条　符合下列情形之一的，确认为需要立案检查的案源：

（一）督办、交办事项明确要求立案检查的案源；

（二）案源部门接收并确认的高风险纳税人风险信息案源，以及按照稽查任务和计划要求安排和自选的案源；

（三）举报受理部门受理的检举内容详细、线索清楚的案源；

（四）协查部门接收的协查案源信息涉及的纳税人状态正常，且存在下列情形之一的案源：委托方已开具《已证实虚开通知单》并提供相关证据的；委托方提供的证据资料能够证明协查对象存在税收违法嫌疑的；协查证实协查对象存在税收违法行为的；

（五）转办案源涉及的纳税人状态正常，且税收违法线索清晰的案源；

（六）经过调查核实（包括协查）发现纳税人存在税收违法行为的案源；

（七）其他经过识别判断后应当立案的案源；

（八）上级稽查局要求立案检查的案源。

第五章 案源分配

第二十四条 稽查局应当建立案源管理集体审议会议制度，负责重点稽查对象和批量案源立案或者撤销的审批，并制定集体审议案源的标准。

对达到集体审议标准的重点稽查对象和批量案源立案或者撤销案源的审批，由稽查局负责人主持召开案源管理集体审议会议，稽查局相关部门负责人参加。

第二十五条 需要立案检查的案源，由案源部门制作《税务稽查立案审批表》，经稽查局负责人批准或者案源管理集体审议会议审议决定立案。

同一批次立案户数较多的，可附《税务稽查案源清册》（见附件5）。

第二十六条 案源立案的优先原则：

（一）督办案源优先于其他案源；

（二）重要或者紧急的案源，优先于一般案源；

（三）实名检举案源优先于匿名检举案源。

第二十七条 涉及国税、地税共同管辖的案源，符合下列情形的应当共同立案：

（一）上级机关要求开展联合稽查的；

（二）共同管辖的重点稽查对象；

（三）通过联合随机抽查选取的；

（四）共同获得具体税收违法线索的；

（五）除以上情形之外，经国税、地税协商一致，需要共同立案的。

第二十八条 案源部门对立案的案源，应当合理地分配到检查部门，实施检查。

（一）稽查层级与管理对象相匹配。对纳入全国、省级和市级重点稽查对象名录库的案源，按照分级管理的原则，由国家税务总局和省、市税务局稽查局分别组织或者实施检查。

（二）执法主体与案件性质相匹配。按照案源的涉税违法数额大小、情节轻重、案情复杂程度、涉案地区多少、社会影响情况等因素，分别由国家税务总局和省、市、县税务局稽查局组织或者实施检查。

本级稽查局查处确有困难的案源，可以报请上级稽查局督办。上级机关下发的督办案源未经批准，本级稽查局不得转给下级稽查局查处。

（三）稽查力量与检查任务相匹配。案情复杂的案源可以采取“项目式管理、团队化作业”的形式组织检查。

（四）办案能力与案源特点相匹配。根据案源所属行业和税收违法类型等特点，合理搭配检查人员力量或者采取竞标等形式选派检查人员。

第二十九条 案源分配计划经批准后，案源部门制作《税务稽查任务通知书》，附《税务稽查项目书》，列明检查所属期、检查疑点、检查时限和要求等内容，连同相关资料一并移交检查部门。

第三十条 符合下列情形之一的，提请撤销案源的部门填写《税务稽查案源撤销审批表》（见附件6），经稽查局负责人批准或者案源管理集体审议会议决定，可以撤销案源：

（一）案源登记有误或者案源重复的；

（二）多个部门同时入户，经所属税务局负责人决定稽查局停止实施检查的；

（三）不符合上级政策规定或者上级机关要求撤销案源的。

第六章 结果使用

第三十一条 稽查局应当按照风险管理要求，对案源处理结果进行跟踪反馈和统计分析，实现案源闭环管理。

第三十二条 稽查局相关部门应当及时将案源处理结果填写《案源处理结果反馈单》（见附件7），归集到案源部门。

（一）未立案的，由案源部门记录未立案理由；

（二）中止、终结检查的，由检查部门反馈并附阶段性检查情况和中止、终结理由；

（三）中止、终结执行的，由执行部门反馈并附中止、终结理由、《税务处理决定书》《税务行政处罚决定书》及相关资料；

（四）执行完毕的，由执行部门反馈并附《税务处理决定书》《税务行政处罚决定书》《税收缴款书》及相关资料。

第三十三条 案源部门接到案源处理结果，应当及时处理，并填写《案源处理结果反馈单》。

（一）推送案源，按照风险管理工作流程的要求向风险管理等部门反馈处理结果，对于高风险应对任务中反映出的行业性、地域性或者特定类型纳税人的共性税收风险特征，及时提交风险管理等部门；

（二）督办案源、交办案源和转办案源，根据案源来源部门要求就需核实的税收违法线索检查情况进行反馈；

（三）自选案源和安排案源，汇总检查情况并定期上报稽查局负责人；

（四）检举案源和协查案源，将检查情况反馈给举报受理部门或者协查部门，由举报受理部门或者协查部门反馈给实名检举人或者协查委托方。

第三十四条　按反馈对象的不同，《案源处理结果反馈单》的审批要求如下：

（一）反馈稽查局相关部门、实名检举人和协查委托方的，分别由案源部门、举报受理部门和协查部门负责人批准；

（二）反馈税务局其他部门的，由稽查局负责人批准；

（三）反馈税务局外部单位的，由税务局负责人批准。

第三十五条　稽查局未立案检查的推送案源，反馈后推送部门仍认为需要立案检查的，经税务局负责人批准，由稽查局按交办案源程序立案检查。

第三十六条　确因案情复杂无法按期查结反馈的，应当向信息来源部门说明情况。

第三十七条　案源部门负责按照年度工作任务和计划的要求，从案源信息的收集、案源的分类处理和立案分配、案源处理结果的使用等方面，对立案检查案源的分布区域、所属行业、企业规模、经济性质、税收违法类型、查补入库税额等情况定期进行统计分析。

第三十八条　稽查局要通过对稽查结果的统计分析和典型案例剖析，查找税收管理薄弱环节，并就完善税收政策和加强管理等方面提出意见和建议。

第七章　附　　则

第三十九条　案源管理工作适用保密条款的，应当依照《中华人民共和国保守国家秘密法》《中华人民共和国税收征收管理法》《中华人民共和国税收征收管理法实施细则》《国家税务机关系统保密工作规则》《税收违法行为检举管理办法》《税务稽查案件协查管理办法（试行）》等有关规定执行。

第四十条　本办法所称税务局负责人，是指税务局局长或者经税务局局长授权的税务局领导。

本办法所称稽查局负责人，是指稽查局局长或者经稽查局局长授权的稽查局领导。

第四十一条　各省、自治区、直辖市和计划单列市国家税务局、地方税务局可根据本办法制定具体实施规定。

第四十二条　本办法由国家税务总局负责解释。

第四十三条　本办法自2016年7月1日起施行。

国家税务总局关于印发《税务稽查随机抽查对象名录库管理办法（试行）》的通知

2016年5月24日　税总发〔2016〕73号

各省、自治区、直辖市和计划单列市国家税务局、地方税务局，税务干部进修学院：

为贯彻落实中办、国办印发的《深化国税、地税征管体制改革方案》关于“建立健全随机抽查制度和案源管理制度”的要求，根据《推进税务稽查随机抽查实施方案》（税总发〔2015〕104号文件印发）的规定，现将国家税务总局制定的《税务稽查随机抽查对象名录库管理办法（试行）》印发给你们，请遵照执行。执行中遇有问题和有关建议，请及时反馈至国家税务总局（稽查局）。

税务稽查随机抽查对象名录库管理办法（试行）

第一章 总 则

第一条 为贯彻落实《国务院办公厅关于推广随机抽查规范事中事后监管的通知》（国办发〔2015〕58号）精神，健全完善税务稽查随机抽查机制，统一规范税务稽查随机抽查对象名录库管理，根据国家税务总局《推进税务稽查随机抽查实施方案》（税总发〔2015〕104号文件印发）有关要求，制定本办法。

第二条 随机抽查对象包括各级税务局辖区内的全部纳税人、扣缴义务人和其他涉税当事人。

随机抽查对象名录库是指市（地、盟、州以及直辖市和计划单列市的区，下同）以上税务局根据税务稽查随机抽查工作要求，针对随机抽查对象的不同类别，按照不同层级建设和管理的信息库。

第三条 本办法所称随机抽查对象名录库包括随机抽查对象异常名录。

第四条 随机抽查对象名录库的建设、使用和维护应当充分运用信息化手段，遵循统筹规划、分类管理、分级使用、动态维护的原则。

第五条 随机抽查对象名录库由市以上税务局稽查局案源管理部门归口管理，专人负责。

第六条 市以上税务局相关部门应当加强协作配合，为随机抽查对象名录库的建设提供符合需求的数据和信息，实现数据和信息共建共享。

第七条 市以上国家税务局、地方税务局应当加强联系与协作，定期交换、共享随机抽查对象名录库的相关数据和信息。

第八条 随机抽查对象名录库主要适用于市以上税务局稽查局随机抽查对象的选取。

第二章 分类管理

第九条 市以上税务局稽查局应当按照管理层级、稽查资源配置与纳税规模等标准，将随机抽查对象分为重点稽查对象和非重点稽查对象。

第十条 重点稽查对象由市以上税务局稽查局根据稽查工作任务和计划，参照收入规划核算、大企业税收管理等相关部门确定的重点税源企业范围，按照纳税规模、所属行业、分布区域、注册类型、集团类企业等因素以及稽查资源的匹配程度确定。

非重点稽查对象为未达到市以上税务局稽查局确定的重点稽查对象标准的随机抽查对象，包括非企业纳税人。

第十一条 国家税务总局稽查局和省（自治区、直辖市、计划单列市，下同）、市税务局稽查局依照上述原则和不同层级分别确定相应层级重点稽查对象。

第十二条 国家税务总局重点稽查对象主要包括：

（一）国务院国有资产监督管理委员会中央企业名录列名的企业，由财政部按规定管理的金融类企业以及代表国务院履行出资人职责管理的国有企业；

（二）国家税务总局稽查局确定的纳税规模较大的重点税源企业；

（三）国家税务总局稽查局确定的跨区域经营的大型企业集团；

（四）国家税务总局稽查局确定的其他重点稽查对象。

第十三条 省税务局稽查局根据稽查工作任务和计划，在国家税务总局重点稽查对象之外，按照本级确定重点稽查对象的要求，综合考虑纳税规模、所属行业、分布区域、稽查资源配置等因素，确定本级税务局重点稽查对象名录。

第十四条 市税务局稽查局根据稽查工作任务和计划，在国家税务总局和省税务局重点稽查对象之外，按照本级确定重点稽查对象的要求，综合考虑纳税规模、所属行业、稽查资源配置等因素，确定本级税务局重点稽查对象名录。

第十五条 市以上税务局应当建立随机抽查对象名录库。

国家税务总局随机抽查对象名录库主要包括国家税务总局重点稽查对象；省税务局随机抽查对象名录库主要包括辖区内的国家税务总局、省税务局重点稽查对象，并对国家税务总局重点稽查对象进行标识；市税务局随机抽查对象名录库包括辖区内的所有随机抽查对象，并对国家税务总局、省税务局重点稽查对象进行分别标识。

第十六条　省、市税务局应当在建立随机抽查对象名录库的基础上，通过接收、分析、整理和确认随机抽查对象的异常涉税信息并进行标识，建立随机抽查对象异常名录。

第十七条　对符合下列情形之一的随机抽查对象，列入随机抽查对象异常名录：

（一）税收风险等级为高风险的；

（二）两个年度内两次以上被检举且经检查均有税收违法行为的；

（三）受托协查事项中存在税收违法行为的；

（四）长期纳税申报异常的；

（五）纳税信用级别为D级的；

（六）被相关部门列为违法失信联合惩戒的；

（七）存在其他异常情况的。

第十八条　随机抽查对象名录库应当按照随机抽查对象类型，完整准确采录相关涉税信息。

重点稽查对象的采录信息主要包括：登记类信息、前三年纳税申报及财务报表、税控开票、风险分析、纳税评估、出口退税、纳税信用等级、跨区域企业集团组织架构情况，以及是否为国家税务局、地方税务局共管户等信息。

非重点稽查对象的采录信息主要包括：登记类信息、前三年纳税申报及财务报表、税控开票，以及是否为国家税务局、地方税务局共管户等信息。

非企业纳税人的采录信息主要包括：登记类信息、前三年纳税申报、税控开票，以及自行确定的其他信息。

随机抽查对象标识的异常涉税信息主要包括：高风险分析信息、检举线索、协查违法线索、长期异常纳税申报、纳税信用等级、相关部门列明的违法失信联合惩戒等相关信息。

第十九条　国家税务总局随机抽查对象名录库的信息由国家税务总局稽查局采录，重点稽查对象所在省税务局稽查局负责协助补充相关信息。

省、市税务局随机抽查对象名录库的信息由省、市税务局稽查局分别采录，涉及国家税务局、地方税务局共同管辖的，由国家税务局、地方税务局稽查局联合采录。

第三章　分级使用

第二十条　市以上税务局稽查局应当按照随机抽查工作要求，遵循分级使用的原则，运用随机抽查对象名录库，采用定向抽查和不定向抽查的方式选取检查对象。

第二十一条　市以上税务局稽查局对随机抽查对象名录库中的随机抽查对象，应当合理适度确定随机抽查比例和频次。

（一）国家税务总局稽查局根据稽查工作任务和计划，按照计划有序、依次安排的原则，每年按行业随机选取重点稽查对象组织开展检查，原则上每五年检查一轮。

对国家税务总局大企业税收管理司列名的“千户集团”企业，国家税务总局稽查局和大企业税收管理司共同协商制定工作规划和年度计划，选取随机抽查对象，实现数据共享、资源共享、结果共享。

（二）省、市税务局稽查局根据本级稽查工作任务和计划，有序选取重点稽查对象开展检查，原则上每五年检查一轮。

（三）对非重点稽查对象中的企业纳税人，每年抽查比例不超过3%；对非重点稽查对象中的非企业纳税人，每年抽查比例不超过1%。

（四）三年内已被抽查的随机抽查对象，不列入随机抽查范围。

第二十二条　对列入随机抽查对象异常名录且属于持续经营状态的随机抽查对象，省、市税务局稽查局要加大抽查力度，具体抽查比例和频次由省、市税务局稽查局确定。

第二十三条　市以上税务局稽查局对随机选取的检查对象，按照税务稽查案源管理相关规定进行立案审批。

第二十四条　国家税务局、地方税务局稽查局应当根据联合稽查工作计划，按照相关行业、区域、项目，随机选取共同管辖的检查对象，开展联合稽查工作。

第二十五条　市以上税务局稽查局要按照风险管理制度和机制要求，对随机抽查中发现的税收政策及管理问题，及时向税务局相关部门反馈，提出管理建议，强化稽查成果增值利用。

第四章　动态维护

第二十六条　市以上税务局应当充分运用信息化手段建立随机抽查对象名录库，逐步实现国家税务总局、省税务局和市税务局三级信息共享。

第二十七条　国家税务总局统一规划建设随机抽查对象名录库管理信息系统，满足按照纳税规模、所属行业、分布区域、注册类型等条件进行随机抽查的需要。

第二十八条　市以上税务局稽查局应当定期维护、及时更新辖区内随机抽查对象名录库的相关信息。

第五章 附　　则

第二十九条 本办法适用于市以上税务局随机抽查对象名录库的建设、使用和维护。

第三十条 本办法由国家税务总局负责解释。

第三十一条 本办法自印发之日起施行。

国家税务总局关于印发《税务稽查随机抽查执法检查人员名录库管理办法（试行）》的通知

2016 年 5 月 24 日　税总发〔2016〕74 号

各省、自治区、直辖市和计划单列市国家税务局、地方税务局，税务干部进修学院：

为落实《深化国税、地税征管体制改革方案》关于“建立健全随机抽查制度和案源管理制度”的要求，根据《推进税务稽查随机抽查实施方案》（税总发〔2015〕104 号文件印发）的规定，现将国家税务总局制定的《税务稽查随机抽查执法检查人员名录库管理办法（试行）》印发给你们，请遵照执行。执行中遇有问题和有关建议，请及时反馈至国家税务总局（稽查局）。

税务稽查随机抽查执法检查人员名录库管理办法（试行）

第一章 总　　则

第一条 为贯彻落实《国务院办公厅关于推广随机抽查规范事中事后监管的通知》（国办发〔2015〕58 号）精神，健全税务稽查随机抽查机制，统一规范税务稽查随机抽查执法检查人员名录库管理，根据国家税务总局《推进税务稽查随机抽查实施方案》（税总发〔2015〕104 号文件印发）有关要求，制定本办法。

第二条 各级税务机关税务稽查随机抽查执法检查人员名录库的建立、运用和管理适用本办法。

第三条 本办法所称税务稽查随机抽查执法检查人员（以下简称执法检查人员），是指各级税务机关中取得《中华人民共和国税务检查证》的从事稽查实施工作的人员。

本办法所称税务稽查随机抽查执法检查人员名录库（以下简称执法检查人员名录库），是指国家税务总局和省（自治区、直辖市和计划单列市，下同）、市（地、盟、州及直辖市和计划单列市的区，下同）、县（县级市、旗，下同）税务局根据税务稽查随机抽查工作要求，按照不同层级建设和管理的执法检查人员相关信息库。

第四条 建立、运用和管理执法检查人员名录库应当遵循统筹规划、统一建设、规范运用、动态管理、公正公开、持续完善的原则。

第五条 各级税务机关由稽查部门牵头负责、相关部门协作配合，建立、运用和管理本级执法检查人员名录库。

第二章 执法检查人员名录库的建立

第六条 国家税务总局、省、市、县税务局分别建立执法检查人员名录库。国家税务总局执法检查人员名录库人员包括税务总局本级执法检查人员和各省税务局推荐执法检查人员，推荐执法检查人员的数量为本省执法检查人员总数的 1%，由国家税务总局稽查局审核确定。各省税务局执法检查人员名录库人员包括省税务局本级执法检查人员和各市税务局推荐执法检查人员，推荐执法检查人员的数量由各省税务局自行确定。市、县税务局执法检查人员名录库包括辖区内所有执法检查人员。

第七条 改革了属地稽查方式，推行省、市一级稽查模式或者实施稽查集约化管理的地区，相应的市、县税务局可不建立执法检查人员名录库。

第八条　国家税务总局、省税务局执法检查人员名录库中的推荐执法检查人员应当具备以下基本条件：

（一）热爱税收事业，具有良好的政治素质，敬业爱岗，勤政廉洁，累计从事税务稽查工作2年以上，身体健康，能够承担外出办案等特定工作任务。

（二）工作实绩突出，领导和群众认可度较高，骨干带头作用较为明显，在本单位或者本专业领域具有一定的影响。

（三）具备较高的业务素质和专业素养，熟练掌握财税知识，具有较强的检查办案能力、组织协调能力、解决复杂问题能力，有一定业务专长，对相关行业有较丰富的实际检查工作经验，有办理重大案件经历。

（四）符合下列情形之一的，同等条件下可优先备选税务总局、省税务局执法检查人员名录库：

1. 获得各类专业资格证书或相应职称的。

2. 获得市税务局以上稽查能手、征管能手等荣誉称号的。

3. 省税务局以上税务领军人才或者专业人才库成员。

4. 多次被上级机关抽调参与全国、全省、全市各类案件检查、业务检查、重大专项行动等工作，取得突出成绩并受到表彰的。

第九条　执法检查人员信息包括以下四类：

（一）基本信息：包括姓名、性别、年龄、政治面貌、学历学位、所学专业、职业资格、所在单位、所在岗位、职务、稽查工作年限、能级等次（主辅查）、证件号码等。

（二）专长信息：是指执法检查人员擅长检查的行业、税种、案件、其他特长等信息。一名执法检查人员可以同时具备一项或多项专长，具体包括：

1. 擅长检查的行业门类（包括采矿业，制造业，电力、热力、燃气及水的生产和供应业，建筑业；批发和零售业，交通运输、仓储和邮政业，住宿和餐饮业，信息传输、软件和信息技术服务业，金融保险业，房地产业，租赁和商务服务业，文化、体育和娱乐业等）。

2. 擅长检查的税种（包括增值税、营业税、消费税、企业所得税、个人所得税、资源税、土地增值税、其他各税）。

3. 擅长检查的案件（包括逃避缴纳税款案件、逃避追缴欠税案件、骗取出口退税案件、虚开发票案件、制售非法发票案件等）。

4. 擅长的其他领域（包括法律、会计、电子查账等领域）。

（三）业绩信息

1. 近三年检查的企业数量、重大税收违法案件数量、重点税源企业数量及相应查补数额。

2. 工作考核考评结果、获得各类奖励情况等。

3. 上级评价信息：包括上级借调记录及借调期间工作评价等。

4. 其他业绩信息，如科研成果、各类竞赛荣誉等。

（四）状态信息

1. 个人当前在查案件数量。

2. 个人为税务总局、省税务局执法检查人员名录库成员的标记信息。

3. 个人为各级税务领军人才、各类人才库成员的标记信息。

4. 个人应当回避的信息，主要是指本人配偶、直系血亲、三代以内旁系血亲、近姻亲等可能影响公正执法的利害关系人担任执法检查人员本人执法权限范围内企业的法定代表人、实际控制人、重要股东或者直接责任人等信息。

第十条　国家税务总局执法检查人员名录库的信息由国家税务总局稽查局采录，推荐执法检查人员所在省税务局稽查局协助提供相关信息。

省、市、县税务局执法检查人员名录库的信息由省、市、县税务局稽查局分别采录。

第三章　执法检查人员的选派

第十一条　选派执法检查人员实施随机抽查，可以通过摇号方式从执法检查人员名录库中随机选派，也可以采取竞标等方式选派。

随机选派分为定向选派和不定向选派。定向选派是指根据抽查对象类型、性质和抽查内容，结合执法检查人员专长进行选派。不定向选派是指随机抽取检查对象后完全随机抽取主查、辅查等执法检查人员。执法检查人员的分组相对固定的稽查局，可只随机选派主查人员，由该主查人员所属的检查组实施随机抽查。定向选派与不定向选派要结合应用，兼施并举，确保稽查执法效能。

竞标选派是指相关执法检查人员组成相对固定的检查团队或者检查小组，针对特定稽查对象，按照先申请、后评定的方式，取得承担随机抽查任务的资格。竞标选派的具体方式可由各地税务局结合实际情况探索施行。

第十二条 选派执法检查人员应符合以下要求：

（一）执法检查人员在检查工作完成后，原则上3年内不得被选派对同一抽查对象再次实施检查。

（二）对同一抽查对象选派执法检查人员不得少于2人。

（三）执法检查人员与抽查对象有利害关系的，应当依法回避。

第十三条 当前承担在查案件数量3起以上（含）的执法检查人员，原则上不再列入随机选派人员范围。

第十四条 市以上税务局稽查局组织开展随机抽查工作，应当从本级执法检查人员名录库中随机选派执法检查人员。确有必要时，可以从下级稽查局执法检查人员名录库中抽调成员参加检查工作。下级稽查局可以提请上级稽查局随机选派执法检查人员，指导、协调或者直接参加下级稽查局组织开展的随机抽查工作。

第十五条 同一执法检查人员在被上级稽查局选派承担抽查任务期间，本级稽查局不再将其列入随机选派人员范围。

第十六条 上级稽查局从下级稽查局执法检查人员名录库中选派参加随机抽查工作的人员，原则上连续调用时间不得超过半年。情况特殊需要延长调用时间的，必须经上级稽查局主管领导批准，并且延长期限最长不得超过一年。

第十七条 国家税务局、地方税务局对共同管辖的纳税人开展联合抽查，应当协商选派执法检查人员组成检查组，同步入户执法，履行各自执法程序，协作开展查处工作。

第四章 执法检查人员名录库的管理

第十八条 国家税务总局统一开发执法检查人员名录库管理信息系统，实现对随机选派执法检查人员工作全程跟踪、痕迹可查、效果可评、责任可追。

第十九条 各级税务机关使用国家税务总局统一开发的执法检查人员名录库管理信息系统，实施动态管理。执法检查人员所属税务局稽查局按要求录入各类人员信息，并对信息的真实性进行严格审核。执法检查人员信息因职务晋升、岗位变动或者其他原因发生变更的，所属税务局稽查局应当及时在系统内调整、更新。

第二十条 国家税务总局稽查局、省税务局稽查局要按照定期与不定期相结合的原则，及时对本级执法检查人员名录库人员信息进行调整、更新。

第二十一条 上级稽查局选派下级稽查局执法检查人员工作结束后，应当对调用人员进行工作评价，作为后续管理使用的依据。上级稽查局在工作评价中给予充分肯定的，相关执法检查人员在年终绩效考评时应当给予加分。对在重大专项行动、重大案件查处工作中有突出贡献的人员，人事部门应当在评先评优、选拔后备、晋升职务等方面，在同等条件下给予优先考虑。

第二十二条 负责执法检查人员名录库管理信息系统维护的工作人员不得将相关信息用于税务稽查随机抽查以外的目的。

第五章 附 则

第二十三条 各省、自治区、直辖市和计划单列市国家税务局、地方税务局可参照本办法制订具体实施办法。

第二十四条 本办法由国家税务总局负责解释。

第二十五条 本办法自印发之日起施行。

国家税务总局关于印发《国家税务局　地方税务局联合稽查工作办法（试行）》的通知

2016年6月6日　税总发〔2016〕84号

各省、自治区、直辖市和计划单列市国家税务局、地方税务局：

为落实中办、国办印发的《深化国税、地税征管体制改革方案》关于“实现国税、地税联合进户稽查”的要求，规范国税、地税联合稽查执法行为，国家税务总局制定了《国家税务局　地方税务局联合稽查工作办法（试行）》，现印发给你们，请遵照执行。执行中的重要情况和有关建议，请及时反馈至税务总局（稽查局）。

国家税务局　地方税务局联合稽查工作办法（试行）

第一章　总　　则

第一条　为整合税务稽查执法资源，规范国税、地税联合稽查行为，增强稽查执法效能，防止多头重复检查，减轻纳税人负担，根据《中华人民共和国税收征收管理法》及其实施细则，制定本办法。

第二条　联合稽查，是指国家税务局、地方税务局依据各自职权和法定程序，对共同管辖纳税人开展联合进户稽查，以及全面实施稽查执法合作。

第三条　联合稽查工作内容包括共建协调机制、共享涉税信息、共同下达任务、联合实施检查、协同案件审理、协同案件执行、稽查结果利用和其他稽查执法合作事项。

第四条　各级国家税务局、地方税务局开展联合稽查工作，适用本办法。

第五条　联合稽查工作遵循统筹协调、科学规划、依法实施、分工合作、注重实效的原则。

第六条　国家税务局、地方税务局应当强化组织领导、畅通沟通渠道，不断丰富联合稽查工作内容，持续改进联合稽查工作方法，积极探索联合稽查工作模式，大力支持、充分保障和有序推进联合稽查工作。

第七条　国家税务局、地方税务局应当分解联合稽查工作任务，分别指定稽查局专门机构或专人落实具体工作事项，明确岗位责任，加强保密管理，防范执法风险。

第八条　国家税务局、地方税务局应当建立稽查信息共享制度，并依托信息化手段，建立和完善联合稽查工作信息管理平台。

第九条　国家税务局、地方税务局应当加强联合稽查工作宣传，扩大执法影响，凝聚社会共识，促进纳税遵从。

第十条　国家税务局、地方税务局应当加强对联合稽查工作的督导检查，并将联合稽查工作情况作为考核的重要内容。

第二章　共建协调机制

第十一条　各级国家税务局、地方税务局应当成立联合稽查工作领导小组（以下简称领导小组），负责联合稽查工作的统筹规划、协调指导。领导小组组长按年度实行轮值制，由国税、地税分管稽查工作的局领导轮流担任。

领导小组下设办公室，负责联合稽查工作的联络会商、组织开展等具体组织落实工作。联合稽查工作领导小组办公室（以下简称联查办）主任按年度实行轮值制，由领导小组组长所在税务局的稽查局主要负责人兼任。

领导小组和联查办对联合稽查工作的组织部署和工作要求，以国家税务局、地方税务局联合发文的形式下发。

第十二条 国家税务局、地方税务局稽查机构设置、管辖层级不对等的，由其所在省（区、市）联查办确定联合稽查相关工作事项。

第十三条 国家税务局、地方税务局应当共同建立联合稽查工作日常联络会商和情况通报工作制度。

国家税务局、地方税务局原则上每半年召开一次联合稽查工作会议，按需召开专题联席会议，共同组织部署联合稽查工作，研究联合稽查工作事项，解决联合稽查工作中遇到的问题。

有条件的国家税务局、地方税务局可以常设联查办办公场所。

第十四条 国家税务局、地方税务局应当在建立税务稽查随机抽查对象名录库的基础上，共同建立、维护共同管辖纳税人名录库。

第十五条 国家税务局、地方税务局应当将联合稽查工作列入年度税务稽查工作任务。每年初相互通报年度稽查工作安排，协商确定年度联合稽查工作计划，选取相关行业、区域、项目开展联合稽查工作。

第十六条 国家税务局、地方税务局应当加强稽查执法互助，对稽查案件检查中涉及对方管辖范围的执法事项，可提请对方进行协助，另一方应积极配合。

第十七条 国家税务局、地方税务局应当共同与公安等相关部门建立联合执法合作机制，合力打击涉税违法犯罪行为，联合开展发票整治等工作。

第十八条 国家税务局、地方税务局开展联合稽查工作应当建立台账，对联合稽查工作进行分类跟踪管理、成果统计、效果评价。

第三章　共享涉税信息

第十九条 国家税务局、地方税务局应当加强稽查信息共享合作，拓展各自涉税信息来源渠道，整合稽查执法信息资源。稽查信息共享合作的内容包括案源信息、案件线索、查办成果、证据资料及其他资料信息。

国家税务局、地方税务局通过信息交换、信息推送和信息查询的方式实现稽查信息共享。信息交换主要应用于共享批量非涉密案源信息和相关资料信息，信息推送主要应用于共享案件线索、查办成果和相关证据资料，信息查询主要应用于共享案件检查中特定对象的涉税信息。

第二十条 国家税务局、地方税务局采集、分析、整理各类稽查案源信息后，对属于对方管辖税种或者涉及双方管辖税种违法行为线索的案源信息，按规定进行信息交换。

第二十一条 国家税务局、地方税务局各自发现并查处的重大税收违法案件，凡涉及对方管辖税种的具体案件线索，应当及时向对方推送，并移交相关证据资料。

第二十二条 国家税务局、地方税务局在受理税收检举案件、开展受托协查案件中获得的税收违法行为线索信息，凡涉及对方管辖税种的，应当在发现线索信息之日起15个工作日内向对方推送，确保及时查处。

第二十三条 国家税务局、地方税务局根据稽查案件检查工作需要，协助对方进行涉案发票使用信息、特定稽查对象的纳税申报信息和历史稽查信息等涉税信息查询。

第四章　共同下达任务

第二十四条 国家税务局、地方税务局应当根据联合稽查工作总体计划和任务，按照稽查案源管理的要求，共同协商、分类确认联合进户稽查对象。

国家税务局或地方税务局选取联合进户稽查对象，应当严格落实国家税务总局制定的税务检查计划制度和规范进户执法规定，切实避免多头重复检查。

第二十五条 对检举案源、协查案源，国家税务局或地方税务局获得共同管辖纳税人较为明显的税收违法行为线索，同时涉及到国税、地税税款缴纳、有必要联合开展案件检查的，协商确定为联合进户稽查对象。

第二十六条 对交办案源、督办案源、转办案源，国家税务局、地方税务局根据案件检查实际需要，协商确定为联合进户稽查对象。

第二十七条 对安排案源、自选案源、推送案源及其他案源，国家税务局、地方税务局应当共同建立税务稽查联合随机抽查工作机制，协商确定统一的随机抽查方案，共同采取定向抽查或者不定向抽查方式，从共同管辖纳税人名录库中确定联合进户稽查对象。

第二十八条 国家税务局、地方税务局应当将符合以下情形的共同管辖纳税人确定为联合进户稽查对象：

（一）国家税务总局要求开展联合进户稽查的；

（二）地方党委、政府和上级机关交办、督办的；

（三）上一级联查办指定开展联合进户稽查的；

（四）双方均获得具体税收违法行为线索的；

（五）同属双方重点税源的；

（六）国家税务总局规定的其他情形。

第二十九条　国家税务局、地方税务局应当根据联合进户稽查对象的计划情况，制定联合进户稽查工作方案，明确实施检查的时间节点、检查所属期间、检查进度报告时间、检查成果统计时间、方式等。

国家税务局、地方税务局在开展行业、区域和集团企业税务检查时，应当根据联合进户稽查对象的性质、特点，分别针对所辖税种拟定检查提纲，双方交换意见后，形成联合检查提纲，指导联合进户稽查工作。

第三十条　国家税务局、地方税务局在对联合进户稽查对象实施检查前，应当同步分别立案。

第五章　联合实施检查

第三十一条　国家税务局、地方税务局开展联合进户稽查，应当分别选派不少于2名检查人员，组成联合检查组。

联合检查组应当设立检查组长、副组长各1名，由双方检查人员分别担任。组长由稽查对象上一年度国家税务局、地方税务局管辖税种已缴税款所占比例较高的税务机关人员担任，或由双方协商确定。

联合检查组组长、副组长负责案件检查工作的协调、沟通和组织，协商确定具体检查工作的方法、进度和要求，并做好检查人员工作分工。

第三十二条　开展联合进户稽查时，国家税务局、地方税务局检查人员隶属不同执法主体，应当分工明确、权责清晰，依法履行各自执法程序，分别制作执法文书。

第三十三条　开展联合进户稽查时，国家税务局、地方税务局检查人员应当步调一致、配合紧密，联合实施检查。

（一）统一制定方案。国家税务局、地方税务局检查人员根据管辖税种分别开展查前分析，交流检查重点，并由联合检查组组长汇总统一制定完整的、具体的检查方案。

（二）共同进户检查。国家税务局、地方税务局检查人员应当向稽查对象出示各自的税务检查证，同时下达《税务检查通知书》，并告知联合稽查工作事项。根据检查需要，可共同组织稽查对象开展自查。

（三）协商调取账簿资料。国家税务局、地方税务局检查人员应当协商确定调取账簿资料的内容，联合检查组组长所在税务机关向稽查对象出具《调取账簿资料通知书》、填写《调取账簿资料清单》，并保管相关账簿资料，由双方共同查阅使用。未出具调取账簿资料文书的一方，按照取证要求严格履行法定程序。

（四）同步提取电子数据。对采用电子信息系统进行管理和核算的联合进户稽查对象，国家税务局、地方税务局检查人员需提取涉税电子数据的，双方应当协商确定提取电子数据的内容，同步提取、各自备份使用。

（五）协同调查取证。对稽查对象涉及同时查补国税、地税税款的同一税收违法行为，国家税务局、地方税务局检查人员应当协同进行取证，各自保留案件证据，分别制作《税务稽查工作底稿》。可联合对稽查对象进行询问，联合听取其陈述、申辩。

第三十四条　国家税务局、地方税务局检查人员应当发挥团队合力，互相支持配合，注重交流讨论，共同研究解决检查过程中的疑难问题。

第三十五条　国家税务局、地方税务局检查人员共同研讨联合稽查案件定性，对同一税收违法行为，就拟作出的税务处理依据和处罚标准达成一致，并分别提出相应处理处罚建议。

第六章　协同案件审理

第三十六条　国家税务局、地方税务局应当对联合进户稽查案件交换审理意见，进行分别审理，对同一税收违法行为，统一定性和税务处理处罚标准。

第三十七条　在联合进户稽查案件中，国家税务局、地方税务局的稽查审理部门对涉及同时查补国税、地税税款的同一税收违法行为的定性和税务处理处罚，不能形成统一的意见时，应当提请本级联合稽查工作领导小组协商提出统一的审理指导意见。

第三十八条　国家税务局、地方税务局应当根据各自重大税务案件审理标准，对所辖税种的涉税款项已达标准的，分别按照《重大税务案件审理办法》的规定进行审理。

第三十九条　国家税务局、地方税务局在分别拟制《税务处理决定书》《税务行政处罚决定书》《不予税务行政处罚决定书》《税务稽查结论》后10个工作日内相互抄送。

第四十条 联合进户稽查案件达到向公安机关移送标准时，按规定办理移送手续，同时向对方通报案件移送情况。

第四十一条 联合进户稽查过程中国家税务局、地方税务局使用的各类文书和证据资料，双方根据国家税务总局有关案卷管理规定分别组卷。

第七章 协同案件执行

第四十二条 国家税务局、地方税务局在联合进户稽查中发现稽查对象有逃避纳税义务行为，符合税收保全或强制执行条件的，应及时向对方通报情况，并协商同步采取税收保全或强制执行措施。

第四十三条 国家税务局、地方税务局及时通报联合进户稽查案件各自查补税款执行进度情况，对涉及双方的逾期不执行税款，协商同步采取强制执行措施。

第四十四条 国家税务局、地方税务局拟同步采取强制执行措施或提请人民法院采取强制执行措施时，应当就各税种应缴税款追缴方案达成共识，并共同协调税款执行。

第四十五条 联合进户稽查案件涉及税务行政复议、行政诉讼的，国家税务局、地方税务局分别依据相关法律、行政法规等规定开展工作，双方应当互相支持和配合，必要时可派员参加另一方的税务行政复议、行政诉讼。

第八章 稽查结果利用

第四十六条 除联合进户稽查案件外，国家税务局、地方税务局在稽查案件检查中取得的稽查成果，涉及影响对方管辖税种征收、查补的，应当将《税务处理决定书》《税务行政处罚决定书》于每季结束之日起5个工作日内批量抄送对方，对方应及时分析处理。

第四十七条 联合进户稽查案件涉及税种金额、违法类型、发票份额分别达到重大税收违法案件公布标准的，国家税务局、地方税务局应当分别公布。

国家税务局、地方税务局共同与本地区相关部门进行沟通和协调，共同推动联合惩戒工作落实，将其作为推动本地区社会信用体系建设的重要工作内容。

第四十八条 国家税务局、地方税务局联合开展稽查执法分析与调查，加强对特定行业联合稽查工作的研讨和总结，不断改进执法合作方式方法。

第四十九条 国家税务局、地方税务局联合开展案件查办和稽查现代化建设经验交流，推广先进经验做法，共同提高稽查执法水平。

第五十条 国家税务局、地方税务局应当加强对联合进户稽查案件的剖析和统计分析，共同研究新形势下税收违法案件发生的特点和规律，以及开展打击的重点。

第五十一条 国家税务局、地方税务局应当加强对联合稽查工作的总结提炼，共同提出完善税收政策和加强征收管理的意见建议，实现查管互动。

第九章 附　　则

第五十二条 各省、自治区、直辖市和计划单列市国家税务局、地方税务局应当根据本办法制定具体实施办法。

第五十三条 本办法由国家税务总局稽查局负责解释。

第五十四条 本办法自印发之日起执行。

国家税务总局关于走逃（失联）企业开具增值税专用发票认定处理有关问题的公告

2016年12月1日　国家税务总局公告2016年第76号

为进一步加强增值税专用发票管理，有效防范税收风险，根据《中华人民共和国增值税暂行条例》有关规定，现将走逃（失联）企业开具增值税专用发票认定处理的有关问题公告如下：

一、走逃（失联）企业的判定

走逃（失联）企业，是指不履行税收义务并脱离税务机关监管的企业。

根据税务登记管理有关规定，税务机关通过实地调查、电话查询、涉税事项办理核查以及其他征管手段，仍对企业和企业相关人员查无下落的，或虽然可以联系到企业代理记账、报税人员等，但其并不知情也不能联系到企业实际控制人的，可以判定该企业为走逃（失联）企业。

二、走逃（失联）企业开具增值税专用发票的处理

（一）走逃（失联）企业存续经营期间发生下列情形之一的，所对应属期开具的增值税专用发票列入异常增值税扣税凭证（以下简称“异常凭证”）范围。

1. 商贸企业购进、销售货物名称严重背离的；生产企业无实际生产加工能力且无委托加工，或生产能耗与销售情况严重不符，或购进货物并不能直接生产其销售的货物且无委托加工的。

2. 直接走逃失踪不纳税申报，或虽然申报但通过填列增值税纳税申报表相关栏次，规避税务机关审核比对，进行虚假申报的。

（二）增值税一般纳税人取得异常凭证，尚未申报抵扣或申报出口退税的，暂不允许抵扣或办理退税；已经申报抵扣的，一律先作进项税额转出；已经办理出口退税的，税务机关可按照异常凭证所涉及的退税额对该企业其他已审核通过的应退税款暂缓办理出口退税，无其他应退税款或应退税款小于涉及退税额的，可由出口企业提供差额部分的担保。经核实，符合现行增值税进项税额抵扣或出口退税相关规定的，企业可继续申报抵扣，或解除担保并继续办理出口退税。

（三）异常凭证由开具方主管税务机关推送至接受方所在地税务机关进行处理，具体操作规程另行明确。

本公告自发布之日起施行。

特此公告。

各地发布的税务稽查工作相关文件目录

北京市国家税务局

北京市国家税务局关于落实2016年打击发票违法犯罪活动工作的通知

2016年3月28日　京国税发〔2016〕85号

北京市国家税务局关于印发《北京市国家税务局税务稽查与税收管理互动暂行办法》的通知

2016年9月20日　京国税发〔2016〕270号

北京市地方税务局

北京市地方税务局关于印发《北京市地方税务局重大税务案件审理办法》的通知

2016年1月13日　京地税稽〔2016〕7号

北京市地方税务局关于进一步加强税务稽查结果反馈工作的通知

2016年1月20日　京地税稽〔2016〕15号

北京市地方税务局关于印发《2016年打击发票违法犯罪活动工作实施方案》的通知

2016年3月25日　京地税稽〔2016〕64号

北京市地方税务局关于全面推进税务稽查市级全覆盖工作的通知

2016年3月31日　京地税稽〔2016〕71号

北京市地方税务局关于进一步明确重大税务案件审理有关事项的通知

2016年4月25日　京地税稽〔2016〕86号

北京市地方税务局关于修订《北京市地方税务局重大税务案件审理办法》的通知

2016年4月27日　京地税稽〔2016〕93号

北京市地方税务局关于印发《北京市地方税务局税务稽查随机抽查实施办法》的通知

2016年12月14日　京地税稽〔2016〕264号

天津市国家税务局

天津市国家税务局稽查局关于印发《金税三期工程优化版单轨上线工作实施方案》以及《金税三期工程优化版推行上线工作应急预案》的通知

2016年7月22日　津国税稽〔2016〕11号

天津市国家税务局稽查局关于印发《推进税务稽查随机抽查实施方案》的通知

2016年9月14日　津国税稽〔2016〕20号

天津市国家税务局稽查局关于修订《天津市国家税务局稽查局网络与信息安全应急保障工作综合预案》的通知

2016年10月28日　津国税稽〔2016〕25号

天津市国家税务局稽查局关于印发《天津市国家税务局稽查局2016年度网络与信息安全应急演练方案》的通知

2015年10月28日　津国税稽〔2016〕26号

河北省地方税务局

河北省地方税务局关于印发《全省地税系统税务稽查案源管理办法（试行）》的通知

2016年7月27日　冀地税发〔2016〕85号

河北省地方税务局关于印发《全省地税系统税务稽查案件证据采集规范（试行）》的通知

2016年12月26日　冀地税发〔2016〕126号

山西省国家税务局

山西省国家税务局关于废止《山西省国家税务局重大税收违法案件信息公布办法（试行）》的公告

2016年5月31日　山西省国家税务局公告2016年第6号

山西省国家税务局关于印发《税收违法行为检举工作规范（试行）》的通知

2016年5月24日　晋国税发〔2016〕67号

山西省国家税务局印发《山西省国家税务局关于进一步完善稽查管理机制的意见》的通知

2016年5月17日　晋国税发〔2016〕62号

山西省国家税务局　山西省地方税务局关于印发《山西省国家税务局　山西省地方税务局联合稽查工作实施办法》的通知

2016年9月28日　晋国税发〔2016〕111号

山西省地方税务局

山西省地方税务局　山西省国家税务局关于重点税源企业随机抽查工作检查方案的通知

2016年1月8日　晋地税稽便函〔2016〕3号

山西省国家税务局　山西省地方税务局关于印发《2016年打击发票违法犯罪活动工作实施方案》的通知

2016年3月22日　晋国税发〔2016〕43号

山西省国家税务局 山西省地方税务局关于做好2016年我省重点税源企业随机抽查工作的通知
2016年6月13日 晋国税发〔2016〕78号
山西省国家税务局 山西省地方税务局关于印发《2016年营改增高风险企业专项检查工作方案》的通知
2016年8月23日 晋国税函〔2016〕209号
山西省地方税务局稽查局关于进一步加大稽查工作力度努力完成全年工作任务的通知
2016年10月31日 晋地税稽便函〔2016〕28号
山西省地方税务局关于印发《全面推行税务稽查“双随机、一公开”工作实施方案》的通知
2016年11月21日 晋地税发〔2016〕99号

内蒙古自治区国家税务局

内蒙古自治区国家税务局 地方税务局关于印发《内蒙古自治区国家税务局 地方税务局联合稽查稽查工作办法实施方案》的通知
2016年9月18日 内国税发〔2016〕182号
内蒙古自治区国家税务局关于修改《单纯索要发票举报事项快捷处理办法》的公告
2016年11月30日 内蒙古自治区国家税务局公告2016年第16号

吉林省国家税务局

吉林省国家税务局关于印发《吉林省国家税务局关于充实优化稽查干部队伍的意见》的通知
2016年3月11日 吉国税发〔2016〕25号
吉林省国家税务局关于开展2016年重点税源企业随机抽查工作的通知
2016年3月11日 吉国税函〔2016〕35号
吉林省国家税务局关于印发《吉林省国家税务局2016年打击虚开增值税专用发票违法犯罪活动工作方案》的通知
2016年3月14日 吉国税函〔2016〕36号
吉林省国家税务局稽查局关于2016年省级重点税源企业随机抽查工作具体安排的通知
2016年3月24日 吉国税稽函〔2016〕12号
吉林省国家税务局关于印发《2016年全省国税稽查工作要点》的通知
2016年3月31日 吉国税函〔2016〕49号
吉林省国家税务局关于进一步加强发票协查管理工作的通知
2016年4月6日 吉国税函〔2016〕51号
吉林省国家税务局关于印发《稽查案头风险分析评估办法（试行）》的通知
2016年6月20日 吉国税发〔2016〕75号
吉林省国家税务局稽查局关于开展2016年医药行业税收区域专项整治工作的通知
2016年6月30日 吉国税稽函〔2016〕19号
吉林省国家税务局稽查局关于开展2016年房地产及建筑安装业税收区域专项整治工作的通知
2016年6月30日 吉国税稽函〔2016〕18号
吉林省国家税务局转发国家税务总局关于印发《税务稽查案源管理办法（试行）》的通知
2016年7月15日 吉国税发〔2016〕94号
吉林省国家税务局关于印发《规范稽查执法专项整治行动实施方案》的通知
2016年8月9日 吉国税发〔2016〕99号
吉林省国家税务局稽查局关于开展2016年农产品加工业税收区域专项整治工作的通知
2016年8月15日 吉国税稽函〔2016〕25号
吉林省国家税务局关于印发《税收违法案件一案双查实施办法（试行）》的通知
2016年9月22日 吉国税发〔2016〕111号
吉林省国家税务局关于印发《吉林省国家税务局“双随机、一公开”实施细则（试行）》的通知
2016年12月22日 吉国税发〔2016〕128号

吉林省地方税务局

吉林省国家税务局 吉林省地方税务局关于开展联合稽查工作的通知
2016年3月2日 吉国税联字〔2016〕5号
吉林省国家税务局 吉林省地方税务局关于发布《吉林省规范税务行政处罚裁量权实施办法（试行）》的公告
2016年5月25日 吉林省国家税务局 吉林省地方税务局公告2016年第4号
吉林省地方税务局关于推进税务稽查随机抽查工作的意见
2016年9月9日 吉地税发〔2016〕92号
吉林省金融工作办公室 吉林省国家税务局 吉林省地方税务局 吉林省住房和城乡建设厅 吉林省人力资源和社会保障厅 吉林省文化厅 吉林省工商业联合会 吉林省安全生产监督管理局 吉林省水利厅 吉林省新闻出版广电局关于对重大税收违法案件当事人实施联合惩戒措施的合作备忘录
2016年11月15日 吉金办联字〔2016〕15号

黑龙江省国家税务局

黑龙江省国家税务局关于印发《2016年税收自查工作方案》的通知
2016年3月11日 黑国税发〔2016〕30号

黑龙江省国家税务局关于开展打击利用农产品抵扣凭证虚开增值税专用发票违法犯罪专项行动的通知

2016年3月16日　黑国税发〔2016〕31号

黑龙江省国家税务局关于印发《2016年打击发票违法犯罪活动工作实施方案》的通知

2016年3月16日　黑国税发〔2016〕32号

黑龙江省国家税务局关于印发《2016年重点税源企业税收抽查工作方案》的通知

2016年5月9日　黑国税发〔2016〕64号

黑龙江省国家税务局关于印发《开展国家税务总局2016年部署重点稽查对象随机抽查工作方案》的通知

2016年10月28日　黑国税发〔2016〕120号

江苏省国家税务局

关于下发《全省国税稽查系统2016年稽查质量指标详解》的通知

2016年2月22日　苏国税稽便函〔2016〕8号

关于印发《2016年全省国税稽查工作要点》的通知

2016年3月3日　苏国税稽便函〔2016〕11号

江苏省国家税务局稽查局关于印发《2016年涉嫌接受虚开网络版普通发票专项整治工作方案》的通知

2016年3月31日　苏国税稽便函〔2016〕17号

江苏省国家税务局关于印发《2016年打击发票违法犯罪活动工作实施方案》的通知

2016年3月31日　苏国税发〔2016〕54号

江苏省国家税务局　江苏省公安厅　南京海关　中国人民银行南京分行关于江苏省2016年打击骗取出口退税和虚开增值税专用发票专项工作安排的通知

2016年6月14日　苏国税发〔2016〕135号

关于开展部分地方石油炼化企业专项税收检查的通知

2016年6月20日　苏国税稽便函〔2016〕38号

江苏省国家税务局稽查局　地方税务局稽查局关于开展2016年省级重点税源企业联合稽查工作的通知

2016年6月22日　苏国税稽便函〔2016〕40号

江苏省国家税务局稽查局关于金税三期大双轨阶段稽查业务事项的通知

2016年8月31日　苏国税稽便函〔2016〕58号

江苏省国家税务局稽查局关于印发《2016年营改增高风险企业专项稽查工作方案》的通知

2016年8月30日　苏国税稽便函〔2016〕61号

江苏省国家税务局稽查局关于开展2016年第二批省级重点税源企业联合稽查工作的通知

2016年9月13日　苏国税稽便函〔2016〕64号

江苏省国家税务局稽查局关于开展2016年度总局重点稽查对象随机抽查工作的通知

2016年10月24日　苏国税稽便函〔2016〕79号

江苏省国家税务局稽查局关于开展重大税收违法案件公布清理的通知

2016年12月29日　苏国税稽便函〔2016〕102号

浙江省国家税务局

浙江省国家税务局关于印发《浙江省公安厅　浙江省国家税务局执法合作协议》的通知

2016年1月15日　浙国税发〔2016〕8号

浙江省国家税务局关于贯彻落实国家税务总局《重大税收违法案件信息公布办法（试行）》修订意见的通知

2016年5月9日　浙国税发〔2016〕86号

浙江省国家税务局关于试行“风险推送、定向稽查”检查模式的指导意见

2016年7月4日　浙国税发〔2016〕120号

浙江省国家税务局关于印发《浙江省国税系统税务稽查随机抽查执法检查人员名录库管理实施办法（试行）》的通知

2016年7月14日　浙国税发〔2016〕125号

浙江省国家税务局关于进一步做好涉税检举案件处理的意见

2016年7月22日　浙国税发〔2016〕130号

浙江省国家税务局关于印发《浙江省国税系统税务稽查随机抽查对象名录库管理实施办法（试行）》的通知

2016年7月22日　浙国税发〔2016〕131号

浙江省国家税务局　浙江省地方税务局关于印发《联合审理和执行案件工作指引》的通知

2016年12月6日　浙国税发〔2016〕185号

浙江省地方税务局

浙江省地方税务局关于印发《税务定向稽查试行办法》的通知

2016年2月16日　浙地税发〔2016〕8号

浙江省地方税务局关于印发《浙江省地税系统稽查案源分类分级管理实施办法（试行）》的通知

2016年10月28日　浙地税发〔2016〕49号

浙江省地方税务局关于印发《浙江省地税系统税务稽查随机抽查管理实施办法（试行）》的通知
2016 年 10 月 28 日　浙地税发〔2016〕50 号

安徽省地方税务局

安徽省国家税务局　安徽省地方税务局关于认真做好 2016 年打击发票违法犯罪活动工作的通知
2016 年 3 月 8 日　皖国税发〔2016〕37 号

安徽省地方税务局关于印发《2016 年稽查工作要点》的通知
2016 年 3 月 17 日　皖地税函〔2016〕125 号

安徽省地方税务局关于印发《全省地税系统税务稽查类“岗位大练兵、业务大比武”活动方案》的通知
2016 年 5 月 30 日　皖地税函〔2016〕362 号

安徽省地方税务局稽查局关于明确金税三期稽查模块应用若干问题的通知
2016 年 6 月 2 日　稽便函〔2016〕5 号

安徽省地方税务局稽查局关于印发《全省地税系统稽查岗位练兵知识指引》的通知
2016 年 6 月 8 日　稽便函〔2016〕6 号

安徽省地方税务局稽查局关于做好重大税收违法案件信息撤出公布有关工作的通知
2016 年 6 月 20 日　稽便函〔2016〕8 号

安徽省地方税务局关于开展 2016 年重点税源企业随机抽查工作的通知
2016 年 7 月 12 日　皖地税函〔2016〕459 号

安徽省国家税务局　安徽省地方税务局关于印发《2016 年营改增高风险企业专项稽查实施方案》的通知
2016 年 8 月 15 日　皖国税函〔2016〕243 号

安徽省地方税务局稽查局关于开展 2016 年度重点税源企业异地随机交叉稽查工作的通知
2016 年 8 月 25 日　稽便函〔2016〕17 号

安徽省地方税务局稽查局关于进一步做好税收违法“黑名单”工作有关事项的通知
2016 年 10 月 17 日　稽便函〔2016〕19 号

福建省地方税务局

福建省地方税务局稽查局关于发票违法信息收集通道项目正式上线的函
2016 年 10 月 28 日　闽地税稽便函〔2016〕21 号

福建省公安厅　福建省国家税务局　福建省地方税务局关于印发《福建省公安厅派驻税务联络机制运行暂行办法》的通知
2016 年 11 月 23 日　闽公综〔2016〕431 号

福建省地方税务局关于开展“1 + X”专项督查有关事项的通知
2016 年 12 月 12 日　闽地税〔2016〕158 号

江西省国家税务局

江西省国家税务局　江西省地方税务局关于进一步加强税务稽查联合执法的实施意见
2016 年 2 月 23 日　赣国税发〔2016〕20 号

江西省国家税务局关于进一步加强和改进税收违法案件发票协查工作的意见
2016 年 7 月 1 日　赣国税函〔2016〕293 号

江西省国家税务局　江西省地方税务局　江西省公安厅联合印发《关于印发〈江西省涉嫌犯罪税收案件及线索移送的规定〉的通知》
2016 年 7 月 27 日　赣公字〔2016〕117 号

江西省地方税务局

江西省国家税务局　江西省地方税务局关于进一步加强税务稽查联合执法的实施意见
2016 年 2 月 23 日　赣国税发〔2016〕20 号

江西省公安厅　江西省国家税务局　江西省地方税务局关于印发《江西省涉嫌犯罪税收案件及线索移送的规定》的通知
2016 年 7 月 27 日　赣公字〔2016〕117 号

江西省国家税务局　江西省地方税务局关于印发《联合稽查工作办法（试行）》的通知
2016 年 9 月 14 日　赣国税发〔2016〕145 号

江西省地方税务局关于印发《税务稽查随机抽查实施办法（试行）》的通知
2016 年 9 月 18 日　赣地税发〔2016〕96 号

江西省地方税务局关于进一步加强全省地税稽查工作的意见
2016 年 10 月 19 日　赣地税发〔2016〕100 号

江西省地方税务局办公室关于下达 2017 年省局税务稽查随机抽查对象名录库和执法检查人员名录库的通知
2016 年 12 月 21 日　赣地税办发〔2016〕81 号

河南省国家税务局

河南省国家税务局关于废止《河南省国家税务局关于贯彻落实〈重大税收违法案件信息公布办法（试行）〉若干事项的公告》的公告
2016 年 5 月 23 日　豫国税公告 2016 年第 3 号

河南省国家税务局稽查局关于印发《案件检查工作督导管理办法（试行）》的通知
2016 年 5 月 16 日　豫国税稽便函〔2016〕26 号

河南省国家税务局稽查局关于印发《河南省国家税务局稽查局虚开发票案件检查、定性、处理指引》的通知
2016年11月4日 豫国税稽便函〔2016〕62号
河南省国家税务局稽查局关于开展重大税收违法案件公布清理工作的通知
2016年12月22日 豫国税稽便函〔2016〕75号

河南省地方税务局

河南省地方税务局关于印发《2016年全省地税稽查工作要点》的通知
2016年3月31日 豫地税函〔2016〕123号
河南省地方税务局稽查局关于贯彻落实全国税务稽查工作会议精神的报告
2016年4月18日 豫地税稽发〔2016〕11号
河南省地方税务局稽查局关于开展2016年重点税源企业随机抽查工作的通知
2016年5月11日 豫地税稽发〔2016〕12号
河南省地方税务局稽查局转发国家税务总局关于修订《重大税收违法案件信息公布办法（试行）》公告的通知
2016年5月18日 豫地税稽发〔2016〕13号
河南省地方税务局关于印发《税务稽查案源管理办法（试行）》的通知
2016年6月15日 豫地税发〔2016〕75号
河南省地方税务局关于印发《税务稽查随机抽查对象名录库管理办法（试行）》的通知
2016年6月15日 豫地税发〔2016〕76号
河南省地方税务局关于印发《税务稽查随机抽查执法检查人员名录库管理办法（试行）》的通知
2016年6月15日 豫地税发〔2016〕77号
河南省地方税务局关于印发《稽查规范专题整改方案》的通知
2016年6月22日 豫地税发〔2016〕83号
河南省地方税务局稽查局关于成立稽查规范专题整改工作领导小组的通知
2016年6月27日 豫地税稽发〔2016〕19号
河南省地方税务局稽查局关于落实稽查规范专题整改方案具体分工的通知
2016年6月29日 豫地税稽发〔2016〕20号
河南省地方税务局稽查局关于印发《关于进一步加强税务稽查内控机制建设的指导意见》的通知
2016年8月11日 豫地税稽发〔2016〕24号
河南省地方税务局稽查局关于成立税务疑难案件专家顾问团的通知
2016年8月16日 豫地税稽发〔2016〕28号
河南省地方税务局关于提供重大税收违法案件黑名单信息的函
2016年9月13日 豫地税函〔2016〕444号
河南省地方税务局稽查局关于确定税务疑难案件专家顾问团成员名单的通知
2016年9月14日 豫地税稽发〔2016〕30号
河南省地方税务局稽查局关于印发《进一步加强税务稽查检查工作的实施方案（试行）》的通知
2016年10月25日 豫地税稽发〔2016〕31号
河南省地方税务局稽查局关于完成国家税务总局2016年度稽查绩效指标自查情况的报告
2016年11月28日 豫地税稽发〔2016〕32号

湖北省国家税务局

湖北省国家税务局 湖北省地方税务局联合税务稽查工作实施方案
2016年2月4日 鄂国税发〔2016〕20号
湖北省税务稽查信息共享工作指引（试行）
2016年11月2日 鄂国税发〔2016〕121号

湖南省国家税务局

湖南省国家税务局 湖南省地方税务局税务稽查合作事项
2016年3月23日 湘国税发〔2016〕37号
湖南省国家税务局稽查主、辅查工作制度（试行）
2016年11月24日 湘国税函〔2016〕359号

湖南省地方税务局

湖南省地方税务局关于进一步加强税务稽查工作的若干意见
2016年10月13日 湘地税发〔2016〕34号

广东省国家税务局

广东省国家税务局关于推行说理式税务稽查文书的通知
2016年5月13日 粤国税函〔2016〕371号
广东省国家税务局 广东省地方税务局 广东省公安厅关于印发《广东省警税联合执法工作指引》的通知
2016年6月30日 粤国税函〔2016〕559号
广东省国家税务局关于推行案头风险分析评估实施定向稽查工作模式的通知
2016年6月30日 粤国税函〔2016〕556号
广东省国家税务局 广东省地方税务局关于落实联合随机抽查具体实施意见的通知
2016年7月8日 粤国税发〔2016〕168号

广东省国家税务局　广东省地方税务局关于印发国地税联合稽查工作指南的通知

2016 年 7 月 12 日　粤国税函〔2016〕618 号

广东省国家税务局　广东省地方税务局关于印发《广东省国家税务局　广东省地方税务局阻止欠税人出境管理工作指引》的通知

2016 年 7 月 18 日　粤国税函〔2016〕628 号

广东省国家税务局关于印发《广东省国家税务局税务稽查购买社会服务工作暂行办法》的通知

2016 年 8 月 5 日　粤国税发〔2016〕194 号

广东省国家税务局稽查局关于印发失踪走逃企业虚开增值税专用发票以及骗取出口退税行政定性两个指导意见的通知

2016 年 12 月 1 日　粤国税稽便函〔2016〕149 号

广东省地方税务局

广东省地方税务局稽查局关于印发《广东省地方税务局稽查电子数据取证工作指引》的通知

2016 年 6 月 22 日　粤地税稽函〔2016〕20 号

广西壮族自治区国家税务局

广西壮族自治区国家税务局关于印发《全区国税系统税务稽查案源管理若干规定》的通知

2016 年 8 月 2 日　桂国税发〔2016〕108 号

广西壮族自治区国家税务局关于印发《全区国税系统税务稽查随机抽查对象名录库管理若干规定》的通知

2016 年 8 月 2 日　桂国税发〔2016〕109 号

广西壮族自治区国家税务局关于印发《全区国税系统税务稽查随机抽查执法检查人员名录库管理若干规定》的通知

2016 年 8 月 2 日　桂国税发〔2016〕110 号

广西壮族自治区国家税务局　广西壮族自治区地方税务局关于印发《自治区国家税务局　自治区地方税务局联合稽查实施办法（试行）》的通知

2016 年 10 月 25 日　桂国税发〔2016〕140 号

广西壮族自治区地方税务局

广西壮族自治区地方税务局关于印发《广西壮族自治区地方税务局稽查案件复查暂行办法》的通知

2016 年 6 月 7 日　桂地税发〔2016〕65 号

广西壮族自治区公安厅　广西壮族自治区地方税务局关于印发《广西壮族自治区公安厅派驻广西壮族自治区地方税务局联络机制运行暂行办法》的通知

2016 年 6 月 24 日　桂公通〔2016〕196 号

广西壮族自治区国家税务局　广西壮族自治区地方税务局关于印发《自治区国家税务局　自治区地方税务局联合稽查实施办法（试行）》的通知

2016 年 10 月 25 日　桂国税发〔2016〕140 号

广西壮族自治区地方税务局关于印发《广西壮族自治区地方税务局关于加强稽查案源管理工作的若干规定》的通知

2016 年 12 月 26 日　桂地税发〔2016〕126 号

广西壮族自治区地方税务局关于印发《税收征管与稽查业务衔接协作办法》的通知

2016 年 12 月 30 日　桂地税发〔2016〕133 号

海南省地方税务局

海南省地方税务局稽查局关于规范统一全省税务稽查执法文书的指导意见

2016 年 8 月 23 日　琼地税稽〔2016〕11 号

海南省地方税务局稽查局关于印发案件审理提前介入实施办法的通知

2016 年 11 月 22 日　琼地税稽〔2016〕15 号

海南省地方税务局稽查局关于印发公文管理规定的通知

2016 年 11 月 22 日　琼地税稽〔2016〕16 号

海南省地方税务局稽查局关于房地产行业检查指南的指导意见

2016 年 11 月 22 日　琼地税稽〔2016〕17 号

海南省地方税务局稽查局关于中介机构对房地产企业工程造价审核的工作规范的指导意见

2016 年 11 月 22 日　琼地税稽〔2016〕19 号

海南省地方税务局稽查局关于印发《土地增值税清算经费管理办法》的通知

2016 年 12 月 26 日　琼地税稽〔2016〕20 号

重庆市地方税务局

重庆市地方税务局关于印发《2016 年稽查工作要点》的通知

2016 年 3 月 9 日　渝地税函〔2016〕47 号

重庆市国家税务局　重庆市地方税务局关于关于认真做好 2016 年打击发票违法犯罪活动工作的通知

2016 年 3 月 31 日　渝国税发〔2016〕53 号

重庆市地方税务局关于废止《重大税收违法案件信息公布办法（试行）》的公告

2016 年 6 月 15 日　重庆市地方税务局公告 2016 年第 3 号

重庆市公安局　重庆市国家税务局　重庆市地方税务局关于印发市公安局派驻市国家税务局市地方税务局联络机制运行暂行办法的通知

2016 年 6 月 22 日　渝公发〔2016〕91 号

重庆市国家税务局　重庆市地方税务局关于印发《重庆国家税务局重庆地方税务局联合稽查工作实施办法（试行）》的通知

2016年9月29日　渝国税发〔2016〕147号

重庆市国家税务局　重庆市地方税务局关于开展2016年度重点稽查对象随机抽查工作的通知

2016年10月21日　渝国税函〔2016〕282号

贵州省国家税务局

贵州省国家税务局　贵州省地方税务局关于印发《贵州省国家税务局　贵州省地方税务局税务稽查随机抽查实施方案》的通知

2016年1月29日　黔国税发〔2016〕13号

贵州省国家税务局　贵州省地方税务局关于印发《贵州省国家税务局　贵州省地方税务局联合稽查工作实施办法（试行）》的通知

2016年9月19日　黔国税发〔2016〕114号

贵州省地方税务局

贵州省国家税务局　贵州省地方税务局关于印发《贵州省国家税务局　贵州省地方税务局税务稽查随机抽查实施方案》的通知

2016年1月29日　黔国税发〔2016〕13号

贵州省地方税务局关于开展2016年打击发票违法犯罪活动的通知

2016年3月14日　黔地税发〔2016〕22号

贵州省国家税务局　贵州省地方税务局关于印发《贵州省国家税务局　贵州省地方税务局联合稽查工作实施办法（试行）》的通知

2016年9月19日　黔国税发〔2016〕114号

贵州省地方税务局印发《贵州省地方税务局实施〈全国税务稽查规范（1.0版）〉方案》的通知

2016年12月30日　黔地税发〔2016〕148号

云南省国家税务局

云南省国家税务局关于废止《云南省国家税务局重大税收违法案件信息公布办法（试行）》的公告

2016年5月9日　云南省国家税务局公告2016年第2号

关于印发云南省公安厅派驻云南省国家税务局云南省地方税务局联络机制运行暂行办法的通知

2016年6月27日　云公经〔2016〕150号

云南省国家税务局　云南省地方税务局关于印发《云南省国家税务局　云南省地方税务局联合稽查实施办法（试行）》的通知

2016年9月2日　云国税发〔2016〕240号

云南省地方税务局

云南省地方税务局关于印发云南省地税系统2016年打击发票违法犯罪活动工作实施方案的通知

2016年4月1日　云地税稽〔2016〕2号

云南省公安厅　云南省国家税务局　云南省地方税务局关于印发《云南省公安厅派驻云南省国家税务局云南省地方税务局联络机制运行暂行办法》的通知

2016年6月27日　云公经〔2016〕150号

云南省地方税务局关于印发《重大税收违法案件信息公布及联合惩戒工作实施方案（试行）》的通知

2016年8月22日　云地税发〔2016〕143号

云南省国家税务局　云南省地方税务局关于印发《云南省国家税务局　云南省地方税务局联合稽查实施办法（试行）》的通知

2016年9月2日　云国税发〔2016〕240号

陕西省国家税务局

陕西省国家税务局稽查局关于进一步加强国地税联合稽查工作的通知

2016年2月24日　陕国税稽发〔2016〕22号

陕西省国家税务局稽查局　陕西省地方税务局稽查局关于印发《联合进户稽查工作办法（试行）》的通知

2016年4月20日　陕国税稽发〔2016〕35号

陕西省国家税务局稽查局　陕西省地方税务局稽查局关于印发《联合进户稽查信息交换办法（试行）》的通知

2016年4月20日　陕国税稽发〔2016〕34号

陕西省国家税务局稽查局　陕西省地方税务局稽查局关于印发《联合进户稽查随机抽查办法（试行）》的通知

2016年5月9日　陕国税稽发〔2016〕44号

陕西省国家税务局稽查局　陕西省地方税务局稽查局关于印发《联合进户稽查工作联席会议制度（试行）》的通知

2016年4月20日　陕国税稽发〔2016〕36号

宁夏回族自治区地方税务局

宁夏回族自治区国家税务局　宁夏回族自治区地方税务局关于印发《2016年打击发票违法犯罪活动工作方案》的通知

2016年3月21日　宁国税发〔2016〕64号

宁夏回族自治区地方税务局关于印发《税务稽查案源管理实施细则（试行）》的通知

2016年6月14日　宁地税发〔2016〕79号

宁夏回族自治区地方税务局关于印发《税务稽查随机抽查对象名录库管理实施细则（试行）》的通知

2016 年 6 月 30 日 宁地税发〔2016〕89 号

宁夏回族自治区地方税务局关于印发《税务稽查随机抽查执法检查人员名录库管理实施细则（试行）》的通知

2016 年 6 月 30 日 宁地税发〔2016〕90 号

宁夏回族自治区地方税务局关于印发《2016 年营改增高风险企业专项稽查工作方案》的通知

2016 年 8 月 19 日 宁地税函〔2016〕188 号

新疆维吾尔自治区地方税务局

新疆维吾尔自治区地方税务局关于印发《2016 年打击发票违法犯罪活动工作实施方案》的通知

2016 年 3 月 23 日 新地税发〔2016〕60 号

新疆维吾尔自治区地方税务局关于开展 2016 年全区重点税源企业税收抽查工作的通知

2016 年 5 月 11 日 新地税发〔2016〕84 号

深圳市国家税务局

深圳市国家税务局检举纳税人税收违法行为奖励暂行办法

2016 年 1 月 25 日 深国税发〔2016〕13 号

深圳市国家税务局移送涉嫌涉税犯罪案件暂行规定

2016 年 1 月 14 日 深国税函〔2016〕20 号

深圳市国家税务局税务案件审理工作指引

2016 年 1 月 18 日 深国税函〔2016〕21 号

深圳市国家税务局稽查案源管理办法

2016 年 2 月 4 日 深国税发〔2016〕28 号

深圳市国家税务局税收违法行为检举管理办法

2016 年 7 月 19 日 深国税发〔2016〕108 号

深圳市国家税务局稽查执行工作指引

2016 年 3 月 22 日 深国税函〔2016〕115 号

深圳市国家税务局稽查实施过程管理指引

2016 年 3 月 28 日 深国税函〔2016〕120 号

深圳市国家税务局关于明确稽查相关业务范围划分及衔接问题的通知

2016 年 11 月 23 日 深国税发〔2016〕166 号

深圳市国家税务局关于明确市局稽查局和直属稽查局业务衔接问题的通知

2016 年 6 月 12 日 深国税函〔2016〕275 号

第七篇

统计资料

2016 年全国税务稽查机构查处税收违法案件情况统计表（1）

单位：户、万元

按行业统计	税务登记总数	立案检查户数	审结户数	有问题户数	结案户数	有问题户数	查补入库情况										
							总额		税款		滞纳金		没收非法所得		罚款		以前年度查补入库
							查补	入库	查补	入库	查补	入库	查补	入库	查补	入库	
	1	2	3	4	5	6	7	8	9	10	11	12	13	14	15	16	17
合计							19141462	18922328	16951577	16780185	1546433	1569043					
一、采矿业	253200	1755	1719	1689	1686	1658	178189	159186	122452	108604	27817	28866			27920	21716	11811
二、制造业	9425620	36031	29925	29177	29880	29071	1128748	1034742	847885	770316	139975	143686	150	103	140738	120637	141895
其中：1. 烟草制品业	4498	69	63	60	64	61	23437	23437	19334	19334	4005	4005			98	98	
2. 石油加工、炼焦和核燃料加工	20294	330	337	327	323	321	69790	69473	57595	56875	6926	7352			5269	5246	4736
3. 化工原料和化工制品制造业	257628	2767	2220	2174	2225	2168	105521	98836	80992	74687	15462	15018	2	2	9065	9129	7370
4. 汽车制造业	115862	841	765	756	758	746	31893	31263	24749	24481	4435	4451			2709	2331	3970
5. 电器机械和器材制造业	380522	3771	2897	2813	2877	2810	74588	73387	57120	55822	8643	9349	1	1	8824	8215	6531
6. 计算机、通信和其他电子设备制造业	347454	1271	1006	934	966	907	51297	49001	37153	35710	9931	9874			4213	3417	7691
三、电力、热力、燃气及水生产和供应业	247956	2629	2577	2514	2574	2501	185214	180265	144195	139792	26420	26118			14599	14355	23179
四、建筑业	3786022	5702	5751	5574	5780	5588	405087	401539	317715	317297	44496	45736	207	203	42669	38303	96436

2016年全国税务稽查机构查处税收违法案件情况统计表（2）

单位：户、万元

按行业统计	税务登记总数	立案检查户数	审结户数	有问题户数	结案户数	有问题户数	查补入库情况										
							总额		税款		滞纳金		没收非法所得		罚款		以前年度查补入库
							查补	入库	查补	入库	查补	入库	查补	入库	查补	入库	
	1	2	3	4	5	6	7	8	9	10	11	12	13	14	15	16	17
五、批发和零售业	45022832	30772	25721	24962	24695	24129	869288	716739	650609	538623	87838	88600	922	873	129919	88643	84867
六、交通运输、仓储和邮政业	2624021	3424	3301	3165	3270	3142	91523	91561	70882	70344	10120	10267	12	13	10509	10937	12371
七、住宿和餐饮业	5823260	1989	2030	1988	2098	2047	34596	31696	23974	21813	6862	6483			3760	3400	5671
八、信息传输、软件和信息技术服务业	1676074	1731	1533	1420	1587	1489	144756	147368	119338	120017	20747	22149			4671	5202	10040
九、金融业	613716	3980	3794	3570	3769	3554	564528	558071	447161	440835	85836	85559			31531	31677	64958
十、房地产业	1435698	9431	9470	9212	9432	9122	2094968	2182600	1715340	1775909	249176	267256	12	12	130440	139423	631577
十一、租赁和商务服务业	6427071	4242	4189	3998	4213	4013	246561	237412	187439	178160	29119	32153	346	58	29657	27041	70015
十二、文化、体育和娱乐业	870237	786	801	768	786	756	33466	25615	24109	19164	5909	3581			3448	2870	1397
十三、其他	13650816	15732	14639	13931	14516	13895	835173	850007	667934	674277	95297	108096	243	208	71699	67426	190739
小计	91856523	118204	105450	101968	104286	100965	6812097	6616801	5339033	5175151	829612	868550	1892	1470	641560	571630	1344956
督导自查收入							12329365	12305527	11612544	11605034	716821	700493					

2016 年全国税务稽查机构查处税收违法案件情况统计表（3）

单位：户、万元

按违法性质统计	户次	查补总额 查补税款	滞纳金	没收违法所得	罚款	合计	按税种统计	查补税款	入库税款	案件统计分析资料	户数	查补税款	入库税款	查补总额	入库总额
	18	19	20	21	22	23		24	25		26	27	28	29	30
合计	110282	16951577	1546433			19141462	合计	16951577	16780185	合计		16951577	16780185	19141462	18922328
偷税	24802	583528	172162	71	279253	1035014	增值税	1213306	1050851	100 万元以下	96277	1884581	2043618	2570589	2786981
逃避追缴欠税	1359	26161	7480		6374	40015	消费税	69648	68153	100 万～500 万元以下	4278	935167	866815	1204232	1091152
骗取出口退税	59	35566	4		6674	42244	营业税	495346	491886	500 万～1000 万元以下	648	436734	386169	525457	467086
抗税							企业所得税	2247267	2195512	1000 万～5000 万元以下	683	1289510	1156827	1583001	1410680
编造虚假计税依据	973				1151	1151	个人所得税	265197	260395	5000 万～1 亿元以下	54	340906	316527	404385	378228
不进行纳税申报	13872	478495	88354	2	106966	673817	土地增值税	343014	390939	1 亿元以上	28	452135	405195	524433	482674
发票违法	16980	308151	36488	969	47996	393604	其他	705255	717415	小计	101968	5339033	5175151	6812097	6616801
其他	52237	3907132	525124	850	193146	4626252	小计	5339033	5175151	督导自查收入		11612544	11605034	12329365	12305527
小计	110282	5339033	829612	1892	641560	6812097	督导自查收入	11612544	11605034	以前年度预缴本年结案	户次	金额	本年预缴	户次	金额
督导自查收入		11612544	716821			12329365					1531	316180		3296	660757

其他稽查成果统计	户数	税款	金额	立案查处情况	件数	上报总局大要案统计	合计	偷税	逃避追缴欠税	骗取出口退税	抗税	虚开增值税发票	其他	备注
调减留抵税额	1724	99610		上期移案	29676	户数(次)	1326	246	7	68		714	303	
不予免、抵、退税	308	63693		本期立案	118204	金额	1585973	271729	5149	22220		873334	413541	
调增应纳税所得额	6198		1969017	本期结案	104286									
其中：弥补亏损	3162		748638	本期存案	43594									

2016 年国家税务局稽查机构查处税收违法案件情况统计表（1）

单位：户、万元

按行业统计	税务登记总数	立案检查户数	审结户数	有问题户数	结案户数	有问题户数	查补入库情况										
							总额		税款		滞纳金		没收非法所得		罚款		以前年度查补入库
							查补	入库	查补	入库	查补	入库	查补	入库	查补	入库	
	1	2	3	4	5	6	7	8	9	10	11	12	13	14	15	16	17
合计							10337665	10085151	9156899	8979364	861849	858631					
一、采矿业	151264	1187	1153	1136	1126	1112	136217	118266	94728	82068	21702	22558			19787	13640	8685
二、制造业	5363171	28977	22934	22420	22970	22387	935051	846167	708197	632888	114776	119108	150	103	111928	94068	115939
其中：1. 烟草制品业	915	30	28	28	30	30	22585	22585	18608	18608	3969	3969			8	8	
2. 石油加工、炼焦和核燃料加工	9961	209	216	206	204	202	64956	64732	54474	53798	6438	6890			4044	4044	4701
3. 化工原料和化工制品制造业	132255	2024	1485	1460	1499	1460	71652	66288	56156	50858	10839	10825	2	2	4655	4603	4345
4. 汽车制造业	65423	675	599	593	595	590	27137	26510	20952	20684	4044	4060			2141	1766	2974
5. 电器机械和器材制造业	216646	2900	2058	2008	2061	2016	52591	52506	40690	40052	6267	7196	1	1	5633	5257	4607
6. 计算机、通信和其他电子设备制造业	184938	944	690	664	664	649	29699	27864	21191	20177	5592	5566			2916	2121	5420
三、电力、热力、燃气及水生产和供应业	121498	1237	1179	1155	1184	1160	122443	119292	98742	96084	19468	19195			4233	4013	15485
四、建筑业	1423890	1441	1300	1257	1285	1245	81151	78119	59080	58473	13772	13789	5	1	8294	5856	10838

2016 年国家税务局稽查机构查处税收违法案件情况统计表（2）

单位：户、万元

按行业统计	税务登记总数	立案检查户数	审结户数	有问题户数	结案户数	有问题户数	查补入库情况										
							总额		税款		滞纳金		没收非法所得		罚款		以前年度查补入库
							查补	入库	查补	入库	查补	入库	查补	入库	查补	入库	
	1	2	3	4	5	6	7	8	9	10	11	12	13	14	15	16	17
五、批发和零售业	26792792	27139	22086	21444	21055	20599	794578	647443	595674	488160	80147	81213	922	873	117835	77197	71405
六、交通运输、仓储和邮政业	1468082	2117	1983	1900	1957	1887	41126	37795	32598	29243	4656	4709	12	13	3860	3830	2811
七、住宿和餐饮业	2919195	496	442	424	439	427	4794	4256	2833	2507	1564	1397			397	352	1809
八、信息传输、软件和信息技术服务业	942272	883	740	696	798	767	117583	120530	97633	98616	18625	19894			1325	2020	6414
九、金融业	343897	1142	991	928	986	937	394317	387846	320429	313165	65815	67271			8073	7410	22313
十、房地产业	637135	1958	1720	1615	1738	1656	653237	663365	558924	569473	80117	81208	10	10	14186	12674	138489
十一、租赁和商务服务业	3604874	1461	1280	1202	1270	1198	76387	77340	65577	64339	7208	10000	331	8	3271	2993	12034
十二、文化、体育和娱乐业	357771	219	207	202	204	198	12338	11979	9177	9037	2453	2460			708	482	303
十三、其他	7098981	7968	6637	6291	6506	6243	361755	361209	299733	299848	38432	39748	208	208	23382	21405	67799
小计	51224822	76225	62652	60670	61518	59816	3730977	3473607	2943325	2743901	468735	482550	1638	1216	317279	245940	474324
督导自查收入							6606688	6611544	6213574	6235463	393114	376081					

2016 年国家税务局稽查机构查处税收违法案件情况统计表（3）

单位：户、万元

按违法性质统计	户次	查补总额 查补税款	滞纳金	没收违法所得	罚款	合计	按税种统计	查补税款	入库税款	案件统计分析资料	户数	查补税款	入库税款	查补总额	入库总额
	18	19	20	21	22	23		24	25		26	27	28	29	30
合计	65316	9156899	861849			10337665	合计	9156899	8979364	合计		9156899	8979364	10337665	10085151
偷税	19872	349904	102736	71	190735	643446	增值税	1213306	1050851	100 万元以下	57710	1158276	1197187	1531342	1576491
逃避追缴欠税	1124	16248	6796		5891	28935	消费税	69648	68153	100 万～500 万元以下	2261	480465	432471	616298	541015
骗取出口退税	59	35566	4		6674	42244	营业税	12578	12631	500 万～1000 万元以下	338	229399	201049	276128	245067
抗税							企业所得税	1605116	1567920	1000 万～5000 万元以下	317	623051	508416	764597	621840
编造虚假计税依据	842				889	889	个人所得税	19955	20693	5000 万～1 亿元以下	28	181078	144503	223100	177192
不进行纳税申报	1640	28454	7857		11803	48114	土地增值税	5263	5254	1 亿元以上	16	271056	260275	319512	312002
发票违法	11566	225911	24038	752	34762	285463	其他	17459	18399	小计	60670	2943325	2743901	3730977	3473607
其他	30213	2287242	327304	815	66525	2681886	小计	2943325	2743901	督导自查收入		6213574	6235463	6606688	6611544
小计	65316	2943325	468735	1638	317279	3730977	督导自查收入	6213574	6235463	以前年度预缴	户次	金额	本年	户次	金额
督导自查收入		6213574	393114			6606688				本年结案	1221	203611	预缴	3003	528628

其他稽查成果统计	户数	税款	金额	立案查处情况	件数	上报总局大要案统计	合计	偷税	逃避追缴欠税	骗取出口退税	抗税	虚开增值税发票	其他	备注
调减留抵税额	1724	99610		上期移案	18772	户数(次)	963	103		68		714	78	
不予免、抵、退税	308	63693		本期立案	76225	金额	1182117	171626		22220		873334	114937	
调增应纳税所得额	4630		1229281	本期结案	61518									
其中：弥补亏损	2907		681156	本期存案	33479									

2016 年地方税务局稽查机构查处税收违法案件情况统计表（1）

单位：户、万元

按行业统计	税务登记总数	立案检查户数	审结户数	有问题户数	结案户数	有问题户数	查补入库情况										
							总额		税款		滞纳金		没收非法所得		罚款		以前年度查补入库
							查补	入库	查补	入库	查补	入库	查补	入库	查补	入库	
	1	2	3	4	5	6	7	8	9	10	11	12	13	14	15	16	17
合计							8803797	8837177	7794678	7800821	684584	710412					
一、采矿业	101936	568	566	553	560	546	41972	40920	27724	26536	6115	6308			8133	8076	3126
二、制造业	4062449	7054	6991	6757	6910	6684	193697	188575	139688	137428	25199	24578			28810	26569	25956
其中：1. 烟草制品业	3583	39	35	32	34	31	852	852	726	726	36	36			90	90	
2. 石油加工、炼焦和核燃料加工	10333	121	121	121	119	119	4834	4741	3121	3077	488	462			1225	1202	35
3. 化工原料和化工制品制造业	125373	743	735	714	726	708	33869	32548	24836	23829	4623	4193			4410	4526	3025
4. 汽车制造业	50439	166	166	163	163	156	4756	4753	3797	3797	391	391			568	565	996
5. 电器机械和器材制造业	163876	871	839	805	816	794	21997	20881	16430	15770	2376	2153			3191	2958	1924
6. 计算机、通信和其他电子设备制造业	162516	327	316	270	302	258	21598	21137	15962	15533	4339	4308			1297	1296	2271
三、电力、热力、燃气及水生产和供应业	126458	1392	1398	1359	1390	1341	62771	60973	45453	43708	6952	6923			10366	10342	7694
四、建筑业	2362132	4261	4451	4317	4495	4343	323936	323420	258635	258824	30724	31947	202	202	34375	32447	85598

2016 年地方税务局稽查机构查处税收违法案件情况统计表（2）

单位：户、万元

按行业统计	税务登记总数	立案检查户数	审结户数	有问题户数	结案户数	有问题户数	查补入库情况										
							总额		税款		滞纳金		没收非法所得		罚款		以前年度查补入库
							查补	入库	查补	入库	查补	入库	查补	入库	查补	入库	
	1	2	3	4	5	6	7	8	9	10	11	12	13	14	15	16	17
五、批发和零售业	18230040	3633	3635	3518	3640	3530	74710	69296	54935	50463	7691	7387			12084	11446	13462
六、交通运输、仓储和邮政业	1155939	1307	1318	1265	1313	1255	50397	53766	38284	41101	5464	5558			6649	7107	9560
七、住宿和餐饮业	2904065	1493	1588	1564	1659	1620	29802	27440	21141	19306	5298	5086			3363	3048	3862
八、信息传输、软件和信息技术服务业	733802	848	793	724	789	722	27173	26838	21705	21401	2122	2255			3346	3182	3626
九、金融业	269819	2838	2803	2642	2783	2617	170211	170225	126732	127670	20021	18288			23458	24267	42645
十、房地产业	798563	7473	7750	7597	7694	7466	1441731	1519235	1156416	1206436	169059	186048	2	2	116254	126749	493088
十一、租赁和商务服务业	2822197	2781	2909	2796	2943	2815	170174	160072	121862	113821	21911	22153	15	50	26386	24048	57981
十二、文化、体育和娱乐业	512466	567	594	566	582	558	21128	13636	14932	10127	3456	1121			2740	2388	1094
十三、其他	6551835	7764	8002	7640	8010	7652	473418	488798	368201	374429	56865	68348	35		48317	46021	122940
小计	40631701	41979	42798	41298	42768	41149	3081120	3143194	2395708	2431250	360877	386000	254	254	324281	325690	870632
督导自查收入							5722677	5693983	5398970	5369571	323707	324412					

2016 年地方税务局稽查机构查处税收违法案件情况统计表（3）

单位：户、万元

按违法性质统计	户次	查补总额					按税种统计	查补税款	入库税款	案件统计分析资料	户数	查补税款	入库税款	查补总额	入库总额
		查补税款	滞纳金	没收违法所得	罚款	合计									
	18	19	20	21	22	23		24	25		26	27	28	29	30
合计	44966	7794678	684584			8803797	合计	7794678	7800821	合计		7794678	7800821	8803797	8837177
偷税	4930	233624	69426		88518	391568	增值税			100 万元以下	38567	726305	846431	1039247	1210490
逃避追缴欠税	235	9913	684		483	11080	消费税			100 万～500 万元以下	2017	454702	434344	587934	550137
骗取出口退税							营业税	482768	479255	500 万～1000 万元以下	310	207335	185120	249329	222019
抗税							企业所得税	642151	627592	1000 万～5000 万元以下	366	666459	648411	818404	788840
编造虚假计税依据	131				262	262	个人所得税	245242	239702	5000 万～1 亿元以下	26	159828	172024	181285	201036
不进行纳税申报	12232	450041	80497	2	95163	625703	土地增值税	337751	385685	1 亿元以上	12	181079	144920	204921	170672
发票违法	5414	82240	12450	217	13234	108141	其他	687796	699016	小计	41298	2395708	2431250	3081120	3143194
其他	22024	1619890	197820	35	126621	1944366	小计	2395708	2431250	督导自查收入		5398970	5369571	5722677	5693983
小计	44966	2395708	360877	254	324281	3081120	督导自查收入	5398970	5369571	以前年度预缴本年结案	户次	金额	本年	户次	金额
督导自查收入		5398970	323707			5722677					310	112569	预缴	293	132129
其他稽查成果统计	户数	税款	金额	立案查处情况	件数	上报总局大要案统计	合计	偷税	逃避追缴欠税	骗取出口退税	抗税	虚开增值税发票	其他	备注	
调减留抵税额				上期移案	10904	户数(次)	363	143	7				225		
不予免、抵、退税				本期立案	41979	金额	403856	100103	5149				298604		
调增应纳税所得额	1568		739736	本期结案	42768										
其中：弥补亏损	255		67482	本期存案	10115										

2016 年全国税务稽查机构行政强制及移送司法机关案件情况统计表

单位：户、万元

税收保全			强制执行			其他措施					行政救济	
项目	户数	金额	项目	户数	金额	项目	户数	人数	金额	税款	项目	件数
	1	2		3	4		5	6	7	8		9
合计	932	285613	合计	645	87284	合计	2151	269	212748	351227	纳税人提请听证	286
冻结存款	878	232048	扣缴税收款项	614	55514	责成提供纳税担保	51		178836		受理行政复议	113
扣押查封财产	54	53565	依法拍卖或变卖	31	31770	阻止出境	285	269		98516	其中：决定撤销或变更	26
						提请人民法院强制执行	121		33912		纳税人提起诉讼	87
						行使代位权、撤销权	1				其中：判决撤销或变更	8
						暂停出口退税	889			252711	国家赔偿	
						收缴或停售发票	804				国家赔偿金额（元）	

移送司法统计		本期移送公安机关处理案件	公安机关不予立案退回案件	税务与公安机关联合办案		已判决案件	判决情况					
					公安机关提前介入		管制	拘役	有期徒刑	无期徒刑	罚金	没收财产
		10	11	12	13	14	15	16	17	18	19	20
移送司法机关案件	件数	6898	715	4319	2124	576	15	40	507	4	391	18
	人数					889	30	92	761	6		
	金额										13398	2292

2016 年国家税务局稽查机构行政强制及移送司法机关案件情况统计表

单位：户、万元

税收保全			强制执行			其他措施					行政救济	
项目	户数	金额	项目	户数	金额	项目	户数	人数	金额	税款	项目	件数
	1	2		3	4		5	6	7	8		9
合计	704	191411	合计	403	39877	合计	1976	206	115775	292142	纳税人提请听证	171
冻结存款	681	182470	扣缴税收款项	392	37353	责成提供纳税担保	28		103929		受理行政复议	69
扣押查封财产	23	8941	依法拍卖或变卖	11	2524	阻止出境	224	206		39431	其中：决定撤销或变更	18
						提请人民法院强制执行	76		11846		纳税人提起诉讼	59
						行使代位权、撤销权	1				其中：判决撤销或变更	7
						暂停出口退税	889			252711	国家赔偿	
						收缴或停售发票	758				国家赔偿金额（元）	

移送司法统计		本期移送公安机关处理案件	公安机关不予立案退回案件	税务与公安机关联合办案		已判决案件	判决情况					
					公安机关提前介入		管制	拘役	有期徒刑	无期徒刑	罚金	没收财产
		10	11	12	13	14	15	16	17	18	19	20
移送司法机关案件	件数	6718	676	4270	2104	565	15	39	496	4	381	18
	人数					876	30	91	749	6		
	金额										13247	2292

2016 年地方税务局稽查机构行政强制及移送司法机关案件情况统计表

单位：户、万元

税收保全			强制执行			其他措施					行政救济	
项目	户数	金额	项目	户数	金额	项目	户数	人数	金额	税款	项目	件数
	1	2		3	4		5	6	7	8		9
合计	228	94202	合计	242	47407	合计	175	63	96973	59085	纳税人提请听证	115
冻结存款	197	49578	扣缴税收款项	222	18161	责成提供纳税担保	23		74907		受理行政复议	44
扣押查封财产	31	44624	依法拍卖或变卖	20	29246	阻止出境	61	63		59085	其中：决定撤销或变更	8
						提请人民法院强制执行	45		22066		纳税人提起诉讼	28
						行使代位权、撤销权					其中：判决撤销或变更	1
						暂停出口退税					国家赔偿	
						收缴或停售发票	46				国家赔偿金额（元）	

移送司法统计		本期移送公安机关处理案件	公安机关不予立案退回案件	税务与公安机关联合办案	公安机关提前介入	已判决案件	判决情况：管制	拘役	有期徒刑	无期徒刑	罚金	没收财产
		10	11	12	13	14	15	16	17	18	19	20
移送司法机关案件	件数	180	39	49	20	11		1	11		10	
	人数					13		1	12			
	金额										151	

2016 年税务违法举报案件综合情况统计表

单位：件、万元

项目／类型	受理、查处、查结举报案件数		检查结果				执行情况							
	受理件数	查处件数	合计	税款金额	滞纳金金额	罚款金额	合计	入库税款		入库滞纳金		入库罚款		移送案件数
								金额	比例（%）	金额	比例（%）	金额	比例（%）	
列号	1	2	3	4	5	6	7	8	9	10	11	12	13	14
省　级	10952	571	54791.94	46858.35	3255.82	4677.77	56359.39	48913.12	104.39	3605.5	110.74	3840.77	82.11	1
地（市）级	13986	11919	273369.82	193684.37	35196.23	44489.22	234006.98	160543.85	82.89	33015.58	93.80	40447.55	90.92	112
县　级	7491	7050	91856.75	63475.53	11720.55	16660.67	69693.51	48040.99	75.68	9832.72	83.89	11819.798	70.94	93
合　计	32429	19540	420018.51	304018.25	50172.60	65827.66	360059.88	257497.96	84.70	46453.81	92.59	56108.12	85.23	206

2016 年举报奖励基金管理情况统计表

单位：件、万元

项目名称	案件情况		应计奖案件税款入库情况			奖励基金发放情况
	查结举报案件数	应计奖案件总件数	合计	应计奖案件入库税款金额	应计奖案件入库罚款金额	本年度本级支付总额
列号	1	2	3	4	5	6
省　级	570	29	11153.76	10797.67	353.03	6.95
地（市）级	11930	831	35394.33	31166.19	3569.65	74.42
县级	7053	282	11983.88	10049.02	957.87	28.21
合计	19540	1142	57635.22	52012.88	5622.34	109.58

2016 年税务违法举报案件举报人结构统计表

单位：件、万元

项目／名称	举报人结构						案发地		
	税务干部	被举报企业内部人员		被举报企业同行	其他	合计	中心城市（地（市）级以上）	县及县以下	合计
		总数	其中：直接责任人						
列号	1	2	3	4	5	6	7	8	9
受理数	23	2697	1017	1531	27161	32429	21777	10652	32429
查结数	15	1565	515	801	16644	19540	11839	7701	19540
滞补罚合计	4074. 57	84562. 47	16031. 85	29324. 75	286024. 87	420018. 51	312847. 44	107171. 08	420018. 51

2016 年税务违法举报案件所有制情况统计表

单位：件、万元

所有制／案件	国有企业	集体企业	股份合作企业	联营企业	有限责任公司	股份有限公司	私营企业	港澳台商投资企业	外商投资企业	个体经营	其他企业	合计
列号	1	2	3	4	5	6	7	8	9	10	11	12
受理数	288	181	160	28	12041	817	3818	446	289	5134	9227	32429
查结数	233	161	125	23	9091	661	2910	236	237	3766	2097	19540
滞补罚合计	12058. 97	5799. 27	4674. 58	7783. 95	248908. 62	34085. 18	57971. 13	6357. 70	7859. 99	14547. 42	19971. 70	420018. 51

2016 年税务违法举报案件行业情况统计表

单位：件、万元

行业 / 案件	农林牧渔业	采掘业	制造业	电力、煤气及水的生产和供应业	建筑业	地质勘察业、水利管理业	交通运输、仓储及邮电通信业	批发和零售贸易、餐饮业	金融保险业	房地产业	社会服务业	卫生体育和社会福利业	教育、文化艺术及广播电影电视业	科学研究和综合技术服务业	国家机关、政党机关和社会团体	其他行业	合计
列号	1	2	3	4	5	6	7	8	9	10	11	12	13	14	15	16	17
受理数	91	143	3376	134	1340	82	681	8829	352	2160	3222	227	400	374	69	10949	32429
查结数	83	140	3160	104	845	20	547	6779	183	1417	2204	156	209	263	49	3381	19540
滞补罚合计	3039.98	7798.11	100865.55	4234.32	36961.20	537.30	3491.65	58420.93	7145.07	116671.66	29964.88	3532.27	2048.72	5258.88	2630.44	37417.55	420018.51

2016 年税务违法举报案件分税种情况统计表

单位：件

违法类型 / 案件	偷税	逃税	骗税	抗税	避税	发票违法	违反税务管理规定	其他	合计
列号	1	2	3	4	5	6	7	8	9
增值税	1910	20	28			2123	105	510	4696
营业税	466	43			7	2360	418	925	4219
消费税	52	2				1	2	15	72
企业所得税	760	8				255	270	461	1754
个人所得税	362	37			2	113	290	706	1510
其他	263	12	43			2676	602	2456	6052
合计	3813	122	71		9	7528	1687	5073	18303

2016年全国分省增值税抵扣凭证委托协查情况汇总表

金（税）额：万元

地区名称	委托发出情况					委托收到协查结果情况						委托查处情况						
	协查起数	委托方户次	发票份数	金额	税额	收到发票份数	协查问题类型：有疑问			协查问题类型：已确定虚开	选票准确率（%）	查补数			入库数			移交司法机关起数
							正常	有问题	无法核实	发票份数		税款	罚款	滞纳金	税款	罚款	滞纳金	
1	2	3	4	5	6	7	8	9	10	11	12	13	14	15	16	17	18	19
北京市国家税务局稽查局	4986	4986	49240	399581.97	70760.88	44850	388	277	128	44057	99.13							
天津市国家税务局稽查局	1777	1904	41687	921330.59	152622.67	34837	9430	10628	8170	6609	64.64	212.89	195.19	7.25	145.33	169	7.25	9
河北省国家税务局稽查局	1153	1826	31639	466633.32	79274.14	28386	1518	4862	13958	8048	89.48	819.2		20.54	813.45		21.01	
山西省国家税务局稽查局	835	859	4626	262792.63	44234.78	4545	631	1570	951	1393	82.44	334.78			148.76			
内蒙古自治区国家税务局稽查局	176	177	3522	100954.75	16872.04	3588	676	1750	212	950	79.98	312.5	2.18	3.33	312.5	2.18	3.33	1
辽宁省国家税务局稽查局	1804	2132	234360	2405845.82	364433.71	228099	9970	14622	13135	190372	95.36	877.11	602.86	72.08	559.74	102.86	72.08	1
大连市国家税务局稽查局	2323	2333	109395	2556187.98	404723.78	105002	581	3496	803	100122	99.44	456.01	57.99	3.02	456.01	57.99	2.4	
吉林省国家税务局稽查局	42	53	2168	20775.68	3492.59	2171	15	58	10	2088	99.31	5.54	5.54	1.24	5.54	5.54	1.24	
黑龙江省国家税务局稽查局	1019	1029	23766	467133.13	69851.17	27846	1906	4274	3805	17861	92.07	930.49	411.89	120.78	569.6	414.89	120.78	
上海市国家税务局稽查局	1334	2584	28222	393160.61	65481.5	24570	3872	7067	6904	6727	78.08	477.45	135.46	23.53	462.49	132.87	23.51	
江苏省国家税务局稽查局	13681	18369	497727	6765452.26	1131937.21	450481	7000	34601	47674	361206	98.26	13660.7	135.45	143.58	13635.58	135.45	143.58	128
浙江省国家税务局稽查局	3140	3668	35209	693413.92	117680.57	27132	1944	6360	9866	8962	88.74	2290.92	190.63	151.62	2313.13	190.63	152.03	4
宁波市国家税务局稽查局	688	711	5465	102216.64	17344.86	5416	209	1387	751	3069	95.52	2796.52	288.45	59.45	2796.52	288.45	59.45	1
安徽省国家税务局稽查局	1409	1679	54259	593329.02	85241.85	54885	1150	41788	5611	6336	97.67	623.39	5.81	73.39	623.99	6.11	73.6	11
福建省国家税务局稽查局	1912	1982	39992	615185.49	104331.02	21385	1758	6651	3762	9214	90.02	3043.82	392.14	17.05	1068.91	14.87	17.05	7
厦门市国家税务局稽查局	1202	1203	17927	867125.88	147342.75	16234	2083	3735	7457	2959	76.27	1497.62	894.73	309.59	1038.64	225.29	309.59	18
江西省国家税务局稽查局	1364	1478	74960	1657779.44	280739.81	71221	6518	2607	3721	58375	90.34	3.55	40		3.55			3
山东省国家税务局稽查局	1578	1635	33651	582628.23	96202.18	33028	853	2137	2131	27907	97.24	2032.34	128.82	296.87	1708.45	92.82	274.95	18

续表

地区名称	委托发出情况					委托收到协查结果情况						委托查处情况						
	协查起数	委托方户次	发票份数	金额	税额	收到发票份数	协查问题类型：有疑问			协查问题类型：已确定虚开	选票准确率（%）	查补数			入库数			移交司法机关起数
							正常	有问题	无法核实	发票份数		税款	罚款	滞纳金	税款	罚款	滞纳金	
1	2	3	4	5	6	7	8	9	10	11	12	13	14	15	16	17	18	19
青岛市国家税务局稽查局	159	161	4279	43146.27	7334.21	3239	126	1593	160	1360	95.91	1.75	3.05	0.34	1.74	3.05	0.34	
河南省国家税务局稽查局	3336	3338	95494	977224.42	158686.51	67591	786	1301	498	65006	98.83	129.8	335	0.64	129.8	150	0.64	
湖北省国家税务局稽查局	655	675	19656	313323.11	50068.75	16994	403	1162	4260	11169	96.84	545.51	224.07	77.03	515.45	233.51	89.58	21
湖南省国家税务局稽查局	1429	1497	12264	235730.18	39784.06	11279	365	678	778	9458	96.52	202.67	1.34	1.53	202.67	1.34	1.53	1
广东省国家税务局稽查局	12300	12482	109358	1700909.29	285525.79	102377	16185	20353	43253	22586	72.63	1228.67	74.78	17.85	1178.99	74.78	17.85	32
深圳市国家税务局稽查局	529	529	9814	100792.32	16711.56	10088	534	7735	522	1297	94.42	4.21			4.21			
广西壮族自治区国家税务局稽查局	401	410	3858	55307.62	9340.59	4824	185	411	387	3841	95.83	273.46		1.76	273.46		1.76	
海南省国家税务局稽查局	94	94	220	12808.63	2106.91	217	83	6	45	83	51.74							
重庆市国家税务局稽查局	569	586	20246	432236.43	72828.29	18831	304	424	809	17294	98.31	404.84	68.24	34.02	404.84	68.24	34.02	
四川省国家税务局稽查局	1674	1737	64827	665556.73	109549.2	57053	1322	2057	5964	47710	97.41	321.49	14	31.7	321.49	14	31.7	
贵州省国家税务局稽查局	771	882	15354	219438.73	36593.93	14346	361	1493	1038	11454	97.29	6511.95	6098.45	13.69	501.73	102.65	13.69	11
云南省国家税务局稽查局	1355	1426	108738	2441786.67	393883.13	102153	1251	1277	1137	98488	98.76	1565.29	80.12	98.78	362.93	80.12	98.78	3
西藏自治区国家税务局稽查局	106	107	5090	192070.53	31669.41	1799	47	79	189	1484	97.08							
陕西省国家税务局稽查局	4035	4129	70014	789401.76	130026.25	18855	324	370	259	17902	98.26	93.22	93.22	8.51	93.22	93.22	8.51	1
甘肃省国家税务局稽查局	3841	10548	366963	3743238.39	503860.34	356240	415	1498	627	353700	99.88	716.24	85.31	42.34	641.05	85.31	42.34	
青海省国家税务局稽查局	136	136	13528	141361.86	24005.95	12534	405	148	168	11813	96.72	1169.49	384.73	113.3	549.81	214.73	113.3	8
宁夏回族自治区国家税务局稽查局	373	374	25012	244714.98	41530.62	24859	18	63	82	24696	99.93	959.09	480.55	582.38	959.09	480.55	582.38	
新疆维吾尔自治区国家税务局稽查局	806	868	37000	1287127.33	213993.77	38012	155	467	150	37240	99.59	51.98	911.62	8.87	48.89	111.62	8.87	14
合计	72992	88587	2269530	33467702.61	5380066.78	2044967	73771	188985	189375	1592836	96.02	44554.49	12341.62	2336.06	32851.56	3552.07	2327.14	292

注：12＝（9＋11）÷（8＋9＋11）＝（9＋11）÷（7－10）。以上不含专项协查中委托的发票数。

2016年全国分省增值税抵扣凭证受托协查情况汇总表

金（税）额：万元

地区名称	受托收到情况					逾期已回发票份数	累计回复发票情况									受托查处情况						
	协查起数	受托方户次	发票份数	金额	税额		累计回复发票份数	协查问题类型：有疑问			协查问题类型：确定虚开			有问题发票占受托协查发票的比率（%）	累计按期回复率（%）	查补数			入库数			移交司法机关起数
								正常	有问题	无法核实	正常	有问题	无法核实			税款	罚款	滞纳金	税款	罚款	滞纳金	
1	2	3	4	5	6	7	8	9	10	11	12	13	14	15	16	17	18	19	20	21	22	23
北京市国家税务局稽查局	6863	9878	152386	2732987.92	446018.68		149192	4505	12594	32399	31	95934	3729	95.99	100.00	10393.27	149.34	2090.02	10339.29	115.34	2090.02	
天津市国家税务局稽查局	2805	4530	109090	1808983.33	303205.49		82382	4613	4699	5228	321	58459	9062	92.75	100.00	7794.23	518.29	66.27	5086.13	518.29	90.72	1
河北省国家税务局稽查局	4920	8161	190731	2808816.96	460931.84		174279	10614	28973	9649	113	119220	5710	93.25	100.00	9688.11	514.27	900.69	7967.43	409.09	860.11	15
山西省国家税务局稽查局	1482	1794	57256	812137.88	133606.69		47555	1970	1206	1007	61	39589	3722	95.26	100.00	10115.52	307.86	1729.76	8893.89	311.95	1767.11	6
内蒙古自治区国家税务局稽查局	634	768	13143	247473.4	40963.05		11380	633	2060	569		7740	378	93.93	100.00	2425.62	152.93	524.15	2329.89	152.93	232.59	2
辽宁省国家税务局稽查局	1470	2094	37498	489321.47	79290.49		34655	2154	3772	5067	377	17663	5622	89.44	100.00	2917.96	235.93	312.64	2366.68	234.33	201.81	4
大连市国家税务局稽查局	675	926	31325	1007162.05	169452.57		32223	582	1980	6689	4	17379	5589	97.06	100.00	89.71		0.64	89.71		0.64	
吉林省国家税务局稽查局	885	1414	37685	379488.68	56917.39		36095	90	7372	676	3	27689	265	99.74	100.00	3097.06	66.69	524.89	3177.09	73.07	524.89	2
黑龙江省国家税务局稽查局	711	951	22457	265204.77	40730.98		22786	1686	4588	2132	54	11540	2786	90.26	100.00	3452.64	36.56	27.22	603.7	36.56	25.77	11
上海市国家税务局稽查局	7716	11236	161489	3052106.8	512544.28		147408	9544	38553	19483	112	75318	4398	92.18	100.00	2450.51	380.35	123.2	1702.79	375.76	122.08	
江苏省国家税务局稽查局	8994	14598	199361	3382593.53	548775.22		191211	15350	48244	26066	79	96476	4996	90.37	100.00	6727.05	1066.79	408.59	5574.04	889.9	399.96	205
浙江省国家税务局稽查局	3939	6736	93412	1076371.89	179283.42		87506	29650	6485	9570	88	39375	2338	60.66	100.00	6886.06	1923.99	575.63	5321.95	1528.99	550.65	36
宁波市国家税务局稽查局	916	1384	16071	280640.61	47354.91		14368	1757	2343	988		8385	895	85.93	100.00	5540.34	1404.09	290.11	5520.51	1404.09	290.44	8
安徽省国家税务局稽查局	3111	4306	203782	2276553.51	329842.04		191640	8865	11354	8614	63	158908	3836	95.02	100.00	2224.75	44.76	29.64	1354.73	44.76	29.64	14
福建省国家税务局稽查局	1992	3069	46154	576953.56	94961.98		43057	6520	2725	3999	28	27330	2455	82.11	100.00	2178.64	555.42	236.92	1697.52	212.89	237.4	4
厦门市国家税务局稽查局	848	1443	27112	312941.51	52861.82		24610	3204	3152	2381		14094	1779	84.33	100.00	289.35	158.21	56.33	265.61	133.98	56.33	8
江西省国家税务局稽查局	2023	3059	113992	1568450.18	249665.7		111643	5719	30700	4466	21	65279	5458	94.36	100.00	2551.58	96.54	123.41	2523.08	96.54	123.41	2
山东省国家税务局稽查局	3915	5836	82836	1065731.06	173398.63		90993	5378	6323	14953	230	57106	7003	91.88	100.00	7060.94	1166.63	1238.39	6212.7	1167.48	1230.7	16

续表

地区名称	受托收到情况					逾期已回发票份数	累计回复发票情况									受托查处情况						
	协查起数	受托方户次	发票份数	金额	税额		累计回复发票份数	协查问题类型：有疑问			协查问题类型：确定虚开			有问题发票占受托协查发票的比率（%）	累计按期回复率（%）	查补数			入库数			移交司法机关起数
								正常	有问题	无法核实	正常	有问题	无法核实			税款	罚款	滞纳金	税款	罚款	滞纳金	
1	2	3	4	5	6	7	8	9	10	11	12	13	14	15	16	17	18	19	20	21	22	23
青岛市国家税务局稽查局	1051	1765	30292	377534.09	55491.56		29571	1533	2711	740	10	24507	70	94.64	100.00	323.34	59.22	43.79	323.34	59.22	43.79	
河南省国家税务局稽查局	4347	6016	216063	2489349.86	377622.53		200025	8606	13308	3546	116	167276	7173	95.39	100.00	18579.75	438.1	910.87	17861.97	438.41	913.84	4
湖北省国家税务局稽查局	1618	3543	47991	586960.97	95716.76		39603	3474	7339	4534	2	21766	2488	89.33	100.00	5196.17	369.59	583.1	5162.76	359.4	580.19	13
湖南省国家税务局稽查局	1368	1742	45006	570183.05	88757.4		44454	1947	5213	5862	110	30737	585	94.59	100.00	2721.95	98.75	43.48	2683.8	98.75	43.48	13
广东省国家税务局稽查局	7629	15859	204304	3034585.72	506872.33		196131	20827	9534	27070	179	119167	19354	85.97	100.00	19969.69	969.87	1267.37	10727.2	903.77	1221.88	5
深圳市国家税务局稽查局	6815	10547	179099	2437303.91	406111.93		114433	19545	13864	33030	76	29390	18528	68.79	100.00	3931.29	324.86	102.86	3361.43	315.8	103.23	1
广西壮族自治区国家税务局稽查局	1849	2609	33018	535140.83	86683.73		31421	1761	15531	2662		11438	29	93.87	100.00	448.11	57.31	120.85	448.11	57.31	120.85	2
海南省国家税务局稽查局	266	329	7263	345554.2	57472.74		6624	353	355	960		3273	1683	91.13	100.00	6.5			6.5			
重庆市国家税务局稽查局	811	1127	22212	295212.35	49720.43		17560	1391	5036	895	3	9686	549	91.35	100.00	2267.19	234.28	65.14	1577.9	209.52	62.14	15
四川省国家税务局稽查局	2395	3560	72348	1025832.89	168088.83		65460	3184	11256	4201		46796	23	94.80	100.00	4318.23	216.32	173.05	3857.53	226.29	174.27	3
贵州省国家税务局稽查局	625	799	14199	216369.07	34750.14		13261	648	575	3946	26	6420	1646	91.21	100.00	5356.82	2651.79	496.23	2592.46	582.94	349.15	12
云南省国家税务局稽查局	809	1376	33781	504939.48	79498.11		32780	3208	2762	668		26125	17	90.00	100.00	6536.88	320.69	269.31	2599.42	320.69	269.31	6
西藏自治区国家税务局稽查局	127	133	4988	167304.07	27326.73		4913	243	229	9	20	3025	1387	92.52	100.00							
陕西省国家税务局稽查局	1874	2763	50553	673322.01	107468.39		41086	2500	3229	3526		29247	2584	92.85	100.00	10475.39	1483.64	466.92	6950.91	1017.81	401.44	17
甘肃省国家税务局稽查局	812	1644	59882	608763.78	83683.35		60239	393	38842	619	16	20013	356	99.31	100.00	2599.55	258.09	142.24	2250.61	258.09	142.24	10
青海省国家税务局稽查局	167	235	4063	61384.89	10055.02		3863	76	345	2		3440		98.03	100.00	2149.59	360.3	401.71	1658.05	360.3	292.85	9
宁夏回族自治区国家税务局稽查局	520	790	15372	217670.01	36683.71		15519	186	2874	5894		6331	234	98.02	100.00	2084.61	927.83	880.24	2483.2	1179.91	1224.53	1
新疆维吾尔自治区国家税务局稽查局	671	876	16250	331930.07	54375.46		16148	554	3009	72	9	11869	635	96.35	100.00	13677.76	1167.47	1721.49	8010.23	951.5	1642.07	5
合计	87653	137896	2652464	38623260.36	6246184.33		2426074	183263	353135	252172	2152	1507990	127362	90.94	100.00	186526.16	18716.76	16947.15	143582.16	15045.66	16419.53	450

注：15 = （10 + 13） ÷ （8 − 11 − 14） = （10 + 13） ÷ （9 + 10 + 12 + 13）；16 = 8 ÷ （7 + 8）。

2016 年全国分省增值税抵扣凭证受托协查回复质量情况分析表

地区名称	累计回复发票份数	协查问题类型：有疑问						协查问题类型：确定虚开						正常发票占累计回复发票的比率（%）	有问题发票占受托协查发票的比率（%）	无法核实发票占累计回复发票的比率（%）
		正常	占比（%）	有问题	占比（%）	无法核实	占比（%）	正常	占比（%）	有问题	占比（%）	无法核实	占比（%）			
1	2	3	4	5	6	7	8	9	10	11	12	13	14	15	16	17
北京市国家税务局稽查局	149192	4505	9.10	12594	73.65	32399	65.46	31	0.03	95934	99.97	3729	3.74	3.04	95.99	24.22
天津市国家税务局稽查局	82382	4613	31.73	4699	50.46	5228	35.96	321	0.47	58459	99.45	9062	13.36	5.99	92.75	17.35
河北省国家税务局稽查局	174279	10614	21.56	28973	73.19	9649	19.60	113	0.09	119220	99.91	5710	4.57	6.16	93.25	8.81
山西省国家税务局稽查局	47555	1970	47.10	1206	37.97	1007	24.07	61	0.14	39589	99.85	3722	8.58	4.27	95.26	9.94
内蒙古自治区国家税务局稽查局	11380	633	19.41	2060	76.49	569	17.44		0.00	7740	100.00	378	4.66	5.56	93.93	8.32
辽宁省国家税务局稽查局	34655	2154	19.59	3772	63.65	5067	46.09	377	1.59	17663	97.91	5622	23.76	7.30	89.44	30.84
大连市国家税务局稽查局	32223	582	6.29	1980	77.28	6689	72.31	4	0.02	17379	99.98	5589	24.33	1.82	97.06	38.10
吉林省国家税务局稽查局	36095	90	1.11	7372	98.79	676	8.31	3	0.01	27689	99.99	265	0.95	0.26	99.74	2.61
黑龙江省国家税务局稽查局	22786	1686	20.06	4588	73.13	2132	25.36	54	0.38	11540	99.53	2786	19.37	7.64	90.26	21.58
上海市国家税务局稽查局	147408	9544	14.12	38553	80.16	19483	28.83	112	0.14	75318	99.85	4398	5.51	6.55	92.18	16.20
江苏省国家税务局稽查局	191211	15350	17.12	48244	75.86	26066	29.07	79	0.08	96476	99.92	4996	4.92	8.07	90.37	16.24
浙江省国家税务局稽查局	87506	29650	64.87	6485	17.95	9570	20.94	88	0.21	39375	99.78	2338	5.59	33.98	60.66	13.61
宁波市国家税务局稽查局	14368	1757	34.53	2343	57.15	988	19.42		0.00	8385	100.00	895	9.64	12.23	85.93	13.11
安徽省国家税务局稽查局	191640	8865	30.75	11354	56.16	8614	29.88	63	0.04	158908	99.96	3836	2.36	4.66	95.02	6.50
福建省国家税务局稽查局	43057	6520	49.23	2725	29.48	3999	30.19	28	0.09	27330	99.90	2455	8.23	15.21	82.11	14.99
厦门市国家税务局稽查局	24610	3204	36.67	3152	49.59	2381	27.25		0.00	14094	100.00	1779	11.21	13.02	84.33	16.90
江西省国家税务局稽查局	111643	5719	13.99	30700	84.30	4466	10.92	21	0.03	65279	99.97	5458	7.71	5.14	94.36	8.89

续表

地区名称	累计回复发票份数	协查问题类型：有疑问						协查问题类型：确定虚开						正常发票占累计回复发票的比率（%）	有问题发票占受托协查发票的比率（%）	无法核实发票占累计回复发票的比率（%）
		正常	占比（%）	有问题	占比（%）	无法核实	占比（%）	正常	占比（%）	有问题	占比（%）	无法核实	占比（%）			
1	2	3	4	5	6	7	8	9	10	11	12	13	14	15	16	17
山东省国家税务局稽查局	90993	5378	20.18	6323	54.04	14953	56.10	230	0.36	57106	99.60	7003	10.88	6.16	91.88	24.13
青岛市国家税务局稽查局	29571	1533	30.76	2711	63.88	740	14.85	10	0.04	24507	99.96	70	0.28	5.22	94.64	2.74
河南省国家税务局稽查局	200025	8606	33.80	13308	60.73	3546	13.93	116	0.07	167276	99.93	7173	4.11	4.36	95.39	5.36
湖北省国家税务局稽查局	39603	3474	22.64	7339	67.87	4534	29.54	2	0.01	21766	99.99	2488	10.26	8.78	89.33	17.73
湖南省国家税务局稽查局	44454	1947	14.95	5213	72.81	5862	45.02	110	0.35	30737	99.64	585	1.86	4.63	94.59	14.50
广东省国家税务局稽查局	196131	20827	36.26	9534	31.40	27070	47.13	179	0.13	119167	99.85	19354	13.95	10.71	85.97	23.67
深圳市国家税务局稽查局	114433	19545	29.42	13864	41.50	33030	49.71	76	0.16	29390	99.74	18528	38.60	17.15	68.79	45.06
广西壮族自治区国家税务局稽查局	31421	1761	8.83	15531	89.82	2662	13.34		0.00	11438	100.00	29	0.25	5.60	93.87	8.56
海南省国家税务局稽查局	6624	353	21.16	355	50.14	960	57.55		0.00	3273	100.00	1683	33.96	5.33	91.13	39.90
重庆市国家税务局稽查局	17560	1391	19.00	5036	78.36	895	12.22	3	0.03	9686	99.97	549	5.36	7.94	91.35	8.22
四川省国家税务局稽查局	65460	3184	17.08	11256	77.95	4201	22.54		0.00	46796	100.00	23	0.05	4.86	94.80	6.45
贵州省国家税务局稽查局	13261	648	12.54	575	47.02	3946	76.34	26	0.32	6420	99.60	1646	20.34	5.08	91.21	42.17
云南省国家税务局稽查局	32780	3208	48.33	2762	46.26	668	10.06		0.00	26125	100.00	17	0.07	9.79	90.00	2.09
西藏自治区国家税务局稽查局	4913	243	50.52	229	48.52	9	1.87	20	0.45	3025	99.34	1387	31.30	5.35	92.52	28.41
陕西省国家税务局稽查局	41086	2500	27.01	3229	56.36	3526	38.10		0.00	29247	100.00	2584	8.12	6.08	92.85	14.87
甘肃省国家税务局稽查局	60239	393	0.99	38842	99.00	619	1.55	16	0.08	20013	99.92	356	1.75	0.68	99.31	1.62
青海省国家税务局稽查局	3863	76	17.97	345	81.95	2	0.47		0.00	3440	100.00		0.00	1.97	98.03	0.05
宁夏回族自治区国家税务局稽查局	15519	186	2.08	2874	93.92	5894	65.83		0.00	6331	100.00	234	3.56	1.20	98.02	39.49
新疆维吾尔自治区国家税务局稽查局	16148	554	15.24	3009	84.45	72	1.98	9	0.07	11869	99.92	635	5.07	3.49	96.35	4.38
合计	2426074	183263	23.24	353135	65.83	252172	31.98	2152	0.13	1507990	99.86	127362	7.78	7.64	90.94	15.64

注：4 = 3 ÷（3 + 5 + 7）；6 = 5 ÷（3 + 5）；8 = 7 ÷（3 + 5 + 7）；10 = 9 ÷（9 + 11 + 13）；12 = 11 ÷（9 + 11）；14 = 13 ÷（9 + 11 + 13）；15 =（3 + 9）÷ 2；16 =（5 + 11）÷（3 + 5 + 9 + 11）；17 =（7 + 13）÷ 2。

2015—2016年全国增值税抵扣凭证委托协查情况比较表

金（税）额：万元

年份	委托发出情况					委托收到协查结果情况						委托查处情况						
	协查起数	委托方户次	发票份数	金额	税额	收到发票份数	协查问题类型：有疑问			协查问题类型：已确定虚开	选票准确率（%）	查补数			入库数			移交司法机关起数
							正常	有问题	无法核实	发票份数		税款	罚款	滞纳金	税款	罚款	滞纳金	
1	2	3	4	5	6	7	8	9	10	11	12	13	14	15	16	17	18	19
2015年	38236	41450	510839	13477774.18	2237049.27	479383	73236	66603	176756	162788	75.80	52521.49	31807.03	1496.16	22587.53	4028.65	1475.66	665
2016年	72992	88587	2269530	33467702.61	5380066.78	2044967	73771	188985	189375	1592836	96.02	44554.49	12341.62	2336.06	32851.56	3552.07	2327.14	292
增减	34756	47137	1758691	19989928.43	3143017.51	1565584	535	122382	12619	1430048	20.22	-7967.00	-19465.41	839.90	10264.03	-476.58	851.48	-373
增幅（%）	90.90	113.72	344.28	148.32	140.50	326.58	0.73	183.75	7.14	878.47	26.68	-15.17	-61.20	56.14	45.44	-11.83	57.70	-56.09

注：12 =（9 + 11）÷（8 + 9 + 11）=（9 + 11）÷（7 - 10）。以上不含专项协查中委托的发票数。

2015—2016 年全国增值税抵扣凭证受托协查情况比较表

金（税）额：万元

年份	受托收到情况					逾期已回发票份数	累计回复发票情况									受托查处情况						
	协查起数	受托方户次	发票份数	金额	税额		累计回复发票份数	协查问题类型：有疑问			协查问题类型：确定虚开			有问题发票占受托协查发票的比率（%）	累计按期回复率（%）	查补数			入库数			移交司法机关起数
								正常	有问题	无法核实	正常	有问题	无法核实			税款	罚款	滞纳金	税款	罚款	滞纳金	
1	2	3	4	5	6	7	8	9	10	11	12	13	14	15	16	17	18	19	20	21	22	23
2015 年	42329	56189	509021	13468473.98	2236355.42		478097	73123	66335	176501	4828	108262	49048	69.13	100.00	102640.59	10729.62	5808.20	79954.58	9412.69	5415.78	229
2016 年	87653	137896	2652464	38623260.36	6246184.33		2426074	183263	353135	252172	2152	1507990	127362	90.94	100.00	186526.16	18716.76	16947.15	143582.16	15045.66	16419.53	450
增减	45324	81707	2143443	25154786.38	4009828.91		1947977	110140	286800	75671	-2676	1399728	78314	21.81		83885.57	7987.14	11138.95	63627.58	5632.97	11003.75	221
增幅（%）	107.08	145.41	421.09	186.77	179.30		407.44	150.62	432.35	42.87	-55.43	1292.91	159.67	31.54		81.73	74.44	191.78	79.58	59.84	203.18	96.51

注：15=（10+13）÷（8-11-14）=（10+13）÷（9+10+12+13）；16=8/（7+8）。

2015—2016 年全国增值税抵扣凭证受托协查回复质量情况比较表

年份	累计回复发票份数	协查问题类型：有疑问						协查问题类型：确定虚开						正常发票占累计回复发票的比率（%）	有问题发票占受托协查发票的比率（%）	无法核实发票占累计回复发票的比率（%）
		正常	占比（%）	有问题	占比（%）	无法核实	占比（%）	正常	占比（%）	有问题	占比（%）	无法核实	占比（%）			
1	2	3	4	5	6	7	8	9	10	11	12	13	14	15	16	17
2015 年	478097	73123	23.14	66335	47.57	176501	55.86	4828	2.98	108262	95.73	49048	30.25	16.30	69.13	47.18
2016 年	2426074	183263	23.24	353135	65.83	252172	31.98	2152	0.13	1507990	99.86	127362	7.78	7.64	90.94	15.64
增减	1947977	110140	0.10	286800	18.27	75671	-23.88	-2676	-2.85	1399728	4.13	78314	-22.47	-8.66	21.81	-31.53
增幅（%）	407.44	150.62	0.42	432.35	38.41	42.87	-42.75	-55.43	-95.59	1292.91	4.31	159.67	-74.29	-53.13	31.54	-66.84

2016 年全国税务稽查机构人员、装备情况统计表

单位：人

机构人员统计	税务机关（个）	税务机关人员	税务稽查机构（个）	税务稽查人员			政治面貌			文化结构				专业资格					年龄结构		
				合计	男	女	党、团员	民主党派	群众	博士研究生	硕士研究生	大学本科	专科及以下	注册会计师	注册税务师	法律职业资格	资产评估师	计算机高级程序员及以上	35 岁以下	35～45 岁	45 岁以上
	1	2	3	4	5	6	7	8	9	10	11	12	13	14	15	16	17	18	19	20	21
合计	7396	731166	5060	79239	51444	27795	60905	813	17521	42	4161	54957	20079	985	4782	699	50	95	10843	23553	44843
省（自治区、直辖市、计划单列市）	70	24522	126	5809	3328	2481	4434	109	1266	15	923	4206	665	165	534	163	15	3	1610	1697	2502
市（地）	1034	199301	955	34264	20703	13561	26461	462	7341	13	2334	25898	6019	494	2452	316	19	43	5067	11264	17933
县（市、区）	6292	507343	3979	39166	27413	11753	30010	242	8914	14	904	24853	13395	326	1796	220	16	49	4166	10592	24408

队伍建设项目	税务稽查机构主要装备配置情况					领军人才		专业人才库		业务培训			奖励		惩戒（人次）	备注
	交通工具（辆）	办公设备（件）	计算机（台）	业务软件（套）		总局	省级	总局	省级	培训班次	培训人次	境外培训人次	集体	个人（人次）		
				研发	外购											
	22	23	24	25	26	27	28	29	30	31	32	33	34	35	36	
合计	5782	184972	119260	159	8970	59	242	386	3321	13787	218774	71	138	610	24	
省（自治区、直辖市、计划单列市）	551	19735	12318	78	1945	24	71	143	548	1341	33989	20	17	119	1	
市（地）	3144	93871	58766	50	4462	31	127	189	1840	5383	130843	50	94	399	18	
县（市、区）	2087	71366	48176	31	2563	4	44	54	933	7063	53942	1	27	92	5	

2016 年国家税务局稽查机构人员、装备情况统计表

单位：人

机构人员统计	税务机关（个）	税务机关人员	税务稽查机构（个）	税务稽查人员			政治面貌			文化结构				专业资格					年龄结构		
				合计	男	女	党、团员	民主党派	群众	博士研究生	硕士研究生	大学本科	专科及以下	注册会计师	注册税务师	法律职业资格	资产评估师	计算机高级程序员及以上	35 岁以下	35～45 岁	45 岁以上
	1	2	3	4	5	6	7	8	9	10	11	12	13	14	15	16	17	18	19	20	21
合计	3626	392260	2630	42833	28013	14820	32411	401	10021	27	2104	29055	11647	418	2214	404	23	27	5735	11129	25969
省（自治区、直辖市、计划单列市）	36	11595	65	2914	1621	1293	2137	44	733	10	474	2066	364	93	309	102	11	3	800	744	1370
市（地）	468	104749	530	18919	11489	7430	14345	247	4327	5	1186	14102	3626	191	1131	175	2	8	2838	5490	10591
县（市、区）	3122	275916	2035	21000	14903	6097	15929	110	4961	12	444	12887	7657	134	774	127	10	16	2097	4895	14008

队伍建设项目	税务稽查机构主要装备配置情况					领军人才		专业人才库		业务培训			奖励		惩戒（人次）	备注
	交通工具（辆）	办公设备（件）	计算机（台）	业务软件（套）		总局	省级	总局	省级	培训班次	培训人次	境外培训人次	集体	个人（人次）		
				研发	外购											
	22	23	24	25	26	27	28	29	30	31	32	33	34	35	36	
合计	3046	94918	60847	136	4564	32	168	214	1815	7462	114474	5	68	395	18	
省（自治区、直辖市、计划单列市）	259	9160	6303	68	672	16	30	78	322	665	16752	5	9	101	1	
市（地）	1633	49341	30238	40	2547	12	107	110	1038	2874	67982		44	226	12	
县（市、区）	1154	36417	24306	28	1345	4	31	26	455	3923	29740		15	68	5	

2016年地方税务局稽查机构人员、装备情况统计表

单位：人

机构人员统计	税务机关（个）	税务机关人员	税务稽查机构（个）	税务稽查人员			政治面貌			文化结构				专业资格					年龄结构		
				合计	男	女	党、团员	民主党派	群众	博士研究生	硕士研究生	大学本科	专科及以下	注册会计师	注册税务师	法律职业资格	资产评估师	计算机高级程序员及以上	35岁以下	35～45岁	45岁以上
	1	2	3	4	5	6	7	8	9	10	11	12	13	14	15	16	17	18	19	20	21
合计	3770	338906	2430	36406	23431	12975	28494	412	7500	15	2057	25902	8432	567	2568	295	27	68	5108	12424	18874
省（自治区、直辖市、计划单列市）	34	12927	61	2895	1707	1188	2297	65	533	5	449	2140	301	72	225	61	4		810	953	1132
市（地）	566	94552	425	15345	9214	6131	12116	215	3014	8	1148	11796	2393	303	1321	141	17	35	2229	5774	7342
县（市、区）	3170	231427	1944	18166	12510	5656	14081	132	3953	2	460	11966	5738	192	1022	93	6	33	2069	5697	10400

队伍建设项目	税务稽查机构主要装备配置情况					领军人才		专业人才库		业务培训			奖励		惩戒（人次）	备注
	交通工具（辆）	办公设备（件）		业务软件（套）		总局	省级	总局	省级	培训班次	培训人次		集体	个人（人次）		
			计算机（台）	研发	外购							境外培训人次				
	22	23	24	25	26	27	28	29	30	31	32	33	34	35	36	
合计	2736	90054	58413	23	4406	27	74	172	1506	6325	104300	66	70	215	6	
省（自治区、直辖市、计划单列市）	292	10575	6015	10	1273	8	41	65	226	676	17237	15	8	18		
市（地）	1511	44530	28528	10	1915	19	20	79	802	2509	62861	50	50	173	6	
县（市、区）	933	34949	23870	3	1218		13	28	478	3140	24202	1	12	24		

第八篇

机构和人员

国家税务总局稽查局领导名单

局　　长：王学东
巡 视 员：李国成
副 局 长：于海春
副 局 长：文月寿
副巡视员：沈甫明

国家税务总局稽查局处级机构及副处级以上人员名单

综合处
副 处 长：曾静蓉

制度处
处　　长：陈　杰
副调研员：李　岳

系统工作处
处　　长：李亚兵

举报中心
处　　长：李光辉

稽查一处
处　　长：徐　平
副 处 长：张名达
副调研员：刘　扬

稽查二处
处　　长：尹　雁
调 研 员：郭六武　郭大庆　张小平

稽查三处
处　　长：王　磊
副 处 长：李明磊　李　伟（挂职）
调 研 员：刘小鹃
副调研员：艾　玥

稽查四处
处　　长：金　鑫
副 处 长：黄　鑫
调 研 员：李璆梅　王　军

稽查五处
处　　长：汪永标

稽查六处
处　　长：张达光
副 处 长：王明科
调 研 员：马　琪

公安部联络室
处　　长：牛文渊
副 处 长：童　勇

税务稽查系统副处级以上人员名单

北京市国家税务局稽查局

主管领导： 雷　彤（市局总审计师）

局　　长： 雷　彤（至2016年3月）
吴玉琦（自2016年3月）

副 局 长： 刘世田（自2016年1月）
陈华君（自2016年1月）
黄滟君（至2016年1月）
王红雨（至2016年5月）
石红梅（自2016年3月）

第一稽查局

局　　长： 严　纪

副 局 长： 李铁军（自2016年8月）
夏　宇
韩　毅
刘泽民（至2016年8月）
王小玲

第二稽查局

局　　长： 李云龙

副 局 长： 刘建华
刘泽民（自2016年8月）
何　毅
张福伟（至2016年8月）

副处级监察员： 陆　朝（自2016年10月）

北京市地方税务局稽查处

主管领导： 郭筑明（市局副巡视员）

处　　长： 马　强

副 处 长： 刘　丽　孙玉洁　于海涛

副调研员： 周燕玲

天津市国家税务局稽查局

主管领导： 窦伟（市局总会计师）

局　　长： 王　廉

副 局 长： 金玉发　李玉梅　李雅红

纪检组长： 金玉发

副调研员： 于祝成

天津市地方税务局稽查处

主管领导： 高秋丰（市局副局长）

税务稽查处：

处　　长： 邢汝霖

副 处 长： 蔡　进

河北省国家税务局稽查局

主管领导： 耿金跃（省局副局长，至2016年11月）
刘子剑（省局副局长，自2016年11月）

局　　长： 赵国宏

副 局 长： 张文锦
田二周
高　剑（自2016年2月）
张　伟（自2016年2月）

调 研 员： 吴玉刚
白铁柱（自2016年6月）

副调研员： 白铁柱（至2016年6月）

第一稽查局

局　　长： 苌少沛

副 局 长： 李　伟
李　利（自2016年2月）
周文祥（自2016年2月）

调 研 员： 潘丽华（自2016年6月）

副调研员： 潘丽华（至2016年6月）

河北省地方税务局稽查局

主管领导： 贾红星（省局局长）

局　　长： 崔玉清（副厅级）

常务副局长： 强宝贵（正处级）

副 局 长： 姜　伟　王志彬　商　革

副调研员： 肖延升　马怡宏　彭保东

山西省国家税务局稽查局

主管领导： 范扎根（省局副局长）
局　　长： 侯树森
副 局 长： 韩建刚　李润仙　司新文
调 研 员： 易东东　傅国强
副调研员： 王　茜　王丽英

山西省地方税务局稽查局

主管领导： 刘建光（省局副局长）
局　　长： 孟来茂
副 局 长： 孙三平　姚肖波　孙怀中
调 研 员： 温四香

内蒙古自治区国家税务局稽查局

主管领导： 霍文刚（区局副局长）
局　　长： 郭树安
副 局 长： 祁桂平　王洁璐　张铁林
常　力
调 研 员： 段永胜
副调研员： 温玉祥

内蒙古自治区地方税务局稽查局

主管领导： 包清泉（区局副局长）
局　　长： 高国青
调 研 员： 潘　英
副 局 长： 郑建平
副调研员： 段晓娟

直属第一稽查局

局　　长： 冯壮军
副 局 长： 刘　智
党组成员： 张　杰
副 局 长： 刘致华
总会计师： 王　飞
调 研 员： 王培荣　刘　杰　张中胜
张　健
副调研员： 邢福旺　宋常新

直属第二稽查局

局　　长： 康万利
副 局 长： 董建青　李万成
党组成员： 苑国志
总会计师： 刘　哲
调 研 员： 苏　华
副调研员： 苏海民

直属第三稽查局

局　　长： 于长明
副 局 长： 许振军
党组成员： 张海英
副调研员： 白雪飞　马　维

辽宁省国家税务局稽查局

主管领导： 杨荣学（省局总审计师）
局　　长： 李维海
副 局 长： 池福贵　贾欣宇　李　丹
调 研 员： 姜万中　谷跃龙
副调研员： 关剑秋　柴明利　钱　刚
王来峰

辽宁省地方税务局稽查处

主管领导： 赵振芳（省局副局长）

辽宁省地方税务局稽查处

处　　长： 李铁成
副 处 长： 孙锦秀　周　力

吉林省国家税务局稽查局

主管领导： 刘　峰（省局总经济师）
局　　长： 王书剑
副 局 长： 宫　伟　张庆志
副调研员： 娄晓鹏　高淑环

吉林省地方税务局稽查局

主管领导： 刘胜学（省局副局长）
局　　长： 睢立军
副 局 长： 张雅军（调研员）
郭景志　冯　志　丁文年
刘兴伟（借调）
都先维

黑龙江省国家税务局稽查局

主管领导： 赵石岚（省局副局长）
局　　长： 杨　楠
副 局 长： 谭昭民　王国伟
纪检监察员： 郭真源

黑龙江省地方税务局稽查局

主管领导：于　平（省局副局长）
局　　长：柳柏春
副 局 长：杨彦龙
调 研 员：蔡可威
副调研员：刘　杰

上海市国家（地方）税务局稽查处

主管领导：曹晖（市局副局长）
副 处 长：唐林玮　武肇英
副调研员：张　琤

江苏省国家税务局稽查局

主管领导：葛元力（省局副局长）
局　　长：沈金元
副 局 长：王　强　赵　飞
调 研 员：杨鹏飞
副调研员：尚美武

江苏省地方税务局稽查局

主管领导：陈　筠（省局副局长）
局　　长：赵灿奇
副 局 长：朱育刚

浙江省国家税务局稽查局

主管领导：王　平（省局总会计师）
局　　长：屠克威
副 局 长：郦　萍　俞成根
调 研 员：徐大江　林建新　朱志强
副调研员：楼锣银　陈　兵
纪检监察员：祁昆峰

浙江省地方税务局稽查局

主管领导：王　平（省局副局长）
局　　长：边宏庆
副 局 长：张雄伟　贝　加
调 研 员：王行军
副调研员：田白薇　斯宏伟

安徽省国家税务局稽查局

主管领导：张宝江（省局总会计师）
局　　长：曹龙华
副 局 长：王永春　王晓虹　王晴岚
第一稽查局
　副 局 长：徐强强（主持工作）

安徽省地方税务局稽查局

主管领导：洪晓建（省局巡视员）
局　　长：仇应广
副 局 长：李晓文　卢年春　陈明洋
调 研 员：周光伟
副调研员：谢建君

福建省国家税务局稽查局

主管领导：林国镜（省局副局长）
局　　长：张梦桂（至2016年12月29日）
　　　　　林家云（自2016年12月19日）
副 局 长：林家云（至2016年12月19日）
　　　　　聂　霞
　　　　　邱清安（自2016年12月25日）
　　　　　林少校（自2016年4月11日）
副调研员：游在雄（至2016年2月）
　　　　　孙建榕
　　　　　高锦芬

福建省地方税务局稽查局

主管领导：郑孝真（省局副局长）
局　　长：林建文
调 研 员：潘福平
副 局 长：周少艳　肖　珍　黄　强
副调研员：廖建敏

江西省国家税务局稽查局

主管领导：胥敏锋（省局副局长）
调 研 员：帅　克（主持工作）
　　　　　刘火忠
副 局 长：朱忠恩　李　轩

江西省地方税务局稽查局

主管领导：王显和（省局副局长）
局　　长：江　华
副 局 长：黄同佐　汪明荣　温淑萍

调 研 员：黄利民
副调研员：王　兵　衷华红

山东省国家税务局稽查局

主管领导：孙德仁（省局副局长）
局　　长：李腾蛟
调 研 员：韩建炬　刘峰光　唐　锐
副 局 长：胡峻峰
副调研员：高　雷　邱文东

山东省地方税务局稽查局

主管领导：李　功（省局副局长）
局　　长：王发升
副 局 长：孟宪岭
调 研 员：杨义庆
副调研员：张建明

河南省国家税务局稽查局

主管领导：齐群跃（省局副局长）
局　　长：刘义峰
副 局 长：卢宏丽　张长青　高　伟
第一稽查局
　局　　长：王永钦
　副 局 长：姬现威　牛鲁珉　叶继海

河南省地方税务局稽查局

主管领导：李建华（省局副局长）
局　　长：王学荣
副 局 长：司喜庆　王继恒　袁　弘
纪检监察员：张兴昌
调 研 员：王汴梁　张占铎
副调研员：杜运生　胡国民

湖北省国家税务局稽查局

主管领导：刘卫明（省局总经济师，自2016年1月）
局　　长：赵　勇
副 局 长：王继军　柯　涛
副调研员：张曙光

湖北省地方税务局稽查局

主管领导：肖厚雄（省局副局长）
局　　长：吴　鸿（副厅级）
纪委书记：陈汉桥
副 局 长：梁卜华　汪学东　魏建平
综合处
　处　　长：张　军
　副 处 长：冯烨华
　副调研员：谢　颖
稽查一处
　处　　长：马建军
　副 处 长：张季超
稽查二处
　副 处 长：辛国平　余晓东　杨　帆
审理处
　处　　长：李建新
　副 处 长：冯红梅

湖南省国家税务局稽查局

主管领导：孙险峰　（省局总经济师）
局　　长：李　韧（至2016年10月）
副 局 长：端木阳（正处级，自2016年10月主持工作）
　　　　　薛洪发
　　　　　陈少波（自2016年10月）
调 研 员：李　韧（自2016年10月）
副调研员：徐孟希
第一稽查局
　局　　长：刘湘晖
　副 局 长：陈少波（至2016年10月）
　　　　　　胡　蓉

湖南省地方税务局稽查局

主管领导：郑惠（省局副局长）
局　　长：邓新凤
副 局 长：谭文仕　李科全　朱杰夫
　　　　　张芙蓉
副调研员：王小青　沈莉敏　熊元华

广东省国家税务局稽查局

主管领导：周家喜（省局副巡视员）
局　　长：张巧珍
副 局 长：叶　松　张智洪　李才波
副调研员：袁　涛　黄攸响　朱　虹
　　　　　李小杰

广东省地方税务局稽查局

主管领导：苏振钿（省局总会计师）
局　　长：余振荣（副厅级）
调 研 员：王　毅
　　　　　张文邦（至2016年5月11日）
副 局 长：黄松宜（正处级，至2016年12月28日）
　　　　　范思鑫　郑小明
纪检监察专员：张　弟
副调研员：庞信城　吴建秀　陈　蕾
　　　　　朱伟馨（至2016年1月13日）

广西壮族自治区国家税务局稽查局

主管领导：欧发明（区局副局长，至2016年10月11日）
　　　　　王　波（区局副局长，自2016年10月12日）
局　　长：唐颖昭（至2016年12月4日）
　　　　　周元卫（自2016年12月5日）
副 局 长：覃木荣　刘小冬　李　彬
　　　　　覃东汉（至2016年10月31日）
调 研 员：滕纪丰
副调研员：粟　菲（自2016年3月16日）

广西壮族自治区地方税务局稽查局

主管领导：黎海君（区局副局长）
局　　长：黎海君（兼）
副 局 长：覃东汉　陆绍康
　　　　　王惠颖（至2016年5月）
调 研 员：唐啟壮　黄　芸
副调研员：谢冬玲

海南省国家税务局稽查局

主管领导：林　明（省局副局长）
调 研 员：高　敏（负责人）
　　　　　陈海燕　曾令荣
副调研员：欧阳海珠

海南省地方税务局稽查局

主管领导：汪葛平（省局总会计师，至2016年2月23日）
　　　　　陈如军（省局局长，自2016年2月23日）
局　　长：王　冀（至2016年3月31日）
　　　　　黄　坚（自2016年3月31日）
副 局 长：陈绵强　王　峰　李占侠
调 研 员：吴　芬
副调研员：邓华军　颜灿星

重庆市国家税务局稽查局

主管领导：廖忠贤（市局副局长）
局　　长：向垣树
副 局 长：雷仕勇（至2016年3月9日）
　　　　　程　敏（自2016年3月23日）
　　　　　陈　文（自2016年2月15日）
专职纪检监察员：江　庆
调 研 员：刘继全（自2016年2月19日）
副调研员：李　艰
　　　　　陆大庆（自2016年2月19日）

重庆市地方税务局稽查处

主管领导：徐德中（市局副局长）
处　　长：张　目
副 处 长：肖　强（至2016年11月）
　　　　　吴　丰（自2016年11月）
第一稽查局
　局　　长：曾洪波
第二稽查局
　局　　长：聂章同（至2016年11月）
　　　　　　蒋　鸿（自2016年11月）
第三稽查局
　局　　长：邓　铭

第四稽查局

局　　长：莫琪玲

第五稽查局

局　　长：杜大钢

四川省国家税务局稽查局

主管领导：张　兵（省局副局长）
局　　长：李　波
副 局 长：唐德友　陈　丰　袁　淮
纪检员：张红梅
副调研员：张树新

四川省地方税务局稽查局

主管领导：黄刚才（省局副局长）
局　　长：龚勇兵
副 局 长：王永东　姚茗国　白振兴
汤　华
纪检监察员：施　德
总会计师：王　琦
调 研 员：陈友辉　宋　伟
副调研员：胡七芳　丁大林

贵州省国家税务局稽查局

主管领导：赵寿均（省局总会计师）
局　　长：甘　石
副 局 长：杨晓峰　蒋　勇　李孝杰
副调研员：李贵玉　朱义祥　张　勇

贵州省地方税务局稽查局

主管领导：杨　军（省局副局长）
局　　长：岳克健
副 局 长：苟平平

云南省国家税务局稽查局

主管领导：张炳华（省局总经济师）
局　　长：梁丽明
副 局 长：李庆阳　李明义
专职纪检监察员：陈定兴
副调研员：王晓龙　刘致志　解道勇

云南省地方税务局稽查局

主管领导：唐新民（省局局长）
协助管理领导：杨丽君（省局副巡视员）
局　　长：余　萍
副 局 长：张梦明　李　睿

西藏自治区国家税务局稽查局

主管领导：杨承碧（区局副局长）
局　　长：达娃云丹

陕西省国家税务局稽查局

主管领导：王农（省局副局长）
局　　长：王青山
副 局 长：张国栋　赵新科　刘黎军
胡海彦

陕西省地方税务局稽查局

主管领导：薛庚武（省局副局长，至2016年11月）
贡　献（省局副局长，自2016年12月）
局　　长：艾礼贵（副厅级）
副 局 长：唐陇利　柴治义　王　卫

甘肃省国家税务局稽查局

主管领导：向　宇（省局副局长）
局　　长：彭正国
副 局 长：房全喜　徐长瑛

甘肃省地方税务局稽查局

主管领导：白继成（省局巡视员）
局　　长：许国强
副 局 长：黄姝梅　魏　刚
调 研 员：孙宝生　沈三荣

青海省国家税务局稽查局

主管领导：张　明（省局总会计师）
局　　长：窦晓军
副 局 长：耿　直

青海省地方税务局稽查局

主管领导：张　卫（省局副局长）
　　　　　师学铁（省局副局长）
局　　长：晏懋秋
副 局 长：杨敬秀　董宝琪

宁夏回族自治区国家税务局稽查局

主管领导：杨　勇（区局副局长）
局　　长：姚明军
副 局 长：杨继荣　倪永刚　李进来

宁夏回族自治区地方税务局稽查局

主管领导：王金平（区局副局长）
局　　长：刘　晨
副 局 长：张宏伟（调研员）
　　　　　张维俊　杨　诚　蔡　菁
副调研员：李湘宁

新疆维吾尔自治区国家税务局稽查局

主管领导：徐　岩（区局副局长）
局　　长：孙建东
副 局 长：芦文革　罗志伟　尹君石
　　　　　张　辉　韩力宏

新疆维吾尔自治区地方税务局稽查局

主管领导：李体超（区局巡视员）
副 局 长：张家存
局　　长：朱国兴
纪检组长：李中华
副 局 长：马志忠　葛　刚
副调研员：李　斌

大连市国家税务局稽查局

主管领导：吴　杰（市局副局长）
局　　长：宋春毅
副 局 长：王哨兵　葛宏文　汤爱华

大连市地方税务局稽查处

主管领导：梁　兵（市局总经济师）
副 局 长：郑润涛（正处级）
　　　　　王玉武（正处级）

宁波市国家税务局稽查局

主管领导：刘绍武（市局总会计师）
局　　长：章　程
副 局 长：郑根平　邬杨杰

宁波市地方税务局稽查局

主管领导：张立权（市局副局长）
局　　长：石惠明
副 局 长：马　鸿　张筱逍

厦门市国家税务局稽查局

主管领导：陈健（市局副局长）
局　　长：张连发
副 局 长：洪清辉　林　翊　张谦莹
纪检组长：苏法吾
副调研员：李国成　苏炯勇　罗德雪

厦门市地方税务局稽查局

主管领导：王增加（市局副局长）
局　　长：曾安辉
副 局 长：郑　澍　李刚为

青岛市国家税务局稽查局

主管领导：任洪礼（市局总经济师）
局　　长：于　波
副 局 长：罗良毅　郑小华　刘海生
纪律检查员：陈绪发（派驻稽查局）

第一稽查局
　局　　长：韩　斌
　副 局 长：高东旭　王丽华

第二稽查局
　局　　长：苗宏伟
　副 局 长：张充航　丁明富　董小波

第三稽查局
　局　　长：刘瑞旭
　副 局 长：苟校书　刘民生　张勇强

青岛市地方税务局稽查局

主管领导：李宁国（市局副局长，至2016年12月）

局　　长：王长江

副 局 长：李元奎

纪委书记：孙　伟

副 局 长：桑　磊

办公室

　主　　任：葛敬书

　副 主 任：宋文晶　杨晓飞

监察室

　主　　任：王立国

综合业务处

　处　　长：卜海鑫

　副 处 长：徐雪梅

选案处

　副 处 长：张　鲁（主持工作）

审理处

　副 处 长：王晓燕（主持工作）

执行处

　副 处 长：栾绍文（主持工作）
　　　　　　周宗安

检查一处

　处　　长：孙宗祥

检查二处

　副 处 长：孙　军（主持工作）

检查三处

　副 处 长：曲在棣（主持工作）

检查四处

　处　　长：徐冬聚

　副 处 长：张宏宇

深圳市国家税务局稽查局

主管领导：李显著（市局总审计师）

局　　长：蔡伟群

副 局 长：郑　维　王　晓　赖容锦
　　　　　　郭　庆　黄凯明

调 研 员：杨小河

副调研员：谭明清

第一稽查局

　局　　长：苟　宴

　副 局 长：童永红

　纪检监察专员：颜飞勇

第二稽查局

　局　　长：王铭远

　副 局 长：袁　林　刘　莞

　纪检监察专员：周　君

第三稽查局

　局　　长：张伟良

　副 局 长：黄健宁　李曲宇

　纪检监察专员：李辉煌

第四稽查局

　局　　长：李皓皓

　副 局 长：曾品夫　高献河

　纪检监察专员：杨　菱

深圳市地方税务局稽查局

主管领导：万伟平（市局机关党委书记）

局　　长：谢少华

副 局 长：林柏坚　谢晔文　李伏虎
　　　　　　李庭旭

税务稽查系统领导任免情况（2016年）

北京市国家税务局稽查局

1月4日，北京市国家税务局印发京国税任〔2016〕1号文件，任命陈华君为北京市国家税务局稽查局副局长；任命刘世田为北京市国家税务局稽查局副局长，不再担任北京市国家税务局货物和劳务税处副处长职务；黄滟君不再担任北京市国家税务局稽查局副局长职务，另有任用。

3月23日，北京市国家税务局印发京国税任〔2016〕31号文件，任命石红梅为北京市国家税务局稽查局副局长，试用期一年。

4月1日，北京市国家税务局印发京国税任〔2016〕41号文件，任命吴玉琦为北京市国家税务局稽查局局长；雷彤不再担任北京市国家税务局稽查局局长职务。

4月19日，北京市国家税务局印发京国税任〔2016〕47号文件，免去张允安北京市国家税务局稽查局副调研员职务，办理退休手续，退休时间自2016年5月起计算。

5月3日，北京市国家税务局印发京国税任〔2016〕51号文件，王红雨不再担任北京市国家税务局稽查局副局长职务，另有任用。

8月31日，北京市国家税务局印发京国税任〔2016〕109号文件，任命刘泽民为北京市国家税务局第二稽查局副局长；张福伟不再担任北京市国家税务局第二稽查局副局长职务，另有任用。

8月31日，北京市国家税务局印发京国税任〔2016〕115号文件，任命李铁军为北京市国家税务局第一稽查局副局长；刘泽民不再担任北京市国家税务局第一稽查局副局长职务，另有任用。

10月12日，北京市国家税务局印发京国税任〔2016〕139号文件，任命陆朝为北京市国家税务局第二稽查局副处级监察员，试用期一年。

10月27日，北京市国家税务局印发京国税任〔2016〕130号文件，郝增不再担任北京市国家税务局稽查局副调研员职务，另有任用。

12月24日，北京市国家税务局印发京国税任〔2016〕154号文件，免去李雪梅北京市国家税务局稽查局副调研员职务，办理退休手续，退休时间自2017年1月起计算。

北京市地方税务局稽查处

5月23日，中共北京市地方税务局党组发出京地税党〔2016〕110号文件，中共北京市地方税务局党组关于马强等9名同志职务任免的通知，马强同志任北京市地方税务局稽查处（税务违法案件举报中心）处长。

8月29日，中共北京市地方税务局党组发出京地税党〔2016〕188号文件，中共北京市地方税务局党组关于于海涛同志任职的通知，于海涛同志任北京市地方税务局稽查处（税务违法案件举报中心）副处长，试用期1年。

天津市地方税务局稽查处

5月16日，天津市财政局发出津财人〔2016〕41号文件，任命蔡进为天津市地方税务局税务稽查处副处长。

河北省国家税务局稽查局

2月23日，河北省国家税务局发出冀国税人字〔2016〕10号文件，河北省国家税务局2016年2月1日决定：高剑、张伟任河北省国家税务局稽查局副局长，试用期一年；李利、周文祥任河北省国家税务局第一稽查局副局长，试用期一年。

6月24日，河北省国家税务局发出冀国税人字〔2016〕60号文件，河北省国家税务局2016年2月1日决定：白铁柱任河北省国家税务局稽查局调研员，免去其河北省国家税务局稽查局副调研员职务；潘丽华任河北省国家税务局第一稽查局调研员，免去其河北省国家税务局第一稽查局副调研员职务。

河北省地方税务局稽查局

3月21日，中共河北省委印发冀干字〔2016〕14号文件，明确崔玉清同志为副厅级；中共河北省委组织部印发冀组干字〔2016〕120号文件，任命崔玉清同志为河北省地方税务局党组成员；中共河北省委组织部印发冀组干字〔2016〕127号文件，任命崔玉清同志为河北省地方税务局稽查局局长。

11月4日，河北省地方税务局印发冀地税人〔2016〕37号文件，任命强宝贵为河北省地方税务局稽查局副局长（正处级）。

山西省地方税务局稽查局

7月14日，山西省地方税务局印发晋地税任字〔2016〕15号文件，决定任命姚肖波为山西省地方税务局稽查局副局长，免去其山西省地方税务局稽查局副调研员职务；任命孙怀中为山西省地方税务局稽查局副局长；任命王少挺为山西省地方税务局收入规划核算处处长，免去王少挺的山西省地方税务局稽查局副局长职务；任命杨英群为山西省地方税务局行政审批管理处副处长，免去杨英群的山西省地方税务局稽查局副调研员职务。

辽宁省国家税务局稽查局

6月29日，辽宁省国家税务局发出辽国税任〔2016〕29号文件，辽宁省国家税务局决定，任命黄静敏、裴若梅为辽宁省国家税务局调研员，任命王志平、王来峰、李正华、柴明利、钱刚为辽宁省国家税务局副调研员。以上人员任职时间为2016年6月20日。

吉林省地方税务局稽查局

1月21日，吉林省地方税务局发出吉地〔2016〕12号文件，吉林省地方税务局2016年1月21日决定任命丁文年为吉林省地方税务局稽查局副局长。

7月20日，吉林省地方税务局发出吉地税任〔2016〕69号文件，吉林省地方税务局2016年7月8日决定，任命都先维为吉林省地方税务局稽查局副局长（试用期一年）。

7月28日，吉林省地方税务局发出税任〔2016〕78号文件，吉林省地方税务局2016年7月20日决定任命刘兴伟为吉林省地方税务局所得税管理处副处长（试用期一年）。经省局同意，在吉林省地方税务局稽查局承担副局长工作。

黑龙江省地方税务局稽查局

8月25日，黑龙江省地方税务局印发黑地税任〔2016〕27号文件，根据《中华人民共和国公务员法》《公务员辞去公职规定（试行）》，经研究，同意刘彦君辞去黑龙江省地方税务局稽查局副局长职务及公职。

上海市国家（地方）税务局稽查处

7月11日，上海市国家税务局、上海市地方税务局印发沪国税任〔2016〕37号文件，任命武肇英为上海市国家税务局稽查处副处长、上海市地方税务局稽查处副处长；免去陆友清的上海市国家税务局稽查处处长、上海市地方税务局稽查处处长职务。

江苏省国家税务局稽查局

3月31日，中共江苏省国家税务局党组印发苏国税党组发〔2016〕37号文件，免去杨凯同志江苏省国家税务局稽查局副调研员职务，另有任用。

浙江省国家税务局稽查局

4月28日，浙江省国家税务局印发浙国税任〔2016〕19号文件，任命朱志强为浙江省国家税务局稽查局副局长。

11月1日，浙江省国家税务局印发浙国税任〔2016〕43号文件，任命俞成根为浙江省国家税务局稽查局副局长（试用期1年）。

12月22日，浙江省国家税务局印发浙国税任〔2016〕58号文件，任命朱志强为浙江省国家税务局稽查局调研员，免去其浙江省国家税务局稽查局副局长职务。

浙江省地方税务局稽查局

6月23日，中共浙江省财政厅党组发出浙财党〔2016〕35号文件，决定任命张美萍为浙江省地方税务局大企业税收管理处副调研员，免去其浙江省地方税务局稽查局副调研员职务。

安徽省国家税务局稽查局

3月21日，安徽省国家税务局发出皖国税任〔2016〕15号文件，决定免去汪海洋安徽省国家税务局第一稽查局局长职务，另有任用。

福建省国家税务局稽查局

1月26日，国家税务总局发出税总任〔2016〕42号文件，任命张梦桂为福建省国家税务局副巡视员。

2月29日，福建省国家税务局发出闽国税任〔2016〕9号文件，免去游在雄福建省国家税务局稽查局副调研员职务，办理退休手续。

4月11日，福建省国家税务局发出闽国税任〔2016〕18号文件，任命林少校为福建省国家税务局稽查局副局长（试用期一年），免去其福建省国家税务局征管科技处副调研员职务。

12月25日，福建省国家税务局发出闽国税任〔2016〕63号文件，任命邱清安为福建省国家税务局稽查局副局长，免去其福建省国家税务局巡视工作办公室副主任职务。

12月25日，福建省国家税务局发出闽国税任〔2016〕71号文件，任命林家云为福建省国家税务局稽查局局长，免去其福建省国家税务局稽查局副局长职务。

12月29日，福建省国家税务局发出闽国税任〔2016〕73号文件，张梦桂不再兼任福建省国家税务局稽查局局长职务。

江西省国家税务局稽查局

9月27日，江西省国家税务局印发赣国税人字〔2016〕26号文件，任命帅克为江西省国家税务局调研员（主持省局稽查局工作），免去刘荣军江西省国家税务局稽查局局长职务，另有任用。

江西省地方税务局稽查局

5月30日，中共江西省地方税务局党组发出赣地税党组发〔2016〕35号文件，决定袁志翔任江西省地方税务局财产行为税处调研员，免去袁志翔的江西省地方税务局稽查局调研员职务。

6月30日，中共江西省地方税务局党组发出赣地税党组发〔2016〕45号文件，任命刘远来同志为江西省地方税务局党组巡察办主任，免去其江西省地方税务局稽查局党支部书记职务。

7月21日，中共江西省地方税务局党组发出赣地税党组发〔2016〕54号文件，决定江华同志任江西省地方税务局稽查局局长。

11月8日，中共江西省地方税务局机关党委发出赣地税机关党发〔2016〕16号文件，决定江华同志任江西省地方税务局稽查局党支部书记。

河南省国家税务局

1月20日，河南省国家税务局发出豫国税任〔2016〕12号文件，决定任命刘义峰为河南省国家税务局稽查局局长，李天星不再担任河南省国家税务局稽查局局长，另有任用。

9月29日，河南省国家税务局发出豫国税任〔2016〕50号文件，决定任命高伟为河南省国家税务局稽查局副局长。

12月15日，河南省国家税务局发出豫国税任〔2016〕61号文件，决定任命张长青为河南省国家税务局稽查局副局长；叶继海任河南省国家税务局第一稽查局调研员，不再担任河南省国家税务局稽查局调研员；郑强任河南省国家税务局机关服务中心副主任，不再担任河南省国家税务局第一稽查局纪检监察员职务。

12月23日，河南省国家税务局发出豫国税任〔2016〕82号文件，决定任命牛鲁珉任河南省国家税务局第一稽查局副局长，吴昱不再担任河南省国家税务局第一稽查局副局长职务。

河南省地方税务局稽查局

1月8日，河南省地方税务局印发豫地税任字〔2016〕1号文件，根据工作需要，经省局党组研究决定：王学荣任河南省地方税务局稽查局局长；免去王财兴河南省地方税务局稽查局局长职务。

湖南省国家税务局稽查局

10月13日，湖南省国家税务局发出湘国税任〔2016〕35号文件，决定李韧任湖南省国家税务局稽查局调研员，不再担任湖南省国家税务局稽查局局长职务。

10月13日，湖南省国家税务局发出湘国税任〔2016〕36号文件，决定陈少波任湖南省国家税务局稽查局副局长，不再担任湖南省国家税务局第一稽查局副局长职务。

湖南省地方税务局稽查局

2月3日，湖南省地方税务局印发湘地税干〔2016〕1号文件，熊元华任湖南省地方税务局副调研员。

7月21日，湖南省地方税务局印发湘地税干〔2016〕28号文件，原湖南省地方税务局稽查局副局长陈树生调任湖南省地方税务局征管和科技发展处副处长，原湖南省地方税务局直属局副局长谭文仕调任湖南省地方税务局稽查局副局长。

广东省国家税务局稽查局

3月31日，广东省国家税务稽查局印发粤国税任〔2016〕21号文件，决定免去邱慧敏广东省国家税务稽查局副调研员职务，同意邱慧敏的个人申请，办理提前退休手续，退休时间从 2016 年 5 月起计算。

10 月 21 日，广东省国家税务稽查局印发粤国税任〔2016〕100 号文件，决定免去陈东广东省国家税务稽查局调研员职务，同意陈东的个人申请，办理提前退休手续，退休时间从 2016 年 11 月起计算。

广东省地方税务局稽查局

1 月 13 日，广东省地方税务局印发粤地税任字〔2016〕3 号文件，免去朱伟馨的广东省地方税务局稽查局副调研员职务，退休。

1 月 29 日，广东省地方税务局印发粤地税任字〔2016〕14 号文件，提任张文邦为广东省地方税务局稽查局调研员，免去张文邦广东省地方税务局稽查局副局长职务。

3 月 10 日，广东省地方税务局印发粤地税任字〔2016〕31 号文件，任王毅为广东省地方税务局稽查局调研员。

5 月 11 日，广东省地方税务局印发粤地税任字〔2016〕48 号文件，免去张文邦广东省地方税务局稽查局调研员职务，退休。

12 月 28 日，广东省地方税务局印发粤地税任字〔2016〕157 号文件，免去黄松宜广东省地方税务局稽查局副局长职务。

广西壮族自治区国家税务局稽查局

3 月 25 日，广西壮族自治区国家税务局发出桂国税任〔2016〕23 号文件，广西壮族自治区国家税务局 2016 年 3 月 16 日研究决定：任命粟非为广西壮族自治区国家税务局稽查局副调研员。

4 月 18 日，广西壮族自治区国家税务局发出桂国税任〔2016〕29 号文件，广西壮族自治区国家税务局 2016 年 4 月 12 日研究决定：覃东汉挂任广西壮族自治区国家税务局稽查局副局长，挂任时间从 2016 年 5 月 1 日起至 2016 年 10 月 31 日止。

11 月 10 日，广西壮族自治区国家税务局发出桂国税任〔2016〕100 号文件，广西壮族自治区国家税务局 2016 年 11 月 4 日研究决定：覃东汉不再挂任广西壮族自治区国家税务局稽查局副局长职务。

12 月 27 日，广西壮族自治区国家税务局发出桂国税任〔2016〕122 号文件，广西壮族自治区国家税务局 2016 年 12 月 5 日研究决定：任命周元卫为广西壮族自治区国家税务局稽查局局长职务，免去唐颖昭的广西壮族自治区国家税务局稽查局局长职务。

广西壮族自治区地方税务局稽查局

5 月 30 日，广西壮族自治区地方税务局发出桂地税干〔2016〕44 号文件，免去王惠颖的广西壮族自治区地方税务局稽查局副局长职务。

7 月 8 日，广西壮族自治区地方税务局发出桂地税干〔2016〕59 号文件，任命欧阳征林任广西壮族自治区地方税务局桂林稽查局副局长；李强任广西壮族自治区地方税务局钦州稽查局副局长；谢从伟任广西壮族自治区地方税务局钦州稽查局副局长，免去其广西壮族自治区地方税务局梧州稽查局副局长职务；谭春群任广西壮族自治区地方税务局南宁稽查局副局长；农彩霞任广西壮族自治区地方税务局柳州稽查局副局长；胡尚华任广西壮族自治区地方税务局桂林稽查局副局长；李雪莲任广西壮族自治区地方税务局梧州稽查局副局长；莫仕庆任广西壮族自治区地方税务局梧州稽查局副局长；黎奕任广西壮族自治区地方税务局玉林稽查局副局长；潘泽强任广西壮族自治区地方税务局玉林稽查局副局长；黄瑞刚任广西壮族自治区地方税务局百色稽查局副局长；覃秀娟任广西壮族自治区地方税务局河池稽查局副局长；吴义东任广西壮族自治区地方税务局南宁稽查局副调研员；陆云飞任广西壮族自治区地方税务局柳州稽查局副调研员；免去李慧萍的广西壮族自治区地方税务局桂林稽查局副局长职务；免去张增华的广西壮族自治区地方税务局钦州稽查局副局长职务。

海南省国家税务局稽查局

8 月 2 日，海南省国家税务局发出琼国税任〔2016〕34 号文件，林电不再兼任海南省国家税务局稽查局局长职务。

海南省地方税务局稽查局

3 月 31 日，海南省地方税务局发出琼地税任〔2016〕6 号文件，王冀任海南省地方税务局大企业税收管理局局长（任期三年），免去其海南省地方税务局稽查局局长职务；黄坚任海南省地方税务局稽查局局长（任期三年），免去其海南省地方税务局第一稽查局局长职务。

重庆市国家税务局稽查局

2 月 15 日，重庆市国家税务局发出渝国税任〔2016〕36 号文件，任命陈文为重庆市国家税务局稽查局副局长（试用期一年）。

2月19日，重庆市国家税务局发出渝国税任〔2016〕44号文件，任命刘继全为重庆市国家税务局稽查局调研员。

2月19日，重庆市国家税务局发出渝国税任〔2016〕44号文件，任命陆大庆为重庆市国家税务局稽查局副调研员。

3月23日，重庆市国家税务局发出渝国税任〔2016〕74号文件，任命程敏为重庆市国家税务局稽查局副局长。

重庆市地方税务局稽查处

11月24日，重庆市地方税务局印发渝地税人〔2016〕111号文件，任命吴丰为重庆市地方税务局稽查处副处长；免去肖强的重庆市地方税务局稽查处副处长职务。

11月24日，重庆市地方税务局印发渝地税人〔2016〕112号文件，任命蒋鸿为重庆市地方税务局第二稽查局局长；免去聂章同的重庆市地方税务局第二稽查局局长职务。

四川省地方税务局稽查局

6月27日，四川省地方税务局印发川地税任〔2016〕40号文件，任命龚勇兵为四川省地方税务局稽查局局长，免去杜锦的四川省地方税务局稽查局局长职务。

6月30日，四川省地方税务局印发川地税任〔2016〕39号文件，任命宋伟为四川省地方税务局稽查局调研员。

贵州省国家税务局稽查局

2月18日，贵州省国家税务局发出黔国税任字〔2016〕28号文件，任命李孝杰为贵州省国家税务局稽查局副局长，免去其贵州省国家税务局收入规划核算处副处长职务。

云南省国家税务局稽查局

11月9日，云南省国家税务局发出云国税任字〔2016〕50号文件，云南省国家税务局2016年11月2日决定，任命梁丽明为云南省国家税务局稽查局局长，免去其云南省国家税务局收入规划核算处处长职务。

11月2日，云南省国家税务局发出云国税任字〔2016〕48号文件，陈定兴为云南省国家税务局稽查局专职纪检监察员（副处级），免去其云南省国家税务局机关服务中心副主任职务。

云南省地方税务局稽查局

5月16日，中共云南省地方税务局党组发出云地税党组任免〔2016〕28号文件，任命余萍为云南省地方税务局稽查局党组书记、局长（试用期一年），免去云南省地方税务局稽查局党组副书记、副局长职务。

10月21日，中共云南省地方税务局党组发出云地税党组任免〔2016〕73号文件，任命李睿为云南省地方税务局稽查局党组成员、副局长；免去孙旭伟云南省地方税务局稽查局党组成员、副局长职务。

西藏自治区国家税务局稽查局

7月11日，西藏自治区国家税务局印发藏国税任字〔2016〕30号文件，任命才丹康健为西藏自治区国家税务局稽查局副局长。任命王君峰为西藏自治区国家税务局稽查局专职纪检监察员（副处级）。

陕西省国家税务局稽查局

8月30日，陕西省国家税务局印发陕国税任〔2016〕54号文件，任命王青山为陕西省国家税务局稽查局局长；李杰不再担任陕西省国家税务局稽查局局长职务。

甘肃省国家税务局稽查局

11月7日，甘肃省国家税务局印发甘国税任〔2016〕55号文件，任命李恩梅为甘肃省国家税务局稽查局副局长（列徐长瑛之后），免去房全喜的甘肃省国家税务局稽查局副局长职务。

甘肃省地方税务局稽查局

7月26日，甘肃省地方税务局印发甘地税任字〔2016〕9号文件，免去陈岸颖甘肃省地方税务局稽查局局长职务，任命许国强为甘肃省地方税务局稽查局局长。

8月31日，甘肃省地方税务局印发甘地税任字〔2016〕18号文件，免去崔麟甘肃省地方税务局稽查局副局长职务；免去方晓芬甘肃省地方税务局稽查局副局长职务，任命黄姝梅为甘肃省地方税务局稽查局副局长。

9月6日，甘肃省地方税务局印发甘地税任字

〔2016〕19号文件，任命魏刚为甘肃省地方税务局稽查局副局长，试用期一年。

宁夏回族自治区地方税务局稽查局

11月2日，宁夏回族自治区地方税务局印发宁地税任〔2016〕29号文件，免去张宏伟宁夏回族自治区地方税务局稽查局副局长职务。

大连市国家税务局稽查局

12月6日，大连市国家税务局发出大国税发〔2016〕295号文件，经大连市国家税务局研究决定，汤爱华任大连市国家税务局稽查局副局长。

大连市地方税务局稽查处

10月21日，中共大连市地方税务局党组印发大地税党发〔2016〕79号文件，任命郑润涛为大连市地方税务局稽查局副局长（试用期一年），王玉武为大连市地方税务局稽查局副局长（试用期一年）。

11月4日，中共大连市地方税务局党组印发大地税党发〔2016〕82号文件。任命赵喜民为大连市地方税务局办公室主任，免去赵喜民的大连市地方税务局税务稽查处处长职务。任命金岩为大连市地方税务局稽查局办公室主任，免去金岩的大连市地方税务局税务稽查处副处长职务。

宁波市国家税务局稽查局

2月19日，宁波市国家税务局发出甬国税任〔2016〕14号文件，根据《中华人民共和国公务员法》有关规定，经研究决定，免去顾维均宁波市国家税务局稽查局副调研员职务，办理退休手续。

8月12日，宁波市国家税务局发出甬国税任〔2016〕39号文件，根据《中华人民共和国公务员法》有关规定，经研究决定，免去潘新光宁波市国家税务局稽查局调研员职务，办理退休手续。

9月22日，宁波市国家税务局发出甬国税任〔2016〕51号文件，郑根平任宁波市国家税务局稽查局副局长（副处长级，列邬杨杰之前）。

厦门市国家税务局稽查局

9月1日，厦门市国家税务局印发厦国税任〔2016〕18号文件，决定李垂福不再担任厦门市国家税务局稽查局局长，任命张连发为厦门市国家税务局稽查局局长。

厦门市地方税务局稽查局

9月8日，福建省地方税务局印发闽地税〔2016〕118号文件，经研究，免去许国荣的厦门市地方税务局稽查局调研员职务，退休。

青岛市地方税务局稽查局

10月24日，青岛市地方税务局发出青地税任〔2016〕35号文件，周宗安为青岛市地方税务局稽查局执行处副处长，免去其青岛市地方税务局市南分局副局长职务。

深圳市国家税务局稽查局

1月13日，深圳市国家税务局发出深国税任〔2016〕17号文件，任命谭明清为副调研员（副处级）。

3月21日，深圳市国家税务局发出深国税任〔2016〕31号文件，免去谢孝平深圳市国家税务局第一稽查局副局长职务，办理退休手续，退休时间自2016年3月起计算。

10月13日，深圳市国家税务局发出深国税任〔2016〕85号文件，李辉煌为深圳市国家税务局第三稽查局纪检监察专员（副处长级），免去其深圳市国家税务局政策法规处副调研员职务。

深圳市地方税务局稽查局

4月22日，深圳市地方税务局发出深地税发〔2016〕74号文件，谢少华任深圳市地方税务局稽查局局长，免去其深圳市地方税务局办公室主任职务。

4月18日，深圳市地方税务局发出深组干〔2016〕154号文件，免去叶重德的市地税局副巡视员职务，退休。

4月22日，深圳市地方税务局发出深地税发〔2016〕74号文件，李伏虎任深圳市地方税务局稽查局副局长，免去其深圳市地方税务局稽查局办公室主任职务，试用期一年。

（以上内容根据各省、自治区、直辖市和计划单列市国家税务局、地方税务局稽查局提供，编辑部整理）

2016 年全国税务稽查人员基本情况表（1）

单位：人

单位	人员配置情况				性别		政治面貌			文化结构				专业资格					年龄结构		
	合计	省级	地市级	县级	男	女	党、团员	民主党派	群众	博士研究生	硕士研究生	大学本科	专科及以下	注册会计师	注册税务师	法律职业资格	资产评估师	计算机高级程序员及以上	35 岁以下	35～45 岁	45 岁以上
北京市国家税务局稽查局	1052	164	888		653	399	729	8	315	2	85	780	185	22	66	17			204	191	657
北京市地方税务局稽查局	1100		1100		586	514	828	15	257	1	64	884	151	13	59	4			146	393	561
天津市国家税务局稽查局	889	92	797		592	297	620	10	259	1	73	814	1	3	17	9			214	70	605
天津市地方税务局稽查局	656	119	537		406	250	470	16	170		35	554	67	21	52	3			153	140	363
河北省国家税务局稽查局	2558	54	889	1615	1752	806	2135	18	405	6	62	1695	795	18	125	14	2		183	879	1496
河北省地方税务局稽查局	2947	59	1145	1743	1867	1080	2500	21	426		78	1954	915	29	186	12			313	1157	1477
山西省国家税务局稽查局	1092	23	636	433	716	376	764	6	322		42	761	289	6	31	1			139	259	694
山西省地方税务局稽查局	1467	31	527	909	1022	445	1098	7	362		24	933	510	6	53	5			165	451	851
内蒙古自治区国家税务局稽查局	1242	18	492	732	725	517	833	10	399	1	35	886	320	10	24	7		2	166	449	627
内蒙古自治区地方税务局稽查局	395	73	278	44	254	141	322	5	68		24	333	38	2	5	4			62	148	185
辽宁省国家税务局稽查局	2597	35	2050	512	1599	998	2106	45	446		156	1810	631	23	150	20		1	476	657	1464
辽宁省地方税务局稽查局	1862	55	1176	631	1244	618	1420	43	399		131	1346	385	34	154	19	5		200	535	1127
大连市国家税务局稽查局	388	388			204	184	235	2	151		50	245	93	9	14	4			126	53	209
大连市地方税务局稽查局	449	7	397	45	283	166	338	4	107		67	333	49	7	32	4			90	134	225
吉林省国家税务局稽查局	1135	11	704	420	689	446	756	8	371		55	746	334	9	54	12			206	257	672
吉林省地方税务局稽查局	1051	107	618	326	604	447	674	18	359	2	138	700	211	9	64	9			243	389	419
黑龙江省国家税务局稽查局	1197	15	395	787	716	481	901	4	292		48	910	239	10	40	7	1		171	299	727
黑龙江省地方税务局稽查局	1229	13	308	908	665	564	932	16	281		60	994	175	16	63	10	5		340	429	460

2016 年全国税务稽查人员基本情况表（2）

单位：人

单位	人员配置情况				性别		政治面貌			文化结构				专业资格					年龄结构		
	合计	省级	地市级	县级	男	女	党、团员	民主党派	群众	博士研究生	硕士研究生	大学本科	专科及以下	注册会计师	注册税务师	法律职业资格	资产评估师	计算机高级程序员及以上	35 岁以下	35～45 岁	45 岁以上
上海市国家（地方）税务局稽查局	1254	697	557		626	628	759	32	463		95	869	290	32	130	23	5	1	244	186	824
江苏省国家税务局稽查局	2081	15	718	1348	1510	571	1600	27	454		77	1474	530	38	250	19	1	2	239	443	1399
江苏省地方税务局稽查局	1747	20	769	958	1199	548	1441	29	277		153	1408	186	80	396	47	4	1	214	717	816
浙江省国家税务局稽查局	1928	21	684	1223	1365	563	1282	44	602	1	70	1404	453	24	119	21	1	3	218	384	1326
浙江省地方税务局稽查局	1628	17	528	1083	1160	468	1182	21	425		83	1252	293	44	61	10	2	2	231	356	1041
宁波市国家税务局稽查局	345	190		155	255	90	243	4	98		13	250	82	3	8	5			47	70	228
宁波市地方税务局稽查局	242	60	93	89	163	79	180	6	56		16	187	39	2	7	2			20	77	145
安徽省国家税务局稽查局	1233	36	666	531	885	348	1029	7	197		137	804	292	18	120	12	1		168	262	803
安徽省地方税务局稽查局	1105	28	372	705	778	327	852	17	236		142	836	127	40	187	5	2	1	67	376	662
福建省国家税务局稽查局	832	19	307	506	652	180	631	18	183		33	522	277	8	37	7			84	186	562
福建省地方税务局稽查局	788	21	274	493	577	211	629	9	150		36	579	173	11	49	5			98	293	397
厦门市国家税务局稽查局	153	88	65		85	68	96		57		8	131	14		5	4			52	25	76
厦门市地方税务局稽查局	93	64	29		60	33	58	1	34		6	74	13	1	7	4			11	39	43
江西省国家税务局稽查局	1148	19	481	648	850	298	887	6	255		52	963	133	22	75	3		3	79	249	820
江西省地方税务局稽查局	1122	22	374	726	789	333	844	10	268	1	62	821	238	39	130	21	3	2	97	422	603
山东省国家税务局稽查局	2705	29	579	2097	1805	900	2397	11	297	1	124	1716	864	22	159	18		2	284	711	1710
山东省地方税务局稽查局	1960	18	514	1428	1318	642	1745	23	192	1	45	1578	336	26	144	7	1	2	108	893	959

2016 年全国税务稽查人员基本情况表（3）

单位：人

单位	人员配置情况				性别		政治面貌			文化结构				专业资格					年龄结构		
	合计	省级	地市级	县级	男	女	党、团员	民主党派	群众	博士研究生	硕士研究生	大学本科	专科及以下	注册会计师	注册税务师	法律职业资格	资产评估师	计算机高级程序员及以上	35 岁以下	35～45 岁	45 岁以上
青岛市国家税务局稽查局	287	163	23	101	212	75	212	1	74	1	12	253	21	3	17	3	1		10	56	221
青岛市地方税务局稽查局	255	132	45	78	166	89	219	3	33		18	201	36	2	19				7	101	147
河南省国家税务局稽查局	2983	50	1720	1213	1801	1182	2311	20	652	1	72	1376	1534	11	103	17	1		290	843	1850
河南省地方税务局稽查局	2321	38	978	1305	1477	844	2038	20	263	2	64	1192	1063	14	104	8	1	38	214	875	1232
湖北省国家税务局稽查局	2235	14	1121	1100	1471	764	1874	14	347	3	120	1523	589	23	85	7	1		239	793	1203
湖北省地方税务局稽查局	1562	32	617	913	1074	488	1368	4	190	1	72	1108	381	15	130	10		1	239	397	926
湖南省国家税务局稽查局	2095	38	850	1207	1485	610	1652	16	427		88	1453	554	25	122	29	2	3	196	621	1278
湖南省地方税务局稽查局	1493	18	379	1096	1023	470	1207	7	279	1	46	1083	363	32	101	10	1	1	214	526	753
广东省国家税务局稽查局	2167	24	673	1470	1431	736	1800	6	361	2	121	1392	652	21	70	34	2	9	321	600	1246
广东省地方税务局稽查局	2396	40	1206	1150	1551	845	1978	11	407	2	174	1568	652	35	106	17		4	265	794	1337
深圳市国家税务局稽查局	334	334			172	162	259	2	73	1	57	235	41	8	19	27	1		135	108	91
深圳市地方税务局稽查局	287	287			175	112	222	6	59	1	78	177	31	13	28	7			59	111	117
广西壮族自治区国家税务局稽查局	1138	16	410	712	775	363	820	4	314	1	63	810	264	5	26	15	1		75	358	705
广西壮族自治区地方税务局稽查局	867	867			426	441	677	5	185		55	761	51	5	24	20			402	241	224
海南省国家税务局稽查局	147	147			86	61	109	3	35		22	119	6	10	10	7	1		51	60	36
海南省地方税务局稽查局	265	265			191	74	178	31	56		18	115	132	1	4	2			51	56	158
重庆市国家税务局稽查局	578	25		553	399	179	423	5	150		51	412	115	5	19	9	1		116	125	337
重庆市地方税务局稽查局	620	237	229	154	400	220	446	25	149		30	506	84	10	65	11			104	187	329

2016 年全国税务稽查人员基本情况表（4）

单位：人

单位	人员配置情况				性别		政治面貌			文化结构				专业资格					年龄结构		
	合计	省级	地市级	县级	男	女	党、团员	民主党派	群众	博士研究生	硕士研究生	大学本科	专科及以下	注册会计师	注册税务师	法律职业资格	资产评估师	计算机高级程序员及以上	35岁以下	35～45岁	45岁以上
四川省国家税务局稽查局	1775	23	724	1028	1160	615	1255	14	506	4	85	1220	466	7	103	15		1	234	503	1038
四川省地方税务局稽查局	2197	89	576	1532	1353	844	1581	19	597	2	150	1407	638	24	106	22	1		352	629	1216
贵州省国家税务局稽查局	725	17	344	364	446	279	506	4	215		38	534	153	4	21	13			130	250	345
贵州省地方税务局稽查局	330	20	310		198	132	249	1	80		15	273	42	2	3	1			61	140	129
云南省国家税务局稽查局	1135	16	269	850	755	380	698	30	407	2	38	624	471		22	2			76	203	856
云南省地方税务局稽查局	1150	24	302	824	739	411	748	3	399		29	732	389	8	47	5		1	132	370	648
西藏自治区国家税务局稽查局	96	17	79		56	40	87		9		4	86	6		1				37	47	12
陕西省国家税务局稽查局	1431	38	497	896	958	473	997	12	422		36	823	572	3	24	5			181	360	890
陕西省地方税务局稽查局	1190	39	635	516	768	422	857	7	326	1	98	774	317	2	57	4	2	10	152	419	619
甘肃省国家税务局稽查局	671	17	308	346	453	218	520	5	146		17	480	174	1	26	6			77	156	438
甘肃省地方税务局稽查局	713	8	195	510	436	277	524	4	185		11	470	232	18	64	5		5	124	253	336
青海省国家税务局稽查局	253	16	141	96	171	82	185	3	65		2	185	66	2	4	2			38	103	112
青海省地方税务局稽查局	127	10	117		63	64	95	1	31		3	110	14		7				31	47	49
宁夏回族自治区国家税务局稽查局	328	25	246	57	166	162	231	1	96		20	265	43	1	12	2			57	86	185
宁夏回族自治区地方税务局稽查局	155	30	125		73	82	113	4	38		11	136	8	3	5	1			27	69	59
新疆维吾尔自治区国家税务局稽查局	626	20	606		337	289	469	1	156		43	485	98	12	106	8	1		172	227	227
新疆维吾尔自治区地方税务局稽查局	637	45	592		343	294	481		156		21	523	93	3	49	1			116	260	261
合　计	79239	5809	34264	39166	51444	27795	60905	813	17521	42	4161	54957	20079	985	4782	699	50	95	10843	23553	44843

第九篇

大　事　记

税务稽查大事记（2016年）

第1季度

1月6日　国家税务总局稽查局发出《关于下发2015年重点税源企业随机抽查工作重点检查名单的通知》（税总稽便函〔2016〕7号）。

1月28日　国家税务总局办公厅、法规司、货物劳务税司、征管和科技发展司、电子税务中心及稽查局召开税务总局打击出口骗税工作领导小组协调会议，国家税务总局副局长孙瑞标出席会议并讲话。会议总结2015年全国税务系统打击出口骗税工作开展情况，研究部署2016年打击出口骗税工作。

2月14日　国家税务总局发出《2016年全国税务稽查工作要点》（税总函〔2016〕54号）。

2月25日　国家税务总局发出《2016年打击虚开增值税专用发票违法犯罪活动工作方案》（税总函〔2016〕89号）。

2月25日　国家税务总局发出《2016年打击发票违法犯罪活动工作实施方案》（税总发〔2016〕26号）。

第2季度

4月13日　全国税务稽查工作会议在重庆召开。会议总结2015年及“十二五”时期税务稽查工作，明确“十三五”时期稽查工作改革发展思路，部署2016年税务稽查工作任务。国家税务总局副局长孙瑞标出席会议并讲话。

4月13日　西南地区税务稽查合作备忘录签字仪式在重庆市国家税务局举行。国家税务总局副局长孙瑞标、国家税务总局稽查局局长王学东、国家税务总局稽查局巡视员李国成出席签字仪式。西南地区五省（区、市）国家税务局、地方税务局分管稽查工作的局领导共同签署《西南地区税务稽查合作备忘录》。

4月25日　国家税务总局稽查局、公安部经济犯罪侦查局、海关总署缉私局、中国人民银行反洗钱监测分析中心打击虚开和骗税工作领导小组会议在国家税务总局稽查局召开，四部门分管打击虚开和骗税工作的领导及处级联络人员参加会议。会议研究部署2016年打击虚开和骗税工作。

4月28日　2016年打击出口骗税违法犯罪活动工作部署会在湖北省国家税务局召开，上海、江苏、浙江、福建、广东、海南、重庆、宁波、厦门、深圳省（市）国家税务局分管稽查工作的局领导、稽查局（处）主要负责人、税务总局打击骗取出口退（免）税工作领导小组成员及单位有关人员参加会议。

4月28日　2016年打击虚开增值税专用发票违法犯罪活动工作部署会在湖北省国家税务局召开，北京、天津、河北、安徽、江西、山东、河南、湖北、广西、陕西省（区、市）国家税务局分管稽查工作的局领导、稽查局主要负责人、税务总局打击虚开增值税专用发票工作领导小组成员及单位有关人员参加会议。

5月4日　国家税务总局发出《国家税务总局关于2015年税务系统开展打击发票违法犯罪活动工作情况的通报》（税总发〔2016〕63号）。

5月24日　国家税务总局和公安部在税务总局第二办公区举行“公安部派驻国家税务总局联络机制办公室”揭牌仪式。公安部副部长孟庆丰，税务总局副局长孙瑞标参加揭牌仪式并分别致辞。税务总局办公厅、政策法规司、征管和科技发展司、电子税务管理中心及稽查局有关领导参加揭牌仪式。

5月30日　国家税务总局发出《国家税务总局　公安部　海关总署　中国人民银行关于2016年打击骗取出口退税和虚开增值税专用发票专项工作安排的通知》（税总发〔2016〕79号）。

第3季度

6月6日　国家税务总局稽查局发出《国家税务总局稽查局关于做好重大税收违法案件信息撤出公布有关工作的通知》（税总稽便函〔2016〕127号）。

6月17日　国家税务总局稽查局在江苏省国

家税务局分别召开20个打击出口骗税和虚开工作组工作会议，会议听取各工作组组长对前期本组工作开展情况的汇报；研究和明确工作组现阶段工作开展中急需解决的问题；安排部署下一阶段工作组有关工作。国家税务总局稽查局有关人员和20个打击出口骗税和虚开工作组组长参加会议。

7月12日 国家税务总局稽查局发出《2016年税务总局派驻打击骗税和虚开工作组工作指引》（税总稽便函〔2016〕156号）。

7月19日 国家税务总局稽查局、公安部经济犯罪侦查局、海关总署缉私局、中国人民银行反洗钱监测分析中心联合发出《关于进一步做好打击骗税和虚开工作的通知》（税总稽便函〔2016〕165号）。

7月28日 国家税务总局发出《2016年营改增高风险企业专项稽查工作方案》（税总函〔2016〕385号）。

8月11日 国家税务总局发出《公安部派驻国家税务总局联络机制运行暂行办法》（税总函〔2016〕404号）。

8月18日 国家税务总局、公安部、海关总署、中国人民银行四部委打击骗税和虚开工作领导小组研究决定成立10个督导组，赴打击骗税和虚开重点地区对工作开展情况进行督导。

8月23日 国家税务总局稽查局发出《国家税务总局稽查局关于开展2016年度打击骗税和虚开案件专项协查工作的通知》（税总稽便函〔2016〕186号）。

9月19日 国家税务总局发出《国家税务总局关于加强打击侵犯知识产权和制售假冒伪劣商品相关税收工作的通知》（税总函〔2016〕479号）。

第4季度

11月30日 国家税务总局发出《国家税务总局关于走逃（失联）企业涉嫌虚开增值税专用发票检查问题的通知》（税总发〔2016〕172号）。

12月1日 国家税务总局发出《国家税务总局关于印发〈全国税务稽查规范（1.0版）〉的通知》（税总发〔2016〕170号）。

12月8日 国家税务总局在北京召开部分地区稽查工作座谈会，听取基层对2017年稽查工作安排的意见建议，研究2017年稽查重点工作思路。部分地区分管稽查工作的局领导和部分国税、地税稽查局局长参加。

12月13日 国家税务总局稽查局发出《国家税务总局稽查局关于开展重大税收违法案件公布清理工作的通知》（税总稽便函〔2016〕273号）。

（国家税务总局稽查局供稿）

第十篇

文　　选

大数据时代下推进税务稽查随机抽查的思考

张宝江

内容提要：为贯彻落实党中央、国务院关于深化行政体制改革，加快转变政府职能，进一步推进“放管服”的部署和要求，国家税务总局出台了《推进税务稽查随机抽查实施方案》，提出建立健全税务稽查“双随机”抽查机制。本文通过对近年来税务稽查部门案源选择方式、案件查处结果的分析，剖析了传统稽查方式存在的问题与不足，结合大数据特点、大数据处理方式，就大数据时代如何推进税务稽查随机抽查进行深入思考并提出了相应的工作建议。

关键词：税务稽查随机抽查　税务稽查对象异常名录库　大数据

2015年，国务院决定大力推广随机抽查监管，建立“双随机”抽查机制。国家税务总局《推进税务稽查随机抽查实施方案》（以下简称《方案》）的出台，是“双随机”抽查机制在税务稽查领域创造性的制度落实，是税务部门改革监管方式、规范税收执法、促进税法遵从和公平竞争的一个重要举措。为此，税务稽查部门必须运用大数据等现代信息技术手段大力推进随机抽查，充分发挥职能作用。

一、实施税务稽查随机抽查的现实意义

健康有序的市场经济不是自发形成的，而是有赖于政府通过制定科学有效的市场监管规则、流程和标准，依法开展监管，当好裁判员。

（一）随机抽查是提升税收治理体系和治理能力现代化的具体体现

《方案》通过制度性规定进一步规范和约束自由裁量权，彰显了税务部门从“权力本位”到“权利本位”、从“管理”到“治理”、从“治民”到“治权”的转型，这是努力迈向税收治理现代化的具体体现。

（二）随机抽查是推进稽查现代化的重要抓手

稽查异常对象的确定、稽查方式的选择，都必须建立在涉税数据信息的全面采集、高效筛选、科学分析、增值运用的基础上，而这些是稽查现代化的应有之义。可以说，随机抽查是推进税务稽查现代化的重要抓手和实现途径。

（三）随机抽查是扎住“权力寻租”和“执法任性”的制度围栏

随机抽查从制度上对稽查执法权进行全方位约束，稽查对象分类名录库和异常对象名录库的建立堵住了过往“想查谁就查谁”的漏洞，检查人员分类名录库的建立关上了曾经“想由谁查就由谁查”的大门，随机抽查比例频次以及国地税联合检查的规定压缩了以前“想怎么查就怎么查”的空间。

（四）随机抽查是提高纳税人税法遵从度的有效途径

随机确定抽查对象，使纳税人根本无从掌握稽查执法信息，每个纳税人的头上都悬着一把“达摩克利斯之剑”，较好地解决了稽查人员有限、检查对象众多的难题，有效挤压了纳税人侥幸心理，增强了纳税人的税法遵从度。

二、实施税务稽查随机抽查的关键环节

做好随机抽查的关键在于建立稽查异常对象名录库、稽查人员分类名录库和稽查成果增值运用。

（一）建立稽查异常对象名录库是推进随机抽查工作的“稳定器”

随机抽查制度能否得到贯彻落实，关键在异常对象名录库的建立。建立异常对象名录库必须通过拓宽数据采集渠道、构建数据分析模型、强化数据关联分析等方式，将高风险、异常企业找出来，才能保持稽查对涉税违法行为打击的高压态势，进而保障随机抽查的平稳推进。

（二）建立稽查人员分类名录库是推进随机抽查工作的“发动机”

在稽查人少事多的情况下，只有通过全面采集

检查人员的年龄、专业、经历、检查实绩等信息，才能客观评价其工作能力和发展潜力，准确了解其工作特长，进而最大限度地优化人员组合，形成合力。因此，精确的稽查人员分类名录库是推进随机抽查的动力源泉。

（三）稽查成果增值运用是推进随机抽查工作的“催化剂”

稽查成果的增值运用，可以使税务机关找准征、管、查的弱点，有效提高税收治理能力。同时也能强化稽查的打击和震慑职能，有效促进纳税人的税法遵从。对涉税违法的纳税人进行个体分析，有针对性地运用经济惩戒、信用惩戒、从严监管等措施，能够引导纳税人自觉遵从税法。因此，稽查成果增值运用是推进随机抽查工作的“催化剂”。

三、实施税务稽查随机抽查的瓶颈因素

随机抽查必须围绕着信息开展，可以说信息的采集、处理、筛选、利用能力是实施随机抽查的“控制性工程”。而目前，征纳双方信息不对称问题尤为突出，瓶颈仍存。

（一）涉税信息获取渠道不畅

目前，税务机关涉税数据的流动性和可获取性都较弱，信息获取渠道不畅。一方面，内部流程和环节没有理顺，信息共享利用受到制约；另一方面，与政府职能部门的涉税信息交换尚未制度化、常态化，对获取第三方信息的权利以及第三方向税务机关提供涉税信息的义务尚缺乏明确的法律支持。

（二）涉税信息处理平台能力不足

涉税数据来源和渠道的增加，使得信息的维度越来越广阔。对不同渠道来源的信息实施有效的采集、存储、分析和应用，需要强大的信息处理平台为技术支撑。目前的税务信息系统存在系统分散、数据隔离、运行速度慢和功能不完善等问题，导致对数据的采集、存储、处理、分析和应用能力不足。

（三）信息挖掘运用水平不高

目前，税务机关未能有效利用和深入挖掘自身已有的数据，更未能有效获取和利用第三方数据。即使是利用，也更关注数据的基本利用，而忽视了对数据价值的再利用、数据集整合再利用和潜在挖掘运用。对于企业财务数据和税务数据的分析仅仅停留在逻辑关系的判断上，而不能进行横向或纵向、定性或定量的分析和推理。

四、运用大数据思维和手段推进税务稽查随机抽查

大数据时代的到来，迫使税务稽查部门必须运用大数据思维和手段来推进随机抽查等工作。

（一）大数据的概念

“大数据”的概念远不止大量的数据（TB）和处理大量数据的技术，或者所谓的“4个V”之类的简单概念，而是涵盖了人们在大规模数据的基础上可以做的事情。换言之，大数据让我们以前所未有的方式，通过对海量数据进行分析，获得有巨大价值的产品和服务，或深刻的洞见，最终形成变革之力。

（二）税务部门大数据的主要特点

税务部门大数据指的是量级巨大到无法通过传统信息系统和计算资源在合理时间内达到捕获、管理、处理、并整理成为支持日常决策依据的信息。主要特点：一是体量巨大，基于互联网可获取的数据预期将占到可管理数据量的60%～70%，比结构化数据增长快10倍到20倍。二是数据呈现异构特点和多样性，既有结构化数据，又有半结构化数据和非结构化数据。三是数据价值密度低，海量数据的关联性很难归纳统一模式或模式不明显。四是数据使用速度快，实时分析而非批量式分析，数据输入、处理与丢弃立竿见影。挖掘大数据的价值类似“沙里淘金”，从海量数据中挖掘稀疏但珍贵的信息。

（三）运用大数据思维和手段的建议

对税务稽查部门而言，大数据是推进随机抽查等工作、实现稽查现代化的利器。如何更好地让大数据服务稽查工作，现提出以下建议：

1. 树立大数据理念，培养大数据人才

深入普及大数据相关知识，引导干部正确理解大数据的核心理念，培养大数据的思维方式，努力营造一个“用数据来说话、用数据来管理、用数据来决策、用数据来创新”的大数据文化氛围，为稽查大数据建设奠定坚实的思想基础。

要培养一批大数据稽查专家，使其深谙大数据规律，精通税收业务与计算机技术，熟练掌握会计、数理统计等知识，能够通过涉税数据之间的相关性分析，深挖数据背后的价值，探寻征管规律，找出税收风险点，精确实施稽查，提高稽查质量与效率。

2. 拓宽信息获取渠道，增强信息处理能力

建立机制，畅通信息获取渠道。要消除数据流

动障碍，畅通获取渠道。一方面，需要打通内部壁垒，实现税务机关内部不同部门、信息系统、层级、地区间数据的流动共享；另一方面，抓住《税收征管法》修订的契机，以法律形式明确海关、工商、银行等涉税信息占有者向税务机关及时准确提供涉税信息的法律义务和责任。

搭建平台，增强数据处理能力。必须坚持科技创新驱动的道路，充分利用现代信息技术手段，建立全社会基础数据统一平台。可以借鉴美国纳税人账户数据引擎（CADE2）的做法，在金税三期工程中搭建一个功能强大的数据处理平台，实现全国税收征管数据大集中。优化整合现有的不同类别、不同层次、不同功能的各种系统，覆盖纳税人、税务机关内部、工商、海关等相关部门乃至互联网等不同渠道取得的数据，实现对数据的有效采集、存储、处理、分析和应用。

（张宝江，安徽省国家税务局总会计师）

改革属地稽查方式
推行“双随机”异地交叉检查

睢立军

内容提要：吉林地税局稽查局在深化国地税征管体制改革中，通过改革属地稽查管理方式，推行“双随机”异地交叉检查，取得阶段性改革成果。突破属地稽查管理，提升稽查管理层级，变自主选案为第三方“双随机”抽查，变分散式的个案检查为集约化检查，变常态化审理为多层级把关审理，变单纯执法为稽查成果综合利用。深化创新开展基层党建工作。着力把异地交叉检查打造成“岗位大练兵、业务大比武”的平台和阵地，通过实战，检验、锻炼了稽查干部。

关键词：交叉检查　创新基层党建　打造“岗位大练兵、业务大比武”平台和阵地

2016年，吉林地税局按照税务总局工作部署，在深化国地税征管体制改革中，大力推进税务稽查管理方式改革，变属地稽查为异地稽查，全省推行了“双随机”异地交叉检查。通过稽查管理方式转变，提升了税务稽查管理层级，增强了执法独立性，减少了执法干扰和阻力，规范了事中事后监管，提升了稽查效能，推进了税收治理体系和治理能力向现代化转变，实现了税务稽查管理方式改革的新突破。

一、立足稽查实际，确定改革思路

近年来，吉林地税局在推进税收治理体系和治理能力现代化进程中，通过持续实施稽查改革，做实做强省级稽查，推行“市一级稽查”和分类分级管理方式，取得了一定的改革成果。

根据《深化国税、地税征管体制改革方案》和税务总局相关部署，按照税务总局稽查局《推进税务稽查随机抽查实施方案》的要求，确立了2016年全省深化稽查改革新思路：在现有稽查体制下，变属地稽查为异地稽查，通过稽查管理层级、组织形式、运行机制、检查方式的提升和变革，持续推进稽查现代化建设，构建税收治理新体系，提高税收治理能力和水平。

二、着力改革实施，全省整体推行

省局领导在趋势研判、形势把握、问题预测、深入分析、整体谋划的基础上，在全省地税工作会议、全省地税稽查工作会议上就改革属地稽查方式、推行“双随机”异地交叉检查工作进行全面部署。制定了实施方案，由省局稽查局全面组织落实稽查改革，做法如下：

变属地稽查为跨区域异地稽查。突破属地稽查管理，按照“省局主导、属地回避、人员交叉、异地稽查、分批轮查”的工作原则，每年抽选3～5个地区，由省局稽查局整合全省稽查资源，实行跨地区、跨市县的“双随机”异地交叉检查。

变三级稽查管理为省一级稽查管理。提升稽查管理层级，省局建立“双随机”异地交叉检查组织架构，形成异地交叉检查的组织领导体系、

执法办案体系和综合保障体系。实行以省局稽查局为执法主体，统一组织指挥、统一调度督导、统一方案、统一选案、统一检查、统一审理、统一执行，统一执法标准和处罚尺度。变过去省、市、县三级稽查分级分类管理为省局稽查局一级管理。

变自主选案为第三方“双随机”抽查。贯彻落实国务院办公厅、国家税务总局关于推广随机抽查规范事中事后监管的有关部署和要求，全面推行“双随机一公开”。一是制定随机抽查事项清单。在认真梳理税务行政执法项目的基础上，建立了《随机抽查事项清单》和《联合抽查意向表》，制定《吉林省地方税务局关于推进税务稽查随机抽查工作的意见》，明确任务分工，落实主体责任，健全工作机制。二是建立《税务稽查随机抽查工作制度》，细化、明确了具体随机抽查的内容、步骤和方式方法。三是建立了《税务稽查分类名录库》《税务稽查检查人员名录库》和《税务稽查异常名录库》。在此基础上，建立了《年纳税百万元以上案源分析库》，组织人员对入库案源逐户进行案头分析，建立了《税务稽查高风险分类名录库》。四是举行“双随机”抽选仪式，采取计算机摇号方式随机抽选检查对象，随机选配检查人员。省政府推进职能转变协调小组办公室、省政府法制办、省工商局、省水利厅等第三方单位人员，随机抽选了60户稽查对象，随机选配60名检查人员。公证部门对随机抽选过程进行了全程公证，省纪委驻地税纪检组和纳税人代表对抽选仪式进行了现场监督。

变分散式的个案检查为集约化检查。整合全省稽查骨干资源，在随机抽选的基础上，开展为期5天的集中封闭式查前培训。并将60名检查人员按照属地回避的原则，交叉分编成5个检查工作组，分别由省局稽查局5位副局长任组长。实行局领导带组负责制，压实任务，强化主体责任，落实一岗双责。一是采取调账检查、信息化稽查、案头稽查，减少对企业正常生产经营的干扰，减轻企业负担。二是实行“5+2”和“3单元”工作模式。确保时间、效率最大化。三是实行主查负责制和检查预案制。明确案件主查、副查人员配置和责任，发挥人力资源优势。研究制定切实可行的检查预案，确立检查实施的切入点、关键点、重点和主攻方向，科学有序开展检查工作。四是实行团队化、项目化、信息化管理和检查手段，团队作战，提高检查质量。实行每日例会制度，汇总当天检查情况，集体讨论分析案情，排疑解难，安排下步工作。

变常态化审理为多层级把关审理。建立联席审理机制，抽调各地区审理骨干，聘请省局法规处、税政处领导及专业律师等组成审理团队。一是驻组审理。按照属地回避原则将审理人员分编5个审理小组，驻检查组实施审理，及时提出审理意见，推动检查质量提升。二是实地复审。以省局稽查局审理科人员为主，组成案件复审组，综合汇总、调度指导各地审理工作；深入各地对案件进行现场复审，实地督导，汇总、处理各审理小组具体问题，统一把握处理处罚标准尺度，促进取证规范化、文书标准化、处罚统一化。三是巡回审理。针对原审理委员会部分成员在各地实施检查的实际，做出相应调整，建立新的交叉检查审理委员会，组成审理团队，对符合案审会标准的案件实地巡回审理，提升审理效率。四是集中审理。对案情复杂、达到案审会标准的案件，分别由稽查局、省局案审会进行集中、统一审理。通过层层把关，确保案件查办质量。五是属地配合、统一执行。省局稽查局统一制作审理、执行文书，查补税款按属地入库原则，由执行组制作执行预案，统一组织卷宗归档，统一下发《税务处理决定书》《税务行政处罚决定书》，由被查对象所在地稽查局配合组织入库，并及时向省局反馈执行结果。

变单纯执法为稽查成果综合利用。积极打造稽查执法特色服务。全面实行调账检查，案头稽查，减少对纳税人生产经营的影响和负担。对稽查对象实行全程、全员服务。查前依法告知纳税人权利，监督、救济渠道；查中开展税收政策宣讲、纳税辅导；查后送达《稽查服务手册》，提出稽查建议，服务于纳税人。综合分析、利用稽查成果，向属地主管地税局“一户一建议”，以查促收、以查促管。这次检查，针对检查发现的262个企业涉税问题向主管地税局提出了稽查建议。

三、提高实践效能，实现创新突破

通过改革属地稽查管理方式，推行“双随机”异地交叉检查的具体实践，吉林地税取得了阶段性改革成果。在对5个地区60户企业的“双随机”异地交叉检查中，查补收入4.2亿元，查补超过千万元的企业9户。此次稽查改革是全省地税稽查工作在八个方面实现了突破：实行跨地区异地稽查，实现了属地稽查方式的新突破；实行一级稽查管理，实现了管理层级的新突破；实行“双随机一公开”，实现了选案方式的新突破；实行多层级审理，实现了稽查审理机制的新突破；实行临时党小组组长负责制，实现了“两学一做”学习教育形式和载体的新突破；实行“大比武、大练兵”，实现了队伍执法办案能力的新突破；实行事中事后监督，实现了内控管理的新突破；实行稽查建议制，实现了稽查执法服务的新突破。查后通过向纳税人提出稽查建议、送达《稽查服务手册》，得到了纳税人的认可和支持。通过综合分析、利用稽查成果，向属地主管税务机关“一户一建议”，实现了以查促收、以查促管的新突破。

值得强调的是，在稽查改革中吉林地税局稽查局实行临时党小组组长负责制，将“两学一做”教育与“双随机”交叉检查有机结合，深化创新开展党建工作将临时党小组建在检查组中，使基层党建全覆盖、不间断、无缝隙，抓在日常、严在经常。有效发挥了党支部的战斗堡垒和党员先锋模范作用，提升党员队伍的创造力、凝聚力和战斗力。同时，着力把异地交叉检查打造成“岗位大练兵、业务大比武”的平台和阵地，通过实战，检验、锻炼了稽查干部。

（雎立军，吉林省地方税务局稽查局局长）

打击虚开骗税打防机制的思考

李腾蛟

内容提要： 近年来，在税务总局统一部署下，山东省组织开展了打击虚开和骗税违法犯罪活动，惩处了违法分子，挽回了税款损失，取得了显著成效。本文结合2016年山东省打击虚开骗税工作实践，分析指出虚开和骗税违法犯罪行为屡禁不止的原因，主要包括外部环境过于宽松化、变票虚开行为多层化、犯罪分子日益专业化、虚开骗税分子职业化四个方面。同时，提出了对骗税虚开的上下游企业实施“全链条打击”、继续坚持省以上层面的选案并加以完善等五项工作建议。

关键词： 打击虚开和骗税　协作　查办

近年来，山东省按照全国统一部署，连续组织开展了打击虚开和骗税违法犯罪活动，惩处了一批虚开骗税分子，斩断了一些虚开骗税链条，挽回了相当数量的税款损失，取得了较好成效。与此同时，工作中还存在着一些问题和不足，亟须研究解决。

一、2016年山东省打击虚开和骗税违法犯罪活动开展情况

深刻领会中央领导指示精神，认真落实国家四部委工作部署，国税、公安、海关、人行通力协作，开展打虚打骗专项行动，查办大案要案。共立案查处涉嫌虚开骗税企业446户，移送公安机关388户，涉案金额263亿元、税额44亿元，查补收入6.34亿元，查实骗税和违规退税0.6亿元。在税务总局打骗打虚工作年终总结会议上，山东省相关工作经验得到税务总局副局长孙瑞标点名表扬，临沂市费县“1·29”等特大案件查处工作也得到了公安部副部长孟庆丰的批示表扬。

（一）周密组织，全面整治，确保专项行动顺利开展

一是高度重视，周密组织。山东省副省长孙立成、省国税局局长薛建英分别作出重要批示，打虚打骗工作站位得到提升。成立领导小组，建立多部门协作机制，多次召开联席会议，协调查办工作，解决难点问题。税警联合筛选案源，增选重点案源49户，实现全省全覆盖，其中42户团伙作案明显的案源直接由各级公安侦办。根据税务总局局长王军“方法（大数据）打骗”要求，对222户重点案源逐户研判，撰写了10余万字的分析报告下发各地。二是狠抓大案，全面整治。分级分类查办，提高查处质效。税警联合查办大案要案。枣庄“8·27”案涉嫌虚开金额20亿元、税额3亿元，抓捕13人；央批“7·03”“7·04”专案涉嫌虚开金额110亿元、税额18亿元，抓捕22人；费县“1·29”案涉嫌虚开案值17.02亿元，省外出口企业涉嫌骗税2.3亿元，抓捕13人。对虚开骗税集中行业和地区开展专项整治。省局直接开展济宁市微山县虚开专项整治，指导组织了济宁、临沂等8

个市专项整治，重点查处290户企业，认定虚开和接受虚开金额219亿元、税额36亿元，发现30多个犯罪团伙，抓捕犯罪嫌疑人49人。三是加强培训，强化考核。结合实战开展密集培训。组织了全省税警协作培训、全省稽查业务骨干培训，税务总局和公安部专家到会指导，260余名税警人员参训；多次深入重点市县开展现场培训10余场，培训稽查骨干150余人次。进一步强化考核措施。将重点区县国税局局长列为打骗打虚工作第一责任人，年终对落实工作拖沓的个别市局给予绩效考核扣分。

（二）资源共享，有机融合

配合四部委驻山东工作组，查处5户涉嫌虚开企业，价税合计4亿余元，全部移送公安；查处了3户涉嫌骗税企业，涉嫌骗税和违规退税0.3亿元，移送公安2户，移交当地国税稽查局处理1户；检查发现其他涉嫌虚开骗税企业3户，移交当地查处。将工作组的检查与山东省打骗打虚工作有机融合，在方案制定、案情分析、调查取证等方面密切配合，实现了对虚开骗税违法行为的全方位、一体化打击。建立联席会议和联络员制度，做到了及时沟通，互享经验，完善方案，解决问题。将所有稽查资源与工作组全面共享，保证了数据提供及时、检查支撑有力、案件移送顺畅。

（三）查管结合，服务大局，专项行动取得显著成效

一是骗税虚开违法行为得以遏制，税收秩序明显改善。部分行业、地区虚开骗税违法行为显著减少，经营环境得到净化。二是专业化稽查团队基本成型，打虚打骗能力显著提高。全省总计有700多名稽查人员参战，经受实战锻炼，业务能力显著提升。专项行动的组织模式和创新的检查方法也得到充分实践，并得到不断改进，日趋成熟完善。三是部门协作机制进一步加强，为地方经济健康发展保驾护航。“税警主办、关银协办”的部门协作机制日益完善，配合更加自如。通过专项行动，促使地方政府认识到涉税违法行为对经济健康发展的危害，进一步增强了防范涉税违法犯罪风险意识。

二、虚开和骗税违法犯罪行为屡禁不止的成因分析

虚开和骗税违法犯罪行为之所以屡禁不止和难以根除，除了税收制度和税收政策不完善、税务部门管理不匹配、部门协作有待加强外，还存在以下几点原因：

（一）虚开骗税分子职业化

大致可分为两类：一是以虚开骗税为主要谋生手段的中坚分子，居于中枢、隐于背后，操控虚开骗税违法活动；二是兼职虚开骗税的人员，主要是各种经济活动的经营人和从业人，他们既是虚开骗税违法活动的重要参与者，又是虚开骗税违法活动的具体实施者。

（二）变票虚开行为多层化

表现为虚开起点层、中间虚开层和偷骗税终点层。根据虚开起点层的不同，多层化虚开又表现为收敛型和发散型：以农产品企业为虚开起点的，由于货物价值低、单票金额小，中间虚开层要汇集多家农产品企业的虚开进项再大量向外虚开，底层虚开企业多、中间虚开企业少，为收敛型；以黄金票为虚开起点的，由于黄金企业少、单票金额巨大，中间虚开层企业相对较多，经过变票虚开后，受票企业更多，为发散型。多层化虚开还具有显著的跨省域特点，这与我们当前的属地化打击形成突出矛盾。

（三）犯罪分子日益专业化

已经发展成复合型和系列型违法活动，如一次虚开行为往往是为他人虚开、让他人为自己虚开、介绍他人虚开同时发生，骗税同时伴随着虚开、洗钱和虚假出口贸易等，因此，犯罪分子日益专业化，如虚开有虚开经纪人、买票经纪人和经纪人的经纪人等，难以一网打尽，打击过后容易死灰复燃。

（四）外部环境过于宽松化

近年来，地方政府招商引资力度不断加大。为吸引企业进驻，地方政府制定出台了各项优惠政策，客观上可能会带来“假引资、真虚开”问题。全面推进“放管服”改革、商事制度改革等一系列措施，在为企业提供宽松外部环境的同时，也在一定程度上加大了税源管理的难度，为不法分子虚开骗税留下了可乘之机。

三、下一步打击虚开和骗税违法犯罪活动的建议

（一）对骗税虚开的上下游企业实施“全链条打击”

根据税务总局“打、研、改、防”的总体思路和加大案件行政查处力度的基本要求，针对骗税、虚开重点地区、重点产品进行精准选案，以选

派专案组和属地查处相结合方式，对骗税、虚开的上下游企业实施“全链条打击”，加大税务部门行政执法力度，尽最大努力挽回国家税收损失。同时，抓紧研究提防范骗税、虚开的相关政策、制度建议，力求从根本上遏制骗税、虚开违法犯罪行为的发生。

（二）继续坚持省以上层面的选案并加以完善

骗税多环节、虚开多层化和跨省域的特点要求选案必须在省以上（最好是全国）层面开展。同时，针对多层化和多环节，选案方法和选案模型应该进一步完善。建议以虚开—骗税为主线，筛选出若干骗税虚开犯罪链条，将涉及的涉案企业全部纳入，形成系列案件或者大案。

（三）试行税务总局协调、省际联动的案件查办模式

从近年的检查工作组模式看，存在着异地检查不适应、工作组和驻地间配合不畅等问题。建议试行税务总局协调、省际联动的查办模式，即配合筛选的若干系列案件或者大案，税务总局成立相应的协调督导组，协调和督导系列案件涉及的相关省市联动查办。

（四）推动警税协作向警税合作发展

对虚开骗税案源实行分类处理：犯罪嫌疑明显的，直接交由公安部门经营侦办，不再先行税务检查；犯罪嫌疑不明显的，由税务部门先行检查，待发现有力证据后，再移交公安部门侦办。

（五）提高纳税人防范接受虚开增值税专用发票的风险意识和能力

强化宣传教育培训力度，使广大纳税人认识到虚开骗税违法犯罪行为的巨大危害，提高防范意识，教育和引导纳税人不要心存侥幸心理，不能贪小便宜，保证全部业务的真实性。

（李腾蛟，山东省国家税务局稽查局局长）

发挥稽查职能　助力征管转型

邓新凤

内容提要：“营改增”全面实施后，地税征管转型势在必行。稽查部门作为税收征管的最后一道防线，必须清晰把握、理性认识在征管转型中的能动作用和独有优势，主动助推征管转型，发挥以查促管、以查促收的职能作用。本文从调整思路、查漏补缺、细化措施三方面入手，提出了如何顺应税收征管改革趋势、促进税收征管不断完善、推动税收征管提质增效的稽查工作思路。

关键词：稽查执法　征管转型　职能发挥

在2016年的异地稽查工作中，湖南地税局稽查局检查房产局或房产交易中心企业所得税征收情况时发现，有10个市州既没有进行纳税申报，征收单位也没有进行查账征收或核定征收管理，存在较大的征管漏洞和执法隐患。因稽查部门无权下达核定征收率，无法稽查结案。可以推断，与此相似的医院、学校及其他行政事业单位有应税收入但成本无法划分，也存在同样的问题。如通过有效征管，将是一笔很可观的收入。在“营改增”后，稽查部门作为税收征管的最后一道防线，如何在征管转型的过程中发挥作用、贡献力量，笔者认为可以从以下三个方面着手。

一、调整思路，顺应税收征管改革趋势

“营改增”后，地税部门营业税丢了一大块收入，如要继续做大做强，必须重构征管模式，稽查模式也应随之改变，推动税收征管发生“质变”。

一是在稽查对象上实现“由大向小”的转变。检查工作的重点转向企业所得税、土地增值税、高收入群体的个人所得税及房产税、土地使用税、耕地占用税等固定税源上。稽查部门要有针对性地调整税种稽查重点，从抓主体税种转变为抓重点税种，在个人所得税、土地增值税的检查深度上下功夫，做到应收尽收，颗粒归仓；在小税种的检查广度上做文章，达到聚沙成塔、集腋成裘的效果，使小税种也可以成为地税增收的重要因素，为地税收入增长做出应有贡献。

二是在稽查方式上实现“由浅向深”的转变。案件不在多而在精、剖析不在量而在深。稽查案件查办应当达到“查处一户、震慑一片、规范一行”的效果，要重点打击“营改增”后发生的偷逃税

行为，突出对重大案件、重点行业和重点领域的检查，从精准选案、查深查透、强力曝光等方面入手，以数量上的压缩，来换取质量上的提升，向“执法型”“办案型”稽查转型，彰显税法尊严，树立稽查权威。此外，要依法监督执行税收政策不严格、征管不到位的现象，强化对征管环节违规现象的追责。

三是在稽查范围上实现“由窄向宽”的转变。“营改增”后，稽查部门涉税检查范围缩小、检查税种减少，但肩负的责任并未减轻，更需要我们进一步拓宽工作思路，打开工作局面。针对纳税人更多转为自然人的现状，要加强纳税人户籍信息的调查研究，及时掌握税源底数和分布状况以及税源变化情况。详细研究项目管理信息，特别是加强对不动产登记信息和建设项目登记信息的调查研究，从外围调查入手，进一步掌握纳税人的详细信息，从而抓住重点开展稽查。通过规范股权转让和财产租赁税管收理，依托信息化手段及时采集，强化税源监控。重点加强对自然人、法定代扣义务人的管理，把纳税人基本情况摸清、排实、查准，便于开展稽查工作。

二、查漏补缺，促进税收征管不断完善

征管具有普遍性，稽查具有特殊性；征管是目的，稽查是手段。稽查促征管是一个以问题导向解决问题的过程，通过稽查发现问题再反馈征管加以解决并不断完善。

一是在问题排查上下功夫。税务稽查的效率在很大程度上决定着税收征管的质量与效率。一方面，要充分发挥稽查对征管效果的检查与监控作用，通过“一案双查双报告”，发现在税源监控、税款征收、税法适用等方面存在的问题，发现征管手段尚未完全到位的“死角”，堵塞征管漏洞。另一方面，把稽查打击涉税犯罪、纠正税收违法行为、促进纳税人正确履行纳税义务的职能作用发挥到位，提高纳税遵从，维护税收秩序，建立法治、公平的税收环境。

二是在稽查难点上求突破。稽查的刚性执法难免会触碰到纳税人的既得利益，在以往的实践中，由于案源地人情网、关系网等错综复杂，很可能会干扰正常办案。因此组织跨行政区域、跨税收征管辖区的异地稽查，是确保稽查执法公正、降低外界干扰、保障执法刚性的有效手段。在必要时，通过上级稽查部门介入检查，以减少外界因素的制约和影响，突破稽查难点，彰显稽查权威，推动形成正常的纳税秩序。

三是在衔接沟通上做文章。征管与稽查之间必须建立起高效、顺畅的工作机制，形成相互配合、相互协调、相互衔接、相互制约的格局，才能发挥整体合力。从稽查部门来说，要做到查前通知、查中通报、查后反馈，让征管部门及时了解案件的查处情况。而征管部门要建立与之对应的即时反应机制，对被查单位建立跟踪台账，根据反馈情况采取相应的管理措施。同时要加强与国税稽查的交流、协作，坚持“一次进户、统一检查、分别处理”，通过联合确定稽查对象、联合进户检查等措施，减少进户执法次数，统一执法尺度，协调解决双方稽查协作中的重大问题，共享涉税信息，增强稽查执法合作效能，防止多头重复检查，减轻纳税人负担。

三、细化措施，推动税收征管提质增效

“营改增”后，地税部门原来的征管手段尤其是“以票控税”将失去功效，征管基础工作将围绕如何推动信息管税、综合治税和形成精细化管理等展开。稽查部门可以通过加强信息稽核、成果运用和规范执法等方式，促进税收征管质效的提升。

一是以加强基础信息管理稽核来推动信息管税。“营改增”全面实施后，要改变传统的选案方法，信息的采集、处理和分析将成为基层征管部门的一项重要工作，如股权转让个人所得税、耕地占用税、契税、房产税、土地使用税基本需要通过第三方获取准确涉税信息。稽查部门要检查第三方信息平台是否完善，与国税、银行、财政、土地、城建等部门的信息传递是否定期进行，收集的信息是否及时进行了正确处理。要检查纳税人税源登记信息变化是否及时掌握，在金税三期工程系统中是否及时进行变更；是否要求纳税人定期报送流转税申报表，定期与流转税附征税费征收情况进行比对，尤其要重点检查是否定期开展国税增值税入库与地税附加税费情况的比对分析。要检查委托代征工作是否到位，通过对委托代征对象的检查，确定征收单位是否定期签订代扣代缴协议，代扣税款是否按规定期限解缴入库。

二是以加强稽查成果运用来推进纳税信用体系建设。把稽查成果直接服务于纳税信用等级评定工作，对稽查发现存在少缴税款较多，占应缴税款比例较大的，违法情节恶劣的，提请上级机关是否降

级处理。将稽查成果服务于多部门联合惩戒，严格执行税收“黑名单”制度，完善“黑名单”信息的传送渠道与信息交换平台，通过新闻媒体常态化曝光涉税违法案件，尤其是重大违法案件及重大欠税信息，充分发挥税务稽查的警示和震慑作用。把列入“黑名单”企业的纳税信用等级直接判定为D级，并列入重点监控对象，提高税务检查频次；在经营、投融资、取得政府供应土地、注册新公司、工程招投标、政府采购，甚至法定代表人高消费等方面予以限制或禁止，让失信者“一处失信，处处受限”，形成褒扬诚信、惩戒失信的强大合力，有效促进诚信纳税。

三是以规范稽查执法来提升纳税评估及风险管理水平。纳税评估在“营改增”后将成为对重点税源企业及存在重点涉税风险企业管理的重要方式。稽查部门通过对部分重点税源企业的检查，检查征收单位对获取信息数据是否进行必要的实地核查，尤其是房产、土地及经济合同等信息；对企业的税款申报和缴纳情况是否进行全面、彻底分析调查，对发现的应缴未缴税款，是否按照征收管理权限予以确认，跟踪企业办理税款入库；是否按规定开展纳税评估，纳税评估后是否督促纳税人申报缴纳相关税款；税款缴纳后是否进行相应的财务调整；对纳税人未按要求缴纳相关税款的，或发现偷税案件是否及时移送稽查处理等情况进行全面检查，从而有效推动纳税评估水平提高。

（邓新凤，湖南省地方税务局稽查局局长）

“营改增”后地税稽查工作面临的形势任务和应对建议

余振荣

内容提要：随着“营改增”的全面落实以及各项税制改革措施的推进，地税部门的整体征管格局发生很大转变，地税稽查也面临种种变化。本文通过对“营改增”后广东省税费征管格局的改变及其给稽查工作带来的变化，深入分析了地税稽查在“营改增”后面临的重大挑战，从思想认识、工作思路、制度建设和工作手段等层面提出地部稽查部门面对挑战、顺势而为、主动出击的对策和建议。

关键词：“营改增”　财税　稽查　对策

一、“营改增”后地税税费征管格局改变及对稽查工作的影响

随着“营改增”的全面落实以及各项税制改革措施的推进，营业税这一地税主体税种已经成为历史，并给稽查工作带来深刻的影响。

（一）税收收入规模大幅减少，稽查收入将随之减少

营业税和企业所得税作为地方税收的主体税种，其总量约为地税税收收入的一半。2011—2015年，广东省营业税和企业所得税收入占地税税收收入的比重平均为48.95%。在“营改增”后，地税收入将大幅度减少，稽查查补收入大幅减少不可避免。

（二）地税征管对象从企业纳税人为主转为自然人纳税人为主，原有的稽查模式与手段亟待转变

“营改增”后，地税部门的征管对象从企业纳税人为主转为自然人纳税人为主，原来行之有效的“以票控税”征管方式失去功效。积极探索对自然人纳税人稽查的有效方法，是稽查部门适应“营改增”后稽查查处对象重大转变的迫切任务。

（三）“费”在地税总收入占比上升，“税费同查”势在必行

广东地税部门自2000年负责社保费征收以来，规费收入规模和增长幅度连年攀升。2011—2015年，广东省地税规费收入逐年增长，每年占税费总收入比重均在30%以上。“营改增”后，按2011—2015年平均数计算，如果剔除营业税和企业所得税，规费收入占税费总收入的比重将达到46%左右。地税部门应更加关注费金的征收管理，而稽查部门应把“税费同查”作为稽查工作的重要部分落实到位。

二、“营改增”后地税稽查面临重大挑战

（一）稽查对象转变带来的挑战

“营改增”后，稽查主要对象转为自然人纳税人，稽查难度大：一是自然人纳税人的流动性大，导致取得收入者“不易查”。二是自然人纳税人的涉税收入渠道多、项目多，导致收入的来源“不易查”。三是自然人的涉税收入大多无账可查，收入凭据不全不实，导致取得收入的证据“不易查”。

（二）稽查内容转变带来的挑战

当前各地稽查围绕自然人税收的稽查主要着眼于个人所得中的工资、薪金所得。但高收入人群的收入主要来源在于股权转让和不动产转让等其他所得，对这些收入中涉及的个人所得税、印花税、契税等，税务部门目前实行的个人所得税源泉扣缴征收方式难以有效监控。“营改增”后，稽查部门要将检查重心从企业纳税人转向自然人纳税人，重点检查高收入人群相关税收。

（三）应对自然人稽查手段有限的挑战

现行制度下，一方面，税务机关对自然人的执法权限有限。税务机关仅能针对纳税人在某个银行的账号进行查询，对其在多家银行开户的情况无法统一查询，只能逐一查询，导致税务部门对纳税人的开户信息难以全面掌握。另一方面，税务部门获取电子凭证或通过第三方信息取得相关证据资料的能力还不足。

（四）实现社保费“税费同查”的挑战

社保费在广东省的规费收入中占了80%以上，是广东省规费收入的重中之重。但广东省对地税代征的社保费，由于法律授权不足、执法依据不明确，暂未进行实质性稽查。如何通过加强地方立法，真正实现全责征收社保费是地税稽查部门必须面对的挑战。

三、地税稽查应对“营改增”后新挑战的对策建议

（一）在思想认识层面，要转变思想观念，积极主动作为，从国家治理的高度认识和强化地税稽查促进社会管理的职能作用

一是摒弃单纯收入治税理念，准确定位稽查职能，实现单纯收入型稽查向执法型稽查的转变。改变以查补收入来主要衡量稽查工作水平的倾向，树立执法型税务稽查指导思想，严厉打击税收违法行为，严格税务行政执法，提高执法效能。

二是摒弃无所作为的观点，深入挖掘自然人税收管理潜力。通过加强自然人纳税人税收管理和税费同查，提升公民守法意识，在社会上营造诚实守信、依法纳税的社会风气，优化纳税环境。

三是摒弃无能为力观点，积极主动提升办案能力，推进稽查现代化。着力提升稽查人员办案业务能力，创新地税稽查模式，完善稽查工作运行机制，加快稽查体系转型升级，提高稽查现代化水平。

（二）在工作思路层面，要调整重心，抓住重点

面对新形势，稽查部门应抓好“两重一新”，引领税收稽查工作开拓新局面：

“两重”：一是稽查的对象，以高收入人群为重点。二是稽查的经济行为，以股权转让和资本交易为重点。按照《深化国税、地税征管体制改革方案》的要求，要加强对高收入者的收入监管，为此，我们应加强对股权和不动产转让的专项检查工作。

“一新”是开拓社保费稽查的新局面。地税稽查部门应认清形势，充分利用其有效的稽查体系、精干的稽查队伍、有力的技术手段，在加强自然人税收管理的同时，积极开拓社保费稽查的新局面，真正实现社保费“税费同查”。

（三）在制度建设层面，要强化顶层设计，完善针对自然人纳税人税收管理的法规建设

一是赋予地税部门对自然人纳税人相应的执法权，提升稽查执法刚性。以修订《税收征收管理法》为契机，增加对自然人纳税人的税收征管规定，将税收保全、强制执行范围由“从事生产经营的纳税人”扩大到包括自然人在内的所有纳税人，建立自然人税收征管体系，增加税务稽查机关应具有的必要的侦查权、搜查权。出台适应对自然人实施检查的稽查工作规程，规范自然纳税人稽查工作。

二是加强现金资金流的管理，完善对自然人的财产监控。严格控制现金的使用范围，严格设定现金提取与交易限额。推行和鼓励使用非现金结算方式，加强对自然人应税行为资金流动情况的监控。完善资金流动信息共享机制，建立大额现金报告及备案制度。

三是完善社保费制度顶层设计，明确地税部门对社保费的征收和检查权责。赋予地税部门全责征收的权限，明确地税稽查部门对社保费的追缴责

任，完善稽查社保费的相关制度，制定规费稽查工作规程。

四是建立社会信用管理体系，提高纳税人的纳税遵从度。在规范全国统一的纳税人识别号制度的基础上，建立全国联网的个人征信系统。建立偷逃税案件通告制度，完善税收违法“黑名单”制度和联合惩戒制度。建立信用信息共享交换平台，发挥纳税信用在社会信用体系中的作用。

（四）在工作手段层面，要加强部门协作，搭建大数据平台，构建协税护税网络

一是充分利用第三方信息，构建全国统一的自然人信息交换平台。建议由国家大数据运用主管部门牵头，构建全国统一的自然人信息交换平台，通过法律法规明确相关部门的权利和义务，建立整合财政、银行、海关、社保等职能部门的个人涉税信息交换平台。

二是充分整合自然人信息，建立自然人税收征管平台。建议税务总局在自然人信息交换平台基础上，以各省地方税务局为中心，建立适用于全省乃至全国范围内所有自然人纳税人的税收征管平台，台下设现金管理、信用评级、财产收入管理等子系统。税务机关可通过该平台查询自然人个人基本信息、银行账户基本信息及可以反映其他资产状况的综合信息。

三是充分发挥职能部门优势，构建联合执法协作体系。加强国地税合作，通过细化联合执法实施办法、统一联合检查、建立信息共享机制等方式，深化联合执法深度，提升国地税联合办案的合力和质效。发挥税警联合办案优势，健全税务行政执法与税务刑事侦查的衔接机制，建立驻点工作派驻联络制度。同时，加强与法院、检察院、金融部门等部门的协作，提高协同作战的效率和稽查工作成效。

四是充分运用电子化取证手段，加强数据挖掘应用。建设全省远程指挥调度系统，实现省、市、县三级稽查执法过程的全程记录和指挥调度。建设以集体智慧为主导的询问取证模式，通过电子询问室对被询问人进行“多对一”的问话取证。强化电子取证工具的运用，提升涉税违法证据获取、固定、分析能力。完善稽查数据分析平台建设，提升稽查选案精准度和检查质量。

（余振荣，广东省地方税务局稽查局局长）

关于被查对象逃避、拒绝、阻挠税务检查情况的调研报告

甘　石

内容提要： 近年来，被查对象逃避、拒绝、阻挠税务检查的案数呈明显上升趋势，且一般纳税人成为逃避检查的主要对象，虚开增值税专用发票成为主要的税收违法手段。这一状况严重损害了国家税收利益，扰乱了国家税收秩序。加强对逃避税务检查行为的有效打击，是税务部门加强税收管理，防止国家税收流失的当务之急。本文通过对被查对象逃避、拒绝、阻挠税务检查的现象和成因进行分析，对症提出应对措施，以期这一状况能够得到有效的遏制，确保国家税收秩序良好运行。

关键词： 补查对象　逃避　拒绝　阻挠　税务检查

一、总体情况

经统计，2014 年 1 月—2016 年 10 月，贵州省国税系统共立案查处税收违法案件 2389 户，发生被查纳税人逃避、拒绝或者以其他方式阻挠税务机关检查（以下统称“逃避税务检查”）的案件 131 起，其中 2014 年度 15 起，2015 年度 18 起，2016 年 1—10 月 98 起。具体情况见表 1。

表1　　　　被查对象逃避、拒绝、阻挠税务检查情况

年度	查处税收违法案件立案户数（户）	其中被查对象逃避、拒绝或者以其他方式阻挠税务机关检查的案件数				逃避检查的被查对象开具的增值税专用发票税额（万元）	逃避检查户数占立案户数比例（%）	一般纳税人占逃避检查户数比例（%）
		总户数（户）	可以核定应纳税额的户数（户）	致使无法定性处理户数（户）	逃避检查的增值税一般纳税人户数（户）			
2016年1—10月	841	98	3	1	97	19068.10	11.65	98.98
2015年	643	1815		15	2	212.39	2.79	11.11
2014年	905	15	1	12	0	0	1.66	0
总计	2389	131	4	28	99	19280.49	5.48	75.57

由表1可知，近年来，被查对象逃避税务检查情况呈现三大特点。一是被查对象逃避税务检查的案数呈逐年上升趋势，特别是2016年以来更是迅猛增长，从2015年度的18户上升到2016年度的98户，逃避税务检查户数占查处税收违法案件立案检查户数的比例由2015年度的2.79%上升到2016年度的11.65%；二是逃避税务检查的被查对象中一般纳税人占比增大，从2015年度的11.11%上升到2016年度的98.98%；三是逃避税务检查的被查对象开具专用发票金额增长迅猛，从2015年度的212.39万元上升到2016年度的19068.10万元，增长近90倍。这一状况严重损害了国家税收利益，扰乱了国家税收秩序，加强对逃避税务检查行为的有效打击，是加强税收管理，防止国家税收流失的当务之急。

二、被查对象逃避税务检查的方式及手段

（一）部分企业采取注销、失踪走逃的方式逃避检查

税务机关在规定的检查期限内因企业注销失踪而找不到被查对象，无法开展有效的检查。如某地稽查局在对一户企业实施税务检查过程中，检查人员多次上门，但该公司大门紧闭，找不到该公司人员，从征管资料中查询到的联系电话无法接通，税务机关邮寄送达的《税务检查通知书》被退回，通过当地媒体公告送达《税务检查通知书》也得不到该公司的回应，致使检查被迫暂时中断。在贵州省“雪豹2016”专项行动中，某地纳入检查的14户源头企业全部走逃。

（二）设置多套账簿，隐匿收入逃避税务检查

企业通过设置多套账簿，真实的账簿隐藏在家中或其他非生产经营场所，遇到税务检查则向税务机关提供虚假的账簿。如某地税务部门对一户企业突袭检查中，发现该企业竟然设置多达10个账套。

（三）拒不提供账簿，寻找机会销毁证据资料

在税务机关实施检查时以会计人员出差、请假等为借口拒不提供账簿，或者以忘记电脑开机密码甚至采取断电等方式拖延时间，寻找机会销毁证据资料。如实行总分机构核算的企业，财务数据存放在总机构服务器上，如果税务机关不能及时采集到服务器上的数据，则有可能面临涉税数据被篡改的风险。有的企业自身没有服务器而采取租用服务器，有的甚至租用境外服务器，这些方式都给税务机关检查获取有效证据带来种种障碍。

（四）以暴力方式抢夺或者销毁证据

税务机关发现企业涉税违法行为的证据时，被查对象以暴力方式抢夺或者销毁证据。在税务检查中，不乏遇到被查对象铤而走险的案例，如在某地税务部门对一户企业检查过程中，曾发生企业人员抢夺电脑主机并强制删除检查人员拷贝到移动硬盘中的数据的事例。

三、逃避税务检查现象快速增长的成因分析

（一）实施税收违法行为获取非法利益的门槛较低

近年来，打造服务型政府，为纳税人提供高效

优质的服务理念逐步深入到行政执法部门的各项政务工作之中，税务部门作为践行这一理念的先行者，取消了若干行政审批事项，税收管理从以前事前、事中、事后全程的管控改变为事前事中服务、事后监督的模式，这些变化为不法分子实施税收违法行为获取非法利益提供了极大的便利。如“黄金票”案、“雪豹2016”专项行动所涉及的多起案件，均是不法分子在短时间注册多家企业，领取专用发票并大肆虚开，获取非法利益。

（二）逃避税务检查的违法成本低

《税收征收管理法》第七十条规定：“纳税人、扣缴义务人逃避、拒绝或者以其他方式阻挠税务机关检查的，由税务机关责令改正，可以处一万元以下的罚款；情节严重的，处一万元以上五万元以下的罚款”。被查对象逃避税务检查的违法成本是非常低，情节严重者，仅仅罚款五万元，而偷税、虚开发票、骗税获取不义之财快捷而便利，逃避检查的违法成本大大低于接受检查将会受到的处罚成本。

（三）逃避税务检查的行为难以界定

在逃避税务检查的种种行为方式中，若非暴力阻挠或被查对象明确表示不配合检查的情况下，界定被查对象逃避税务检查的行为是比较困难的，且难形成有效证据。如果被查对象以法人或会计生病、出差拖延时间，或提供虚假账簿而税务机关不能查获其真实账簿的情况下，税务机关是难以对其作出逃避税务检查认定并进行处罚的。

（四）税务稽查“取证难”助长了不法分子逃避税务检查的嚣张态势

执法权限有限和稽查人手不足等因素造成税务稽查取证困难，面对纳税人通过隐匿相关证据资料、失踪走逃等方式逃避税收检查的情况，税务机关往往由于没有搜查权、侦查权、人身控制权等权力而使得案件无法深入查办。特别是近年来虚开、骗税等涉税违法行为高发，违法形式多样、手段隐蔽、涉及面广、多环节多链条参与作案的形势下，税务稽查部门处于疲于应付的状态。有的案件在税务稽查无法取证的情况下，出现被查对象选择静观其变，而税务稽查无计可施的尴尬境地。

（五）地方经济的发展催生地域性的逃避检查行为

近年来，在贵州省大力发展地方经济的过程中，各级地方政府纷纷加大招商引资力度，为投资企业落户本地提供各种便利和优惠，许多不法分子利用这些便利和优惠，从东部转移到贵州省，大肆实施虚开、骗税等涉税违法行为，成为贵州省近年来逃避税务检查案例迅猛增长的一个重要因素。

四、相关建议

建立良好税收秩序的根本在于加强法制建设，对涉税违法行为实施有效打击，让违法者承担相应的法律责任。

（一）赋予与税务稽查职责相匹配执法权限

建议通过立法的形式赋予税务稽查部门在税务检查中的搜查权、侦查权甚至违法嫌疑人的人身控制权，解决税务稽查职责与职权严重不匹配的现状。

（二）加强税务稽查体制机制建设

在当前社会经济不断发展，涉税经济形式、数量急剧增长，税收管理形式变革为事前事中强调服务、事后重点监督的情况下，稽查队伍的建设是税收法律能否有效执行的重要保障。建议以立法的形式对税务稽查进行新的定位，提升税务稽查层级，扩大稽查编制，设置大区稽查局，整合国地税稽查资源，充实稽查力量，解决税务稽查力量与职责严重不匹配的问题。

（三）加强打击力度，增加涉税违法行为的法律成本

一是加强税收违法行为的查处力度，让绝大多数税收违法行为受到应有的惩处；二是提高逃避税收检查行为的处罚标准，建议将逃避检查的处罚上限提高到50万元或100万元，增加对逃避税务检查的企业作出停产停业的处罚种类；三是对逃避税务检查的企业实行举证责任倒置，对失踪走逃不能提供账簿或账簿不全而无法实施税务检查的企业，实行稽查评估，企业举证的方式来对企业偷、逃、骗税以及虚开发票等行为进行定性。

（甘石，贵州省国家税务局稽查局局长）

青海省发票违法犯罪的现状及对策

窦晓军

内容提要：在当前以票控税的征管模式下，发票不仅作为企业的入账依据，更是抵、缴税款的重要凭证。发票管理是税务机关的一项重要职能，是税务部门依法有效征收税款和监控税源的基础性工作和主要措施。它不仅反映税务机关税收征管质量的高低，而且还关系到国家税收能否足额入库，影响着税收秩序和社会经济的稳定。近年来，随着增值税发票系统升级版的应用和稽查部门打击发票违法犯罪活动的深入开展，各类发票违法犯罪活动得到有力打击，但受利益驱使，发票违法犯罪活动仍屡禁不止。

关键词：发票　违法犯罪　原因分析　对策

一、青海省发票违法犯罪活动的现状

（一）专用发票虚开案件向边远地区呈蔓延趋势，作案周期不断缩短

目前西宁、东川工业园区是虚开增值税专用发票案件高发地区，案发数占全省90%以上，同时呈现出向玉树、果洛等偏远地区扩散蔓延趋势。同时，企业作案时间明显缩短，从登记注册、实施虚开犯罪、再到走逃的期间由以前的6~10个月缩短到目前的3个月左右。如青海某纺织公司虚开增值税专用发票案，从开始大肆开票，到企业走逃，整个过程不到4个月。

（二）发票违法活动涉案地区日趋增多

虚开增值税案件多以“省内虚开、省外抵扣”或“省外虚开、省内抵扣”的模式进行，涉案地区明显扩大。稽查部门曾经查办一起案件，涉案省（市）达16个。犯罪分子在本省设立一个或多个贸易公司作为“中转站”，实现货物流与票流、资金流相分离，增加多道中间人环节，增值税专用发票来源则分布于全国多个省市，销项发票也从省内迅速扩大到省外各地。2015年查处的格尔木某矿业有限公司一案中，犯罪分子在2012年登记注册成立公司，一直零申报。从2014年11月—2015年4月的半年期间，从广东、上海等地虚购货物抵扣进项1233.35万元，同时编造虚假销售合同外销到甘肃、东莞、石家庄等省外多地，突击虚开专票89份，涉及金额7441.94万元，税额1265.13万元。

（三）“变造票”和“洗票”类违法案件呈高发态势

犯罪分子通过成品油、黄金、建筑安装等行业专票“富余票”组织票源，利用现有增值税防伪税控系统只对数字信息进行比对的缺陷，提供购票企业税务登记号，伪造购票企业单位名称，套开增值税专用发票。在开出品名、数量、规格为某产品的专用发票后，通过将原有的汉字信息包括购票单位名称、品名、数量、规格、销售单位等变造为购票企业所需内容，或者在取得虚开进项发票后，经过一道或几道环节的“洗票”，将销售发票货物品名变更为对方所需内容的方式，非法销售虚开发票谋取利益。2015年在打击利用黄金交易虚开增值税专用发票违法犯罪专项行动中，发现9户开票企业中有8户空壳开票企业使用“变造票”和“洗票”类虚开增值税专用发票，共查出发票552份，涉案金额7012万元，税额1192万元。在12户接受虚开发票的企业中有4户企业使用“变造票”和“洗票”抵扣进项税额，涉案金额3520万元，税额849.10万元。“变造票”和“洗票”类违法案件占总案件比例高达61.9%。

（四）骗取出口退税案件有所增多

从近几年情况看，骗取出口退税案件主要采取“省外购进、省外出口、省内退税”模式进行。如已查结“4·27”虚开骗税案，犯罪嫌疑人涂某利用青海某进出口贸易公司、青海省某经贸公司，通过在深圳设立出口经营部“真实”报关、虚假出口，从省外多地联系虚假开票企业获取虚假进项发票抵扣，并通过香港外汇黑市购进外汇、伪造内外销合同，骗取出口退税2013万元。

二、产生发票违法犯罪的原因分析

（一）税收日常监管难问题

增值税一般纳税人的资格认定由审批制改为备

案制，对前期登记注册等相关管理的放开，不法分子更容易取得一般纳税人资格和获取增值税专用发票。加之随着经济的发展，企业和发票量突飞猛涨，税收管理员相对严重不足，增大了管理难度，提高了管理风险和税收风险。

（二）协调配合和跨省查处问题

由于各部门工作性质和主要工作任务不一样，对发票犯罪危害认识不足，个别地区相关部门行动迟缓，停留于“报表打击、文件打击”，打击发票违法犯罪活动工作成了税务部门的“独角戏”。同时，面对发票违法犯罪行为呈现出大量跨地域趋势，仅凭单个省市稽查力量，无法对多家上游开票企业逐户进行调查核实，稽查难度较大。同时，发票协查回函数据的准确性和相关证据材料的完整性、有效性也亟待进一步提高。

（三）信息技术和政策制度问题

防伪税控系统对汉字信息仍不能进行全面、有效的识别，为套开、变造和伪造增值税专用发票的违法行为提供了“便利”。销售业务依靠纸质合同作为税务部门判断业务真伪、提供发票用量的主要依据明显存在较大的隐性税收风险。享受增值税即征即退、先征后退等优惠政策的纳税人不实际负担纳税义务，同时又可开具专票，增大了这类纳税人通过虚开发票从事涉税违法行为的税收风险。农产品收购发票管理制度实行由农产品收购加工企业自行开具、自行入账、自行抵扣制度，易被不法分子利用。

（四）征退税衔接管理机制不够完善的问题

目前出口退税管理主要依赖单证审核，就单审单，对出口企业的生产经营情况不了解，再加上减免税优惠政策过多，出口退税率和征税率不一致等问题，给骗税分子以可乘之机。同时，大量专业市场、小工厂、小货主游离于税务机关的监管之外，虚开发票大案频发，为骗税分子提供了廉价票源，且多涉及跨地域作案，一旦案发，上游供票企业大量走逃，造成骗税证据链断裂。

三、防范和打击发票违法犯罪对策

（一）加大发票监管力度，全力堵塞征管漏洞

严格落实发票管理制度，把好发票领、用、存的审核和管理关，防止发票泛滥失控。对长期零负申报、申报变化明显异常、农产品收购发票自开自抵等高风险环节，加强事中监控，及时根据纳税人的各类动态信息，确定其风险级别，将风险级别纳入发票发售系统，设置风险指标进行量化预警，逐步建立完整的预警和应急机制。

（二）加大协作配合力度，提升涉税案件查处能力

将涉税信息共享、协作配合办案等内容法律化和制度化，将涉税信息共享、协作配合办案等作为一项重要内容充实更新至新《税收征收管理法》中，落实与海关、银行、工商、司法和外汇等部门的协作，实现纳税人和关联方涉税信息共享，便于及时准确核实、分析纳税人真实经营活动，通过加强多部门、跨区域的联动配合，发挥整体优势。

（三）加大退税管理力度，增强退税风险防控能力

要坚持征退税一体化管理思路，加快出口退税专业化管理步伐，将出口退税融入大征管风险管理体系，建立起从风险防控、风险分析到风险应对的全过程风险管理机制，构筑起严防出口骗税的防火墙。坚持征退税一体化理念，整合内部征退税业务流程，将出口退税管理工作纳入日常税收管理，实现对出口企业征退税业务的无缝对接，从根本上解决因管理脱节而造成的漏洞。

（四）加大税务检查力度，严厉惩治各类发票违法犯罪行为

一是科学有效选案，通过金税三期工程等系统大数据平台、案件举报、三方信息等进行数据分析筛选，提高选案准确率，着力提升监控力度。二是在做好日常发票管理的基础上，加强发票检查工作，定期开展发票专项检查，以查促管，进一步堵塞发票管理漏洞。三是加大惩治力度，对拒开发票、虚开法票和非法使用发票的纳税人，给予严厉惩处，要严格按照法律法规的规定追究责任，对触犯刑法的，坚决移交司法机关查处，持续保持对发票违法犯罪活动的高压态势。

（窦晓军，青海省国家税务局稽查局局长）

“问题导向”视角下的新疆地税稽查执行工作探讨

朱国兴

内容提要： 面对新疆地税稽查执行现状，通过大量调研工作，深入基层了解实际情况，发现本期案件的执结率高，但入库率低；以往年度未执结案件数量多，执行难度大；执行环节的基础性工作做得不踏实等问题，并分析问题产生的原因，提出了要确立“全局一盘棋”的思想；做好执行环节基础性工作；注重税务行政强制执行手段的运用；创造良好的稽查执行工作环境；落实“黑名单”制度，实施联合惩戒等有力措施，有力促进稽查执行工作依法有效开展。

关键词： 执行效率　问题导向　联合惩戒

近年来，新疆地税稽查部门不断加强队伍建设，严格规范执法，通过多种措施提升稽查执行工作质效，取得了明显成绩，但受多种原因影响，稽查查补收入“执行难”的问题仍然存在，并日益凸显。本文通过深入基层了解实际情况，分析问题产生的原因，提出一些解决办法。

一、稽查执行工作开展情况

面对新形势下的地税稽查执行工作，全区地税局稽查部门从提高稽查执行人员素质、加强税法宣传与服务、密切部门间协调配合等多方位入手，提升稽查执行工作效率。近年来，各地陆续挂牌成立“警税联络机制办公室”，地税局稽查执行部门充分运用此平台依法开展创新性的稽查执行工作，如：警税协作实施约谈、警税协作跨省追逃、警税协作强制扣押等。部分地（州、市）稽查执行部门还积极争取检察院、法院、发改委等部门支持，开展省内异地执行、强制扣押拍卖等执行工作。2016年，全区地税稽查部门执行入库税款16.61亿元。其中，清理陈积案件53件，清理“税滞罚”4.63亿元。

二、稽查执行工作中存在的问题

（一）本期案件的执结率高，但入库率低

2016年，全区地税稽查本期未执结案件85件。其中，欠缴查补收入大于等于1000万元以上的案件7件，合计欠缴额占当期欠缴总额的66%，当期查补总额的27%；欠缴查补收入大于等于500万元小于1000万元的案件3件，合计欠缴额占当期欠缴总额的8%，当期查补总额的3%，从上述数据可以看出，由于大案、要案执行不到位，使稽查执行效率整体受到严重影响。

（二）以往年度未执结案件数量多，执行难度大

截至2016年12月底，遗留2013—2015年未执结案件197件。其中：停止经营、无法联系、被执行人羁押的案件18件；生产经营状况差，经查封账户、强制执行后仍然无力清欠的案件46件；生产经营正常，由于资金困难，短期内无法清欠的案件77件，从上述数据可以看出，以往年度未执结案件沉积数量多，执行难度大。

（三）执行环节的基础性工作做得不够实

部分地、州（市）执行部门对被执行人经营状况、拥有资金和资产、债权债务等信息掌握不清晰。执行台账信息登记不全面，工作交接不仔细，执行部门人员更换后，新接手工作的人员对以往案件执行进展不了解，甚至造成有些案件处于管理盲区。另外，部分执行人员对执行工作涉及的税收法规掌握不清晰，特别是对开展行政强制工作需要运用的相关法律法规不了解。

三、影响稽查执行效率的原因分析

（一）税务行政强制措施运用不足

一是实施税务行政强制措施，准备要充分，手续较烦琐，需要严格遵守法定程序。而地税稽查部门力量欠缺、手段单一、行政强制执行经验缺乏，

普遍存在畏难情绪。二是《行政强制法》出台后，税务行政强制执行应同时遵循《行政强制法》《税收征管法》及其他有关规定，由于相关法律规定之间衔接不到位，给税收强制执行工作带来困扰。三是税务机关获取涉税信息不全面，尤其是当其他部门内部信息管理规定与税收执法需求存在冲突时，信息共享很难实现，影响强制执行效果。

（二）稽查执行人员的执法能力相对薄弱

一是部分地州市对稽查执行工作不够重视，简单认为执行环节的工作好干，容易干，往往是把精兵强将都集中在检查环节和审理环节。二是从上至下对执行人员的业务培训都相对薄弱，执行人员知识水平和业务技能得不到及时更新，执法能力无法适用经济新常态的需求。三是部分执行人员责任心不强，遇到执行“难”的案件，不积极寻求解决问题的办法，而是搬出各种客观原因推卸责任，有时甚至站在企业的角度说话办事，给执行工作带来了一定的负面影响。

（三）案源确定及审理定性方面的原因

受多种因素的影响，选案部门在确定案源时，更多的是考虑案件是否存在涉税疑点，入户检查后能否查补大额税款，很少甚至不会考虑案件是否存在无法执行的可能，使执行工作难以开展。

（四）被执行人对有关法律规范不了解、不理解

导致被执行人对案件的处理（处罚）决定有异议，不服税务稽查部门作出的决定。或者是被执行人明知自身涉税违法行为不当以及税务机关所作处理（处罚）决定的正确，但抱着抵触的心理不配合税务机关的工作，甚至抗拒执法，拒不执行税务机关的决定。

（五）受资金不足等因素的制约

一是近两年经济下行导致部分企业处于停产，无法缴纳大额的查补税款。二是部分企业无法短期内回笼资金，无法收回负债企业或者政府拖欠的款项，或者其他企业债权到期，导致欠税资金链绷紧甚至断裂，无法清欠应缴税款。三是陈欠案件滞纳金累计越来越多，企业由于无力承担高额滞纳金而使执行搁置。

四、提升新疆地税局稽查执行效率的措施

（一）确立“全局一盘棋”的思想

一要在选案环节，避免选取经营不正常、濒临破产或者正在进行改组、改制或变卖的纳税人作为检查对象。二要在案件检查环节，保证取证质量，为案件定性和定量打好基础。遇到涉税金额较大，预计执行工作有一定难度的，在案件检查环节即对其现有资金流、资产进行调查，防止纳税人转移资金和资产，对无异议的查补税款鼓励纳税人前置入库，为今后执行工作做好准备。三要在审理环节，正确运用法律法规，确保税务结论性文书的正确性，对于被执行人提出的陈述申辩的，要及时给予答复，降低复议案件的发生率。四要在执行环节，根据被执行企业的具体情况，合理配备人员，科学安排工作任务，提高执行工作效率。

（二）做好执行环节基础性工作

一是执行人员应及时拓宽联系、充分了解、调查、验证被执行人的基本情况，多方面掌握被执行人资金、财产信息，从而判断被执行人的履行能力，使执行工作做到有的放矢。二是准确登记各类执行台账，使接手执行工作的同事都能对案件的执行进展了如指掌，确保工作的连续性。三是在执行工作中要做好研讨分析，要针对被执行人具体情况，分类确定执行方法，要合理选取执行标的，提高稽查执行工作的针对性及成功率。

（三）注重税务行政强制执行手段的运用

一是统一强制执行中涉及的执法文书模板，指导基层税务机关规范使用执法文书；鼓励全区地税稽查部门充分运用强制划扣、查封、拍卖，行使代位权、撤销权等多种措施开展执行工作，特别是要加大对大案、要案的强制执行力度，确保查补收入足额入库。二是加强对税务行政强制执行工作的监控，对准备进入强制执行程序的案件，移交法规部门进行全面审查，在行政强制执行实施过程中要规范具体操作，防范执法风险，实施后要总结问题与不足，推广先进经验，促进税务行政强制执行工作不断完善。三是加大强制执行业务相关培训，提升执行人员正确运用法律法规解决实际问题的能力，协调及谈判的能力、宣传和疏通的本领，达到开阔思维，提振信心，消除畏难情绪的目的。

（四）创造良好的稽查执行工作环境

一要大力宣传税收法规、纳税人权利与义务等方面的知识，提高了被执行对象依法纳税的自觉性，减少稽查执行阻力。二要密切部门间合作，加强与国税局的协作，积极落实“黑名单”信息传递和联合惩戒措施；加强与司法机关的协作，通过提请司法机关受理、介入税务稽查执行工作，增强执行工作力度。积极发挥“警税联络机制办公室”职能作

用，创新警税联合行动查办案件的方法。三要争取地方政府支持，在出现被执行人不配合税务机关工作时，可请政府出面做一些协调工作，化解一些矛盾，解决一些问题，对执行工作起到促进作用。

（五）落实“黑名单”制度，实施联合惩戒

充分利用各种媒体和途径，搭建重大税收违法案件公布平台，广泛宣传税收违法“黑名单”制度的设计目的、公布条件、惩戒措施。按照税务机关向社会公布的案件范围和标准，及时向“联合惩戒”34个合作单位传递纳税人失信信息，积极协调依法采取相应的惩戒措施。通过检查环节向纳税人送达《税务事项通知书》、执行环节开展纳税人约谈等多种渠道，扩大知晓面，提高影响力。

总之，稽查执行工作是一项系统工作，既要讲究依法性，又要讲究艺术性，这就要求我们在今后的工作中，将原则性与灵活性有机结合起来，在充分发挥税法威慑力的同时，还要做好教育、联系、疏导工作，把握适度，掌握时机，促进稽查执行工作依法有效开展。

（朱国兴，新疆维吾尔自治区地方税务局稽查局局长）

基于“互联网＋”背景下的税务稽查现代化建设研究

邢汝霖　魏冠媛

内容提要： 大力发展“互联网＋”计划，是在我国经济进入新常态，党中央、国务院以创新驱动为发展战略而做出的一项重要部署，也是政府部门激发创造活力、创新服务模式、重塑服务体系的重要切入点和举措。而在当前形势下，如何借力“互联网＋”行动战略，让互联网在税务稽查现代化的建设过程中发挥破解瓶颈、寻得突破的积极作用，正是税务稽查现代化建设的核心问题。本文将移动互联网与大数据同时引入税务稽查，探讨提升稽查技术优势、增强稽查创新能力、提升稽查服务质量的有效途径，为推动传统稽查信息化向“互联网＋稽查”的转变，加快实现稽查现代化提供参考。

关键词：“互联网＋”　税务稽查　现代化

一、“互联网＋”对税务稽查工作带来的影响与挑战

（一）互联网时代新兴经济实体的发展与交易活动网络化

互联网时代经济跨地域、跨国界、无纸化、虚拟、隐匿等显著特点，给税务稽查工作带来挑战。首先，交易合同及销售凭证等都将以电子凭证形式存在，使得不法分子利用先进的信息技术手段恶意修改而不留痕迹。其次，互联网条件下电子银行支付系统的发展完善，以及数据现金的使用，为不法分子通过匿名交易的形式，逃避税务部门的监管、检查提供了可能。

（二）“互联网＋”背景下纳税人需求增加且更趋多元化

纳税人希望可以在目前网上税务局办理的业务转移到智能终端，办理各项涉税事宜，享受移动化的纳税服务。稽查部门需要随时随地的移动办公、移动执法，在外进行实地稽查执法过程中，可以随时获取、固定并上传证据资料，随时获取内部数据辅助执法。这就要求税务稽查部门，要顺应DT（Data technology，数据处理技术）时代以服务大众为中心的根本要求，将满足于纳税人全天候、移动化、个性化服务需求融入税务稽查的各环节、全流程。

（三）涉税数据大集中大爆炸对数据处理能力的要求不断提升

如何在互联网时代海量数据中识别出可靠数据和虚拟数据，进而在可靠数据中筛选出有用数据；如何利用信息技术，对海量有用数据进行自动化、智能化的分析处理；税务稽查部门如何在数据的存储、传输和使用中确保数据安全，避免纳税人的生产经营数据外泄和损毁；这些都需要税务部门不断提高数据处理能力。

二、税务稽查现代化建设中存在的问题分析

（一）基础数据质量不高，信息壁垒牢固

一是纳税人故意逃避税务部门监管，错录、不录经营地址、联系方式等基础信息，或者在基础信息变更后没有及时到税务部门备案。二是部分征管单位数据采集标准不统一，纳税人的纳税申报数据不齐全，报表资料中缺乏反映实际生产经营状况的有效数据，数据质量参差不齐。三是由于缺少法律依据和政策支持，第三方数据的获取难，信息孤岛现象尤为严重。

（二）数据处理能力不强，系统亟待整合

由于数据的复杂，且呈现高频率的动态变化。现有稽查人员和技术水平难以完成“互联网＋”时代激增的涉税海量信息的分析处理工作。综合性税务稽查信息化应用系统建设落后。目前，全国尚没有一个涵盖税务稽查工作各环节、全流程的专业化信息管理系统，难以满足稽查工作全过程的闭环管理，在避免稽查执法风险上也存在漏洞。

（三）管理模式专业化程度低，电子检查手段滞后

目前，电子查账手段的应用还没有普及。绝大多数基层稽查人员对传统翻阅账簿、传票的查账方式更乐于接受，对电算化企业使用的用友、金蝶等财务软件不熟悉，也没有掌握利用电子技术手段采集企业财务数据、利用查账软件进行数据分析的操作技巧。特别是在电子证据的采集、固定、审查以及运用上，更是缺少有效的手段，在需要查封或固定企业存储财务数据的电子设备，或者需要U盘取证时，更是无从下手，难以应对。这些矛盾与问题，随着“互联网＋”时代电子商务和电子支付越来越多，买卖合同、支付凭证最终实现全部无纸化、电子化，会更加激烈与突出。

三、“互联网＋税务稽查”现代化建设的思路建议

（一）以“互联网＋税务稽查”为导向，深化稽查现代化建设的具体建议

1. 转变稽查思维，通过人性化、服务型稽查实现纳税遵从提升，实现“互联网＋稽查”理念现代化

以“互联网＋”和大数据思维创新稽查工作理念，重塑稽查流程、强化稽查执法服务，将稽查工作重心由事后惩戒性打击为主向事前服务性提醒为主、事中监管重点打击为辅转变。将实际工作中采取的查前告知、约谈辅导、自查自纠等纳入稽查基本流程，并将其制度化、规范化。同时辅以联合惩戒、违法曝光等手段进行信用威慑，通过服务型税务稽查实现纳税遵从度的提升。

2. 建立共享机制，完善稽查大数据开放环境，实现“互联网＋稽查”数据平台现代化

在网络互信的基础上，建立健全与工商、银行、海关以及电子商务服务平台等与纳税人生产经营活动密切相关、掌握基础经济信息的政府部门、金融机构的信息共享合作机制，广泛采集第三方数据和互联网数据，并通过互联网以纳税人统一的身份识别符号为链接点进行整合，并与税务稽查信息系统对接，实现数据的每日更新，为信息化稽查提供丰富、最新的数据资源。

3. 变革稽查手段，加快系统开发应用，实现“互联网＋稽查”方法现代化

一是构建以金税三期工程为主干，以稽查特色应用系统为工具，以大数据为支撑，覆盖国地税稽查业务、各级稽查部门和稽查工作各环节的税务稽查信息化体系，打造信息化条件下的稽查管理闭环。二是开发应用全国统一系统结构和功能标准的稽查选案分析系统，建立分行业、个性化的，指向明确、层层递进的选案数据分析模型。三是加大检查类电子工具软件的开发应用，通过密码绕过、数据恢复、高速传输、文件解密等技术，提高对海量数据的获取、挖掘、分析和利用能力，并通过网络化电子查账，实现多人同时在线阅账分析。

4. 开发互联网资源，强化稽查对内、对外服务功能，实现“互联网＋稽查”网络应用现代化

通过采集纳税人在门户网站上的浏览数据，通过分析处理，有针对性地对不同类型、不同风险级别的纳税人提供个性化的稽查执法服务。引入互联网“热力地图”功能，在互联网广而开放的数据环境下，整合各类涉税信息数据，分析违法犯罪行为在各行业、各区域的分布特点，获取稽查热点。此外，还可以通过互联网，与独立的财税中介组织合作，拓展为纳税人的服务方式与范围，吸引更多的纳税人成为互联网稽查的潜在服务对象。

5. 将信息技术应用于稽查执法风险防范，实现“互联网＋稽查”内控机制现代化

要将稽查工作的内控机制建设放在互联网环境内，依靠信息技术手段来完成。通过开发稽查内控

功能模块，并将其嵌入金税三期工程稽查模块。利用电子化的稽查模板、工作底稿、执法清单，实现对稽查执法过程的痕迹化管理和统计监控。搭建起稽查业务程序化控制、执法过程实时化监控、执法行为痕迹化管理的稽查内控平台。

（二）配套措施

1. 加快《税收征收管理法》

《会计法》等相关法律法规、规章制度的修订进度，对互联网时代日益增多的网络交易纳税问题做出明确规定。及时调整《税务稽查工作规程》《稽查工作规范》等规章制度以增强可操作性，保证稽查工作的有法可依。

2. 强化互联网环境下涉税信息的安全保障

加大安全设备投入和技术革新，为庞大的涉税信息数据提供强有力的保护屏障。要严格执行专线专网，增设网关，并通过及时更新防火墙设置和杀毒软件病毒数据库等途径，对网络安全、数据安全进行实时监控。同时，要按照“互联网+”的时代要求，加快建立完善数据安全维护机制，通过提高安全级别设置、网络安全预警应急响应等，共同提高网络安全和数据安全，最终实现税务部门与纳税人、与其他相关部门之间的网络互信，促进数据共享机制的深入发展。

（邢汝霖，天津市地方税务局稽查处处长；魏冠媛，天津市地方税务局稽查处主任科员）

完善税务稽查实地复查工作的思考

姚明年　王　萍　孙　明

内容提要：本文从工作实际出发，介绍了宁夏国税稽查部门三年来实施实地复查的情况，对交叉复查模式和统一复查模式在执行过程中取得的成绩、具体的做法和存在问题进行了比较分析，提出了完善复查工作制度，提高复查工作效能、完善复查组织方式，提高复查的针对性、完善复查队伍配置，提高复查人员技能、完善复查选案方法，提高复查选案质量、完善绩效考核机制，提高复查考核力度的工作建议，具有较强的指导性和操作性。

关键词：税务稽查　实地复查

近年来，宁夏国税局稽查部门连续安排开展实地复查工作，不断改进完善复查工作方法，大力推动全区地市级稽查局对县（区）级稽查局案件复查工作，形成了以一级查一级的复查模式为主要内容的稽查管理内控机制。笔者将结合近三年全区国税稽查实地复查工作实践，对完善实地复查谈一些认识。

一、近三年宁夏国税局稽查局实地复查工作基本情况

宁夏国税局高度重视稽查案件抽复查工作，每年组成实地复查工作领导小组，安排开展实地复查工作。近三年，共实施实地复查业户58户，查补入库税款62.78万元。先后采取了两种模式开展实地复查工作：一种是抽调人员实行交叉复查模式（以下简称交叉复查模式），另一种是设立专职人员复查模式（以下简称统一复查模式）。

（一）交叉复查模式运行情况

2013—2014年，宁夏国税局稽查局采用交叉复查模式开展实地复查工作，实地复查派出检查人员46人，复查业户53户，有问题18户，查补税款20.65万元，户均有问题案件比例为13%，户均查补0.45万元。

主要做法。一是区局稽查局从各地市稽查局抽调全区稽查人才库人员，组成三个复查组，每个复查组由区局稽查局副局长任组长，负责两个地市稽查局案件的复查工作。二是由区局稽查局从税收综合征管系统中获取各地市稽查局上年度已查结案件名单，通过随机抽取方式确定实地复查对象。三是复查小组各自实施实地复查工作，分别提出处理处罚建议。所有复查小组在同一时间内进行实地复查工作，现场检查结束向企业进行反馈，出具《税务稽查报告》，提出拟定处理处罚建议，最后将相关文书和证据资料移交区局稽查局审理科，审理完毕后，各自执行查补税款入库工作。四是复查小组

各自总结，审理科统一汇总通报。交叉复查结束后，复查小组分别总结所查地市稽查局的复查工作情况，上报审理科。审理科对所有复查小组的总结进行统一汇总形成最终总结，并在全区国税系统稽查工作会议上通报。

存在的问题。一是“人海战术”事倍功半。从检查结果看，复查人员数量较多，两年共计46人，有问题的户数较少，户均查补税款数额较低，花了很多功夫，下了很大力气，没有达到最佳效果。二是“随心所欲”选案和更换人员。有的被查对象确定后，声称企业法人回家过年无法联系推迟或拒绝复查；有的被查对象暂时停止经营，只能临时变更被查对象。两年期间，出项上述类似情况的企业5户。区局稽查局抽调各地市稽查局人员因各种原因不能及时到位，影响了检查效果。三是“各自为战”造成处理处罚决定有时“厚此薄彼”。由于是交叉检查，各复查小组沟通较少，相同性质问题定性不一样，或者定性相同但罚款额度不同，影响了处理处罚的公平性。四是总结分析大多“草草了事”。由于最终总结通报是由审理科拟定，各复查小组归纳问题比较单一、不够透彻。五是“达摩克利斯之剑”作用尚未完全发挥。虽然有总结，有通报，但考核没有落到实处，监督基层的“板子”打的“不痛不痒”，复查震慑作用不够。

（二）统一复查模式运行情况

2015年，宁夏国税局稽查局决定采取统一复查模式开展实地复查工作，其主要特点是：区局稽查局单独组成复查小组，统一指挥、统一行动、统一检查、统一处理。全年实地复查派出检查人员3人，复查企业5户，发现有问题企业4户，已结案4户，查补入库税款42.13万元，户均有问题案件比例为100%，户均查补税款10.53万元，超出交叉复查模式10.08万元，增长率为2240%。

主要做法。一是“由要数量向要质量转变”。宁夏国税局稽查局改变实地复查模式，由区局统一指挥，聚拢“拳头”，提高复查工作质效。二是“兵不在多而在于精”。宁夏国税局稽查局成立复查领导小组，由审理科具体实施，设立专职人员专门负责实地复查，做到复查队伍专门化、精干化，以最小投入获得最好效果。三是“有的放矢，未雨绸缪”。为增强选案针对性，检查人员通过税务稽查辅助平台和税收综合征管软件提取已查结案件纳税人的基本信息和生产经营情况，调阅被查对象的涉税问题和处理情况。运用纳税评估方法进行疑点分析，按照结案户数5%标准进行筛选，制作《复查企业待选分析报告》。在分管领导主持下，召开复查对象确定专门会议，集体讨论确定实地复查企业名单，一旦确定不得更换。四是“一把尺子量到底”。对查出的类似问题统一取证，统一进行处理。拟定处理处罚意见，坚持同一问题相同处理原则，做到处理处罚统一公正。五是“汲取经验，以利再战”。复查结束后，汇总发现的问题，认真分析原因，提出改进建议，进一步完善实地复查工作。

存在的主要问题。一是统一复查模式工作紧凑，精确性较强，克服了交叉复查模式人员较多、效率不高的缺点，但存在复查案件点少、面窄的局限性。二是复查力度有待加大。有时，复查人员存在“熟人情节”，不可避免的会顾及基层的面子，掣肘了复查效能的发挥。三是复查选案有待均衡。从复查对象选案结果看，选户大小不一，地区间存在差别。选案既要准确，又要兼顾地区差别，还要保证工作进度。四是复查考核有待加强。虽然对复查情况进行全区总结通报，但光靠总结通报远远不够，复查必须与绩效考核挂钩，只有加大考核力度，才能有效发挥复查的职能作用。

二、完善实地复查工作的几点建议

（一）完善复查工作制度，提高复查工作效能

在区局稽查局现有制定的《税务稽查案件复查实施办法》的基础上，应找准复查工作的规律，“对症下药”，不断改进和充实《税务稽查案件复查实施办法》内容，进一步完善复查工作组织模式；规范复查工作程序，明确复查工作考核目标；增强与法规、内审和监察部门协同配合，有效落实“一案双查”工作规定；加强与管理部门沟通，反馈复查中发现的问题和提出的建议；建立复查工作综合评价指标体系，合理分配复查案件数量，科学评价复查工作效果。

（二）完善复查组织方式，提高复查的针对性

建立以逐个复查各地市稽查局为主，配以行业专项检查和区域整治等其他条件为辅的复查工作模式，改变各地市“一个接一个排队”等候复查的方式，形成既保证地域性检查，又兼顾行业专项检查和区域整治项目的复查工作模式。例如：对税务总局稽查局安排的专项检查质量不高或者区域整治项目不理想的地市可作为重点复查地域，锁定复查项目或行业，确定疑点较多的纳税人开展实地复查

工作。

（三）完善复查队伍配置，提高复查人员技能

一方面，应继续加强审理科复查人员力量，将业务强、素质高、精通财会知识和熟悉税收政策的查账能手充实到复查小组中来。另一方面，应强化对复查人员业务技能的培养，组织有针对性的业务培训，不仅在理论层面打牢复查人员的知识基础，而且在实战中提升复查人员业务水平。同时，建立税务稽查案件复查人员奖惩制度，明确税务稽查案件复查人员应履行的工作职责以及相关的责任追究，对做出突出成绩的复查人员要给予通报表扬。

（四）完善复查选案方法，提高复查选案质量

首先，提升复查选案准确率。在案头分析环节上下功夫，通过金税三期工程平台，设定符合复查参数指标，加强会计报表横向、纵向比较分析，从报表分析中找出线索；对重要指标进行给予关注，重视敏感和焦点行业的重点项目分析，努力找到突破口。其次，考虑复查选案均衡性。尽量使各地市复查企业规模大致相同，行业选取体现地域特色，避免规模大小不一，既保证选案准确率，又体现各地市税源管理特点，保持各地市较好的选案均衡性。最后，注重被抽人员轮换性。采取每年轮流选取不同检查人员查结案件进行复查的方法，减轻基层检查人员的压力。

（五）完善绩效考核机制，提高复查考核力度

把复查发现的税收执法过错责任和绩效考核结合起来，把对地市稽查局复查工作纳入到全年的绩效考核工作中，设立复查工作考核指标，细化复查考核内容，发现问题的，该扣分的扣分，该追究责任的追究责任。要加大复查工作考核力度，切实将考核落到实处，让基层稽查干部感到背后时时刻刻有双眼睛在看，提醒检查人员把问题查深查透查细。对复查人员也要实行严格考核，监督实地复查工作过程。

（姚明军，宁夏回族自治区国家税务局稽查局局长；王萍，宁夏回族自治区国家税务局稽查局审理科长；孙明，宁夏回族自治区国家税务局稽查局审理科副科长）

对做好税务稽查随机抽查工作的几点思考

段瑞亮　侯永辉　赵全芬

内容提要：税务稽查机关应科学认识随机抽查工作对转变政府职能、营造公平市场环境、促进公正执法、树立稽查部门形象的重要意义。要正确认识当前随机抽查工作中遇到的基础数据完整性不够、信息化支撑程度不高、基层执法力量不足、执法成本不确定、流程设计需要完善等问题。要着力完善基础数据、建立完善随机抽查数据模型、确保抽查过程公开、推进国地税联合抽查、依法增强惩戒力度、不断提高人员素质。

关键词：随机抽查　税务稽查　问题分析　建议

为贯彻党中央、国务院的决策部署，国家税务总局制定实施了《推进税务稽查随机抽查实施方案》。各地税务稽查机关迅速落实这一方案，充分利用相关信息数据，立足税源分布结构、稽查资源配置等实际情况，在推进税务稽查随机抽查工作方面取得了一定成效。但由于这项工作刚刚开始实行，在实际运行中必然会遇到一些问题，需要进一步完善和改进。

一、充分认识实施税务稽查随机抽查的重要意义

实施随机抽查是转变政府职能、优化服务的重要举措。推进税务稽查随机抽查，是税务系统贯彻落实党中央、国务院关于深化行政体制改革，推进简政放权、放管结合、优化服务的决策部署的重要举措。各级税务机关应充分认识此项工作的重要性和必要性，将随机抽查各项规定落到实处，真正发挥税务稽查随机抽查“打击税收违法活动，整顿规范税收秩序，促进市场公平竞争，服务经济社会

发展”的作用。

有利于营造公平的竞争环境。将税务稽查随机抽查结果纳入纳税信用和社会信用记录，按规定推送至全国信用信息共享交换平台和全国企业信用信息公示系统平台，与相关部门实现信息共享，并将严重税收违法行为列入税收违法“黑名单”，实施联合惩戒，让失信者一处违法、处处受限，加大违法企业税收违法代价，可以从源头上加强抽查威慑力，引导纳税人自觉遵从税法，有利于营造公平公正的竞争环境。

随机抽查更加公平公正，有效防止了“任性检查”。稽查部门以往确定待查对象，是由选案部门对案源信息采取计算机分析、人工分析、人机结合分析等方法进行筛选，发现有税收违法嫌疑的，确定为待查对象。这种方式有选案准确率较高等诸多长处，但由于夹杂人工因素，企业往往会有所质疑。有一些企业会通过各种手段，以避免被选中，增加了稽查执法风险。随机抽查打破了过去属地监管模式，有效防止了“任性”检查情况的发生；案件和人员“双随机”，破解了稽查人员因熟悉辖区纳税人而进行“人情检查”的问题；“双随机”抽查的检查人员来自不同单位，创造了相互制约、相互监督的检查环境，较好防范了“说情风”及失职渎职行为。

随机抽查扩大了部门影响力，有助于执法部门树立良好形象。随机抽查过程采用的是“等概率”的统计学方法，在“随机”的情况下，所有被抽查对象机会均等，都有被摇号摇中的可能，而正是这种非人为的均等可能性的存在，企业才不敢试图冒险“漏网”。由于公开、公平、公正，结果更真实，不仅使被检查企业心服口服，也会引起地方党委、政府的高度关注，取得较好的社会舆论效果，有助于树立良好的执法形象。

二、当前税务稽查随机抽查存在的问题分析

随机抽查中数据库相关信息的完整准确性有待提高。在实际应用中，随机抽查做到科学准确，必须依赖于准确的数据信息、科学完备的指标分析体系及信息技术。随机抽查名单从税务稽查对象分类名录库和税务稽查异常对象名录库中随机抽取，名录库包含税务稽查对象税务登记基本信息和前三个年度经营规模、纳税数额以及税务检查、税务处理处罚、涉税刑事追究等情况。由于随机抽查中的定向抽查是按照税务稽查对象类型、行业、性质、隶属关系、组织架构、经营规模、收入规模、纳税数额、成本利润率、税负率、地理区域、税收风险等级、纳税信用级别等特定条件，通过摇号等方式产生。所以，上述信息的采集、传递、运用的准确性、系统性应当进一步强化和完善。

随机抽查的信息化支撑水平有待提高。由于税务稽查随机抽查纳入税收信息管理系统，实现全程跟踪记录，运行透明，痕迹可查，效果可评，责任可追，所以需要信息技术手段的支撑确保其落实到位。同时，随机抽查软件平台、税务稽查选案指标体系建设、定向抽查分析模型设计等，都需要信息化、网络化支撑。

基层执法力量薄弱。由于基层稽查员数量配备不足，特别是面临人员年龄老化、业务知识不够等现状，造成检查人员少与检查对象多、检查要求较高和执法水平偏低的矛盾突出，导致基层适应随机抽查制度有一定困难。

异地抽查增加行政成本。随机抽查制度通过执法人员和被检查对象的随机组合，实现了抽查异地化，在一定程度上避免了寻租行为的发生，但由于个别地区地域跨度较大，企业分布较分散，加之执法人员对本辖区外的市场主体总体情况和具体分布不熟悉，往往要花费较多的时间和精力查找企业地址，降低了工作效率。

抽查的流程设计尚需更加简洁高效。从概念看，抽查就是对企业检查。但从操作性看，检查之前的企业联系、方案制定，检查之中的企业沟通、证据采集，检查之后的结果认定，数据录入、对外公示等，涉及环节众多，需要大量的人力、物力。从为基层减负的实际情况出发，应该在抽查流程的顶层设计上更加简洁。

三、对改进税务稽查随机抽查的几点建议

要确保基础数据的科学准确。对征收、管理等人员进行业务培训，全面讲解随机抽查信息需求特点，确保将纳税人的登记信息、申报信息和辅导、调查、采集的信息，准确无误地录入相关应用系统。要随时跟踪督导纳税人的纳税申报情况，提高纳税人申报率和申报内容的全面性、真实性。对未按照要求办理申报纳税和报送财务报表的，征收或管理部门及时制发限改文书，督促纳税人改正，并在系统中及时更新。

建立抽查分析模型和税务稽查随机抽查平台。应突出实用性和前瞻性，系统设计要综合考虑所有纳税人基本信息、税收风险等级、纳税信用级别、近3年纳税分税种情况、近3年稽查情况等综合信息，并能与金税三期工程系统实现端口对接。随机抽查信息化平台应该能够集“税务稽查对象分类名录库”“税务稽查异常对象名录库”“税务稽查执法检查人员分类名录库”三个名录库于一体，实现真正科学的随机选案和随机选人。

保证抽查过程的公开准确。要进一步优化随机抽查流程设计，不断提高随机抽查的科学性、准确性和有效性。例如，为保证抽查的公平公正，监管部门要求本部门内部的法制、纪检监察机构全程参与，并根据实际情况邀请人大、政协、新闻媒体和纳税人代表现场监督，根据需要还要邀请公证机构进行现场公证，完全杜绝“暗箱操作、人为干扰”的问题。

全面实施国税、地税联合抽查。应重点做好以下工作：联合开展专项检查，充分整合稽查资源，联合入户执法，同时避免重复检查，切实减轻纳税人负担；联合开展第三方涉税信息采集，建立联席会议制度，制定第三方涉税信息联合采集制度；联合与工商、国土、银行等部门沟通，拓宽信息来源渠道，减少重复投入，提高信息采集和使用效率；联合分享内部涉税信息，实现共享各税种申报、税收优惠、委托代征风险识别、风险应对、税务审计稽查等各种税收管理、稽查信息，通过融通数据资源，激活信息聚合效应，提高征管和服务效率，节约征纳成本。

依法增强对违法企业的打击惩戒力度。对随机抽查发现税收违法行为的税务稽查对象，全面严格落实经济惩戒、信用惩戒、联合惩戒和从严监管等措施，进一步形成“一处失信，处处受限”的局面，加大企业的税收违法成本，加强抽查威慑力，引导纳税人自觉遵从税法。

不断提高稽查人员素质。一方面，需要不断充实基层稽查人员，将素质高、能查账的检查能手充实到稽查一线；另一方面，要进一步转变执法理念，提高稽查干部综合素质，增强执法能力。同时，引导干部牢固树立勤政廉政意识，严格落实稽查执法责任追究制度，严肃处理违法违纪问题，确保随机抽查各项制度落到实处。

（段瑞亮，河北省石家庄市地方税务局稽查局局长；侯永辉、赵全芬，石家庄市地方税务局稽查局干部）

稽查协查工作存在的问题及对策建议

谢知量　王慈航

内容提要：协查是税务稽查部门查办骗税、虚开案件的重要手段。但是在现阶段的税务稽查工作中，由于主客观因素的制约，协查尚未充分发挥出应有的作用。本文立足稽查工作实际，从职能定位、经费保障、绩效考核、制度规范、技术支撑五个方面分析了协查工作中存在的问题及其原因，并在此基础上提出了针对性和可操作性的对策建议。

关键词：稽查　协查　失控发票

近年来，部分地区和行业中骗取出口退税、虚开增值税专用发票等案件呈高发态势，且虚开发票的链条越来越复杂，这都对协查工作的效能提出了更高的要求。因此，不断改进稽查协查工作中存在的问题，提高协查为办案服务的能力显得尤为紧迫。

一、稽查协查工作存在的问题

（一）职能错位，失控发票协查挤占系统资源

近年来，失控发票协查的数量已超过发票案件协查，成为协查工作的主要内容。据统计，浙江省国税局稽查局2015年通过协查系统发起的1719起委托协查中，有1008起是失控发票协查，占比达58.64%以上。且失控票绝大多数都是被列为非正常户的防伪税控企业未申报或未按规定缴纳税款的发票，企业大多走逃或注销，因此协查回函质量普遍不高。2015年全省由认证系统导入的失控发票委托协查回复结果中，“无法核实”的就占79.06%。

失控发票协查占用协查人员过多精力，拉低选票准确率，必然淡化协查为案件服务的职能。对于

真正需要协查的案件，委托方考虑到选票准确率反而不敢发函，或采取试探性的分批次发函，甚至搁置不发；或改为派员协查，使协查系统不能发挥应有的作用。

究其原因，在于税源管理部门和稽查部门对失控票管理的分工不合理。税务总局要求①，稽查部门确认企业已经走逃的，才能按照规定将其发票列为失控发票。但该项工作实际效果不佳，一是因为走逃户确认标准不明确；二是因为稽查局不如管理部门了解企业日常状况，且手段同样有限。税务总局规定失控发票的协查也由稽查部门负责②，"购买方主管税务机关对认证发现的失控发票，应按照规定移交稽查部门组织协查。属于销售方已申报并缴纳税款的，可由销售方主管税务机关出具书面证明，并通过协查系统回复购买方主管税务机关，该失控发票可作为购买方抵扣增值税进项税额的凭证。"失控发票协查结果关系到纳税人能否抵扣税款，意义重大，但直接由稽查部门组织协查，不仅使稽查部门和管理部门职责上重叠交叉，且导致协查人员大量的无效劳动。

（二）缺乏经费保障

如委托方派人到外地协查时，按照公务出差报销市内交通费的标准过低，租车等费用无法解决。此外，受托方协查人员的伙食费保障也存在问题。按照《党政机关国内公务接待管理规定》，确因工作需要，接待单位可以安排工作餐一次。但联合办案不同于公务接待，无论是税警协作还是异地协作，都是稽查部门常态化的办案需要。双方联合办案期间，委托方人员可按规定自行用餐，但受托方派出的外出检查人员因在市内不属于出差，没有伙食补贴，只能自费。长此以往，必然影响受托方协查人员的积极性。

（三）协查质量的绩效考核制度有待完善

一是考核选票准确率指标未区分案件协查（内部生成）和失控票协查（外部导入）。该项考核确实可以在一定程度上遏制委托方将涉案发票不加分析地随意乱发的现象。但对于接收到的失控发票，委托方并无筛选审核的权力，只能选择全部发函协查，其选票准确率的高低并不由自己掌握，对其进行考核有失公平，挫伤协查人员的积极性。二是在考核按期回复率指标时，已确定虚开发票案件协查的回函期限过短。已确定虚开的发票委托方在发函后5个工作日内还要寄送《已证实虚开通知单》（以下简称《通知单》）及相关证据资料，而受托方税务机关一般在收到《通知单》后立案，因此检查很难在回复期限内完成。受托方就只得先简单回复，实际检查结果待以后再函寄，影响回函结果的客观性。

（四）对发票虚开的定性缺乏明确的标准

协查发票分为"有疑问类型"和"已确定虚开类型"，两者在协查目的、协查要求、协查效果上都大相径庭。但证据达到何种程度才是"已确定虚开"？税务总局制定的《税收违法案件发票协查管理办法（试行）》对此没有明确。这就导致一个尴尬的局面：一方面，委托方若等证据完全确实充分、甚至法院判决后才定性，可能会贻误案件查处；另一方面，若委托方在证据并未确实充分的情况下就草率定性，又不能附上相应证据材料，受托方单凭委托方寄送的《通知单》及清单就给予被协查对象行政处罚，执法风险较大。如2014年浙江省某市国税局稽查局依据委托方的协查函和《通知单》及清单，对受托检查的某企业虚开增值税专用发票进行偷税的违法事实作出了处理和处罚决定。该企业提起行政诉讼，稽查局一审、二审、再审均败诉。法院认为，仅凭委托方寄送的协查函不足以证明企业虚开事实的真实性。稽查局提取的其他相关证据也不充分，不能形成证据链，不予采信。分析该案可知，受托方不能仅凭《通知单》及清单就作相应处理，而是应要求委托方寄送相关证据（如定性证明、经办人笔录复印件等），认真核查所辖企业账面、资金等方可确认协查对象的违法事实。

（五）协查系统技术支撑不足

一是系统兼容性不足，操作烦琐。比如，从防伪税控系统向协查系统批量导入委托发函的发票数据时常出错，且操作人员无权自行删除批量出错数据，只能联系后台处理。二是层级管理不完善。协查系统通过点对点的传输，虽然提高了效率，但也使协查工作脱离了传统的上下级监管，上一级部门不能实现对协查特别是大要案件协查的全过程监控。三是系统传输功能单一，没有函件退回修改机制，只能一次性发回函。受托方后续若需要补充信息，只能再次发函，导致信息碎片化。对于质量有

① 见《国家税务总局关于认真做好增值税失控发票数据采集工作有关问题的通知》（国税函〔2007〕517号）。

② 见《国家税务总局关于失控增值税专用发票处理的批复》（国税函〔2008〕607号）。

问题的委托协查，应允许受托方在小比例内退回委托方补正。

二、加强和改进稽查协查工作的对策建议

（一）合理划分税源管理部门和稽查部门在失控发票管理上的职责

一是将走逃户认定权限调整到管理部门，既有利于提高税务稽查效率，又减少了对纳税人正常生产经营的干扰。二是失控发票的协查先由管理部门通过稽核系统或发票审核查验系统自行发送，审核查验后有偷逃税嫌疑的移交给稽查部门作为案源管理，有必要的再组织协查。管理部门也可通过完善金税三期工程软件功能，实现失控发票的精细化管理。

（二）建立协查工作的经费保障和激励机制

进一步完善财务制度，区分公务接待行为和税务机关跨区域联合办案行为，明确协查工作的经费保障范围，适当提高派员协查的保障标准，满足合理的办案经费支出需求，给予办案有功人员必要的物质奖励。

（三）科学设置协查工作绩效考核指标

一是在计算协查选票准确率时对失控发票协查的部分予以剔除，不纳入考核，只予以通报，而对案件协查的选票准确率要求可以适当提高。二是灵活设置考核范围，对专项行动的协查选票准确率考核可统筹考虑，减少委托方的顾虑。如“黄金票”专项行动的协查工作中，为鼓励各单位主动发起委托协查，税务总局就采取了这种做法，取得了较好的效果。

（四）明确定性发票为虚开的标准

完善《税收违法案件发票协查管理办法（试行）》第九条的内容，明确划分“有疑问类型”和“确定虚开类型”的界限，即委托方的证据满足什么标准才可以按“确定虚开类型”发函协查，并细化规则，要求已确定虚开发票案件的委托方寄送《通知单》及清单时必须附上相应的证据材料。

（五）优化协查系统功能

一是增强协查系统与外部系统的兼容性，完善批量导入功能并赋予前台自行修改删除数据的权限。二是提升系统内信息交流的互动性，构建协查函的退回和多次传递机制，把所有共享的信息集中到同一个界面。三是加强系统层级管理，实现上级对下级查办大案要案的全程监控。四是修复各类功能缺陷，进一步提高协查系统的稳定性。

（谢知量，浙江省国家税务局稽查局协查科科长；王慈航，义乌市国家税务局稽查局副主任科员）

新行政诉讼法下如何把好稽查证据关

安徽省地方税务局稽查局课题组

内容提要：调查取证是税务稽查工作的一项重要内容，近几年随着纳税人法律意识的日益增强，涉及税务稽查的行政诉讼案件呈逐年上升趋势，规范取证显得尤为重要。新《行政诉讼法》于2015年5月1日开始施行，新法的实施，对税务稽查调查取证工作提出了更高的要求。本文从新《行政诉讼法》对证据制度的修改与变化、税务稽查取证工作存在的问题以及解决税务稽查取证问题的对策建议三个方面，对如何在新《行政诉讼法》下把好稽查证据关进行了具体阐述。

关键词：行政诉讼　稽查　取证　变化　对策

近年来，随着法治进程的逐步推进，纳税人法律意识的日益增强，涉及税务稽查的行政诉讼案件呈逐年上升趋势。据统计，2014—2015年税务（国税、地税）稽查系统应诉的47起行政诉讼案件，涉及18个省市，其中败诉的案件有10起，败诉率达21%。在败诉的案件中，因证据不足等原因导致败诉的案件有4起，占败诉案件的40%。2014年11月1日，《行政诉讼法》在施行24年后进行了首次修改，于2015年5月1日开始施行。新《行政诉讼法》对行政诉讼证据制度进行了进一步的修改与完善，对税务稽查取证工作提出了更高的要求。因此，如何在新的《行政诉讼法》下把好稽查证据关，是目前摆在检查人员面前的一项重要课题。

一、新《行政诉讼法》对证据制度的修改与变化

（一）明确了电子证据的合法地位

与民事、刑事诉讼法相比，原《行政诉讼法》并没有将“电子数据”作为证据。新《行政诉讼法》将电子数据作为一类独立的证据，改变了电子数据在行政诉讼中没有证据地位的状况，从而有效解决了电子数据由于缺少立法支持而面临行政诉讼中无法作为证据使用的尴尬局面。

（二）强化了被告的举证责任

新《行政诉讼法》中，增加了“被告不提供或无正当理由逾期提供证据，视为没有相应证据”的规则，这无形中给作为被告方的行政机关带来了压力，使得稽查部门如成为被告，就必须提供作出该具体行政行为的全部证据，如果不依法提供证据将被视为没有证据。

（三）优化了证据的取得方式

新《行政诉讼法》规定，以非法手段取得的证据，不得作为认定案件事实的根据。将“非法证据排除规则”首次写入《行政诉讼法》，是对所有诉讼当事人的约束。稽查部门在执法中，一旦取证行为不规范，证据材料的证明效力将会受到质疑，继而导致败诉。

二、税务稽查取证工作存在的问题

（一）取证种类单一，收集的税务稽查证据不完整不规范

目前稽查部门在对外检查时，收集的证据种类还是以会计报表、记账凭证、合同单据等传统的书证为主，其他种类的证据很少收集或基本没有收集，如录像机、电脑设备等工具在证据调查中没有得到充分应用，鉴定意见、现场笔录等其他手段也较少使用。有些调查记录、询问笔录过于简单，不能全面反映涉税违法案件的基本情况。涉税案件证据资料的不完整，给后续的案件审理工作带来了一定的难度，也给将来案件的应诉工作带来风险。

（二）取证方式传统，现行的取证工作不能适应电子技术发展的要求

随着财务软件在企业核算中迅速普及，传统的稽查取证方式已不能适应现代信息技术发展的要求。在稽查工作中，如何在企业不同版本的财务软件中提取到真实有效的电子数据，是摆在检查人员面前的一道难题，尤其是一些大型企业使用的网络版财务软件，更进一步增加了检查人员提取数据的难度。虽然近几年，安徽地税局稽查局已注重推广使用电子查账软件，但是从目前使用情况看，使用率并不高，部分县市很少使用甚至不使用查账软件。目前全省地税稽查系统共购置电子查账软件260套，平均一年采用电子查账方式检查纳税人约为380户次，使用率仅为1.46户/套/年。

（三）取证质量不高，证据的内容和标准与司法机关等部门要求存在差异

从近几年税务稽查部门行政诉讼案件来看，普遍存在证据质量不高的现象。究其原因，大部分是因为稽查部门在调查取证时只注重涉税事实，不重视证据的质量与标准，取证不规范、具有随意性，造成证据不确凿充分，导致违法事实不清，处理、处罚决定错误，进而导致司法机关对其认定的违法事实、定性处理存有异议，判处败诉的案件时而发生。如某市某通信有限公司、某铜业有限公司两例行政诉讼案件，皆因稽查局未能很好的固定证据，被法院认定为事实不清、证据不足，导致败诉。

（四）取证手段受限，税务稽查调查取证缺乏相应的权限和手段

根据《税收征收管理法》及其实施细则和《税务稽查工作规程》的相关规定，稽查取证的方式仅限于查账、询问、现场检查、协查、保全证据和其他方法六种。检查人员仅有权在法律授权的检查项目和范围内开展检查，授权以外的方式取得的证据均为无效的。取证手段的限制，使得检查人员在检查过程中不能对保管账簿、商品货物的保险柜、仓库以及计算机强行开展检查。由于税法的刚性不足，取证工作存在诸多难度，一些重要的偷逃税证据难以在第一时间缴获，严重影响了稽查取证工作的有效开展。

三、解决新《行政诉讼法》下税务稽查取证问题的对策建议

（一）强化证据意识

在现实的稽查工作中，检查人员的证据意识不容乐观。实践证明，不少的败诉案就是由于证据不足或证据不实造成的，许多案件的久拖不决也是由

于检查人员的证据意识不强，采集的证据过于简单粗糙、经不起审查。强化证据意识是税务机关依法行政的需要，同时也是稽查部门及检查人员应培养的一种理念。因此，在平时的工作中就应注重证据意识的提升，使证据意识在每位税务检查人员头脑中根深蒂固。

（二）拓展取证方式

在稽查工作中，与税收相关的证据近年来呈现数字化、电子化的趋势，传统取证方式对于这种变化显得束手无策，创新和丰富稽查调查取证的工作方式和手段势在必行。一是充分利用录音设备、相机、移动硬盘等现代设备，提高科技含量。二是参照公检法部门收集提取和审查判断电子数据的相关规定，对查账软件等电子信息工具进行充分利用，稽查证据资料更加丰富、完整。

（三）赋予强制检查

调查取证是税务稽查办案的核心，是确保税务稽查工作质量的关键。稽查调查取证工作，无论从调查手段还是从调查程序上来看，与司法机关相比都受到较大限制。建议在对《税收征收管理法》进行修改时，赋予稽查强制检查权，从立法上保障税收的强制力，增强稽查执法的刚性。

（四）加强业务素养

从目前检查人员的结构来看，同时具有法律和税收知识的人员有所欠缺，只有加强对检查人员的业务培训，提升业务素养，才能使处理的税务违法案件经得起行政诉讼的检验，确保证据证明的违法事实与客观事实相符合，保证稽查证据收集的准确、全面、完整、合法。

（课题组

组　长：仇应广，安徽省地方税务局稽查局局长

成　员：李晓文，安徽省地方税务局稽查局副局长；顾红，安徽省地方税务局稽查局审理科科长；洪梅，安徽省地方税务局稽查局审理科主任科员）

四省（市）国税稽查工作考察报告

湖北省国家税务局稽查局

内容提要：本文通过考察广东、深圳、江苏（南京）、宁波等四个发达地区近年来国税稽查工作的基本情况和特色工作，并围绕稽查管理体制、稽查收入、重大案件查处、“打虚打骗”工作、规范化管理、稽查信息化建设、稽查队伍建设以及部门间协调办案等重要方面与湖北国税稽查工作进行比较，明确提出湖北国税稽查部门必须围绕全局工作中心，学习借鉴发达地区先进的稽查工作经验，突出抓好“四个立足”的工作要求，奋力开创新时期湖北国税稽查工作新局面。

关键词：考察　稽查　规范　创新　执法　素质

通过听取广东、深圳、江苏、宁波四省（市）的情况介绍、观看工作演示、查阅相关报表资料、深入交流座谈等形式，比较全面、客观地考察了解到相关情况。

一、四省（市）国税局稽查局的基本情况及特色工作

（一）稽查体制、干部队伍及查补收入情况

广东、江苏两省均按省、市、县三级设置了稽查机构，同时两省所辖市（地）级稽查局均实行市区一级稽查体制，市级稽查局全面上收县级稽查局选案权和部分县级稽查局的审理权。深圳、宁波两市均为市级一级稽查体制，分别设立了与市局稽查局同级别的直属稽查局，负责所辖区域的稽查工作（有关稽查机构和人员情况见表1）。市局稽查局主要负责全市稽查选案，并与风控中心、大企业处等部门会商后，由风控中心统一下发；同时市局稽查局重点协调和安排大要案件查处（有关稽查收入情况见表2）。

（二）税务稽查规范化管理情况

广东国税局稽查局于2015年在全省首推《广东省税务稽查规范》，得到了税务总局局长王军的

批示肯定，由此推动了即将在全国税务系统实施的《税务稽查规范》（1.0版）。深圳国税局稽查局规范和优化举报工作，市局举报中心设在稽查局，并高配副处级领导干部担任举报中心主任，全面协调和指导全市涉税违法案件举报工作，较好地提高了举报中心服务水平。宁波国税局稽查局探索推行的“嵌入式管理法”已运行6年，较好地发挥了制度的杠杆作用，既使稽查业务工作更好地达到预期规范，又有效地防范了执法风险。

表1　　稽查机构和人员情况　　单位：个、人

级次＼项目	稽查机构				稽查人员				
	省级	市级	县级	合计	人数	其中省稽查局人数	稽查局人数占国税局人数比（%）	专业资质人数	占稽查人数比（%）
广东	1	28	91	120	2209	29	9.6	142	6.4
深圳	5	0	0	5	296	101	12.9	39	13
江苏	1	15	71	87	2104	19	11.4	339	19
宁波	4	0	5	9	328	30	13.8	9	2.7
湖北	1	24	71	96	2249	14	9.3	111	4.9

表2　　稽查收入情况　　单位：户、亿元

项目＼地区	广东	深圳	江苏	宁波	湖北
检查户数	2680	803	5576	1352	2987
查补收入	95.7	11	53.1	11.3	32.5
查补收入占国税收入比（%）	1.6	0.4	0.9	0.9	1.6

注：上述数据均截至2015年12月31日。

（三）税务稽查信息化建设情况

广东国税局稽查局正在打造“智能型”稽查。目前，该省已实现对稽查业务全过程、全方位监控；同时，以金税三期工程优化版在广东上线实施为契机，配合税务总局做好金税三期工程稽查模块优化工作。深圳国税局稽查局制定稽查业务平台建设三年规划，努力建成包括一个平台（现代稽查工作平台）、三个中心（案件中心、情报中心、管理中心）的全覆盖、全互联、全智能的稽查信息化系统。江苏国税局稽查局强化以网络版查账软件为主的外部应用和以选案系统、案件监控与考核为一体的稽查案件管理系统为主的内部应用，积极推行稽查信息化建设。宁波国税局稽查局正计划打造集案源管理、检查软件、后台管理“三位一体”的稽查软件，加快稽查信息化建设步伐。

（四）大要案查处及“打骗”“打虚”工作情况

广东国税局稽查局以执法型稽查为主基调，先后成功破获多起特大虚开发票和骗取出口退税案。2015年，该局与公安、海关等部门协同作战，联合查处“海浪1号”“珠海6·26”等大案要案，相关工作经验被税务总局、公安部、中国人民银行三部门联合转发供全国学习参考。深圳国税局稽查局去年查办的“海浪2号”先后被中央电视台、10多家省级电视台和3000多个网站报道或转载。税务总局领导多次进行表扬批示。江苏国税局稽查局开展打击虚开黄金票专项行动成效显著，去年共查处案值超亿元的虚开“黄金票”案件14起，查

处企业户数、确定虚开金额、抓捕犯罪嫌疑人人数均列全国第1，共公布税收“黑名单”161户，数量排名全国第1。宁波国税局稽查局成功查处“3·14”系列重大虚开发票案和“3·06”骗取出口退税案，较好地彰显了稽查威慑力和影响力。

（五）部门间协作配合情况

广东国税局稽查局2015年共曝光典型案件52起，成功阻止“黑名单”当事人出境13人次。深圳国税局稽查局建立警税联合情报平台和互动协作机制，有效地发挥了各部门的职能优势，共同维护了税收经济秩序，得到税务总局稽查局领导高度肯定。江苏国税局稽查局积极推动国地税稽查等部门之间合作，加大对涉税违法犯罪的打击力度，与公安部门签署合作备忘录，明确双方协同打击涉税违法犯罪职责和建立警税协作平台，构建了强大有力的协税护税网络体系。宁波国税局稽查局重视加强与外部有关职能部门之间的协作办案机制，该市检察院、公安局均派遣了1名处级领导干部常驻国税局，及时协调联合打击涉税违法犯罪行为。同时，该局还联合公安、海关、外汇管理等部门联合签署了《预防和打击出口骗取出口退税犯罪合作备忘录》，加大了打击出口骗税的工作力度。

二、几点建议和打算

学习借鉴四省（市）的工作经验，围绕全局工作中心，按照税务总局稽查局工作部署和要求，为开创新时期湖北省国税稽查工作新局面，我们提出如下建议和初步打算。

（一）立足基础规范，推进工作创新

利用国地税现有“数字稽查”软件和“稽查作业平台”的成熟功能模块，嵌入稽查管理十项制度，依托金税三期工程、“互联网+”大数据，开拓创新，努力打造一个国地税统一规范、数据共享、成果互用的融稽查业务、管理监控、统计决策为一体的工作平台。在此基础上，通过不懈努力，持续升级，不断优化稽查执法手段，防范和化解执法风险，为加快稽查现代化建设提供强有力的技术支撑。

（二）立足深化改革，抓好试点工作

按照《深化国地税征管体制改革方案》中有关税务稽查改革的总体要求，通过深入基层调研并结合四省（市）的经验做法，研究制定湖北省跨区域设置国税稽查机构的指导性意见。同时，按照湖北省《联合税务稽查工作实施方案》的要求，以打造“湖北税务稽查信息管理平台”为抓手，构建全省范围内省、市、县三级国地税稽查部门联合稽查工作的新格局，确保国地税双方基本合作事项在2016年6月底前落实到位。

（三）立足职能转换，确立工作定位

以服务税收经济协调发展的大局为要求，将稽查工作融入到税收大征管格局之中。积极探索建立针对高风险纳税人协同风险应对的工作机制，加快推行随机抽查制度和案源管理制度，合理确定抽查比例，力求在查办大案要案上重点突破。省局稽查局除组织协调好全省大案要案查处外，还要直接选取跨区域、案值高的案件进行查处。特别是，要着力查处骗取出口退税和虚开增值税专用发票违法犯罪，对税收违法行为高发、多发的地区开展区域税收专项整治，坚决查处一批有影响力的大案要案。

（四）立足资源整合，营造执法合力

对内充分发挥稽查部门在“四位一体”大监督体系中的职能作用，积极建立起与法规、税政、征管以及监察等部门之间的信息沟通衔接机制，促进稽查业务能力建设。同时，为适应查办团伙性、跨地域案件的实际需要，牢固地树立稽查系统上下“一盘棋”的指导思想，强化上级局对下级局的案件指挥、业务指导和系统管理职能，提高全系统稽查工作质效和查办大案要案能力。对外，重点加强与公安部门的联席和联络，主动求得支持配合，共同经营案件，形成联合执法工作机制。

（五）立足队伍建设，提高素质能力

坚持人本战略，实施“素质优化”工程，通过开展专业化、差别化、递进式稽查干部培训，着手组建分项目、分行业的稽查专业化团队，进一步优化稽查队伍结构，显著提升稽查干部的综合素质和岗位技能，加快培养和造就一支高素质、专业化、复合型的稽查人才队伍。拟从2016年开始，适应稽查新形势发展要求，在三年内着力提高“三个比例”（稽查人员占全体国税人员比例、一线检查人员占全体稽查人员的比例，具备独立查账能力人员和电子查账能力人员占一线检查人员的比例），其中，稽查人员占全体国税人员比例至少在15%以上；加强稽查人才队伍建设，统筹安排稽查专业人才培训和培养，推行“培训+实训”模式，加强ERP高端人才专项培训以及鼓励稽查干部参加税务师、注册会计师、司法资格等考试，实施稽查人才“525”工程，即力争通过三年的努力，培养出50名稽查高端人才（含全国税务稽查领军人才）、200名稽查业务骨干、500名稽查岗位能手，努力适应税务稽查现代化发展的素质和能力要求。

（考察组

成 员：赵勇、柯涛、张曙光、王伟域，湖北省国家税务局稽查局；孙武，武汉市国家税务局稽查局；陈明贵，随州市国家税务局稽查局；张勇、余心，襄阳市国家税务局稽查局

执 笔：王伟域）

说理式稽查执法文书运用初探

湖北省地方税务局稽查局课题组

内容提要： 随着稽查实践的发展，税务稽查执法文书在规范稽查执法、提高执法透明度和保障纳税人合法权益方面发挥了日益重要的作用。同时，既能反映结果，又能体现产生结果因由的说理式稽查执法文书呼之欲出。本文以推行说理式稽查执法文书的意义为切入点，总结归纳现有文书的不足，探明文书说理的方向，为说理式稽查执法文书在实践中的运用和逐步推行提供一定的参考。

关键词： 说理式稽查执法文书 事理 情理 法理 文理

税务稽查执法文书作为稽查环节使用的对纳税人发生法律效力的执法文书，是稽查执法流程的主要载体和重要体现。税务总局对其文书式样予以了专门明确，具有格式化、法定性特征，对稽查执法文书的规范化起到了重要作用。随着稽查实践的发展，人们对稽查执法文书的需求已经从最初的标准化上升到统一基础上的个性化，要求执法文书不仅能反映结果，更能体现出产生结果的因由。说理式稽查执法文书呼之欲出。

一、推行说理式稽查执法文书的意义

推行说理式稽查执法文书是落实依法治税基本原则，提升依法行政能力的有效途径。推行说理式稽查执法文书，一方面，能助推稽查人员综合执法能力的提升，另一方面，通过规范执法，确保案件事实清楚、证据引用充分、法律适用恰当、程序办理规范、量罚依据准确，让公平正义在税案中得以充分彰显。

推行说理式稽查执法文书是增强稽查执法透明度，提升执法公信力的创新举措。说理式稽查执法文书是表，其里是说明理由制度在稽查执法中的运用，通过向行政相对人亮明依据和缘由，揭开稽查执法神秘的面纱，让稽查执法行为从程序到实体结果为相对人所知晓，为相对人所认可。

推行说理式稽查执法文书是保障纳税人合法权益、提升纳税遵从的重要手段。推行说理式稽查执法文书，通过说明事理、说通情理、说透法理，充分维护当事人知法、知情、知理的权益。同时，当事人可以较为清楚地认识自己的违法行为及其危害，在接受处理的同时接受法制教育，促进纳税遵从。

二、目前执法文书存在的主要问题

（一）执法文书机械化

一是内容简单化。多数违法事实的叙述过于简单，导致被查对象收到执法文书后只知晓本次检查应补（退）税的结果，无法通过文书知晓本次检查发现的核心问题的解决过程和以后如何更好地实现纳税遵从。

二是行文语言冷漠。目前的执法文书中对被查对象不论其事实、情节，均使用“责令”“限期”“违法”“偷税”等字眼，缺乏说理讲理的人性化关怀，容易引起征纳双方的矛盾对立情绪。

（二）论证过程不充分

一是证据链不明晰。执法文书中未向被查对象罗列认定违法事实的证据依据，可能因此发生行政复议和行政诉讼，造成行政资源的浪费。同时，还可能导致检查人员在针对涉税事实取证时随意性较大，对证据的“关联性”要求关注不够，造成一些涉税事实无法被认定和处理，甚至无效证据被归集入案卷档案保存。

二是逻辑推理不清晰。目前执法文书缺乏清晰的法律推理逻辑。有的忽视违法事实与适用法律的

逻辑关系，没有扣住双方的争议焦点，没有进行充分地说理解释和推理，就给出予以处罚的决定；有的行政处罚内容与违法行为的事实、性质、情节及社会危害程度不相当，体现不出法律上的直接联系；还有的违法事实与案件定性、定性的法律依据与处罚的法律依据不一致，不符合法律的推理逻辑。

（三）税企沟通不顺畅

一是缺乏必要的说理。目前的执法文书在进行处理处罚时，只讲法，缺乏必要的说理，尤其是没有向被查对象解释清楚作出案件处理处罚所考虑的事实情形和具体情节，导致被查对象怀疑行政执法单位的公信力，甚至不配合检查人员的执法行为。

二是缺乏对争议的必要回应。税务机关在对稽查案件进行处理、处罚时，没有针对与被查对象有争议的部分，通过执法文书的形式向其进行必要的解释和回复，没有说清案件处理的法理、事理、情理，说明调查证据与判定事实之间的逻辑必然。

（四）执法文书功能发挥不全面

一是教育作用不突出。执法文书中对法律条款的引用只有条、款、项、目，没有法条的具体内容，没有体现出税务检查执法文书的教育功能、宣法功能。

二是挖掘核心问题不透彻。税务检查的处理处罚决定围绕被查单位各个税种的应缴、已缴情况进行叙述，针对税务检查的核心功能，即查处偷、逃、抗、骗税的问题反映得少，比较简单。

三、说理式稽查执法文书的主要原则和基本要求

（一）主要原则

1. 紧扣事实原则。税收违法事实是稽查执法文书的核心内容和要素。税收违法事实的发生时间、地点、方式、手段、后果以及被查对象对税收违法行为的认知态度要在稽查执法文书中呈现。

2. 公开透明原则。稽查执法文书对所载内容和事项应当具体、清晰、准确，有说明，有分析，不简单粗略，不含糊其辞。

3. 突出重点原则。稽查执法文书对违法行为性质的认定、处理处罚的依据和理由、双方分歧重大或争议较大的事项、行政自由裁量权的运用等内容，应当重点分析、全面阐述。

4. 惩处教育原则。稽查执法文书要通过“说理”，让纳税人明白：发生了什么违法行为，为什么进行这样的处理处罚，提出的陈述申辩为什么没有被采纳，使其在接受税务处理处罚的同时也受过一次深入的税收法制宣传教育。

（二）基本要求

1. 围绕案件事实，说清“事理”

一是认定违法事实的构成要件要齐全。违法行为的主体、发生时间和地点、方式和手段、产生的后果、被查对象对违法行为的认知程度和状态，共同组成了违法事实的构成要件。稽查执法文书在认定被查对象的税收违法事实时，应当囊括和体现上述构成要件。

二是认定违法事实的证据要翔实。稽查执法文书要按合法性、有效性、相关性原则对检查环节收集的能够证明税收违法事实的证据材料逐一列举，并根据证据材料的轻重主次和证明力大小进行排列。证据材料之间要互相支持、互相印证，形成证据链条，共同证明税收违法事实。一个证据材料证明多个税收违法事实的，该证据材料必须重复列举。

三是认定违法事实的程序要合法。稽查执法文书应当表述稽查案件经法定程序立案、检查，按照审理权限和流程由审理部门或各级重大案件审理委员会进行审理，对被查对象的税收违法事实进行审核和认定。稽查执法文书要通过对上述事项的记述，说明认定税收违法事实是符合程序规定的。

2. 依据法律法规，说透“法理”

一是案件定性要准确。稽查执法文书应当从被查对象实施税收违法行为的方式手段、认定税收违法事实所依据的证据材料、被查对象对税收违法行为发生及其后果的主观心理状态等方面入手，根据税收法律法规和文件的具体规定，对被查对象的税收违法行为作出分析判断，严格区分不同的税收违法行为，对案件进行准确定性。

二是引用条文要具体。认定税收违法事实和作出税务处理、处罚时，稽查执法文书应当全面、完整地引用所涉及的税收法律、法规、规章以及规范性文件。

3. 行使自由裁量，说通“情理”

一是体现公平合理的原则。稽查执法文书要综合税收违法行为的性质、情节和社会危害程度等因素，对被查对象的税收违法行为是否给予行政处罚、给予何种行政处罚和何种幅度行政处罚进行说明，做到过罚相当、罚当其责。

二是突出以人为本的理念。在稽查执法中，稽查执法文书应当对被查对象提出的陈述申辩意见及提供的证据材料采纳或不采纳作出说明，并应当充分告知被查对象救济的权利。

4. 聚焦文书制作，遵循“文理”

一是文字简练、通俗易懂。制作稽查执法文书，在说清事理、说透法理、说通情理的前提下，要控制文书的篇幅长度，使用的语言文字要尽量简练、明了，具有针对性。

二是思维严密，逻辑性强。税收违法事实的认定要建立在证据的基础上，每一税收违法事实都有相应的证据予以证明和支撑，禁止主观臆断。要善于运用三段论逻辑推理方式进行论证和阐述，把法律法规和文件的规定作为大前提，被查对象存在的违法事实作为小前提，最后推理得出结论。

（课题组

组　长：吴鸿，湖北省地方税务局稽查局局长

成　员：陈汉桥，湖北省地方税务局稽查局纪委书记；张军，湖北省地方税务局稽查局综合处处长；田甜，湖北省地方税务局稽查局综合处主任科员；刘长源，湖北省地方税务局稽查局审理处副主任科员；黄利川，湖北省武汉市地方税务局稽查局审理处副主任科员）

深化地方税务稽查改革研究

重庆市地方税务局稽查处课题组

内容提要：中共中央和重庆市先后印发的《深化国税、地税征管体制改革方案》是重庆征管体制改革的纲领性文件，也是税务稽查改革的行动指南。无论是征管体制改革还是“营改增”的全面实施，对地税部门来说都意味着一场深刻的历史变革。本文旨在对重庆地税稽查改革实践进行全面分析的基础上，提出重庆地税稽查改革要积极适应市场化、信息化、法治化的新形势，要以“需求牵引、规划先行、平台依托、项目带动、人才聚集、体制创新”为原则，从职能定位科学化、组织体系扁平化、效能运行高效化、大数据应用多元化、队伍建设专业化五个方面发力，在完备的法律保障机制下，逐步实现税务稽查现代化。

关键词：税务稽查　现代化　改革

2015 年 10 月，中央全面深化改革领导小组审议通过了《深化国税、地税征管体制改革方案》，我国税收征管体制改革大幕正式拉开。重庆地税准确把握形势，号召系统上下进行“二次创业”，积极推动税务稽查改革。本文在对重庆地税稽查改革实践进行全面分析的基础上，提出重庆地税稽查改革要积极适应市场化、信息化、法治化的新形势，要以“需求牵引、规划先行、平台依托、项目带动、人才聚集、体制创新”为原则，从职能定位科学化、组织体系扁平化、效能运行高效化、大数据应用多元化、队伍建设专业化五个方面发力，在完备的法律保障机制下，逐步实现税务稽查现代化。

一、重庆地税稽查改革实践

（一）打造稽查组织扁平体系，跨区域设立直属稽查机构

撤销主城区原来按属地设立的 13 个副处级稽查局，按省级稽查机构标准设立了 5 个市局直属稽查局，全系统形成由稽查处、5 个跨区直属稽查局、30 个远郊区县局稽查局组成的“1 + 5 + 30”大稽查体制格局。

（二）实施稽查逻辑扁平管理，直属稽查局开展跨区执法

5 个跨区直属稽查局人、财、物由市局直管，与各个征管局相互平行，互不隶属。业务上直接接受市局各职能处室的指导。第一至第五稽查局相对固定地承担主城 2 ~ 3 个行政区的稽查执法职能，实现跨区域一级稽查执法工作模式。

（三）实现稽查案源集中管控，推行“选查”垂直分离

按照“统一选案、跨区检查、分级审理、就地执行”的工作模式，稽查选案权上收市局，实行选案与检查垂直分离。

（四）构建新型查管互动关系，建立多层次协作体系

一是建立多层次查管协作制度。市局统一制定《稽查工作管理办法》，建立查管协作基本框架。各级稽查局与对应征管局结合自身实际，制定具体的实施办法。二是调整省级稽查收入入库机制。

改变过去省级执法机构“下查一级、上收一级”的入库机制，省级稽查查补收入直接体现为征管局税收收入，确保稽查与征管目标趋同，协作顺畅。

二、重庆地税稽查改革成效

（一）堵漏增收大幅度提升

2014年，即改革当年，全系统稽查收入20.6亿元，同比增长22.8%，5个跨区直属稽查局稽查收入14.69亿元，同比增长33%；2015年，全系统稽查收入24.9亿元，同比增长21%，5个跨区直属稽查局稽查收入16.96亿元，同比增长22%；2016年，全系统稽查收入28.1亿元，同比增长13%，5个跨区直属稽查局稽查收入21.5亿元，同比增长27%。

（二）人力资源配置趋向合理

分流原稽查人员，考试选调新稽查人员，促使稽查人力资源向重点区域和重点税源集中，优化稽查人员整体结构。确保5个直属稽查局一线人员占比提高到60%，中级职称以及三师比例达到20%，远远高于全市稽查系统平均水平。

（三）打击震慑作用明显增强

跨区稽查体制改革，确保了稽查选案的准确性和稽查计划执行的严肃性，增强了稽查执法的独立性，稽查“拳头”作用和“利剑”效应逐步显现。2014年，5个跨区直属稽查局立案检查收入2.79亿元，同比增长24%。加收滞纳金和罚款7958万元，同比增长2倍；2015年，5个跨区直属稽查局立案检查收入4.17亿元，同比增长49%。加收滞纳金和罚款1.85亿元，同比增长1.3倍。2016年，5个跨区直属稽查局立案检查收入5.8亿元，同比增长40%。

（四）风险防控更为有力

稽查与征管分离，选案与查案分离，市局稽查主管部门与跨区稽查局、跨区稽查局与征管局之间各司职责，强化制约，形成科学计划、严格检查、及时反馈、持续改进的完整链条，提升了征管质量，降低了执法风险。

（五）联合执法有效协调

跨区稽查体制改革，实现了与国税稽查体制改革的同步推进，国地税稽查机构层级对等、辖区对应，在运行管理机制上也基本协调一致，牢固奠定了国地税联合稽查的体制基础。

三、稽查改革中存在的问题

（一）工作理念存在一定偏差，职能职责需要进一步明确

受传统的任务导向型执法思维影响，稽查的工作理念仍存在一定偏差，稽查监督和惩处功能相对弱化，存在重数量轻质量，重结果轻过程，重大户轻小户等问题，稽查打击震慑、标本兼治的综合效应尚未全面发挥。

（二）内控管理标准化程度不高，工作质效需要进一步提升

稽查内控机制不健全，缺乏一套流程完善、标准清晰、质量监控严密的标准化工作管理体系。业务的标准化管理，质量监控和绩效考核，尚未达到互为依存、相互促进、共同提高的目的。

（三）信息化建设程度较滞后，互联网思维需要进一步加强

一是数据分析能力偏低，信息应用水平需提高。对数据的运用停留在人工分析层面，风险识别与预警能力不足，定向与精准度不够。二是数字化检查工具较少，软件应用程度需提升。单机版的电子查账软件无法采集金税三期工程系统和互联网数据，进行动态更新和联网疑点分析，智能软件利用度不高。

（四）队伍专业化管理程度不够，人员结构与激励机制需要进一步优化

一是稽查一线执法人员仍有缺口，年龄结构老化的问题比较突出，同时缺乏精通财务、税收、计算机、法律、审计等知识层面的专家型人才。二是稽查人员激励机制不够完善，稽查人才流失现象比较明显。5个跨区直属稽查局，先后有6名业务骨干（其中3人共拥有各类资格证书11个）辞职，另有5名一线检查人员提前退休，稽查人员流失比例达到5%。

（五）税收法律体系不够健全，法律层级需要进一步提高

目前我国税收法律体系缺乏顶层设计，导致税务稽查的法律定位不清晰，稽查工作规程法律层级较低。《税收征收管理法》虽赋予稽查执法人员一定的税收行政执法权，但未赋予侦查权、搜查权等刑事侦查权，因此在实际工作中，稽查执法刚性力度被削弱，执法独立性较差。

四、深化稽查改革的建议

（一）科学把握税务稽查职能，树立现代化的稽查理念

1. 充分发挥稽查基本职能，为税制改革保驾护航

《税收征收管理法》实施细则规定稽查专司税收偷逃骗抗的查处，因此，税务稽查的基本职能是打击、震慑、教育和惩戒。只有重视稽查的基本职能，严格依法实施稽查，加强打击力度，彰显执法刚性，才能从根本上减少涉税违法行为的发生，提升纳税人税收遵从度。

2. 持续提升堵漏增收实效，大力助推税收中心工作

稽查的收入职能与其他各项职能是彼此联系、相辅相成的，要积极发挥稽查以查促收的能力，最大限度发挥稽查执法促收的“乘数效应”，实现稽查效能最大化。

3. 树立大局服务意识，促进和谐征纳关系的建立

一是转变观念，树立“执法服务者”的理念。二是坚持依法治税，规范执法流程，约束执法权力。三是加强宣传引导，结合稽查工作特点，开展有效的政策宣讲和纳税辅导，帮助纳税人规范财务管理，降低涉税风险。

（二）进一步深化稽查体制改革，实现稽查资源的优化配置

1. 注重强化实施逻辑扁平化

建立职责明晰、联系畅通、协同良好的跨区税务稽查体制，优化“集中选案、分类审理、属地入库、全面反馈”的市级一级稽查业务流程。

2. 持续推进稽查资源配置合理化

尝试“规模区分＋属地管理”的专业化稽查模式，集中稽查主体力量监控重点税源，合理运用有效力量，实现稽查资源配置效益最大化。

3. 探索扩大跨区稽查体制改革实践

在现有5个跨区直属稽查局不变的基础上，在条件成熟地区考虑逐步增设跨区直属稽查局，进一步打破片区稽查部门以行政区划为框架设置带来的“横向壁垒”，提高执法层级，增强执法独立性。

（三）创新管理理念，构建高效的现代化稽查运行体系

1. 建立科学化集约化的稽查案源管理系统

一是设立统一的案源管理机构。设立统一的案源管理中心，按照“统一、科学、高效”的工作原则，负责全市的稽查案源管理工作。二是稳步推进分类分级案源管理。建立完善重庆市稽查随机抽查对象名录总库和稽查异常对象名录分库，确定重点稽查对象和非重点稽查对象。三是以风险管理为导向，遵循统筹规划、分类管理、分级使用的原则，实现稽查案源实施计划性和集约化管理。四是逐步实现案源闭环式管理，对指标模型和案源库实施动态化管理，提高选案精准度。

2. 建立以预防、监督、持续改进为核心的内控机制

一是以提高稽查质效为核心，逐步实现稽查流程标准化。优化稽查办案组织方式，探索“项目式管理、团队化作业”的新型稽查工作模式。设置案件检查过程标准化指标，制定并完善统一的检查操作规程。二是以完善过程监控为着力点，实现稽查全环节痕迹管理。全面实现环节监控，建立健全风险监控，着力解决稽查执法随意性的问题，提高执法监督的有效性和及时性。三是以提高案件查办深度和力度为途径，强化稽查规范税收秩序职能。加强大要案件查处和督办，强化重大税收违法案件信息公布工作，全方位推进联合惩戒制度。四是以质量和效能为导向，建立健全严密的绩效管理体系。利用现行的绩效管理系统，探索建立包括经济性、效率性、效果性和公平性的绩效考核指标，制定详细明确、操作性强的实施细则。

3. 深化国地税联合稽查，进一步释放“1＋1＞2”的资源整合效应

一是统一思想，推进长效合作机制建立。以《国地税联合稽查工作办法（试行）》为工作指引，以联席共商会议制度为联络通道，建立健全长效稳定的协作工作机制。二是统筹协调，实现联合稽查深度融合。从共同下达任务、联合实施稽查、协同案件审理，协同案件执行等角度全方位入手，进一步增强联合稽查拳头效应。三是借力大数据，激发联合稽查新活力。以共享涉税信息为起点，以高效运用稽查成果为目的，实现涉税信息资料、违法行为疑点的交流共享，提升联合稽查质效。三是人才互动，拓展合作新内容。探索建立国地税稽查人员交流互派机制，积极传播双方成功工作经验，形成开放、互信、共进的人才培养合作新格局。

4. 强化多部门协作，健全行政执法体系

一是加大税警协作力度，形成行政与刑事执法合力。以重庆市公安局驻重庆市地方税务局联

络机制办公室为桥梁，在情报交换、案件移送、资金查控、追赃挽损等方面进一步细化协作措施。二是多渠道延伸协作部门，凝聚多元执法合力。加强与工商、审计等部门的协作配合，有效形成多元化执法合力，共同打击涉税违法行为，优化税收环境。

（四）积极探索大数据应用，有序推进稽查信息化建设

1. 拓宽数据来源渠道，充实稽查案源库信息储备

以风控系统中已收集加工的内部信息数据和集成的第三方信息数据为基础，以补充采集稽查特定数据为辅助，提高稽查信息采集利用效率。

2. 运用数据挖掘技术，提高涉税信息的分析应用能力

组成专门团队，将海量的税务数据和政府各部门的涉税信息有机结合起来，采用统计分析方法、关联原则、决策树等专业技术，充分利用风控系统已建立的6000多个指标元，206个涉税指标建立科学的稽查选案指标体系和数据模型，增强稽查的精准度和震慑力。

3. 试水互联网情报的抓取和运用，拓展稽查信息触角

多维度运用云计算、网络爬虫、搜索引擎等特定技术手段，对大宗商品和金融商品交易信息进行目标定义抓取后，再对互联网上的页面数据进行分析和过滤，筛选出有用的涉税信息数据。

4. 逐步推行网络版查账软件，实现网络集群化

升级单机版查账软件，打通查账软件与金税三期工程系统、风控系统的实时关联，实现风险疑点的持续推送，保持动态的信息沟通。

（五）实施稽查人才战略，打造专业优质的稽查队伍

1. 制定人才培养规划，建立分类分级阶梯式培训制度

一是基本技能普遍全员培训，稽查骨干和领军人才分层级递进培训。二是坚持实战锻炼与基础培训相结合，短期培训与长期培训相结合，个人自学与集中培训相结合。

2. 优化人员结构，运用“内优”和“外引”聚集人才

一是制定系统内从事稽查工作的准入条件，科学、客观地设定准入门槛。二是畅通征管、稽查人才交流渠道，提高稽查人员知识结构的时效性和全面性。探索建立外部专家咨询库，为稽查执法引入外部智力支持。

3. 建立健全人才激励机制，激活干部队伍积极性

按照物质奖励与精神奖励，团队与个人相结合方式，建立健全荣誉激励、绩效激励和成长激励机制，对在稽查工作中做出贡献的优秀团队和人才进行制度化的表彰奖励。

4. 加强稽查职业道德建设和廉政教育，增强稽查文化软实力

积极引领稽查人员形成正确的核心价值观，树立集体荣誉感，打造充满激情、健康向上的稽查队伍，充分发挥稽查文化在工作中的“指引、凝聚、激励、鞭策”的作用，进一步增强队伍发展内驱力。

（六）完善税务稽查法律体系

制定专门的税务稽查法，赋予稽查部门独立的执法地位和充足的执法权，明晰稽查的职能和作用、组织形式、稽查手段及权限、征管与稽查的职权划分等重要内容。

建立健全税务稽查司法保障体系，组建税务警察，将税务行政执法权与刑事侦查权统一于税务机关内部，增强稽查执法层级，提高执法效率，加大打击涉税违法行为的打击力度。

（课题组

组　长：徐德中，重庆市地方税务局党组成员、副局长

副组长：张目，重庆市地方税务局稽查处处长

成　员：周露，重庆市地方税务局稽查处主任科员；蒋攀，重庆市长寿区地方税务局稽查局科员；陈静、郭艺，重庆市地方税务局第四稽查局主任科员；周光绪，重庆市地方税务局第三稽查局主任科员；唐金城，重庆市奉节县地方税务局检查科科长；唐剑锋，重庆市南川区地方税务局稽查局科员）

陕西省国地税联合稽查试点工作优化研究

陕西省国家税务局稽查局课题组

内容提要： 2015年，中央全面深化改革领导小组通过了《深化国税、地税征管体制改革方案》，国家税务总局发布了《关于开展〈深化国税、地税征管体制改革方案〉试点工作》的通知，陕西省被确定为实行国地税联合稽查第一批试点工作单位，面临着开拓新局面、探索新制度、取得新成就的重大考验，也取得了较好成效。本文通过对陕西省国地税联合稽查试点工作存在问题、成因及优化建议的研究，以期为全国全面实施联合稽查工作提供借鉴。

关键词： 国地税联合稽查　试点工作　优化

2015年10月13日上午，中共中央会议通过了《深化国税、地税征管体制改革方案》，标志着国地税征管体制改革拉开大幕。2015年12月中旬，国家税务总局下发了《关于开展〈深化国税、地税征管体制改革方案〉试点工作的通知》。在第三大类第十二项“深化税务稽查改革”中，提出了“实现国税、地税联合进户稽查”这一改革内容，要求于2016年6月底前完成。陕西省被确定全国“实行国税、地税联合进户稽查”唯一试点省份。

一、陕西省国地税联合稽查试点工作现状

（一）组织部署情况

陕西省、市、县三级均成立了联合进户稽查试点工作领导小组，设立了试点工作办公室，确定了联络员，为试点工作提供了组织保障。陕西省国税局、陕西省地税局联合下发了《关于成立联合稽查试点工作组织机构的通知》，成立了以省国税局、地税局主管领导为组长，省国税、地税稽查局班子成员为成员的试点工作领导小组，建立了联络协调机制。同时，确定了西安、宝鸡、榆林、安康4个市和太白、凤翔、神木、定边、石泉、汉阴6个县国家税务局、地方税务局为试点单位。下发了《联合进户稽查试点工作任务分解一览表》，落实责任分工，层层分解任务，细化工作内容，明确时间节点，确保各项工作有序推进。

（二）制度制定情况

陕西省国地税双方根据稽查工作实际，从强化四环节分离和外部监督等角度进行研究思考，制定了《联合进户稽查工作联席会议制度（试行）》《联合进户稽查试点工作方案》《联合进户稽查工作办法（试行）》《联合进户稽查信息交换办法（试行）》《联合进户稽查随机抽查办法（试行）》5项工作制度和办法，对稽查合作机制、涉税信息共享、检查对象确定、实施进户稽查等做了具体规定，为全省联合进户稽查提供了工作指引和制度支持；创制了《税务联合稽查任务通知书》《税务检查通知书》《税务文书送达回证》《联合稽查案件审理协商纪要》《联合稽查案件处理意见交换单》《联合稽查案件涉嫌犯罪移送情况告知书》《联合税务稽查廉政监督回访卡》等8种文书，涉及任务下达、案件检查、审理、移交、廉政监督等7个方面，形成了覆盖面广、内容规范的稽查工作流程，为联合稽查规范有序开展，提高合作效率奠定了基础。

（三）联合检查实施情况

陕西国地税局深感肩上责任重大，两家单位高度重视，积极响应，周密谋划，迅速行动，基本实现了程序、制度及合作模式的制定、规范与实施。截至2016年6月底，全省国地税联合稽查已联合立案708户，进户稽查661户，结案230户，入库税款、滞纳金、罚款共计4.03亿元，其中国税部门入库3亿元，地税部门入库1.03亿元。

（四）宣传开展情况

试点工作以来，陕西省国地税共上报税务总局和省政府《税务专报》3期，下发通报2期，编发《工作简报》16期；通过省局《专项改革试点工作简报》刊发14期，进一步加强了对联合稽查工作的督导。《中国税务报》《陕西日报》《陕西新闻联播》以及腾讯网、新浪网等公众媒体先后多次对陕西省国地税联合进户稽查工作进行报道，宣传效果显著，赢得了纳税人的广泛好评，社会反响良好。2016年4月7日，《陕西日报》以《省国地税

开创联合稽查工作新局面》为题进行了全面报道，营造了良好的舆论环境。省局联合稽查办公室将联合进户稽查文件资料汇编成册，并及时编报联合稽查税务专报，得到了税务总局领导肯定性批示，并在总局《稽查工作动态》上刊发。

二、陕西省国地税联合稽查试点工作存在问题及成因分析

（一）联合稽查联席会议现状及存在问题

目前，陕西省国地税联合稽查联席会议主要依据《联合进户稽查工作联席会议制度（试行）》（陕国税稽发〔2016〕36号）执行，该制度规定了联席会议的两种形式，即例会和临时会议两种形式。经过试点工作实践，联席会议召开主要存在以下方面问题：一是召开方式不明确。二是召开时间不明确。三是会议内容设置不合理。

（二）联合稽查检查组组建方式现状及存在问题

陕西省国地税联合稽查检查组组建方式目前是根据《联合进户稽查工作办法（试行）》（陕国税稽发〔2016〕35号）文件第五章第二十九条规定执行。此种检查组组建方式程序简化，易于操作，成组方式较快。但是通过几个月的试点，也暴露出一些不足，主要表现在：一是选派人员与随机理念不符。二是检查人员数量硬性要求不合理。三是检查组长的确定不合理。

（三）联合稽查文书使用现状及存在问题

在联合稽查试点工作过程中，根据《联合进户稽查工作办法（试行）》（陕国税稽发〔2016〕35号）规定，对于稽查文书要求双方分别使用各自文书，分别制作并向被检查对象出具。同时，出于试点工作创新的要求，陕西省国地税局还联合下发了《关于明确国地税联合稽查有关事项的通知》（陕国税稽发〔2016〕43号），创制了8类文书，要求在检查过程中，双方在各自文书的基础上还要联合使用。税务总局推行国地税联合稽查的初衷之一，就是减轻纳税人负担，而根据文书试用情况显然与此初衷背道而驰，一方面国地税分别使用文书，纳税人仍然需要“签两回字，盖两次章”，而创制文书的使用更是使得纳税人“雪上加霜”。

（四）联合稽查信息传递现状及存在问题

试点期间，国地税部门之间信息交换主要依据《联合进户稽查工作信息交换办法（试行）》（陕国税稽发〔2016〕34号）执行，实践工作中，笔者发现主要存在以下问题：一是信息交换无法做到实时。二是信息交换内容与交换时间要求不符。

（五）联合稽查试点工作存在问题成因分析

尽管在国地税联合稽查试点工作中，产生了许多问题，但归根结底，主要是由于以下几个方面造成：一是制度设置缺乏实践检验。二是国地税重视程度不同。三是人力资源不足。四是缺乏监督检查。

三、陕西省国地税联合稽查试点工作优化

（一）对于联席会议制度的优化

1. 明确联席会议召开方式。采取规范化与便捷化相结合的方式，对于例会采取正式通知的形式召开，临时性会议采取电话等方式约定召开。

2. 固定联席会议召开地点。根据综合考虑，将其中一方设置为固定会议地点。

3. 优化会议内容。将需要日常及时交换的信息排除在联席会议内容之外采取其他更为有效的方式进行交换。

（二）对于检查组组建方式的优化

1. 对于随机抽查的案件，采取随机选取稽查人员的方式组建检查组。建立多个专业库，针对不同行业或不同区域在相应库中抽取稽查人员。

2. 根据各单位实际情况合理确定稽查人员数量，按照单位总人数相应比例抽取，或者可采取跨区域、跨单位选取稽查人员。

3. 对于检查组长的选派应当根据不同行业、不同企业类型而定。应选择擅长相应领域的人员担任检查组长。

（三）对于稽查文书使用的优化

1. 对于试点期间创制文书，建议从总局层面明确统一使用联合稽查文书，切实减轻纳税人负担。

2. 如果无法使用创制文书，建议国地税稽查部门共同使用同一文书，双方共同制作文书，减少对于文书的重复使用。

（四）对于信息交换制度的优化

1. 丰富信息交换形式，采取无纸化、数据化的形式交换信息，可以在电子信息交换后补充相应纸质资料。

2. 对于交换信息的时间，尤其是检查期间信息的交换时间应给与明确，建议对于此类信息采取

及时交换以保障检查成效最大化。

（五）国地税联合稽查试点保障措施

1. 着眼顶层设计，注重整体规划

税务总局应着眼于顶层设计，把联合稽查纳入推进现代化税务稽查的整体格局去规划，明确联合稽查目的、内容和范围，统一操作规程，确定实施步骤和时间进度，形成科学合理、操作简便、实用性强的国、地税局联合税务稽查模式，从更高层次、以更大力度推进联合稽查工作。各地税务机关，立足自身实际，有计划、有步骤地开展联合稽查工作，可先从选案环节开始，以联合拟定稽查计划为起点，逐步推进到联合检查、联合处理的全方位合作模式。除此之外，也可以对某些重点行业开展分行业的联合稽查等，不断积累联合稽查经验，促进联合稽查工作逐步走上规范化、制度化、程序化轨道。

2. 接轨上位阶法，修订相关制度

税务总局应主动接轨更高阶位的法律，突破现有税收法律的条框限制，补充、修订和完善相关税收法律，赋予联合稽查主体独立的法律地位，形成省、市、县三级联合稽查主体，才能有效避免不适应国家上位阶法的两难境地。同时，在此前提和基础上，完善部门规章，在证据取得、认定，文书格式等行政程序方面予以细化，为国、地税局联合稽查和全面合作提供法律保障，加快推进联合税务稽查工作。

3. 搭建多元平台，打破信息壁垒

依托金税三期工程建设，加快构建稽查信息共享平台，打破信息壁垒，使国、地税局征管、稽查部门之间能将各自利用本部门特点和优势获取的情报信息在金税三期工程系统内相互交换，实现国税局、地税局联合稽查工作在同一个系统内运行，确保查前案源信息、查中进展信息及查结审理信息，都能被双方所及时了解。同时，应建立协调沟通与信息交流机制。采取召开联席会议等形式，相互通报年度稽查工作计划，定期提交案件查处情况，协调解决双方协作中的重大问题。

4. 突出队伍建设，健全激励机制

要研究制定中长期稽查人才培养战略规划，加强统一的国税局、地税局稽查人才库建设；建立稽查分类分级培训机制，统一安排国税局、地税局稽查人员进行业务培训，塑造复合型团队；统一建立人才奖励制度，实行稽查能力与工作业绩挂钩，充分调动积极性。

（课题组
成　员：赵新科，陕西省国家税务局稽查局副局长；胡萍，陕西省国家税务局稽查局管理科科长
执笔人：杨洋，陕西省国家税务局稽查局管理科副主任科员）

自由贸易区建设税收发展战略研究

长春市地方税务局稽查局课题组

内容提要：本文通过对国际上具有代表性的自贸区税收政策的比较借鉴，结合上海自贸区运行两年来的政策评估，对我国自贸区的税收政策设计提出建议，为国家自贸区发展战略提供税收政策支持，从而促进开放经济的稳健发展。

关键词：自由贸易区　税收　国际借鉴

一、国外自贸区的发展及税收政策比较

（一）自贸区的概念与发展

近年来，自由贸易区的数量呈逐年上升的趋势。据20世纪80年代的一项统计，全世界共有自由贸易区629个。到了90年代，世界上已有各种类型的自由贸易区900多个。目前，全球自由贸易区已超过1200个，并兼具进出口、转口贸易，仓储、加工、金融服务等功能，各国自贸区的管理逐渐趋向规范化、法制化，并形成各具特色的管理体制，自由贸易区向着技术、知识与资本密集型的方向发展，进入了蓬勃发展阶段。

（二）国外典型自贸区税收政策比较

1. 新加坡自由贸易区

新加坡作为亚洲及世界建设自由贸易区的成功范例，得益于先进的基础设施，高效的物流系统，特别是其整体营商环境的优势。新加坡的税制简单，不论个人与企业，税费水平都很低。对内外资企业实行统一的企业所得税政策，并采用与进出口

物流有关的服务超低税率甚至是零税率，有效地鼓励了本国自贸区的发展。

2. 德国自由贸易区

德国自由贸易区作为欧洲自由贸易区的典型代表，开放程度较高，管理机制的自由化和便捷化是其重要特点。在自贸区内，来自外国的货物从水上进出区十分自由，有的须申报，有的则不须申报。在进区后的45天以内，对其不征收关税，之后根据货物去向不同，分别实行不同的政策，如果是进入保税库、加工区或进入关税区，则可享受不同的关税政策。

3. 美国自由贸易区

美国作为全球自由贸易区第一大国，其倒置关税的政策成为吸引外国投资的重要因素。运进自贸区的货物不需要立即缴纳进口关税，当货物通过海关运入美国时才需要支付关税。在自贸区设厂的企业，可以自由选择是支付原料的税率还是成品的税率。无关税出口，企业在自贸区设厂可以不需要支付任何进出口关税实现出口。自贸区产品出口海外，如果遇到退货，不需要为退回的货物支付进口关税。

二、中国自贸区的发展

20世纪90年代以来，我国建设功能各异的保税物流园区、跨境工业园区、保税港区、出口加工区、综合保税区等已超过100个，对促进中国外贸经济发展起到了巨大作用，但却缺乏与国际完全接轨的自由贸易园区。2011年，上海首先明确提出要打造自由贸易园区，明确地向外界传达了转型的信号。2013年9月29日，中国（上海）自由贸易试验区正式挂牌成立。2014年12月，在上海自贸试验区运行一年后，中国再设广东、天津、福建3个自贸区。

三、上海自贸区税收政策评估

现行税收政策对上海自贸区的国际贸易等业务发展起到了巨大推动作用。一方面，贸易、金融、投资等行业得到迅猛发展；另一方面，海关监管模式得到了优化。

上海自贸区积极推进税收现代化建设，创造良好税制环境。“办税一网通‘10+10’新格局”及“一站式通关”等政策，已在全国逐步实施，初步实现了“服务最大化、干预最小化和纳税诚信化”的税收征管服务新模式，为更好地服务纳税人、切实减轻办税负担发挥了全国典型、示范作用。

部分促进上海自贸区发展的税收政策，只是停留在“方案提出中”，而具体政策尚未出台。目前，上海自贸区正处于起步阶段，税收政策的出台还大多停留在对现有保税区政策的简单复制，没有详细的税收执行法律与条例，税收政策的规划也仅通过方案中行业类描述“模糊”进行，缺乏方向和时间的整体规划。

为此，笔者提出了以下改进措施：针对扶持行业类型，应扩大税收政策扶持的行业广度，尽快出台促进自贸区内航运物流、金融服务、科技研发、会展旅游、商务服务、文化创意和电子商务等行业的税收优惠范围，扩大受益群体和税收优惠力度，不断提高国际竞争力；针对优化税收服务，建立电子税务信息共享系统，创造更为简洁高效的税制环境；创新税收管理服务措施，在咨询、审批、办税和评级管理上，提高征管效率；建立税务信用等级平台，对信用等级较高的企业试行税收事先裁定，降低税务争议救济成本。

四、广东、天津、福建自贸区税收政策设计

（一）广东、天津、福建自贸区的不同功能定位

广东自贸区要进一步加强CEPA框架下粤港澳三地的合作，充分发挥香港、澳门的自由贸易、自由投资等制度上的优势作用。

天津自贸区肩负着京津冀协同发展的国家战略。它的建立将成为我国南北经济一体化的主要桥梁。

福建自贸区要进一步深化闽台经贸交流，成为海峡两岸合作的重要试验窗口；全面拓展与“海上丝绸之路”沿线国家的交流合作，为与东盟诸国的贸易往来搭建起更好的政策平台。

（二）广东、天津、福建自贸区的税收政策设计

依据粤、津、闽三大自贸区不同的功能定位，以上海自贸区现行税收政策以及国外成熟自贸区的现行税收政策为依托，设立符合各地域发展的税收政策。

1. 广东自贸区

广东自贸区可借鉴新加坡自贸区的先进经验，制定简单易行的税制体系，有效地鼓励国际物流业

的发展。具体依托广东省现行的税收优惠政策，以五年为一个周期，设立为期十年的税收转型政策，主要优化流转税和企业所得税。加快增值税转型步伐。对自贸区内尚未进行“营改增”的行业试行出口退税政策，并制定短期、中期、长期的税收政策目标，力争在十年内使自贸区内企业之间的货物交易、服务贸易等均免征流转税。在制定产业准入和优惠目录的基础上，逐步将物流行业、医药行业、制造业纳入企业所得税税收优惠范围，制定十年计划，逐步删减清单行业，制定相应的准入标准。

2. 天津自贸区

依托天津港和东疆保税港区现有的税收政策，在天津自贸区内应设立鼓励鼓励金融服务业的税收政策。设立鼓励金融服务业的税收政策。借鉴德国自贸区针对货物类型、去向制定不同的服务政策，享受不同的关税优惠。同时，发展融资租赁行业。目前，天津市的融资租赁的税收优惠政策为营业税、企业所得税享受两年内全额返还，后三年50%返还的税收政策。在现有的税收政策的基础上延长返还期限，实行五年内流转税、企业所得税全额返还，后五年50%返还的税收政策。

3. 福建自贸区

制定吸引台资和对台投资的税收政策。借鉴美国的先进经验，延迟关税申报时限，给予自贸区内企业的税率选择权。对自贸区内两岸经贸合作而产生的收入给予流转税的减免，减免标准可以保持参照原保税区的税收优惠政策；对自贸区内两岸经贸合作而产生的收入给予流转税适当减免，减免幅度保持“五免五减半”的税收优惠；原福建平潭保税区15%的企业所得税税收优惠政策不扩大适用范围。

参考文献

[1] 对外经济贸易大学国际经济研究院课题组．中国自贸区战略——周边是首要[M]．北京：对外经济贸易大学出版社．

[2] 吴敏.美国对外贸易区的贸易便利化制度及对我国保税港区的启示[J]．法制与社会，2010(8)．

[3] 仁君．韩国对济州自由贸易区实行税收优惠[J]．涉外税务，2002(6)．

[4] 徐世澄．关于拉美对外开放政策的讨论[J]．拉丁美洲研究，1986(1)．

[5] 李莉娜．国外自由贸易区发展的经验及其启示[J]．价格月刊，2014(2)．

[6] 袁志刚．中国(上海)自由贸易试验区新战略研究[M]．上海：格致出版社，上海人民出版社．

（课题组

组　长：李守镇，长春市地方税务局国际税收研究会秘书长

副组长：姜丽华，长春市地方税务局稽查局副局长

执　笔：翟睿，长春市地方税务局稽查局副科长；宋雪、桂铭蔚、姜鑫，长春市地方税务局科员；肖雨卉，长春市地方税务局稽查局科员）